Les Combats de la liberté

자유의 투쟁

자크 엘륄

박건택 옮김

"천재와 그리스도인 사이의 차이란 다음과 같다.
천재는 자연의 비범한 존재이다.
어떤 사람도 자기 자신을 천재로 만들 수 없다.
그리스도인은 자유의 비범한 존재이다.
아니 보다 낫게 말해서, 자유의 일상적 존재이다!
다만 그리스도인은 극히 드물지만
그는 우리 각자가 되어야할 존재라는 사실을
제외하고 말이다…"

솔로몬

자유의 투쟁

"천재와 그리스도인 사이의 차이란 다음과 같다. 천재는 **자연**의 비범한 존재다. 어떤 사람도 자기 자신을 천재로 만들 수 없다. 그리스도인은 **자유**의 비범한 존재다. 아니, 보다 낫게 말해서 자유의 일상적인 존재다! 다만 그리스도인은 극히 드물지만 우리 각자가 되어야 할 존재라는 사실을 제외하고 말이다…"

(Kierkegaard, *L'instant, Oeuvres complètes*, XIX, 177).

"너를 자유롭게 하라. 아무튼 자유롭게 하라(libera te sed libera)"
(리바에르트[Liebaert—스페인 왕족] 가문의 격언).

저자 서문

「자유의 윤리」의 성격[1]

현대 세계에 참여하는 그리스도인의 자유에 대한 이 연구는 「자유의 윤리」에 대한 다른 두 연구의 연속적 작품이다. 「자유의 윤리」 1권과 2권은 유용한 토대를 놓는다. 하지만 우리가 여기서 제시하는 것은 독립적으로 읽혀질 수 있다. 이 책은 1966년에 쓰여졌다. 그런데 편집상의 우여곡절이 출판을 방해했다. 그러다가 1972년에 다시 읽었고, 1974년에 다시 손질했으며, 1980-82년에 최종적으로 수정했으나, 최초의 뼈대는 그대로 유지했다.

초기의 두 작품은 1968년에 영어로, 1973년에 불어로 나왔다. 제1권

---

1) [역주] 이 책에 달린 소제목들(목차에 없는)은 독자의 편이를 위해 역자가 삽입한 것임.

에서 나는 자유를 기독교 윤리에 정초시키려고 시도했다. 나는 자유가 기독교 삶의 조건 바로 그 자체이지만 그렇다고 '주어진 것'이나 '획득된 것'과는 결코 관련이 없음을 보였다. 인간은 그 자체로 자유롭지 못하다. 성경이 우리에게 증거하는 것은 하나님을 통한 인간의 해방이다. 인간은 본래 자기 존재 안에서 결정된 필연의 세계에 언제나 전적으로 복종된 채 소외된다. 그러나 하나님의 행위는 계시를 믿는 사람을 해방시키며 본질적이 아니라 실존적으로 자유로운 인간이 되게 한다. 그때 그는 자유롭게 머무르는 일에, 다시 말해 새로운 예속 상태(그는 언제나 예속 상태가 될 수 있다!)에 굴복하지 않는 일에 책임을 갖게 된다.

하나님에게서 받은 이 자유—이것이 없이는 그리스도 안에 있는 삶(사랑, 소망, 선, 덕 등)의 어떤 가능성도 없다—는 믿을 수 없을 정도로 크다. 모든 것이 허용된다. 이것은 자기 자신에 대한 자유요, '권세'에 대한 자유이며, 심지어 하나님의 뜻에 대한 자유다! 모든 것이 허용되지만 이 자유에는 두 가지 방향이 있다. 이웃 사랑과 하나님의 영광의 추구다.

이것은 우리가 앞선 연구들에서 길게 입증한 것으로 사랑과 자유 사이의 성경적 관계다. 바울의 본문들은 이 주제에 있어서 명백하나 모든 성경 계시가 이 관계로 집중된다. 사랑은 사랑하는 두 사람이 자유로운 경우에만 사랑이 될 수 있다. 자유는 그것이 사랑 안에서 표현되는 경우에만 자유가 될 수 있다. 사랑 없는 자유는 필연적으로 유린, 타인의 예속화, 내 힘의 의지의 표현이 된다. 이어지는 모든 페이지에서 사랑과 자유 사이의 이 범할 수 없는 관계를 결코 잊어서는 안 된다. 첫 번째 연구에서 명백히 밝힌 이 모든 것은 한마디로 그리스도 안에 있는 자유의 신학적 기초를 세우는 일이었다.

두 번째 연구는 '비-참여된' 자유, 다시 말해 개인적 수준에서 고려되고 자신을 위해 체험된 자유를 목표로 했다. 나는 거기서 그리스도인의 자유를 구체적으로 표현하는 것이 결정적으로 무용하고 잠정적이며 상대적임을 보이면서 '윤리를 위한 자유의 범주들'을 검토하려고 시도했다. 행위를 유용하고 영원하며 절대적으로 만들기 위한 모든 시도는 자유와 상반된다. 물론 자유 안에서 살아가는 모든 것은 순종—이 순종은 노예적 순종이 아니라, 반대로 결코 상실되지 않는 충만한 자유 안에서 사랑으로 순종하는 사람의 순종이다—을 거부하지 않은 채 기쁨과 자발성과 창의력으로 표현된다. 이 개인적 자유의 강점 가운데 하나를 우리는 성경의 여러 번 반복되는 권면 속에서 만난다. "인간이 되라!"[2)]

수많은 그의 참여와 책임 가운데서 인간이 될 수 있는 가능성을 갖는 것, 규율과 공포에 의해 결코 자신의 가치가 떨어지도록 내버려 두지 않는 것, 온전히 독립적으로 '금세기'와 부딪히는 것, 이것은 인간을 위해서 하나님이 갖는 자유 의지, 그리고 인간이 책임을 맡아 사는 이 자유의 가장 충만한 표현이다. 이것이 비-참여된 자유에서 즉시 세상과 사회와 정치의 길에 참여하고 사람들과의 투쟁과 동맹에, 다시 말해 '연루된 자유'(liberté impliquée)에 참여하는 자유로 우리를 인도한다. 이것이 이 책에서 우리가 계획하는 내용이다.[3)] 우리가

---

2) [역주] 한글 번역에 "남자답게…"라고 표현된 구절들을 참고할 것(일례로 고전 16:13).
3) 나는 1975년과 1976년에 「그리스도인의 자유 선언」이라는 표제로 출판된 두 권의 소책자에 대해 거의 수정할 것이 없다. 이 두 선언은 선한 의도로 가득 차 있고, 확실히 정당한 것들을 말하며, 가톨릭 교회의 입장에 대해서 너무도 잘 쓰여졌다. 바닥에 깔린 큰 주제는 교회의 훈련적인 권위, 계급 질서, 사목권의 확인이다. 그리스도인들이

자주 말했듯이 순수한 자유란 없다. 다시 말해 하나님의 자유와 비교할 수 있는 어떤 자유도 없다.

모든 자유란 우리에게 우리의 자유가 활동하는 다양한 경향과 결정들의 반영이요 합성물에 불과할 수 있다.

상기해야 할 것은 영의 자유나 내적 자유의 문제가 아니라는 것이다. 영의 자유는, 키르케고르가 입증했듯이, 그리스도인들이 발견할 수 있었던 가장 큰 거짓이다. 그것은 자유의 위선이다. 자유의 행위만이, 자유의 화육과 표현만이 자유다. 자유가 나타나지 않고, 드러나지 않고, 터져 나오지 않는 한 자유라는 종자는 없다. 거기엔 자유의 논설밖엔 없다. 그것은 정확히 그리스도 안에 있는 계시가 금하는 것이다. 왜냐하면 우리를 해방하는 초월적 행위는 초월적으로 있든지 —그때 우리는 해방되지 못한다—아니면 보이는 구체적 표현으로 구현되든지—하지만 그때 자유는 '내적 자유'처럼 가정적으로가 아닌 실제적으로 체험될 수밖에 없는 자유 안으로 우리를 투영한다—둘 중 하나이기 때문이다. 여기서 우리는 다시 한 번 키르케고르와 더불어 "행동의 원리는 신앙의 원리보다 더 단순하다"[4]라는 것을 상기해

자신의 확신 가운데서 살 권리를 갖는다는 것, 그들이 성령 안에서 자유롭다는 것, 그들이 정치적 선택에서 그리고 그들 문화 가운데서 자유롭다는 것, 그들이 다양한 문화적 형식 가운데서 신앙을 고백할 수 있다는 것 등, 이 모든 것이 매우 잘 되어 있다. 나는 그것에 명백히 동의한다. 나는 한편으로 이것이 그리스도인의 자유에 대한 이해를 더욱 발전시키지 못하게 하며, 성경이 우리에게 이해시키는 것 이하에 머무른다고 말하며, 다른 한편으로 세상에서의 삶으로 나아가지 못한 채 순전히 교회의 내적 고찰과 관련된다고 말한다.

4) 불트만이 말한 것처럼, 이것은 인간을 외부(ec-sistence)로 보내기 위한 인간의 내부(insistence)의 해방이다. 하지만 나는 성경 텍스트가 우리에게 제공하는 명백하고 충분한 설명에 이 용어들과 하이데거적인 사상의 사용으로 무엇이 덧붙여지는지를 모르겠다. 게다가 이때부터 우리는 Malet가 그의 책(*Mythos et Logos: la pensée de R. Bultmann*, Paris, 1962, p. 267)에서 한 말에 이의를 제기해야 한다. "스토아주의처럼 바

야 한다. 마찬가지로 절대적인 자유란 없다. 다시 말해서 본래적인 자유란 없다는 말이다. 우리가 자유롭게 되는 것은 아무튼 세상에서의 우리의 구체적이고 체험적인 상황과 관련해서다. 우리는 자유롭지만 세상에 머무른다. 그러므로 우리가 자유를 누리며 살아야 하는 곳은 세상에서이지 다른 곳이 아니다.5) 하늘에서도 미래에서도 아니다.

둘째로 상기해야할 것은 영적인 것과 속적인 것, 또는 영과 물질 사이의 철저한 구분을 거부한다는 것이다. 그렇다고 서로 다른 영적인 것과 속적인 것이 존재한다는 사실을 부인하는 것은 아니다. 다만 둘 사이의 대립을 거부하는 것이다. 인간 안에 자유로운 영적 존재란 없으며 소외된 속적 존재도 없다. 문제의 자유는 단순히 영적 자유가 될 수 없다. 그것을 영적이라고 주장한다면 자유는 없다. 이 두 가지 전제에서부터 우리는, 우리가 원하든 원치 안든 간에, 통째로 이 세상에 연루되어 있다는 결론을 끌어낼 수 있다. 우리에게 주어진 자유는

울은 외적이고 사회학적인 의미로 자유를 이해하지 않고 내적이고 영적인 의미로 이해한다. 그는 자유에 대해 말하면서 세상의 판단과 인간의 평가에 견주어, 육체에 견주어, 진정한 '나'와는 낯선 것과 견주어, '세상'과 견주어 자유를 이해한다."
  나는 내적 자유와 사회학적인 자유 사이에 구분이 없다는 것과, 만일 그리스도 안에서의 자유가 진정한 나에게로의 도달뿐이라면 그것은 아무것도 아니라는 것을 상세히 입증해 보일 생각이다.
  Malet가 바울과 스토아주의 사이에서 주장하는 차이점—그에 따르면 바울은 자유를 개인 자아의 정복으로 만든다—에 관해서 말하면, 그리스도인이 하나님으로부터 자유를 받을 때 개인 자아의 정복은 정확하지만, 자유에서 구체적으로 끌어낼 수 있는 결과들로 말하면, 내 생각에 그것은 전적으로 불충분하다.
5) 그러나 분명히 말해야 할 것은 내가 사회 윤리를 다루는 것이 아니라는 것이다. 문제가 그리스도인이 사는 사회에서 그리스도인의 윤리와 관계하는 것이지, 사회를 건설할 목적으로 모든 사람에게 제안하는 일반 윤리—이것이 문자 그대로 사회 윤리다—와 관계하지 않는다는 점에서 말이다.

우리를 세상 밖으로 내보내지 않는다. 뿐만 아니라 우리 자신의 일부(영적 존재)가 세상에서 벗어나지도 않는다. 이 말을 하면서 나는 특별히 그리스도에게 믿음을 두고 세상에서 벗어날 수 있다고 주장하는 사람을 생각한다. 이것은 자유의 의미를 오해하는 일이리라. 우리가 세상에 있고 없고는 우리에게 달려 있지 않다. 우리는 세상에 있으며 피할 수 없다. 이런 이유에서 나는 참여(engagé)란 말보다 연루(impliqué)란 말을 사용하기를 더 좋아한다. 왜냐하면 전자는 의지적인 결정을 전제하는 한편, 후자는 단지 우리의 상황일 뿐이기 때문이다. 하지만 만일 우리가 이렇게 세상에 연루되어 있다면, 이 주제에 대한 우리의 도덕적인 이해가 어떤 것이든 간에, 나는 이런 연루 사실을 아는 편이 낫다고 여긴다. 천사와 짐승에 대한 파스칼의 판단—이것은 특별히 여기에 적합하다—에 떨어지지 않는 방식으로 말이다. 물론 나는 문제가 그리스도에 의해서 해방된 인간인 그리스도인—유일한 자유인—과 관련된다고 말한다.6)

---

6) 우리는 분명 한 가지 큰 장애를 만난다. 나는 여기서 개인의 사건과 체험으로서 개입되는 자유의 가능성을 기술하겠다(물론 내가 매번 반복하듯이 인식론의 의미에서다). 집단, 그룹, 팀, 공동체, 회중의 우리 시대에 나는 개인에서 출발하여 집단으로 가는 식의 이 태도가 그릇되었을 뿐만 아니라 나쁜 것으로 여겨진다는 것을 안다. 기초는 명백히 '그룹'이며, 이것이야말로 그룹 심리학의 전문가들이 끝없이 가르치는 것이다. 공적 인간관계, 그룹의 역동성 등 말이다. 나는 이미 이 주제를 종종 생각했고, 이 두 명새개인과 집단를 분리시킨다. 나는 기독교 신학의 경우 정당하고 바르며 참된 태도가 그룹의 우선순위라는 것을 거부한다. 하나님이 택하고 선별하고 부르시는 것은 항상 사람들이다. 택한 백성과의 언약은 인간들 중 가장 고독한 자들—아브라함과 모세—을 통해서 이뤄질 뿐이다. 하나님이 말을 건네시는 자가 이어서 그룹에서 활동하는 것은 그룹에서 물러난 사람의 자격으로서다. '개인주의적인' 정신에 성경적인 확고부동함을 돌리는 것은 우스꽝스런 일이리라. 이스라엘 백성은 헬라의 도시들의 소민족 못지않게 개인주의적이지 않다! 그 반대다. 하나님이 한 사람을 그 이름으로 불러 집단에서 나오게 하신다는 사실은 가장 비정상적이고 놀라우며 인정하기 어려운 일이다. 하지만 하나님은 이렇게 행하신다. 이것은 나로 하여금 다른 판단에 대한 입장

그런데 이 자유인이 세상에 연루되지 않는다면, 그것은 그가 자신의 자유 그 자체를 부인하는 것을 의미한다. 왜냐하면 그는 순수하거나 절대적인 자유―이것은 불가능하다―를 갖고 있다고 주장한 셈이기 때문이다. 반대로 그는 자신이 있는 현실의 수준에서 연루된 자유를 살 수 있을 뿐이다. 즉 자신이 세상에 연루되어 있음을 알면서, 그러나 연루된 자유로서의 이 자유로 살 수 있을 뿐이다. 나아가서 그는 그것을 원해야 한다. 그것이 그의 자유의 게임이 될 것이다. 우리는 인간이 그가 원하든 그렇지 않든 간에 연루되어 있다고 말했다. 하지만 만일 그가 이 사실을 모르고 또 원치도 않는다면, 이것은 그가 자기 자신에 대해서 아무런 통찰력도 없으며, 아무것도 하지 못한 채 사건들의 흐름과 사회의 구조들과 이데올로기에 의해 결정적으로 삼켜졌음을 의미한다. 반대로 그가 어쩔 수 없이 연루되어 있지만 그리스도 안에서 자유롭다는 것을 안다면, 연루된 자유로서의 이 자유를 산다는 것은 그가 세상을 만나는 관점의 선택, 접근 방식의

을 표명하게 했다. 이 시대에 우리가 집단과 그룹의 증가의 시기를 살고 있다는 것은 매우 정확하다. 하지만 그리스도인으로서의 우리에게 그 무엇도 순응을 요구하지 못한다. 19세기에 인간의 진리를 표명한다고 주장한 거짓 개인주의를 명백히 거부했다면, 오늘날 반대로 우리는 인간 존재가 다양한 그룹 속에 흡수, 동화, 순응화, 채택, 축소, 주조되는 동향 앞에 입장을 표명해야 한다. 집단이 진리의 대체물이 되면서 말이다. 이런 사실을 확인함으로써 우리는 개인의 배타적인 가치를 단언해야 하며, 그룹은 그것이 서로가 철저히 특수화되는 개인으로 구성된다는 점에서만 존재할 뿐임을 단언해야 한다. 물론 내가 거듭 말하지만, 모든 것이 개인에게서 멈춘다고 말하는 것은 아니다. 반대로 모든 것은 개인에게서 출발한다. 개인의 특수성은 그것이 공동체, 그룹, 집단, 단체에서 표현될 경우에만 의미와 가치를 갖는다. 내가 개인을 강조하는 것은 사회학의 흐름이 집단의 우월성을 명백히 보증하기 때문이며(반면에 어떤 것도 개인의 힘이나 가치를 보장하지 않는다), 더더욱 현재의 기독교가 사회학적인 현상에 불과한 것을 존재-의무로 신화화하고 드높이며 칭송하는 경향이 있기 때문이다. 내가 여기서 반대하는 것은 팀, 집단, 세계화라는 신화에 대해서다.

선택, 결정의 선택을 폭넓게 하게 되리라는 것을 의미한다. 방임이나 내버려둠, 또는 고고하게 자유롭다고 주장하는 대신, 그는 이런저런 연루된 사건을 위해 다른 연루된 사건과 투쟁함으로써 스스로 결단하도록 부름 받는 것이다. 이것은 정확히 다른 연루된 사건을 피하게 해주는 어떤 연루된 사건을 받아들이는 것이리라.

하지만 이것이 안이한 방식으로 살 수 있다고 믿어서는 안 된다. 일종의 당구나 평균대 놀이 같은 식이 아니며, 구르비치[7]의 이론(그룹들의 상호 대립을 통해 자유를 보장하는 것이 그룹에 다변적으로 소속하기라는 이론)도 아니다. 문제는 그리스도 안에 있는 자유이지 세상에 내재하는 힘이 아니다. 바로 이 자유가 이렇게 살기에 적합하다.

교회와 세상 그리고 '평신도'의 역할

이제 우리는 종종 평신도 신학이라고 불리는 것에 직면한다.[8] 우리가 연구하는 분야에서 '평신도'[9]는 흔히 정의내려지듯이 '경계선에' 있는 존재로 성격지어진다. 다시 말해 교회와 세상의 경계에 있는 존재다. 하지만 교회와 세상의 차별화는 점점 이의가 제기되

---

7) [역주] Georges Gurvitch(1897-1965). 리투아니아 출신으로 파리에서 활동한 사회학자. 관련 서적으로 「사회 결정론과 인간의 자유」(1955)가 있음.
8) Ed. Jeanneret, *Appel aux laïcs*, "Cahiers du Renouveau", 1950; H. Kraemer, *Théologie du laïcat*, Labor et Fides, 1965.
9) 물론 나는 이 용어가 심히 부적당하며, 만인제사장 신학과 동시에 그리스도인의 일치에 반대된다는 사실을 잘 안다. 하지만 그것은 구체적인 현실에 잘 맞아떨어진다. 교회에 임명되어 하나의 직업인으로서 전 시간을 교회 생활에 헌신하는 사람들이 있다. 그들은 교회 및 세상과 관계하는 방식에 있어서 다른 사람들과 다르다.

며, 이 두 실체가 첨예하게 대립되는 한 이 이의 제기는 옳다. 나는 경계선 개념을 선호하는 바, 이것은 교회가 다른 장소임을 암시하며 평신도가 이 두 요소의 접촉점임을 암시한다. 세상의 모든 권세, 관심사, 방향, 이익, 활동과 성령의 능력이 만나는 곳이 바로 평신도에게서다. 또한 세상의 모든 결정과 그리스도 안에서의 자유가 만나는 곳이 그에게서다.

평신도는 이런 문제들과 부딪히는 사람이기 때문에 이런 자유에 따라 살아야 한다. 그때부터 그는 세상에 자유를 도입할 책임이 있는 자다. 그는 사회에 자유의 전달자인 바, 이는 자신 안에서 이 두 가지 힘을 만나기 때문이다. 그는 하늘에서 떨어지는 외부적인 해방자가 아니라, 바로 자신이 해방되기 때문에—자신에게 언제나 있는 이 세력들에게서 해방되기 때문에—해방자이며, 자신이 그것에 참여하기 때문에 해방자다. 이것이 없다면 그리스도인은 천사 외에 아무것도 아니다. 여기서는 특히 사제나 목사보다는 평신도의 문제다(이 경우 둘 사이에는 사회학적 차이가 아닌 신학적 차이가 있다). 평신도야말로 실제로 세상의 힘에 굴복한다. 일례로 생활비를 벌어야 하는 의무와 직업(그 모든 기술적인 준비와 더불어)의 구속적인 힘이 그것이다. 목사는 그가 참여하기를 원할 때, 그가 원하는 곳에 참여한다. 그는 원하는 대로 일을 한다. 그는 결코 억지로 그렇게 하지 않는다. 분명 목사는 다른 결정들을 안다. 그는 한 사회에 속하며, 이념들을 공유하며, 계산하지 않고 참여한다. 그가 지식 그룹의 모든 정치적 조작을 감내한다 하더라도 그는 독립적이다.

이렇게 평신도야말로 사회에서 자유의 기능을 책임진 사람이다. 아직 피해야 할 많은 오해들이 있다. 고전적 관점에 따라 평신도가 자신의 삶을 두 부분(정치적 내지 과학적인 직업 생활과 그리스도인의 삶)으로 나누는 것이 불가능하다고 말할 때, 이것은 여러 가능성들 가운데서 기독교적 삶의 가능성을 지적하기 위한 것이 아니라, 사실상 기독교적 삶의 유일한 가능성을 지적하기 위함이다. 하지만 한편으로 이것은 성직자의 평신도 세계로의 주입의 문제가 될 수도 없다(사제가 노동자가 된다고 해서 세상에서 그리스도인의 자유를 체험하게 되는 것은 아니다. 오히려 나는, 혹 어떤 이들에게 스캔들이 될지 모르지만, 노동자가 회심할 때를 말하고 있다!).

나아가 이것은 기독교의 전투적인 팀을 만들어 비그리스도인들을 포함시키는 대중 행동(기독교 정당이나 조합)의 문제도 아니다. 이것은 사회의 제도적 변형을 추구하는 것도 아니다. 마지막으로 이것은 세상에 교회를 보급, 확산, 주입, 드러내기 등의 문제도 아니다. 앞의 경우들이 1830, 1900, 1930년대의 경향이었다면, 마지막 경우는 지금 우리의 전반적 경향이다.

우리는 교회가 성찬 주변에 모인 신자들로서뿐만 아니라 조직과 인간 사회의 영역에도 존재한다고 주장해야 한다. 교회가 세상과 공존한다는 것은 교회가 세상 속으로 사라지기 때문이 아니라, 세상에 사는 평신도들이 이중 소속과 긴장을 짊어진 채 세상에서 교회로 왔다가 다시 세상으로 나가기 때문이다. 그러므로 교회가 존재하기를 그치고 사라져서는 절대로 안 된다. 교회는 가능한 한 모든 보이는 차원에서 존재하여 평신도들의 전적인 모임—생기 잃은 성만찬이 아니라—을 보장해 주어야 한다. 평신도가 자신에게 주어진 자유를 들고 전적 타자의 화육된 존재를 사회의 도식에 순응하지 않는 결정에 새기기 위해서, 이것은 필수불가결한 조건이다. 단체와 공동체로서의 교회만이 이것을 평신도에게 가능하게 해준다.

한 가지 다른 오해를 조심해야 한다! 오늘날 섬김으로 불붙고 세상의 명분으로 흥분한 그리스도인들은 우리가 세상이 보다 잘 굴러가도록 돕기 위해 존재한다고 얼마나 많이 주장하는가? 이때 그리스도인의 자유(사실 이런 관점에서는 그리스도인의 자유가 거의 언급되지 않는다)는 진보하는 세상을 돕거나, 세상으로 그 자체의 자유를 얻도록 돕는 역할을 한다. 내가 보기에 여기엔 심각한 오류가 있다. 사랑과 하나님의 영광은 세상이 그 자체의 길로 발전하도록 돕는 것을 목적으로 삼지 않는다. 그리스도 안에서의 자유는 그 목적이 보다 나은 사회나 잘 굴러가는 사회가 아니다.10) 물론 그렇게 될 수도 있고 그것을 바랄 수도 있으나, 그것은 참으로 자유로 살아가는 신자들이 있을 때 덤으로 주어지는 것이다. 나아가 이 자유는 자유의 환상적인 복제품을 발견하도록 돕는다거나, 사람들로 하여금 그리스도 밖에서나 그분 없이 스스로 자유롭다고 말하거나 믿도록 하기 위해서 행해지는 것이 아니다. 이것은 자선, 너그러움, 섬김의 양상 하에서 일어나는 가증된 거짓이다.

발츠(Walz)11)가 매우 잘 정의내린 것처럼, 세상을 사는 이 자유는 세 가지 방향을 갖는다.

먼저, **복음 전파의 역할**이다. 세상에 참여하는 자유로운 그리스도

---

10) 나는 Dibelius의 다음 말에 전적으로 공감한다. "복음은 사회적 메시지가 아니라, 사회적 요구로 작용한다…하나님 나라의 도래라는 환상은 이 요구의 조건이 된다…우리는 거기서 세상 재조직 프로그램이 아니라 모든 시대를 위한 질서의 말을 찾아야 한다. 이 질서의 말은 회개에의 종말론적 호소 외에 아무것도 아니다. 이것은 청중을 하나님 앞에서 자신의 실제적 입장이 무엇인지 이해하도록 이끌기 위해 쓰였다"(Dibelius, *Botschaft und Geschichte*, I, 1953, p. 178).
11) [역주] 누구인지 분명하지 않음.

인만이 복음을 전파할 수 있다. 이것은 비-기독교인들을 교회에 데려오는 문제가 아니라 교회를 사람들에게로 데려가는 문제다. 교회의 삶은 분산될 수밖에 없다. 이 말은 교회가 존재하기를 그치고 와해된다는 의미가 아니다. 사실 수세기 동안 해 오던 대로 사람들을 교회에 데려오기를 원하는 것은 모든 이교도들을 거부하거나 아니면 교회를 이교화하는 것이다. 교회는 자신에게 갇히거나 계층과 사회학적인 구조들에 다소간 묶인 채 영원히 닫힌 사회 집단으로 남을 수 없다. 하지만 교회를 평신도로만 이뤄질 수 있는 사람들에게로 보내는 것은 사람들을 예수 그리스도에게로 회심시키는 분명한 목적을 갖는다.

두 번째는 선교적인 방향이다. 이것은 앞의 것과 동일하지 않다. 이번엔 목적이 회심이 아니라 임재다. 평신도의 증언으로 예수 그리스도가 태양 아래 있는 만물에게 임재해야 한다. 도덕적인 이유 때문에 이런저런 시도와 참여를 거부하지 않은 채 모든 활동과 모든 기획에 참여하는 그리스도인들이 있어야 한다. 심지어 그리스도인은 모든 이념적인 선택에서와 마찬가지로 모든 사회 집단에 참석해야 한다. 이것은 이윤 때문이 아니라 '세상의 소금'인 그가 매사에 하나님의 언약으로 인간을 보장해 주어야 하기 때문이다.

세 번째 방향은 중재다. 이것은 두 번째 방향의 결과다. 그리스도인은 활동과 제도들을 판단하고 도덕화하는 것을 그치고 예수 그리스도의 희생을 통해 성화의 대리인이 되어야 한다. 하지만 예수 그리스도를 닮는 일에 있어서 이 자유는 번제라는 희생의 길을 통해서만 표현될 수 있다. 이 화목은 수평적(인간들 사이에서)이면서 동시에 수직적(인간들에게서 하나님으로 가는)이다. 아무튼 이 화목은 번제를 통해서만 일어난다.

그런데 그리스도인의 이 세 가지 기능은 그들의 자유의 열매와 결과(이 모든 것은 이 자유의 두 축—이웃 사랑과 하나님의 영광—에 대해 말하는 다른 방식일 뿐이다)이며, 동시에 자유 덕택에 그리고 자유 안에서만 가능하다. 이런 이유에서 자유에서 출발하지 않고서 그리스도인의 삶의 요구들(이웃 사랑과 하나님의 영광)을 빈번하게 제시하는 것은 오류다. 그럴 경우 이 요구들은 철저히 실천 불가능하기 때문이다.

연루된 자유의 윤리는 대안의 윤리가 아니다

우리가 방금 말한 것은 이미 모든 경우에 연루된 자유의 윤리를 이해하지 못하는 신앙이 있음을 입증한다. 이것은 단순한 대안의 윤리다. 오늘날 그리스도인은 "세상에 존재하기 위해 무엇을 해야 하나?"라고 질문하거나, 아니면 더 심한 경우 "세상에 존재하기 위해서는 조합과 정당에 가입하고 과학 탐구를 하며 선거에 참여해야 한다"고 주장한다. 이런 속단은 19세기에 그리스도인의 삶을 영위하기 위한 도덕적—당시에는 개인주의적이었던—지표들로 여겼던 것과 동일하다. 변한 것은 구체적인 행위에 대한 도덕적 명령들이 집단적 내지는 사회적이 되었다는 사실이 아니다. "이렇게 할 수밖에 없다"란 없다. 평신도에게 무슨 결의론으로 답할 필요성을 가지고 압박하여 "이래라, 저래라"고 해서는 안 된다. 그렇다. 제기되는 모든 문제들에 명백하고 단순하며 보편적이고 더욱이 기독교적인 대안이란 없다. 우리는 단지 문제를 제기하고(가능한 한 분명하게), 이어서 신학이 제공할 수 있는 무기를 신자에게 주면서 "이제 지식으로서가 아니라 각각의 정황에서 당신의 믿음으로 살면서 활동하고 찾아내는 것은 당신의 몫이다"라고 말할 수 있다. 미리 제작된 대안이란 없으며, 모두에게 적용될 수 있는 그리스도인의 삶의 모델 같은 건 더더욱 없다. 모든 난관으로 우리를 이끌어 가는 것은 바로 자유 그 자체다. 만일 우리가 명령의 말을 준다면 우리는 자유를 부인하는 셈이다. 만일 우리가 자유를 부인한다면, 그것은 그리스도인들로 하여금 어떤 장소에 존재하면서 어떤 방식으로 처신하도록 하는 데 아무런 도움이 되지 않는다. 자유는 각자가 스스로 자신의 길과 행동 양식을 발견하는 것을 의미한다. 이와 같이 우리가 도달할 수 있는 모든 실천적 문제들에서, 우리는 자유의 윤리와 관련된 두 가지만을 지적할 수 있다.

하나는 자유가 사회, 인간, 사물과 모종의 관계를 암시한다는 것과, 자유가 구체적이거나 포괄적일 수 있는 모종의 관계 형태를 야기한다는 것, 그리고 자유가 사회에 속한 것들—제도와 그룹—의 모종의 사용 가운데서 나타난다는 것임을 지적하는 일이다.

다른 하나는 어떤 문제 제기로 이끌어 가는 것이다. 하지만 그 이상의 질문이 되어서는 안 된다. 그럴 경우 자유의 근간을 자르는 일이 될 것이다. 그러므로 여기서 무슨 해답을 찾기 위해 열정적으로 움직이는 독자나, 자유에 따라 사는 방책을 갖기에 바쁜 사람에게 이 책은 소망이 아니다. 게다가 자유는 성급하지 않을 경우에만 나타날 수 있다.12)

---

12) 이 책은 J. Onimus의 *L'éclatement*(1979)이 나오기 오래 전부터 작성되고 있었다. 나는 그가 우리 시대를 위한 윤리를 추구한다는 점에서 많은 부분 참고가 된다고 여긴다. 그는 명백히 기독교 윤리라고 천명하지는 않지만 내가 보기에는 그렇다. 그의 핵심

역설적인 그리스도인의 자유

그리스도인의 자유는 본질적, 결정적으로 역설적이다. 그것은 단순하지도 않고, 사전 제작되지도 않으며, 일관성도 없고, 단일적이지도 않다. 그리스도인의 자유의 역설은 다음의 세 가지 단계에 기초한다.

맨 먼저 신학적으로, 그리스도인은 만물의 주主이신 이에 의해 자유롭게 되며, 그러기에 바로 이 주님에게의 복종이 정확히 자유다. 한편, 모든 다른 자유로 가장하는 것은 실제적인 예속으로 들어가는 것이다. 또한 성경적으로, 우리가 습관적으로 전지하신 이, 예정자, 전능자로 특징짓는 바로 그분은 인간을 자유롭게 하는 자유의 하나님이시다. 이것이 첫 번째 역설로서 부조리가 아니라 참이다.

두 번째 역설은 그리스도인의 자유가 끊임없는 모순 속에서 표현된다는 것이다. 그 사례는, 도처에서 이방인이 되면서도 자유는 대화와 만남 안에서 구체화된다는 것이요, 자유의 근본적 행위인 한계 설정이 불가피하며 그러면서도 피할 수 없는 표현으로서 위반을 전제하는 것이다.

마지막으로 자유의 역설의 세 번째 단계는 모순적 처신을 의미한다. 정치를 매우 중요시하면서 동시에 이런 정치를 가차없이 상대화시키기. 권위를 깊이 존중하면서 동시에 불가피하게 혁명적 행위에 참여하기. 도덕의 끊임없는 재발견과 우리 사회가 도덕으로 제시하는

은 '차가운 빛'—합리성, 명석함, 과학주의, 기술화—과 '따뜻한 빛'—내가 구원과 사랑이라고 말하는—을 대립시키는 것이다. '따뜻한 빛'은 정확히 자유의 윤리와 일치한다. 투명성, 어린아이 정신, 참여, '함께하기', 자기 초월, 지평(사고방식), 축하하기, 이 모든 것은 소망에 기초한 자유의 윤리의 표현들이다.

것을 거부하기 등.

　자유의 본질이 역설적이어야 한다는, 그리고 자유의 윤리가 삼위일체의 최종 역설의 표현일 수밖에 없다는 이 첫째 가는 진리가 우리의 마음에 깊이 들어와 있어야 한다. 그런데 우리가 그리스도인의 자유를 연구하게(또는 살게!) 되는 즉시 섬광처럼 나타나는 이 역설적 성격은 모든 자유가 역설이라는 실재성을 드러내 준다. 모든 철학들보다 더 거짓된 것은 아무것도 없다. 자유에 자연적, 혹은 본체론적, 혹은 심지어 자유에 불가피한 실존적 성격을 주었다고 주장한 사르트르의 철학에 이르기까지 말이다. 사르트르적인 자유의 실존적 성격의 비극은 그것이 '아무것에나', 특히 일관성 없는 정치적 결단과 참여로 향했다는 것이다. 자유를 제도들 속에 등재시키려 했을 때마다, 그 결과는 자유의 정반대였다. 이렇게 해서 경제적 자유주의는 자본주의(착취의)를 낳았고, 정치적 자유주의는 정치에 대한 의회주의의 왜곡과 동시에 파시즘 그 자체를 낳았다.[13] 자유의 이름으로 비-역설적인 방식에 따라 행동했다고 주장했을 때마다 바로 자유의 이면을 낳았다(일례로 인민을 해방시키기 위해 전쟁으로 그들을 정복하기 시작했던 프랑스 혁명). 자유를 인간의 본성에 등재시켰다고 주장했을 때마다 과학적 불가능성과 무한한 유죄성에 대한 윤리적 불가능성의 혼란으로 들어가고 말았다. 달리 말해서, 모든 상황에서 끊임없이 상기해야 할 것―이것은 우리가 그리스도인의 자유와 더불어 명백히 보고 있는 것임―은 모든 자유가 역설적이고, 비-본성적이며, 변덕스럽고, 경계가 그려지지 않으며, 긴장 가운데 있다는 사실이다. 베르나르 샤르보

---

13) J. Ellul, "Le Fascisme, fils du libéralisme", *Esprit*, 1937; *Histoire des Institutions*, t. V.

노가 놀랍게 지적한 것처럼, 인간은 본성(이것은 필연이자 결코 자유가 아니다)에 굴복될 수밖에 없으며, 이 본성 안에서 끊임없이 자유를 탄생시키고 재창조해내야 한다는 것이다. 샤르보노가 현대의 다른 어떤 사상가보다 더 잘 이 역설적인 운동을 지적했다는 점에서, 나는 여기서 그것을 더 깊이 파고들 생각은 없으며 그의 전 작품을 참고케 하는 것으로 만족한다.[14] 내 연구는 체험된 이 그리스도인의 자유의 영역과 그 냉혹한 설명에 국한될 것이다.

---

14) 특히 Bernard Charboneau, *Feu vert et Je fus*.

CONTENTS

저자 서문 / 5

제 1 장 : 외국인과 나그네 / 25

제 2 장 : 대화와 만남 / 65

제 3 장 : 리얼리즘과 위반 / 101
    1. 리얼리즘 / 102
    2. 위반 / 130

제 4 장 : 위험 무릅쓰기와 모순 / 161
    1. 위험 무릅쓰기 / 162
    2. 모순과 종합 / 175

제 5 장 : 구체적인 결과들—정치 / 189
    1. 정치에서 그리스도인의 자유 / 191
    2. 선택의 실행 / 205
    3. 정치의 상대화 / 217

제 6 장 : 통치자/주권자와의 대화 / 229

제 7 장 : 그리스도인의 자유와 자유를 위한 투쟁 / 257
    1. 오해들 / 258
    2. 성서에서의 노예 제도 문제 / 278
    3. 목적과 수단 / 300

제 8 장 : 혁명 / 325
   1. 혁명 / 326
   2. 혁명과 해방의 신학들 / 336
   3. 참고문헌 연구 / 353
   4. 누가 해방되나 / 385

제 9 장 : 종교적 자유 / 407

제 10 장 : 일상사에서 그리스도인의 자유 / 435
   1. 그릇된 실마리 / 436
   2. 의미 / 460

제 11 장 : 노동과 소명 / 505
   1. 오해 / 506
   2. 노동과 자유 / 532

제 12 장 : 성과 자유 / 557
   1. 성적 자유 / 558
   2. 성서의 정죄 / 571
      부록 : 일부다처제 / 594
   3. 피임 / 601
      부록 : 마약과 자유 / 620

결론 없는 결론 / 627
   1. 자유, 하나의 환경 / 628
   2. 여성과 자유 / 638

1장

외국인과 나그네

1
외국인과 나그네

그리스도 안에서의 자유는 소망 안에서만 체험될 수 있으며, 소망이 없는 그 자유는 치명적 위험이다. 소망은 그 자체로 자유의 행동을 유발한다. 성서에는 소망과 자유 사이의 불가분한 관계가 있다. 우리를 영원성과 묶어놓는 소망은 상황에 대해, 사회 구조들에 대해, 이념 운동들에 대해, '역사'라고 불리는 것을 만드는 모든 것에 대해 우리의 자유를 불러일으킨다.

우리는 이 자유를 분명히 해주는 몇 가지 성서적 방향 제시를 검토할 것이다. 하지만 우리가 언제나 상기하는 것은 여기서 묘사하는 것이 세상의 구체적인 일에 참여하는 필수 조건이지, 확실하고 안정된 정황(이것은 자유의 정반대가 될 것이다)이 아니라는 것이다.

1. 뿌리 뽑힘 / 실향

"이 사람들은 다 믿음을 따라 죽었으며 약속을 받지 못하였으되 그것들을 멀리서 보고 환영하며 또 땅에서는 외국인과 나그네로라 증거하였으니 이같이 말하는 자들은 본향 찾는 것을 나타냄이라 저희가 나온 바 본향을 생각하였더면 돌아갈 기회가 있었으려니와 저희가 이제는 더 나은 본향을 사모하니 곧 하늘에 있는 것이라 그러므로 하나님이 저희 하나님이라 일컬음 받으심을 부끄러워 아니하시고 저희를 위하여 한 성을 예비하셨느니라"(히 11:13-16).[1]

구약의 인물들은 자신들이 외국인과 나그네임을 '인식'했다. 이런 경험은 모두의 경험이다. 그것은 하나님이 자신을 계시하시는 사람의

---

[1] 성서 텍스트에 관해서, 지난 20여 년 간의 토론 끝에 내가 선택한 것을 상기하는 것이 어쩌면 무익하지 않을 것이다. 내가 여기서 쓰는 모든 것은, 언제나 하나 내지는 여러 성서 텍스트에 기초하며 항상 그 출발점으로 삼을 것이다. 나는 계시가 들어 있는 텍스트를 끊임없이 참고하지 않고서 기독교 윤리를 진술할 수 있다고 생각하지 않는다. 그러나 이 형식 자체가 하나의 지표와 방향 제시를 담고 있으며 '내용'을 위해 경시되어서는 안 된다. 성서적으로 의미는 양심적으로 연구된 텍스트와 분리될 수 없다. 이런 이유에서 히브리어 연구는 필수적이다. 왜냐하면 여러 가지로 읽기가 가능하다는 것을 고려해야 하기 때문이다. 한편, 나는 어떤 해석 방법도 배제하지 않으나(다양한 해석에 대해서는 Cahiers bibliques de *Foi et vie*(octobre, 1980)를 참고할 것), 기질적으로 나는 역사-비평적 해석과 그리스도 중심적 해석 사이에 위치한다. 마지막으로 문제는 매번 텍스트의 현재화와 관련된다. 이것은 텍스트를 통해 사람들이 원하는 것을 말하고자 하거나 그것을 구실로 삼고자 함이 아니라, 당시의 문화 집단과의 관계가 무엇인지 보고 우리 사회 집단에 동일한 방식을 수행할 수 있는지를 분석하기 위함이다(그러므로 잘 이해해야 함이 관건이다!). 이때부터 연역적 신학의 고찰은 자격을 가질 수 없다. 성서 텍스트는 거기서 결과를 연역하는 하나의 '원리'로서가 아니라, 더 이상 우리의 사회가 아닌 사회에서 하나님의 말씀의 표현의 완전한 모델로서 여겨진다. 문제는 이 시대를 위해 동일한 방식을 만들고 이 모델에 적합한 것을 발견하는 일이다. 물론 나는 왜 귀납적인 신학을 거부해야 했는지에 대해 다른 책에서 지적한 바 있다(*L'idéologie marxiste chrétienne*).

경험만은 아니다. 왜냐하면 우리는 우리가 원하건 원치 않건 간에 그런 존재이기 때문이다. 우리는 우리를 둘러싼 모든 나라에 외국인이대모든 것에 낯설다. 의사소통하기, 상호 이해하기, 우리에게 가장 소중한 것에 이르기가 어렵다는 것(또는 불가능하다는 것)은 매우 흔한 경험이며, 특히 우리 시대에 심각한 경험이다. 우리는 나그네다. 이것도 우리 철학에 매우 소중한 주제다. 우리는 아무것도 붙들 수 없으며, 무엇에도 우리를 고정시킬 수 없다. 광야에 있는 이스라엘의 상황을 또다시 상기할 필요가 있겠는가? 사실 이런 것이 이미지요 교훈이다(출 14:10-14). 이 선택은 근본적이다. 즉 평화롭고 안전하며 안락한 삶에서 노예로 남아 있느냐, 아니면 광야에서 자유롭게 되느냐의 선택이다. 광야 외에 어떤 장소도 자유에 적합하지 않다. 우리는 자유에 대한 담론을 전개할 때 이 점을 소중히 여겨야 한다. 모든 보장, 모든 안전, 모든 보호, 모든 질서가 사라진 곳 외에 자유에 적합한 다른 장소란 없다. 자유는 우리를 광야로 밀어넣으며, 우리는 거기서 살고 정비하며 그곳을 인간답게 만들고 우리의 존재로 채워야 한다. 자유롭게 되도록 부름 받는 것은 그 자체로 이전의 모든 공통된 장소들과의 단절이다. 이 부름을 받아들이는 것은 사회의 모든 안전에 실제적인 문제를 제기함으로써 이 광야에서 사는 것을 용납하는 것이다. 그렇지 않다면 그것이 어떤 자유인지 입증하려고 애쓸 필요가 없다.

이것은 우리 사회에서 나에게 근본적으로 보인다. 보험, 대책, 안전, 상호성의 조직망 속에, 그리고 복지, 복지 욕구, 복지 달성, 안위와 행복의 열정 속에 있으면서 스스로 그리스도 안에서 자유로워졌다고 믿기란 불가능하다. 이 양립불가는 상대적이거나 부수적이 아니라,

반대로 철저하며 궁극적이다. 우리로 이것을 못 믿게 하고 화해를 추구하도록 만드는 것은 우리의 약한 성격과 일반화된 미지근함이다. 하지만 분명 이것은 절망케 하는, 어쩌면 절망적 상황이다. 인간에게 이것은 수용할 수 없는 인간 조건이다. 따라서 인간은 모든 방법을 다해서 그 조건을 피하고 땅에 뿌리박으려 애쓴다. 이 절망에 직면해서 어쩌면 그리스도인의 역할은 이 인간에게 어떤 고정된 탐지점을, 뿌리내리기의 준거 요소들을 제공하는 것이리라. 우리는 자발적으로 이 조건을 피하고 외국인과 나그네가 되는 것을 그치려고 애쓰며, 무언가를 붙들고자 애쓴다.

  그런데 자연인으로서 우리는 이런 경향을 이해하고 용납해야 하며, 정확히 그에게 정착할 수단을 제공함으로써 그가 살 수 있도록 도와야 한다. 하지만 그리스도인으로서 우리의 태도는 반대가 될 수밖에 없다. 히브리서에 기록된 이 인물들은 그들의 자연적 조건이 그랬음을 인정했을 뿐만 아니라 나아가 그렇게 되기를 원했다. 그들은 이 뿌리뽑힘을 선택했다. 왜냐하면 그들이 하나님에게 부름 받았고, 이것이 다른 모든 것과 단절하여 별도로 있도록 부추겼기 때문이다. 또한 이를 통해 그들이 '약속된 것들'을 멀리서 보고 환호했기 때문이다. 그들은 예수 그리스도의 사역에서 하나님의 사랑을 보았고, 역사 속에서 '하나님의 기획'을 보았으며, 그들에게 베풀어지고 그들을 기다리는 은총을 보았고, 하나님이 오실 이임을 보았다. 그러므로 그들은 그들이 하나님을 믿었기 때문에 외국인이 되었다. 태어나면서 외국인이 아니기 때문에, 경험으로 그것을 인정할 수 없기 때문에 더욱더 외국인이 되었다. 그들은 그들이 사는 세상에서 외국인이 되었다. 그들은 이 세상을 헤아려보고, 설령 거기서 사는 것을 피할 수는 없다 하더라도, 어떤 점에서 그것이 그들의 장소가 아닌지를 알았다. 그들은 그것을 회수하고자 하기는커녕 거기서 외국인이 되기를 원했다.

그들은 나그네가 되었다. 하지만 모든 것이 우리에게서 빠져 나가고 사라지는 의미—이것은 우리가 뒤를 바라보고 회수하여 보관하고 애쓴다는 것을 의미함—에서가 아니라, 반대로 바울이 주는 의미에서다. 우리는 뒤에 있는 것을 버리고 망각하면서 앞으로 달려 나아간다. 여기서 나그네는 가인의 절망적 상황에 있는 것이 아니라, 자신이 어디로 가는지를 아는 자의 상황에 있다. 그는 가장 확실한 것과 가장 진실한 것을 향하여 나아간다. 목적도 없이 자기 자신이라는 목적에 고정되기를 무한정 추구하는 것은, 항상 외로운 느낌으로 하나의 도시를 창설하는 데 열중하는 가인의 방황의 변형이다.[2] 이런 방황과 실향은 자유의 정반대다. 자유는 이런 정황에서, 자기 발로 역사를 창출하면서 전진하는 사람의 정황으로의 변형이다. 그는 그가 어디로 가는지 누가 그를 기다리는지를 알기 때문에 이렇게 전진한다.

이 뿌리뽑힘이야말로 가능한 기독교 삶의 유일한 조건이며, 동시에 자유의 주된 표현이다. 모든 뿌리뽑힘이 이것과 관련된다. 다시 말해 인간 삶의 '정상적인 것'으로 나타나는 모든 것과의 단절과 관련된다. 이것은 예수 그리스도의 영원한 가르침이기도 하다. "네 모든 소유를 팔아 가난한 자들에게 나눠 주고 와서 나를 좇으라…손에 쟁기를 쥐고 뒤를 돌아보는 자는 내게 합당치 않고…나로 인해 부모와 형제를

---

[2] J. Ellul, 「도시의 의미」, 1992, 18쪽 이하.

버리는 자는…죽은 자로 그들의 죽음을 장사하게 하고…네 눈이 탐심의 계기가 되거든(다시 말해, 너로 소유를 원하게 하고 세상사에 동화되게 하거든) 네 눈을 뽑아라…." 이것은 실로 모든 '정상적인' 것, 적법하게 얻은 가장 소중한 것과의 단절이다. 그렇다면 조국, 민족, 정당, 사회 계급, 직업, 조합, 경제 구조, 경제 투쟁 등에서의 뿌리뽑힘은 얼마나 더 하겠는가? 이 모든 것은 우리의 일이 아니다. 아니, 보다 정확히 말해서 우리가 이 모든 것과 관련해서 철저히 뿌리뽑혀지는 경우에만 우리의 일이 될 수 있다. 우리가 그 안에 뿌리를 내리지 않고 이 모든 사회로 하여금 우리의 진행 방향을 따르도록 요구할 때, 그때 이것은 우리의 일이 된다. 다시 말해서 우리가 뿌리뽑힌 상태에서 이 세상을 짊어질 때 말이다. 이것이 정확히 아브라함과 야곱의 경우이며, 그들은 그들과 더불어 그들 자신의 기원의 운명을 짊어졌다.

그러나 우리가 이 모든 것에 모종의 중요성을 주는 한, 우리는 뿌리를 내린다. 그때 우리는 가인의 상태에 머물며(우리가 예수 그리스도를 고백함에도 불구하고!) 우리가 끈끈이처럼 달라붙어 있는 이 세상에서 아무런 쓸모가 없게 된다. 엄밀히 말해서 우리는 소경(다른 사람들과 사회)을 재앙으로 인도하는 소경이다. 우리가 소경인 이유는 약속된 것들에 시선을 고정시키지 않고 이 세상의 것들을 바라보기 때문이다. 우리는 죽음―운명의 최종 굳히기―이라는 재앙으로 인도하는 소경인 바, 그 이유는 우리가 사람들에게 줄 수 있는 유일한 섬김이 자유의 섬김이기 때문이다. 만일 우리 자신이 자유롭지 못하다면(우리가 사회적인 것에 뿌리내린 채 머물러 있다면), 자유롭게 될 수 있었을 유일한 것들을 숙명에 넘겨줌으로써 그것을 강화시켜 줄 뿐이다.

참된 나그네의 의미

그렇다면 무엇을 향한 뿌리뽑힘인가? 히브리서 저자는 참된 조국, 즉 아버지의 집이라고 말한다. 바로 그곳이 히브리인들의 집이 될 것이며, 거기서 그들은 더 이상 외국인과 나그네가 되지 않을 것이다. 우리의 조국은 하나님의 임재다. 왜냐하면 그분이 우리의 아버지이시기 때문이다. 아버지와의 만남이 있는 곳에 조국이 있다. 여행과 방황의 끝은 하나님의 안식이요 제칠일의 안식이다. 바로 이 조국의 척도에 따라서 사회와 세상에서의 모든 참여가 가능해진다. 텍스트는 분명하게 말한다. "이 사람들은…땅에서는 외국인과 나그네라 증거하였으니 이같이 말하는 자들은 본향[조국] 찾는 것을 나타냄이라"(히 11:13-14). 그러므로 이 조금도 유보 없이 참된 본향을 찾는 데서부터 우리는 우리가 외국인과 나그네임을 인식하고 또 그러기를 원한다. 우리가 보고 그것을 향해 가는 약속된 것들의 척도에 따를 때 남은 모든 것은 가치가 떨어진다. 물론 나는 누군가가 나에게 반론을 제기하리라는 것을 안다. "그것은 주지의 신비주의적인 역할이요, 수도회주의의 역할이며, 중세 사람들로 하여금 사회에 관심을 갖지 않도록 이끌어 가는 역할"이라고 말이다. 그것이 반동적이거나 반사회적인지 아닌지를 알아보는 일은 내게 그다지 중요하지 않다. 중요한 것은 "이것이 성서적인가? 성서 전체에 걸쳐 이 가르침이 있는가?"이다.

나는 우리 사회에서 이런 태도가 부정적이거나 부재하는 것이 아니라, 반대로 무엇보다도 필요한 것으로 공헌하는 것임이 새롭게 고려되어야 한다고 주장한다. 다시 한 번 말하거니와 이렇게 함으로써 현 사회에서 분리된다거나 그것을 거부하는 것이 아니라 현 사회의 구성원으로 남아 있으면서 그렇게 한다는 것이다. 아주 단순히 사회에 공헌할 수 있는 것은 한 가지 의미 때문이다. 곧 그[사회] 방황, 그 눈먼 역사의 의미다. 이렇게 함으로써 우리는 일련의 부조리한 사건들을 역사로 변형시키는 위험을 무릅쓴다. 이것은 오직 보여진 [계시가 보여준] 것들에 고정시킨 관점에서부터만, 그리고 그것들을 향해 나아감으로써만 가능하다. 이런 진행과 이런 여행이 이뤄질 때마다, 이런 뿌리뽑힘의 매 순간마다 뒤로 물러서는 일이 있을 수 있다. 너무도 불확실한 이 미래가 발견된다고 해서, 하나님이 억지로 우리를 전진시키지는 않으신다. "그들에게는 그들이 나온 고향을 생각하고 돌아갈 기회가 있었다"(히 11:15). 그들은 그들이 포기한 것을 향해 뒤를 돌아볼 수도 있었다. 그들은 고도의 소비 사회에 있는 행복에, 그리고 확실한 과학에 틀어박히며, 소중한 것들—직업, 안락, 정치, 돈, 진보, 혁명, '사회적인 것' 등—로 되돌아갈 수 있었다. 이것은 언제나 가능하다. 우리에게는 언제나 해야 할 선택이 있다.

  백 번도 넘게 말했거니와, 하나님이 주신 자유의 경이로움은 한편으로 우리의 구원이 단번에 얻어져서 무엇도 그것을 우리에게서 빼앗아갈 수 없다는 것과, 다른 한편으로 삶에서의 우리의 결정이 결코 결정적이지 못하며, 하나님은 그것을 바꿔야 할 위험을 무릅쓰기를 우리에게 매일 남겨두신다는 것이다. 그런데 유혹은 막강하다. 왜냐하면 하나님의 본향의 실체가 멀리서만 우리에게 나타나기 때문이다. 히브리서가 말하는 이 사람들은 이것들을 붙들지도 체험하지도 못했다. 그들은 아무것도 얻지 못한 채 죽었다(아브라함도 모세도). 그들은 지속적이고 영원한 응답을 전혀 받지 못했고, 명백하고 결정적이며 뚜렷한 계시를 갖지 못했다. 여기에 기록된 것은 정확히 우리 그리스도인의 조건이다. 우리는 현세에서 약속된 것을 얻을 수 없는 길로 들어섰음을 알아야 한다. 문제는 이 뿌리뽑힘을 단순한 약속 위에서 작동시켜야 하며 실제로 환상을 쫓는 일과 관련된다. 이것이 신앙이다. 바로 이 신앙을 설명하기 위해서 히브리서 기자는 우리에게 이런 조건을 상기시키고 있다.

그러나 바로 이 조건이야말로 뿌리뽑힘을 신앙의 유일하게 합리적이고 가능한 표현이 되게 한다. 이 주제에 대해 우리가 인용하는 예수의 모든 말씀을 되풀이해 보자. 그것들 역시 정확히 신앙과 관련된 말씀들이다. 환상을 쫓은 뒤 우리에게 살도록 주어진 유일한 실제적 현실은 하나님이 우리의 하나님이 되신 것뿐이다—"그러므로 하나님이 저희 하나님이라 일컬음 받으심을 부끄러워 아니하시고"(히 11:16). 하나님이 부끄러워하지 않으셨다는 말은 특별한 신인동형적 표현이다! 하나님은 인간을 만든 것을 부끄러워하셨고 자신의 창조가 이렇게 된 것을 부끄러워하셨다. 왜냐하면 인간이 그것을 손상시키고 망가뜨리는 방식으로 소유하고 있기 때문이다. 인간이 외국인과 나그네임을 인식할 때, 인간이 자기 만족을 위해 창조의 자원을 개발하는 일에 더 이상 관심을 갖지 않고 이 불확실한 것들을 향해 신앙으로 전진할 때, 그때 하나님은 더 이상 부끄러워하지 않으신다. 그분은 그들의 하나님이라 불림을 받아들이시는 것이다. 그분은 이 사람들이 자신을 부르는 것, 다시 말해 기도하는 것을 받아들이신다. 정확히 예수께서 주기도문을 통해 하나님을 "우리 아버지"라고 부를 힘을 우리에게 주신 것처럼 말이다.

나아가 하나님은 이 사람들이 다른 사람들 앞에서 그분을 이렇게 부르도록 허락하신다. 그분은 이 사람들을 통해서 자신이 계시되기를 허락하신다. 이것이 바로 증인이다. 곧 하나님을 '자신의 하나님'이라고 부르도록 허락된 사람 말이다. 이들은 이 사회에서 스스로를 외국인과 나그네로 인정하는 실향민들일 뿐이다. 그들이 실향민들인 한에서만 그들은 증거할 수 있다. 사람들이 밤에 "하나님은 어떤 분인가?"라고 던지는 질문에 오직 이 사람들만이 답을 하도록 허락하신다. 그들은 답을 해야 하며, 그들의 답은 하나님이 그들을 인정하시기 때문에 참이다. 물론 우리 모두는 증인이란 순교자를 의미한다는 것을 안다. 하지만 우리는 로마의 원형경기장들이나 중국의 예수회 수사들을 본다. 현실적으로 순교자란 자신의 사회적 조국을 위해 열정을 바치는 사람, 멀리서 본 것을 위해 이 약속 위에서 자신의 삶을 움직이는 사람이다. 그들로 하여금 하나님이 약속하신 것들이 우리 사회에서 얻어야 할 중요한 것들보다 더 가치 있도록 만드는 것은 바로 이 내기 때문이다. 하나님으로 부끄럽지 않게 만드는 것은 이 "이것이냐 저것이냐"의 선택이다. 바로 이것 때문에 그들은 증인이다. 정치적인 것, 사회적인 것, 세상의 구조물, 우리의 이익, 우리의 돈과 관련된 이 자유는 증언을 가능케 하는 조건이다.3)

예수께서 70명의 제자들을 이스라엘 도시들로 보내면서 주신 교훈을 생각한다면 이처럼 명백한 것을 반복해야 하는 것이 분명 놀라울 따름이다. 하지만 오늘날 우리는 끊임없이 그 정반대의 것을 듣기 때문에 불행히도 반복해서 말해야 한다. 증언하기 위해서 "다른 사람들과 동일한 언어로 말해야" 한다는 것이다. 다시 말해서 그들의 관심

---

3) Cf. J. Ellul, "Témoignage et société technicienne", in *Le témoignage* (éd. E. Castelli, 1972). 이 가운데 특별히 Castelli, Ricoeur, Gouhier, Levinas, Rahner의 연구들을 보라.

사와 그들의 생활 방식을 채택하고 그들과 더불어 같은 방향으로 행동하며, 동일한 참여와 동일한 열정을 가지며, 정당과 조합에 들어가야 한다는 것이다. 그런데 성서적으로 이것은 가장 큰 오해다. 우리로 증인이 되지 못하게 막는 것이 정확히 이것이다. 바로 이것이 하나님이 우리 하나님으로 불리기를 부끄러워하게 만드는 것이다. 이것은 우리가 말로 세상에 충분히 책임을 지고 있지 않기 때문이 아니라, 우리가 너무나 참여함으로 말미암아 우리 그리스도인들이 노동, 정치, 경제 이념의 세상에서 완전히 소외되기 때문이다. 절대적으로 헛되고 공허한 언어에 참여하는 것은 **말씀**의 언어를 효과 없게 만든다. 들려지는 말의 증인이 되기 위해서는 이 사물의 문명과 관련해서 외국인과 나그네가 되어야 한다. 우리가 이 세상에 채택될 때 증언은 아무런 효과가 없다. 고민스럽게 증언의 내용이 무엇인지, 수행해야 할 '비신화화-재신화화'가 무엇인지를 물을 필요가 없고 다만 증인의 자격이 무엇인지를 물어야 한다. 하나님이 우리를 증인으로 삼으실 때, 다시 말해 그분이 '우리 하나님'으로 불림을 부끄러워하지 않으실 때, 그때 증언은 존재한다. 하지만 이것은 하나님이 우리가 사는 이 사회 집단인 이 땅에서 오직 나그네와 외국인으로서만 존재한다는 것을 인정하면서 우리에게 주시는 자유를 우리가 담당했을 때 일어난다. 세상일에의 능동적인 모든 참여는 분명 존재를 보장하지만 증언을 고갈시킨다.

 그러므로 사회의 모든 정황과 관련된 뿌리뽑힘은 삶 속에 하나님이 개입하신다는 표현이다. 그리스도인의 자유는 뿌리뽑힘을 낳는다. 언제나 상기되는 사례는 아브라함이다. 이 세상을 구성하는 모든 것과 관련해서 뿌리가 뽑힐 때만 하나님에 대해서 확실히 자유로울 수 있다. 다른 방식으로 말한 것이 '외국인과 나그네'다. 그리고 이것이 광야의 의미다. 이스라엘 족속 가운데 레위 족속은 자유의 바로 그 표지인 이 뿌리뽑힘의 생생한 증인으로 남아야 했다. 누구든 반대로 뿌리를 정착할 경우, 그는 그리스도 안에서의 자유에 따라 자유롭다고 주장할 수 없다.

여기서 잠시 정착/뿌리내리기에 대해 살펴봐야 한다. 어째서 정착이 성경에서 그토록 자주 정죄되는가? 정죄되는 것은 장소, 가정, 사물과의 관계가 아니다. 흔히 말하는 것과는 반대로 뿌리뽑힘이 시련의 영역이 아니듯이, 뿌리내리기의 정황은 어떤 장소에서 어떤 재화를 사용하는 것 이상의 상태다. 존재와 소유라는 전통적인 대비를 통해 말하자면, 뿌리내리기란 존재가 소유로 바뀌는 것이라고 말하겠다. 재산의 소유가 존재하는 것을 변형시킨다는 사실이다. 만일 소유하는 것과 관련해서 완전히 독립적으로 살고 "자기 자신으로 남을"(물론 나는 이 말에 비판적 요소가 있다는 것을 안다) 수 있다면, 그때 뿌리내리기란 없을 것이다. 그렇기 때문에 성경은 소유보다는 뿌리내리기를 더 공격하는 것이다. 게다가 이것은 자신이 처한 정황의 정당화에 의해 세워진다. 존재가 소유로 바뀌는 표지는 존재가 자신의 현재 모습으로 있고 현 소유를 갖는 것을 스스로 정당화한다는 사실이다. 더 계속하지 않겠다. 이 모든 것은 나중에 다시 되풀이될 것이다.

사회학적 실향은 자유가 아니다

하지만 선결 문제를 다뤄야 한다. 종종 우리 대중, 도시, 산업 사회가 고향의 뿌리가 뽑힌 사람들의 사회라는 말을 듣는다. 인간은 자신의 '고향'과 '소속'을 상실했고, 불확실한 고용에 넘겨져서 거리로 내몰린 사회적 힘의 노리개가 되었다. 뿌리뽑힘이 그리스도 안에서의 자유의 표현 가운데 하나임을 고려한다면, 아마도 우리는 이 뿌리뽑힘을 즐거워해야 할 것이다. 이것이 일례로 하비 콕스가 「세속 도시」(*Secular City*)에서 사회의 진보가 깊은 영적 진리를 표현하고, 따라서 하나님의 뜻에 부합된다는 것을 입증하고자 하면서 생각해 낸 것이다.

나는 여기에 엄청난 혼동이 있다고 생각한다. 성경 어디에도 아브라함이나 엘리야의 실향이 더 낫고 더 살 만하며 더 쾌적한 상황이라고 기록된 곳이 없다. 그것은 그리스도 안에서 자유로워진 사람이 치러야 할 힘든 전투다. 하나님의 은총이나 사랑을 모르는 자에게 뿌리뽑힘은 무엇이 될 수 있겠는가? 그것은 완전히 견딜 수 없고 매정하며 비극적인 상태다. 뿌리뽑힘은 사회적 병이요 심리적 질병의 산물이다. 절대적으로 그렇게 여겨야 한다. 은혜가 우리를 자유 가운데로 집어넣을 때, 은혜가 우리의 뿌리를 뽑을 때, 그때 은혜는 우리를 불안 상태에, 비정상적이고 반-본성적인 상황에 위치시킨다(인간의 본성은 뿌리내릴 장소와 소속을 갖는 것이며, 자유는 인간과 관련해서 언제나 비정상적이다!). 우리는 하나님의 사랑으로 이 상황을 견디도록 부름 받으며, 그리스도 안에 소망이 있기 때문에 이 모험으로 진행하라고 부름 받는다. 이 소망이 없다면 신학적으로도 뿌리뽑힘은 저주의 표현이다. 이것이 가인의 정황이다.

가인과 아브라함이라는 대립된 두 실향 유형을 통해서 우리는 명백히 콕스의 관점으로 들어갈 수 없음을 본다. 사회학적인 이유로 생긴

실향은 인간에 대한 하나님의 사랑의 의지를 이루지 못한다. 그것은 가인에게 부과되는 저주와 정확히 일치한다. 인간은 이 영적 기초에 대해서 아무것도 모른 채 저주로서의 실향을 산다.

이때부터 우리는 완전히 모순적인 태도를 채택해야 한다(그리고 이것이 그리스도 안에 있는 자유의 표징이다!). 사회적 측면에서, 인간적, 정치적, 심리학적 측면에서, 그리스도인으로서 우리는 모든 형태의 뿌리뽑힘과 싸워야 한다. 단순히 말해서 인간은 살 수 있어야 한다. 장소, 공정하고 건강한 환경, 삶의 터전, 규모에 맞는 소속 집단이 있어야 한다. 물론 이렇게 하면서 우리는 가인의 방황이라는 하나님의 뜻을 거스르지 않는지를 알 필요가 있다. 그러나 우리 그리스도인에게는 결코 하나님의 정죄와 저주를 수행할 책임이 없다. 자신에게 저주의 상태를 주고 자기 자신의 행위로 하나님의 정죄를 수행하는 것은 바로 죄 가운데 있는 인간 자신이다. 뿌리뽑힘을 만들어 내는 것은 죄인인 인간 자신이며, 계시는 그것이 저주라고 말한다. 우리는 역행해서는 안 되며, 이런 저주가 있음을 알면서 그것을 이루려고 노력해서는 안 된다! 반대로 그리스도 안에 있는 사랑만이 우리의 행동에 영향을 주어야 한다. 증거의 영역에서뿐만 아니라 보존의 영역에서도 말이다. 인간은 어쩌다가 삶에서 하나님을 영화롭게 하기 위해 삶을 살 수 있어야 한다. 인간은 어쩌다가 하나님을 사랑하게 되기 위해서 자기 자신의 삶을 살 수 있어야 한다. 따라서 우리는 이 인생이 살 만하게 되도록 노력하고, 그것에게 장소와 소속을 구축해 주며, 그것이 뿌리내리도록 돕고, 심리적 질병들을 치유하고자 시도해야 하는 것과 마찬가지로 이 사회적 질병을 치유해야 한다. 그러나 복음 전파의 측면에서, 우리는 전혀 다른 태도를 취해야 한다. 뿌리가 내려진 사람들을 은총의 뿌리뽑힘으로 초대해야 한다. 물론 우리가 뿌리뽑힘으로 초대해야 하는 자들은 목자 없는 양처럼 방황하고 뿌리를 잃은 자들이 아니다! 그들이 사회학적인 비참함 속에서 어떻게 사랑의 하나님의 은총의 표징을 보겠는가? 어쩌면, 사회학적 실향민이 하나님이 사랑이심을 발견한 뒤에야, 그의 삶에서 회고적으로 하나님의 행위를 볼 것이며, 어쩌면 하나님이 자신을 부르신 자유의 표현으로서 이 뿌리뽑힘을 확인할 수 있을 것이지만, 그 이전에는 아니다!

이 사회학적 뿌리뽑힘은 결코 자유가 아니다. 그것은 독립이 될 수는 있으나(일례로, 도시로 간 농민은 우선 작은 마을에 있는 감시와 사회학적 억압의 무게와 관련해서 자유롭게 된다), 아주 빨리 이 독립은 백 가지 예속 상태로 되돌아온다. 실향은 온갖 예속을 만들어 낸다(히틀러 신봉자들이 모두 뿌리뽑힌 자들로 이뤄졌음이 무수히 말해지지 않았던가!). 나, 가정, 돈, 노동, 소유, 이념에 뿌리내린 자에게 은총을 통한 뿌리뽑힘으로의 부름은 실로 자유의 부름이다.

해방은 이 모든 유대와의 단절, 소유에 의해 부패된 존재의 정당화의 단절을 거친다. 그러나 사회학적으로 뿌리뽑힌 자에게 자유를 향한 우발적인 행보의 첫걸음은 인간적으로 살 만한 삶에 뿌리내리는 것일 수밖에 없다. 그리스도에게로의 회심이 뿌리뽑힘의 의미를 갑자기 발견하게 하지 않는 한, 그리고 불쑥 모든 중간 단계들을 건너뛰지 않는 한 말이다. 하지만 그리스도인으로서 우리만이 유독 이 증거를 담당하는 것은 아니다. 두 가지 길로 들어서야 한다. 뿌리뽑힘에의 호소는 순종의 선택으로서, 광야에 들어가기로서, 하나님의 모험으로서, 뿌리내린 사람들에게 전달된다. 이때 하나님의 은총이 새로 주어진 상황의 비정상성을 벌충하여 가혹하고 충격적이 되기를 그치게 한다는 것을 알아야 한다.

그런데 이 상이한 두 방향은 다음 두 가지 영역과 관련된다. 뿌리뽑힘에의 호소(회심의 호소처럼)는 오직 개인에게만 전달될 수 있다. 은총이 이런 형태의 자유로 표현될 수 있는 것은 바로 철저히 개인의 영역에서다. 반대로, 인간에게 안정된 환경을 회복시켜 주어 아주 단순히 안정된 삶을 영위하도록 뿌리내릴 수 있게 해주는(역시 자유의 이름으로) 것은 오직 집단적인 영역에서, 구조와 사회학적인 것의 영역에서만이 이뤄질 수 있다. 이것은 결코 그리스도인의 사역의 최고봉이 아니며 '선행'이라 일컬어진다. 오늘날 정치적인 이유에서 과대평가되는 이것은 영적인 이유에서 오랫동안 과소평가되었다. 어쨌건, 여기에는 기독교적인 특수성이 없다는 것을 알아야 한다. 살 만한 사회라는 이 뿌리내림을 부인하고자 하는 것이 신앙 행위의 본질로서 여겨질 수 있는 것은 오직 중세의 관점—유감스런 혼동일 뿐인 기독교 세계의 창설—으로만 가능하다. 그러므로 인간이 살기 위해서 해야 할 일이 있을 뿐이다. 이것은 중요한 것이지만 최후의 말이 아니라 시작의 말이며, 특별히 기독교적이라 할 것이 아무것도 없다. 단순히 사랑은 다른 사람들과 더불어 이 일을 하게 한다. 자유의 소망은 이 뿌리내림이 자유의 가능성을 위해 매우 본질적임을 고려하게 한다. 하지만 단지 이것을 위한 것일 뿐이다. 그러므로 더 중요한 것, 결정적인 것, 우리의 결단을 촉구하는 것이 남아 있다. 그것은 뿌리뽑힘 가운데 있는 자유의 효과적인(잠재적이 아니라) 경험이다.

2. 세상의 사용

다음 정황을 보자 : "때가 단축하여진 고로 이후부터 아내 있는 자들은 없는 자같이 하며 우는 자들은 울지 않는 자같이 하며 기쁜 자들은 기쁘지 않은 자같이 하며 매매하는 자들은 없는 자같이 하며 세상 물건을 쓰는 자들은 다 쓰지 못하는 자같이 하라 이 세상의 형적이 지나감이니라 너희가 염려 없기를 원하노라"(고전 7:29-32).

분명 결혼하는 것, 다시 말해 가정을 이루는 것이 금지되지 않으며, 우는 것, 다시 말해 우리가 집착했다가 잃어버린 물건들과 존재들을 아쉬워하는 것도 금지되지 않는다. 다시 한 번 말하거니와, 이것은 포기의 도덕이나 스토아주의 도덕이 아니다. 매매하는 것, 따라서 경제적 삶에 참여하는 것, 전반적으로 말해서 세상을 사용하는 것이 금지되지 않는다. 그러나 이런 행위, 이런 정황에서 그리스도인이 단순히 다른 사람들처럼 존재하기란 불가능하다. 다시 말하거니와, "그러면 어떻게 해야 하나?"라는 우리의 질문에 바울은 우리가 어떻게 존재해야 할 것인지를 말함으로써 답한다. 결혼한 자는 아내를 버리거나 오늘날 유행인 성 경험에 빠져서는 안 되며, 또한 아내 때문에 세상일에 얽매여서도 안 되고(고전 7:34), 마치 상황이 종결된 것처럼 결혼생활에 틀어박히지도 말아야 한다. 울거나 웃는 자는 마치 그렇지 않은 자같이 하라. 고난과 기쁨이 예수 그리스도에 의해 구원받은 자를 흔들어놓아서는 안 된다. 눈물이 절망과 무로 끌어가서는 안 되며, 웃음이 존재와 무의 기분 전환으로 끌어가서는 안 된다. 무얼 사는 자는 그것을 소유하지 않는 자가 되어야 한다. 왜냐하면 소유하는 자는 하나님 앞에서 자신이 주인임을 주장하는 자이며, 따라서 자신과 자신의 소유를 혼동하고 그로 말미암아 자신이 소유하는 것에 운명적으로 집착하는 자이기 때문이다.

이것은 "네 보물이 있는 곳에 네 마음이 있다"의 문제다. '소유 의식'을 갖는 것은 소유주가 되는 것이며, 결국 소유하는 것들 가운데 존재하는 것이다. 사물에 대한 모든 열정은 곧 자아 상실이다. 결국 이 말씀은 온통 세상을 소유하는 쪽으로 흘러가는 우리 문명의 전 기획에 대한 철저한 비판이다. 인간은 이 세상을 소유하면 소유할수록 더욱 소외된다. 한 세기 반 전부터의 경험은 정확하게 복음의 내용을 확인시켜 준다. 다시 말하거니와 이것은 인간으로 하여금 하나님이 우리에게 알려 주시는 이것들을 누리지 못하게 하기 위함이 아니라, 인간으로 하여금 단순히 존재할 수 있게 하기 위함이다. 그런데 우리가 그리스도 안에서 해방된 한, '소유하지 않은 것처럼' 존재할 수밖에 없다.4) "세상 물건을 쓰는 자들은 다 쓰지 못하는 자같이 하라."

그러므로 세상의 사용은 완전히 인정된다. 우리는 우리 사회에

---

4) 소유 사회에서 소비 사회로 옮겨갔다는 사실은 엄밀하게 문제에서 아무것도 바꾸지 못한다. 이것을 입증하는 것은 마르크스의 소유를 통한 사물화 분석이 오늘날 소비를 통한 사물화 분석처럼 되풀이된다는 것이다. 우리가 '소유하지 않은 자같이'라는 말씀을 적용하는 것은 더 이상 재화를 소지하지 않기 때문도, 더 이상 축재를 하지 않기 때문도 아니다. 사실상 우리는 끊임없이 새로워지는 필연에서, 언제나 더욱 소비하는 무절제한 욕구의 창조에서 여전히 노예다. 우리의 자유는 결코 제도의 변화와 구조의 변화에서 유래하지 않는다.
의미 있는 것은, 한편에서 사회학자들(Lefebvre, Goldmann)이, 다른 한편에선 소설(신소설)가들이 다양한 물품들의 소유와 소비가 인간을 사물화의 과정에 위치시킨다는 사실을 강조한다는 점이다. Perec의 소책자 「사물」은 다소 어설프게 이 점을 입증하고자 시도했다. '신소설'의 선포는 훨씬 더 눈부시다. 우리 사회에서 인간은 사물이 되었다. Goldmann이 「신소설 사회학」에서 완벽하게 보았듯이, "여자, 애인, 질투하는 자는 이 구조 전체에서 사물이 되었다." "만일 이 인물이 사라지면, 사물들은 더 자율적이 되며 동시에 자신을 강화한다." "이 인물은 사물화된 세계로 대체되며 자신은 그 일부가 된다." 이것은 고등 소비 사회에서의 인간의 구체적 정황과 일치한다.

속한 모든 것을 사용할 수 있다. 하지만 사용이라는 용어는 우리를 단순히 '사용자'로 만드는 세상5)에 대한 초연을 의미한다. 여기서도 우리는 잠정적인 정황을 발견한다. 우리는 아무런 애착 없이, 아무런 신화화 없이, 아무런 과장 없이 그저 사용한다. 그것들은 사용되는 사물들이며, 그것이 정당이건 기술이건 예술이건 어떤 것이건, 중요성을 부여하지 않은 채 단지 사물로서 여겨져야 한다. 하지만 더 나아가 통상적인 태도로 볼 때, 사회적 내지는 경제적인 것들의 사용은 모종의 결과(종종 이념화된)나 이익을 위해 실행된다. 그런데 이 두 가지 방향은 '사용하지 않는 것같이 사용하기'에 의해 거부된다. 다시 말해 이런 성서적인 사용은 우리를 사용의 통상적인 결과로 이끌어 가지 않는다. 우리는 모든 사람들이 이 사용에서 추구하는 목적을 채택해서는 안 된다. 우리는 특별한 어떤 결과나 이익을 추구해서는 안 되며, 단지 그 안에 '존재'해야 한다. 예수 그리스도가 우리를 자유롭게 하는 그대로의 우리 자신으로 남는 것이야말로 우리에게 주어지는 명령이다.

세상 사용의 한계

우리는 모든 것을 사용할 수 있다. 다만 이 사용이 예수 그리스도를 통해 되어 가는 우리 존재를 타락시키지 않는다는 조건 하에서, 이 사용에 의해 흔들리고 부패되지 않는다는 조건 하에서 말이다. 이

---

5) 혼인, 눈물, 구매를 열거하고 맨 마지막에 나와 이 모든 것을 요약하는 '세상'이란 용어는 세상과 사회의 동일시를 확인해 준다.

세상의 사물의 사용, 조작, 인수는 사물의 소유와 마찬가지로 위험하다. 우리의 문명에서 만일 세상의 소유가 우리 사회의 집단적인 위험이라면, 재화의 사용은 개인적인 위험이다(개인 소유와 소유권 역할이 축소되었기 때문에). 진짜 문제는 부패한 개인적 소유권의 문제가 아니라, 동일하게 부패해 있으면서 증가하는 소비의 문제다. 소비와 사용에 빠져 있는 자는 본질상 잠정적인 이 사물들과 그 운명을 같이 해야 한다(마 6:21). 바로 이것이 일례로 기술 문제에서 첫눈에 나타나는 현상이다. 물론 성서의 표현은 현 사회의 모든 기술 수단의 사용을 역시 허용한다. 하지만 사용을 멈추기가 불가능하다. 어쩌면 "너희는 모든 것을 사용할 수 있다"이건, "이 사용은 가능하나 사용하지 않는 것 같은 보완물로 제한된다"이건 둘 중 하나다. 기술과 관련되어서 두 가지 지적을 부연해야 할 것으로 보인다.

첫째, 이런 (다 쓰지 못하는 것처럼 쓰는) 태도는 분명 기술 재화에 대한 행동 방침을 주긴 하지만, 현 사회에 있는 기술 문제를 결코 해결하지 못한다. 우선적으로 그 이유는 기술이 우리가 자유롭게 사용할 수 있는 기술 재화의 총체가 아니라, 사회의 모든 구성원들에게 구조와 제도와 행동을 강요하는 이념적이고 실용적인 완전한 체계이기 때문이다. 기술의 전반적인 현상이 어디서건 단호해지는 것은 누군가가 상이한 태도를 채택하기 때문이 아니다. 내가 종종 지적했듯이, 이것은 중립적인 대상을 선하게 혹은 나쁘게 사용하는 문제가 아니기 때문에 더욱 그러하다.6) 기술은 중립적 대상이 아니다. 그것

---

6) 나는 G. Fridmann(*Sept études sur l'homme et la technique*, 1967)이 한때 그가 거부했던 이 생각—기술이 중립적 대상이 아니라는 것—에 동의한 것을 확인하고 기뻤다. 내가 1950년에 분석한 기술의 비-중립성은 당시에는 물의를 일으켰으나 오늘날에는 모든

은 특별한 방향을 가지며, 그것을 우리가 좋은 대로 선하게 혹은 나쁘게 사용할 수 있는 것이 아니다. 그럼에도 불구하고 이 첫 번째 한계의 내부에 "다 쓰지 못하는 것처럼 쓰라"는 지시는 기술의 선한 사용을 위한 하나의 지시다.

그러나 즉시 두 번째 지적을 해야 한다. 실제 문제는 이 재화의 사용 자체를 위해 기술이 품고 있는 의미다. 모든 기술 수단은 힘의 수단이요, 소유, 지배, 조직, 사용 수단이다. 기술에는 다른 것이 없다. 심지어 인간의 가장 큰 선을 위해 이 수단을 사용한다고 주장하는 경우에도 이것은 사실로 남는다. 그런데 정확히 위에 인용한 성경 본문 전체는 우리로 하여금 소유와 사용과 지배의 망상에 빠지지 말라고 경고하기 위해서 쓰였다. 그것은 우리를 부추기어 소유의 관계를 사랑의 관계로 대치하게 하기 위해서 쓰였다. 그 순간 본문은 기술 수단의 사용과 수단 자체를 전적으로 의문에 부친다. 실제로 기술 수단은 사랑의 전달자나 표징이 될 수 없으며, 사랑에 의해 지배되고 이끌리는 사용을 허용할 수도 없다. 나는 철학자나 신학자라면 이것의 불가능성을 보지 못하리라는 것을 잘 안다. 하지만 그것은 기술 현상의 실재에 대한 무지에 기인한다. 우리는 사고당한 자를 실어 나르기 위해 자동차를 이용하고, 환자를 보호하기 위해 의약을 사용하며, 전화로 사랑을 고백할 수 있다. 이 모든 것은 기술 문명과 아무런 관련이 없다. 기술 문명의 방향은 철저하게 다르다. 문제는 어떤 형태의 행동(사랑의)을 다른 형태의 행동(기술적)으로 대치하는

기술 연구의 흔한 얘기가 되었다. 일리히(Illich) 이래 지난 십여 년 간의 과학 및 기술에 대한 모든 저자들에게서 이런 분석이 발견된다.

데 있다. 이 두 행동은 포개지지도 화해되지도 않는다. 이것은 기술적인 모든 것에 대한 거부를 의미하는가? 말도 되지 않는다! 그렇다면 우리는 이미 하나님 나라에서 살고 있다고 상상해야 한다. 물론 우리는 이 기술들을 사용하는 것 외에 달리 할 수 없다. 하지만 이렇게 함으로써 우리가 그리스도 안에 있는 자유의 행동과는 전반적으로 반대되는 행동으로 들어가 있음을 알아야 하며, 그리하여 그 반대의 행동인 자유의 행동을 제시하고 때로 구현함으로써 그 기술적 행동을 끊임없이 문제시해야 한다. 그렇다고 이 자유의 행동이 결코 기술적 행동의 구체적인 효력을 부인하는 것은 아니다. 본문의 이 명령은 한 가지 의미만을 갖는 것이 아니며 획일적인 행동을 규정하지도 않는다.[7]

하지만 우리가 빠르게 서술해 온 것이 의지(intention)의 문제로

---

[7] 자유가 엄격함과 밀접하게 연결되어 있음을 상기시키는 Onimus(*L'éclatement*, 1979)는 지극히 옳다. 그에 따르면 "진정한 자유—창조하는 자유, 모든 자기 존재와 더불어 존재하는 자유—와 엄격함 사이에는 명백한 유대가 있다…나는 실천이고 수술적인 영역에서 명백히 해방의 요인인 기술 진보를 공격하지 않는다. 나를 분노케 하는 것은 이런 종류의 해방이 내게 강요하는 제2의 소외다. 체계를 이용해야 하지만 그것의 주인으로 남는 것이 더 중요하며, 그것이 확실히 불가능할 경우 거기서 벗어나는 용기를 가져야 한다." 기술 체계와 기독교 윤리가 접목된 연구에서 나는 결코 [위에 인용된 글과] 다른 말을 하려고 시도한 적이 없다. 내게 있어서 문제는 반-기술주의가 아니라, 기술에서 유래하는 예속 상태를 들춰냄으로써 그것에서 벗어나는 법을 배우는 것이다. 그런데 기술이 풍요와 소비를 통해 우리를 장악하기 때문에, 자유의 유일한 방향은 명백히 엄격, 소비 축소, 모종의 금욕이다. 여기에는 두 가지 유보 사항이 있다. 먼저 이중적으로 고약한(기독교적 관점에서 그리고 자본주의의 축적으로 이끈다는 점에서) 퓨리턴의 금욕주의로 되돌아간다는 말이 아니다. 다음으로 가난한 자들이 아니라 통 큰 소비자들에게 엄격함을 설교하는 것이다. 그리고 가난한 자들에게는 엄청난 생산 능력이 그들에게 무엇을 제공하는지를 알게 하면서, 동시에 그것이 그들에게 자유를 주지 않는다는 것, 자유가 그들이 적은 소비로도 발견할 수 있는—정확히 모든 가난한 사람들이 언제나 그것을 발견했듯이—이웃 및 사물들과의 다른 관계를 전제한다는 것을 가르치는 일이다. 엄격함의 길은 오늘날 자유를 위한 피할 수 없는 길이다.

이끌려 갈 수 있는가? 분명 이런 태도의 기초는 의지다. 그것은 때로 그들에게 다른 동기(이건 새로운 나무의 뿌리다), 다른 내용, 다른 목적을 줌으로써 동일한 행위를 할 수 있게 하는 것이다. 이것은 즉각적으로 보이는 것이 아니다. 예를 들어 우리가 정치 활동에 참여할 수 있으나, 그것은 정치의 가치, 도달해야 할 목표(상대적으로 다른 목표보다 선호할 수 있는)를 믿기 때문이 아니라 사람들과 만나고 그들 주변에 존재할 기회가 되기 때문이다. 그러므로 이것은 내적 초연, 하지만 보이는 결과를 포함하는 초연을 전제한다. 간단히 몇 가지 사례를 들어보자.[8] 인간들을 사로잡고 흥분시키는 모든 것에 대한 해학(기독교의 덕행인 유머), 어떤 행동에 참여하되 인간들이 그것에 부여하는 의미를 체계적으로 거부하면서 참여하기(일례로 생산성에 대한 열광적인 의미 부여를 거부하면서 노동하기), 우리가 손으로 하는 일에 대해 전적으로 좋아하는 태도(우리가 원자력, 마이크로프로세서, 국가, 가치들, 진보 등을 열렬히 좋아할 때)의 거부, 모든 사람들이 기다리는 당연한 결과나 보상을 기다리지 않고 행동하기. 일례로 우리 그리스도인은 하나의 정치적 이념으로 승리하게 하기 위해 정치적으로 행동할 수 없으며, 승진하거나 더 많이 벌기 위해서 직업 생활을 할 수 없다. 하지만 이 모든 것에 있어서 우리는 내부에 머물러 있는 의지가 매우 빨리 단순한 위선과 합리화가 될 수 있음을 주의해야 한다.[9] 이 모든 것은 행동을 변형시키는 모종의

---

[8] 나는 자유의 양상들이 어떻게 무한히 서로 교차하는지를 입증하기 위해 이미 지적된 주제들을 의도적으로 되풀이한다.
[9] Jankélévitch(*Le paradoxe de la morale*, 1982)는 일반 상식을 가지고 의향―내가 종종 비판한―을 설명하고 강조한다. 그에 따르면 "악은 의지(intention)이지 다른 것이 아니다…악은 복수(複數) 형태가 아니라…이 분열을 활용하는 그리고 분열을 활용하면서

행동 성질에서 표현되어야 한다. 이런 존재의 자유는 그것이 행동의 자유에서 체험되지 않는 한 그것 자체를 부정한다.

이것이 바로 '사용자'라는 용어가 의미하는 바다. 만일 그리스도인의 행동이 비그리스도인의 행동과 일치한다면, 그때 비-사용이 되는 사용은 없다. 하지만 난관은 이런 행동에 대한 선결적인 기준이나 규정이 없다는 데 기인한다. 모든 것이 우연적이요 우발적이다. 자유로운 존재의 직접적인 표현의 문제라는 사실은 명백히 처방의 불가능함으로 이끌어간다. 이것이 표현되는 곳은 직접적인 상황에서이지 체계적인 이론에서가 아니다. 존재가 소유를 지배하는 것은 바로 이 행동의 과정 속에서다. 그런데 우리에게는 한 가지 더 해야 할 것이 있다. 이 성경 본문이 궁극적으로 부정적인가? 성경은 단순히 "사용하지 말라"를 말하는가? 그것은 개인의 입장을 지시하면서 개인주의적인가? 본문은 소유나 사용의 관계를 사랑의 관계로 대체하는 데로 이끈다. 본문이 세상 형적이 지나가기 때문에 이렇게 행동해야 한다고 우리에게 말할 때, 그것은 결코 우리 주변의 사람과 사물을 경멸하도록 하기 위함이 아니다. 아무튼 그것은 우리가 그것에 매달리지 않도록 경고하기 위한 것만은 아니다. 이것은 보다 멀리 간다.

가치들을 약화시키는 마키아벨리 식의 배신하는 의지다…애매모호하고 잘 구슬리는 말, 이것이 우리가 도덕 가치론이라 부르는, 그리고 주로 복수 형태의 절대와 관련시키는 장애물이다…이것은 의향들 안에 감춰진 악이며, 누구도 그것이 무엇에 기인하는지, 무엇으로 구성되는지, 그 기지(基地)가 어느 쪽에 있는지 모른다. 그것은 의도적이다. 그게 전부다." Jankélévitch는 '소중한 의지 운동'을 주장한다. 실상 도덕적 존재는 그 자체로 무한과 상호 모순된다. 그것은 끝없이 모호한 상황에 이르며, 오직 모순적으로만 응답하고, 다른 모든 것에서 도덕적 삶을 구별하는 것이 바로 의지다. Jankélévitch는 그가 윤리적 문제를 위치시킨 관점에서는 분명 옳다. 하지만 이것이 쉽게 이끌리는 성향이어서는 안 된다.

이 모든 것이 일시적이고 잠정적이기 때문에, 마치 중요하지 않은 사람들과 사물들처럼 이기적이고 실용적인 관계로 사용해서는 안 된다. 이 사람들과 사물들이 지나가는 것이기 때문에, 우리의 관계가 소유, 지배, 집착에 속하기를 그쳐야 한다. 우리는 그것들을 십자가 밑에 그리고 장차 올 왕국의 빛 가운데 두어야 한다.

"마치 …하는 자처럼"이라는 본문이 정의하는 이 극단적인 자유의 태도는 우리를 둘러싸고 있는 것에 대한 하나의 존중의 태도다.[10] 그러나 존중할 만한 사람들과 사물들에 대한 존중이 아니며, 힘이 있기 때문에 권위를 두려워하는 것도 아니고, 즐겁고 유익하기 때문에 돈에 관심을 갖는 것도 아니다. 반대로 타인과 사물들에 무슨 가치가 있어서 존중하는 것이 아니라 정확히 그들에게 가치가 없기 때문에 존중하는 것이다. 사실 우리는 우리를 자유케 하시는(그리고 우리를 이 사물들에서 자유케 하시는) 예수 그리스도의 행위 자체가 모든 것을 제자리로 돌려놓으신다는 것을 알아야 한다. 다시 말해서 소유(동산), 재산(부동산), 가정, 정치 등 이 모든 것이 엄밀히 말해서 예수 그리스도가 하나님 나라를 선포하면서 그것들에 부여하는 중요성 외에 다른 중요성을 갖지 않는다는 사실을 알아야 한다는 말이다. 그것은 궁극적으로 하나님 나라에서 그리고 하나님 나라를 위하여 사용될 수 있을 중요성이다. 사회에 있는 이 모든 것에 대한 철저한 평가절하는 이 모든 것이 하나님의 은혜로 말미암아 그의 나라에

---

10) 키에르케고르(「고난의 복음」)는 다른 방식으로 말한다. "문제는 그것을 해결하는 자를 따라 변한다…용기는 위험을 증가시키고 그것을 극복한다. 너그러움은 불의를 그 천박함 가운데 내버려두며 그것을 높은 곳에서 바라본다. 인내는 짐을 무겁게 하고 그것을 짊어지나, 온유는 그것을 가볍게 하고 그것을 가볍게 짊어진다…." 자유로운 인간은 상황 자체를 바꾸며, 우리가 믿기로 이런 사람은 상황에 따라 이렇게 바뀐다.

사용될 수 있다는 재평가(하지만 유일한 평가)와 관련된다. 이 모든 것—원자력 발전소, 노동, 영화, 텔레비전, 도시—은 새 예루살렘으로 들어가도록 부름 받을 수 있다. 물론 모든 것이 들어간다는 의미가 아니다. 만일 내가 부패, 식민지화, 전쟁, 경찰 등을 덧붙인다면 다소의 반발이 있을 것이다! 그러나 최종적으로 하나님의 업적으로 들어가서 활용될 것에 대한 판단이 우리의 몫이 아님에 유의해야 한다. 이것을 위해 이런 것들은 존재해야 했고, 때로 그렇게 해야 하며, 이런 식으로 인간들의 활동에 참여하는 것이 필요하다.

하지만 이 '사용자'는 사물들과 관계할 뿐만 아니라 또한 사람들과도 관계한다. 그러므로 이것은 타인에 대한 소유의 의지를 사랑으로 대치하는 동일한 의미의 "모든 사람에게 모두가 되라"는 말씀과 정확하게 일치한다. 법 없이 있는 사람들에게 법 없이 존재하고, 법 아래 있는 사람들에게 법 아래 존재하는 것이야말로 타인들과의 관계에서 자유롭게 존재하면서도 그들의 연약함으로 인해 마치 그렇지 않은 듯 행동하는 것을 용납하는 것이다. 도덕을 믿지 않는 자 앞에서 도덕을 강요하지 않으며, 도덕을 믿는 자 앞에서 그가 실족하도록 행하지 않는 것이다. 연약한 자를 실족시키는 것은 언제나 정죄된다. 왜냐하면 그것은 사랑의 반대이기 때문이다. 실족은 연약한 자로 함정에 빠지게 할 수 있다. 연약한 자는 돈 없는 자, 프롤레타리아, 여자 혹은 피식민지 사람을 의미하지 않는다. 자신을 도덕 없는 자라고 주장하는 자도 연약한 자요, 도덕주의자도 연약한 자다. 그러므로 그리스도인의 자유는 한편을 다른 한편의 관점으로 들어가게 안내해 준다. 이런 태도를 택하는 것은 바울의 말대로 '몇몇을 얻고자' 함이다. 다시 말해 유일한 목적은 그를 예수 그리스도로 회심시키는 데 있다.

신비한 연금술—이에 따르면 그리스도인은 그리스도인의 자격으로 나타나지 않은 채 세상의 반죽 속에 누룩처럼 숨어 있어야 하며 존재만으로 충분히 변화시킬 수 있다—을 믿는 자들에게는 미안한 얘기지만, 사람들의 마음을 사로잡아야 한다.

이렇게 사람에 대해서도 사물에 대해서 말한 것과 다르지 않다. 그들을 새 예루살렘을 섬기게 하고 그곳으로 이끌어 가야 한다. 하지만 복음 증거를 강제나 선전이 되는 식으로 해서 사람들을 사로잡는 것이 아니라 예수 그리스도의 사랑을 입증하는 식이어야 한다. 그들과 더불어 그들이 구원받았음을 아는 그리스도인이 되고, 구원에 대한 지식 때문에 타인과의 관계에 결코 우월하거나 압도적이 되지 않는 그리스도인이 되어야 한다. 왜냐하면 이 구원이 사람의 관계에서는 모두에게 동일한 것임을 상기해야 하기 때문이다. 이때 세워지는 이 사랑의 관계는 두 가지 자유를 표현한다. 1) 아무것도 소유함이 없이, 무엇에도 집착함이 없이, 무엇도 지배함(복음화의 명분으로 이웃을 지배함)이 없이 모든 것을 사용하는 자유, 2) 무엇에게도 소유됨이 없이, 사물(돈, 노동…)이나 이웃에게 소유됨(이때 부당한 희생이 된다)이 없이 모든 것을 사용하는 자유. 이것이 세상의 삶에 전적으로 참여하면서 진리 안에 존재하는 자유다. 이때 이 사랑의 관계는 철저하게 소유를 짓밟음으로써 실로 자유로운 존재를 표현한다. 왜냐하면 사랑은 소유 가운데서는 결코 표현되지 않고 오직 상호성에서만 표현되기 때문이다. 실제로 이 사랑은, 자기 자신만으로는 아무런 의미가 없으나 사회적인 사람 및 사물과의 관계에서 맺어지는 자유의 도래(항상 갱신되는)와 사건을 통해 한 가지 의미를 수용하는 이 존재에게 열매를 준다.

3. 자유 배우기

고린도전서 7장

"각 사람이 부르심을 받은 그 부르심 그대로 지내라 네가 종으로 있을 때에 부르심을 받았느냐 염려하지 말라 그러나 자유할 수 있거든 차라리 사용하라 주 안에서 부르심을 받은 자는 종이라도 주께 속한 자유자요…"(고전 7:20-22).

예수님이나 기독교 초기 세대가 노예 상태 앞에서 일반적, 이론적, 집단적 태도를 갖지 않았음은 잘 알려져 있다. 이 본문은 노예로 있던 사람들에게 전반적으로 쓰인 것이 아니다. 본문은 노예 상태의 합법화 역할이 될 수 없다. 이것은 모든 노예들에게 주는 무슨 교훈도 아니다. 이것은 '부르심을 받은' 자들과만 관련된다. 이것은 절대적으로 그리스도인 노예의 문제다. 그것은 정확히 그에게 특별한 행동이 실제로 있음을 뜻한다. 곧 각자가 자신의 신분에 머무르는 것이다. 다시 말해서 그리스도인이 된다는 사실이 변화된 신분으로 자신을 드러내는 것이 아니라는 말이다. 어쩔 수 없이 은행원, 군인, 결혼한 신분, 지주를 그만둘 필요가 없으며, 반대로 그리스도인이라는 존엄을 부여받았다고 해서 마지못해 노동자, 종, 거지 등을 그만두어야 하는 것이 아니다.

그렇다고 이것은 단순히 상황의 안정화가 아니다. 아무튼 두 가지 한계가 있다. 1) 신분이 숭배의 대상이 아니라는 것이다. 그러므로 예수 그리스도 외에 다른 이념이나 신념을 야기하는 신분에 소속되는 것은 자유의 요인(이전의 본문에서 본 '없는 자같이')을 결여하는 일이다. 2) 나아가서 본문은 자유롭게 될 수 있거든 사용하라고 분명히 한다. 그러므로 부르심을 받았을 때의 신분으로 머물러 있는 것이 의무는 아니다. 우리는 분명 신분을 바꿀 수 있다! 또한 현 신분에 머무르는 것이 더 높은 가치를 가질 수 있다는 말도 아니다. 그리스도인이 된다는 사실로부터 우리의 현 신분에 부여되는 높은 가치란 없다. 교수에서 그리스도인 교수로 넘어가는 것이 그렇게 멋진 일은 아니다. 실제로 본문이 의미하는 바는 문제의 평가절하다. 너희가 부르심을 받고 그리스도에게 속했을진대, 노예나 자유인이 되는 것, 부자나 가난한 자가 되는 것, 가르치는 자나 가르침 받는 자가 되는 것이 그렇게 중요하지 않다는 것이다. 여기서 투쟁의 대상은 문제의 평가절상이요 그 열정적인 성격이다. 여기서 정죄되는 것은 "내가 그리스도로 말미암아 해방되었는데 사회적으로 노예 신분인 것은 수치요 용납할 수 없는 일"이라는 개념이다.

그리스도에게의 회심은 마땅히 자아, 자신의 사회적 신분, 자신의 재정 상태에 대해 모종의 무관심을 초래한다. 이런 것들은 지나가 버릴 부차인 것들로서 힘을 쏟을 가치가 없는 것들이다. 관건은 이런 종류의 문제들에 몰두하지 않고 긍정적이건 부정적이건 단지 변화를 받아들이는 것이다. 달리 말하면, 이 회심의 순간부터 '권리 주장'은 더 이상 가능하지 않다. 이 성서의 교훈은 신분이 중요하지 않았던 시대에는 유효했지만, 오늘날은 우리가 성년이 되었고 따라서 우선적으로 경제·사회적 영역에서 활동해야 하기에 유효하지 않다고 말해서는 안 된다. 주후 1세기에도 노예가 자유인이 되는 것이 오늘날과 마찬가지로 중요했고, 오늘날과 같은 사회적 갈등이 있었으며, 모두가 정확히 오늘날과 같은 개인 및 집단 이익을 추구했다는 것은 명백하다.11) 예속과 종속의 일반 문제에 대해서는 추후에 길게 다룰 것이다. 루(H. Roux)가 훌륭하게 말하듯이, "그리스도인이 된다고 해서 노예가 자신의 노예 상태를 벗어나지 못한다…그리스도 안에서 그의 자유—믿음 안에서와 온전한 구원의 소망 안에서 받은 은총의 열매—는, 육신을 따라 물리적이거나 사법적인 해방을 요구할 수 있다는 근거로, 그를 위해 자연법을 만들어 주지 못한다. 그러므로 그리스도인 노예는 무엇보다도 노예의 멍에를 매고 노예 상태 밖이 아닌 안에서 그리스도 안에서의 자유인의 삶을 살도록 부르심을 받는다."

하지만 반복해서 말하거니와 이 결정은 순전히 개인적인 것이며, 그리스도 안에서의 해방이 무엇인지를 이해한 뒤 자신의 관심사를 뒷전에 두는 법을 배우며 현 신분에 머무르는 것을 수용하는 사람의 행위다. 이것은 타인에 대해 하나의 법처럼 사용될 수도 없으며(너는 그리스도인이니까 하급 신분에 머물러야 한다는 식의 하급자 취급의 문제가 아니다), 일반 조작의 원리로, 사회 안정 체계와 사회 순응 체계로 변형될 수 있는 것이 아니다. 우리는 전적으로 그리스도 안에서 자유하게 된 사람이 자유를 사용하는 단계에 있다. 나아가, 이 해방에 있어서 우리가 처한 신분은 모종의 중요성을 가지며, 우리가 부르심을 받은 최초의 직업은 (더 좋은 신분을 가지려고) 그 신분에서 나가게 하기 위함이 아니라, 그 순간부터 자유롭게 삶으로써 그것을 내부에서 변형시키기 위함이다. 이것이 바로 바울이 주장하는 것으로

---

11) 이 모든 해석은 동일 본문에 대한 본회퍼의 해석(Le prix de grâce)[「나를 따르라」, *The Cost of Discipleship*, 1948]에서 유래한다.

서, 그는 노예의 태도가 어떠해야 하는지를 지적하고 있다. 그런데 노예의 상황과 그리스도 안에서 자유로운 사람 사이의 모순보다 더 큰 모순이 어디 있는가? 그럼에도 불구하고 노예는 자유인의 자격으로 자신의 노예 신분을 살아야 하며 그것을 변형시킨다.

여기서 다시 루(Roux)의 말을 따라가 보자. "관건은 사실 정황으로부터 인정하거나 감내하는 것도 아니요, 진정한 내적 동의를 통해 적극적인 태도로 붙드는 것도 아니다…이런 태도는 기존 질서의 존중—세상의 무질서에 대한 수동적 체념에 불과할 수 있는—이라 불리는 것에 근거하지 않는다…변하는 것은 인간의 마음이요, 그리스도의 통치 하에서 자신과 타인을 고려하는 새로운 방식이다. 이후부터 새로운 전능의 힘이 인간관계에 도입되어, 조만간 그들을 지배하는 제도들을 문제시하며 때로 바꾸거나 해체하고야 만다. 이후부터 자신들의 상관을 존중하며, 또한 억지나 체념으로나 내적 반발심으로가 아니라, 적격하다고(부적격할지라도) 인정되는 상관의 인격에 대한 존중심으로 그를 섬기기 시작하는 그리스도인 노예들이 있게 된다. 바로 이것이 그리스도가 통치하고 세상이 구원된다는 진정한 표징이요, 이것은 달리 말해서 사법적이거나 사회적인 모든 권리 주장보다 더 혁명적이고 효과적이다…예수 그리스도의 이름을 고백하고 자유인으로 사는 노예의 방식은 그의 상관에게도 그리스도가 주시는 해방이 약속된 것처럼 동일한 방향에서 그를 고려하는 것이다."[12] 이와

---

12) H. Roux, *Les Epitres pastorales*, 1959. Roux의 주장은 다음과 같다. 그리스도 안에서 수용된 자유는 법적 해방을 요구할 수 있다는 근거로 일종의 자연법이 되지 않는다. 그리스도 안에서 자유는 무엇보다(절대적은 아니다) 인간의 신분 상태를 보증하는 데 있다. 관건은 감내해야 할 상황도, 기존 질서의 존중도, 노예 제도의 정당화도 아니라, 자신의 삶을 살고 타인(주인)과의 관계를 사는 새로운 방식(그래서 주인과 노

같이 사실상 사회적 신분은 매우 중요하다. 하지만 그것을 사회적으로, 외부적으로 바꾸는 것이 아니라, 내부적으로 변형시키며 그것에 의미와 새로운 알맹이를 가져다주는 것이다. 이것이 신분에 머문다는 의미다! 노예 제도 문제는 정치적 해방을 연구할 때 다시 거론될 것이다.

빌립보서 4장

바울은 다른 곳에서도 자유의 표현으로서의 이런 사회적, 경제적, 정치적 상태에 대한 무관심을 (자기 자신의 경우를 들어!) 주장한다. "나는 내 있는 형편으로 만족하기를 배웠다. 나는 비천13)에서 살 줄도 알고 풍부에서 살 줄도 안다. 무엇에든지 어디서든지 나는 배부름, 배고픔, 풍부, 궁핍 가운데 있는 법을 배웠다. 내게 능력 주시는 자 안에서 내가 모든 것을 할 수 있다. 그러나 너희가 내 괴로움에 참여했

예의 변증법이 더 이상 발생하지 않는!)이다. 은총을 통해 인간관계를 바꾸는 것은 사법적이고 사회적인 틀을 바꾸는 데로 이른다. 이런 태도는 주인에 대한 존중과 기존 질서에 대한 존중을 혼동하지 않게 해주는 종말론적 긴장을 의미한다.
13) 겸손과 비천의 동일성에 대해서는 J. Ellul의 「하나님이냐 돈이냐」를 참고할 것. 바울의 이 태도를 포기라고 말할 수 있을까? 나는 이미 자주 포기가 그리스도인의 덕성이 아님을 말한 바 있다. 왜냐하면 그것은 다가오는 것에 대한 단순한 수용이요 하나의 무기력이기 때문이다. 반대로 자유는 우리에게 포기가 아닌 행동을 촉구한다. 하지만 어떤 행동이냐 아는 것이 관건이다! 사회적 내지는 정치적 행동을 신뢰하지 않는다고 해서 포기하는 것을 의미하지는 않는다. 바울이 그의 활동에 대해 그리고 모든 영역의 적들(권세를 포함해서—에베소서 6장)과의 투쟁에 대해 말할 때, 그는 결코 포기하는 태도를 보이지 않았다. 그러나 그의 투쟁의 대상은 사회적인 것보다 더 중요하다! 랭보는 "영적 투쟁은 인간의 전투와 마찬가지로 난폭하다"고 썼다. 사실 본문에서 바울의 "나는 배웠다"라는 말은 포기와는 정반대의 것을 우리에게 보여준다.

으니 잘한 것이라"(빌 4:11-14). 여기서 우리는 네 가지 핵심 요소를 발견하게 된다.

1) "**나는…배웠다.**" 본문의 내용은 결코 바울에게 주어진 것이거나 그의 성향이 아니며, 인간의 자발적인 성격에 부합하는 태도도 아니다. 명예나 비천, 풍요나 비참에 대한 이런 자유로 살기 위해서는 실습이 필요하다. 본문은 자유의 실습들 가운데 하나다! 왜냐하면 그는 우리에게 "나는 이 여러 상태를 겪어 보았으며, 나는 부자였고, 가난하기도 했다…"고 말하지 않고, "나는…**만족하기**를 배웠으며, 나는…**사는** 법을 안다"고 말하기 때문이다. 이것은 이제 긍정적이건 부정적이건 모든 사건에 만족하며, 처한 상황을 바꾸기 위해 자신의 열정과 노력을 바치지 않은 채 그 상황에 만족할 줄 아는 자의 자유를 통해 발생하는 구체적인 상황의 변화를 의미한다. 사람이 만족하는 순간부터 상황을 바꿀 필요가 없어진다. 하지만 이것은 스토아주의도 무기력도 아니다. 왜냐하면 **더 나은** 행동이 있고, 더 중요한 것들이 있기 때문이다. 보다 중요한 것은 '객관적', '사회적'인 것이 아니라 실제적인 신앙 체험이다. 바로 이것이 사회 · 정치적인 것의 상대화다.

2) 바울은 만족할 뿐만 아니라 **사는** 법을 안다. 모든 환경에서 사는 법을 안다는 것은 대단하다. 즉 상황과 사태를 바꾸는 것이 삶의 현실을 바꾸지 못한다는 것을 아는 것이다. 물론 이것은 여기서 말하는 삶이 환경에 의해 긴밀하게 결정되는 삶이 아닌 경우에만 가능하다. 만일 우리가 편리한 시설을 갖추고, 괜찮게 일하며, 기분 전환하는 것을 삶이라고 부른다면, 만일 우리가 수입을 늘리는 것이 '생활 수준'을 높이는 것이라고 믿는다면, 만일 우리가 삶을 많은 관계를 맺고

무슨 클럽(지중해 클럽)에 다니며 텔레비전으로 교양을 쌓는 것으로 여긴다면, 그때 풍부나 빈곤은 당연히 모든 삶을 바꾼다. 하지만 우리가 알기로 그리스도 안에서는 산다는 것이 완전히 다른 것이다. 바로 이 삶이야말로 이런저런 상황에서 가능한 삶이다. 그리스도 안에서 산다는 것은 슬픔이나 기쁨, 소유나 비-소유, 명예나 비천으로 바뀌지 않는다. 하지만 난관은 이 슬픔, 기쁨, 부, 가난, 명예, 비천을 그리스도 안에 있는 삶 속으로 들어가게 하는 일이다. 난관은 이런 그리스도 안에서의 삶을 일종의 피난처—우리로 이런 인간 형편에 불참하게 만드는—로 바꾸지 않는 일이다. 관건은 이런 상황들에서 살며, 그것들을 담당하며, 긍정적이고 부정적인 많은 짐과 더불어 그것들을 짊어지는 것이지, 혹독하고 고결한 금욕으로 삶을 거부하는 것이 아니다.

바울은 가난과 부에 대해 동일한 기준을 세운다. 그는 비참에서와 마찬가지로 풍부에서도 살기 어렵다고 평가한다. 이것은 물론 실제 삶의 수준에서 공통된 느낌은 아니다. 하지만 그리스도 안에서의 삶과 관련되는 한, 성서는 온통 이 새로운 삶이 다른 어떤 것에서보다 부에 의해서 훨씬 더 위협을 받는다는 것을 우리에게 상기시킨다. 부자로 있으면서 자유롭게 머문다는 것이 훨씬 더 어렵지만(개인적으로 나는 부 가운데서 자유를 산다는 것이 그리 가능하다고 여기지 않는다), 은총의 기적 역시 가능하다! 명예들 가운데 살면서 한 사람으로 남는 것이 훨씬 더 어렵다. 아무튼 바울이 터득한 자유의 실습, '살 줄 알기'는 결코 '상황들'이 아니며 결정적으로 얻어진 것도 아니다. 이것은 매순간 그리스도의 힘으로만 가능하다.

내가 보기에 이 명백한 실습 방식은 "그리스도께서 우리 안에 모든 것을 이루신다"는 신학적 진리이자 일반 개념을 넘어서는 듯하다. 본문 말씀은 정황 자체를 바꾸려 하지 않은 채 그것을 내부에서 변형시키면서 모든 정황을 사는 실습이야말로 그리스도인이 행동으로 이끌릴 수 있는 가장 어려운 일들 가운데 하나이며, 이것은 말 그대로 그리스도의 힘 없이는 불가능하다는 의미다. 그러므로 우리는 우리 현대인이 그런 느낌을 가지듯이, "자신의 조건을 바꾸려 하기보다 그 조건을 수용하고 복종하는 것(노예의 도덕)이 더 쉽다"는 식으로 본문을 깎아내리고 있는 것이 아니다. 바울에게 있어서(구약 역사의 교훈도 그러하다) 이것은 정반대다.14) 자신의 상황에서 자유인의 자격으로 사는 것보다 분주히 돌아다니며 동맹을 결성하고 전략을 세우

---

14) 여기서 키르케고르의 「고난의 복음」의 다음 구절을 인용하려는 욕구를 막을 수 없다. 이 구절은 이 주제에 대한 그의 모든 사상을 요약하며, 고난의 효력을 포기하면서 줄기차나 헛된 행위의 열정에 대한 근본적인 경계다. "바로 이런 이유에서 우리는 사도들의 사례에서 배우듯이 자유로운 용기가 수동적으로 행하고 고난을 당할 때, 능동적으로 행함으로써 불가능한 이런 기적을 가능케 한다고 말한다. 하지만 사도들은 지속적으로 고난 가운데 있었다. 그들에게 환난만 있었던 것은 아니다. 사실 행동하는 사람에게는 환난이 있을 수 있다. 그러나 그들의 모든 행동은 괴로움이요, 그들의 태도는 복종이었다. 그들은 권위에 대한 반란을 설교하지 않았다. 반대로 그들은 권세를 인정했다. 하지만 고난을 당하면서 그들은 사람에게보다 하나님에게 순종했다. 그들은 처벌을 면하게 해 달라고 구하지도 않았으며, 그것을 불평으로 인정하지 않았다. 처벌받고서도 그들은 그리스도를 계속 전했다. 그들은 사람을 얽매려고 하지 않았으며, 스스로 얽매인 그들은 스스로 얽매이는 일에 성공했다. 상황이 달라져도 자유로운 용기는 기적을 행할 수밖에 없는 바, 이는 기적이란 상황이 모두에게 패배로 보이며 그때 사도에게 승리가 되기 때문이다. 자유로운 용기가 가장 작아질 때, 그때 그것은 행동하기를 원하고, 자신이 옳기를 원하며, 사람들에게 인정하게 하기를 원한다. 그때 그것은 이 어리석음의 순교—또는 온 세상이 패배라고 부르며 그렇게 여기는 것—를 고난 가운데서 감내할 수도 없고 하려고 하지도 않는다. 하지만 그것은 은밀한 신앙에게는 하나님과 함께하는 승리다. 그때 그것은 이 어리석음의 순교—또는 온 세상이 치욕이라고 부르며 그렇게 여기는 것—를 고난 가운데서 감내할 수도 하려고 하지도 않는다. 그러나 그것은 은밀한 신앙에게는 하나님과 함께하는 영광이다."

며 권리 주장 운동에 사람들을 규합하며 혁명을 일으키는 것이 더 쉽다. 물론 사람들은 '자유인으로 살기'라는 환상을 품는 일은 얼마든지 가능하다고 말한다. 자기 돈으로 사치스럽게 삶을 영위하는 부르주아도 자신이 자유인이라고 주장한다. 맞다. 나는 다만 정치-사회적 행동의 환상도 마찬가지로 심하다는 것과, 제도, 경제, 정치적 변화를 통해 인간 조건을 바꾸겠다고 주장하는 것이 현재의 모든 거짓 가운데 가장 심하다는 것을 주목하게 할 것이다. 그러므로 어쨌건 이 자유는 소유하고 보존하기가 불가능하다.

본문의 마지막 특징은 그것이 어디까지 노예에 대해 주어진 교훈과 관련되는지를 보여준다. 바울은 "나는 비천에 처할 줄도 안다…그러나 너희가 내 괴로움에 참여했으니 잘했다"고 말한다. 달리 말하면 이렇다. "나는 불행한 상태도 만족하지만 누군가가 나를 도와 내가 궁핍을 모면한다면 그건 더할 나위가 없다." "누군가가 너희에게 자유를 제공하면 그걸 받아라"는 말과 같은 개념이다. 중요한 것은 긍정적으로건 부정적으로건 자신의 신분 때문에 강박관념에 사로잡히지 않는 일이다. 우리는 사회, 물질, 경제, 정치적 조건에 대한 이 상대적 무관심을 후에 다시 다룰 것이다. 그런데 이 무관심의 태도와 자신의 정황에 대한 만족의 태도는 그것이 곱절의 해방을 의미한다는 점에서 자유의 표현이다. 그것은 먼저 자신의 조건과 상황을 지배하는 행위다. 노동, 급여, 내일 등에 대한 불안에 굴복하여 짓눌리기는커녕, 이 모든 것의 지배는 우리로 "대장부가(남자답게) 되는" 쪽으로 이끈다. 다음으로 그것은 다른 상황을 수용할 수 있는, 다시 말해서 새 출발을 시작할 수 있는 모종의 능력이다. 여기서 자유는 연속성에 갇히는 것을 거부하고 환경의 불연속성에서 존재할 가능성으로 나타난다. 이것은 "너희가 처한 상황에 머무르라"는 말씀과 모순적으로 보이지만 사실은 반대다. 왜냐하면 이 말은 이런 상태에 대한 간추려진 표현에 불과하기 때문이다. 따라서 다가오는 변화들에 대한 재량권이 있는 것이다.

3) 셋째로, 이런 태도는 사회 집단이 바람직한 것으로 제시하는 목표에 대한 무관심을 의미한다. 나는 이것이 사회에서의 우리의 상황에 관하여 절대적으로 결정적이라고 생각한다. 노예에게 있어서 그 집단이 제시하는 바람직한 목표는 명백히 자유인이 되는 것이다. 바울은 그런 목표로부터 해방되라고 요구한다. 그런데 이것은 전반적인 태도다. 자유란 그룹, 집단, 사회가 우리에게 내놓는 제안으로 들어가지 않는 것이다. 이 사회 집단은 그 제안들을 행동—체험될 필요가 있는 행동—의 필수적인 목표로서 우리에게 제시한다. 이 모든 것은 우리의 자유의 체로, 하나님 앞에서의 판단의 체로 걸러져야 한다. 이것이 그것들을 거부한다는 의미는 아니다. 우연히 동참할 수도 있다. 하지만 그 이상은 아니다. 생산성, 생활 수준 향상, 문맹퇴치, 민주화 등, 이 모든 문제들은 부인되지 않은 채 중요성에 따라 올바르게 판단되어야 한다.

4) 마지막으로 여기에 나타나는 자유의 최종 양상은 현대의 중심 개념에 대한 거부다. 삶, 존재, 그 현실의 변화가 발생하는 것은 물질의 변화에서부터라는 개념 말이다. 본문에서 우리에게 설명되는 움직임은 정확히 그 반대다. 노예는 그리스도 안에서 자유롭게 되고, 바로 이것이 중요한 사실이다. 이것으로부터 그의 상황은 바뀌고, 그 자신이 내부에서 그것을 변화시켜야 한다. 우연히 그의 물질적 형편이 바뀔 수 있지만 그것은 부수적이다. 우리는 어떤 경제적 내지 정치적

인 변화도 어떤 것이건 아무것도 근본적으로 바꾸지 못한다는 확신을 가져야 한다. 문제에서 문제로, 억압에서 억압으로, 부당함에서 부당함으로 옮겨갈 뿐이다. 잠시 어느 정도의 변화가 가능하지만 결정적인 것은 아무것도 구현되지 않는다. 상황이 바뀌는 것은 내부에서이며, 예수 그리스도의 기적적인 행위를 통해서다. '정상적인' 견해와는 반대로, 나는 이 역행적인 태도가 신화적이요, 유일하게 현실적이며, 자유에 부응한다고 말하련다.

'외국인과 나그네'의 삶의 실재는 이런 것이다.

2장

대화와 만남

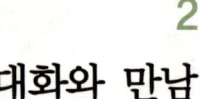

대화와 만남

소망을 통해 표현되는 자유—소망과 자유의 결합—는 우리로 하여금 대화와 만남에 따라 살게 해준다. 정확히 이곳이 현대 신학과 윤리를 정초시켜야 할 장소다. 이것을 수용하기 위해서는 만남이 절대적인 출발점인지, 그것이 그 자체로 하나의 현실인지를 검토하는 일로부터 시작해야 한다. 우리는 어떤 이들의 입장을 풍자하지 않은 채 만남이 선입견 없는 상태(point zéro)에서 이뤄진다고 말하는 데까지 나아갈 수 있다. 한편으로 나는 오직 만남 안에서 그리고 만남으로 말미암아(그 이전에 나는 아무것도 아니다) 존재하며, 다른 한편으로 이웃과의 만남만이 하나님의 뜻을 이룬다. 결국 모든 윤리는 만남의 윤리다. 결국 우리는 이웃을 통해서만 하나님을 발견한다. 계시의 인식을 가능하게 하는 것은 이웃과의 만남이다.

이것은 '무신론적 기독교' 신학, 즉 하나님과 인간의 수직적인 관계를 배제하고 오직 수평적인 주장을 하는 신학과 관련된다. 분명 만남은 성서 계시에서 결정적인 역할을 담당한다. 왜냐하면 이것은 전적으로 사랑과 이웃의 문제이기 때문이다. 하지만 문제는 성서가 우리에게 제시하는 것이 이런 식인지, 성서에서 이런 신학을 끌어낼 수 있는지를 알아보는 것이다. 만남과 대화는 윤리적인 태도이지만, 지금의 문제가 주어진 이상 매우 간단하게 돌아갈 필요가 있다.

1. 만남의 윤리

먼저 이런 이론이 예수께서 가장 큰 것으로 주신 첫 번째 계명을 제거한다는 사실을 주목하자. 그렇지만 나는 마태복음 25장 31-46절에서 이 모든 설명의 토대를 놓는 중요한 텍스트—민족들의 심판—를 특별히 강조하겠다. 사람들은 흔히 다음과 같이 말한다. 이 본문은 교회 밖에서 하나님을 모르며 타인을 만나 어떤 동기나 속셈 없이 선(온전히 물질적으로)을 베푸는 사람이 하나님의 뜻에 합당한 자요 그리스도를 만난 자임을 입증한다. 그리고 본문은 단순히 남을 만나 도왔기 때문에 타인의 이웃이 된 선한 사마리아인의 비유를 확인하게 해줄 뿐이다. 따라서 그리스도인들은 동일하게 행해야 한다. 그리스도인들은 타인에게서 예수 그리스도를 알아보기 때문이거나 다른 무슨 동기 때문에 그에게 접근해서는 안 되고, 단지 그를 돕는 것 외에 다른 어떤 의도도 없이 접근해야 한다. 그때 그들은 예수 그리스도를 알아보지 못한 채 만날 것이라는 말이다.

나는 이런 설명에서 나오는 결과들이 문제가 있다고 생각한다. 실제로 이 심판의 비유에서 문제는 민족들의 심판이다. 이 말은 매우 명백하다. 히브리 사상의 맥락에서 이것은 이방인들, 곧 유대 민족 밖에 있는 사람들이다. 텍스트의 의미는 분명하다. 예수가 이 비유를 우리에게 주시는 것은 다음 질문에 답하기 위해서다. 즉 예수를 믿는 믿음으로만 구원에 이를 수 있다는 백 번도 넘게 반복된 주장이 야기하는 질문, "믿음이 없는 자들은 어떻게 됩니까?"이다. 사실 예수 역시 믿음이 없는 자는 구원받을 수 없다고 우리에게 경고하신다. 그 이유는 그리스도 자신이 가장 불행한 자들과 함께 있기로 결심하셨기 때문이요, 따라서 어떤 사람이 고통당하는 자에게 다가갔을 때마다 그가 그리스도인 줄 모른 채 그리스도 자신에게 다가간 셈이 되기 때문이다. 이 텍스트는 한편으로 모든 것이 믿음으로 결정되는 보이는 다른 모든 텍스트들보다 우월하거나 그것들과 모순되지 않는다. 만남이 믿음을 대체하지 않는다. 만남은 예수에게로 가는 다른 접근을 수립한다. 이 텍스트는 다른 한편으로 그리스도와의 만남이라는 특혜 받은 길을 우리에게 부여하지 않는다. 이 텍스트를 일반화시키려 한다든지, 율법과 선지자의 요약으로 삼는다든지, 그 위에 신학을 세우는 일은 엄청난 오류다.

실상, 우리는 그리스도와의 두 가지 만남이 있음을 터득한다. 하나는 예수가 우리에게 "나 예수는 그리스도다"라고 말씀하실 때 우리 쪽에서 신앙으로 응답하는 것을 의미한다. 모든 것이 거기서 시작한다. 이 구체적인 신앙은 우리를 이웃에게로 보낸다. 왜냐하면 예수께서 그렇게 말씀하셨기 때문이다. 그리고 우리는 이 이웃에게서 그리스도를 알아본다. 왜냐하면 우리가 그를 하나님의 말씀으로 영접했기 때문이다. 두 번째 만남은 이웃을 통해서, 그리고 예수에 대해 전혀 들어보지 못하고, 어떤 간증 및 설교 책자도 받아보지 못하며, 아무것도 모르는 사람을 위해서 이뤄진다. 이 만남은 신비하고 은밀하다. 그는 알지 못했지만, 그곳에 그리스도가 있었다.[1] 다만 이렇게 되기 위해서는 천만다행의 무지 상태가 필요하다. 복음을 전혀 읽지 못하고 그리스도에 대해 전혀 들어보지 못했어야 한다. 그리스도인의 경우 이미 늦었다. 그리스도인에게 명백히 요구되는 답은 먼저 이웃에게 다가가는 것이 아니라 베드로의 신앙고백이다. 단순히 마태복음 25장을 읽고 거기서 신학을 끌어내서는 안 된다. 왜냐하면 그리스도인들은 "내가 그를 몰랐다"고 말할 수 없기 때문이다. 그때부터 우리는 우리가 타인에게 다가갈 때 곧 그리스도에게 다가간다는 것을 완벽하게 안다. 우리는 여기서 "마치 그리스도에게 다가가듯이" 할 수 없으며, 순전한 무지의 상태로 돌아갈 수 없으며, 하나님과의 만남은 예수를 통해서요, 예수와의 만남은 이웃을 통해서라고 주장할 수 없다(적어도 구약이 있다!). 본문의 방해가 되는 계시와 더불어 이제 우리는 그리스도와의 전적으로 다른 만남—완벽히 고독할 수 있는—이 있다는 것을 안다.

  마태복음 25장이 우리에게 말하는 모든 것은 신앙의 만남만이 가능한 유일의 것이 아니라는 것, 우리가 결코 구원의 특권을 갖지 않는다는 것, 이런 만남의 방식의 선택권이 우리에게 달려 있지 않다는 것이다! 달리 말해서, 성경은 다시 한 번 그리스도가 누구인지에 대한

---

[1] 게다가 이 '새로운' 신학은 중세에 매우 잘 알려져 있었음을 주목하자. 정확히 이것을 이야기하는 백 명의 전설적인 성인들이 있다. 19세기에 대부분의 크리스마스 이야기들은 이런 만남에 대한 예증이다!

증언과 성경 지식의 전달을 받은 자와 받지 못한 자를 엄격하게 구별한다. "우리가 이웃을 만나는 것은 예수를 통해서인가, 아니면 우리가 예수를 만나는 것은 이웃을 통해서인가?"라는 유명한 딜레마는 딜레마가 아니다. 두 가지가 다 참이다. 하지만 그것들은 동일한 사람과 관련되지 않는다! 그리스도에 대해 전혀 들어보지 못한 사람의 경우, 그는 도움의 태도를 취함으로써 이웃을 통해 그리스도를 만난다. 그리스도인의 경우, 그는 참 만남이란 오직 그리스도를 통해서만 가능하다는 것을 안다. 그는 그리스도를 통해서만 이웃을 볼 수 있다. 만일 그가 이웃에게서 주님을 보지 못한다면 만남은 없다. 그는 그의 삶의 어떤 것도 그리스도 밖에서 일어나지 않음을 안다. 그는 그분을 잊어버릴 수 없으며 또 마치 잊은 것처럼 행할 수도 없다. 그가 할 수 없는 것이 정확히 바로 이것이다. 오직 주님과 더불어서만 직접적인 만남이 있다. 다른 모든 만남은 그에게 간접적이다. 그는 그의 주님이 일반적으로는 인간의 만남이 될 수 없는 것을 그런 만남으로 가능하게 하시는 것에 대해 그분에게 영광을 돌려야 한다.

물론 마태복음 25장의 본문이 '민족들'과 관련되며 만인 구원으로 우리를 위로할 목적이라고 말하는 것은, 우리가 그것이 우리와 관련이 없다고 말하면서 그것에서 등을 돌려야 한다는 의미가 아니다! 오히려 내가 율법에 관해 말하면서 종종 쓴 바 있거니와, 내가 마치 그리스도인이 아닌 것처럼 살 때 이 본문은 효력을 되찾는다. 이런 일은 언제나 우리에게 생긴다! 신앙이 나를 율법 너머로 끌어가지 않고, 율법의 요구 이상을 행하게 하지 못할 때, 나는 단지 율법을 실천해야 한다. 마찬가지로 내가 그리스도 안에서 이웃을 만날 수 없을 때, 내 신앙은 무한히 약하지만 나의 인간적인 선한 마음이

나로 하여금 무슨 장엄하고 구원적인 생각을 하지 않은 채 누군가를 돕게 할 때, 그때 나는 주의 은총으로 나의 주님을 다시 만난 것이다. 하지만 이것은 내가 그리스도인으로 살도록 요구 받은 것 이전에 위치한다. 왜냐하면 그리스도가 내 첫 관계요 첫 사랑임을 망각하면서 살도록 요구되지 않았기 때문이다. 그분을 만나기 위해 이 길을 택하는 것은 내게 요구된 것이 아니다. 왜냐하면 그분이 다른 길을 선택하셨기 때문이다.

그분이 먼저 나를 사랑하셨고 먼저 나를 만나셨다. 그분이 나를 도우러 오셨고, 이 도움으로 그분은 나를 먼저 그분과 만나도록 하셨다. 타인들을 만나 그들을 도울 수 있게 되기 전에 말이다. 이 계시가 내게 주어졌기 때문에, 그분이 먼저 나를 돕고 나를 사랑하셨기 때문에, 이제 나는 이웃을 사랑하고 돕는 일에 착수하는 것이다. 절제와 겸손과 섬김(기독교의 우월성)의 미명으로 해석되는 마태복음 25장의 현 해석은 다시 한 번 말하거니와 인간의 견딜 수 없는 교만이다. 내가 내 이웃을 도움으로써 그리스도를 만나기로 결심하는 것은 내가 먼저 구원받고 사랑받는 것을 거부하기 때문이다. 내가 스스로 이 만남의 길이 어떨지를 선택하기로 결정하는 것은 만남의 방식의 선택이 하나님께만 속한다는 것을 내가 거부하기 때문이다. 바로 여기에 이 모순의 비극적인 핵심이 있다.

2. 참 만남과 거짓 만남/대화

우리는 이제 곁길에서 윤리로 되돌아올 수 있다. 실상 우리가 참여의 자유에 대해 말한다면 그것은 맨 먼저 타인을 향한 참여임이 분명하다. 우리의 자유의 첫 번째 행위는 타인을 향해 가서 그를 만나는 것이다.2) 나머지 모든 것은 이 첫걸음 이후에 위치하며, 하나의 결과

---

2) 한 가톨릭 신학자가 해놓은 만남의 분석을 상기시키는 것은 흥미로운 일이다. 그는 정확히 만남에 부여되는 중요성으로 인해 생긴, 전통 신학의 옛 표현과 현대 사상 사이의 차이를 지적한다. Wackenheim(*Christianisme sans idéologie*, 1974)는 다음과 같이 쓴다. "옛 신학은 '하나님의 대화 상대'라는 명백한 인식에서 출발했다. 교회의 가르침은 하나님의 말씀 자체를 전하는 것으로 여겨졌다…계시는 연이은 교대를 통한 전달 과정으로 제시된다. 하나님, 그리스도, 사도들, 주교들의 지도하에 교회에 보전되는 구전을 통해서 말이다. 오늘날 그리스도인은 이 진술의 형식적 정확성에 문제 제기를 할 생각을 갖지 않는다. 다만 이 진술이 구체적 경험을 고려하지 않기 때문에 그것에 부딪혀 실패한다. 신앙 행로의 출발점은 계시되는 하나님의 권위와 정체성과 관련된 흔들림 없는 확실성이 아니다. 우리는 우리의 허약하고 모호한 실존적 만남에서 출발하고, 이어서 이 만남을 통해 우리를 감동시킨 말의 의미와 신용이 우리에게 무엇인지를 자문한다. 결정적으로 우리에게 말하는 사람이 누구인지를 알기 위한 질문을 던지는 것은 바로 그 다음일 뿐이다. 이 여러 단계는 피할 수가 없어 보인다."
달리 말하면 개인 상호 간의 구조인 만남은 신앙으로 이뤄진다. 믿는다는 것은 우선 그리스도를 만나는 일이다. 그 다음으로 우리의 모든 관계는 이 만남처럼 구성된다. 왜냐하면 "일상생활에서 우리는 어떤 개인들을 피상적으로 만나는 것으로 그칠 수 있지만, 그것은 정확히 참된 만남과 관련되지 않는다. 누군가를 만난다는 것은 자기 자신의 실존적 확신에 문제를 제기하는 데까지 그와 의사소통한다는 것이다. 차이와 질의의 수용은 의지 공동체의 바탕에 뚜렷하게 드러난다…그리스도인의 경우, 하나님과의 만남은 그리스도와의 만남과 분리될 수 없으며, 그리스도와의 만남은 인간 증언에 대한 묵상을 거쳐 간다. 신앙에 대한 원초적 경험은 이런 것이다…신앙은 단숨에 개인적이자 동시에 공동체적인 구조를 드러낸다. 인간의 만남은 개인의 모든 능력을 사용한다. 감수성, 기억, 상상, 지성 등 말이다. 달리 말해서, 모든 만남은 의미 추구를 동반한다…만남은 영향을 갖는 바, 이 영향은 각 파트너가 타인에 의해 계시되는 새 것을 더 잘 수용할 때 더욱 깊어진다.
따라서 만남은 자유로 이뤄진다. "믿는 자유는 인간의 만남들을 주재하는 자유 외에 다름 아니다…의미의 추구는 만남의 각 파트너로 하여금 그 자신과 또 그가 만나는 사람들을 넘어서도록 이끈다." 만남은 그것이 자유롭기 때문에 동기가 없어야 하며, 심지어 만남이 있다는 것은 "하나님의 사랑 때문"도 아니다. 타인은 결코 하나님을 향한 사랑의 구실이나 알리바이가 아니다. Wackenheim은 요일 4:20-21을 매우 엄격하게 참고한다. "진정한 만남의 움직임은 각 개인으로 하여금 이미 만난 사람들에게뿐만 아니라 '하늘에 계신 아버지'의 모든 자녀에게 호의적이 되도록 이끈다. 원수 사랑은 전적 열림이라는 이 바람, 즉 구체적인 각 만남을 모든 사람의 잠재적 만남으로 만드는 보편적 목적을 의미한다. 각 사람은 그 자체로 하나의 절대적 존재로 영접된다. 다

일 뿐이고, 자유의 이 첫 행위를 통해서만 보이고 생각되며 경험될 수 있다. 하지만 관건은 자유의 행위다. 이 자유를 입증하는 행위도 아니요, 그것을 부인하는 행위도 아니라 그것을 전제하는 행위다.

따라서 우리는 질문을 제기하지 않을 수 없다. 아무렇게나 이뤄지는 만남과 대화가 복음이 말하는 만남이며, '이웃이 되는' 것이며, 참된 대화인가? 결의론을 피한다는 적법한 이유로 참 만남과 거짓 만남, 참 대화와 거짓 대화를 구별하기를 거부—마치 동일한 방향에서 에로스와 아가페를 구분하기를 거부하듯이—하는 이 신학자들이 가는 데까지 갈 수 있는가? 그렇지만 그들이 원하건 원치 않건 간에 에로스는 있고 아가페도 있다.3) 한 사람은 타인의 일부도, 타인의 가능성도, 더욱이 타인의 표상도 아니다. 표상과 의미의 대립이 있다.

마찬가지로 모든 만남이 참되다고 인정하기란 불가능하다. 이 주장에서 분명 정확한 것은, 그리고 상실하지 않고 떠올려야 할 것은 만남과 대화가 선별적이어서는 안 된다는 것이다. 다시 말해서 누굴 만나고 싶은지, 누구와 대화하고 싶은지를 선택해서는 안 된다는 말이다. 이 사람이 내가 만날 가치가 있는지, 그와의 대화가 가치와

시 말해서 모든 사람과의 상호관계에서만 구현되는 특수 소명 가운데서 영접된다는 말이다…신앙은 하나의 만남이라고 말하는 것은, 믿는 자를 타인에게로 이끎으로써 그를 모든 사람들에게로 이끌어 가는 하나의 태도를 이 만남 안에서 보는 데로 귀결한다." 나는 이 긴 문장을 인용하고 싶었다. 왜냐하면 이것이 신앙-자유-만남 사이의 관계를 모호성도 가식도 없이 완벽하게 설명하고 있기 때문이다!

3) 에로스와 아가페 사이의 구분과 대립에 대한 격렬한 비판—주석적이거나 신학적인 영역에서의 비판—에도 불구하고, 나는 이 대립을 근본적인 것으로 지지한다. 이 대립은 신앙과 신념, 종교와 계시의 대립과 같은 영역에 속한다. 아가페가 에로스를 포함할 수 있다거나 에로스가 아가페의 형식이 될 수 있다는 것은 참이 아니다. 이것은 본질적으로 모순적인 방향이다. 올라가는 것과 내려가는 것, 취하는 것과 주는 것, 지배하는 것과 섬기는 것이 동등하다는 것은 사실이 아니다. 어떤 주석도 이것보다 우세할 수 없다! 우리는 이 문제를 뒤에서 자세히 다룰 것이다.

의미로 가득한지를 결정해서는 안 된다. 분명 오랫동안 그리스도인들은 실제로 먼저 다른 기독교인들(선취 특권이 있는 대화 상대였던)을, 다음으로 '영적 관심'을 갖는 사람들, 마지막으로 회심과 복음화의 가능성이 있는 사람들을 만날 가치가 있는 것으로 여겼다. 이런 만남의 선별성은 연합의 인간적 의미와 복된 소식을 공유하려는 관심이라는 적법한 요인에서 비롯되었다. 하지만 이것은 대화 상대를 미리 생각한 선택이라는 사실로부터 이 그리스도인들의 자유의 부재를 의미했다.

사실상 우리는 역순의 선별성에 참여한다. 우리는 진부하고 가치 없으며 게토적인 표현으로 여겨지는 다른 그리스도인들과의 만남의 가치를 거부한다. 우리는 교회 안에서의 대화와 우정이 거짓되고 웃긴다고 여긴다(나는 교회 안이 아닌 어디서든지 내 이웃을 만난다는 말을 들었다!). 반대로 우리 프랑스 사회에서는 가치 있는 대화 상대, 만남과 대화가 현저하게 가치 있고 의미 있는 누군가가 있어 보인다. 이전에는 공산주의자였고 지금은 이민 노동자다. 이 선별성이 있고 이것은 앞의 선별성과 마찬가지로 이해할 수 있지만 마찬가지로 적법하지 않다.

나는 모든 만남이 진지해야 하고, 어떤 선택도 해서는 안 되며 무슨 선입견을 가져서도 안 되고, 대화에 어떤 편견도 따라서는 안 된다고 생각한다. 그때 우리는 은사와 은총에서 벗어나며 다시 전체적 결정론으로 들어간다(이것은 교회의 결정론이 아니라 우리가 사는 사회의 결정론이다). 요컨대, 만남을 위해 이뤄지지 않는 만남이 가능해 보인다. 물론 그것은 처음엔 무의미하다. 거기엔 주어진 내용이 없다. 마찬가지로 만남 그 자체에는 어떤 종류의 가치도 없다. 무엇인가를 만들어 낸다면 그것은 만남이라는 사실 자체가 아니다. 그것은 열림의 가능성, 참된 미래의 가능성 외에 결코 다른 것이 아니다. 하지만 만남은 실제로 이뤄진다. 다시 말해 나는 누군가를 보고 그와 악수한다. 대화도 시작된다. 다시 말해 가장 기초 단계에서 나는 말을 건네고, 그는 내게 답한다.

일례로 만남과 대화가 사회적 틀이나 편견, 맡은 역할에 의해 미리 결정되어 있다면(이건 습관에서 온다), 그들이 거짓된 의도(남을 설득시키려는 의지)에 의해 야기된다면, 서로를 숨기기 위한 기회라면, 서로가 헌신하기를(신중함과 두려움으로) 거부한다면, 그것들은 무산되며 무의미와 거짓으로 남는다. 만남이 이런 것이 되느냐 아니냐는 파트너들에게 달려 있다. 파트너들이라면 쌍방을 말하는가? 그리스도인으로서 나는 아니라고 말할 수밖에 없다. 그리스도와 나의 만남은 쌍방에게 달린 것이 아니라 예수 그리스도에게만 달려 있다. 그와의 모든 만남은 처음엔 의미가 없다. 하지만 모든 만남은 의미를 부여받을 수 있다. 이런 이유에서 우리는 사전 선별을 엄중히 거부해야 한다. 누구든 가치 있는 대화 상대란 없다. 가치 없는 대화 상대도 없다. 그 순간 각자는 대화 상대가 되며, 서로가 그렇게 될 수 있다. 따라서 만남을 중시하고 나서 교회에서 만남을 축출하는 것이나, 히피나 드골파나 공산주의자와의 만남을 배제한 뒤 만남을 중시하는 것은 부조리하다.

모든 교회관계, 가족관계, 노동관계, 정당관계, 조합관계가 참 관계가 될 수 있다. 대화와 만남에 의미를 부여하고 그것들을 참되게 만들 임무와 기능과 사명을 가진 사람이 그리스도인이다. 내가 타인에게 봉사할 경우 이 일은 이뤄질 것이다. 나는 그에게 도움—그가 실제로 필요로 하는 도움—을 줌으로써, 그를 섬김으로써 그의 이웃이 된다. 다른 방법은 없다. 실상 만남은 그것이 주님의 표적을 지닐 경우에만 참될 것이다. 만남은 타인이 은총의 반영을 볼 수 있을 경우에만 이 표적을 지닐 수 있다. 타인은 내가 그에게 하는 행위가 하나님이 예수 그리스도 안에서 내게 행하는 행위와 동일한 성질—순수한 선물, 절대적 도움—일 경우에만 그 표적을 (혹) 볼 수 있다. 마찬가지로 내가 대화에 의미를 부여할 수 있는 것은 경건한 이야기로 타인을 괴롭힘으로써가 아니라(예수 그리스도에 대해 말하기를 회피하라는 말이 아니다!) 그와 함께 시작함으로써이다.4)

대화는 한 사람이 타인과 함께 시작하는 삶이 되기 위해서 말의

---

4) J. Lacroix가 매우 옳게 썼듯이, "대화는 매우 종종 모든 난제를 푸는 크림파이[알맹이 없이 잘난 체하는 말]가 되었다. 문제를 사라지게 하기 위해서는 대화하는 길밖에 없다. 종교적 차이, 계층 간의 대립, 이해관계의 격차, 사회심리적인 모순은 오직 대화의 힘으로 마치 요술처럼 사라질 것이다! 이런 말은 거짓일 뿐만 아니라 위험하다. 그럴 수 없는 상황에서 말로 인간의 인간성을 권장하는 것보다 더 악한 것은 없다. 위선적으로 폭력을 감추는 거짓 대화보다 솔직한 폭력이 더 낫다." 이런 이유에서 나는 대화를 결코 갈등 해소의 수단이 아닌 하나의 자유의 태도로 제시한다. 이런 자유의 태도는 사랑이 단절을 이기도록 하기 위해 실제 갈등하는 상황 및 경향과 진솔하게 만나게 해준다. 그렇다고 이것이 완화나 해결로 이끄는 것은 물론 아니다!

이 문제에 대해서는 특히 Kohler와 몇 사람이 대화의 문제들과 구체적인 경우들을 제시한 책 *Le dialogue*(1967)를 보라. M. de Goedt의 *Foi au Christ et dialogue du chrétien*(1967)라는 주목되는 작품은 한편으로 대화의 개념 자체와 그 영역, 그 해석과 의미, 언제나 가능한 거짓 대화라는 거리끼는 신앙을, 다른 한편으로 신앙에 의해 열린 대화의 가능성을 놀랍게도 깊이 파헤치고 있다. "대화가 그 힘을 발견해야 하는 곳은 무능의 고백에서다…", "신앙의 역할은 사람들이 교환하는 말을 전적인 미래로 여는 것이다." 이 책에서 내가 주는 유일한 유보는 그것이 대화의 가능성을 자유의 영역이 아닌, 하나님에 의한 인간들 사이의 화해의 관점(이것은 물론 그 자체로 옳다)에 둔다는 것이다. 내가 보기에는 자유의 영역이 윤리적 관점에서 유일한 가능성이다.

신학적 유행이라는 새로운 사조(혁명의 신학)와 관련해서 최근에 나온 책으로 Jules Girardi의 *Dialogue et Révolution*(1969)가 있는데, 이것은 대화의 직접적인 가능성과 대화야말로 문화적 혁명임을 계속해서 믿는다. 경건한 소원이다!

교환을 멈춰야 한다. 타인과의 동일한 모험에 착수하는 사실이야말로 다른 것으로 대체할 수 없는 가치로 교환하는 우리의 말을 확인해 준다.5) 정확히 예수와 제자들의 말 교환이 행동 착수(참여)이듯이 말이다. 우리에게 이야기되고 있는 모든 것은 매번 예수를 따르는 자들을 향한 그분의 참여다. 게다가 그분은 상호성을 기다리시지 않는다. 그분은 그것을 바라실 수는 있다. 이처럼 그분은 소경들이나 문둥병자들이나 시몬, 또는 겟세마네에서의 제자들을 책망하신다. 하지만 오직 예수의 참여와 더불어서만 대화는 있다. 결과적으로 사도행전은 제자들의 참여와 더불어서만 대화가 있음을 우리에게 보여준다. 상대는 참여되지 않는다. 그럼에도 불구하고 참된 대화와 관련된다.

이와 같이 만남의 진정성과 대화의 가치는 각각의 그리스도인에게 달려있다. 자신의 존재 전부를 만남에 투입하는 사실이야말로 진부한 접촉과 대화를 결정적인 순간과 영향력으로 변형시킨다. 우리는 이제 자유의 영역에 있게 된다. 왜냐하면 섬김은 자유를 뒤따르기 때문이다. 이것은 현대의 전망에서 늘 망각되는 실재다. 내가 자유롭지 않으면 이웃을 섬길 수 없다. 내가 다른 누군가를 돕는다고 생각하지 않을 경우에만, 결과적으로 내가 그런 생각에서 해방된 경우에만 그를 도울 수 있다. 그러므로 대화와 만남을 가능하게 하는 첫걸음은 자유다. 왜냐하면 내가 돈, 나 자신, 국가, 내 정당, 내 가족, 내 계층, 내 직업, 내 교회를 섬기는 한(오늘날의 연구들은 오직 이 한 가지

---

5) 증언과 선전 사이를 마주 대하게 하는 것이 바로 이런 참여다. Cf. J. Ellul, "Évangélisation et propagande", *Revue de l'Evangélisation*, Paris, n° 83, 1959.

점에 주의를 기울인다!), 나는 실제로 타인의 노예화—이전에 내가 노예였듯이—를 목적으로 삼는 하나의 세력을 섬기면서 타인을 만나러 간다. 하나님의 선결적인 활동을 나 자신이 수용하고 경험할 필요가 있다. 그것은 기적이다. 그러므로 내가 예수 그리스도를 만나는 것은 오직 이웃과의 만남에만 있는 것이 아니다. 그리스도는 이미 내 삶에서 해방자이며, 그분이 없이는 이런 만남은 아무 의미가 없을 것이다.

3. 자유와 만남/대화의 관계

우리가 위에서 분석한 여러 가지 요소들을 명심한다면, 우리는 자유가 항상 활동한다는 것과 자유가 이 모든 모험의 조건이라는 것을 감지하게 된다. 그런데 사람들은 자유에 대해 결코 말하지 않는다. 마치 그것이 암묵의 조건인 양, 아니면 마치 그것이 자명한 양 말이다. 하지만 암묵적인 것은 아무것도 없으며, 이 자유는 실로 기적이다. 실제로 나는 만남의 신학자들이 단지 자유를 망각했다고 생각한다. 그런데 이 모든 것은 자유에 근거한다.

자유는 먼저 주도적 행동이다. 만남이란 지하철 군중의 일상의 부딪힘에서 알맹이 없이 이뤄지지 않는다. 물론 우리가 말했듯이 각각의 접촉이 만남의 기회가 될 수는 있다. 그래도 만남을 원해야 한다. 이런 만남은 자유에서만 탄생할 수 있다. 타인을 만나는 주도적 행동을 위하는 자, 이 타인을 찾는 자, 이웃이 되기 원하는 자는 스스로 자유로울 경우에만, 자신을 괴롭히고 조건 지우는 것에서 충분히 해방되어 참되게 타인과 하나가 될 수 있는 경우에만 그렇게 할 수 있다. 그런데 이 주도적 행동에서 이미 하나님의 임재가 나타난다. 그리고 이것은 그리스도와 그분이 내게 주시는 자유를 통하여 타인과의 만남이 가능해진다는 것을 인정하게 한다. 이것은 비-선택성으로 인해 더욱 참되게 된다. 사실 모든 것은 선택된 특별한 만남을 갖도록 우리를 조종한다. 우리가 속한 사회, 우리의 확신, 우리의 정황이 우리로 하여금 타인들을 접촉하게 만든다. 이것에 따라서 우리는 타인들보다는 이런저런 사람들을 만나게 된다. 우리는 언제나 우리와 유사한 사람들을 만난다!

원수를 사랑하라는 명령과 마찬가지인 이웃이 되라는 명령은 우리를 해방시킨다. 내가 누구든 영접하고 만나며 누구 앞으로든 갈 수 있게 된다는 것은 내가 만나고자 하는 사람을 선택하지 않을 정도로, 만날 수 있는 자와 만날 수 없는 자에 대한 선입견을 갖지 않을 정도로 충분히 자유로울 경우에만 일어날 수 있다.

한 걸음 더 나아가자. 우리는 일반적인 접촉과 접근에서는 모든 것이 거짓이요, 모든 것이 무의미하고 가짜가 된다고 말했다. 여기서 자유는 다시 한 번 조건으로 나타난다. 오직 그리스도 안에서의 내 자유 안에서만 나는 강요된 대화의 사회적 세계를 피할 수 있으며, 대화가 있게 하기 위한 모든 노력을 수포로 돌리는 편견들을 거부할 수 있으며, 사회가 나에게 맡기는 평범한 역할에서 벗어날 수 있다. 현 사회학자들과 심리학자들이 '역할'에 돌리는 상당한 중요성—인간이 그 자체로 일련의 역할들임을 고려할 정도까지—을 생각할 때, 그런 상태에 머문다면 어떤 진정한 만남도 가능하지 않으며, 오히려 가능하게 되기 위해서는 기적이 필요하다고 말하지 않을 수 없다.

번데기에서 나오는 나방은 자유롭다. 마찬가지로 내가 사회의 일부이기 때문에 피할 수 없는 역할에서 나옴으로써 나는 이 만남에서 자유롭도록 초대된다. 또한 마찬가지로 대화에 몰두하기 위해서는 특별히 자기 자신에게서 분리되어야 한다. 이런 은사를 간직할 수 있는 것은 그리스도 자신이 가졌던 최고의 자유를 전제한다. 모든 거짓 만남들은 내가 자유로울 경우에만 없어질 수 있다.

주요 거짓은 우월성과 의도다. 만일 내가 타인에게, 내가 만남에서 진정성을 추구하기에 타인보다 무언가를 더 한다는 단 하나의 의식으로 접근한다든지, 내가 그리스도인이기 때문에 그에게 무언가를 가져다주어야 한다는(이것은 사실이다! 그리스도의 증인으로서 그는 그런 존재다!) 단 하나의 의식으로 접근한다든지, 행복이건 구원이건 무슨 계산으로(이것도 사실이다. 나는 은총으로 구원받는다는 증언을 그에게 해주어야 하며, 이것은 대화로 이뤄져야 한다!) 접근한다든지, 이 만남에서 내게 닥칠 수 있는 모든 것을 피하면서 내게 보장이 되어 주는 무슨 교의학적인 방어 수단으로(내가 이런 교의학적인 방어 수단을 갖는 것은 사실이고 이런 지식을 갖는 것은 좋다!) 접근한다든지, 요컨대 만일 내가 신앙에서 유래하는 무슨 우월성으로 타인을 접촉하게 된다면, 그때 모든 것은 상실된다. 나는 타인의 이웃이 되지 못할 것이며, 그에게 증인이 되지 못할 것이며, 제자가 되지 못할 것이다. 정확히 내가 이웃, 증인, 제자임을 의식하기 때문에, 이 참 실재의 의식은 그것이 아가페(미안하지만 에로스가 아니다!)에 따른 이웃 사랑을 막는다는 이유에서 거짓 양심이요 거짓을 섞는 양심이 된다.

만일 내가 이처럼 면밀한 검토 속에서 이웃을 사랑하지 않는다면,

그때 사랑이 없는 이 만남은 내가 무언가를 그에게 가져다주어야 한다는 것, 은총을 그에게 선포할 수 있다는 것, 그에게 진리를 설명할 수 있다는 것을 거짓으로 만든다. 내가 가지고 있는 의식이 하나님이 사랑하라고 내게 보내신 이와 관련해서 무슨 우월성으로 나를 세운다면, 그것은 하나님이 내게 보내 주신 자를 파괴한다. 왜냐하면 이 사랑이 불가능할 경우 일종의 비극적인 소급성은 다른 모든 것에게로 거슬러 올라가서 그것을 찢어버리기 때문이다.

하지만 내가 누군가로서의 의식을 갖지 않을 가능성이 있을까? 만일 내가 그것에서 벗어나기 위한, 단순하기 위한, 우월성을 갖춘 그리스도인이 되지 않기 위한 노력을 한다면, 그때 이 노력 자체가 대화를 긴장되고 거짓되게 만든다. 왜냐하면 이 노력은 가면의 가능성에 불과할 것이기 때문이다. 반대로 이것은 자유를 전제한다. 나는 이런 의식에서도 해방되어야 한다. 내게 베풀어진 은총이 나에게서 나 자신을 떼어놓고 하나님에게 집중시키지 않고는 그렇게 될 수 없다. 만일 그리스도 중심주의가 하나의 교리요, 신학 형태요, 성경 해석의 열쇠라면, 그것은 매우 흥미 있을지는 몰라도 결국 아무것도 아니다. 서신서는 우리에게 전혀 다른 그리스도 중심주의를 보여준다. 인간의 삶에서 하나님의 부름을 받은 자에게는 그리스도가 모든 위치를 차지한다. 육체와 세상사는 내 중심에서 그리스도로 대체된다. 정말 그럴진대, 그렇다면 나는 내가 구원을 받고 진리를 받아들였다는 거추장스런 의식에서 해방된다. 이것은 사실이요 사실로 남지만, 그것이 타인과 나 사이를 방해하지 않는다. 이렇게 되는 것은 하나님이 내게 주시는 자유 때문이다.

이것은, 우리가 이미 자주 말했거니와, 마술적 행위가 아니다. 내가 무슨 사물처럼 자유인의 조건으로 이송된 것이 아니다. 내가 자유에 참여자가 되지 않은 채 만들어지는 것이 아니다. 이런 참여를 통해 나는 내게 주어진 자유를, 동시에 나를 지배하는 자유, 자유를 담당하는 자유, 자유로 사는 자유를 받아들인다. 만일 내가 내 자유의 첫 행위—나를 재창조한 자유를 담당하는—인 이것을 행하지 않는다면, 그때 모든 것이 고갈된다. 다시 말해서 만일 내가 이 자유의 분위기로, 이 즐거운 초라함으로, 이 우월성의 부재로 타인에게 다가가지 않는다면, 그때 나는 내 자신의 자유를 고갈시킨다. 그러나 역으로 나는 겸손의 노력이나 우월적이지 않겠다는 확고한 의지를, 그리고 (더 심하게) 오늘날 어떤 이들이 성서의 가르침과 기독교의 특수성으로 여기는 경멸을 믿어서는 안 된다. 이런 의지적인 태도가 최소한의 가치를 가지며 어찌됐건 만남을 이롭게 한다고 믿어서는 안 된다!

우리는 여기서 자신의 존재가 되는 것을 아주 단순히 거부하는 또 다른 비-진정성에 직면한다. 흔히 그리스도인은 진리에 대해 아무것도 모른다거나, 그리스도인은 그가 받고 체험한 은총이 있다 해서 다를 바 없다거나, 그리스도인은 자격 없는 가련한 사람에 불과하다고 말함으로써 마찬가지로 대화를 왜곡한다. 그것은 단지 우리 안에서의 하나님의 위대한 행위에 대한 경멸이요 자유의 결여에 불과하다. 바로 이 '의지적 행위'야말로 지혜의 모습은 있으나 결정적으로 오만의 양식에 불과한 행위들과 관련된 이 유명한 본문[마25장]의 판단을 받는다. 우리의 의지적인 행위는 우리가 가질 수 있는 최소한의 의지에 앞서 그리스도 안에서 주어지고 수용되는 자유에서부터라야만 의미와 가치를 가질 수 있다.

마지막으로 우리는 자유와 만남/대화의 관계의 중심에 이른다. 마르틴 부버 이래 내가 누군가에게 '나'일 경우에만, 다시 말해 내가 타인에게 '너'일 경우에만, 나 자신이 '나'라고 말하는 것은 흔한 말이 됐다. 흔히 종종 해석하듯이, 일종의 상호 창조라는 것이 있을 것이다. 각자가 타인에 의해 '너'라고 불리기 때문에 각자는 '나'가 된다. 이 순환적 관계가 관계를 정확히 설명하지는 않는 것으로 보인다. 만남의 가능성을 위한, 자유라는 대체할 수 없는 존재—자주적 행위와 비선별 행위—에 대해 지금까지 우리가 말한 모든 것은 대화에 착수하는 그리스도인이 이미 '나'이고, 그의 자유 행위 자체가 그것을 온전히 의미함을 전제한다. 사실상 나 자신은 '나'가 되어 있고서야만 타인을 만날 수 있다. 나를 나 되게 만드는 것은 타인이 아니다. 내가 타인의 이웃이 된다는 것은 나를 이웃으로 삼는 타인이 아니다.

사마리아 사람으로 자신의 이웃이 되게 만든 것은 웅덩이에 누워 있는 강도 만난 사람이 아니다. 이미 하나님이 활동하셨으며, 이미 하나님이 이 '삼자'를 '나'로 변형시키셨으며, 그것은 하나님이 이미 이 사람과 대화를 시작하셨기 때문이다. 바로 하나님이 먼저 내게 말씀하시기 때문에, 그분이 내게 말을 건네시기 때문에, 그분이 내 이름으로 나를 부르시기 때문에, 그분이 내 이름을 드러내시기 때문에, 그 때문에 하나님에 의해 '너'라고 불림으로써 나 자신이 '나'가 되는 것이요, 이번에는 내가 참된 방식으로 타인을 만날 수 있는 것이다. 마찬가지로 타인이 동시에 나에게 '너'이기 때문에, 나는 그를 진실하게 만들며, 이번에는 그가 '나'가 되는 것이다.6)

---

6) 나와 너 사이의 이런 관계에 대해서는 다음 두 권의 필수적인 책을 전적으로 참고해야 한다: Rosenzweig, *L'Etoile de la Rédemption*, 1982; Jankélévitch, *Le paradoxe de la morale*, 1982. 너의 가능성이 도덕의 토대가 되며, 도덕에 진실을 부여하는 것이다. 얀

그러나 이것은 나를 구성하는 행위, 하나님의 행위인 행위, 나를 자유롭게 하여 이번에는 타인의 이웃이 될 수 있게 하는, 그래서 이 타인을 하나님을 위한 사람으로 삼는, 그의 자유의 행위에서부터만 참이다. 다른 모든 분석은 하나님의 자유로운 주도적 행위를 피하기 위한 노력에 불과하다. 다시 말해 고독과 비진정성으로 나타나는 인간의 오만의 재생에 불과하다.

타인에 대한 해방

나아가 여전히 이해될 필요가 있는 것은 이런 만남이란 내가 타인에 대해서 자유로울 경우에만 일어날 수 있다는 것이다. 우리는 자아에 대한 그리고 권세들에 대한 해방에 대해서 언급한 바 있다.[7] 또한 필히 타인에 대한 해방도 있다. 우리는 종종 가족과 고객 등과 단절하고 자신을 따르라고 예수가 제기하는 필연을 상기시킨 바 있다. 그리스도 안에서의 해방은 모든 자연적 유대에 대하여, 그러므로 우리를 타인들과 묶어놓는 모든 것에 대하여 적용된다. 어떤 면에서 나는 그들에게 이방인이 된다. 사랑이 자유의 의미라고 할 때, 그것은 타인들과의 사회학적 관계에의 굴복과 아무런 유사성이 없다. 그리스도인

쿌레비치의 경우 도덕과 의무와 사랑 사이에는 동일성이 있다. 단지 거기에는 "타인이 누가 됐건 그 타인을 위해 사는 삶"이 있는 윤리가 있다. 너를 위한 삶이요, 정당화가 없는 순전히 대가 없는 의무 사항이다. 동시에 나 자신으로 하여금 사랑받는 자로 살게 해주는 것이 바로 타인이다. 곧 "친밀감을 유발하는 사랑받는 자요, 사랑받는 자의 진실이자 역설적으로 사랑하는 자의 진실이며, 사랑하는 사랑과 사랑받는 사랑—동시에 둘인—의 진실인 사랑받는 자" 말이다. 이것은 먼저 인간과 하나님 사이의 나와 너를 지칭한다.

7) *L'Ethique de la liberté*, t.II.

의 자유에서 타인들은 내 법칙일 수 없다. 나는 다른 존재로 자리매김 되어야 한다. 나는 기계적이고 유기적인 모든 연대를 거부해야 한다. 그리스도 안에서의 자유는 이런 자연발생적인 연대의 균열을 허용한다.

현대 사회의 엄청난 군중 가운데서 끊임없이 내게 밀려오는 타인, 중단 없이 부딪히는 타인, 소음과 운동과 쓰레기로 나를 덮어 버리는 타인, 나와 더불어 어마어마한 사회 창조에 가담하는 타인, 이 타인에게서 나는 해방되어야 한다. 왜냐하면 그리스도와 군중을 동시에 따르기란 불가능하기 때문이다. 자유의 법과 타인의 법을 동시에 수용하기란 불가능하다. 나는 독자가 즉시 산상설교 텍스트를 들이대리라는 것을 잘 안다. "속옷을 가지고자 하는 자에게 겉옷까지도 가지게 하며…." 이것이 타인의 법칙, 타인의 요구에 복종하라고 우리에게 주어진 명령이라는 것이다! 타인과의 관계가 본질적이라는 것이다. 그렇지 않다! 그것은 오해다. 여기서 언급되는 내용은 사랑에 대한 것이지 타인에 대한 것이 아니다! 이 사랑은, 우리가 말했듯이, 정확히 존재하기 위한 자유를 의미한다. 타인을 향한 자유 말이다.

만남이 있기 위해서는 대화, 나와 너가 필요하며, 그리고 이별이 있기 위해서는 단절, 차이, 멀리함이 필요하다. 타인을 자유롭게 사랑하기 위해서, 그를 있는 그대로, 실제 그대로 만나기 위해서 나는 그에 대해 자유로워야 한다. 이웃을 사랑하는 것은 사회학적인 유대에 공동으로 복종하는 것이 아니다. 동일한 멍에를 맨 두 마리의 소는 만남의 관계를 맺지 못한다. 1킬로미터를 가자고 내게 요구하는 자와 2킬로미터를 동행하는 것은 타인의 요구에 자유롭게 따르는 자유인의 행위다. 산상설교 텍스트가 말하는 것이 바로 이것이다.

"속옷을 가지고자 하는 자에게, 억지로 오 리를 가게 하거든…'(비-자유의 상황), 겉옷까지도 가지게 하며, 십 리를 동행하고(이제 자유의 상황이 수립된다)." 너는 네 거리 간격을 되찾았고 동시에 타인을 사랑할 가능성과 자주적 행위를 되찾았다. 그렇다고 사회학적인 예속 관계를 사랑의 관계로 변형시키는 문제가 아니다. 내가 사전에 내 부모와 자녀에게서 해방되고 분리되지 않았다면, 내가 그리스도 안에 있는 자유와 사랑으로 그들과 하나가 된다는 것은 참이 아니다. 내 직장, 내 계층, 내 인종, 내 정당, 내 이념(기독교 이념이라 하더라도)의 사람들에 대해서 나를 자유롭게 하는 철저한 단절을 앞서 가지지 못했다면, 자유 안에서 그들과 하나가 된다는 것은 참이 아니다.

그렇다. 거리 두기, 냉정함, 심지어 무관심, 비판, 비-의사소통을 통해 허용되는 모든 것과 더불어 나는 자유하다. 바로 이 이별의 자유에서만 나는 타인의 진실을 발견할 수 있고 그를 자유롭게 사랑할 수 있다. 왜냐하면 모든 가식 이면에서 타인은 실제의 모습—이방인, 원수—이 되기 때문이다. 상황은 사회학적인 연대에 의해 조심스럽게 가려져 있다. 경제적, 정치적, 기술학적 연대를 사랑의 영역으로 바꾸겠다고 주장하는 것은 사회적 위선의 장난으로 들어가는 일이다.

그러나 이런 타인과의 결별은 타인을 객관화하는 운동이나 사르트르의 실존주의와 유사한 것이 결코 아니다. 타인에 대한 이 해방, 타인이 내 법칙이 되는 것에 대한 거부는 내 행위나, 내 양심이나, 내 의지나, 내 명석함의 결과가 아니다. 그것은 그리스도가 나를 지배한 결과다. "너는 와서 나를 따르라." 타인은 죽었다. 그를 죽음의 숙명에 내버려둬라. 죽은 자들로 그들의 사회학적인 의식들—선거, 생산, 청구, 소비, 억압 등—을 마무리하게 하라. 내가 타인들에게서 해방되었다고 내게 말하게 하고 또 그렇게 살게 하는 것은 나에 대한 해방자의 행위가 있기 때문이다. 그것 없이는 어떤 운동이 내게서 나온다 하더라도, 그것은 견딜 수 없는 오만이 될 것이다. 하지만 이런 결별이 일어났을 때 우리는 그것의 *의미*가 무엇인지를 또한 안다. 타인에 대한 해방이 있다는 것은 참된 만남을 가능하게 하기 위함이다. 결별이 있다는 것은 이 예수를 따름으로써 그를 가득 채우는 사랑으로 타인을 다시 발견하기 위함이다. 그러나 만남의 관계나 사회학적인 연대에서 자유와 사랑으로의 이동은 없다. 오직 결별밖에 없다.

4. 만남과 소망

결국 타인을 하나의 '나'로 세우는 일이 내게 은총으로 주어졌다고 말하는 것은 소망의 차원을 개입하게 만드는 것이다. 입이 다물어진다. 만남이란 자유가 없으면 가능하지 않다. 뿐만 아니라 만남은 소망이 없어도 의미가 없다.

다시 한 번 말하거니와 이것은 모든 소망이 아니라 하나의 소망이다! 우리는 인간 조건이 무엇인지를 안다. 우리는 우리 각자가 타인의 존재를 깨닫지 못한다는 것, 우리가 오해와 비공개 속에서 산다는 것, 누구도 누구를 도울 수 없다는 것, 우리의 언어란 입술을 떠나는 즉시 죽는다는 것—우리가 알듯이 이 모든 것은 정확하다—따라서 만남이 일어나고 대화가 발생할 어떤 기회도 없다는 것을 안다. 하지만 바로 우리에게 자유가 주어진 것은 그것의 자주적 행동을 취하기 위함이다. 이 자유는 이 숙명과 이 집요함에서의 탈출이기도 하다. 이 자유는 이 세계에 '나'를, 결과적으로 소망을 도입하는 것이다. 내가 소망으로 살아야만 이렇게 행동할 수 있다. 이 만남의 주도적 행위가 무산되지 않으리라는 소망, 참된 대화가 시작되리라는 소망, 말이 들려지고 수용되리라는 소망, 그러므로 시작하는 날이 있으리라는 소망 말이다.

사실 각각의 만남이 하나의 시작일 것이다. 왜냐하면 우리를 매번 시작에 위치시키는 것이 바로 자유의 몫이기 때문이다. 그러므로 나는 결코 마비될 수 없으며, 내 경험을 가지고 새 만남에 임할 수는 없다. 물론 백 번 깨진 만남의 경험과 백 번 오해로 얼룩진 대화의 경험은 나를 회의적이 되게 한다. 내가 비판적이거나 심지어 회의적인 것은 좋다. 하지만 이것은 다시 시작함으로써 초월된다. 이 재시작은 새롭고 젊으며 무기 없는 나를 새 얼굴 앞에 놓아두며, 타인의 이 모호한 언어를 더듬거리며 이해하게 한다.

경험이 나를 주의 깊게 만든다면, 소망은 나를 새롭게 만든다. 왜냐하면 소망은 나를 어리석게 만들지 않으며, 이 기만당한 과거를 무효화하지 않고, 나를 잘 속는 순진한 사람으로 만들지 않기 때문이다. 소망은 인간들에 대한 내 경험과 지식, 만남의 기만과 오류를 그의 강한 손 안에 받아들이며, 그것에 지배당하도록 내버려두는 대신 이 회의주의자를 새 가능성에 주목하는 인간으로 만들며, 아직도 가능한 경탄의 문을 열어 준다. 이 경탄은 오직 과거의 만남들의 서글픔—나도 잘 안다—에서부터 일어난다. 고대 장인들의 역청 위에서 빛나는 순금의 후광처럼. 소망은 내 비판을 나 자신에 대한, 내 자유의 부재에 대한, 내 방법(얼마나 잘못되었던가!)에 대한 비판으로 만든다. 소망은 온갖 그릇된 만남들의 거울을 내게 내밀어 만남이 얼마나 참될 수 있는지—그리스도가 거기에 있기 때문에—를 보게 해준다. 소망은 내게 활력이 되어 나로 타인의 이웃이 되게 할 어려운 새 걸음을 시도하게 한다. 그리고 동시에 소망은 대화의 전부를 장식한다.

내가 시도하는 것이 소망이 없는 대화라면, 그게 무슨 소용인가? 그것이 내 고통, 내 절망, 내 허무, 의미와 목적의 부재를 타인과 나누기 위해서라면 왜 그에게 말하는가? 나아가 단지 자신의 절망이나 자신의 분노나 자신의 세계관을 나누기 위한, 단지 잠깐 동행하기 위한 것이라면, 그렇다면 내가 필요 없다. 이것이 내가 현대 미술에 가한 핵심적인 비판 가운데 하나다. 즉 현 세계의 공포를 반영하는 것 외에 아무것도 인간에게 말할 것이 없다는 것이다.[8] (단테나 셰익스피어가 한 것처럼) 현 세계를 초월하지 못하고 그 너머로 투사하지 못하는 현대 미술은 이 세상의 가혹함, 비참, 절망—이 사실을 인간은 너무도 잘 안다—을 인간에게 보여주는 거울에 불과하다. 이렇게 함으로써 현대 미술은 인간의 비참을 배로 늘리며, 중복 표현을 통해 내면으로 좀 더 밀어붙인다. 자각의 노력이 아니라 의식을 짓눌러 버린다. 현대 미술은 이런 식으로 악의 세계를 종결한다. 그것은 또한 자유와 소망과 예술의 정반대이기도 하다.

그렇다. 소망이 있을 경우에만, 타인에게 기쁨의 잔을 주어야 하기 때문에 그의 눈물의 빵을 나눌 경우에만, 이 모든 것은 의미가 있다. 내 존재, 나의 다가감이 그에게 소망의 신호일 경우에만, 그것이 전적

---

[8] J. Ellul, *L'Empire du non-sens*, 1980.

으로 소망의 길을 열 경우에만, 그것은 다른 가치를 가질 수 있다. 여기서 소망은 단지 영적인 것만이 아니지만, 세속적인 것만은 더더욱 아니다. 우리 현대주의 그리스도인들은 소망을 보잘것없는 정치적 내지는 경제적일 일로 축소하면서 종종 그것을 세속적인 것으로 만든다. 이것은 정확히 마치 지바로스(Jivaros)9) 인디언들이 자른 머리들처럼 축소된 소망이다! 그리스도인들이 정치 운동과 혁명 운동 등에 참여하면서 가지고 다니는 소망이라는 것이다!

나는 궁극적으로 복음이 타인에게 도달해서, 그래서 진실로 그의 이웃이 될 소망을 가질 경우에만 이 대화에 착수할 수 있다. 그렇다. 이 일은 반복되어야 한다. 타인이 예수가 그리스도라는 것을 알면서 그를 만나지 않는 경우, 만남이나 봉사의 어떤 것도 의미가 없다. 단지 침묵의 봉사에서도, 단지 무의식에서도 의미가 없다. 왜냐하면 어떤 봉사도, 자신을 위해 죽은 예수의 구주 됨을 알게 하는 기쁨에서 절정에 달하지 않는 경우, 가치가 없다. 회심. 그렇다! 오늘날 혐오스러워진 이 단어를 말해야 한다! 물론 (말할 필요가 있을까?) 내가 탁월한 전도자임을 드러낼 목적이나, 내 교회의 신도 수를 늘리려는 목적이나, 내 잔으로 마실 가난한 사람을 교화시킬 목적의 회심이 아니라, 내가(그 역시) 창세부터 사랑받았다는 것, 내가(그 역시) 선택받았다는 것, 내가(그 역시) 스스로 잘 아는 악과 공포에서 실제로 건짐을 받았다는 것을 인정하는 회심이다. 타인이 이것을 알아야 한다. 만일 내게 이 소중한 기탁물을 그에게 전달할 소망이 없다면,

---

9) [역주] 안데스 산맥의 에콰도르 쪽 동편에 있던 인디언들로 이들은 적의 머리를 잘라 말린 후, 온갖 치수로 줄여서 전리품으로 지니고 다녔다.

그땐 아무것도 행해질 가치가 없다. 만일 내게 내 말이 입술을 통과해 나오지 않을 것이라는 확신, 봉사가 결국 인간 사이의 수평적인 관계 외에 다른 의미가 없다는 확신, 이 만남이 남은 모든 것과 마찬가지로 망가지리라는 확신을 갖는다면, 그때 이것은 무익하다. 다음번엔 놀라운 일이 생기리라는 소망이 필요하다. 왜냐하면 다음번엔 만남의 자유가 우리에게 충만히 주어지기 때문이다.

5. 다름과 자유

그러므로 우리가 말한 바와 같이 대화와 만남은 타인이 실제로 타인이고 나와 동일하지 않음을 내포한다. 따라서 그리스도 안에서의 자유는 차이를 인정할 것을 내게 요구한다. 차이를 존중할 뿐만 아니라 그것을 상기시키고 연구하고 만들어 낼(물론 인위적으로는 아니다) 것을 내게 요구한다. 내가 보기에 이런 차이의 중요성은 세 가지 고찰을 내포한다.

다름의 중요성

먼저, 매우 빨리 우리는 '다를 권리'라는 유행어를 배제시킬 수 있다. 우리에게는 타인들과 다를 어떤 '권리'도 없다! 이것은 '권리'라는 용어의 무수한 남용 가운데 하나로, 오늘날 사람들은 이 말을 제멋대로 아무렇게나 사용한다. 권리란 법적 용어이며 그 영역 밖에서는 어떤 의미도 갖지 않는다. 그것은 방어 수단, 내용의 정확성, 실행 조건, 비준 권한 그리고 일례로 결과를 명확히 하는 법률적(넓은 의미의) 기초를 전제한다. 일례로 행복할 권리와 여기서처럼 다를 권리에 대해 말하는 것은 완전히 어리석다. 무슨 차이를 말하는가? 무슨 비준을 말하는가? 무슨 실행 조건을 말하는가? 실제로 문제는 정반대의 것과 관련한다. 상이한 사람이 '실행할' 권리의 문제가 아니라, 자신을 다르게 여기는 사람이 존중하는 존재의 문제다.

이것은 전혀 별개의 것이다. 우리는 여기서 윤리적이고 실존적인 영역에 위치하고 있지, 사법적인 영역에 위치하고 있지 않다. 비록 인종 차별이 법적으로 금지되어 있지만, 이것은 언제나 '인종'을 법적으로 정의내리기가 불가능하다는 극단의 약점을 가지며, 아무것에나 이 용어를 갖다 붙인다. 사람들이 인종주의에 대해서 말하는 즉시 언어가 남용되는 것을 보는 것으로 충분하다(인종주의가 혐오로 쓰인다―젊은이 혐오, 여성 혐오 등). 우리는 차이를 거부하는 자의 태도를 공격해야 하는 것이지, 상이한 자를 위한 권리의 존재를 주장해서는 안 된다.[10]

하지만 두 가지 지적을 통해 이것을 보완할 필요가 있다.

첫째, 모든 그룹은 그룹에서 차이와 특수 경우를 제거하는 자연 발생적 경향 때문에 소수를 축소시킨다는 사실이다. 구조, 이념, 관례, 풍습, 문화를 일치로 이끌어 가는 일종의 사회적인―자연 발생적이자

---

10) 간단히 논쟁적일 수 있는 말을 한마디 하자. 동성애자, 소아성애 도착자, 마약 환자 등을 위한 다름의 권리를 요구하면서 동시에 남자와 여자의 다름―남자와 온전히 유사하기 이전의 여자―을 맹렬히 부인하는 자들이 동일한 사람들(대부분 지식인들) 임을 확인하는 일은 매우 신기하고 흥미롭다. 이념에는 맹목이 있다!

정치적인(넓은 의미에서)— 장치가 있는 바, 이것은 잘 알려져 있고 종종 연구되고 있다. "사회는 다양성을 혐오한다."

둘째, 이것은 보완적인 지적으로서, 한 그룹이나 한 사회가 다양성으로만 살 수 있다는 것이다. 다원성(가상적이거나 형식적이 아니라 실질적이고 구체적인!)이 있는 한에서만 인간 총체는 발전하고 동시에 창조한다. 다시 말해서 산다. 모든 것(언어, 법, 제도, 풍습 등)이 일치와 동일성으로 이끌릴 때, 그룹은 진보의 불가능성 때문에 불가피하게 죽는다. 그것은 석화되어 죽는다. 우리에게는 역사적 사례들이 있다. 우리는 (유명한 엔트로피[물체의 변화량]를 결코 남용하지 않은 채!) 차이의 제거와 동일성에 대한 일종의 맹목적 열정 때문에 온 사회에 자살 경향이 있음을 말할 수 있다. 우리는 이런 자살 경향을 모든 영역에서, 심지어 개인 간에서도 발견한다. 남편이 아내가 동일하기를 원할 때, 부모가 자녀들이 자신들을 빼닮기를 원할 때 등 말이다. 이 모든 것은 자유의 부정이다.

베르나르 샤르보노가 인간은 자유에 대한 열정과 동시에 자유에 대한 깊은 혐오도 갖는다고 강하게 주장할 때, 그는 옳다. '정보'가 엔트로피의 부정이라는 개념은 차이의 인정 개념 외에 다른 아무것도 아니다. 왜냐하면 발신자와 수신자가 서로 다를 경우에만 전달된 정보가 있을 수 있기 때문이다! 따라서 그리스도인의 자유는 타인과 관련해서 그리스도인의 상이성으로 들어갈 뿐만 아니라, 그가 소속된 사회의 차이들의 옹호로, 사회와 그룹을 위한 삶의 잠재력과도 같은 상이성의 창조로 들어가는 것이다.

그리스도인은, 그가 그리스도 안에서 자유를 알았을진대, 마땅히 (하지만 자유다!) 상이성이 표현되는 것을 도와야 한다. 물론 그 이유가 인간이 자신의 소속 그룹을 위해 살 가능성이 있는 한에서만 자유롭기 때문은 아니다. 이 알려진 연구의 상기에서 잊어서는 안 될 것은 구조주의자들과 언어학자들의 핵심 공헌이다. 이들은 다름이야말로 마치 간격처럼 실제로 언제나 의미 있다는 것을 잘 입증했다. 또한 결과적으로 그룹 조직의 관점에서 의사소통, 차이, 차이의 유지와 발전이 실로 매우 중요하다는 것을 입증했다.

다름의 한계

그럼에도 불구하고 우리는 이제 또 다른 난제로 들어간다. 우리는 차이가 극도로 증대되고 극단으로 치달아서 단절까지, 다시 말해 타인이 말하고 원하고 행하는 것을 '수용'할 수 없는 지경에까지 이름으로 말미암아 사회가 죽고 그룹이 파열된다는 것을 안다. 한 그룹이 다른 이들에 의해 철저히 거부되고, 한 개인이 동료들에 의해 철저히 거부되는 것이다. 이런 일이 전개될 때, 그때 전 사회는 빠져 나올 수 없는 혼돈 속에서 단순히 붕괴된다. 달리 말하면, 다름의 한계가 있다는 것, 완전히 융합될 수 없는, 따라서 위험하며 제거되거나 금지되어야 하는 행동과 표현과 목적과 구조가 있다는 것을 망각해서는 안 된다는 말이다. 모든 것이 다 가능한 것이 아니다.

나는 수 년 동안 많은 젊은이들의 비정상적이고 적응 불능으로 보였던 행동들을 변호했던 바, 사람들은 이들이 우리 사회에 문제 제기와 다른 삶의 희망을 가져온 것 때문에 이들을 소외시키는 잘못을 저질렀다. 그렇지만 나는 모르핀과 암페타민의 치명적인 보급을 인정할 수 없으며, 암살이나 인질로 잡아두기도 마찬가지다! 이렇게 지나

쳐서는 안 된다. 모든 것이 가능한 것은 아니다. 이것은, 정확히 기술 덕택으로 모든 것이 가능하다는(사회 갈등의 기술적 해결을 포함해서) 확신을 갖는 사회에서 듣기 힘든 선언이다. 다름을 만들어 내는 모든 기술이 다 인정될 수 있는 것은 아니다. 서구세계와 제3세계 사이의 커져 가는 차이는 용인될 수 없다. 매춘은 용인될 수 없다. 변태 성욕도 마찬가지다. 우리는 이런 종류를 계속 열거할 수 있다. 그룹의 삶 자체를 자극하는 것으로 필요한 다름과 모든 관계를 무너뜨리고 파괴하는 다름 사이의 구별은 독자가 충분히 상상할 수 있다. 정확히 이런 이유에서 '다를 권리', 절대적인 것으로 여겨지는 그 자체로서의 다름이란 있을 수 없다! 소아성애 변태와 허무주의자가 요구하는 다를 권리, 부가 설명 없이 있는 그대로의 '차이'는, 심지어 가장 개방되고 자유로우며 관용이 가능한 사회에서조차 권리가 아니다. 항상 피할 수 없이 알아야 할 질문이 있다. 결국 다름이라는 말을 할 때 우리는 무슨 다름에 대해 말하고 있는가?

다름의 기준

하지만 긍정적 다름과 부정적 다름의 이런 구별과 그리스도 안에 있는 자유 사이의 충돌의 문제와 관련될 때 우리는 난처해진다. 우리는 이미 첫 번째 문제와 부딪혔다. 어찌됐건 그리스도인은 (정확히 그 자신이 다르게 만들어졌고, 그가 다르지 않다면 그리스도인이 아니기 때문에) 다름의 편이지, 동화나 동일성이나 순응화의 편이 아니다. 그는 다름을 촉진시키며, 경우에 따라서는 그것을 조장하고 표현하는 작업을 해야 한다(물론 다름을 위한 다름이나 인위적인 다름은 아니다). 결과적으로 그는 일례로 전체주의 정부 편이나, 이념적 내지는 종교적 교조주의 편이나, 심리 조작 편이나, 문화 과정의 통일이나, 차이에 대한 억압 편이 될 수 없다.

그렇다면 우리는 (도움을 주어야 할) 긍정적 다름과 억제해야 할 부정적 다름이 있다는 명증에 머무를 것인가? 모두에게 분명한 이 사실이 그리스도인에게도 그러한가? 난관은 두 종류의 다름을 구별하기 위한 기준이 한편으로는 사회적 유대를 유지하는 것이요, 다른 한편으로는 의사소통을 용이하게 하는 것이라는 사실에 기인한다. 그런데 이 기준 가운데 어떤 것도 그리스도인에게 결정적이거나 최종적일 수 없다.

우리는 종종 선지자들이나 예수가 이런 기준에 대해 철저하게 문제를 제기하는 것을 본다(일례로 예수는 율법, 가족, 돈, 정치 권력, 의사소통 자체—매우 모호한 비유의 사용을 통한—를 문제시한다!). 실제로 예수는 사회학적으로 세워진 사회적 유대의 가치를 부인하고 사랑에서 출발하여 자유를 표현하는 새 유대로 대체한다. 일례로 그가 선포한 다음의 말은 이것을 의미한다. "누가 내 모친이며 내 동생이냐…누구든지 하늘에 계신 내 아버지의 뜻대로 하는 자가 내 형제요 자매요 모친이니라"(마 12:48-50). "내 이름을 위하여 집이나 형제나 자매나 부모나 자식이나 전토를 버린 자마다 여러 배를 받고 또 영생을 상속하리라"(마 19:29). '내 이름을 인하여'는 가족 관계나 기타 구조와는 다른 관계 방식을 세우겠다는 뜻이다. 실제로 만물에 대한 자유를 의미하는 예수를 믿는 신앙은[11] 유독 사랑의 유대라는

---

11) Cf. *Ethique de la liberté*, t. I et II.

다른 유대를 창조하기 위해 기존의 사회적 유대를 문제시하며, 거기서부터 다른 모든 관계에 대한 비판이 수립된다. 의사소통은 성령을 통해 수립된다(오순절). 그러므로 관건은 다른 의사소통이다. 그래서 가장 적법한 사회 구조나 가장 필요한 의사소통도 차이를 수용하거나 거부하기 위한 기준은 아니다.

이와 같이 예수는 우리가 어떤 종류의 차이든지, 설령 그것이 사회적이고 인간적인 관점에서 극단적으로 위험하다 하더라도, 그것을 수용해야 한다고 말한다. 다만 우리가 사랑의 근본적이고 지속적인 관계로 그 차이를 대신할 수 있다고 확신한다는 조건에서 말이다. 제도를 파괴하는 것도 수용해야 한다고 말한다(우리는 이 문제를 다시 볼 것이다). 다만 제도가 보장했던 관계들이 사실상 예수 그리스도의 이름을 공동으로 위하는 것, 성령 그리고 더불어 체험하는 철저한 사랑으로 대체될 수 있다는 조건에서 말이다. 이런 것이 철저한 차이의 수용 조건이다.

반대로 만일 우리가 이 차이를 넘어서는 사랑으로 살 수 있다고 생각하지 않는다면, 만일 우리가 성령이 단절(가족, 이념, 정치, 종교, 계층 등 사이의 모든 단절)을 넘어서는 의사소통을 수립할 수 있다고 생각하지 않는다면, 그러면 그리스도인으로서 우리는 다름을 아무렇게나 주장하는 길로 들어서서 이 다름을 발전시키는 노력을 삼가야 한다. 우리의 자유의 한계는 이런 것이다. 이 한계는 합리적인 것이나 사회학적인 것에서 비롯되지 않고 다만 자유의 기표—이것을 끊임없이 상기하자—인 하나님의 구체적인 사랑으로 살지 못하는 우리의 무능에서 비롯된다.

우리가 방금 말한 모든 것은 당연히 교회에 적용된다. 교회가 성령과 그리스도의 몸으로 창설되었다고 해서 일사불란하고 일방적이며 배타적이며 지배적이 되어야 하는 것은 아니다(이것은 원하는 대로 부는 성령의 자유에 정반대된다!). 따라서 교회에는 차이들이 있어야 한다. 바울은 직분의 다양성을 지적한다(그런데 실제로 우리 교회들에 그런 차이들이 있는가?). 주된 다름은 성직자와 평신도, 가르치는 자와 가르침 받는 자, 신비에 참여하는 자와 단순한 관망자의 다름이다. 이것은 사회단체의 차이들을 옮겨 쓴 것이다. 직분의 차이, 사회(정치 등) 참여의 차이, 일의 차이(우리는 명백히 형제의 일에 대해 결코 판단해서는 안 된다는 주의를 받는다), 경건의 차이가 있다. 어떤 직분은 경배를 위해 있고, 또 어떤 것은 행동하기 위해 있다. 어떤 직분은 통솔을 위해 있고, 또 어떤 것은 가르치기 위해 있다. 그들 사이의 유일한 관계는 사랑의 관계이어야 한다.

만일 우리가 그런 관계에 이르지 못한다면, 그때 어쩔 수 없이 제도가 나타나서 교회를 사회학적인 것으로 이끌어간다. 그때 이것은 불가피하게 신학적 차이의 문제를 제기한다. 그리스도 안에 있는 자유는 그리스도인과 교회가 교조적이 되는 것, 모든 진리와 유일한 진리를 소지하고 있다고 주장하는 것, 다른 설교를 받아들이지 않는 것(물론 다른 구주와 주님을 받아들이지 않는 문제는 바울이 옳다! 그가 갈라디아 교인들에게 누가 "너희에게 다른 복음을 전하면…"[갈 1:8]이라고 말할 때가 이 경우다)을 금한다. 달리 말해서 교회는 다원적이어야 한다. 교회는 여러 형태의 전례, 경건, 신앙고백, 계시의 설명이 있음을 인정해야 한다. 언제나처럼 중요한 것은 사랑으로 일치를 유지하는 일이다.

하지만 반론은 언제나 있다. 진리가 충만히 드러난 이상 이것을 어떻게 받아들일 수 있는가? 우리는 교회와 진리의 동일시란 있을 수 없음을 인정해야 한다. 진리는 예수 그리스도다. 누구는 예수 그리스도를 다윗의 자손으로 말하고, 누구는 메시아로, 누구는 하나님의 아들로, 누구는 구주로, 또 누구는 "내 주요 내 하나님"이라고 말한다. 그들은 다른 것을 말하며, 이런 각각의 고백에 근거해서 다른 기독론과 다른 신학이 세워질 수 있는 것이다. 그렇지만 모두가 옳다. 모든 진리가 우리에게 계시되었으나, 비록 우리의 성서 지식이 제아무리 풍부하고, 우리의 순종이 제아무리 속 깊고, 우리의 듣는 귀가 제아무리 신실하다 하더라도, 우리는 이 계시의 일부 지식에만 도달할 뿐임을 인정해야 한다. 따라서 나는 타인이 내게 꼭 필요하다는 것을 인정해야 한다. 그 역시 이 계시의 일부 지식을 가졌기에 말이다. 우리는 모두 교회에 꼭 필요하다. 서로 배척하지 않고 대화해야 하는 많은 해석들을 가지고 살아야 하는 교회에 말이다. 물론 그것은 '동일한 복음'이라는 경계를 손상시키지 않고서다. 왜냐하면 만일 내가 사랑과 자유를 제거하면서 교리를 선포한다면, 그때 나는 교리적 다원주의—교회가 다양한 세계에서 현존하며 살아 있는 하나의 단체가 되기 위해 필요불가결한—를 형성하는 다른 목소리들의 합주로 들어갈 수 없기 때문이다.

3장

리얼리즘과 위반

3
리얼리즘과 위반

1. 리얼리즘

리얼리즘의 정의

리얼리즘을 그리스도인의 삶, 자유와 관련된 삶의 표현으로 여긴다는 것이 낯설게 보일 수 있다. 하지만 이것은 내게 본질적으로 보인다. 먼저 리얼리즘이란 말로 내가 의미하는 바를 간단히 기술하는 일이 필요하다. 가장 단순한 수준에서[1], 리얼리즘은 사실들—우리가 실제

---

1) 물론 나는 여기서 소위 실재론적인 철학 체계를 겨냥하지 않는다. 뿐만 아니라 실재라는 말로 많은 철학자들이나 신학자들이 하나님을 실재 또는 궁극적 실재로 여기면서 의미하는 바를 뜻하지 않는다. 분명 나는 신학적으로 그것에 동의할 수는 있다.

적으로 알고 있는 정황들, 다시 말해 우리가 연루되어 있는 정황들—을 그것들 그 자체로 여기면서 참작하는 데 있다. 이것은 어떤 면에서 우리의 지각과 이성을 신뢰해야 한다는 말이다. 내가 경험하는 것에서 모든 실재를 거부하려는 태도, 이성과 어리석음을 같은 수준에 놓으려는 태도, 상식을 경멸하려는 태도, 의사소통 불능을 주장하는 태도, 실상 때론 너무 귀찮은 현실 앞에서 도피의 수단에 불과한 온갖 이론—이것은 이런 어지러운 생각들을 통해 좀더 쉽게 부인된다—을 주장하려는 태도는 이미 거부된다.

그러므로 나는 실재라는 말을 마르크스의 태도였던 단순하고 직접적이며 실용적인 태도로 본다. 우리가 원하건 그렇지 않건 간에, 우리의 해석과 형이상학과 물리적 지식이 어쨌건 간에, 사태, 힘, 인물, 조직—나는 이런 것들에 부딪히며, 그것들은 하나의 실재를 갖는다—으로 만들어지는 구체적 사회 집단이 있다! 자신을 하나님으로 여기는 두로 왕 앞에서 에스겔이 외쳤던 것처럼, "네가 너를 살육하는

하지만 나는 훨씬 더 직접적인 실재에 대해 말한다. 나는 언제나 아주 진부한 경험에서 출발한다. 내 주변 사람들, 내가 살고 있는 사회 집단의 사람들, 내가 속해 있는 정황의 사람들과 관련된다(Cf. P. Laberthonnière, *Le réalisme chrétien*, 1966). 사람들이 예를 들어 불안한 이상주의, 불트만의 이상주의, WCC의 사회학적인 이상주의의 기승에 가담했다는 점에서 리얼리즘을 강조하는 것은 근본적이다. WCC는 한때 책임 있는 사회에 대한 모든 담론을 통해 자신의 생각을 나타냈다. 책임 있는 사회 개념은 1935년에 미국 사회학이 만들어 내고 WCC가 기독교 개념으로 채택한 개념이다. 하지만 이 개념이 현실과 연관성이 없는 한, 책임 있는 사회의 도식을 작성하는 일은 아무 소용이 없다. 네 권으로 된 「교회와 사회」는 이런 이상주의로 반죽이 되어 있다. 그런데 정치-사회적 이상주의는 무익할 뿐만 아니라 해롭다. 무익하다 함은 그것이 드러내는 실재에 대한 명백한 무지가, 표현되는 개념들—이것은 그리스도인들의 일관성 없는 착한 의지를 입증한다—을 헛되게 만들기 때문이다. 이 이상주의가 위해하다 함은 먼저 대안을 보여줌으로써, 다음으로 그리스도인들을 잘못된 행동과 잘못된 참여로 이끎으로써 다른 방향으로의 전환이라는 기독교적 성찰을 방해하기 때문이다. 이런 모습은 특별히 1967년 이래 잘 드러났다.

자 앞에 있게 될 때, 너는 네가 사람인지 신인지 보게 되리라!"(겔 28:9 참고). 이것이 요점이요, 이것이 한계다!

[1] 당연히 사태를 이해하기 위해 리얼리즘은 나를 나의 편견, 나의 명령 체계와 맞서 싸우는 데로 이끈다. 현실에 대한 이해를 갖기 위해 나는 변함없이 내 이해 수단을 비판해야 한다. 하지만 리얼리즘은 또한 사실과 경험의 등급을 매길 수 있는 (상대적) 능력이며, 나의 현실 이해에 따라 행동하게 한다. 이 모든 것은 지적 태도이며, 가장 소박한 일상적 태도다. 지적으로 형성된 인간들만이 이 태도를 의식적으로 채택할 수 있다. 왜냐하면 이런 태도는 인간을 증가하는 비-리얼리즘으로 이끄는 현 사회에서 뽑혀 나가게 하기 때문이다. 그런데 이 태도는 우리 세계에서 일어나는 것을 이해하기 위해서 뿐만 아니라, 특히 의식적으로 그리고 인간적으로 살기 위해서 필수적으로 보인다. 리얼리즘은 자유와 불가분하다. 리얼리즘은 자유의 한 표현이다. 실상 실재를 있는 그대로 받아들인다는 것은 사회학적인 경향과 집단적인 판단 등에 대해 자유롭다는 것, 이 실재와 대면해서―그 내부가 아니다. 대면해야 판단할 수 있으니까―자신으로 존재한다는 것을 전제한다.

이런 사실로 볼 때 리얼리즘은 모든 이상주의, 정신주의, 개념주의, 언어 편중주의의 거부를 전제한다. 리얼리즘은 다음과 같은 표현들, 즉 "언제나 승리로 끝나는 진리 자체의 힘", "일종의 한결같은 인간의 영구불변함", "육체에 대한 영혼의 우위", "물질에 대한 관념의 우위", "현실적인 것을 무시하게 하는 영적인 것의 우위"를 거부한다. 분명 이것은 또한 소망하는 것과 믿는 것의 혼동이라는 너무도 유행하는 태도에 대한 거부를 포함한다. (정보 체계 속에 있는) 현대인은 사실과, 사회가 체계적으로 제공하는 그 이념적 해석을 구별하는 데 이르지 못하기 때문에 전적인 혼동 속에서 산다. 이것은 사실들을 단순한 가설로 여기게 한다(일례로 대중문화나 여가 문명).

하지만 우리는 보다 미묘한 형태들에서 벗어나야 한다. 즉 마치 정신이 현실의 본성적 차원인 양 현실에 통합시키는 형태(이것은 기독교적인 형태이기도 하고 반기독교적인 형태이기도 하다)와 현실과의 만남이 야기하는 문제와 난관에 해결책을 주려는 목적으로 정신을 사용하는 형태다. 이것은 우리가 우리의 경험과 이미지와 정신 세계를 통해서만 현실을 파악하기 때문에, 이 현실이 실재가 없다는 일반 이론이다. 나아가 물리학자들이 수행하는 현실 탐구를 크게 존중해야 한다. 이들은 현대적 경험과 분석의 한계에 부딪혀 일종의 현실 와해 앞에서 당황한 채 주춤거린다.[2] 하지만 우리에게 겸손을 상기시키는 이것은 윤리의 차원인 우리의 일상 경험을 아무것도 바꾸지 않는다.

우리는 또한 객체와 주체 사이의 어떤 대립도 없는 형태에서 벗어나야 하며(물론 나는 객체란 주체와 관련해서만 존재하며 그 역도 마찬가지라는 개념에 전적으로 동의하지만, 객체가 주체의 일부에 불과하다거나 주체는 존재하지 않는다는 개념을 받아들일 수 없다), 마지막으로 기독교적 관점에서 성경에 물질적이고 현실적인 양상을 가질 수 있는 모든 것이 진리의 왜곡 영역에 포함되는—이것이 우리가 물질적 표징(예수의 기적과 육체 부활 역시)에 불법적으로 애착을 가지는 것을 표현한다는 이유에서—형태에서 벗어나야 한다. 이것들

---

[2] 매우 훌륭한 D'Espagnat의 책 *A la recherche du réel*(1979)을 참고하라.

은 철저히 유심론이다.3)

분명 누군가는 내가 복잡하고 어려운 사상을 부당하게 요약하고 매우 간략하게 피해 간다고 비난할 것이다. 맞다. 나는 단지 내가 배제하는 것을 토론 없이 열거하고 상기할 뿐이다. 나는 언제나 전제될 뿐 결코 입증되지 않는 이런 지적 태도가 인간과 그 투쟁과 그 모호성의 실제 상황을 중요시하지 못하게 한다고 생각한다.

[2] 다른 한편으로 리얼리즘은 세상에 대한 체계적이고 이론적이며 일반적인 설명에 대한 거부로 이끈다. 전체적 체계는, 그것이 기독교적이건, 유심론적이건, 유물론적이건, 필경 실재를 부인하는 어떤 순간으로 이끈다. 어떤 체계도 알려진 사실 전체를 포함할 수는 없다. 아리스토텔레스 시대나 우리 시대가 다 그렇다. 아리스토텔레스의 경험은 그의 「정치학」 속에 현저히 국한된 성격을 보는 것으로 충분하다. 마르크스 체계 같은 전체를 설명하는 체계도 그것이 전체적이 되기를 원한다는 점에서 그릇되다. 이 점에서 베른슈타인4)과 소렐5)

---

3) 여기서 우리는 성서 텍스트의 해석에 있어서 두 가지 난관에 부딪힌다. 하나는 영적 메시지만을 간직하기 위해 텍스트의 모든 현실적인 것을 버리려는 유심론적인 경향이다. 그 이유는 때로는 '신비주의적인' 경향 때문이요, 때로는 (일례로 자유주의자들의 경우) 기적, 경이로운 것, 부활한 몸 같은 구체적인 것이 귀찮게 하기 때문이다. 하지만 반대 경향도 잘못이다. 수많은 주석가들은 무의식적으로 일종의 유물론을 따르면서, 예수의 메시지는 매우 물질적이지만 1세대 그리스도인들이 그것을 영적으로 해석함으로써 그 (정치적으로) 문제가 될 성격을 약화시켰을 것이라고 본다. 일례로 그들은 예수는 "가난한 자는 복이 있다"고 말했을 것이지만, 이것이 문제를 야기하자 "심령이"라는 말을 첨가했다고 여긴다. 또는 예수는 정치적 투사였을 것이지만, 사도들이 정치와 관련된 거의 모든 것을 제거함으로써 그의 행동을 영적으로 해석했다고 본다. 나는 이 두 방향이 모두 부정확하다고 생각한다.
4) [역주] Eduard Bernstein(1850-1932). 독일 작가이자 정치가로 관련 서적은 「이론적 사회주의와 실천적 사회주의」(1899)가 있다.
5) [역주] Georges Sorel(1847-1922). 프랑스 공법학자로 관련 서적은 「근대 경제학 입문」(1903), 「프롤레타리아 이론을 위한 자료」(1919) 등이 있다.

의 비판은 그들이 바로 마르크스주의의 관점에서 출발하기 때문에 주목할 만하다. 하지만 리얼리즘 체계들 역시 잘못이다. 일례로 철저히 양과 통계의 방법적 설명으로 우리 세계에 대한 정확한 관점을 제공한다고 주장하는 사람들이 있다. 그런데 정신적인 것과 질적인 것 역시 사실들이다. 다만 통계에 의해 파악되지 않는다. 우리를 둘러싼 모든 것을 받아들일 경우, 일관되고 논리적이며 설명 가능한 체계란 더 이상 존재하지 않는다. 그럼에도 불구하고 설명 체계가 인간에게 필연이라는 것은 사실이다. 왜냐하면 일관성이 주어져야 할 필요가 있기 때문이다.

[3] 마지막으로 내가 이해하는 대로의 리얼리즘은 정치적이건 상업적이건 유행하는 현실주의6)를 거부하는 것이다. 정치가의 현실주의 또는 사업가의 현실주의 말이다. 이것은 회의주의, 사실을 가치로 인정하기, 모든 가능한 진리를 거부하기, 경제적인 것의 실용적 우위를 주장하기, 성공과 유용성과 이익이라는 기준들을 적용하기와 관련된다. 이런 현실주의는 결정적으로 실재의 부재인 바, 이는 그것이 무한히 제한된 분야에서 가장 즉각적인 것(당장 코앞에 있는 것)만 보기 때문이다. 이런 현실주의가 강요된다는 것은 무엇을 의미하는가? 사업가의 경우, 그것은 우리 주변의 사람들의 실재를 고려함 없이, 이 태도의 정상적인 결과들의 실재를 고려함 없이, 그것 자체의 실재를 고려함 없이 가능한 한 가장 많은 돈을 버는 것이다. 그때 사람들은 부르주아지가 어리석다고 말할 수 있다! 정치가의 경우 이것은 무슨 의미인가? 그것은 정치적 조종과 책략을 필수적인 사실로 여기면서,

---

6) [역주] 같은 단어이지만, 명백히 부정적 리얼리즘을 말할 때 현실주의로 번역한다.

그리고 일반적 상황을 소홀히 하면서 자신의 지위를 현재의 상태로 유지하는 데로 이르는 것이다. 이런 현실주의는 정치적 실재에 대한 완전한 이해의 부재다.

리얼리즘의 태도

지금까지 '현실주의적인' 태도의 부정적인 한계를 보았다면, 그 적극적인 양상은 무엇인가? 그것은 다음의 세 가지 요소를 포함한다.

[1] 먼저 사실을 있는 그대로 고려하고 받아들이는 것이다. 오늘날 흔히 한편으로는 사실이 없기 때문에 사실을 파악하기란 불가능하다고 주장하거나, 다른 한편으로 사실은 체계에서만 존재한다고 주장함에도 불구하고 말이다.[7] 사실을 그 형태 중 어떤 하나나 그 관점 중 어떤 하나에서 (망각이나 편의상) 거부하지 않은 채 그 전 영역과 그 전 양상에서 있는 그대로 받아들이는 것이다. 왜냐하면 각각의 사실은 여러 가능성을 향해 열리며, 따라서 이 미래의 영역도 고려해야 하기 때문이다. 혹자는 이것이 과학적 방법의 요소이냐고 말할 것이다. 과학적 관찰자는 그가 규칙을 어기는 것을 제외하고는 가능한 한 가장 순수한 사실을 얻고자 하는 반면, 나는 여기서 윤리에 대해 말한다.

---

[7] 50년대의 수많은 철학자들과 그 후 인식론학자들의 주장이었던 이것은 지금 과학자들의 주장이기도 하다. 우리가 사실로 받아들이는 모든 것은 우리의 문화나 우리의 과학적 내지는 지적 태도에서 기인하는 '건축물'임이 입증되든지, 아니면 사실을 그 자체로 파악할 가능성을 거부하든지 둘 중 하나다. 그러나 윤리적 탐구에 있어서 우리는 사실들을 누구나 그것에 따라 사는 것으로 인정해야 한다. 먹어야 할 때와 먹어서는 안 될 때, 실업자일 때와 아닐 때, 그것은 그에게 환상이 아니다.

그러므로 나는 인간과 관련된 인간의 사실들, 정치적·사회학적·경제적 사실들을 목적으로 하며, 또한 가장 개인적·가정적·직업적인 사실들을 겨냥한다. 따라서 임의로 고립되고 무관심한 방식으로 사실을 관찰하는 것이 아니다. 실재는 직접 참여함으로써만 실제로 알려진다. 아무도 그것의 외부에서 있다고 우길 수 없다. 자신의 존재, 지성, 감정, '육체'의 전부 속에서 친히 그것을 겪어야 한다. 실재와의 진정한 관계가 들어가는 곳이 바로 여기다. 이 개입 없이 '지식'은 없다. 추상적이 되거나 단순히 '고려된' 실재는 소중하지 않다. 여기서 관건은 삶의 태도에 정의를 내리는 것이다. 내가 이해하는 대로의 리얼리즘은 하나의 놀이나 앎의 기쁨이 아니라 삶의 필연이다. (나는 자연에 대한 시골 사람의 전통적인 태도를 생각한다. 그가 자연적 리듬에 참여하지 않을 경우, 실재가 자신에게 제공되는 그대로 받아들이지 않을 경우, 그는 패배한다.)

[2] 그 대신 이 리얼리즘의 두 번째 본질적 양상은 실재를 받되 그것을 그 이상으로 고려하지 않는 것이다. 사람들은 참여를 통해 실재를 소중히 여길 때 거기에 섞이고 과대평가하며 이 실재의 일부가 되는 것으로 그치는 경향이 있다(일례로 참여 이론이나 역사적 필연 이론). 또한 사실이나 현실을 가치와 기준으로 변형하는 경향이 있다. 그런데 내가 사실과 실재를 있는 그대로 받되 그 가치를 인정하지 말라고 할 때, 그것은 그것들이 가치나 기준임을 거부하라는 말이다. 실재는 행동을 판단하게 해주는 가치도(이것이 마르크스주의의 오류 가운데 하나다), 그것에 경의를 표해야 할 가치도, 복종해야 할 가치도 아니다. 진실의 가치도 아니다. 우리가 종종 말했거니와, 사실은 진실의 기준이 아니다. 믿는다는 것은 우리 시대의 가장 심각한 지적

오류들 가운데 하나다. 우리는 상이한 두 영역에 직면한다. 그러나 사실과 진실이 서로 낯선 것은 아니다. 그것들은 서로 결합되어 있거나 인간 안에서 결합시킬 수 있다. 따라서 리얼리즘은 물질적인 것의 우위나 효율의 우위를 전제하지 않는다. 그런 태도는 결국 그로부터 자신의 삶에 결정적이지 않은 것을 따르게 되기에, 인간 자신에 대한 거부다.

게다가 사실과 진실 사이의 이런 혼동 때문에, 사실을 가치로 바꿈으로 말미암아 결국 사실 그 자체에 대한 부정으로 이끌린다. 왜냐하면 그는 자신의 구체적 상황에서 실제로 선의 기준이나 가치의 기준으로 나타날 수 없기 때문이다. 여기서도 마르크스주의의 사례가 전형적이다. 사실에 대한 관찰 의지에서부터 모든 실재를 드러내는 체계에 이르게 된다. 사실을 기준으로 여기는 것은 사실로서의 사실을 부인하는 데로 이끈다. 그때부터 내게 있어서 단순하고 진부한 실재는 하나의 여건이요 내 존재에 앞선 하나의 존재요, 인간으로서 우리가 위치하고 행동하고 결단해야 할 상황의 총체다. 그러므로 이 실재는 언제나 하나의 저항이요, 대립이며, 모순이다. 그것을 부인한다고 해서(관념론)도, 그것에 굴복한다고 해서도 풀리는 것이 아니다. 하지만 있는 그대로의 이 실재를 인정하는 것이 행위로서, 이것 없이는 인간의 삶이란 없다. 이것이야말로 우리 자유의 척도 자체다. 자유란 무거운 짐이 우리를 자유롭게 하지 못할 경우에만, 그리고 우리가 이 짐의 가치를 인정할 경우에만 생기는 법이다. 이것 없이 자유는 꿈이다. 이 실재는 우리의 자유에 의미, 활기, 내용을 준다. 누구든 실재를 잘못 알 경우, 그는 동시에 자기 자신을 부인한다. 거짓 실재에 몰두하는 사람들―일례로 신문이나 텔레비전에서 읽고 보는 것과 현실을 혼동하는 사람들—에게 일어나는 것이 바로 이것이다.

[3] 이 리얼리즘은 세 번째 요소를 포함한다. 그것은 하나의 도덕(폭넓은 의미에서의 도덕이지 그리스도인의 경우에 해당되는 윤리만은 아니다)을 전제하며, 모종의 윤리적인 태도를 내포한다. 왜냐하면 윤리적 결단으로부터만 실재의 인정이 가능해지기 때문이다. 바로 여기서만 우리는 실재를 경험할 수 있다. 즉 실재를 느끼고 시험할 수 있다는 말이다. 윤리란 어쩔 수 없이 모종의 이론적인 입장들을 포함하겠지만, 이 입장들은 사실들과 관계를 맺으며, 따라서 의문시된다. 이 윤리적 태도가 없다면 실재란 더 이상 유효한 여건이 아니다. 실재는 윤리와의 관계에서만 존재한다. 그러기에 인간은 이 실재 안에서 그리고 실재와의 관계에서 존재하기를 거부한다. 그렇지 않을 경우 그는 단지 이 현실에 흡수될 뿐이며, 그 현실을 지배하지도 설정하지도 못한 채 그 일부가 되고 만다.

하지만 반대로 윤리가 닫힌 체계가 된다면, 그때 실재는 부인된다. 둘 사이의 관계와 유대는 분명 행동이지만(내 입장은 마르크스주의의 프락시스에 가깝다), 서로의 요구에 따라 엄격히 제한된 행동이며, 유대와 관계의 가치만을 갖지 그 자체로 어떤 가치를 갖지 않는 행동이다. 이 행동의 검증은 윤리에 대한 문제 제기를 위해 필수불가결하다. 이런 문제 제기가 효과적으로 일어날 수 있는 것은 오직 정확하게 알려진 하나의 실재와의 관계에서다. 바로 이것이 윤리가 한정된 체계에 갇히지 않게 한다. 이와 같이 하나의 윤리(우선적으로 기독교 윤리)에 따라 살고자 하는 사람은 현실에 대한 검증을 통해 끊임없이 윤리를 끌어들여야 한다. 그러나 이 현실이 거짓되고 환각적이며 근거 없는 세계이어서도 안 되고 결합된 가치 체계이어서도 안 된다.

이 현실은 앞에서 지적한 두 방향과 더불어 있는 그대로 알려져야 한다. 그러므로 리얼리즘은 우리의 윤리적 결단과 태도를 통해 우리 자신을 의문에 부치는 힘이다. 이것은 모든 정당화의 정반대다. 리얼리즘은 모든 도피의 문을 닫고, 우리의 모습 그대로 환상 없이, 우리가 감지한 그대로의 이 실재와 맞서는 데로 이끈다. 그러므로 리얼리즘은 우선적으로 정직성의 수련이다.

리얼리즘의 사례

리얼리즘이 우리에게서 우리의 정당화를 거둬 가고, 우리의 한계와 가능성을 보여주며, 어디에도 반대 없는 진보와 선이 없음을 드러낸다는 점에서, 이 리얼리즘은 일례로 우리로 하여금 '출구 없음'을 실제로 출구가 없는 상황으로 규정짓게 하며, 모순을 있는 그대로(일례로 도식적인 변증법을 통해 그것을 인위적으로 해결하겠다고 주장함이 없이) 받아들이게 한다. 그러므로 우리는 절망하기 않기 위해 엄청난 힘이 필요하며, 우리 스스로 사건을 위조하지 않기 위해 엄청난 정직함이 필요하다. 이것은 우리로 모종의 구체적인 태도를 채택하게 한다. 세 가지 사례를 들겠다.

[1] 첫째는, 정치적 비극이나 경제 발전에서 또는 개인 문제에서 제안된 해결책들을 대하는 태도다. 이 해결책들은 최대의 정확도로 측정되어야 한다. 언제나 열려 있고 언제나 새로 제시되는 대안을 들을 준비하면서, 그러나 눈 감은 채 신념으로 받아들이는 것을 철저히 거부하면서 말이다. 지적 판단이나 실험(실험에서 사실에 대한 동일한 명석함을 간직하고, 행동 자체에 사로잡히지 않는다는 조건

하에)이 있어야 한다. 해결책이 보이지 않을 경우, 그 사실을 말할 용기를 가져야 한다. 잘못되고 환각적인 대안을 가능한 한 엄밀하게 고발해야 한다. 왜냐하면 바로 그것이 인간의 자기 실현을 막기 때문이다. 이 경우 해결책을 말하는 것은 분명 성공할 위로의 즐거운 태도이지만 위선적이고 부정직하다. 따라서 리얼리즘은 현 형태의 가공적 대안들—'대중 문화', '여가 활동 문명', '제3세계의 역사 진입' 등—에 대해, 그리고 오직 이론과 체계가 사실들을 가리기 때문에 대안일 뿐인 이론적 대안들에 대해 냉혹하다. 오늘날 바로 이 사실이 체계로서의 구조주의의 특징이다.

  인간은, 그 자체로 위안을 주거나 유쾌하지 않기 때문에 극복되어야 할 현실을 고려하는 일에 일종의 혐오를 갖는다. 난관을 거부하지 않을 때, 그때 다른 길이 '어둠'—너무도 절대적이어서 명백히 사실이 아닌—의 실재를 드러나게 한다. 모든 '흑색' 문학(사무엘 베케트, 누보로망 등)은 전혀 현실을 보여주지 못한다. 그것은 세귀르 백작부인8)의 문학과 마찬가지 규모의 비현실주의다. 왜냐하면 모든 것이 부조리하고 비극적이며 보잘것없고 출구가 없으며 희망도 위대함도 없다는 것은 잘못이기 때문이다. 이것은 현실을 회피하고 들뜬 몽상—여러 좌익의—으로 살기 위해 프랑스 지식 사회가 선택한 길이다. 그러므로 리얼리즘이 모든 기성의 속단적인 대안들을 거부하고 비판과 엄격한 경험으로 검토한다면, 그것은 또한 마찬가지로 출구 없는 하나의 상황만을 보이는 입장도 거부한다. 그것은 보지 못했던 다른

---

8) [역주] Sophie Rostopchine Ségur(1799-1874). 러시아 출신 프랑스 작가로 「당나귀의 회상」(1860), 「소피의 불행」(1864), 「두라킨 장군」(1866) 등을 남김.

국면에, 발굴되지 않은 다른 가능성에, 지금까지 사실로 여겨 온 결론을 뒤집는 새로운 사실에 항상 열려 있다. 이처럼 이론적인 대안들의 거부는 체계적인 비관주의의 거부로 나아간다. 그리스도인의 경우, 이것은 특별히 기독교가 하나의 대안이며 그것을 실재 속으로 가져올 수 있다는 생각을 거부하고, 오히려 예수 그리스도를 믿는 신앙이 현실의 준거가 되며 이 현실을 지배하기 위한 동기가 될 수 있음을 받아들이는 것이다. 그러므로 이 신앙은 갈등과 긴장의 상황을, 그것들을 추구함이 없이 있는 그대로 인정하게 한다.

[2] 두 번째 사례는 집착적이고 옹졸하며 극단적인 방식으로 행동 양식이나 사상 양식에 매달리지 않는 태도다. 이것은 매우 어렵다. 누구든 '문제'를 보고 '상황'을 분석하며 '행동'을 기획했을 때, 존재 가운데는 정면에서 쉽게 생각을 바꾸지 못하게 하거나 실수한 것을 인정할 수 없게 하는 일종의 확고부동함이 있다. 사람들은 일례로 20세에 얻은 상당수의 이미지에 따라 지적, 도덕적, 가정적, 영적, 직업적 삶을 지속하는 경향이 있다. 그때 사람들은 현실 외곽에서 사는 것으로 시간을 보낸다. 왜냐하면 실재가 변했기 때문이다. 나는 1900년에 만들어지고 1950년에 침투된 혁명 사상의 환상을 거론하겠다. 사람들은 혁명이 성공했다고 여기지만, 그것은 슬프게도 잘못됐다. 일어난 것은 말뿐이다. 1900년의 맥락에서 혁명적이었던 사상이 1950년에는 단순히 순응주의가 된 것이다. 이것이 마르크스주의의 경우다.

마찬가지로 누군가가 하나의 행동 양식을 발견했을 때, 우리는 그것이 하나의 주어진 상황과 관련되어 있을 뿐, 다른 상황에 동일한 가치를 주지 못함을 알아야 한다. 모택동이나 체 게바라 식의 전략을 프랑스에 적용하려 했던 것은 유치한 일이다. 리얼리즘은 우리의 삶의 스타일과 행동의 선택을 끊임없이 재고하는 데로 이끈다. 그것은 우리로 하여금 새로워질 수밖에 없도록 한다. 그렇지만 이것은 단순한 기회주의가 아니다. 왜냐하면 우리가 구체적으로 말한 것처럼, 그것이 윤리적 선택을 전제하며, 사실과 관련되지만 사실에서 해방되도록 하는 태도를 전제하기 때문이다.

[3] 세 번째 사례는 우리를 리얼리즘에 위치시키는 하나의 극단적인 어려움과 관련된다. 장 로스탕9)은 "우주와 살아 있지 않은 것에서 이기는 것은 무기력이다. 죽는다는 것은 가장 강력한 쪽으로 이동하는 것이다"라고 썼다. 이것은 생물학적으로 뿐만 아니라 사회학적으로나 정치적으로도 옳다. 그러므로 산다는 것은 가장 약한 쪽으로 존재하는 것이다.10) 얀켈레비치11)는 정확히 이것이 윤리의 모든 내용이자 역설임을 훌륭하게 입증한다. 리얼리즘은 우리에게 죽음을 가르치며, 그것을 알지 못하고서 도덕의 시작은 없다. 도덕은 사랑이기에 존재와 사랑 사이의 모순을 내포한다. 도덕으로 죽는 것이 좋다. 그러나 사랑하기 위해 살아야 한다. 존재와 사랑 사이엔 모순이 있다. 모든 도덕은 최소한의 존재 가능성에서 최대한의 사랑 가능성을 붙들

---

9) [역주] Jean Rostand(1894-1977). 프랑스의 생물학자요 작가로 수많은 작품을 남겼다. *Idées nouvelles de la génétique*(1941), *La Biologie et l'Avenir humain*(1950), *Espoirs et inquiérudes de l'homme*(1959) 등이 있음.
10) 난관은 '가장 약한' 것이 무엇인지를 평가함으로써 시작될 것이다. 정치적으로, 예를 들어 소련의 후원을 받는 노동자 계급과 공산당이 '약자'라는 것은 잘못이다. 중국이나 팔레스타인 해방 기구가 약자라는 것도 잘못이다. 오히려 비아프라 사람들(Biafra), 남수단 사람들, 쿠르드족, 아르메니아인, 티베트족, 아프간 사람들, 캄보디아 사람들 등이 약자다.
11) [역주] Vladmir Jankéléyitch(1903-). 프랑스의 철학자로 「거리끼는 양심」(1933), 「악」(1947), 「죽음」(1966), 「용서」(1967) 등의 작품을 남겼다.

도록 하는 데 있다. 사랑할 수 있기 위해서 살아야 한다. 삶의 의지가 사랑을 질식시켜서는 안 된다. "사랑하는 존재는 둘 중 하나의 죽음에 의해 즉시 위협받는다…때로는 존재감이 없어 굶어 죽고, 때로는 사랑이 없어 배불러 죽는다." 리얼리즘은 정확하게 이것을 보고 받아들이는 것이다.

그러므로 그것은 (그것 역시 윤리적 결단임을 상기한다면) 우리로 하여금 다음의 둘 사이에서 결단하도록 그 앞에 세워놓는다. 즉 한편으로 우리를 가장 강한 것과 더불어 존재하고, 사실에 양보하며, 우리를 기다리는 것에 순응하게 하는 모든 실재와, 다른 한편으로 우리로 살아 있기를 원하도록 하는 모든 것 사이의 결단 말이다. 하지만 우리는 논리적으로 그리고 세상의 물리적, 심리적, 사회학적 구조에서 후자의 편이 가장 약함을 알아야 한다. 우리는 "인간이 되라"는 말을 묵상했을 때12) 이 핵심적 양상을 강조하지 못했다. 인간이 된다는 것은 실재나 자연의 일반법을 거스르는 것이다. 우리는 이 점에서 진일보한다. 리얼리즘은 무엇이 우리를 결정하는지, 무엇이 논리적으로 우리를 기다리는지, 무엇이 우리로 죽기 전에 이미 죽음 편에 있게 하는지를 명백히 보게 한다. 리얼리즘은 이 실재를 정면에서 보게 하고, 이 실재에서 지속할 수 있는 우리의 힘을 정확히 측정하게 하는 태도다. 리얼리즘은 현실과 동시에 이 현실의 일부인 나 자신에게 던지는 하나의 시선이다. 이 리얼리즘은 결국 내가 실재의 편을 선택한다면, 내가 사실에 동조한다면, 내가 있는 그대로의 결정 체계를 인정한다면, 나는 결국 이미 죽음 편을 선택했음을 가르쳐 준다.

---

12) [역주] *Ethique de la liberté*, II, pp. 71-85.

리얼리즘과 그리스도인

수 년 동안 사람들은 그리스도인들이 현실을 파악하기에, 과학자나 사실주의자가 되기에 전적으로 부적합하다고 생각했다. 그들은 꿈속에서 살았다. 그들은 환각에 빠졌다. 그들은 철저하게 만들어진 진리 체계에 의해 몽롱해졌다. 이것은 그리스도 안에서 성경을 통해 알려진 기독교 계시와 무관하며, 오히려 두 가지 보완적 요인으로부터 유래한다. 하나는 기독교요, 다른 하나는 계시와 합리성 사이의 혼동, 다시 말해 이런저런 철학들이 신학 앞에 펼쳐놓은 그릇된 길이다.

나는 반대로 그리스도인만(기적을 제외하고!)이 진정한 리얼리즘을 실천할 수 있다고 주장한다. 비록 이 주장이 나타날 수 있기에는 너무 놀랍고, 과거의 교조주의와 비-리얼리즘에 의해 많은 반박을 당했지만 말이다.

그리스도인은 다음과 같은 이유에서 다른 누구보다 이런 태도에 적합하다.

먼저 이미 말했거니와, 이 실재를 보기 위해서는 전적으로 병합되거나 파묻히거나 결정당하지 않은 채 그 실재에 참여해야 한다. 그런데 이것이 그리스도인의 조건이다(만일 적어도 그가 하나님이 그에게 만들어 주시는 조건에 따라 살기를 받아들인다면 말이다. 우리는 이 '만일'을 이 윤리의 거의 매 구절에 첨가해야 할 것이다!). 이것은 정확히 "세상에 있으나 세상에 속하지 않음"이라는 말로 돌아간다. 그리스도인은 주님에 의해 파송된 이상 실제로 모든 실재에 참여하지만, 그 실재에 속하지 않으며 실로 나그네와 외국인이다. 그는 그것에 통합되지 않으며, 다른 요인(파라미터)을 갖는다. 그의 관심은 세상의 관심이 아니며, 세상에 밀접하게 관련되어 있지 않다(있어서도 안 된다). 그리스도인은 독립적일 수 있다. 이 독립이 자동적이거나 필연적이지 않은 채 말이다. 하지만 그는 일반적으로 자신에게 만들어진 이 상태에서 사는 법을 모른다. 그는 다만 이 상태에 대해 행할 줄 알 뿐이다. 그것은 리얼리즘의 방향이라는 것이다.

둘째로, 이 그리스도인은 있는 그대로의 현실―어두운 현실 그대로, 하지만 그 이상은 아닌―을 인정할 수 있다. 그는 절망적인 실재를 볼 수 있는데, 이는 그에게 제공된 예수 그리스도의 소망이라는 놀라운 행운이 있기 때문이다. 이렇게 인간으로 하여금 습관적으로 실재를 보는 것을 막는 가장 강력한 동기 가운데 하나가 우리에게 있음에 비해, 인간은 이 실재의 견딜 수 없는 성격 때문에 두려워서 물러난다. "이보다 무서울 수는 없다…." 인간은 그릇된 답을 만들어 내는 반면, 어떤 값을 지불하고서라도 핑계를 찾고 환상이나 현실의 거부를 채택한다. 왜냐하면 (카뮈가 친히 잘 입증했듯이), 실로 인간은 궁지에 몰려서는 살 수가 없기 때문이다. 그때 그는 현실을 볼 수 없다. 인간은 현실에 자신의 이미지와, 심지어 예측 가능한 장래에 나아지리라는 희망을 포개놓아야 한다. 하지만 벌써 이 희망의 함유물은 현실을 왜곡하고 판독할 수 없게 만든다.

바로 이것이 마르크스가 이뤄낸 것인데, 그의 위대함과 엄정함은 그 이후 어느 누구도 갖지 못했다. 바로 이것이 우리의 사회학자들과 경제학자들의 학문적 보고서에 들어 있는 도피라는 약점이다. 그들은 현실의 일부를 거부하는 바, 이는 그들이 현실이란 말을 어원적 의미에서 용납할 수 없기 때문이다.

그리스도인의 경우는 (사실상) 다르다. 그 무엇도 이 실재를 그 모든 차원에서 명백하게 보는 것을 금하지 못한다. 왜냐하면 그가 답을 찾을 수 있는 곳은 현실이 아니며, 해결책이 오는 곳은 현실이 아니기 때문이다. 상황이 사실주의적 관점에서 출구가 없을 때(나는 모든 상황들이 출구가 없다고 말하지는 않는다!), 그는 잘못된 위로를 찾을 필요가 없으며, 출구를 찾을 필요가 없다. 왜냐하면 실제로 불가능한 이 순간에 모든 것이 주님에게 달려 있음과 결과적으로 그분에게 답이 있음을 알기 때문이다. 하지만 실증주의적인 영역에서 이 대답은 적합하지 않다! 물론이다. 부활하신 그리스도를 믿는 신앙은 자신이 있는 현실을, 그것을 간접적으로 받아들이지 않은 채, 정확히 고려하게 해준다.

하지만 여기서 오해를 해소할 필요가 있다. 나는 [혁명이라는] 상황의 연구 끝에 주님을 믿는 신앙을 여러 차례 주장한 일이 있다.[13] 그리고 종종 기독교 사회단체들에게서 나오는 항의를 읽기도 했다. "책 후미에 있는 이 기도문은 기만이오. 당신은 당신이 대안이 없는 것으로 묘사하는 상황에 그리스도를 대안으로 개입시켰소. 이것은 나쁜 호교론에 속하오. 당신은 마지막에 인간에게 희망을 주기 위해 인간을 절망에 가두어 두고 있소. 그리스도인이 되라, 그러면 모든 것이 해결되리라고 말이오."

그런데 이 두 가지 반론은 잘못되었다. 그것은 급하고 편향적으로 읽은 결과다. 실제로 예수나 신앙이 대안이라고 말하고 있지 않다. 조금도 아니다! 다만 묘사되는 정치적 내지는 경제적 상황이 그리스

---

13) 일례로 *Changer de Révolution*(1982).

도의 주 되심의 내부에 위치하고 있음을 신학적으로 주장할 뿐이다. 따라서 설령 인간적 관점에서 모든 대안이 닫혀 있다 하더라도 인간적으로 우리가 절망에 빠져서는 안 된다고 말이다. 아무튼 그리스도의 주 되심이라는 이 준거는 심지어 하나의 대답의 시작도 제공하지 않는다. 우리가 하나의 답을 세우고 길을 트기 위해 지적으로 출발할 수 있는 곳은 거기가 아니다. 그러나 이것은 우리에게 불가능한 상황에서 지속할 힘을 주어야 한다. 이런 것이 의미다. 이와 같이 다른 점은, 불안이나 절망에 굴하지 않은 채 현실을 심각하게 고려하도록 신앙에 의해 주어진 인간적 이해력의 차원에 있는 것이지, 다른 대안이 없는 곳에 대안을 제공할 능력의 차원에 있는 것이 아니다. 다른 사람들과 관련해서 이런 태도는 우월성의 태도가 아니라, 인간의 자질과는 다른 무엇에 기초한 명석함과 확고함의 사례다.

하지만 역으로, 설령 신앙이 그만큼 어렵고 깜깜한 현실을 보게 해준다 하더라도, 신앙은 현실을 비관적으로 보지 않게 하며, 출구가 있을 때 그 모든 출구를 닫게 하지 않고, 노력의 정당성이 심한 비판에 부딪혔을 때 그 모든 노력을 비방하지 못하게 한다. 우리에게는 리얼리즘에서 부조리나, 무의미나, 불안으로 넘어가는 일이 금지되어 있다. 우리는 정치적 내지는 경제적 대재앙과 마찬가지로 비공개 철학들을 전적으로 거부해야 한다.14)

실상 우리는 리얼리즘이 우리로 하여금 보게 하는 이 세상이 하나님

---

14) 기독교 '지각 변동', '세상 종말'의 가치, 최후 심판의 진정성은 거부하면서, 동시에 정치적 지각 변동에 동의하며 카스트로의 혁명이나 중국의 문화혁명 성향—폴포트[Pol Pot(1925-1998, 캄보디아 정치가로 프랑스 유학 후 반정부 활동을 하다가 공산당 창단 후 중국의 지원을 받음)—역주]로 귀착하는—에 호의적인 것이 바로 그들 자신임을 확인하는 것은 매우 신기한 일이다!

께서 사랑하기로 선택하고 오신 세상임을 언제나 상기해야 한다. 우리는 그것을 더럽힐 수 없다. 사르트르, 고다르15), 안토니오니16), 주네17), 현대 미술, 현대 음악, 그 어느 것도 진실하지 못하다. 이들은 현실을 준다는 구실 하에 그것을 더럽힘으로써 해석하는 거짓말쟁이들이다. 하나님이 우리가 사는 이 세상을 사랑하기로 선택하신 이상, 우리는 모든 소망, 모든 대안에 열려 있어야 하며, 실제로 긍정적인 변화를 가져올 수 있는 모든 고안물에 주의를 기울여야 한다. 교조적 입장에 멈춰서는 안 된다. 인간의 노력 가운데 어떤 것은 출구를 제공하고 문제를 해결하는 것일 수 있다. 하지만 여기서도, 우리가 힘을 다해 기독교 소망을 원하는 이상 리얼리즘의 효력을 적용해야 하고 터무니없는 착오를 범해서는 안 된다!

모든 병사들처럼 편협한 전투적 그리스도인들—일례로 반식민주의가 식민주의에 대한 대안임과 흑인들의 독립이 그들의 비극적인 진압에 대한 대안임을 믿은 사람들—은 그리스도인들이 리얼리즘에서 자유로 살기에 어느 정도로 거의 성숙하지 못했는지를 정확하게 입증한 바 있다. 물론 정치, 경제, 예술 등 사회적 실재에서 유래할 수 있는 모든 선에 열려 있어야 하고 그것을 부인해서는 안 된다. 기독교 문필 활동에서 "우리는 신경증과 위선의 근원인 서구 남-여 커플의 실패를 확인한다"라는 글을 읽는 것은 어처구니가 없다. 간단

---

15) [역주] Jean Luc Godard(1930-). 프랑스의 영화 감독으로 누벨바그의 기수. 대표작으로 「네 멋대로 해라」(1959), 「경멸」(1963), 등이 있다.
16) [역주] Michelangelo Antonioni(1912-). 이탈리아의 영화 감독으로 「정사」(1959), 「태양은 외로워」(1962) 등의 작품을 남겼다.
17) [역주] Jean Genêt(1910-1986). 프랑스의 작가이자 정치가로 「꽃을 든 부인」(1946), 「도둑의 일기」(1949) 등의 작품을 남겼다.

히 말해서 그것은 사실이 아니다. 설령 오늘날 80퍼센트의 경우가 이렇다 하더라도 그것은 일반화될 수도 없는, 과거나 미래에까지 투사될 수도 없는, 가치 판단을 허용하지도 않는 상황이다. 왜냐하면 현실의 관찰은 정확하게도 (그릇되게도) 말할 수 있게 하기 때문이다. 서구 커플의 거부가 신경증과 위선 때문이라니! 보전될 수 있는 긍정적인 모든 요소는 하나님의 인내의 표징으로 소장되고 채택되어야 한다.

물론 나는 도피 예술을 변호하지 않고 반대로 복잡한 실재의 예술을 변호한다. 선, 사랑, 진리, 순진, 순수, 정의가 또한 존재하는 실재 예술 말이다. 우리에게는 이 인간, 이 세상, 이 창조를 그 자체 이하로 가치를 떨어뜨릴 권리가 없다.

[3] 세 번째로 그리스도인은 모든 정당화를 거부하기 때문에 현실을 파악하기에 적합하다. 참된 리얼리즘에 대한 이런 이해와 실천을 금하는 대 장치들 가운데 하나는 정당화를 갖고자 하는 염려요, 이 사회 집단이나 실재, 아니면 '접근' 방식에 대한 순수하고 단순한 실천에서 정당화를 찾아내려는 염려다. 각자는 실재를 자기 자신을 위한 변호로 변형하고자 한다. 자기 정당화의 과정은 인간의 가장 근본적인 것 가운데 하나다. 인간은 스스로를 나쁘거나 불의하다고 인식할 수 없으며 자신의 실수를 인정할 수 없다. 인간은 절대로 자기 자신의 눈과 그가 속한 그룹의 눈에 정당하고 진실한 자로 여겨져야 한다(이 본질적인 욕구는 프로파간다에 의해 끊임없이 활용된다).

인간의 모든 태도는 무엇보다도 자기 정당화의 과정이라고 말할 수 있으며, 그로 말미암아 모든 사회 운동들을 해설할 수 있다. 인간 욕구에 자아 비판보다 더 반대되는 것은 없다. 케스틀러[18]가 그의 작품 〈제로와 무한〉에서 지적하듯이, 적어도 자아 비판이 자기 정당화의 가장 안전한 수단(마르크스주의에서 그러하듯이)이 되지 않는 한 말이다. 과학자, 기술자, 경제학자는 그들 작업의 대상을 정당화로 보는 것 외에 달리 할 수 없다. 하지만 인간이 사회적 관계를 통해서건, 정치 활동을 통해서건, 도덕을 통해서건, 지식을 통해서건 이렇게 행동하는 것은 어쨌건 현실과의 관계에서다.

그런데 이 필연적인 자기 정당화는 이 현실의 정확한 식별을 못하게 한다. 내 생각에는 오직 그리스도인만이 정당화를 찾지 않은 채 현실에 접근할 수 있(을 것이)다. 왜냐하면 그는 예수 그리스도 안에서 얻는 정당화[의로워짐]에 의해 자기 정당화에서 해방되기 때문이다. 예수 그리스도에 의한 정당화는 스스로를 정당화할 욕구를 제거한다는 사실을 상기할 필요가 있다. 그리스도인은 자신의 행동이나 행위나 실재를 통해서 정당화되지 않으며, 따라서 이 행동과 이 실재를 정확히 평가할 수 있다. 그는 자신의 새로운 정당화를 추구해서는 안 되며, 결과적으로 역사 속에서 피고인으로 전진할 수 있다. 왜냐하면 만일 우리가 역사를 바르게 바라보고자 한다면, 결국 우리 모두가 참여하는 역사가 우리 각자 앞에 이런저런 방식으로 기소장을 작성하기 때문이다. 사람들은 행동이나 현실에서 이 기소에 대한 도피처를 찾는다. 반대로 그리스도인은 그리스도 안에서(오직 거기서만) 정당화되기[의로워지기] 때문에 이 기소를 받아들이고, 그것이 의미하는 바를 보며, 새 출발을 위한 결과들을 끌어낼 수 있(을 것이)다.

피고인으로건(정당화될 경우에만 견뎌낼 수 있기에), '출구 없는

---

18) [역주] Arthur Koestler(1905-1983). 영국의 소설가이자 언론인.

상황'에서건(상황 전체가 주님의 손에 있음을 알 경우에만 견뎌낼 수 있기에), 어떤 형태의 행동을 취하는 것은 인간 조건의 참된 변형 행동을 허용하는 유일의 건전한 태도다. 그리스도인들에 대해 행동하는 사탄의 권세의 수수께끼, 곧 '멸망의 가증함'이란 결코 그리스도인들이 체험한 어떤 것이 아니고, 그들이 역사의 행운과 인간을 배반했다는 사실이다.

리얼리즘과 기독교 체계

우리가 방금 묘사한 리얼리즘의 이런 태도는 기독교 경제, 정치, 사회, 철학 체계—어떤 형태로 제시되건—의 창설을 배제한다. 이것은 또한 악한 사회, 제도들의 결함 있는 운행, 개인적 삶에서의 자성을 운명으로 받아들이는 식인 영적 은둔도 배제한다. 이것은 마지막으로 교회와 사회의 통합—마치 뭐가 됐건 이 영적 공헌이 사회의 실재를 바꾸기나 한 듯이 하는—도 배제한다. 우리는 여기서 이 세 가지 사항을 전개시키지 않겠다. 이것들은 이미 여러 번 부수적으로 언급한 바 있다.

리얼리즘과 실존

이 리얼리즘을 말하면서 우리는 매우 자주 사회적, 정치적 일반 문제들을 빗대어 말했다. 하지만 이것이 개인적 상황에서도 사실임을 분명히 해야 한다. 한때 실행된 양심 점검은 당치 않은 자책으로 이끌려서는 안 되고, 다만 자신의 실재에 있는 그대로 스스로를 바라

보는 법을 배워야 한다. 리얼리즘을 구성하는 두 요인인 참여와 초연, 사랑과 객관성과 더불어 우리가 보는 법을 배워야 할 것은 바로 자녀, 가정, 직업 활동이라는 실재다. 그러므로 우리가 리얼리즘을 실천해야 할 곳은 우리 실존의 각 수준에서다. 나는 반론을 잘 안다. "이 모든 말은 완전히 헛소리다. 아무도 있는 그대로의 자신을 볼 수 없으며, 더더욱 자기 자녀나 우리 정부, 기타 등을 있는 그대로 볼 수 없다."

이 반론에 세 가지로 답하겠다. 먼저, 이런 지식을 향한 노력은 부진한 바보짓이나 맹목적인 참여보다 낫다. 내가 지구가 달을 뒤좇아 진행한다고 말하는 것은 지구가 태양 주위를 돈다는 것을 입증할 수 없기 때문이 아니다. 관건은 가능한 한 근사치에 도달하는 것이다.

둘째, 모든 상황은 관계의 상황이며, 따라서 내가 '있는 그대로의 실재'라고 말할 때 그것은 '실재 그 자체'를 말하는 문제가 아니다. 내가 어떤 존재인지를 찾아야 하는 곳은 어떤 절대에서가 아니라, 내가 이래저래 보이는 방식으로 드러나는 주어진 정황에서, 그러니까 완벽히 인지할 수 있고 비판할 수 있는 영역에서다.

마지막으로, 이 리얼리즘은 놀라운 지성의 열매가 아니라 예수 그리스도 안에서 주어진 자유의 열매다. 이 자유의 실존은 문제의 관점을 바꾸며 반론을 무효로 만든다. 왜냐하면 그 실존은 숙명에 굴복한 인간의 상황만을 겨냥할 수 있기 때문이다.

물론 무의식의 영역, 그 엄청난 세계, 자아로 자아를 알 수 없는 세계를 부인해서는 안 된다. 바로 이것이 내가 느끼게 하고자 하는 것인 바, 이 신비로운 미지의 실존의 이름으로 다음과 같이 결론지어서는 안 된다. "그러므로 아무것도 직접 알 수 있는 것은 없다"라거나,

"우리가 보고 듣는 것 가운데 중요한 것은 아무것도 없다. 왜냐하면 모든 것이 심리학적인 방법으로 해석되어야 하기 때문이다. 내게 말하는 자의 말은 중요하지 않으며, 말하지 않는 것, 바로 그의 말로 내게 감추는 것, 그가 모르고 원하지 않게 자신의 말로 배반하는 것만이 중요하다"고 말이다. 오늘날 너무도 빈번한 이런 의혹의 태도, 모든 사람과 그 암시적 관계에 대한 악의와 위선을 확신하는 태도(그가 이렇게 말했지만 그가 실제로 말하고자 한 것은 무엇일까?)는 정확히 그리스도인의 자유의 반대다.

바울의 유명한 텍스트는 "사랑은 모든 것을 믿으며, 악한 것을 생각지 않는다"(고전 13:5, 7 참고)고 말한다. 바보의 태도를 의미하는가? 전혀 그렇지 않다! 물론 그리스도인은 이런 것이 존재함을 알아야 한다. 일례로 우리 모두에게는 악의가 있다! 그러나 관건은 '선으로 악을 이기는' 일이다. 그때 그리스도인의 자유의 표현은 십중팔구 이렇게 된다. "이 사람이 지금 그대로의 존재이기 때문에, 나는 배경과 의혹에서 내 지식을 해방시키고, 단호히 신뢰의 태도를 채택한다. 선험적으로 나는 이 사람에게 선의가 있다고 결정짓고, 그가 말하는 것을 자발적으로 믿으며, 그의 동기를 캐지 않으며, 우리의 관계를 사랑 위에 놓음으로써 그와 함께 동행한다." 의혹에 대한 해방은 우리 시대에 그리스도인의 거대한 발명들 가운데 하나다. 내가 갖고 있는 한 가지 지식(어쩌면 정확한!)에 대한 이 자유는 나로 하여금 다른 미래를 세우게 하며, 속거나 이용당하지 않은 채 예측할 수 있는 현실을 바꾸게 한다. 이것은 나아가 자유 안에서 나를 초연한 사람이 되게 한다!

자유와 리얼리즘

실상 우리로 하여금 이런 리얼리즘의 입장을 취하도록 해주는 것이 자유다. 우리가 상황을 고려할 수 있는 정도의 거리를 세울 수 있도록 알아야 할 이 사회 집단과 우리 자신에게서 우리를 충분히 빼내주는 것이 자유다. 달리 말해서 한창 유행 중인 유명한 '거리 두기'를 허락하는 것이 자유라는 말이다. 그런데 이 거리 두기(나아가 다른 영역으로의 이동) 없이는 어떤 리얼리즘도 가능하지 않은 것이 사실이다.

자유가 없다면 우리는 어쩔 수 없이 주변 장식, 노동, 조건과 동일시된다. 실제로 인간은 자유하지 않을 경우 자신의 조건의 생산물이다. 역으로 자유는 객체의 세상에서 우리를 주체가 되게 한다(나는 주체와 객체를 분리 가운데서가 아니라 상호관계에서 대립시키고 있음을 상기시킨다). 이 결정 요인들과 관련해서, 내가 그것들에 의해 결정되기 때문에 그것에서 자유로울 경우에만, 나는 이해, 앎, 측량의 태도를 가질 수 있다. 주체로서 내 상황은 이런 것이다. 이것은 리얼리즘을 내포하며, 이것 없이 나는 스스로 객체의 상태로 귀착된다. 다만 리얼리즘의 조건이면서, 또한 그것의 표현이 리얼리즘인 자유는 나 자신에 의해 만들어질 수 없다. 나를 자유롭게 하는 것은 내 의지나 내 지성일 수 없다. 내가 처한 사회 집단에서 나를 그렇게 되게 할 수 있는 것은 아무것도 없다. 나는 해방을 통해 자유롭게 되든지, 아니면 영원히 자유롭지 못하든지 둘 중 하나다.

만일 내가 세상에 포함되어 있다면, 만일 내가 자연적 상황을 신뢰한다면, 나는 이 딜레마를 인정하지 않으면 안 된다. 여기서부터 모두가 인간이, 온갖 분석 이전에 마치 형이상학적인 상황으로서, 스스로 자유롭다고 선포하려는 마음을 품는 필연이 나온다. 이 점에서 실존주의는 아무것도 바꾸지 못했다. 다만 여러 학문들의 모든 결과들을 반대할 뿐이다.19) 하지만 만일 인간이 결정된다면, 인간으로 하여금 자신이 아닌 존재가 되도록 허락하는 것은 아무것도 없다. 인간을 자유롭게 하는 것은 자신의 상황을 깨닫는 것도 아니요, 이 상황에 대한 행동도 아니다. 이것이 마르크스 사상의 주된 약점이다. 인간은 자신이 속한 사회 집단에서 행동함으로써 스스로를 만든다고 말하는 것은 참이자 동시에 거짓이다. 참인 것은, 자기 삶의 조건들을 바꾼 결과에 의해 자신을 바꾼다는 매우 초라한 수준에서다. 거짓인 것은, 결정지어진 자와 필연에 속한 자에서 자유로운 자로의 이동이라는 문제의 경우다. 나를 통한 내 사회 집단과 내 노동의 어떤 변화도 나를 자유롭게 하지 못할 것이다. 나는 객체로 남으며, 우주―이것의 결정들만이 바뀌는―에 포함되어 있는 자로 남는다.

자유는 이 상황의 외부에서 와야 한다. 결정 체계 밖에 있는 분이 와서 나를 해방시켜야 한다. 이 이동은 체계 내부의 변화에 의해서가 아니라, 체계를 초월하는 개입에 의해서 이뤄질 수 있다. 그때 나는 내가 아니었던 존재가 될 수 있으며, 자신의 결정을 끊임없이 재생산하는 경향을 갖는 세계에서, 하지만 내가 끊임없이 새롭게 초연하는 세계에서 살기를 시작할 수 있다. 그때 나는 이렇게 수립되는 거리에서, 내가 속한 이 사회 집단을 달리 명명하고 이해하는 법을 배울 수 있다.

하지만 내가 식별하는 법을 배우는 이 현실을 파악해야 할 이유는

---

19) *Ethique de la liberté*, t. I.

무엇인가? 자유의 열매인 이 리얼리즘을 실천한들 무슨 소용인가? 왜냐하면 자유에 있어서 이 리얼리즘이 다른 모든 자유 행위들의 조건인 첫 번째 행동으로 나타나는 것은 무슨 특수 지식의 기쁨을 위한 것도 아니요, 보다 정밀한 학문의 전제 조건으로서도 아니기 때문이다. 문제는 그리스도인으로서 사는 것과 관련된다. 나는 두 가지 관점을 매우 신속하게 특기하겠다.

먼저, 예수 그리스도에 대한 증거가 효과 있게 전달되어야 하고 또 될 수 있는 곳은 바로 이렇게 알려지고 체험되는 현실에서다. 증거가 신앙의 열매이어야 하고, 존재 전체를 걸어야 하며, 증인을 이웃—그가 마음 깊은 곳에 갖고 있는 것을 전해 주는—과의 개인적인 사랑의 관계에 두어야 할 뿐만 아니라, 가장 진지하고 겸손한 방식으로 알려진 진리에 대한 증거가 전달되어야 할 뿐만 아니라, 그것이 이 현실에서 전달되어야 한다. 증거가 '돼지에게 던져지기' 때문에 백 가지 오해가 있다. 다시 말해서 전달 받는 사람, 전달 받는 사회 집단, 그 사회·정치적 내지 문화적 조건들을 고려하지 않는다는 말이다.

내가 여기서 사회·정치적 내지 문화적 조건들에 대해 말하니까, 독자는 즉시 사회학이나 심리학에 대한 사전 연구의 필요성을 생각하고 당연히 다음과 같이 말할 것이다. 바울이나 아시시의 프란체스코는 사회 집단에 대한 사회학적인 연구로 시작하지 않았다고 말이다. 그것은 전적으로 옳다. 그들의 사회가 우리 사회보다 덜 복잡하고 접근하기가 덜 어렵다는 것도 고려해야 한다. 하지만 그들은 이 사회 집단에 대해 매우 엄밀한 리얼리즘을 드러낸다. 아우구스티누스, 루터, 이냐시오 로욜라 등도 마찬가지다. 그들은 말씀이 전파되어야 할 세상에 대한 정확하고 매우 통찰력 있는 이해를 가졌다. 이런 리얼리즘으로 충분하다. 심리 상태를 들여다보았을 때, 들리는 것은 그들의 과학적 분석이 아니라 지표면에 대한 그들의 이해였다.

이것은 더 이상 우리 시대의 소박한 행동이 아니다. 왜냐하면 우리는 거짓, 이념, 정보, 이미지, 이론 등의 실재로 옷 입기 때문이다. 이 실재는 우리가 읽는 신문의 실재이며, 다시 말해서 아무것도 아니다. 하지만 그때 증거는 그 무엇에게나, 그 누구에게도 전달되지 않는다.

우리는 더 이상 이 현실과 직접적인 접촉에 직면하지 않는다. 우리는 증거가 가능하도록 이 접촉을 원하고 만들어 내야 한다. 증거가 자유의 행위에서 우리에게 주어져야 한다. 이와 같이 성령의 계시를 통해 내게 주어진 진리, 성령의 활동을 통해 말씀이 되는 내 말로는 더 이상 충분하지 않다. 현실의 파악 또한 내 자유를 통해 행동하는 성령의 산물이어야 한다. 실제로 이 말이 누구에게 전달되는지를 식별하기 위해서 말이다.

그러나 리얼리즘은 두 번째 가능성을 내포한다. 보다 정확히 말해서, 리얼리즘은 자유의 또 다른 표현인 위반 상태다.

2. 위반

위반의 한계

위반은 자유의 극단적인 행위다. 어쩌면 모든 자유는 위반에서 완성된다고 말할 수 있으리라.[20] 그러나 이것은 부분적으로 진실이다. 그래도 나는 자유가 보다 폭넓다고 생각한다. 하지만 위반 없이 결코 자유는 없다. 위반은 우리에게 가장 위험한 길을 주지만 바로 그것을 통해 이 자유의 진지함을 표명한다. 왜냐하면 현실에 대한 지식은 우리의 한계를 우리에게 고정시키기 때문이다. 이것이 리얼리즘이 우리를 강요하는 첫 번째 명증성이다. 우리의 실재가 여기에 위치하고 있고 이런 식으로 나는 한정된다. 이것은 단순히 내 개인적인 존재나 내 '유한', 또는 내 약함의 한계만은 아니다.

모렐(B. Morel)은 인공두뇌학에 넘겨진 세상에서 위반이야말로 그리스도인의 중심적이고 특별한 행위가 된다는 것을 입증한다. 나는 모렐이 기술 사회에서의 이 특수한 기독교적 행동을 조명한 최초의 인물이었다고 생각한다. 금지가 인공두뇌학의 도식을 보호하기 때문에, 세상이 그 구원을 기술에 위탁하기 때문에, 신앙을 통한 기독교 진리의 표현은 더 이상 위반이 될 수밖에 없다. "한때 최고의 율법 개념을 거론하신 하나님은 이제부터는 초월적 자유와 동의어이다. 기독교적인, 성서적인, 예전적인 그리고 신학적인 모든 상징은 새롭

---

20) 위반 개념이 유행중이다! Mauss는 원시 사회에서 그것의 중요성을 입증했으며, 사람들은 그를 위반 개념화의 장본인으로 후하게 돌린다. 하지만 현대 윤리 사상에서 위반이 영예의 자리를 차지하게 된 것은 G. Bataille와 더불어서 이며, 이어서 구조주의가 그 자리를 차지했다. 다음으로 Lacan이다(*L'inconscient*, n° 1. mars 1967). 어쩌면, 인간 존재에 대한 다른 많은 이해 방식의 경우처럼, 성서에서 특별히 구약에서 완벽하게 세워진 개념으로서와 실재로서의 위반이 이미 발견되고 있음을 상기해도 무방하리라. 이 현대 사상가들은 먼저 성서 자료에 대해 고찰하는 편이 나았으리라! 나는 Vidil의 주목할 만한 두 편의 연구(*Le Semeur*, 1964, n° 1, 3)를 천거한다. 나는 그 모든 주장을 공유하지는 않는다. 그것은 본질적이지만 내가 여기서 목표로 하는 것과는 다른 한계와 관련된다. Bovon의 책(op. cit.)에는 예수(율법과 터부에 대한)와 바울(일례로 할례에 대한)의 위반에 대한 훌륭한 연구가 있다. 마지막으로 B. Morel (*Cybernétique et transcendance*, 1964)의 매우 주목할 만한 연구를 참고해야 한다.

게 해석되어야 하며, 도덕적 내지는 지적 의무라는 성격이 제거되고 무엇보다도 거룩한 위반이라는 관례적인 신화들의 총체가 되어야 한다."

이 방향과 이 기획에 내가 얼마나 동의하는지! 아무튼 위반은 행위에 대한 명백한 의식을 내포한다. 인간이 스스로 계명을 왜 범하는지를 아는 경우에만 하나님이 원하시는 자유가 있다. 누가복음 6장 5절의 다른 사본에 나타난 텍스트를 소개하겠다. "같은 날 안식일에 어떤 이가 일하는 것을 보고, 예수께서 '이 사람아 네가 행하는 것을 네가 안다면 복이 있지만, 네가 그것을 모른다면 저주가 있고 율법에 불순종하는 것이라'고 말씀하시니라."

위반이 하나님께서 인간에게 주시는 자유임을 인간이 알면서 표현할 때, 그것은 율법의 완성이지만, 그렇지 않을 경우 그것은 저주다. 자유-위반은 인간이 그가 무엇을 행하는지, 왜 안식일에 대해 자유로운지, 안식일이 왜 자유의 징표로 주어졌는지, 안식일이 왜 인간을 위해 만들어졌는지, 인간이 행하는 율법을 누가 위반하는지를 안다는 것을 의미한다. 하지만 만일 그가 모른다면, 만일 그에게 지식도 의식도 없다면, 그때 이 행위는 율법의 위반이 아니라 하나님의 의지 자체의 위반이요, 자유의 표시가 아니라 불순종의 표시며, 하나님 나라의 진입의 표시가 아니라 하나님의 의지에 대한 무관심의 표시다. 따라서 리얼리즘과 위반은 근본적으로 관련되어 있다.

그러나 위반의 중요성을 진정으로 이해하기 위해서는, 인간의 자유가 위반에 존재할 뿐만 아니라 한계 설정에서도 존재한다는 사실을 동시에 이해해야 한다. 두 행위는 상호적이며 서로 떼어놓을 수 없다. 여기서 내가 다른 책을 통해 지적한 것을 상기시킬 필요가 있다.

한계의 문제는 단순하지 않다. 흔히 위반에 대해 말할 때면, 언제나 마치 우리가 단지 올가미에 묶이고 강요된 규칙에 짓눌린 죄수인 양 하며, 그것들을 깨부숴야 할 것으로 말한다. 그런데 문제가 다 거기에 있는 것이 아니다. 사실상 세 가지 종류의 한계가 존재한다. 이제부터 나는 인간에게 있는 경계선이라고 부르겠다.

[1] 먼저, 인간 '본성' 자체에, 인간 실재 자체에 기인하는 한계가 있다. 그것은 유한성(finitude)이다.21) 우리는 죽게 되어 있다. 우리는 시간과 공간에서 유한하다. 우리의 지상 세계는 유한하며, 우리는 유한한 자원을 갖고 있다. 이 유한성을 인정하는 것이 자유의 첫 번째 행위다. 다시 말해서 마치 우리가 불멸의 존재인 양 살지 않는 것, 마치 우리가 전능하며 선악의 결정자인 양 행동하지 않는 것, 과학적이거나 기술적인 오만과 힘의 정신에 굴복하지 않는 것, 성장과 팽창이 무한하고 무제한할 수 있다고 믿지 않는 것 말이다. 그러므로 첫 번째 행위는 이 유한을 인정하고 그것과 더불어 사는 것이다. 여기서 위반의 의지는 반(反)자유요, 힘의 정신에의 복종이다.

[2] 둘째로, 자유는 극한치(seuil)를 인정함으로써 나타난다.22) 극한치는 성향이 바뀌는 지점이다. 한때 정치 경제학에서 "농업의 생산성 감소 법칙"을 가르친 바 있다. 다시 말해 어떤 극한 순간에서부터 비료의 보충량을 첨가할 경우 수확의 가치는 노동이나 추가된 비료의 가치보다 떨어진다는 것이다. 진보하면 할수록, 성장 분량을 삽입하면 할수록, 생산성은 이 보충량만큼 감소한다. 이 명백한 방향 전환은

---

21) Cf. P. Ricoeur, *Finitude et culpabilité*.
22) Cf. I. Illich, *La convivalité*.

일반화된다. 이런 식으로 극도의 의료 시설 보급은 병을 더 키우게 된다(프랑스의 병실 중 10-12%는 약의 과다 복용의 결과 환자가 된 사람들이 차지하고 있다). 정보 과잉은 어떤 순간(극한치에서) 정보 조작을 낳는다(나는 이것에 대한 자세히 연구를 한 바 있다[23]).

학제의 과잉은 더 많은 적응 불능자, 정신 질환자, 성격 장애자를 낳는다. 지금 이 문제에 대해 큰 주의가 환기되기 시작한다. 에너지 소비 과잉은 단순하고 전통적인 에너지의 퇴거를 야기하고, 무익하거나 유해한 결과를 낳는 소비의 증가를 초래한다. 그런데 극한치는 결코 명백하지 않으며, 사람들이 각각의 활동에서 그것을 만난다는 것도 자명하지 않다. 극한치를 넘어서는 지점은 명백하게 고정되어 있지 않다. 그때부터 우리는 온 사회를 위한 본질적인 자유의 행사에 직면하며, 이런 경계심은 "이제 우리가 행하는 것은 극한치를 넘어섰고, 우리가 지금까지 얻은 결과물과는 반대의 부정적 결과를 초래한다"고 말하도록 이끈다. 결과물과 성장에 사로잡혀 있을 필요가 없는 한, 이것은 전적인 자유를 의미한다. 여기서도 (극한치에 대한) 위반은 자유의 영역이 아니라 우매와 강박의 영역이다.

[3] 마지막으로, 세 번째 단계는 한계(limite)로 구성된다. 우리는 완전히 다른 한 가지 사실에 직면한다. 유한이 인간 및 그 환경의 '특성'과 관련되어 있고, 극한치가 인간 활동과 관련되는 반면, 한계는 선택과 결단의 영역에 속한다. 인간은 어떤 영역에서는 더 멀리 가지 않겠다고 결정한다. 그는 자기 자신에게 한계를 부여한다. 행동의 한계다. 그는 자신의 영역을 제한한다. 내가 종종 썼듯이, 인간은

---

23) "L'information provocatrice de désinformation", *Economie et humanisme*, 1970.

그가 규칙을 표명했을 때—"살인하지 말라"—진정으로 인간이기를 시작했다. 필경 인간은 살인할 수 있다. 먹기 위해서, 자신을 보호하기 위해서 살인할 수 있으며, 잔혹하게 혹은 마술로 죽일 수 있다. 인간은 그의 동물적인 본성과 동시에 그 살인적 열정에 따를 수 있지만, 이 모든 것 앞에서 그는 인생의 '신성한' 성격인 금지 조항을 세우고, 자신에게 주는 "살인하지 말라"는 계명을 선포한다.

그때 그는 전 동물들과 구별되는 진정한 인간이다. 왜냐하면 그는 스스로에게 자신의 행동 영역을 주기 때문이다. 하나의 한계를 준다는 말이다. 인간임을 구분하는 것은 '할 것과 하지 말 것[의 규정]'이다. 금지 조항의 수립은 언제나 인간 자유의 표현이다. 하지만 이 규칙, 이 한계, 이 금지는 사실상 결정의, 선택의, 자유의 열매이기를 그치고 부조리한 복종과 맹목으로 특징지어지는 습관, 위조된 '본성', 일종의 존재 없음이 될 수 있다. 위반이 효력을 갖는 것은 바로 그때다. 죽여도 좋다는 말이 아니라, 단순한 태만, 나태, 관습, 허약, 직무 유기 때문에 죽이지 않는 것이 훨씬 좋지 못하다는 말이다. 용기 있고 힘이 있으며 죽일 의지를 갖는 인간이 억제와 타인 존중과 사랑 때문에, 그리고 자유 안에서 그렇게 하지 않기로 결심할 때만 인간은 그 자신이다. 불합리한 금지를 맹목적으로 따르는 것은 어떤 가치도 없으며, 그때 위반은 인간이 설정하기로 결심했던 한계에 절대적인 가치를 재-부여해야 한다고 말하기 위해 있다. 위반이 자유의 표현이 되는 것은 위반이라는 위험과 맞섬이 있을 때뿐이다.

경계선 긋기

혼동을 피하기 위해서, 이제부터 나는 내가 방금 분석한 세 용어를 포함하는 '경계'(frontière)라는 용어로 말하겠다. 나는 여기서 이 결정적 문제의 윤곽만을 제시하겠는데, 이는 이 문제 전체를 「성결의 윤리」에서 다룰 것이기 때문이다.24) 이 경계의 인식이 없을 경우 나는 잘못된 자유로, 다시 말해 환상이라는 가장 나쁜 자유로 이끌린다. 한계가 상황에 의해 강요될 때, 나는 그것을 조사해야 하고, 경계가 어디에 세워지는지 알기 위해 나를 그 상황에 제한시켜야 한다. 내가 내 가능성, 내 행동, 내 지성의 경계가 될 이 이동하는 선을 다소간 경험적으로 고정시키는 것은 바로 내 힘과 상황의 활동에서다. 이 경계의 모든 총체는 자연 여건에 의해서 고정되며, 또한 사회에 의해서 고정된다. 나는 둘 중 어떤 것을 우선할 수 없다. 나는 사회가 제시하는 경계만이 중요하다고 말할 수 없다. 나는 내 몸의 한계 때문에 끝나고 만다는 것을 인정해야 한다. 그것을 안다는 것은 적지 않은 겸손이다.

그러나 사회가 제기하는 한계가 신앙의 자극 요소로서 보다 직접적이거나 위협적임은 사실이다.25) 처음의 두 가지[유한과 극한치]를

---

24) [역주] 엘륄은 「성결의 윤리」를 끝내지 못하고 죽었다.
25) Morel의 흥미 있는 다른 연구("L'avenir du ministère de l'Eglise dans un monde en voie de sécularisation", *Bulletin du Centre protestant d'Etudes de Genève*, XIV, 1962)는 우리 현대 사회에서 위반의 금지와 관련된 변화가 실행되었음을 명백하게 입증해 주었다. 19세기까지 전통 사회에서 금지는 신성한 것과 종교적인 것의 영역에 속했고, 위반을 이룬 것은 이 규칙을 어기고 이 한계를 넘어서는 비-종교적 행위였다. 구체제에서 교회는 자신을 이 법칙과 금지의 수호자가 되었다. 속(俗)은 성(聖)을 공격했다. 하지만 오늘날 신성하게 되는 경향은 이전의 세속 세계다. 이것은 점점 가혹한 금지

잊지 않은 채(리얼리즘은 내가 정확히 죄수와 같음을 알고 인정하는 법을 나에게 가르치는 바, 사실 죄수는 어둠 속에서 벽을 따라 자신의 발걸음을 세면서 그 방의 한계를 인정하는 법을 배운다), 우리는 비딜(Vidil, 그는 이 두 가지 종류의 경계를 거부한다)이 "한계란 신성함"이라고 주장하는 말을 인정할 것이다. 하지만 신선함은 그 자체로 존재하지 않는다. 신성한 것은 언제나 어떤 무엇이다. 신성하다고 선포되는 것은 사회나 인간에게 존재하는 경계다. 그것은 신성함을 임의로 부여받은 텅 빈 말이 아니다.26) 경계는 내가 있는 또는 나를 둘러싼 현실에 존재하지만, 신성함이라는 예기치 못한 차원의 개입으로 경계 이상의 것이 된다. 실제적인 경계는 건널 수 없는 현실과 만질 수 없는 신성함의 조합이다.27)

그리고 내 자유가 부딪히는 곳이 바로 이 경계에서다. 그런데 그리스도 안에서 얻어지는 자유가 무엇인지, 또 무엇에서 해방되는지를 말하려 했을 때, 우리는 결정하는 힘—법, 도덕, 종교를 포함하여—에

조항들을 세우고 그것에 종교적인 의미를 부여한다. 우리를 금지로 둘러싸는 것은 정치, 과학, 기술, 이념이다. 이것들은 옛 것들과 동일한 의미에서 해석되어야 한다. 왜냐하면 실상 규칙들의 총체는 유익하고 상대적일 뿐만 아니라 절대적인 것에 이르는 경향을 갖기 때문이다. 이때부터 자유 때문에 위반을 실행하는 쪽은 교회이어야 하고, 자유의 전달자인 그리스도인들이어야 한다. 문제는 인간의 자율에 부과된 한계와 싸우되 그 신성한 성격, 그 이념적 찬양, 세속적인 새 종교들을 부술 정도로 싸우는 것이 아니다. 하지만 이렇게 함으로써 하나님이 주시는 자유는 우상 파괴라는 그것의 진정한 직무를 되찾는다!

26) 이런 이유에서 나는 비딜이 1960년의 유행을 따라 언어를 철저히 과장하는 것에 동의하지 않는다. 그 유행에 의하면 모든 것이 언어요, 아무런 내용도 실재도 전제하지 않는 오직 언어 외에 아무것도 아니다. 내가 보기에 이것은 실제로 순전히 말장난이며, 동시에 거울에 의해 야기되는 지적 난관으로 이뤄진, 연이어서 이해할 수 없는 악순환에 고착됨으로써 진정한 난관을 피하게 해주는 핑계다. 그는 푸코(Foucault)의 유혹을 너무 가까이 따른다.

27) J. Ellul, "Le sacré", *Le Semeur*, 1963; *Les nouveaux possédés*.

서 자유하게 되었다고 말할 수 있었다. 하지만 과거와 현재 사이에 일종의 단절이 있었다고 말할 수 있었다. 한편, 이 해방은 자유의 행위에서만 실행될 뿐이다. 해방된 우리는 자유로워야 한다. 이와 같이 우리가 자유하게 된 모든 세력을 우리는 우리의 삶에서 신성함으로부터 자유로운 인간의 자격으로 만나며, 자유인의 행위, 다시 말해 이 세력에서 해방된 행위는 바로 그 세력이 우리에게 강요하는 신성함의 한계를 위반하는 데 있다. 왜냐하면 설령 이 세력이 더 이상 결정인자로 존재하지 않는다 해도, 그것은 여전히 신성함으로서 제시되기 때문이다. 우리는 위반의 증거 외에 다른 증거와 다른 증언을 줄 수 없다.

관건은, 어원적 의미로 풀어서 경계 저쪽으로 넘어가는 위반에 있다. 물론 경계 이쪽에서도 삶은 가능하다. 복종과 세상의 이용이라는 게을리할 수 없는 이런 형태들 속에서 이루어지는 자유인의 삶도 가능하다. 심지어 우리는 어떤 경우에 인간은 율법 하에서 사는 길 외에 달리 존재할 수 없는 것을 보았다. 그러나 자유는 경계선을 넘어서는 위반의 행위 속에서만 보이며, 즉각 나타난다. 경계 이쪽은 위반을 기다리는 (자유로운) 상황이요, 추구되지 않고 알려지지 않은 특정의 순간에 대한 준비와 성숙일 뿐이다. 위반의 윤리란 없다. 왜냐하면 사람들이 그것에 대해 말할 수 없기 때문이다. 번개의 윤리란 없다. 위반이 자유에 대해서 말할 수 있는 모든 것의 중심이며, 의미이며, 종합이라고 단언함이 없이 자유의 윤리란 없다. 비딜이 인간이란 위반에서 태어난다고 말할 때, 그는 '자유인'을 의미한다는 조건에서 옳다. 행위가 자신이 결정한 자신의 행위가 아니고 다른 손에 의해 조종되어 우리를 둘러싼 막을 관통하는 검이라는 조건에서 말이다.

리얼리즘은 신성함이 과대평가되고 있음을 내게 가르치기 위해서, 그리고 위반의 선결 조건으로서 필수불가결하다.

자유의 훈련인 리얼리즘은 나를 아무데로나 데려가지 않으며 그 자체로 자유를 표현하지는 않는다. 다만 이 리얼리즘은 그것이 신성화된 한계로 나를 몰아넣기 때문에 그 가치를 갖는다. 나는 그 한계를 보지 않으면 안 되고, 내 자유가 아닌 것에 손가락을 대지 않으면 안 된다. 그것은 이 시간과 공간에서 나의 진짜 한계가 무엇인지를 가르쳐 준다.28) 리얼리즘은 그것이 나를 일깨워 정확히 내 자유가 아닌 모든 것을 알게 하기 때문에 내가 스스로 자유인으로 여기지 못하게 한다. 그것은 내가 자유인의 연기를 하지 못하게 한다. 하지만 나는 그리스도 안에서 내가 이 자유인임을 안다. 그때 나는 결단하지 않을 수 없다.

"너는 결정 요인들 이편에 머무르며 계속 정직한 그리스도인으로 살아갈 수 있으나, 분명 너는 강압, 제도적 장치, 조직이라는 온갖 체계를 존중하지 않는가? 분명 너는 세상의 세력 놀이─마치 그런 것처럼조차─를 하고 있지 않은가? [이든지,] 그렇지 않으면 '너는 자유롭다'와 '이것이 너의 한계다'라는 이중 방향이 너를 몰고 가는 이 강압을 위반하고 불확실성의 저편으로 넘어가겠느냐? 결국 이미

---

28) 바로 이 리얼리즘의 현저한 결핍 때문에 미셸 푸코(Préface à la transgression, *Critique*, 1958)는 오늘날 유일한 위반은 성적인 것─신성함의 마지막 도피처─의 위반이라고 말할 수 있다고 보았다. 이것은 두 가지 점에서 잘못이다. 성적인 것은 우리 사회에서 결코 더 이상 신성함에 속하지 않는다. 이 영역에서 누구나 제멋대로 탐닉한다. 온갖 방식─유행하는 관습, 영화, 과학, '사상' 등─에서 이것보다 더 속되고 비신성화되고 비신화화된 영역은 없다. 반대로 돈, 국가 등, 무한히 더 중요한 신성함의 다른 많은 영역들이 있다. Cf. J. Ellul, "Le Sacré aujourd'hui", *Le Semeur*, 1963; *Les nouveaux possédés*, 1973/2003.

'마치 그런 것처럼'과 '살 줄 아는 것'은 너에게 위반—이 위반 없이, 만일 네가 위반의 항구적인 위험으로 리얼리즘을 사는 대신 그것을 상황으로 변형시킨다면, 너는 이 '사용을 사용하지 않는 것'으로 여기지 못할 것이다—을 강요하는 것이 아닌가? [이어야 한다.]"

위반의 네 가지 가설

여전히 통찰력을 갖추어야 한다. 그리스도 안에서의 자유가 우리로 위반자처럼 되게 하는 것을 식별하기 위해서 일련의 새로운 구분이 필요해 보인다. 나는 네 가지 가설을 구분해야 할 것으로 본다.

첫째는 타인들의 타부의 위반이다. 어떤 그룹은 어떤 가치를 믿으며, 나는 그것의 어리석음을 드러내기 위해 공개적으로 그것을 위반하게 될 것이다. 즉시 파악되어야 할 것은 거기에는 무슨 위반이 있는 것이 아니라 다만 짓궂음이나 오만이 있다는 것이다. 내가 공유하는 타부 및 규범과 관련된 위반만이 진실한 위반이 될 수 있다.

둘째는 우롱이다. 흔히 위반과 우롱을 혼동한다. 어떤 집단의 풍습, 화법, 신념을 우롱으로 만드는 것은 [위반이 아니다]. 우롱은 진실한 것을 목표로 하는가? 나는 철저히 아니라고 답한다(이런 이유에서 나는 알려지지 않은 것, 외부에 머물러 있는 것, 낯설게 보이는 것에 대해 언제나 유보적으로 남아 있다. 여기에는 풍자화만이 있을 뿐이다). 만일 어떤 그룹, 어떤 사람, 어떤 관습이 알려진다면, 어떤 행동이나 신념의 이유가 이해된다면, 그것이 동의되지 않고 거부될 수는 있으나 더 이상 우롱되지는 않을 수 있다. 그런데 위반은 정확하게 우리가 깊이 참여하는 것을 대상으로 한다. 그때부터 우롱은 결코 위반이 아니며, 누구든 진실로 위반자라면 그는 우롱의 기괴한 형태들을 거부할 수밖에 없다.

셋째는 보다 어려운 것으로 우리를 이끈다. 우리가 방금 말한 것이 정확하다면, 위반이란 사람들이 믿는 것과 관련해서 사람들이 옳다고 여기는 경계들 가운데 하나요, 사람들이 공유하는 관습들과 진리들 가운데 하나일 뿐이다. 하지만 그때 어쩔 수 없이 위반이 가능하냐는 질문이 제기된다. 반세기 전부터 우리 사회에서 위반이라 불린 것을 고려할 때, 나는 바로 "아니"라고 답한다. 나는 사회적, 정치적, 도덕적 타부들에 대한 위반이란 오직 그것들이 더 이상 타부가 아닐 때만 가능하다는 것을 확인한다. 군대, 돈, 섹스, 도덕 등의 타부를 위반한다는 것은 타부로서의 이것들이 파괴될 때만 가능하다. 깃발, 혼인, 충성 등을 더 이상 믿지 않을 때, 다시 말해 반세기 전부터 진흙탕에서 끌고 간 모든 것이 더 이상 존경할 만한 가치로 여겨지지 않을 때 말이다. 소수의 그룹들만이 그 가치를 믿는다. 하지만 이 순간 첫 번째 가설에서의 거짓 위반자들이 다시 발견된다. 그들은 그들이 믿는 타부(예를 들어, 과학, 성 해방, '민주주의', '사회주의')를 위반하지 않도록 매우 조심한다. 그러므로 실상 인간의 힘에 상응하는 위반이란 불가능하다.

마지막 가설은 누군가가 제기하는 경계선과 그 누군가 사이의 혼동이다. 그때부터 위반이라고 불리는 것은 실상 규칙을 만든 자, 타부를 대표하거나 구현하는 자, 해방되고자 하는 것을 상징하는 자와의 충돌이다. 하지만 독재자를 죽이는 것은 권력 질서를 위반하는 것이 아니다! 이것은 앞선 권력보다 더 악한 권력을 재창출하는 온갖 혁명을 야기했다. 이런 것에는 위반이란 없다. 그리스도인의 경우, 이것은 율법의 위반과 하나님에 대한 증오, 무신론 등—이런 것들은 위반이 아니라 인간이 위반으로 채택하는 것임—과의 혼동이다.

위반에 대한 네 가지 구체적인 내용을 제시했기 때문에, 나는 참된 위반이란 인간적으로 불가능하다는 것과, 그것은 그리스도인의 자유의 열매요 표현이며 경험—예수 그리스도 안에서 하나님이 받으신—일 수밖에 없다는 것을 결론으로 말해야 한다.

성경이 말하는 위반

"선한 사마리아인의 비유에서의 사회 질서 위반, 예수가 안식일에 치료 행위를 했을 때의 종교법 위반, 마지막 시간에 온 일꾼 비유에 나타난 정의 개념 위반, 예수가 율법을 완성했음을 보이고자 하는 마태의 복음도 가장 명백하게 위반을 말하는 복음이다"(Vidil). 우리는 다음의 내용을 첨가할 수 있을 것이다. 두 동전 이야기를 통한 국가 권력의 위반, 상인과 성전에 대한 예언 이야기를 통한 성전의 신성함의 위반, 이사야의 예언을 자신에게 돌리면서 성경의 신성함에 대한 위반…그렇다, 예수의 전 생애가 (그의 가르침 이상으로) 위반이다.

그러나 이 예수의 삶은 선민의 삶과 관련되며 분리되지 않는다. 그런데 선민의 역사에서 우리는 위반의 바로 그 결정적인 중요성을 발견한다. 대대로 이어지는 히브리 백성의 이름이 나오게 되는 것은 바로 데라와 아브라함이 유프라테스를 지나 우르 땅 밖으로 떠나는 출발에서 비롯된다. 사실 이 말(Ivr'm)은 건넌 사람들을 의미한다. 아브라함은 경계를 건넌 사람이다. 그는 하나님의 충동으로 경계를 넘었다. 이 위반에서 그는 시작하고, 그리고 이 위반 때문에 그에게서 수많은 백성이 발생하리라는 약속이 베풀어진다. 그는 광야의 빈 공간으로 들어가지만, 그곳은 약속이 거하는 공간이다.

그리고 다른 위대한 넘어감인 유월절(Pesah)이 있다. 이것은 많은 의미를 갖는 위로 통과하는 넘어감이다. 이집트 사람들의 장자 대학살로 특징지어지는 이 무서운 위반에서, 목숨을 살려 주는 이스라엘에게는 생명이 있는 천사의 넘어감이다. 출애굽기(12:27)가 말하듯이 은총을 표현하는 넘어감, 곧 은총 통과의 승리다.

나는 이 넘어감을 홍해 통과와 연결시키지 않을 수 없다. 이것은 이스라엘을 탄생시키는 또 다른 위반이요 또 다른 통과로서, 아브라함이 행한 건넘과 정확히 동일한 성격을 갖는다. 이와 같이 위반이란 성서 가르침의 일반적 성격이 아니라, 하나님께 속한 인간이나 백성의 삶의 역사의 일반적 성격으로, 위반할 때마다 동일하게 삶과 자유로 들어간다.

하지만 역으로 자유는 경계들의 존재에 의해서만 드러나고 구현된다. 이 결정들에 종속되지 않고 구속되지 않는 한 사람을 가정해 볼 때, 그는 그에게 수행해야 할 위반이 없고, 건너야 할 장애물이 없기 때문에 결코 자유롭지 못할 것이다. 그는 유일한 자유가 무엇인지, 다시 말해서 해방과 투쟁이 무엇인지 결코 모를 것이다. 그는 황천에 있는 망령이리라. 이와 같이 젊은이들이 자유를 원할 때, 부모가 결코 자신의 자유를 포기하고 그들에게 자신들의 자유를 주어서는 안 된다. 이런 상태에서 자유는 비일관성, 젊은이의 불만, 불확실성, 환멸에 불과할 것이다. 바로 이것을 우리는 우리 시대에 실제로 보고 있다. 젊은이의 경우 아버지의 권위와 충돌하고, 점진적으로 반대를 양보하게 하며, 위반하고 극복할 자유만이 있을 뿐이다. 그가 실제로 이 자유를 얻지 못할 경우, 그 자유는 아무것도 아니다.

이와 같이 아버지는 자기 자녀가 자유하게 되도록 권위적이고 엄격하게 남아 있어야 한다. 하지만 반대로 아버지가 힘과 권위로 자신의 상황을 이용하여 자녀를 억눌러서는 안 된다는 것은 자명하다. 구약에서 하나님이 우리에게 보여주는 대로의 자유의 아동 교육은 아버지 편에서 볼 때 정확히 그가 제기하는 장애와 금지와 인준의 척도를 다루는 하나의 학문을 의미한다. 이는 자유의 힘이 행사되되 증오로 끝나는 치명적 투쟁에서 고갈되지 않도록 하기 위함이다. 아버지의 법은 투쟁하는 자녀의 관점에서 엄격해야 하나 너무 심해서는 안 되며, 그것은 또한 자녀를 자유로 이끄는 아버지의 관점에서 부드러워서는 안 된다. 위반이 존재하기 위한 한계의 의미와 그 필연은 이런 것이다.

지금까지 우리는 특별히 인간이 자기 자신에게 부과한 한계들에 대해 말했다. 하지만 하나님의 계명을 소홀히 하거나 망각할 수 없다. 인간이 신성함을 부여한 타부들과 성경에서 하나님의 명백한 뜻으로 계시된 것을 혼동해서는 안 된다. 예수는 우리가 갖고 있는 모든 계명을 위반하지 않았다. 왜냐하면 인간의 눈에 위반으로 보였던 이 행위에서 실제 관건은 이 계명의 참되고 심오한 의미를 나타나게 하는 것이었기 때문이다. 완전히 초보적인 것으로, 그가 안식일의 계명을 위반했던가? 결코 그렇지 않다! 그가 위반한 것은 인간들이 이 계명에 대해 만들어 축적해 놓은 규칙들과 해석들이다. 하지만 그가 이렇게 행한 것은 전적으로 판독이 어려워진 이 계명의 진정한 의미를 드러내게 하기 위함이었다. 이 계명은 본래 (노동법에 대해) 선포된 해방의 계명이요 상호 사랑의 계명이었다. 따라서 안식일에 치료하는 것은 계명을 위반하는 것이 아니라, 반대로 계명을 실천하는 것이다. 질병에서 환자를 해방시키고 그에게 하나님의 사랑을 표현함으로써 말이다.

이와 같이 예수가 계명을 위반할 때, 그것은 언제나 계명을 완성하기 위함이요, 그 의미의 정점으로 가져가기 위함이지 우롱하기 위함이 아니다. 위반이 자유를 표현하는 것은 오직 이런 조건에서다. 나아가 모세오경에 쌓여 있는 계명들이란 그것을 제대로 듣고자 하는 한 인간을 속박하여 좁은 한계에서 똑바로 걷게 하기 위한 몹시 힘든 법이 아니라, 하나님이 생사 간의 경계로 우리에게 제시하시는 것의 표현임을 끊임없이 상기해야 한다. 네가 만일 이 한계 안에 남아 있다면, 그것은 복일 뿐만 아니라 네가 산 자로 남을 가능성이다. 그 한계를 넘어서면 너는 죽을 것이다. 네가 만일 검으로 치면, 네가 만일 우상을 숭배하면, 네가 만일 일주일 내내 휴식 없이 일에 종사하면, 너는 죽을 것이다! 하나님이 너를 처벌하시기 때문이 아니라, 네가 타인들과 너 자신에게 너무도 해로운 삶을 영위함으로 말미암아 타인들을 파괴하고 너를 파괴할 뿐이기 때문이다. 이렇게 나는 칼 바르트가 율법과 계명에 대해 준 놀라운 해석을 상기하는 것으로 만족한다. 율법은 우리를 구속(拘束)하거나 예속하기 위한 규칙이 아니라, 내부에서 우리의 모든 자유가 행사되는 그런 곳이며, 그것 덕택으로 자유는 치명적이지 않은 채 가능하며, 그것을 통해서 하나님은 우리를 우리 자신에게서 해방시키시고, 동시에 그 이상으로 넘어가면 죽음밖에 가능한 것이 없는 그런 경계를 알린다.

물론 이 율법의 위반인 자살은 여러 가지 형태로 언제나 가능하다. 하지만 스스로 속아서는 안 된다. 자살은 결코 자유의 행위가 아니다.

자유는 삶과 관련된다. 자유는 언제나 삶의 선택이다. 자살이 필연이 될 수도 있으나, 다시 한 번 말하지만 필연에의 복종은 결코 최소한의 자유도 아니다. 사회 법규에 의한 자살은 필연이다(19세기에 자살한 실패한 사업가, 자신의 적대자의 수치를 들춰내기 위해 자살한 사무라이). 병의 고통이 지나친 연유에 의한 자살은 필연이다. 실패를 인정하지 못하는 자살도 필연이다(몽테를랑29)처럼 눈이 멀어 타인에게 의존적이 되는 것을 거부하기). 자살은 이렇게 필연적인 것으로 체험될 수 있으나, 사회 법규, 고통, 오만―자신의 유한성에 대한 인정의 거부와 이웃이 가져다 줄 수 있는 사랑에 대한 인정의 거부―에의 예속 상태와 관련될 뿐이다. 자살이 러시안 룰렛처럼 어리석음의 표현이 아니라면 말이다. 하지만 생명의 위반은 결코 어떤 형태로든 하나님이 예수 그리스도 안에서 우리에게 주시는 자유의 표현이 아니다.

우리는 이 중요성과 이 경계의 필요성을 도처에서 재발견한다. 하지만 문제가 한계들 사이에 자유가 위치하는 그런 자유의 한계들과 관련되는 것이 아니라, 장애와의 충돌을 통해서만 수행되는 도발적이고 환기시키는 의미에서 자유의 '증거-시금석'인 한계들과 관련된다는 사실을 분명히 하는 것이 좋다. 그러므로 한계는 그것이 '자유를 부추기는' 것이기에 결코 나쁘지 않다. 한계는 자유의 조건이기도 하다. 명령으로서 율법30)은 나쁘지 않다. 그것은 '자유의 몽학선생'이

---

29) [역주] Henry Millon de Montherlant(1896-1972). 프랑스의 작가로 자서전적 작품인 「아침의 교대」(1920)에서 「살인자는 내 주인」(1971)에 이르기까지 무수한 작품을 남겼다. 종종 자살을 "필연에서의 자유의 일부"로 여겼던 그는 갑자기 눈이 멀게 되자 스스로 죽음을 택했다.
30) 물론 우리가 말하는 것은 하나님의 법―토라―의 의미로서의 율법이지, 사법적이고

다. 율법은 하나님이 우리에게 주시는 자유를 우리가 그분 앞에서 행하도록 하나님이 이런 양상으로 제시하신 한계다. 실제로 이 율법은 언제나 우리의 가능성의 높이에 있다. 율법은 그 자체로 하나님의 본뜻(la Volonté)은 아니다. 율법은 하나님의 뜻과 동일시될 수 없다. 그것은 돌이킬 수 없는 절대가 아니다. 만일 그렇다면, 율법은 전적으로 우리의 가능성 밖에, 심지어 우리의 이해력 밖에 있게 될 것이다. 율법은 우리의 능력의 범위 안에 있다. 이는 우리가 그것을 정확하게 완수하기 위함이 아니라, 성령의 자유가 주어질 때 우리가 그것을 넘어서도록 하기 위함이다.

율법은 우리의 자유가 위치하는 한계다. 만일 우리가 그것을 '불순종'으로 위반하면, 우리는 더 큰 노예 상태(악, 죄, 숙명의 노예 상태)를 입증한다. 그러나 만일 우리가 이 강요를 넘어서면서 그것을 성령으로 위반하면, 그때 자유가 거기에 있다. 율법은 이 자유를 표현하기 위해 우리의 행위가 어디에 미칠 수 있었는지를 우리에게 정확히 가르쳐 주었다. 율법이 문자 그대로 해석될 때, 그리고 우리가 자유를 율법에 복종시킴으로써 사실상 자유를 부인할 때, 그때 율법은 죽는다. 그리스도 안에서 해방된 사람이 하나님의 뜻을 전적이고 절대적인 율법으로 지킨다면, 그는 그 자체로서의 자신을 부인하는 것이다. 이와 같이 위반에서의 자유는 정확히 순종(율법주의적인 것이 아니라 진정한 순종!)에서의 자유와 결합된다.

자신의 한계 상황에 놓인 아브라함은 모세보다 더 자유롭지 못하다. 하지만 덜 자유로운 것도 아니다. 바로 이 둘이 한 쌍을 이루어

도덕적인 법이 아니다.

하나님 안에 있는 자유의 실재가 무엇인지를 표현하며, 능동적이고 체험적인 관계처럼, 그리고 복종과 위반 사이, 명령과 현실 사이, 의무와 기피 사이의 긴장처럼 나타난다. 자유가 있기 위해서는 장애물이 있어야 한다. 누구도 율법을 거절할 수 없으며 자유를 거부할 수도 없다.

우리는 교회에 있을 때 정확히 동일한 신앙고백을 말할 수 있다. 오늘날 우리는 신앙고백의 불가능성을 주장하는 수많은 신학자들을 만날 것이다. 계시가 단지 질문하는 것(결코 조직하는 것이 아니다)이기 때문이며, 우리의 작업이 성경 말씀을 현실화하고 다시 살아나게 하는 것이지 말씀을 기록된 새 표현 속에 가두는 것이 아니기 때문이라는 것이다. 하지만 이 주장은 말씀이 명확하지 않을 경우 말씀 재연이 불가능하다는 것, 반응이 없을 경우 궁극적 질문 수용이 불가능하다는 것을 무시한다. 율법과 마찬가지로 신앙고백도 우리의 자유에 필수불가결하다. 오직 자유에 대한 확신에 입각해서만 자유의 모든 시도가 두려움과 회한 없이 가능할 수 있다. 바로 우리의 용서, 우리의 구원, 우리의 삶, 우리의 사랑에 대해서 선포된 확신 안에서만 우리는 불시에 나타날 수 있는 것에 대한 공포 없이 흠뻑 땀 흘리며 전진할 수 있다. 말씀이 구체화되고 욥이 말하는 반석31)에 새겨질 때만 그리고 말씀이 그 부동성과 지속성을 획득한 때만, 그때(그때만) 우리는 말씀을 되찾고 그것이 활동하게 할 수 있다. 이는 우리가 자유롭기 때문이다.

하지만 말씀은 오직 위반되어야 할 기록된 것(Ecrit)과 충돌하는

---

31) [역주] 욥 28:10—"반석에 수로를 터서 각종 보물을 눈으로 발견하고"(개역개정).

진정 살아 있는 **말씀**이다. 그렇지 않고 만일 말씀에 이런 한계가 없을 경우, 그것은 소멸이요, 연기이며, 모순이고, 망상이며, 자유의 정반대다. 말씀의 자유가 신앙고백의 축출과 불가능성을 야기한다고 믿는 것은 자유의 형이상학적 관점, 결국 고정되고 소유적인 관점을 갖는 것이다. 그것은 또한 '부여되는' 자유를 믿는 것으로, 사람들은 이런 자유의 소유자와 논증자가 된다. 이것은 정확히 19세기 자유주의 이념에 부합한다. 반면, 그리스도 안에서 자유는 하나의 훈련이다. 다만 강제 및 규범과 관련되고 그것을 이용하는 훈련이다. 우리는 일반적으로 제도들, 특별히 교회 제도들에 대해서도 동일하게 말해야 하리라. 율법, 신앙고백, 제도 등은 자유가 주님의 영을 따라서 그것들에 이의를 제기하고 위반할 경우에만 참된 가치와 의미를 갖는다. 자유가 활동하기를 그칠 경우, 사람이 그의 자유를 거부할 경우, 그때 율법은 율법 지상주의가 되며, 신앙고백은 교의적이 되고, 진리와 이단을 해결하겠다고 나서며, 모든 계시를 설명하고, 영속적이 되며 또한 제도는 사법적이 된다.

더 이상 자유가 없는 이 순간, 율법을 위반하는 아브라함과 바울이 없고 신앙고백에 이의를 제기하는 루터가 없으며 제도를 흔드는 칼뱅이 더 이상 없는 이 순간, 바로 그때 하나님의 영에 의한 자유로운 그리스도인들이 없기 때문에 율법, 신앙고백, 제도는 그 의미를 상실하고 더 이상 어떤 내용물을 갖지 않는다. 왜냐하면 이 본질적인 실재들은 오직 자유와 관련해서만 그 의미를 발견하기 때문이다. 자유가 이의 제기이자 동시에 위반인 것은 그것들[율법, 신앙고백, 제도]을 파괴하고 제거하기 위함이 아니라, 그것들로 하여금 하나님의 질서 가운데 마땅히 존재해야 할 것으로 존재하게 하기 위함이다.

달리 말해서, 자유를 표현하는 것은 제한되고 닫혀 있으며 명백히 결정된 교리나 실천 그 자체가 결코 아니다. 교리가 자유의 표현이 될 수 있는 것은 하나의 한계와의 관련 하에서이며 주어진 상황에서다. 즉 자유가 굳어지고 신성화되는 것을 막음으로써 위반하고 동시에 보장할 때다. 리쾨르의 탁월한 표현에 따르면, "나는 신성한 것이 되고 있는 모든 것을 즉시 위반함이 없이는 말씀을 구체화할 수 없다." 자유란 이런 것이다.

하지만 아무것도 신성한 것이 되고자 하지 않는 한 말씀의 현실화란 없다. 이와 같이 모든 한계, 모든 규칙, 모든 원칙이 붕괴되는 상황에서 자유의 행위는 우선적으로 이 구조들—이것 없이 자유는 지리멸렬이요 무위안일이며 꼬치꼬치 따지기다—을 재건하는 일이다. 오늘날 개혁 교회에서 자유를 소중히 여기는 사람이라면 성경의 통전적인 공유 계시 지위를 회복하고(근본주의라는 비난을 들을 것을 무릅쓰고), 교회를 위해 가능한 신앙고백을 표명하며, 자유를 통해 자신의 의미와 결심을 수용한 이상 자유가 용감하고 일관되게 새로이 입증될 수 있는 기독교 윤리를 작성하는 일에 우선적으로 몰두해야 하리라.

이것은 우리로 하여금 그리스도인의 삶이 단지 경계 내의 혹은 경계선상의 삶만은 아님을 인정할 수밖에 없도록 한다. 우리는 한계 이편에서 살 수 있다고 말한 바 있다. 하지만 이것은 분명 종교나 도덕, 신성함, 사회적 내지는 가족적 상황, 노동과 돈에의 안주, 정치적 내지는 경제적 행동주의로의 도피를 의미하지 않는다. 이 모든 것은 그리스도 안에서의 삶에 대한 명백한 부정이다. 그런데 이 상황에서 경계에까지 가는 것으로는 충분하지 않다. 이 행보는 그리스도인의 삶의 항구적인 진행 방향이다. 그것이 우리를 가르치는 바는 한편으로 경계 이편에 머무는 것이 자신의 삶을 보장하는 것이요 하나의 생활력이지만(인간이란 생존에 이르기 위해서만 바로 이 한계를 세우기 때문에), 다른 한편으로 동시에 그 자체의 죽음을 증명하는 것이다. 율법을 제시하는 것은 하나님의 뜻을 요약할 수 있는 규칙을 자신에게 부여하며, 결과적으로 이 세상에서 평온히 사는 것이지만, 동시에 예수의 가르침은 이 율법이 죽음임을 우리에게 드러내 준다. 바울은 이 점을 길게 설명했다.

그러므로 우리는 이 세상과 이 사회의 사람들로서의 우리로 하여금 삶을 지탱하고 관계를 유지하도록 해주는 모든 것을 정돈하는 문제에 직면한다. 그러나 우리가 이것을 신성한 것, 종교적인 것, 선으로 변형시킬 수밖에 없기 때문에, 우리가 하나님 앞에서 죽어 있음을 보장하는 것도 바로 이것이다. "자기 목숨을 얻고자 하는 자는 잃을 것이요…." 역으로, 경계를 위반하는 것은 철저한 불안정의 영역과 방향 없는 공간으로, 광야로 들어가는 것이다. 그것은 위험한 '신성함'—이것에서 백성을 보호하기 위해 모세가 자신의 얼굴을 천으로 가린—과 부딪히는 것이다. 그것은 획득한 모든 것을 돌이킬 수 없는 방식으로 위태롭게 하는 것이다. 그것은 궁극적인 위험으로 침투하는 것이지만 그리스도 안에서의 삶도 바로 이것이다.

성경에 나타난 중대한 위반은 기적이다. 왜냐하면 기적에는 모든 경계의 위반이 있기 때문이다. 자연이 제시한 위반, 사회가 제시한 위반, 전능자와 섭리로 여겨지는 하나님이 제시한 위반(질병이나 죽음이 죄의 산물로 여겨진다거나, 사람들이 하나님이 원하시는 순서 앞에 있다거나)이 있으며, 이 위반에 인간은 사실 모든 것을 건다.

그는 우선적으로 그 자신의 신앙, 곧 그가 하나님에게서 받은 것을 건다. 기적은 필연이 아니며, 마술 행위가 아니다. 그것은 내재적 힘의 산물이 아니다. 기적은 순전히 하나님의 은혜의 결단이다. 기적을 요구하고 하나님께 그것을 강요하는 인간은 자신의 삶을 이루는 것 전부를 이 요구에 건다. 기적이 일어나지 않는다는 것은 그의 자유와 그에게 베풀어진 은혜에 대한 부정이다.

우리가 오늘날 기적을 위해 기도하기를 그렇게 좋아하지 않는 이유가 이것이다. 하지만 이것은 또한 기적에 대한 불트만의 분석이 인정될 수 없는 이유이기도 하다. 그의 분석은 매우 고상한 유심론의 힘을 빌려 우리 상황의 궁지를 풀어 보려는 방법이다! 이 유심론에는 분명히 어떤 경계도 없으며 따라서 어떤 위반도 없다! 하지만 그로 말미암아 어떤 진지함도 없다.

위반에 돌려지는 이 중요성을 통해 경계가 악이고 위반이 선이라고 말하려는 것이 아니다! 우리는 그런 종류를 다루고 있지 않다! 둘은 상관적이다. 경계는 아무도 위반하지 않을 경우에만 죽음의 근원이 된다. 사회적, 생물학적, 지적, 심지어 영적인 삶이 가능하기 위해서 경계란 필수불가결하다. 하지만 그것은 항구적인 위험이다. 반대로 위반은 경계가 실제 위험으로 존재할 경우에만 의미를 갖는다. 동시에 위반은 사람들이 경계 내부에 머물 경우 위협이지만 외부가 누구의 땅도 아니라는 표시이기도 하다. 이런 한계가 없다면, 그때 위반은 시시껄렁한 것에 불과하다. 이것은 우리 사회의 소위 성의 신성함과 성적 위반에 대해 우리가 쓴 바로 그것이다. 이 에로티즘의 영역에서 우리는 유사 위반 앞에 있으며, 고추—이것은 상상의 염려를 준다—의 일상적인 반응을 동반하는 무상의 작은 떨림의 부여(附與) 앞에 있다. 이것은 위반의 정반대이며, 이 반응 유형에 새 신성함을 부여함으로써 새 경계를 확인하는 일이다. 위반은, 그것이 어떤 것이건 간에, 제시되고 인정된 한계가 있을 경우에만 일어날 수 있다. 자유는 그것의 한계와 관련해서만 활동한다. 속지 말자. 자유에 호소하는 말은 그 자체가 위반되어야 할 하나의 한계다.

위반과 복종

우리는 이 위반이 무엇을 표현하며 무엇을 목표로 하는지에 대한 이해를 시도해야 한다. 왜냐하면 결국 위반이 순수한 행위가 아니기 때문이다. 그렇게 믿는 것은 환상이다. 비딜(Vidil)에게 있어서 위반은 필히 자아 부인이요 자아 발견이다. "자아는 모든 경계가 드러내는 이 '무'를 향해 의식 상태로 돌아서서 거기서 장소—살 만한 시간과 공간—를 발견할 수 있는가? 자아는 스스로를 부인하지 않은 채 자기 한계의 언어를 말할 수 있는가?" "위반이 내게 강요될 수 있다. 나는 이것이 또한 내 죽음이리라는 것, 결국 내겐 아무것도 남기지 않으리라는 것, 내 손으로 아무것도 붙들 수 없으리라는 것을 알 수 있다. 설령 이 순간 내게 위반이 삶을 의미한다 해도 말이다." 실제로 나는 위반이 절대적으로 위험을 무릅쓰는 것(하나님 앞과 사람 앞에서)이며 동시에 삶을 지칭하는 것이라고 생각한다.

위반은 자기 부인이다. 왜냐하면 넘어선 경계 이쪽에 있는 모든 것이 건너기 전의 인격, 그의 문화와 인간적 배경을 형성하기 때문이다. 위반은 이 모든 것에 등을 돌릴 때만 가능하다는 사실에 유의해야 한다. 그것은 포기이며 동시에 포기 이상이다. 위반이 이런 넘어섬이 아닐 경우 그것은 아무런 의미나 영향력을 갖지 못할 것이다. 위반은 그 자체로 말미암아 자기 긍정이다.32) 위반이 율법과의 관계에서 성취될 수 있을진대, 우리가 말한 "인간이 되라"는 인간이 감히 하나님과 부딪히는 존재로서 벌떡 일어나는 이 급진적 행위 속에서 이런 성취들 중 하나를 발견한다.

여기서 복종의 문제가 제기된다. 비딜에게 있어서 위반과 복종에는 철저한 대립이 있다. 그는 예수에 대해 언급하면서 이렇게 말한다. "예수에게 있어서 생명의 길이 될 위반의 길을 거부함으로써, 그에게는 거부와 실패와 죽음의 길인 복종의 길만이 남아 있을 뿐이다. 예수는 율법에 복종한다." 이런 종류의 텍스트와 더불어 우리는 모호성으로 들어가기 시작한다. 예수에게 위반은 생명의 길인가? 물론 그렇다. *찬탈된* 생명의 길이다. 복종은 죽음의 길인가? 물론 그렇다. 성부의 의지(이것은 세상의 법칙의 위반임을 유의하자!)에의 복종은 예수에게 억지로 사형을 선고한 세상에서 어쩔 수 없는 실패다. 비딜은 이것이 예수가 당한 시험의 재현이라고 쓴다. 왜냐하면 예수는

---

32) 비록 틸리히가 위반을 모든 도덕적 행위에 돌리기는 하지만(이것은 힘의 결과들과 모든 인간의 도덕적 행위를 혼동하는 것임), 그는 위반의 중요성을 잘 보았다. "윤리적 권위가 절대적이지 않기 때문에, 모든 도덕 행위는 위험 무릅쓰기를 내포한다…인간이 자신의 인간성을 실현하고자 한다면, 그는 마땅히 자신의 순수 상태를 위반해야 한다. 하지만 그가 그 상태를 위반했을 때, 그는 자기 자신과 모순된 모습으로 남는다…인간은 언제나 도덕적 권위에 의해 제한된 안전지대를 위반해야 한다. 그는 불안전과 불확실의 영역으로 들어가야 한다…참된 도덕은 위험을 무릅쓰는 도덕이다. 그것은 존재의 용기에 기초하는 도덕이며, 인간으로서의 인간의 역동적 자기주장이다. 이 자기 주장은 비-존재의 위협, 죽음, 죄성, 무의미를 수용해야 한다" (*Théologie de la culture*, 1968). 만일 그가 그리스도 안에서 얻어진 자유 안에서 도덕적 상황을 묘사했다면 놀라웠을 이 텍스트는, 모든 인간을 완벽히 관념적으로 묘사함으로 말미암아, 그리고 인간이 하나님과의 분리를 통해 참된 도덕이 가능해진다고 주장함으로 말미암아 신학적으로 지지될 수 없다.

율법에 '복종하지' 않고 자유 가운데서 그것을 완성하기 때문이다. 이것은 매우 다른 것이다. 이것은 예수 자신이 인간들이 율법으로 삼은 것을 위반하고 율법으로 계시된 하나님의 뜻을 성취한다는 것을 의미한다.

그러나 위반과 복종 사이에 실제적으로 대립은 없다. 다만 문제는 무엇에 대한 위반이냐를 아는 데 있다! 왜냐하면 하나님의 뜻에의 순종은 그 자체에 모든 위반들을 내포하기 때문이다. "하나님에게 순종함이 사람들에게 순종하는 것보다 낫다"(행 4:19 참고). 이 말은 인간적으로, 종교적으로 매우 중대한 위반 사건의 맥락에서 나온 것이다! 반대로 위반은 자유의 법에 대한, 인간으로 하여금 존재하라는 명령에 대한 돌이킬 수 없는 철저한 결정에 따른 지금 여기서의 순종 외에 아무것도 아니다. 이런 이유에서 우리는 비딜이 만든 대립을 받아들일 수 없다. "복종(사람들의 판단에 따라 패패로 여겨지는) 외에 일상을 사는 다른 방법은 없다…우리는 복종과 복종의 필연적 결과인 죽음을 위반의 첫 조건으로 받아들여야 한다." 비딜은 계속해서 "이런 복종의 무가치를 자각해야 한다"고 말한다.

하지만 다시 말하거니와, 본래 추상적인 복종이란 없다! 복종이 순전히 부정적이고 단지 죽음으로 이끌린다는 것은 잘못이다. 우리는 계명에의 복종이 어떤 식으로 직접적이고 확고하게 자유와 관련되는지를 보았다.33) 비딜이 말하는 것은 그의 전제 가운데 하나를 인정한

---

33) *Ethique de la liberté*, t. II. 우리는 복종의 문제를 반복해야 할 것이다. 게다가 이 명령이 아주 명백히 기독교 윤리의 모든 영역에서 발견된다는 것을 상기해야 한다. 이렇게 우리는 *Ethique de la sainteté*[엘륄이 계획으로 그치고 만 윤리의 삼부작 가운데 하나—역주]에서 아주 다른 방식으로 복종의 문제를 되풀이할 것이다.

다는 조건에서만 정확할 수 있을 것이다. 즉 법(모든 법, 그것이 어떤 것이건, 어떤 양상이건 간에)이 언제나 하나님의 법이라는 전제 말이다. 그러나 이것을 인정하려면 하나님이 인간에 의해 만들어진 종교 개념에 불과하다는 것을 인정함으로써 시작해야 한다. 물론 그때 이 개념은 분명히 법들(경제학, 정치학 등의 법칙들을 포함해서)의 원인이어야 한다. 하지만 예수 그리스도의 아버지는, 아브라함과 이삭과 야곱의 하나님과 마찬가지로 무슨 종교 개념이 아니다. 만일 성경에 따라서 하나님이 존재한다는 것, 그분의 뜻은 우리의 뜻과 다르다는 것, 그분의 완전하고 거룩한 뜻은 우리가 법으로, 종교로, 신성함으로 세우는 것(이것은 하나님의 뜻의 위조품이요 거짓에 불과하다)과 아무런 관계가 없다는 것이 인정된다면, 그때 이 뜻에의 복종은 생명이지 죽음이 아니다(그럼에도 불구하고 물론 세상에서의 죽음이다!).

확실히 복종은 그 자체로서 아무런 가치가 없는 것이 사실이다.[34] 우리가 본 대로, 복종은 어떤 구원도 주지 못하지만 그것 없이는 의미도, 자유도, 위반도 없다. 심지어 의지와 체계의 영역에서 복종을 위반과 대립시켜서는 안 된다. 의도되고 계산된 복종은 사실상 부정적이고 파괴적이다. 하지만 위반도 그러하다. 비딜이 매우 타당하게 강조하듯이, "위반하기를 원하는 것은 끊임없이 동일한 한계를 뛰어넘으려는 사드(Sade)처럼, 혹은 하나의 기구를 창설하려는 히틀러처럼 정죄된다. 미리 계산된 위반은 모두 종교적이고 거짓이다." 이

---

34) 이것이 복종(특히 '상급자'에 대한 복종)을 그 자체로 모든 기독교적 삶을 포함하는 가치로 삼았던 일부 수도회들의 오류였다.

표현은 완벽하다. 위반은 삶의 원리나 체계가 될 수 없다. 위반의 결의론("이것이 공격해야 할 것이다, 이것이 넘어서야 할 한계다, 이것이 지켜야 할 한계다")이란 없다. 위반의 기회를 노리는 것도 없다.

우리가 자유의 충만한 표현 앞에 있는 한, 우리가 넘어설 경계와 이르러야 할 신성함을 명확히 보지 못한다 해도, 위반은 최고로 자유로운 행위다. 모든 의도는 이 행위를 부패시킨다. 세간을 떠들썩하게 할 의도, 혁명을 일으킬 의도, 반발하게 할 의도, 하나님을 공격할 의도 말이다. 야곱은 천사의 공격을 받고 싸울 때 어떤 의도도 갖지 않았다. 욥은 하나님의 부당함에 맞서 미친 듯이 악착스럽게 항의했을 때 어떤 의도도 갖지 않았다.

위반은 선이라고, 심지어 생명이라고 말할 이유도 없으며, 경계 이쪽인 질서에의 복종은 악이며 죽음이라고 말할 이유도 없다. 여기서도 사람들은 실로 명백히 결정, 무상성, 돌출이어야 할 것에 대해 말하기 위해 수용할 수 없는 범주들을 끌어들일 것이다. 다만 이 가능성은 언제나 열려 있고, 언제나 현존하며, 언제나 문제이어야 한다. 위반은 그것이 발생하지 않을 때조차도 실행되고 있다.[35] 위반은 그리스도인의 삶에 끊임없이 현존해야 하며, 위반의 부재를 통해서도 이 삶에 대한 문제 제기이어야 하며, 이런 급진적인 변화를 향한 열림을 통해 뿌리내림의 불가능성이어야 한다.

이와 같이 부자 청년에게 주어진 "가서 전부를 팔아 가난한 자에게 주고 와서 나를 따르라"(마 19:21 참고)는 명령은 문자 그대로 실행하

---

35) [역주] La transgression, même lorsqu'elle ne se produit pas, n'est pas mise en acte. 主文을 긍정으로 번역했다.

3장 리얼리즘과 위반 | 157

라는 계명이 아니라, 모든 육체에 있는 가시요 뽑을 수 없게 심어진 가시다(왜냐하면 노예적인 복종은 아무 의미가 없을 것이기 때문에). 이 가시는 자기 재산을 '이용'하는 것을 금하며 해결점을 찾는 것과 타협하는 것을 막는 바, 이는 이것이 즉시 도울 수 있는 존재이기 때문이다. 벼락 맞을 수 있다. 다시 말해서 어떤 순간 그렇게 하지 않는 일이 더 이상 가능하지 않게 되리라는 말이다. 그때 사회적, 도덕적, 경제적 질서가 위반될 것이다.

그렇다면 위반 다음에는 무엇이 오나? 비딜은 공백(vide)이라고 말한다. "위반의 본질은 위반을 뒤따르는 공백이요, 그것이 야기하는 현기증이다." "예수가 사람들에게 가져다주는 구원은 오직 자기 자신에, 즉 위반의 공백에 달려 있다." 이것은 완벽하게 사실이다. 마치 인간이 이것을 견디지 못한다는 사실, 그가 이 공백을 만들고 채운다는 사실, 결국 사회가 이 위반을 회복시킨다는 사실, 개인의 이 자유 행위는 사회에서 혁명으로 변형된다는 사실이 참이듯이 말이다.

주베르(D. Joubert)가 다음과 같이 혁명과 위반을 대립시킨 것은 일리가 있다. "혁명 윤리는 한계가 그 자체로 비-적법하다고 여기며 그것을 넘어서서 그 뒤에 있는 보다 나은 세상을 발견해야 한다고 여긴다. 위반은 한계 너머에서 아무것도 발견하지 않는다. 혁명은 실재 너머에서 가능성을 전제하며 저편을 전제한다…. 위반은 결코 부정성의 측면이 아니다. 위반의 공백이란 파괴의 현기증 외에 아무것도 아니라고 여길 수 있을 것이다(이것은 사실이 아니다). 위반은 아무것도 부인하지 않으며, 무를 무로 대립시키지 않는다…. 혁명은 언제나 위반의 배반이다."

이것은 위반이 한 유일한 인간의 자유로운 행위일 수밖에 없다는 것과, 거기에는 사회적 내지 정치적인 어떤 의도도 없다는 것을 완벽히 밝혀 준다. 하지만 위반이 실제적이라면, 그것은 피할 수 없이 관계를 바꾸고, 주어진 역사적 상황으로 들어가며, 따라서 최대한으로는 인간들이 혁명적으로 여길 저편을 향한 열림이 되며, 최소한으로는 그들이 해석하지 않으면 안 될 표징이 된다. 왜냐하면 실제적인 위반은 순수하게 은밀히 간직될 수 없기 때문이다. 위반자를 공백으로 넘어가게 하는(현재의 유행이 종교적이라고 선언하는 언어로 말하면 "겸허히 하나님의 손에 맡기는") 위반은, 필경 존재하는 방관자에게 혁명적 행위가 될 수 있을 뿐이다.

이제 여기서 두 가지 결과를 끌어내는 일이 남아 있다. 첫째는 위반자의 경우 '위반의 공백'을 위반의 충만함—일례로 성령 충만의 감각적 경험—과 대립시키는 것은 쓸데없는 일이다. 공백이 '새 충만'이 아닌 것은 확실하다. 하지만 이 위반이 그리스도—그분을 신뢰하는—와의 직접적인 관계인 한, 거기에는 모든 감각적 경험을 뛰어넘는 충만이 있다. 이 공백은 부재의 공백이 아니라, 유일한 존재가 있는 공백이다. 그렇지 않을 경우, 위반도 없다. 다만 후퇴, 경계의 대체 혹은 위반자의 신념에 따른 허망한 위반이 있을 뿐이다.

둘째 결과는 위반의 행위가 사라지는 것인 한, 그리고 그것이 어쩔 수 없이 사회와 교회—위반자 상황에서 조직되는—와 위반자 자신에 의해서 되풀이되는 한, 위반은 결코 완성되지 않음을 상기할 필요가 있다는 것이다. 보다 낫게 말해서 위반은 예수 그리스도가 "내 하나님, 어찌하여 나를 버리셨나이까?"라고 외칠 때 오직 그분에 의해서만 전적으로 완성되었다. 그러나 이 완성은 정확히 그의 율법의 완성과 합류된다. 우리는 어떠한가? 우리는 우리의 각각의 위반(위반에 이르는 것이 결코 용이하지 않다!)이 결국 회복에 이르기 위한 스캔들이요 헛된 고통이며 실패임을 알아야 한다. 다시 말해서 이 불가피한 위반이 주님에 의해 용서될 필요가 있다는 것(내가 떨어지는 곳이 바로 이 공백이요 광야이다!)과, 그때 다시 내게 문제가 제기된다는 것—자유의 행위가 나를 어떤 상태에 정착시키지 않고 끊임없이 되풀이되기를 요구하기 때문에 완성되어야 할 위반이 다시 내 앞에 있다는 것—을, 그리고 이 문제에서 아무런 신분이나 경험도 없다는 것을 알아야 한다. 실재는 나를 둘러싸고, 신성함은 나를 사로잡으며, 나는 다시 기가 막힌 부름에 응답해야 한다.

위험 무릅쓰기와 모순

4
위험 무릅쓰기와 모순

1. 위험 무릅쓰기[1]

위험 무릅쓰기와 자유

자유인은 위험을 무릅쓰는 사람이다. 그는 매번 자신이 갱신하는 상황에서, 매번 자신의 대적을 출발점에서 다시 만남으로써 확실성도

---

[1] 이 위험 무릅쓰기(risque)의 재발견, 이 의미를 위한 싸움, 내기—파스칼의 내기가 아니라 사랑의 승리의 내기—에의 참여는 프랑스 케레(France Quéré)의 책「소망의 결핍」(*Dénuement de l'espérance*, 1972)의 가장 훌륭한 직관이다(이상하게도, 믿을 만한 것이 과학과 기술 등에 의해 공격받는다는 진부함으로 들어감으로써 문제가 된다). 마찬가지로 불트만이 자유와 안전 사이의 대립을 지적한 것은 전적으로 옳다. 그가 처음으로 한 것은 아니다! "참된 자유는 안전의 자유가 아니라 결정의 책임에서 쟁취

보장도 없이 전진하기 때문에, 그리고 무기를 내려놓고, 전통과 과거와 제도의 방어 수단을 내려놓기 때문에 위험을 무릅쓰며—자신의 사회적인 전부를 걸며—타인들을 이 위험에 끌어들일 수 있다. 이것이 자유에 관한 일반적인 견해다. 물론 이것은 그리스도에 의해 해방된 그리스도인에게도 동일하게 적용된다!

매우 종종 사람들은 정반대로 판단한다. 즉 신앙은 커다란 안전이요, 그리스도인은 안위와 평온과 확실성에서 산다고 말이다. 이는 그가 구원과 영생의 보장을 갖고 있기 때문이다. 이것이 가장 일반적인 평가다. 하나님에게 두는 준거는 너무나 모든 것을 단순화시킨다! 하지만 실제로 하나님이 주시는 자유는 비그리스도인들이 상상할 수 없는 위험 무릅쓰기—이것이 본래 그리스도 안에 있는 자유의 절정의 표현임—로 우리를 내던진다. 물론 그리스도 안에서 해방된 것과 관련된 위험의 문제다. 또한 하나님 때문에, 하나님을 위해 취해지는 위험 무릅쓰기의 문제다. 이 위험성까지 나아가는 것이야말로 자유의 '증거'다. 그 내부에서의 자유란 언제나 의심스러울 수 있다.

성서 사례들

히브리인들이 광야로 들어갔을 때, 그들은 양식으로 만나를 받았

되어야 하는 자유, 언제나 사건인 자유, 불안전 속에 있는 자유다." 그는 여기서 자유주의의 주관주의(자유를 보장하는 제도를 강조함으로써 안전의 필요에서부터 출발되는)에 대한, 전통과 과거로의 도피(정치적이고 종교적인 관점에서)에 대한, 우리 시대 사람들이 자신들을 위해 삶을 조직해 줄 누군가를 모든 대가를 지불하면서까지 찾으면서 보여주는 권위의 필요로의 도피에 대한 탁월한 비판을 끌어낸다(「신앙과 이해」 *Glauben und Versteben*, II, 281-286).

다. 그들은 다른 것(메추라기)을 찾아서도 요구해서도 안 되었다. 그들은 만나를 다음날을 위해 간직하려 해서도 안 되었다. 만나는 부패했다. 그들은 필요한 양을 더도 아니고 덜도 아니게 하나님의 손으로 직접 받았다. 산상설교에서 예수의 위대한 교훈은 이것과 일치한다. "무엇을 먹을까 무엇을 마실까 무엇을 입을까 하지 말라… 한 날 괴로움은 그날에 족하다"(마 5:31-34 참고). 이것은 이사벨 리비에르(Isabelle Rivière)2)가 말한 유명한 미-예측(imprévoyance)의 의무다. 이것은 세상의 체계에 대한, 세상이 세워놓는 안전에 대한 우리의 자유의 가장 준엄한 표현이다.

하지만 유의해야 할 것은, 설령 이 안전이 사회 조직을 위해 그리고 타인들을 위해 그 자체로 정죄되지 않는다 하더라도, 심지어 그리스도인이 보험에 들고 경제 활동을 하는 것이 허용된다 하더라도, 아무튼 안전은 자유의 결핍을 입증한다는 사실이다. 미래를 예측하고 적금을 마련하면서 그것에 대해 자유롭다고 주장하는 것은 끔찍한 위선이며 참되지 않다. 이 저축에 대해 자유롭다면 그것들을 나누어 줘야 한다! 이 미-예측은 모든 것을 예측하고 계산하고자 하며, 미래 예측과 전망으로 돌진하려 하는 현대의 심성에 정반대된다. 하지만 다시 한 번 강조해야 할 것은 실로 그리스도 안에서의 자유를 표현하는 미-예측의 태도가 사회 전반이나 이 위험을 감수할 아무런 이유가 없는 선량한 그리스도인들에게 강요될 수 없다는 것이다. 다만 어쩌

---

2) [역주] 보르도 출생의 프랑스 작가 자크 리비에르(Jacques Rivière, 1886-1925)의 여동생으로 오빠의 동창생인 작가 알랭-푸르니에(Alain-Founier, 1886-1914)와 결혼했다. 출판 발행인이자 작가였던 그녀를 위한 헌정본 *Hommage à Isabelle Rivière*(18 juin 1971-18 juin 1981)가 있다.

면 우리가 제기해야 하는 문제란 교회와 믿음의 동지들의 모임의 경우에 예측이냐 비-예측이냐의 문제다.

성서의 또 다른 일군의 텍스트들은 우리에게 하나님의 명령에 대해 위험을 무릅쓰는 것에 관해 말한다. 즉 선지자에게 자신의 마지막 양식을 주는 위험을 감행하는 사렙다 과부, 이삭을 바치는 위험을 감행하는 아브라함, 사회와 가정을 버리고 예수를 따르는 위험을 감행하는 제자들이다. 결국 하나님의 말씀이 삶으로 이동함으로써 하나님과 더불어 진행되는 모임인 것과 삶의 일상적 상황이었던 것이 마치 면도칼로 잘리듯이 잘린다. 실로 하나님, 오직 하나님하고만 관련되는 문제다. 하나님이거나 아무것도 아니거나이다. 위험 무릅쓰기는 그의 사랑을 결정하기 위한 자유를 실천하는 데 있다. 왜냐하면 결국 이것이 "네가 누구를 사랑하느냐?"라는 유일한 문제이기 때문이다. 하지만 네가 선택을 해야 하기 때문에, 이것은 네가 고백하는 사랑이 다른 선택들을 제외시킨다는 것을 의미한다. 이 제외시킴은 네가 뒷자리에 두는 것에 대해 자유로울 경우에만 일어날 수 있다.

이 자유의 선택은 네가 해방된 것 이상으로 너를 해방시키는 이를 사랑하는 데 있다. 그러나 그때 문제는 아무 위험성이나, 아무 모험이나, 아무 게임이나 관련되는 것이 아니다. 위험 무릅쓰기에서의 자유는 또한 사랑과 하나님의 영광에 의해 방향이 정해져야 한다.

그러므로 문제는 오직 하나님의 말씀이 제기하는 위험성, 복종하는 자유의 위험성—이 자유가 말씀으로 태어났으므로—과 관련되는 것이며, 다른 무엇과 관련되지 않는다. 특히 아무 위험성이나 자유를 표현한다거나 기독교 삶에 속한다고 믿어서는 안 된다. 더 나아가서 우리는 여러 양태들을 배제해야 할 것이다. 말씀의 질주 위에서 감행해야 할 위험성, 이미 이것으로 매우 충분하다! 이런 것은 이미 충분히 있다! 이것은 이미 나의 인간적 상황과 관련된다! 즉시 위험성으로 가득해지는 것을 보려면 하나님의 계명을 정확하게 따르고, 내 삶의 자유를 위해 하나님이 제시한 명령을 따르는 것으로 충분하다! 하지만 궁극적으로 단 한 가지와만 관련된다. 나는 하나님의 신실하심에 내 일부를 건다. 나는 하나님이 내게 신실하겠다고 약속하신 유일한 보장 위에서 이 광야를 진행한다. 우리가 말했듯이, 이것이 이전에 내 삶을 구성했던 모든 것에서 나를 떼어놓고, 내 미래에 관한 철저한 불확실성에 나를 위치시키며, 그러면서도 내가 내 모든 인간적 결정을 가장 소중하게 여기도록 요구한다는 점에서 매우 자유와 관련된다. 왜냐하면 나는 하나님이 그렇게 하시기를 기다려서는 안 되기 때문이다! 이와 같이 우리는 복종에서 자유로, 자유에서 복종으로 가는 이 운동에 합류한다. 바로 여기에 위험 무릅쓰기가 위치한다.

유일한 위험성은 하나님의 신실하심의 위험성이다. 그분이 오늘 밤 그분의 약속에 신실하실까? 나는 그분이 더 이상 약속을 지키실 수 없는 상태로 있지 않을까? 아니면 그분은 이 약속을 인간적인 면에서 전적으로 나를 속이는 식으로 이루시지나 않을까? 이것들은 적법한 질문들이다. 하지만 자유는 정확히 하나님의 신실함에 거는 데 있으며, 하나님이 그분의 약속으로 우물쭈물하는 위험성보다, 너무도 명백한 그분의 명령을 뒤집는 위험성보다, 다른 두 길을 따르면서 두 발을 저는 위험성보다 우리를 속이는 위험성을 받아들이는 데 있다. 내가 이 위험성을, 아니 적어도 이 위험성의 가능성을 거절하는 즉시, 나는 사실상 자유롭기를 그친다. 왜냐하면 내가 나를 자유하게 하신 이에 대한 사랑보다 다른 것을 앞세우기 때문이다. 그때부터 그분은 나를 더 이상 자유롭게 하시지 않는다. 하나님의 신실하심에 대한 이 위험성의 대가는 사랑을 증명하는 것("시몬아 네가 나를 사랑하느냐?")이며, 동시에 즉시 그분이 무릅쓰는 위험의 예언은 그분의 응답과 결합하고 하나님께 영광이 드려진다. 사실 바로 이 수용된 위험에서부터 다른 사람들은 이 하나님에 대한 그다지 초라하지 않은 증거를 받을 수 있는 바, 이 증거를 통해 타인들은 하나님을 믿는 자들이 자유롭다는 것과 그들의 삶을 하나님의 신실하심에 걸고 있음을 본다. 그때 하나님은 영광을 받으신다.

잘못된 위험 무릅쓰기

그런데 이것은 인간이 감행하는 다른 위험들을 부정적으로 고려하게 한다.

[1] 먼저, 자신의 믿음에 기초하여 자신을 위해 감행되는 위험과 관련된다. 그리스도인은 타인으로 하여금 위험을 감행하게 함으로써 결코 자신의 자유를 표현할 수 없다. 다시 말하거니와, 나는 매우 크게 정신적 내지 도덕적인 위험에 처해 있는 청년을 이끄는 지도자들을 생각하고 있다. 이들은 그리스도인의 삶을 그런 것으로 여기고 있다. 간증의 대상(신앙이 바울이 말하는 우유가 아닌 다른 음식을 먹을 정도로 성숙했을 때)이요 길의 동반의 대상인 사람으로 하여금 자신의 위험을 감행하도록 이끄는 것 말이다. 물론 그렇다. 하지만 반대로 젊은이들(나이로나 신앙적으로)로 충격 요법을 받게 하는 것—예를 들어, 정치 참여나 성적 자유—은 그들에 대한 경멸이요 하나님을 시험하는 것이며 사랑의 반대다.

우리는 각자 자신의 자유의 위험을 무릅써야 하며, 타인 앞에 함정을 놓아서는 안 된다. 어린아이로 하여금 믿음으로 아무렇게나 온갖 위험 무릅쓰기를 시작하도록 밀어붙이는 것은 자기 자신의 신앙이나 자유를 드러내는 것이 아니다. 그것은 실재를 모르는 인간의 어리석음을 드러내는 것(자유에서 유래하는 이 리얼리즘을 갖지 못하는 것)이거나, 기계적인 하나님에 대한 유치한 신뢰를 드러내는 것(신앙의 정반대)이거나, 아니면 스스로 원하지 않은 채 이야기를 듣는 타인—아브라함에게서처럼 하나님이 분명하게 주시는 의지의 경우(창 22장 참고)를 제외하고—에 대한 경멸을 드러내는 것이다.

[2] 동일하게 제거되어야 할 다른 형태의 위험 무릅쓰기가 있다. 우리는 근거 없는 위험 무릅쓰기를 인정할 수 없다. 내 삶이 부조리하고 세상이 부조리하다고 해서, 위험 무릅쓰기가 존재에 약간의 의욕을 주고 양념을 친다고 해서, 그것이 내 행동에 다소간의 큰 의미를 준다고 해서 행하는 경솔한 행위, 초현실적 행위, 부조리한 행위 말이다. 위험 무릅쓰기를 위한 위험 무릅쓰기는 철저히 제거되어야 한다. 우리의 힘과 우리의 삶이 하나님을 섬기기 위해, 다시 말해 이 자유를 표현하기 위해 요구된다면, 우리는 우리 힘의 관리자가 되어 그것을 하나님이 기다리시는 곳에 적용해야 하며, 동시에 우리 삶의 관리자가 되어 그것을 하나님의 영광을 위해 드러낼 준비를 하고 전혀 다른 환경에서 보존할 준비를 해야 한다.

이와 같이 위험 무릅쓰기는 이 자유의 표현으로서만 유효할 수 있는 것이지, 다른 어떤 표현—내 모험 정신이나 내 권태—으로서도 유효하지 않다. 물론 비그리스도인이라면 그렇게 감행할 수 있을 것이다. 우리는 그것에 대해 아무런 할 말이 없다. 그러나 그리스도인이 위험을 즐기기 위해 200킬로미터의 속도로 차를 몰고 가장 위험한 산악 등반을 할 수는 없다. 하나님과의 대화 밖의 위험 무릅쓰기, 다시 말해 자율에 따른 정복 의지는 여기서의 문제가 될 수 없다. 우리는 이 양상에 대해 충분히 말한 바 있다. 다만 부연하고자 하는 것은, 설령 위험 무릅쓰기의 수용이 자유라 해도, 그것이 흔히 '대다수 성년 그리스도인'이라 불리는 것을 결코 입증하지 못한다는 사실이다 (게다가 성년 그리스도인이 될 가능성을 믿는 것은 어리석은 일인 바, 이 개념은 전 성서 텍스트에 반대된다).

우리가 보기에는 반대로 하나님의 신실하심에 대한 신뢰에 근거하는 이 위험 무릅쓰기가 바른 관계를 입증한다. 실제로 다음의 둘 중 하나를 선택해야 한다.

먼저, 내가 내 위험성을 선택하고 이런저런 모험을 개시한다. 이것은 내 일이지, 이렇게 함으로써 해방된 그리스도인으로서 행동하는 것이 전혀 아님을 알아야 한다. 나는 순전히 천여 개의 유효한 동기 때문에 위험에 몸을 맡기는 한 인간에 불과하다. 나는 카탕가[3]의 용병이나 우주 비행사처럼 참여한다.

아니면 다음으로, 나는 내 위험성을 선택하지 않고, 하나님이 세상의 사물과 사조에 대해 내 자유의 표현으로 선택하도록 요구하시는 위험성을 수용한다. 하지만 문제는 하나님을 위해, 하나님 때문에, 그분의 영광을 입증하기 위해 수용된 위험성과 관련된다. 우리가 본 대로, 위험성은 정확히 그분과의 관계에 위치한다. 나는 그분의 신실하심의 위험성에 건다. 그때 나는 피조물의 상태와 신실함의

---

[3] [역주] Katanga. 아프리카 자이레 남쪽에 있는 부유한 광산 지대.

관계에서 그분과 관련된다. 아버지를 신뢰하고 아버지가 속이지 않으시리라고 확신하는 아들로서 말이다. 이것 외에 다른 어떤 그리스도인의 위험성도 없다. 자유가 있는 곳은 바로 여기, 여기뿐이다.

위험 무릅쓰기가 '성인'이 된(자율의) 내 삶의 표현이 되는 즉시 더 이상 활동하는 자유는 없다. 나는 언제나 세상의 세력들에게 순응적이 되며, 피하고 거부해야 할 모든 일련의 위험은, 비록 그것이 매우 유혹적이긴 하지만, 여기서 유래한다. 위험성을 찾아다니는 것이라든지 순교의 위험 무릅쓰기 같은 것 말이다. 우리는 순교만이 그리스도인의 진정성의 표시라고 치켜세우는 경향을 안다. 실제로 이것이 오늘날 교회들에서 더 이상 그렇게 우리를 위협하지는 않지만, 적어도 이론상으로는 불가능하지 않다. 그런데 순교의 취향은 결코 순수한 자유의 표현인 적이 없었다. 이 점에 대해서는 박해와 순교를 촉발시킬 목적으로 적대자들과 선동자들의 세계에 있어서는 안 된다고 말하는 것으로 충분하다. 다만 우리가 진정 하나님의 결정에 신실하다면, 우리가 일례로 권력자(César)나 맘몬 숭배를 그것과 관련된 모든 결과들과 더불어 거부한다면, 우리의 순종이 충분하게 완강하다면, 우리는 박해와 순교가 곧 뒤따라오리라는 것을 확신할 수 있다. 하지만 이것이 우리에게 좋게 보이는 정치적 명분을 위해 다소 닥치는 대로의 참여와 혼동되어서는 안 된다.

계산된 위험 무릅쓰기4) 역시 거부되어야 한다. "나는 여기까지

---

4) Jankélévitch (*op. cit.*). 그는 도덕이 "여기까지, 더 이상은 안 됨"의 도덕이 될 수 없음을 정확히 지적한다. 이런 한계까지…하련다고 말하는 것은 불가능하다! 그것은 한편으로는 전부이거나 무이며, 다른 한편으로는 전부에서 전부로이다. 인간은 무한한 의무를 부과 받는, 무한한 사랑으로 이웃을 사랑하도록 부름 받는 유한한 존재다. 도덕적 인간은 전부 아니면 무를 걸며, 전부를 위해 전부로 바뀌고, 전부를 위해 전부를

위험을 감행하겠으며 더 이상은 아니다"라는 식 말이다. 미리 한도를 정하는 이 결정은 하나님이 우리를 인도하시는 위험 무릅쓰기를 부정하는 것이다. 다시 말해서 이것은 목숨을 거는 자유의 문제가 아니라, 시간의 일부를 내어 토론하는 서비스, 주인에게 노동자가 주는 서비스와 관련된다. 거기에는 하나님의 신실하심에 대한 위험성이 없다. 더 이상 그런 모험을 보장하는 자유가 없고 보잘것없는 상행위만이 있는바, 이것이 오늘날 그리스도인의 삶의 골조라고 말해야 한다. 계산된 위험 무릅쓰기에 대한 거부는 지혜와 충돌하지 않는다! 물론 그렇다. 반대로, 사정을 잘 알고 절대적 위험성에서 자신을 표현함으로써 끝나는 것이 지혜다. 나는 이것이 무제한의 위험 무릅쓰기를 의미한다고 말하려는 것이 아니라, 다만 이 한계를 하나님이 제기하시지 우리가 하는 것이 아님을 말하고자 한다.

[3] 마지막으로, 나는 받아들일 수 없는 위험성의 세 번째 양상을 암시하고자 한다. 그것은 '스스로를 망치는 위험성'[5]이다. 우리에게는 우리의 선택(하나님의 부성에 대한 신뢰와 순종인 위험 무릅쓰기는 여기서 더 이상 말하지 않는 바, 이는 하나님이 결코 스스로를 망칠 위험성을 제안하시지 않을 것이기 때문이다)—그리스도 안에 있는 우리의 자유를 표현하는 인간적인 선택을 포함하여—에서 타인과의 연대로 말미암아 우리를 망칠 위험성을 수용하는 상황과 행동으로 들어갈 권리가 없다. 만일 우리가 위반할 수 없는 결정적이고 배타적이고 전적인 한계가 있어서, 그 앞에서는 그것을 위반할 경우

담당한다.
5) 이 주제에 대해서 더 보려면 *Fausse présence au monde moderne* (Paris, 1964)를 참고하라.

예속 상태만 있을 뿐이기에 우리의 자유가 멈춘다면, 자율이라는 우리의 야만적 의지 앞에 새워진 벽이란 오히려 그리스도 안에서 우리에게 주어지는 구원이다.

우리가 「현대의 잘못된 세상 참여」(*Fausse présence au monde moderne*)에서 말했듯이, 실상 이 명백한 과감성에는 오직 타인들과 더불어 자신을 망칠 것을 받아들이기까지의 명백한 타인 사랑만이 있으나, 만일 우리가 타인과 더불어 자신을 망칠 경우 우리는 단지 소경을 인도하는 소경이 되기 때문에 그것은 허울뿐이다. 사랑이란 자신의 구원을 잃지 않고 이웃의 구원에 참여하는 것이기 때문에 그것은 사랑이 아니다. 남은 모든 것은 생각이 모자란 허구다. 하나님의 사랑을 잃는 것은 다른 사람들을 위한 사랑을 드러내는 것이 아니다. 이런 행위는 그것이 하나님의 사랑에 대한 경멸이라는 점에서, 우리를 구원하기 위한 하나님의 행위였던 성육신과 십자가에 대한 경멸이라는 점에서 심각하다. 그 이상 아무것도 아니다.

하지만 덧붙여야 할 것은, 우리가 말한 대로 실상 구원은 자유의 한계라는 것이다. 우리는 그렇게 규정지을 수는 없다. 자기 구원을 잃는 것—나는 어쩌다가 구원을 잃게 되는 것을 수용하는 것도 말하고 있다—은 노예가 되는 것이다. 이스라엘의 역사가 세속적 측면에서 우리에게 보여준 도식을 따를 때 이것은 정확하다. 이 백성은 하나님의 행위를 통해 자유롭게 되었고, 하나님에 의해 자유롭게 살도록 부름 받았다. 하지만 그들은 예언자들의 경고에도 불구하고, 그리고 하나님이 주신 이 자유를 상실할 위험을 무릅쓰고 세상의 문화와 정치와 경제 활동으로 들어가는 것을 수용했다. 실로 너무 오랫동안 이 활동을 담당한 후, 그들은 다시 거기서 나오지 못할 노예 상태—바빌론, 페르시아, 그리스, 로마로 이어지는—에 빠졌다. 타인들의 역할로 들어가려는 그들의 의지가 그들의 자유를 상실케 만들었다. 하지만 그것은 외형에 불과했다. 자신을 망치는 위험으로 들어가는 결정은 백 번 더 심각하다. 그 결정이 어찌 자유 상실을 야기하지 않겠는가?

위험성의 성격

하나님이 주시는 자유와 동시에 순종을 포현하는, 하나님이 원하시는 위험 무릅쓰기야말로 결국 자유의 제한된 상황이다. 그것은 하나님이 자유의 시금석과 확증의 장소로서 우리를 인도하시는 극점(거기까지, 그 이상은 아닌)이다. 우리는 실제로 세상의 세력들에서 자유롭게 되었는가? 위험 무릅쓰기의 체험만이 그것을 가르쳐 준다. 하지만 이것은 하나님에게서 받아 적응된 위험 무릅쓰기(물론 성경에 나타난 위험한 행동을 재연하는 문제가 아니다. 광야에 머무르면서 천사가 먹을 것을 가져다주기를 기다리거나, 갈아입을 옷도 없이 맨발로 길을 떠나는 것 말이다)이며, 우리 자신을 파악해야 하는 적응된 위험성(사회적, 가정적, 직업적, 정치적 집단사회에서의 위험성)이고, 우리의 상황에, 우리의 조건에, 우리의 재능에, 우리의 신앙 정도에 적응된 위험 무릅쓰기다. 그러면서도 우리가 위에서 상기시키고자 애썼던 성격들을 언제나 제시하는 위험성이다.

어찌됐건, 우리의 해방 이후에, 우리가 자유롭게 되었음을 안 이후에, 우리가 우리의 삶에서 자유의 증거를 구체적으로 받은 이후에 오는 위험성과 관련된다. 결코 그보다 앞선 위험성이나, 자유롭게 되기 위한 위험성 혹은 우리가 자유롭게 되었는지를 알아보기 위해 감행하는 위험성과 관련되지 않는다. 조련사가 사자 우리에 들어가는 이 위험을 감행하는 것은 그가 조련사이고 점진적으로 그 자격을 얻었기 때문이다. 자신이 조련사인지 아닌지를 알아보기 위해서 들어가는 젊은이는 미쳤다. 이런 이유에서 자유에 대한 이 묵상은 위험 무릅쓰기로 완성된다. 반면, 묵상을 시작하면서 "위험을 감행하라, 물로 뛰어들어라. 그러면 제대로 볼 것이다. 하나님을 신뢰하라"고 말하려는 유혹을 받을 수도 있었을 것이다. 홍해를 건너고 미래가 불확실한 광야 생활을 하는 위험성이 백성에게 제시된 것은 한 인도자, 하나님의 해방의 말씀, 하나님의 구원하는 강제적인 힘, 성례를 받은 후의 일이다. 다시 말해서 자유를 구성하는 모든 요소를 받은 후의 일이다. 그때 자유는 위험 무릅쓰기를 통해 행위로 체험된다. 하지만 그 전에는 아니다.

자유가 하나님에 의해 주어지고, 강화되며, 보장되기 전에는 자유에 대한 어떤 증거도 시금석도 없다. 이것 밖에서 제안되는 위험성은 확실성의 폐기요 비자유의 증거에 불과할 수 있다. 이것이 부자 청년의 경우인 바, 그에게 위험의 감행이란 부의 노예 상태를 내던지는 것에 불과할 수 있다. 그런데 관건은 그를 사랑하신 주님의 말씀이었다. 이 말씀만이 위험을 무릅쓰라는 제언을 통해, 비록 보이지는 않지만 실제적인 노예 상태를 깨부술 것이 틀림없었다. 우리는 스스로 우리가 감행하는 위험을 선택할 때 훨씬 더 강한 이유로 그렇게 한다. 우리는 스스로, 우리 자신의 힘으로 제한된 상황에 위치할 수 없다. 하나님은 우리를 자유롭게 하시며, 그로 말미암아 매우 빨리 우리를 한계에 그리고 위험의 상황에 위치시킨다. 틀림없이 올 것이며, 그것으로 매우 충분하다!

위험 무릅쓰기로 사실상 우리는 우리가 시작한 것을 마친다. 왜냐하면 자유의 위험성은 우리의 단계, 우리의 정도, 우리의 배경에서 예수 그리스도가 만난 3대 시험을 만나는 것 그 이상도 그 이하도 아니기 때문이다. 예수는 그분이 너무도 쉽게 피할 수도 있었을 총체적인 위험을 감행함으로써 그 시험을 통해 실로 자신이 자유롭다는 것을 입증하셨다. 하지만 만일 그분이 피했더라면 그분은 더 이상 하나님의 아들도 사람의 아들도 아니었을 것이다. 그분은 자신의 자유를 피했을 것이다.

2. 모순과 종합

위험 무릅쓰기의 가장 심오한 양상 가운데 하나는 모순이다. 우리는 모순들의 세계에 살고 있다. 우리는 현대 세계의 이런 특성에 대해 이미 말한 바 있다. 우리는 그 유일한 특성이 창조와 비견해서 차이를 나타낸다고 확신한다. 우리는 하나님과 일체가 되는 단일 세계 대신, 모든 것이 모순인 파열된 세계에서 산다. 이것은 지적 영역이나 여러 분야(일례로 과학, 종교)의 영역에서 제기될 뿐만 아니라, 우리의 삶, 우리의 경제적이고 정치적인 체계들에서 모든 것이 모순적이다.

모순의 경험은 분명히 쉽게 느낄 수 있다. 소련의 1936년 헌법과 실제적인 정치적 실천 사이의 모순이나, 자유주의 이론과 미 제국주의 사이의 모순이 그렇다. 여기서 이런 목록을 만들 수는 없다. 다만 한 가지는 알 필요가 있다. 우리가 이런 모순들—그것이 단계별이건,

체계별이건, 체계와 실천 사이건, 단계와 총체성 사이건, 동일 체계 내부에서건, 동일 사상 내부에서건, 동일 실천(개인적 내지 집단적) 내부에서건, 동일 삶 내부에서건—을 이야기할 때, 이것이 논리적 사상이나 확고한 도덕 체계에는 어쩌면 수치스런 현상이지만, 완벽하게 '정상적'이며 사태가 이렇다는 것을 알 필요가 있다.

비기독교 윤리들과 계시 윤리의 모순

본서의 서론에서 우리가 비기독교 윤리들의 위치를 지적했을 때, 우리는 이미 이런 모순의 문제를 윤리의 영역에서도 부딪혔다. 우리가 상기시킨 것은 이 윤리들이란 인간 집단이 살아가기 위해 필수불가결한 것임과 기독교적인 관점에서 그것들이 어떤 것이건 그것들을 정죄하고 거부할 일이 아니라는 것이다. 우리는 신앙과 기독교 계명에 입각해서 다른 사람들의 행동이나 그들의 윤리를 판단할 수 없다. 우리는 그것들이 인간들에게 유익한 이상 그것들을 있는 그대로 인정해야 한다. 하지만 반대로 우리는 이 윤리들을 절대적 기독교로 삼으려 한다거나, 이 도덕들에서 기독교의 기초, 화해, 기독교의 보편적 토대—일례로 십계명—를 발견하려 하는 것은 수용될 수 없음을 지적했다. 십계명은 일반적인 자연 도덕이 아니다. 일반적인 자연 도덕이란 없다. 실제적 도덕들이 있고 계시에서 유래하는 윤리가 있다.

이것을 인정하는 것은 윤리의 영역에서 중대한 모순을 인정하는 것이다. 우리는 실제로 이 공존하는 두 도덕이 우발적으로 서로 일치할 수 있으나, 매우 종종 서로 모순되게 나타나리라는 것과 그리스도인으로서 우리가 갈등의 상황에 처하게 되리라는 것을 보았다. 그러나 갈등을 해결하고자 해서는 안 된다. 이것이 위험성의 본질적 성격이기 때문이다.

우리의 자유는 이 두 개의 도덕 명령에 직면한 개인적 결단 안에 들어 있다. 이 서로 유효한 두 윤리 사이에 갈등이 있을 때, 실상 우리는 사정을 알고 난 후 한편으로는 순응주의, 결정론, 필연적 귀결과, 다른 한편으로는 주님의 부르심과 더불어서 우리 행동의 결단을 내리고, 인간으로서 그리고 책임 있는 자로서 행동해야 한다. 우리가 무엇을 하는지 알면서, 그리고 두 명령을 임의로 화해시키려는 시도 없이 말이다. 하지만 우리가 이해해야 할 것은, 그리스도인의 관점에서 모순이 훨씬 더 근본적이라는 사실이다. 주님과 자율적이 된 그의 창조 세계 사이의 모순. 겸손, 비하, 낮아짐, 순종, 고통의 길을 채택하시는 하나님과 언제나 정복, 힘, 엄격함, 체계의 길을 채택하는 인간 사이의 모순. 유일한 중보자와 헤아릴 수 없이 많은 수단들—동일한 행위에 의해 적용되는—사이의 모순. 하나님의 지혜와 인간의 지성(철학과 과학) 사이의 모순. 장 브룅[6]이 완벽히 강조했듯이 구세주와 세상이 제시하는 구원자들 사이의 모순.

다음과 같은 철저한 선포를 상기하자. "내 길은 너희 길과 같지 아니하다", "이것들은 인간의 마음에 떠오를 수 없었던 것들이다", "하나님은 약하고 어리석은 것들, 아무것도 아닌 것들을 선택하셨다", "세상의 지혜는 하나님의 지혜를 알 수 없다." 구원이나 구현의 백 가지 인간적 방식들 사이에서 하나의 (좁은) 문, 단 하나의 유일한

---

6) [역주] Jean Brun. 지난 세기 말 디종(Dijon) 대학에서 철학을 가르쳤음. 관련 작품으로 *A la recherche du paradi perdu* (Lausanne, 1979)가 있음.

통로, 단 하나의 유일한 구원만이 있다는 주장은 얼마나 큰 모순인가! 존재에 모순이 있다. 하나님이 택하고 가시는 길(하나님에게서 인간에게로 가는 하나님의 길)에 모순이 있다. 그 길은 전통적 이미지로 말하면 '내려가는' 길이다. 인간에게서 하나님에게로 간다고 주장하는 다른 길이 있는 바 그것은 올라가는 길이다.[7] 바울은 "나는 모든 것을 배설물로 여겼다"고 선포한다. (종교적이고, 선하고, 아름답고, 가치 있고, 유익한 모든 것을 아무래도 좋은 것으로 여길 뿐만 아니라 버릴 것으로 여겼다는 말이다.) 이 세상의 정의와 하나님의 정의—인간들의 철학적 또는 법적인 어떤 규칙에도 상응하지 않는(제십일시에 온 일꾼의 비유[마 20장])—사이의 모순. 주님에게 속한 것이 갑자기 우리 삶의 구체적인 현장에 들어오는 모순. 우리는 방금 두 윤리의 정상적이나 모순적인 공존을 통해 이 사실을 보았다.

이것에 대한 몇 가지 성경 본문을 상기하자. "누구든지 네게 오는 자로서 부모, 형제를 미워하지 않는 자는 나를 따를 수 없다", "쟁기를 손에 들고 뒤돌아보는 자는", "죽은 자로 죽은 자를 장사케 하고", "많은 수고를 하여 두 손에 가득한 것보다 휴식하며 한 손에 가득한 것이 낫다", "내일 일을 염려하지 말라, 그날의 고통은 그날로 족하다." 이런 것들을 무한정 인용할 수 있으리라.

예수 그리스도는 모순의 표상이시다. 그분의 십자가가 세상과 역사를 둘로 단절시켰다는 점에서 뿐만이 아니다. 그분을 중심으로 가장 철저한 모순들이 세워졌고 또 언제나 세워진다. 그분은 연합의 표상

---

[7] 하나님의 계시와 인간의 종교들 사이의 대립에 대해서는 J. Ellul, *La parole humiliée*, 1981을 참고하라.

이 아니다. 분명 그분은 모든 사람들을 자신에게로 부르기 위해서 오셨지만, 바로 이것이 분열을 야기한다.[8] 물론 그분은 모든 역사와 창조 세계와 인간들을 '회복'하실 것이지만, 그것은 종말에 가서야 이뤄질 것이다. 당분간 그분은 분열을 야기하신다. "나는 평화가 아니라 검을 주러 왔다. 나는 아버지와 아들, 어머니와 딸을 분열시키기 위해서 왔으며, 각자는 집안 사람이 원수가 될 것이다."

분열을 야기함에 있어서 이보다 더 멀리 갈 수는 없다. 그러나 그분이 모순의 표상임을 잊지 말자. 단지 선동자만이 아니다. 표상, 이것은 이미 존재하는 모순이 있음과, 이 모순이 지속적이고, 근본적이며, 그리스도의 탄생보다도 선재함을 의미한다. 우리가 위에서 말한 것이 바로 이 모순 자체다. 하지만 모순은 성육신의 순간에 온전히 명백하게 나타나고 드러났다. 특별히 바로 이 순간에, 낮아짐을 선택하시는 하나님과 정복, 지배, 장악을 선택하는 인간(이미 아담 안에 있었다) 사이의 모순이 결정적이자 최후의 방식으로 나타났다. 이처럼 모순은 성육신, 구속과 더불어 그치지 않는다. 반대로 모순은 더욱 생생하고 철저하게 드러난다. 이상하게도 (모순적으로!) 예수 안에서 하나님과 인간의 연합인 임마누엘은, 수 세대의 신학자들이 많은 지적인 업적을 가지고 입증하려 한 것과는 반대로, 모순들의 끝도 아니요 되찾은 일치도 아니다. 오히려 이 연합은 인류를 휩쓰는 갈등, 긴장, 모순의 총체를 폭발시키고, 궁극적인 분노의 절정에까지 가져간다. 마찬가지로 예수 그리스도의 주 되심은 우리를 단일 세계지만 훨씬 더 위험하게 분열된 세계로 이끈다. 주님이 다스리시는 세상은

---

8) Cf. S. Kierkegaard, *L'école du christianisme*.

흥분된 상태다. 우리가 정확히 이 모순이라는 위험성을 담당하면서, 우리의 자유에 따라 살아야 하는 것이 바로 이런 상황에서다.9)

그런데 모순 가운데서 사는 것은 고통스럽다. 대립되는 요소들을 담고 있는 사상을 갖는다는 것과 찢겨진 삶을 산다는 것은 고통스럽다 ("나는 곤고한 자라. 누가 이 사망의 몸에서 나를 건져내랴?"). 이런 상황을 피하는 것이 우리에게 가장 절실하게 필요하다. 후퇴하는 일치—우리가 정신 분석가들이 잘 아는 모든 방식으로 재통합을 시도하는 어머니의 자궁의 꿈을 통해 대지의 품과 결합시키는 일치—로 도피하든지, 전진적 방식으로 시간 앞에서 하나님의 나라의 일치—이 것은 동일한 유혹의 보다 정치적이거나 이념적인 형태가 될 것이다—에 뛰어들든지 말이다. 두 경우 모두 모순을 피하고 이 위험을 거부하며, 결과적으로 우리의 자유를 담당하지 않는 것과 관련된다. 이 사실로부터 비그리스도인에게 전적으로 정상적이고 자연스러운 것은 그리스도인의 편에서 볼 때 심각한 잘못이 된다. 우리는 비그리스도인의 후퇴적이거나 진보적인 움직임을 매우 크게 이해해야 하지만, 그리스도인으로서 이 위험성과 갈등의 상황에서 정확히 자유(오직 자유만을!)를 담당해야 한다.

---

9) 나는 나를 '마니교도'라고 한 비난을 한마디로 떼어놓고자 한다. 내 사상에 마니교란 조금도 없다. 적어도 삶과 죽음, 하나님과 인간이 다르다는 것을 인정하는 것이 마니교가 아닌 한 말이다! 이런 식으로 분류하는 것은 너무나 쉽다. 나는 나를 비난하는 자들에게 '일원론'의 꼬리표로 응수할 수 있을 것이다. 이것은 기독교의 관점에서 더 낫지 못하다. 하지만 나는 하나님-인간 상황의 환원 불가능한 성격과 우리가 사는 세계의 모순적 성격을 주장하는 바, 이것은 전혀 마니교—아무튼 이 말이 정확한 의미를 갖는 한—가 아니다! 내가 용어를 반대하지 않고 그것을 결정적으로 관련시킨다는 사실이 마니교를 축출한다. 마니교는 '선'의 수동성으로 특징지어지며, 나는 분명히 결코 이것을 지지하지 않았다!

그런데 모순을, 다시 말해 우리가 있는 실제 상황을 부정하는 수단 가운데 그리스도인들이 가장 많이 사용하는 수단 중 하나는 이념, 철학, 신학이다. 통합하는 종합을 수행하고자 시도했거나 시도해 온, 그리고 모순의 부재를 입증하며, 세상이나 사회의 모든 부분들 사이의, 아니면 전체적인 철학 체계와 기독교 사상 사이의 일치나 조화를 입증하고자 시도했거나 시도해 온 기독교 철학 체계 내지 신학 체계는 무수하다. 이것은 체계들에서, 아니면 세상과 사회와 정치와 인간 등 모든 것을 한꺼번에 설명하는 신학적 체계 만들기에서 절정에 달한다. 나는 이 다양한 경향들이 엄밀하게 기독교 사상에 반대된다고 생각한다. 왜냐하면 기독교 사상은 모순의 위험을 담당하고 거기서, 오직 그것을 통해서 자유의 길을 발견할 수 있을 뿐이기 때문이다.

이것이 신 아퀴나스주의의 커다란 유혹이었음을 상기할 필요가 있을까? 또한 철학 영역에서 헤겔의 유혹이었음을 상기할 필요가 있을까? 헤겔의 체계는 그가 그의 전체성 내부에서 기독교 사상―부득이한 경우 분야를 옮겨 영향을 주었을―을 참작했다고 주장하지 않는 한 내게 아무래도 상관이 없을 것이다.

삼십 년 전 근본적인 오류의 전형이 된 이는 분명 테야르 드 샤르댕[10]이다. 그가 과학과 신학, 신앙과 과학적 탐구, 사회주의와 기독교, 기술과 하나님의 행위 등을 일치 운동에 귀결시키고자 했다는 점에서 말이다. 이런 종합은 그 자체로 계시의 부정이다. 이것은 실제로 잘 이해할 필요가 있다. 이런 화해가 실행되는 곳에서는 예수 그리스도

---

10) [역주] Teilhard de Chardin(1881-1955). 프랑스의 가톨릭 신학자, 철학자, 인류학자로 「인간 현상」(1938) 등의 저서를 남김.

안에서 계시되는 삶 전체가 사라진다. 기독교는 다른 것도 혼합되어 남는 것이라곤 거의 없다. 우리 안에 그리스도의 살아 있는 행위는 전혀 남지 않는다. 성육신, 십자가 수난, 부활은 전혀 남지 않는다.

이전에 나와 리쾨르를 대립시켰던 것은 정도가 낮은 것이었다. 리쾨르는 계시된 텍스트를 보다 잘 이해하고 깊이 연구하기 위해서 철학적 지식과 수단을 사용했다. 이것은 전적으로 적법하다. 하지만 매번 그는 도구 사용에서 정당화로, 이어서 기독교-철학적 사상으로의 통합으로 미끄러졌다. 이것은 「유한과 허물」[11])에서 매우 분명했다. 이것은 일례로 '자책을 비신화화하기'[12])에서 다시 나타난다. 리쾨르는 '자책을 비신화하기' 위해 프로이트 사상을 이용하고 이 영역에서 구약이 말하는 것보다 이 사상을 우위에 둔다. 그는 프로이트의 구약 읽기가 참이라고 여긴다. 이것은 이미 미묘한 과정으로 내게 보인다(구약이 말하는 대로 부친의 표상이 하나님의 행위에서 유래하는 것이지 그 반대가 아니라는 개념에 입각해서 프로이트 사상을 비판하지 않는 이유는 무엇인가!). 하지만 그는 이 입장을 받아들였기 때문에, 윤리의 선포적인 핵심으로 빠져나가 "철학의 경우, 그리스도는 소망의 요약이다"라는 주장에 이른다. 어떤 철학의 경우인가? 명백히 기독교 철학의 경우다!

그는 하나님 앞에서 이것이 참되고 바른 태도라고 확신하는가? 이것은 하나님이 고정시킨 한계를 넘어섬으로써 잃어버린 낙원을

---

11) [역주] 리쾨르의 저서 「의지의 철학」 제2권(1960)에 해당함.
12) Cf. "Démythiser l'accusation" in *Démythisation et morale*, 1965. 이 모음집 안에서 다른 형태의 화해가 발견된다. 페사르(Fessard)는 레비-스트로스가 하나님도 모르면서 예수 그리스도의 하나님을 따르고 있음을 입증하고자 한다. 호의적인 비그리스도인이 행하는 이런 작업은 분명히 수용될 수 없다.

되찾겠다는 단순하고 분명한 의지가 아닌가? 때가 되기 전에 하늘 예루살렘을 창설하겠다는 의지가 아닌가? 내 입장에서 말하면, 내가 확신하는 바, 내게는 이런 일치와 화해의 추구가, 그것이 자유에 따라 살 가능성을 거절하는 것이기 때문에 중대한 위험으로 보인다는 것이다.

그런데 우리가 보았듯이, 만일 누구든 자유에 따라서 살지 않는다면 기독교적인 삶의 가능성이라곤 전혀 없으며, 자유가 축소될 경우 계시의 실재란 전혀 없다. 이와 같이 모순의 삭감과 종합에 대한 지적, 철학적 혹은 신학적 시도들을 (매우 간략하게) 고찰함으로써 우리가 자리 잡은 곳은 결코 신학의 영역이 아니라, 윤리의 영역이다. 두 가지 점에서 그렇다. 하나는 문제가 이 종합을 수행하고자 시도하거나 아니면 반대로 자신의 사상이 충돌과 이중 소속 때문에 모순적이고 찢겨지는 것을 인정하는(비록 그가 끊임없이 자신의 선택을 다시 시작해야 함에도 불구하고) 지식인의 윤리적 행동과 관련되기 때문이다. 다른 하나는 미혹되건 통일하는 체계들에 의해서건 문제가 자유를 부인하고 체계로 들어가거나 아니면 반대로 자신의 약한 힘을 가지고 이 모순의 세계로 되돌아가고자 하는 인간의 윤리적 행동과 관련되기 때문이다. 기독교 안에 있는 종합 정신은 본질적으로 뱀의 권모술수적인 유혹이다. 철학에서와 마찬가지로 정치에서 **일치**에 대한 열정적인 의지는 내겐 이 시대의 절대적인 악의 표현으로 보인다.

개인 안에 있는 모순과 자유

우리가 말했듯이, 자유의 윤리가 있기 위해서는 그리스도인이 창조의 가능성과 행동을 가져야 한다. 그는 하나님에 대한 단순한 응답으로나 성령의 로봇으로 행동해서는 안 된다. 또한 율법을 문자적으로 철저히 지켜서도 안 된다. 하나님은 이 자유 가운데 우리를 세우신다. 하지만 이것은 모순의 세계에 있는 자유다. 우리를 이 자유 가운데 세운다는 사실 자체가 모순을 야기하는 바, 이는 문제가 언제나 필연과 결정의 세계에서 체험된 자유와 관계하기 때문이다. 이렇게 해방되었다는 단순한 사실이 우리가 속한 집단에서 모순을 야기한다. 누구도 자기 가족에게 인정되지 않는다.

하지만 모순은 이 사람의 내부에도 있다. 왜냐하면 하나님이 주신 자유는 독립과 자율을 추구하는 인간에게서 분명히 나타나기 때문이다. 우리는 여기서 모순의 가장 심층적인 수준에 이른다. 하나님은 자율을 향한 인간의 천성적 경향, 그의 본능, 사슬을 부수기 위한 그의 집중을 들어주는 대신 그를 해방시키신다. 물론 그렇다고 개인이 소망하는 것에서 해방시킨다거나 소망하는 대로 해방시키시지는 않는다. 인간은 주인을 더 이상 원치 않았으나 누군가를 섬기는 일(service)을 만난다. 그는 스스로 선악을 선택하기(자율적이 되기)를 원했으나 삶과 죽음에 대한 명백한 심판을 만난다. 그는 사회적·정치적 조건을 바꾸기(독립)를 원했으나 "네가 있는 신분 그대로 있어라"(고전 7:20, 24 참고)는 말을 만난다. 그러나 반대로 그는 그를 구원사로 들어가게 하는, 그리고 주님의 철저한 자유를 담당하고 광야로 전진하게 하는 이런 미지의 모험을 전혀 갈망하지 않았다. 그는 이런 것에 흥미를 갖지 않았고 관계하지도 않았다. 그가 두려워한 것은 바로 이것이다. 그리고 그에게 살도록 주어진 것이 정확히 이것이다.

그럼에도 불구하고 자율에 대한 그의 욕망은 죽지 않았다. 그는 자기 자신 안에서 하나님이 주신 자유와 자신이 원하는 자유 사이의 모순을 발견한다. 그는 언제나 이 두 가지를 혼동하고, 특히 하나님의 자유를 멸시할 태세인 이 갈등에서 고통을 받는다. 그런데 우리가 이해해야 할 것은 바로 이런 모순 상황에서부터 자유로 살아야 한다는 사실이다. 체험되는 자유가 가능한 것은 바로 모순의 실존에서부터다. 인간이 자신에게 돌려지는 자유가 무엇인지를 아는 것은 이 모순들 속에서 몸부림침으로써이다. 이것은 두 가지 양상을 내포한다.

[1] 첫 번째 양상은, 이전에 구르비치[13]가 말했듯이, 인간이 타인을 반대하는 역할을 맡아 서로 참여함으로써 자유에 이를 수 있는 것은 오직 그룹들, 모순되는 세력들이 있을 때뿐이라는 견해에서 표현된다. 한 인간으로 하여금 자기 자신의 길을 선택하게 해주는 것은 바로 반대되는 세력들의 존재다. 이것은 여기서도 사실이다. 모순은 그룹에서처럼 체계 통합의 힘을 제한한다. 그러므로 모순은 그리스도인이 자유로 살아갈 가능성의 조건이다(다만 뒤에서 검토할 두 번째 양상이 채워진다는 조건 하에서).

그러나 이를 위해 모순의 요인들이 양면 그대로 인정되고 고려되어야 한다. 다시 말해 모순이 긍정적 요인과 부정적 요인 사이에서, '선'과 '악' 사이에서 활동하지 말아야 한다. 왜냐하면 그리스도인은

---

13) [역주] Georges Gurvitch(1897-1965). 러시아 출신의 프랑스의 사회학자로 구조 사회학의 창설자 가운데 하나. 관련 서적으로 *Déterminismes sociaux et Liberté humaine*(1955)가 있음.

'선'(가령)을 선택할 것이고, '악'을 고려하지 않을 것이며, 이렇게 함으로써 법률 지상주의를 위해 모순을 파괴할 것이기 때문이다. 하지만 하나님의 은총은 또한 인간의 행위를 포함하며, 따라서 인간이 행하고자 하는 것을 결코 없애지 않는다(이것이 모순의 제1항이다). 하나님의 사랑은 부정적인 것—다시 말해서 처벌받을 만한 모든 것, 하나님에 대한 증오와 반역의 표현, 모든 악습과 세력과 정복—을 적법하거나 거룩하지는 않지만 긍정적인 요인으로 변형시킨다. 하나님은 마귀의 행위를 긍정적인 행위로 뒤바꾼다.14) 확실히 마귀의 행위는 언제나 하나님의 선한 의지와는 반대로 반역이요 증오이며 지배이지만 그래도 긍정적이다.

이것은 모순이 유지되기 위한 조건이다. 이것이 없다면 우리는 계시의 세계가 아닌 마니교의 세계에 있게 될 것이다. 인간이 만드는 상황은 그가 하나님의 뜻에 반대함에도 불구하고 긍정적이 된다. 이 상황은 화해된(아직은 보이는 화해가 아니다) 세계에서 발생한다. 인간의 하나님과의 단절이 긍정적 가치의 근원이 되는 이유는 하나님이 이런 인간과 화해하시기 때문이다. 비록 인간이 이 사실을 알지도 못하고 원하지도 않는다 하더라도 말이다. 그렇지 않고서는 그리스도인의 자유란 결코 없을 것이다. 왜냐하면 그럴 경우 그리스도인이 할 수 있고 또 해야 할 모든 것은 선택도, 발명도, 창조도, 세상 삶에의 참여도 없이 하나님에 대한 철저한 순종에서 전진하는 것이기 때문이다. 그것은 기계적인 행위요 맹목적인 도구가 될 것이다. 그러므로

---

14) 상세한 것은 J. Ellul, *Sans feu ni lieu*(「도시의 의미」)를 참고하라. 이것이 마귀의 패배인 바, 괴테는 「파우스트」에서 그것에 대해 너무도 잘 정의 내린다: "나는 마귀가 끊임없이 욕망하고 선이 끊임없이 성취하는 힘이다!"

그리스도인의 자유가 활동하기 위해서는 두 가지 긍정적 상황(그 중 하나가 하나님의 사랑에 반대될지라도) 사이에 모순이 있어야 한다. 그때부터 그리스도인은 두 가지 오류에 빠지지 않도록 주의해야 한다. 그는 하나님이 인간과 화해했음을 안다. 그는 이것이 무엇을 의미하는지를 알며, 근본적으로 악한 인간의 행위가 하나님 앞에서 긍정적이 된다는 것을 안다.

하지만 이것을 아는 그리스도인은 화해에 편승함으로써 사회의 역사에서 아무거나 모든 것을 할 가능성을 보아서는 안 된다. "죄가 넘치는 곳에 은혜기 충만하기" 때문에 죄에 빠지는 유혹이 개인의 영역에서 있듯이 동일한 문제가 역사의 영역에서도 있는 것이다. 이런 생각은 심판으로 직행하는 바, 이는 문제가 무엇인지를 아는 사람에 의해 행해지기 때문이다. 이 화해를 아는 그는 스스로 화해를 만들겠다고 주장해서는 안 되며, 인간의 죄의 행위를 하나님과의 동의로 인정함으로써 지금 여기서 분명히 화해를 하겠다고 주장해서는 안 된다. 이것이 우리가 좀 전에 말한 종합의 유혹이다. 이것은 그리스도인의 자유의 폐기다. 모순과 체험되는 자유 사이의 관계의 첫 번째 양상은 이렇다. 즉 자유가 하나님과 사회가 제공하는 모순적인 요인들을 이용하여 자기 자신의 행위를 성취함으로써 자신의 길을 내는 양상이다.

두 번째 양상은 첫 번째 양상과 불가분하게 보인다. 게다가 이것은 첫 번째 양상의 조건이다. 즉 그리스도 안에서의 자유는 모순에서 사는 법을 배우는 데 있다는 것이다. 이 자유는 바로 종합을 이루기를 원하지 않으며, 일치되는 세상, 단일 사회, 체계를 만들기를 원치 않고, 임시적이고 고통스러운 상대성에서 살기를 수용하는 것이다.

인간관계가 모순적임과, 사물들이 그것들 사이에서 맞아떨어지지 않음과, 사회적이고 정치적인 장치들의 기능이 정지됨을 수용하는 것이다.

그리스도 안에서의 자유는 이런 실제적인(유토피아적이지 않은) 세계에 위치하는 것이며, 이런 모순에서 사는 것(이것은 절대적인 신앙과 계시로 부추김을 받는 사람이라면 쉽지 않다)이고, 자기 자신 안에서 느끼는, 타인과 더불어 느끼는, 사회에서 느끼는 고통을 수용하는 것이다. 물론 여기서 문제가 되는 '수용한다'는 말은, 내가 그것을 자유 행위의 조건으로 삼는 이상 체념이나 수동성이 아니다. 자유로 하여금 무릅쓰고 감행하게 하며, 하나님이 기다리시는 행위—사회적 행위 내부에서—를 만들어 내게 하는 것은 바로 우리 역사의 약함 자체에 대한 그리고 그 무의미에 대한 인정이다.

인간이 모종의 자유에 이를 수 있는 것은 바로 이 모순의 역할에서임을 항상 상기할 필요가 있다. 따라서 그리스도인은 결코 강제적인 억지 일치나 지적 종합, 일치하는 사회적 내지는 정치적 기구를 강요하려 해서는 안 된다. 그는 교회라는 이유로 그것을 원할 수 없으며, 정치 영역에서 그런 일에 가담하거나 그런 작업을 할 수 없다. 정치가 제아무리 매혹적이고 정의를 지향한다 하더라도, 모든 정치는 그것이 모순을 제거하고 무슨 대가를 지불하고서라도 일치를 강요한다면 거짓이요 그리스도인에게 수용될 수 없다.

5장

구체적인 결과들—정치

5
구체적인 결과들—정치

자유와 자유들

인간은 항상 자유롭다고 믿는다. 인간은 자유를 요구하고 품으며 여러 가지 자유들로 작성하고 표현한다. 그러나 자유와 자유들 사이에서 불가피하게 갈등이 발생한다. 일례로 자유주의자들과 무정부주의자들 사이의 명백한 갈등이다. 우리는 바아니앙[1]이 놀랍게 묘사한 딜레마를 피할 수 없다. 나는 그것을 자유 주조(鑄造, monnayage)의 딜레마라 부르련다. 우리는 자유에 따라 살지 못하고 자유들에 따라 산다. 그런데 자유들은 실제로 자유에 치명적이다. 자유는 "우리의

---

1) Gabriel Vahanian, *L'herméneutique de la liberté religieuse*, 1968.

자유들 안에서 자취를 감춘다." 하지만 그것은 우리의 자유들이 묶인 하는 유일한 것이다. "왜냐하면 모든 것이 연결되어 있기 때문이다." 우리의 자유들은 전적으로 자유를 축소시킬 수 없으며, 자유도 스스로 우리의 자유들에서 벗어날 수 없다. 자유는 우리의 여러 가지 자유들을 무익하게 만든다. 그렇지만 우리는 언제나 마치 자유들이 자유이거나 한 것처럼 그것들을 재구성하려 한다. 그것은 법과 행위의 효력과도 같은 효력의 문제다(이것에 대해 바아니앙의 훌륭한 표현을 기억할 필요가 있다. 법과 행위는 우리가 자유에 대해 취하는 자유들이 아니다!). 사람들이 자유들이라고 부르는 모든 것이 실제로 불충분하지는 않으나(그럭저럭 문제가 없다), 자유를 표현하기에는 부적격하며, 근본적으로 부적합하다. 우리는 특별히 정치적 자유들의 영역에서 이 점을 본다.

1. 정치에서 그리스도인의 자유[2]

여기서 우리의 관심은 국가에 대한 신학에 있지 않다. 물론 나는 국가에 대한 우리의 태도가 성경에 근거한 가르침에 달려 있을 것이라는 점을 부정하지 않는다. 그러나 여기서 나는 너무도 알려졌으면서

---

[2] 비교적 최근의 작품들 가운데 다음 작품들을 참고하라. Jullien et L'Huillier, *Les chrétiens et l'Etat*, 1967; A. Dumas, *Théologie politique et vie de l'Eglise*, 1977; Cardonnel, Esposito, Farèse, *César et Jésus Christ*, 1976. *Bilan de la théologie du XXe siècle*(2 vols, 1970)이 이 문제를 한 구절도 다루지 않은 것은 흥미롭다! 우리는 H. Gollwitzer의 「자유에 대한 요구」*Forderungen der Freiheit* (1964)에서 본 주제를 읽을 수 있다. 이 책은

동시에 불확실한 이것을 되풀이하지 않겠다. 나는 우리가 그리스도인들에게 유행인 정치의 순전히 관념적인 개념을 피해야 함을 상기시켜야 한다. 정치는 공동선의 추구도 아니요 정책에의 참여도 아니며, 정의의 이상(理想)도 아니다. 그것은 철저히 힘과 권력의 문제다. 대부분의 정치학자들이 주는 정치 개념을 수용할 필요가 있다. "정치란 권력을 얻기 위해, 그리고 일단 얻은 뒤에 그것을 지키기 위해 사용되는 수단의 총체"다. 정치란 이것 외에 다른 것이 아니다. 이 권력의 선한 사용, 정의로운 사회의 목적 등이 정치가에 의해 제시될

생생하고 깊이는 있지만, 내게는 준(para)-마르크스주의적인 거짓-사실주의를 가장하여 정치에 대해 매우 관념적인 관점을 갖고 있는 것처럼 보인다. 그러므로 나는 거의 전적으로 그의 분석과 결별한다. 그리스도인의 정치 참여에 관한 그의 신학적 근거는 내게는 매우 낯설다. 설령 골비처가 끌어낸 몇몇 부정적인 요소들(예를 들어, 기독교 정치와 같은 것은 없다거나 그리스도인은 아마도 신약성경에서 얻게 된 기독교 정치 원리에 끼워 맞추기 위해 노력해서는 안 된다)에 동의한다 하더라도, 나는 골비처 자신이 그것을 위반하고 있음(*Eglise et société*, II, 31)을 확인하지 않을 수 없다. 이것은 그가 제시하는 다른 원리들의 명백한 결과다. 즉 "그리스도인을 세상에 보내고, 그들에게 사랑의 계명을 줄 때, 예수 그리스도는 그들에게 정치에 참여하라는 의무를 부여하신다"는 것이다. 복음서를 좀 더 자세히 읽어 보면, 이와는 반대되는 것이 옳다는 것을 발견할 수 있다. 이것은 불필요한 전제다. 그리스도인이 세상을 구하기 위해 정치에 참여해야 한다는 것을 말하는 것은 내게는 신학적으로 옳지 않은 것처럼 보인다. 논쟁이 되고 있는 것은 세상에서 하나님을 섬기는 자유다. 세상을 섬기는 것, 하나님께서 너무나 사랑하신 세상을 섬기는것조차 결코 성경에서 요구되지 않는다. 지상에서 정의를 실현하는 것이 "사랑의 구체적인 표현 방식이요, 권력은 그것을 성취시키기 위한 하나의 방법"이라고 말하는 것은 내게는 역사적으로나 정치적으로나 옳지 않은 것처럼 보인다. 지상의 정의에 근접한 몇몇 훌륭한 경우는 사랑의 반대, 예를 들어 훌륭한 로마의 조직에서 발견될 수 있을 것이다. 그 동안 어느 누구도 정의에 관한 구체적인 탐구에서 로마 사람들보다 더 앞서지는 못했다. 그런데 이것은 단지 법률 영역에서만이 아니다. 왜냐하면 그들은 그들의 조직 체계에 비판, 즉 최고 법(summum jus)과 최고 불법(summum injuria)을 수용했기 때문이다. 공산주의자들은 결코 올바르게 행하지 못했다. 실제로 로마에 대한 피상적인 판단은 단지 정복과 노예 제도만을 기록하고, 그 나머지 것들은 무시하게 만들었다! 그러나 15년 전부터 이어져 온 기독교-마르크스주의 계열의 놀라운 연구들을 읽어야 한다! 또한 *La pratique de la théologie politique*(éd. Xhauffiaire, 1974); J. Ellul, *L'idéologie marxiste-chértienne*를 참고하라.

수는 있지만, 그것이 본래 정치는 아니다. 나는 이 영역의 모든 문제들에 있어서, 흔히 통상적으로 하듯 그리스도인과 국가 또는 그리스도인과 돈 등을 연구하는 대신 윤리적 정황에서 출발하여 다양한 관점을 손질할 것임을 분명히 한다. 예를 들어, 정치에서 자유인으로서의 그리스도인, 정치에서 성인(聖人)인 그리스도인, 정치에서 사랑의 운반자인 그리스도인 말이다. 왜냐하면 국가가 하나의 사물이라는 것, 그리고 정치적인 삶은 그것과 별개의 것임을 잊어서는 안 되기 때문이다. 게다가 정치와 정치적인 것은 일치하지 않는다.3)

그런데 아주 빈번하게 사람들은 국가 이론을 묘사하는 것으로 만족하며 정치가 그것과 일치하는 것으로 여긴다. 한편, 국가에 대한 그리스도인의 어떤 행동을 신학에서 추론하는 것도 대부분 정치 행동이나 정치 참여와 아무런 상관이 없다. 칼 바르트조차도 그가 "국가에의 복종, 국가에 대한 봉사"와 "정치 생활에의 참여"를 동일한 전개에서 번갈아가며 뉘앙스 없이 말할 때 이런 혼동을 범한다.4) 더 나아가 이것은 그로 하여금 그리스도인은 국가에 적대적인 태도를 취할 수 없고 국가에 "충성스럽고 적극적이며 온전한 찬동"을 주어야 한다는 이상한 주장을 하게 한다. 이것은 정치적 활동과 관련되는 한 결코 자명한 이치로 보이지 않는다.

---

3) 정치와 정치적인 것, 국가와 정치에 대한 참고도서를 줄 필요는 없다. 나는 내게 매우 의미 있어 보이는 J. Freund의 작품들과 G. Burdeau의 *Grand Traité de science politique* (12 vols)를 소개하는 것으로 그치련다.
4) K. Barth, *Dogmatique*, IX, 220-222.

그리스도 안에서의 자유와 정치

우리는 그리스도 안에서 자유와 정치 사이에 부정확하게 보이는 두 가지 관계를 제거하는 것으로 시작할 것이다.

첫째는 자유주의와 관련된다. 오랫동안 그리스도인의 자유가 정치적 자유를 함축하며(우리는 이 문제로 다시 돌아갈 것이다), 정치적 자유는 자유주의에서 표현되었다고 생각했다. 이러한 이론은 18세기에 태동해서 19세기에 꽃을 피웠다. 정치적 자유는 형식 민주주의, 부르주아지 의회주의 그리고 경제적 자유주의에서 실현되었다는 것이다. 이러한 정치적 자유주의는 다음과 같은 매우 분명한 질문에 응답하기 위한 시도였다. "사람은 자유롭다. 그러나 그는 사회에서 살아간다. 이러한 상황에서 어떻게 자유를 제도화해야 하는가?" 이것이야말로 정치에 있어서 유일하게 진지한 질문이다! 하지만 인간의 자유를 표현하지 않는 순전히 형식적인 체계를 통해, 그리고 강자의 지배뿐만 아니라 다른 가능한 자유들의 억압을 허용하는 유물론적 체계를 통해 그다지 만족스럽지 못한 방식의 응답이 있었다.

게다가 이런 구조물은 국가가 이전보다 더 강해졌을 때 국가를 자유의 수여자와 보증인으로 만들었다는 점에서 거짓이었다. 나아가서 자유는 이런 이론에 근거하여 인간의 현실 밖에서 고안된 추상적인 자유가 되었다는 점에서 국가에 의해 할당될 수 있었다. 문제는 관련된 것이 객관적인 자유냐, 사물들의 특성에 등재된 자유냐, 원리냐, 조직이냐에 있었다. 이것은 입법 장치와 헌법에 의해 보장된 자유로서 체험된 현실과는 정반대에 속한다.

이 자유주의의 마지막 악덕은 집단성을 자유로운 것으로 여겼다는 데 있다. 아무런 선택적 참여도 없이 전반적으로 자유로운 대중 말이다. 방임은 자유롭게 되기에 충분했다. 우리는 이 모든 형태의 자유주의를 명백하게 묘사할 수 없으며, 이런 이상에 부응하는 제도들이 어떻게 점진적으로 만들어졌는지 그려낼 수도 없다.5) 어쨌건 이 시기는 인간의 위대한 시기였고, 우리는 그것을 부르주아, 계급 정치 등으로 부름으로써 경멸적으로 내쳐버릴 수는 없다. 거기에는 비상한 발명의 힘과 새로운 정치적 세계의 창조성이 있었다. 자유주의는 나름대로 프로메테우스와 같은 시도였고, 착각해서는 안 될 것은 그것이 발명되지 않았다면 경제적 비약은 일어나지 않았고, 사회주의의 가능성은 애초부터 없었을 것이라는 사실이다.

그러나 이 시대의 그리스도인들에게 오류는 이 자유주의에서 그리스도인의 자유의 실현을 보았다는 데 있다. 이것은 본성 안에 포함된 자유와 그리스도 안에서 그의 죽음과 부활에 의해 주어진 자유 사이의 혼동이었다. 즉 자유를 '보증하는' 안정된 조직과 인간이 자신의 자유를 표현하는 행동의 혼동이었다. 그때 그리스도인들은 현실주의자들이 아니었고, 자유를 죄라고 생각하지도 않았다. 게다가 그들 가운데는 두 가지 경향이 있었다. 그 시대의 이데올로기에 가담한 대다수는 인간이 선하다고 여겼다. 그리고 바로 이런 척도에 따라 인간을 자유롭게 놓아두어야 했다. 왜냐하면 인간은 명백히 자신의 자유를 가능한 최선으로 사용할 것이기 때문이다. 한편, 인간이 부패되었다고 본 '정통 그리스도인들'도 자유주의에 대해 동일한 결론에 이르렀다.

---

5) 자유주의에 대한 보다 자세한 연구를 위해서는 J. Ellul의 「제도사」(*Historie des Institutions*, 총 5권)를 참고할 것.

그들에 따르면, 권력을 행사하는 사람들이 나머지 사람들과 같이 악한 사람들이기 때문에 가능한 한 최소한의 권력이 있는 편이 나으며, 국가 지도자들이 가능한 한 최소한으로 무장되는 것이 낫다. 왜냐하면 권력을 덜 가진 채 국가에 맡겨진 시민이 어쨌건 수상이나 왕보다는 덜 악을 행할 것이기 때문이다. 우리는 이 문제를 다른 문맥에서 다시 살펴보게 될 것이다.

어찌됐건 정치적 자유주의와 그리스도인의 자유라는 가장 큰 오류로 여길 수 있는 것은 오늘날 더 이상 최우선의 중요성을 갖지 못한다. 우리는 긴 논의 없이 그것에 대한 주의를 환기시키는 것으로 족할 수 있다. 왜냐하면 역사의 진자는 지금 다른 극에 있기 때문이다. 현재의 확신은 사회주의가 기독교 진리를 가장 잘 표현한다는 것이다. 지금은 자유에 대한 것 이상으로 정의, 만남, 연대(사랑)에 대한 주장들이 있다는 것이다.

두 번째 오류는 내가 볼 때 비정치적인 태도의 유혹이다. 무엇보다도 먼저 나는 이러한 태도가 매우 허약한 논증(기독교가 영적인 것, 내적인 삶 등과 관련된다는)에, 그러면서도 성경의 정확하고 유효한 분석에 기초를 두고 있음을 주지시키고 싶다. 간단히 상기해 보자. 신약성경은 예수님과 이후 그의 제자들이 정치 행위를 하지도 않았고 관심도 보이지 않았다는 것을 보여준다.6) 성경이 국가에 관해 말하는 것은 신학적인 것이다. 성경이 국가를 향한 행동에 대해 말하는 것—

---

6) 이 주제로 도서 목록을 만들 수는 없겠고, 다음 책들이 참고가 될 수 있겠다. Fr. Biot, *Théologie du politique*, 1972; J. H. Yoder, *The Politics of Jesus*, 1973; T. Hanks, *Opresión, pobreza y liberación*, 1982; J. Ellul, "Anarchie et christianisme", in *Contrepoint*, 1974. Paupert의 책들(*Pour une politique évangélique*, 1966; *Politique de l'Evangile*, 1969)은 믿을 수 없이 경박하다.

복종, 존경과 경의의 의무, 기도—은 결코 정치적인 것이 아니다. 그런데 이것을 설명하기 위해 빈번히 사용되는 논지는 당시 사람들이 지금처럼 정치 행위를 하지 않았다는 것이다. 그러나 이것은 부정확하다. 예수와 수천의 열심당원들의 관계, 그리고 예수가 열심당원들에서 제자를 뽑은 것과 관련해서 쿨만(Cullmann)의 주장이 옳다면(최근의 반론에도 불구하고 나는 이것을 믿는다)7), 예수가 모든 정치적 행동을 거부했기 때문에 더 의미가 있다. 예수는 그들의 '열심'을 받아들이고 승인했지만, 거기서 정치적 지향성과 내용은 제거해 버린 것으로 보인다.

잘 알려진 것은 폭력 사용의 거부이지만, 그것뿐만 아니라 문제가 되는 것은 정치의 중요성 자체다. 예수는 정치적 적대자들인 사두개인과 바리새인 모두에 대해 동일하게 고발한다. 바리새인은 로마 사람들에게는 적대적이어서 저항 정치를 촉진시키려 했고, 사두개인은 로마에 고분고분했다. 예수는 열심당원 중에서 제자를 뽑았으나 동시에 마태와 같은 세리에게 흥미를 가졌고, 계속해서 그들과 접촉한다. 이 모든 것들은 당시 유대의 가장 큰 문제(로마에 지지하느냐 반대하느냐는 것)—이것은 끊임없이 유대인의 여론을 흔들어 나누어 놓았던 문제로서, 마치 프랑스에서 1940-1944년 독일에 대한 태도나 알제리 전쟁 때의 태도와 마찬가지의 문제다8)—를 예수가 순수하고 단순하게 거부하고 있음을 보여준다.

예수는 이스라엘의 해방자가 되기를 공개적으로 거부하신다. 그분

---

7) O. Cullmann, *Dieu et César*. 반론으로는 J. Cardonnel, *César et Jésus Christ*, 1976.
8) [역주] 일제의 통치에 대한 한국의 태도나 베트남 전쟁 및 걸프 전쟁에 대한 미국의 태도도 포함될 수 있으리라.

은 가이사에 대한 찬반을 알고자 하는 질문이나 세금 납부 여부에 대한 질문에 답하기를 거부하신다. 거부 이상이다. 유대인들을 분리시켰던 정치적 중심 문제에 대한 그분의 거부는 엄숙하지도 진지하지도 않았을 뿐만 아니라, 그분은 정치에 대한 일종의 조소를 통해 평가절하의 태도를 취하신다. 이미 지적했듯이, 내 눈에는 정치적이었던 성전세 지불에 대한 예수의 태도(마 17:24-27)가 어떤 것이었는지가 핵심적이다. 이것은 중요한 문제다. 예수는 여느 때처럼 세금을 내서는 안 되며 세금 징수가 그의 관점에서 위법임을 보여주심으로써 시작한다. 그리고 나서 "저들을 실족케 하지 않도록 내라"고 말씀하신다.

우리는 여기서 특별하게 자유를 표현하는 행위를 본다. 내느냐 내지 않느냐는 전혀 중요하지 않다. 나는 하건 안 하건 자유롭다. '이론상' 해서는 안 되지만, 사랑 때문에 한다. 다만 이 정치적 행위의 내용과 중요성을 더욱 평가절하하기 위해서, 예수는 그것을 다소 웃기는 마술적인 기적과 연결시키신다. "먼저 오르는 물고기를 가져 입을 열면 동전 한 푼을 얻을 것이니…" 이것은 우롱이다. 이것은 예수에게 있어서 정치적 태도가 중요하지 않다는 것과 우리가 그분의 관점에 따라 전적인 자유를, 일종의 탈신화화를 실천해야 한다는 것을 보여준다.

사도들의 글들을 볼 때, 거기에는 매우 강력한 논지가 있으며 나는 이제껏 그것이 소개된 것을 본 적이 없다. 최근에 제도사가(制度史家)들의 모든 연구는 이전 역사가들이 성급하게 판단을 내린 주장과는 반대로, 로마가 정복한 나라들에서 강렬한 정치적 삶이 존재했다는 사실이 밝혀 준다. 로마인들은 모든 자율적인 삶을 질식시킨 식민지

지배자들은 아니었다. 반대로, 그들은 정복당한 민족에게 로마와의 매우 유연한 유대를 조직함으로써 그들의 법, 제도, 정치 체계를 남겨 두었다. 특히 동방(유대를 제외하고)과 그리스 전 지역에서는 매우 강력한 정치적 삶이 선거, 정당, 관리(官吏) 등과 더불어 유지됐다. 그런데 어떤 형태건 간에 사도들의 서신들이 선거에 참여하고 정당에 가입하라고 권면하는 것을 우리가 보는가? (그런데도 우리가 명백히 알듯이, 에베소와 고린도에 그런 참여가 있었다). 마찬가지로 로마에서도 아우구스투스 이후 백성들로 정치적인 집회와 관리 선거에 관심을 갖도록 하기 위한 계획된 노력이 있었다. 그런데 바울은 로마서에서 이것에 대한 암시를 주고 있는가? 이 모든 것으로부터 우리는 정치에 대한 엄청난 무관심의 이미지를 추론할 수 있다.

매우 흥미로운 것은, 본회퍼가 (복음서가 정치적 명령들로 가득 차 있다는 포페르[J.-M. Paupert]를 따르지 않고), 자신의 일상적인 성향이 아니었음에도 불구하고, 이런 사실을 인정하지 않을 수 없었다는 것이다. 그는 이렇게 쓰고 있다.9) "예수는 결코 세속적인 문제들에 대한 해법에 관심이 없다. 누가 그런 걸 물으면 그는 이상하게 빠져나간다(마 22:15; 눅 12:13). 마찬가지로 그는 사람들의 질문에 결코 직접적인 답을 주지 않고 항상 다른 영역으로 이동한다. 그의 말은 사람들의 질문에 대한 대답이 아니라, 인간에게 던져지는 하나님의 질문에 대한 하나님의 대답이다. 그의 말은 본질적으로 아래로부터가 아니라 위로부터 내려지는 결정이다. 그것은 해법이 아니라 해방이다. 그것은 선악 문제를 제기하는 인간의 방식에 따른 대립에서 나오는 말이

---

9) D. Bonhoeffer, *Ethique*, 301 et s.

아니라, 성자가 성부의 뜻에 전적으로 일치하는 교통에서 나오는 말이다. 그의 말은 모든 인간의 문제 제기 저편에 놓여 있다.

세속적인 문제들이 풀려야 하고 또 풀릴 수 있다고 말하는 자는 누구인가? 어쩌면 우리의 풀리지 않은 문제들이 하나님에게 있어서는 풀리는 것보다 더 중요하지 않을까? 인간의 죄와 하나님의 구원을 우리에게 상기시키기 위해서 말이다. 어쩌면 인간의 문제들은 실제로 풀릴 수 없을 정도로 너무나 얽혀 있고 너무나 잘못 제기되고 있다. 부와 가난의 문제는 풀리지 않은 상태로만 풀릴 것이다. 이런저런 세속적인 악들에 대한 교회의 조직적 투쟁(노예 제도와의 전쟁, 금주법, 국제연맹/국제연합)은 이런 십자군들의 위기를 입증한다. 이런 경험들은 교회가 어느 정도까지 이런 세속적 문제들을 해결하는 사명을 갖고 있는지를 묻는 질문에 대한 진지한 성찰을 촉구한다." 나는 내가 전적으로 동의하는 본회퍼의 글을 길게 인용하는 편을 택했는 바, 이는 '반동적'이라는 현재의 불순한 언어로 규정지어질 이 말에 대한 책임을 진보주의자로 여겨지는 이 신학자에게 남겨두기 위함이다.

그런데 종종 사람들이 믿는 것과는 반대로, 우리는 정확하게 선지자들에게서 동일한 지향을 발견한다. 모든 선지자가 우선적으로 사회적·정치적 문제에 의해 지배되었다고 말하는 것은 잘못이다.10) 반대로 그들은 정치적 혁명이 예속 상태에서 인간을 해방시키고 도덕적·정치적 자유가 함께 올 것이라는 널리 유포된 생각에 반대한다. "선지자(nabi)는 인간 자유의 불가피한 불완전성을 날마다 증언한다. 매일

---

10) Neher, *Amos*, p. 156.

백성 앞에서 그는 인간 삶에 있는 엄청난 필연의 분량을 강조한다." "선지자의 존재는 자유가 문제로 남는다는 것을 입증한다." 네에르 (Neher)의 엄중하고 엄격한 분석에 따르면, "선지자는 정확히 민중 지도자에 반대된다." 민중 지도자는 독립을 설교한다. 선지자는 모든 독립 의향에 대해 반대하고, 유토피아적인 정치안들을 거부하며, 어떤 순간에도 정치적 의견이나 정당 프로그램을 제공하지 않는다. 그는 결코 정치를 하지 않는다. "아모스는 정치적 해방의 욕구를 고발하기를 그치지 않는다. 사람이 자신의 세계를 건설하고자 하는 곳마다, 아모스는 개입하여 사람이 언약 관계에 있음을 줄기차게 상기시킨다…하나님의 명령을 벗어나 사회, 국가, 개인의 선(자유)에 도달할 수 있다고 상상하는 것은 선지자에게 있어서 신성모독이다." 정치적 혹은 사회적 관심사 이상으로 핵심은 바로 이것이다. 그리스 사상가들과 반대로, 선지자들은 국가와 정치에 전혀 관심을 갖지 않았다. 정치를 달리 해석하는 것, 정치 논쟁이 필수적이라고 믿는 것은 단순히 우리 사회의 흔해빠진 이야기에 순응하는 것이다. 이것은 우리로 하여금 계시의 내용에 대한 진지한 견해를 실어 나르지 못하게 한다.

  그렇다면 이것은 우리를 순수하고 단순한 회피로 밀어넣어야 하는가? 사실 정치 참여라는 의미에서 성서적이건 신학적이건 어떤 직접적인 주장도 내겐 중요해 보이지 않는다. 유감스럽게도 나는 우리가 권위를 위해 기도하라는 명을 받고 있기 때문에 그 자체가 정치 행위 명령을 담고 있음을 입증하려는 바르트의 전개[11]가 내게 전혀 설득력이 없다고 말해야겠다. 국가 질서가 하나님에게서 나온 것이고, 그리

---

11) *Dognatique*, IX, 221.

스도인은 국가라는 잠정적인 질서의 존재에 참여해야 한다는 사실을 인정하는 데서 출발하여 비-정치주의에 대한 정죄를 추론하는 것도 설득력이 없다. 이것 역시 국가 가치의 인정, 국가 유지에 기도로 참여하기(뒤에서 보겠지만 이것이 특별한 그리스도인의 태도다)와, 이것과 다른 성질인 정치 참여, 선전, 선거, 전투적 태도 등과의 혼동이다. 나는 이렇게(바르트 식으로) 정치 참여를 정당화하는 것을 거부해야한다고 믿는다.

그러나 비-정치주의도 결코 자유의 표지가 아니다. 이것은 내가 특히 강조하고 싶은 것이다. 자주 말했거니와, 자유란 자유 안에서 그리고 자유와 더불어 무언가를 행하는 데 있다. 그것은 거의 회피로 축약되지 않는다. 무관심하고 돌보지 않으며 활동하지 않는 자유는 그리스도인의 자유가 아니다. 내게 너무도 확실한 것은 기독교 비-정치주의란 있을 수 없다는 것이다. 권위주의 정부를 가진 나라에서 예수 그리스도를 유일한 구주로 증언하는 것은, 모든 박해의 역사들이 입증하듯이, 하나의 정치적 입장을 취하는 것이다. 카이사르 시대에서와, 우익이건 좌익이건 우리의 현대 독재자들의 시대에서 이것은 정확히 동일하다. 이런 태도는 일례로 타인과의 의사소통 방식의 창조를 의미한다. 예를 들어, 상징적, 비유적, 은유적 언어다. 이것은 이미 정치적 행위다. 하지만 기독교 문화권의 나라에서 예수 그리스도를 유일한 구주시라고 엄정하게 주장하는 것도 동일하게 정치적 행위다. 일부러 전적으로 상이한 두 가지 사례만을 들자면, 키르케고르와 뱅상 드 폴[12])이 그 예다. 그러므로 토론의 여지없이, 그것이

---

12) [역주] Vincent de Paul (1576또는 1581-1660). 프랑스의 사제로 1617년 최초의 〈애덕

그리스도인을 기쁘게 하건 안 하건 간에, 그가 예수 그리스도에게 신실하다면, 그는 정치적이지 않고 달리 될 수가 없다! 현 사회에서 비-정치주의는 그리스도인의 자유의 표현이 아니라 두려움과 연약함의 표현이다. 아무튼 나는 이것을 길게 강조할 필요가 없다. 왜냐하면 오늘날 그리스도인의 일반적인 경향은 간단히 말해서 극도로 정치화되고 또 정치에 참여하기를 원하는 일반 성향을 재현하는 것으로 만족하기 때문이다.13) 이것은 우리로 하여금 그리스도인의 자유와 정치 참여에 대한 연구로 이끌어간다.

그리스도인의 자유와 정치 참여

정직하고 현실적이 되자. 만일 그리스도인이 오늘날 정치적 삶에 참여해야 한다면, 그것은 신앙적이고 신학적인 이유에서가 아니라, 현실적이고 환경적인 이유에서다. 오늘날 모든 삶이 정치화되어 있다는 것은 하나의 사실이다. "모든 것이 정치적"이라고 말하는 것은 잘못이지만, 정당하건 부당하건 정치가 점차 모든 것에 침입했다는 것은 정확하다. 이것은 여러 가지 이유와 관련되는 바, 나는 이 점에 대해 다른 책에서 분석한 바 있다.14) 정치 문제는 모두에게 강요되며, 우리의 견해는 원하건 원치 안건 간에 정치적이다. 그때부터 그리스

평신도회)(Confrérie de la Charité)를 창설했고, 거기서 루이스 마리악(Louise de Marillqc)이 이끄는 〈애덕 수녀회〉(Filles de la Charité)가 나왔다. 그 외에도 그는 성 나사로 수도회로 불리는 〈선교 사제단〉(Congrégation des Prêtres de la Mission, 1633) 등 많은 자선단체를 만들었고 훗날 성인품에 올랐다(1737).
13) *L'Illusion politique*, 서문 참고.
14) [역주] 위에서 언급한 *L'illusion politique*.

도인이 정치에 참여해야 하는지 말아야 하는지를 묻는 것은 잘못된 질문이다. 그는 이미 완전하게 정치에 참여하고 있다. 이것은 양심의 의무가 아니라 필연의 질서에 속한다. 유일한 질문은 이 필연의 질서에 모종의 자유를 도입하기 위해서 우리가 어떻게 참여할지를, 어떻게 그리스도인의 자유를 드러낼지를 아는 데 있다.

아무튼 그리스도인은 그의 정치화를 의식하고 자신의 상황과 자유에 따라 결단하도록 부름 받는다. 우리가 오늘날 그리스도인의 삶을 이런 현실 밖에서 영위할 수 있다고 주장하는 것은 순전한 거짓말이다. 이것은 신약성경이 정치에 무관심하다고 방금 내가 말했던 것을 약화시키지 않는다. 신약 시대에 생동하는 정치적 삶이 있었으나 그것이 모든 것을 포함하지는 않았다. 단연코 아니다! 대부분의 인간의 삶이 비정치적이었다. 그러므로 사람들은 정치에 관심을 갖지 않고 자유로울 수 있었다. 반면, 오늘날 국가 활동은 모든 것을 정치적으로 만들고야 만다. 모든 것이 정치적이 된다. 우리는 더 이상 우리가 정치적이지 않다고 주장할 수가 없다. 우리의 동의 없이도 우리는 참여된다.

그렇다면 정치 참여에서 그리스도인의 자유를 시행한다는 것은 무엇을 의미하는가? 전통적인 문제들(여기서는 기억을 되살리기 위해서만 인용됨)은 바로 배제하자. 이런 참여는 정부 형태나 경제 형태에 대한 기독교 이론을 만들어 냄으로써 표현될 수 없다. 성경은 이런 것에 대해 어떤 결정적인 것도 제공하지 않는다. 사람들은 온갖 정치 시스템을 성서에 의해 정당화해낼 수 있다(칼뱅과 귀족정치, 바르트와 민주정치, 보쉬에15)와 군주정치 등). 성서에는 그런 것들을 탐구할 어떤 영감도 없다.

마찬가지로 사회나 국가를 기독교화하려는 의지 같은 다른 길도 폐쇄되어 있다. 국가가 기독교여서는 안 된다. 국가는 세속적(laïque)이어야 한다.16) 교회와 사회 사이, 정치적 의지와 복음의 선포 사이에는 유지되어야 할 필수불가결한 이원성이 있다. 우리는 위에서 기독교 자유주의란 없고, 기독교 사회주의는 더더욱 없으며, 아니면 이 둘 다가 전혀 다른 것일 수 있다고 말했다. 다만 기독교 신앙의 이론과 양상 사이의 일치가 지금 여기서 단편적이고 임시적인 방식으로 확인될 수 있다고 말하자. 우리는 이 문제들을 이 책의 다른 장들에서 다시 다룰 것이다.

그렇다면 이 영역에서 그리스도 안에 있는 자유의 표징은 무엇이 될까? 내 견해로는 두 가지가 있다. 첫째는 정치적 선택의 실행과 그리스도인의 정치 참여의 의미요, 둘째는 정치의 상대화다.

2. 선택의 실행

선택의 실행과 그리스도인의 정치 참여의 의미에 대해 말하자. 만일 우리가 정치로 살아간다면, 이것은 모종의 선택의 실행을 의미

---

15) [역주] Jacques Bénigne Bossuet(1627-1704). 프랑스의 사제, 신학자, 작가. 관련 작품으로 *Discours de l'histoire universelle*(1681)이 있다.
16) 나는 이 주장을 많이 하지는 않을 것이다. 내가 1946년에 이것에 대해 썼을 때("L'Etat chrétien, Etat laïque," Cabiers des APP), 그때는 이것이 충분히 새로웠다. 하지만 오늘날 Cox, Schaull, Wendland 등은 이것을 들춰내는 강한 경향이 있다. 따라서 더 이상 흥미롭지 않다. 하지만 기독교 정치를 이끌었던, 아니면 정치적으로 기독교적 입장이 되려 했던 카터 미국 대통령의 안타까운 실패는 상기할 필요가 있다.

한다. 이 선택은 단순히 기독교적 가르침과 기독교적이지 않은 가르침 사이에서 행해지는 것이 아니다. 선택은 그것을 표현하고 그것의 결과가 되는 정치적—다시 말해 사회와 관련된—정당과 이념과 행동에서만 실행될 수 있을 뿐이다.

선택은 세상이 우리에게 제공하는 것의 수준에서 실행된다. 그런데 이 선택은 기독교적이라는 이유로 행해질 수 없다. 세상의 정당들과 이론들 사이에는 이것보다 더 기독교적인 저것이란 없다. 일례로 오늘날의 사례를 들자면, 나는 좌익보다 우익이어야 할 기독교적인 근거들—계시에 근거한—을 발견하지 못했다. 진보, 이성, 정의, 생산성, 행복과 관련된 좌익의 신념은 조국, 계급 체계, 명예, 질서와 관련된 우익의 신념보다 더 진실되지도 더 기독교적이지도 않으며, 그렇다고 덜하지도 않다. 사회주의의 국가에 대한 신뢰는, 기독교적인 관점에서 볼 때, 자유주의의 국가에 대한 불신보다 더 타당하지 않으며, 그렇다고 덜해 보이지도 않는다. 인간에 대한 좌익의 낙관주의는 우익의 비관주의보다 더 적법하지 않으며, 그렇다고 덜하지도 않다. 좌익에서처럼 우익에서도 동일하게 존중될 만한 가치들이 옹호된다. 좌익의 정의, 평등, 혁명에 대해 우익의 자유, 전통, 책임이 그렇다. 기독교적인 동기 때문에 어떤 선택을 한다는 것은 가능하지 않다.

그리스도인이 가질 수 있는 최악의 태도는 선택된 입장을 정당화하기 위해 신학적인 동기를 추구하는 데 있다. 이처럼 1942-1958년 사이에 그리스도인들은 먼저 히틀러에 대항하는 그들의 선택을 설명하기 위해, 다음으로 히틀러 독재 체제와 스탈린 독재 체제 사이에 다른 세계가 있음을 '입증하기' 위해 일종의 이스라엘 신학을 만들었다. 전자는 유대인을 배척했지만, 후자는 그렇지 않았다.[17] 그러므로 하나님 앞에서 히틀러 독재 체제는 악마적이었고, 스탈린 독재 체제는 매우 수용할 만한 것이었다.

그러나 특히 1965년 이후 정치적 그리스도인들이 알제리에 대한 끔찍한 사랑을 보여준 뒤, 그리스도인들은(종종 정치적 그리스도인들과 동일한 인물들!) 신학을 바꾸고 이스라엘 국가에 반대해야 한다는 것을 입증하기 위해 또 다른 이스라엘 신학을 만들었다.[18] 환경이 바뀌면, 사람들은 신학을 바꾼다. 이것은 문제가 자신들이 정한 열정적인 선택에 근거를 제공하기 위해 하나님의 말씀을 사용하는 것을 정당화하는 것에 불과함을 입증한다.

그럼에도 불구하고 우리는 오늘날 큰 비중을 차지하고 있으며 많은 그리스도인에게 결정적인 논증들을 검토할 필요가 있다. 그리스도인은 언제나 가장 약자, 소수, 굴욕당하고 억압당하는 자 편에 서야 한다는 것은 진정 너무도 사실이다. 그러므로 가난한 자가 좌익인 이상, 아니면 좌익이 가난한 자의 정당인 이상, 좌익 편이 되어야 한다고 흔히 말한다. 내가 보기에 이 주장에는 두 가지 오류가 있는 것 같다.

[1] 첫째, 좌익은 족히 한 세기는 뒤쳐져 있다. 물론 1848년 좌익이 가장 비참한 민중을 대표했으며, 좌익 자체가 가난했고, 억제와 억압을 당했던 것은 사실이다. 좌파 사람들은 희생자들이었고, 희생자들은 좌익에 의해 보호되었다. 오늘날 가장 가난한 계층은 우익에 위치

---

17) Hromadka, Gollwitzer, 심지어 Barth의 텍스트들을 상기할 필요가 있다. 이들은 소련이 유대인을 배척하지 않았다는 개념에 입각해서 사회주의에의 가담과 공산주의에 대한 호의를 정당화한다!
18) 물론 점진적으로 이뤄진 정당화는 유대 백성과 이스라엘 국가를 분리시키는 것이었다.

하고 있는 것으로 확인된다(일례로 인도에서, 또한 아랍 나라들에서, 아랍 사회주의의 선언은 근거가 없다). 반대로 한 사회는 보다 넉넉해지면 질수록 좌익 이념들을 채택한다. 이것은 온 서구에서 사실이다. '노동자의 계급 의식'은 생활 수준과 같이 올라간다. 가장 가난한 노동자들이 좌파라는 것은 더 이상 사실이 아니다. 한편, 노동자 무산 계급을 가난한 사람들과 동일시하는 것도 시대에 뒤쳐졌다. 물론 이데올로기의 변화가 일어나고 있는 것이 사실이며, 지금 좌익은 이 프롤레타리아가 제3세계 국민들로 대체되고 있다고 여기는 것이 사실이다. 이것은 정확하다. 그러나 그들을 대변하고 실로 그들을 가장 돕는 것은 결단코 좌익이 아니다. 미국에 의한 식품과 재정 원조는 소련의 원조에 비해 100배가 많다.[19]

[2] 이 주장에 들어 있는 두 번째 오류는 다음의 문제에 부딪힌다. "이 가난하고 굴욕당하는 자들을 대변한다고 주장하는 국가 내지는 특별히 강한 세력과 함께 한다는 것이 언제나 가난하고 굴욕당하는 자들과 함께 하는 것인가?" 1931-1933년에 독일의 가장 가난하고 불쌍한 사람들, 즉 진정한 프롤레타리아가 모두 나치당에 있었음을 상기할 필요가 있을까? 이 나치당과 협력할 충분한 이유가 있었는가? 오늘날 공산주의도 동일한 오류를 갖고 있다. 소련이 프롤레타리아의 국가인가? 강력한 기반, 상당한 재정, 엄청난 병력을 갖고 있는 한 정당이 가난한 자들의 당의 자격을 가질 수 있는가? 물론 "그래도 객관적으로 가난한 자들을 보호하고 그들을 위해 보다 나은 미래를

---

19) J. Ellul, *Changer de Révolution*, "L'inéluctable prolétariat", 1982. 물론 그것이 또한 타산적인 원조라는 것은 자명하다.

추구하는 것이 이 당이다"라고 말할 수 있다. 이에 대해 나는 공산당이 선전과 투쟁의 도구이며, 당이 가난한 자들을 위해 섬기는 것보다 훨씬 더 그들을 이용하며, 목표가 더 이상 가난한 사람들의 명예 회복과 행복이 아니라 공산주의 국가들의 승리임을 망각해서는 안 된다고 말하겠다.

마르크스가 가장 혜택을 받지 못하는 자들(누더기를 걸친 프롤레타리아)에게 다정하지 않았음을 상기할 필요가 있다. 이 사람들은 그의 관심을 끌지 못했는 바, 이는 그들이 혁명 세력을 대변하지 못했기 때문이다. 또한 레닌이 양 떼처럼 쉽게 이끌리는 '프롤레타리아 대중'과 활동적 소수인 '정치적 프롤레타리아'(가난한 자들 가운데서 모집되지 않는!) 사이를 구별했던 것도 상기해야 한다. 공산주의 혁명의 결과가 비참한 상황을 제거하는 것이 아니라, 이전의 중산 계급인 새로운 계급을 온통 비참한 상황에 빠뜨리는 것임을 상기해야 한다. 만일 어떤 그리스도인이 공산주의자가 말하는 것처럼 "잘 됐다. 이들은 착취자들이었기에 받을 만한 것을 받았을 뿐이다"라고 말할 수 있다면, 그때 그는 당원이다. 그러나 나는 적어도 히틀러주의나 자본주의, 혹은 연합 식민주의에 의한 고통과 마찬가지로, 공산주의가 지금까지 세상에 끼친 엄청난 고통을 인정하는 것이 결코 기독교적이라고 믿을 수 없다. 그렇다. 불행히도 '가난한 자들의 정당'이라든가 굴욕당하고 억압당하는 자들의 진정한 '정치적 옹호자들'이란 없다. 제3세계 국민들의 소위 혁명 정부—카스트로, 카다피, 샤들리[20) 정부 같은—도 가장 가난한 사람들을 위해 일하지 않는다.

---

20) [역주] Benjedid Chadli. 1978년에서 1992년까지 알제리 대통령을 지낸 인물.

그러므로 정치적 선택은 절대로 기독교적 동기에 근거해서 행해질 수 없다. 이런 방향이 믿음이나 성경에 입각해서 정해진다고 주장해서는 안 된다. 이것은 기독교의 비호나 보증 없이, 각자 자기 자신의 책임 하에, 누구의 이끌림 없이 수행되는 정확히 자유로운 결정의 행위임을 인정해야 한다. 이것은 환경, 교육, 기질, 정치 지식, 예측 그리고 관심의 문제다. 이것이 모든 사람들의 경우와 마찬가지로 선택이 머무는 위치다. 그러나 그때 이것은 그리스도인으로서 우리가 이미 이런 선택의 중요성을 상당히 상대화해야 한다는 것을 의미한다.

그러므로 나는 바르취[21]가 이런 참여에서, 혹은 정치·사회적 윤리에서 추구해야 할 것이 교육의 구체적인 내용이 아니라 구조라고 평가했을 때 그의 의견에 동의한다. "우리는 우리를 지배하는 권력에 복종하라는 명령을 어디서 끌어오는가? 이 명령이 불러일으키는 기독교적 행동은 누구를 대상으로 실행되는가? 제안되는 정치적 행동의 목적은 무엇인가?" 이것들이 제기되어야 할 실제적인 질문들이다. 바르취가 우리에게 상기시켜 주는 것은, 이웃의 개념에 입각해서 정치를 고려하되, 이 이웃의 제도화를 거부(거부야말로 정치 참여에 있어 핵심적인 것임)하면서, 그리고 하나의 행동이나 요구가 하나의 관계를 만든다는 사실을 통해 우리가 타인의 이웃이 되는 것을 끊임없이 구체적으로 상기하면서 고려하라는 것이다.

---

21) Bartsch, *Église et société*, I, 48.

기독교 정치 참여의 첫 번째 성격

이런 정당 결정의 고려 방식으로부터 두 가지 본질적 결과가 나올 수 있으며, 이 결과가 내게는 그리스도인들의 정치 참여의 첫 번째 성격으로 보인다.

첫째 결과는, 만일 우리가 정치에 참여하고, 정당, 조합, 클럽 등에 가입해야 한다면, 이것은 이념을 위해, 명분의 정당함과 올바름을 위해 옹호되는 개념들 때문이 아니라는 것이다. 우리는 정치 개념이나 어떤 프로그램의 지원을 위해 싸워서는 안 된다. 물론 부수적으로 이것 역시 해야 한다. 그것이 활동의 일부를 이루기 때문이다. 하지만 우리는 그것이 그다지 중요하지 않음을 알아야 한다. 언제나 우리의 선택이 순전히 인간적이고 상대적인 동기 때문이었음을 상기하면서 말이다. 통일사회당(PSU)이나 극좌익 세력에 속한다는 것이 결코 정의나 자유를 지향하는 것은 아니다. 우리의 가담을 결정짓는 것은 정의와 자유가 아니라, [정당 선택이라는 우리의] 특수 역할이 의미를 부여하게 될 우리의 일시적인 열정과 우리의 견해, 우리의 취향, 우리의 친근성이다.

중요한 것은 다른 사람들 가운데 그리스도인의 임재 문제요, 예수 그리스도의 증거가 정치 환경에 전달되는 문제다. 그때 문제는 명백하고 전체적인(그러므로 역시 구두口頭의) 증거와 관련되는 바, 증거의 목적은 거기에 있는 사람들에게 복음을 가져다주고, 결과적으로 예수 그리스도가 그들의 구주임을 가르치고 믿게 하는 것이다. 이것은 다시 말해서 이전에 복음화, 회심시키기로 불렸던 것인데, 이것은 오늘날 기독교적 관점에서 혐오스럽고 비난받는 말들이다. 하지만 내 생각에, 이런 공개적으로 발설되는 복음 선포에 대한, 그리고 이웃을 그리스도에게로 회심시키려는 의지에 대한 반발은 단지 소심함의 표현이요, 다른 사람들과 다르게 되고, 시대에 뒤진 신념의 뒤늦은 대변자가 되는 두려움의 표현이다. 우리가 타협할 준비가 되어 있고, 또 그리스도 안에 있는 구원을 말로 선포하지 않은 채 "봉사"를 채택하는 것은 모든 현대 사회가 기독교 사상을 반대하기 때문이다. 사실 우리 시대에, 섬기고, 다른 사람들과 함께 일하고, 활동—더욱이 세상의 활동—에 참여하는 것이 복음에 대해 말하는 것보다 훨씬 쉽다. 그러나 잘못 생각해서는 안 된다. 예수 그리스도가 알려지는 것은 오직 말로 하는 선포를 통해서다. 일이나 섬김, 혹은 남모르는 참여에 의해서가 아니다. 이 모든 것은 유용하나 그것은 분명한 선포를 위한 준비와 기초와 예비 행위에 불과하다.22) 그러므로 내 생각에 그리스도인의 삶에 있어 정치적 삶에 참여할 첫 번째 가치 있는 이유는 다음과 같다. 즉 본질적으로 사람들과 협력하기 위해서가 아니라 그들에게 분명히 복음을 선포하기 위해 그들 가운데 존재하는 것이다.23)

---

22) 그리스도인들이 회심시키기 위해 많은 말을 하고 사회 변형을 위해서는 거의 행동하지 않았던 18세기, 19세기 상황에 대한 반동으로, 사람들은 정반대의 극단에 빠졌다. 예수 그리스도에 관해 침묵을 지키면서 이웃을 '섬기는' 것밖에 더 이상 원하지 않는다. 후자는 전자와 마찬가지로 잘못이다. 윤리의 영역에서 이것은 필히 되풀이해서 언급해야 한다. 왜냐하면 문제가 그리스도인이라는 존재와 관련되기 때문이요, 인간 존재는 말과 동시에 행동으로 자신을 표현하는 것이기 때문이다. 그리스도인 존재는 말과 행동을 분리시켜서는 안 된다. 말하기가 좀 뭐하지만, 동일 그리스도인들이 명백한 선포를 포기하고 익명의 섬김으로 도피하는 것은 바로 신학자들이 복음서 안에 있는 모든 것을 케리그마라는 선포 개념으로 설명하겠다고 주장하는 순간이다!
23) 그럼에도 불구하고 혼동이 있지 않도록, 나는 내가 본문에서 말하는 모든 것이 아무래도 좋은 '자유주의' 국가들, 도덕적 내지 정신적 방임 국가들에서 사는 그리스도인

모든 오해를 피하기 위해 분명히 하자. 내가 "그들과 협력하기 위함이 아니다"라고 쓴 것은 "협력하는 것을 삼가야 한다"는 의미가 아니다! 실제로 우리는 우리의 직업과 모든 사회생활을 통해 협력하게 된다. 이것은 당연하며 정치 현장에서도 마찬가지여야 한다. 그러나 이것은 그리스도인이건 아니건 누구나 할 수 있는 수준에서다. 이것이 무익하다거나 관심 밖이라는 생각은 나와 거리가 멀다. 당연히 도시를 잘 운영하는 것이 잘못 운영하는 것보다 낫다! 만일 어떤 그리스도인이 이것에 참여하여 훌륭한 행정가가 된다면, 그것은 잘된 일이다. 그러나 훌륭한 행정가는 어떤 사람이든 될 수 있다. 그리스도인이라는 존재가 보다 나은 정치가나 행정가임을 절대적으로 보증하지는 않는다! 도시의 유익을 추구하는 것이 특별하게 기독교적인 것은 아니다. 물론 우리는 우리가 할 수 있는 최선을 다해 이 일에 참여해야 한다. 그러나 그리스도인의 자유의 표현은 무엇보다도 이런 일에 부수적이고 상대적인 곳에 위치하며, 그 위치를 하나의 기회—예수 그리스도를 증거할 가능성—로 바꾸는 것이다.

바로 이것이 내가 말하고자 하는 것으로, 나는 정치 입문의 특별히 기독교적인 유일한 의미가 사람들을 예수 그리스도에게로 보내기 위한 노력과 증언이라고 주장한다(무슨 포교적인 의미에서가 아니라,

---

들과 관련된다는 사실을 분명히 해야 한다. 우익이건 좌익이건 반反기독교적인 독재 정권에서는 상황이 매우 다르다(나는 독재 정권이면서 스스로를 기독교적이라고 천명하는 라틴 아메리카 체제들이 실상은 반反기독교적이라고 여긴다). 거기서는 은밀함과 잠행만이 가능하다. 이것은 잠행의 특성을 발견해야 할 긴급성 그리고 성도의 연합의 신비라는 은밀한 관계의 긴급성 문제로 연결된다. 하지만 이것은 거기서 요구되는 전혀 다른 참여이며, 침묵에서의 참여는 여기의 선포에서의 참여와 마찬가지로 위험하고 마찬가지로 '매력적이다.' 어찌됐건 이 경우에서와 마찬가지로 저 경우에도 '봉사'는 그리스도인의 자유의 요구를 자신에게만 고갈시키지 않는다.

그들의 평화와 기쁨과 명랑함이 그리스도에게로의 회심에 의해서만 주어질 수 있기 때문이다. 우리가 그들에게 복음을 전파해야 하는 것은 그들을 위함이지, 우리나 교회의 위대함을 위함이 아니다).

만일 문제가 그리스도인들이 이 증거를 정치적인 삶에 전달하는 것이라면, 이것이 실제로 으뜸가는 동기라면, 그렇다면 그리스도인들은 모든 견해와 더불어 모든 정당과 모든 운동에 있을 필요가 있다. 이것이 그리스도인들의 정치적 분열이라는 스캔들을 피할 수 있는 방법이다. 만일 그리스도인들 가운데, 모두가 각기 자신의 입장이 '기독교적 입장'이라고 확신하고 하나의 신학을 세우면서, 어떤 이들은 사회주의에, 또 어떤 이들은 공산주의나 모택동주의에, 어떤 이들은 군주제에, 다른 이들은 기독교 민주주의에, 다른 이들은 우익에 가담한다면, 그때 거기에 스캔들이 있다. 이것은 먼저 기독교 사상의 불일치와 하나의 정치(이것이 자신의 소명일 경우!)를 표현하지 못하는 무능을 드러낸다. 나아가 이것은 교회의 내부에서 정치의 이름으로 단절과 분열을 야기할 수 있을 뿐이다.

반대로, 만일 그리스도인이 문제가 순전히 인간적인 입장들과 관련됨을 알면서, 자신들이 있는 곳에서 예수 그리스도의 증거라는 일차적 의도로 참여한다면, 그때 다양한 경향들로 나뉘는 그들의 분할은 기독교 사상의 무능이나 신앙의 불일치를 드러내는 대신 그리스도인의 자유를 나타내게 할 것이다. 실제로(우리는 여기서 정치 참여에 대한 두 번째 기독교적인 근거로 이어진다) 이것은 어떤 결과를 야기할 것인가? 여러 정당에 참여한 그리스도인들이 동일한 동기(예수 그리스도를 그들의 이웃에게 분명하게 선포하는 것)로 거기에 있는 것, 그들이 그들의 정치 동료들보다 그들 사이에서 신앙으로 더욱

연합되는 것, 이것은 엄청난 일이다.

  만일 그들 각자가 자신의 정당에서 그들의 정치적 입장이 부차적이고 그리스도에 대한 고백이 일차적임을 고려한다면, 그때 실제로 그들은 동일한 정치적 견해를 갖는 동료들보다 반대당에 있는 그리스도 안의 그들의 형제와 더 가깝다. 그때 그리스도인의 자유가 무엇인지 드러난다. 정치적 적대자들이 그리스도 안에서 완전히 연합될 수 있다는 것, 군인이 그들의 정치적 선택을 신앙 뒤로 돌리는 것, 바로 여기에 세상에 대한 자유가 있는 것이다. 그때 세상의 시선은, 정치적 이유 때문에 서로를 미워하는 모든 일반 사람들처럼 행동하는 대신 이런 장애물을 뛰어넘어 서로를 사랑하는 이 이상한 사람들에게 멈춰질 것이다.

  그때 "그들이 서로를 어떻게 사랑하는지를 보라"[24]는 말씀이 의미를 가질 수 있다. 사회가 정해 준 범주 **내부에서** '서로 사랑하는' 것은 증언으로서의 어떤 가치도 없다. 중요한 것은 왕정주의자와 공산주의자가 그리스도인이기 때문에 서로 사랑하는 것이요, 정적이기 때문에 타인에 대한 어떤 거부도 없는 것이다. 사람들은 여러 교회들로 분리되는 그리스도인들의 분열이 야기하는 스캔들에 대해 말하기를 그치지 않는다. 훨씬 더 중대한 스캔들은 그리스도인들이 서로 다른 정당에 속하는 것이 아니라, 그들이 정치적인 선택을 달리 했다는 것 때문에 서로 미워하고 서로 거부한다는 것이다.

  반대로 그들이 이런 선택과 상관없이 서로를 사랑할 줄 안다면, 그때 그리스도인들은 실제로 세상의 소금의 역할, 다시 말해서 언약

---

24) [역주] 요 13:35 참고.

의 증인과 보증인의 역할을 담당한다. 만일 그리스도인들이 서로 다른 정당에 속해 있으면서 근본적으로 철저하게 서로 연합한다면, 그들이 장애물을 넘어서며 반대 그룹과 계파 사이에 다리를 놓는다. 그때 그들은 그들의 중재를 통해 사람들이 서로 더 잘 이해하도록 한다. 그들은 그들 사이에서 통역자요, 서로를 위한 보증인의 구실을 한다. 그들은 적대감을 줄인다.

내가 결정적인 요소라고 생각하는 것은 사람들로 하여금 매우 다른 관점에 입각해서 서로를 이해하도록 돕는 것이요, 사람들로 원수가 되기를 그치도록 돕는 것이다. 중재자가 되는 것이야말로 언약의 증인이 아닌가? 분명 이것은 계급 투쟁을 줄이는 작업을 의미한다. 그러나 동시에 상위 계급의 태도를 바꾸어 그것의 착취하는 힘을 제거하는 작업을 의미한다. 물론 또한 이것은 정당이나 조합의 동료들과 전적으로 연대적이지 못할 것임을 의미한다. 실제로 충성의 선택 행위가 있다. 그리스도 안에서의 연합에 대한 충성은 무조건적으로 정당에 하는 충성과 양립할 수 없다. 이것이 정확히 하나님과 맘몬 사이의 바로 그 선택이다.

우리는 두 주인을 섬길 수 없다. 자신의 최우선적인 의무가 계급 연대 혹은 정치적인 동업조합이라고 생각하는 사람은 그리스도 안에서의 연합을 깨뜨린다. 그는 다른 주인을 선택했다. 무엇보다도 그리스도 안에서의 연합을 유지하고자 하는 사람은 자신의 정당이나 조합에서 어쩔 수 없이 약간은 물러서며 다소 무능력할 것이다. 그는 예수님의 비유에 나오는 불충한 청지기 이상도 이하도 아닐 것이다. 다시 말해서 다른 사람들에게 도덕적으로 나쁘게 여겨지는 자 말이다. 그는 세상의 재물을 맘몬(이 재물은 맘몬에게 속한다)을 위해서가 아니라 하나님을 위해서 관리하는 청지기와 마찬가지로 부정직할 것이다. 그러나 이런 노정에서조차도 그리스도인의 자유는 터져 나온다. 이런 자유가 없는 정치 참여는 속박에 불과하다. 자유의 상실은 매우 비싼 대가를 치른다.

사실 정당이나 조합 내부에 어떤 오해나 위선도 있어서는 안 되며, 당연히 완벽하게 깨끗하고 솔직하며 명백해야 하는 데 비해, 이런 태도에는 우리가 예수 그리스도를 이렇게 증거함으로써 우리 주변의 사람들에게 제기될 질문과 그들이 우리에게 던질 질문이 남을 수 있다. 곧 우리의 자유의 문제요, 우리의 믿음의 문제다. 그러나 이렇게 되기 위해서는, 그리스도인들이 실제로 서로 간의 연합에 머물기 위해서는, 그들이 그들의 정당이나 조합에 대해 거리를 유지할 수 있기 위해서는 엄청난 자유의 기적이 필요하지 않겠는가! 나는 아직 그것을 보지 못했다. 하지만 만일 이런 일이 일어나지 않는다면 그리스도인의 정치 참여는 아무런 가치가 없다. 우리가 실제로 보는 기독교 정치 참여는 부조리한 수다다.

3. 정치의 상대화

기독교 정치 참여의 두 번째 성격

정치의 상대화는 우리가 방금 기술한 것—정치 참여에 자유를 도입한 첫 번째 효과—의 정상적인 결과다. 이것은 결국 상대성의 감각을 정치에 끌어들이는 문제다. 이것은 정치를 평가절하하기 위한 것이 아니다. 왜냐하면 우리가 보겠지만, 이런 태도의 결과는 결정적으로 정치를 가능하게 하고 쇄신하기 때문이다. 핵심적인 것은 정치 문제의 절대화라는 존재가 어느 정도까지 열정을 터뜨리는지, 그리고 이 열정이 어느 정도까지 불안을 야기하는지를 이해하는 일이다. 사람들은 모든 것을 다 다루거나, 아니면 아무것도 다루지 않는다. 그런데 이것이 바로 정치를 이끌어 가거나 그것에 참여하기 위한 최악의 상황이다. 바타이(Bataille)는 매우 타당하게 쓴다. "정치적 문제들을 해결하는 것은 철저하게 불안으로 하여금 그 문제들을 제기하도록 내버려두는 사람들에게는 힘들게 된다. 불안이 문제들을 제기하는 것은 필연적이다. 하지만 그들의 해결책은 어떤 점에서 이런 불안의 제거를 요구한다."[25] 나는 정치에서 그리스도인들의 역할이란 바로 그들의 자유가 불안을 제거하게 하는 것이라고 여긴다. 그러나 이것은 또 다른 소망의 도입으로만 이뤄질 수 있는 것으로, 이 소망은 필히 정치의 상대화로 나타난다.

그러므로 나는 그리스도인은 화해와 합의의 역할을 담당한다는 것, 증오의 수단과 소수의 배제를 거부해야 한다는 것, 관계가 먼 사람들의 이익을 위해 관계되어 있는 사람들을 희생해서는 안 된다는 것, 종속 관계를 상황에 의해 부과된 일시적인 관계로 받아들일 수 없다는 것[26], 정치 권력에 한계를 두기 위해 일해야 한다는 것, 현상에 굴복한다거나 정치 활동을 하나님의 나라를 구현하는 구원의 방법으

---

25) Georges Bataille, *La Part Maudite*, 1969, p. 18.
26) [역주] 일례로 비정규직을 대하는 태도를 생각하라.

로 간주할 수 없다는 것, 정치의 기준이 제국의 위대함도 이론의 원리도 아니라 사람들의 유익을 위한 봉사라는 것을 강조하기 위해 골비처27)에게 동의한다. 이 모든 것은 훌륭하고, 내가 여기서 끌어내고자 하는 요소들과 일치한다.28)

정치적 상대화의 양상들

계속해서 상대화의 양상들을 검토할 필요가 있다. 이 상대화의 첫째 양상은 타인들과 정치적인 모험에 따라 사는 것에 있다. 필경 소홀히 할 수 없는 것이지만 분명 상대적인 목적과 목표를 갖는 것으로서의 모험 말이다. 정치가 잠정적이고 마지막 직전인 것에서 활동하는 것임을, 그러므로 그것이 '궁극적인 것'과 관련되지 않는다는 것임을 끊임없이 상기해야 한다29)(이 궁극적인 것이란 내가 보기에 신학적 진리일 뿐만 아니라 인간의 생사다). 그런데 외관상 분명해 보이는 것은 그렇지 않다는 것이다! 정치가 잠정적인 것 안에서 활동한다고 말하는 것은 역사를 통한 정치의 절대화에 대한 거부를 의미한다. 만일 이 자명한 이치가 쉽게 받아들여진다면, 우리가 보듯이 사람들은 즉시 역사의 과대평가를 통해 정치의 조촐함을 모면한다. "정치는 역사를 만든다." 역사는 사람들이 할 수 있는 듯 열어둔 이 보잘것없는 길만은 아니다. 이런 작은 사건들의 역사는 헤겔-마르크

---

27) Gollwitzer, *Eglise et société*, II, 31 이하.
28) 보다 상세한 것을 위해서는 cf. J. Ellul, *La foi au prix du doute*, 1980을 보라.
29) 내가 보기에 많은 사람들 가운데서 정치의 상대화를 가장 잘 대변하는 사람은 키르케고르다. 일례로 그는 "기독교적으로 새로운 것은 하나님에게서 온다. 정치적으로 새로운 것은 거리에서 온다"고 말한다(*Journal*, V, 20, NRF).

스주의 철학의 마법에 의해 하나의 역사로, 즉 하나님에게서 빼앗은 온갖 장식으로 단장한 위대한 여신으로 변환된다. 그러나 만일 진부한 역사가 실제로 미래를 가져오는 역사라면, 그때 정치는 중요하고 거의 초월적인 활동이 된다! 이것이 바로 헤겔이 생각한 것이다. 그리고 바로 이것이 그리스도인으로서 우리가 철저히 거부해야 하는 것이다.

우리의 자유는 단호히 정치의 상대성을 채택하는 데로 인도한다. 왜냐하면 거기에서만 우리의 자유는 신화 없이 표현될 수 있기 때문이다. 그런데 이 상대화는 동시에 정치의 '탈-이념화'(!)를 내포한다. 우리는 (무엇보다도 우리 자신이) 정치가 무슨 영적, 이념적, 교조적 내용물을 가지고 있지 않고, 행정과 관리의 정직하고 구체적인 실행임을 인정하도록 노력해야 한다. 왜냐하면 영적, 이념적, 교조적 내용물은 해로운 상층 구조들로서, 사람들은 그것들을 통해 자신을 보다 중요하게 만들고 동시에 자기 행동의 실재를 숨기고자 애쓰기 때문이다. 여기서도 그리스도인의 자유는 리얼리즘을 통해 실행되어야 한다.

리얼리즘은 정치의 실재에서 정치를 고려하도록 도움으로써 정치의 비신화화를 돕는다. 하지만 문제가 오직 공동 유산의 바른 관리라면, 그렇다면 극도의 열정으로 논쟁할 이유가 없다. 나는 중산층 가정에서 유산과 그 분배 및 관리를 둘러싼 싸움이 열정적인 이해관계 때문에 예민해져서 극심한 증오로 이어졌던 때가 있었음(아직도 있음!)을 잘 안다. 나는 지금은 매우 잘 알려진 이 비극—한때 전통, 가족의 명예, 도덕성 등의 위대한 이름하에 가려진—을 우리가 현대 사회에서 정치—정확하게 동일한 질서에 속한—에 주는 온갖 영향력과 비교하지 않을 수 없다. 그러므로 관리, 공평한 분배 등에 대해 말하자. 그러나 보다 중요한 이해관계라든가, 정의, 역사 의식, 진보라는 이념적 로켓탄으로 공격하는 것을 멈추자.

그리스도인의 자유는 우리를 이끌어 이 극도로 상대적인 문제들을 (이것들을 상대적인 것들로 이해하면서) 소중하게 여기도록 하며, 기술적인 문제들은 기술로 다루되, 성명서와 이론들을 해학 정신으로 받아들임으로써 더 멀리 나아가는 것을 엄중히 거부하도록 해야 한다. 우리가 아는 것은, 이 결과가 반은 좋고 반은 나쁠 것이며, 어떤 혁명도 원하는 변화에 이르지 못할 것이고, 다만 결과들이 잠정적일 수밖에 없다 하더라도 이러한 사소한 정치 행위들이 잘 이뤄져야 한다는 것이다. 그러므로 많은 겸손과 절제가 필요한 것이지, 결코 열정과 열광이 필요한 것이 아니다. 왜냐하면 권력의 실행은 항상 위험하기 때문이다. 말과 이념의 헛소리에 양보하지 않기 위해서는 냉정함이 필요하다.

이처럼 정치를 그 구체적이고 상대적인 수준에서 올바르게 고려한다면, 그때 이것은 타인들과의 관계에서도 하나의 상이한 정치 태도를 채택하도록 이끈다. 우리는 더 이상 반대자들을 적으로 마주대할 수가 없다. 실로 정치적인 원수(계급적 원수도!)란 없다. 이해관계의 갈등이나 기술의 갈등을 전쟁으로 바꾸고, 그리하여 반대자를 적으로 바꾸는 것은 이념이다. 이렇게 상대화하기, 비-열정적이 되기는 정직한 경쟁과 정치를 가능하게 하는 바, 거기서는 악을 악으로 갚지 않고 공동선30)을 도모할 수 있게 된다.

---

30) 공동선이 '총 이익'과 결코 동일하지 않음을 상기하는 것은 흥미가 없지 않다. 총 이

물론 이것은 일반화될 수 없다. 정치를 이런 식으로 살기 위해서는 그리스도 안의 자유가 필요하다고 생각하기 때문이다. 그러나 역시 그리스도인의 가장 중요한 기능 가운데 하나는 타인들 가운데서 단순화와 평온함의 요인이 되는 것이다. 그리스도인은 문제가 악을 악으로 갚는다거나 적(여기서는 내 평화적 제안을 수용하지 않는 자)과 싸워 정복하는 일이 아니라고 주장하는 사람들이다. "그리스도인은 반대자들의 적이 되어서는 안 된다. 국가 영역에서, 그리고 무질서에 대한 어쩔 수 없는 정치 싸움의 영역에서조차 그렇다…그에게 있어서 적은 언제나 그에게서 형제를 찾는 사람으로 남는다"(칼 바르트). 이것은 그들이 투쟁 중에 있는 그의 동료들에게 알려야 할 내용이다.

불행히도 나는 정치에 빠진 그리스도인들이 사실은 열정을 증가시켰고, 갈등의 이념적 목소리를 키웠으며, 종종 다른 무엇보다 자주 선동자였음을 말할 수밖에 없다. 이것은 아마도 그들이 행동할 능력이 없어 행동을 자신들에게 능숙한 과장된 말로 대체하기 때문이다.

비정치화

그러나 만일 열정을 줄이고 상대화하기 위해 노력할 경우 비정치화될 위험은 없을까? 관건은 이해다. 사람들이 정치를 이념, 세계관, 인간과 신에 대한 이론의 갈등으로 만드는 한, 그때 그들은 비정치화한다! 반대로, 우리는 거짓 갈등의 사라짐으로 말미암아 행복과

익은 권력의 이념적 가면(Jacques Chevallier의 놀라운 연구물인 *L'intérêt général*을 참고할 것)인 반면, 공동선의 추구는 반대자들의 동의를 내포한다.

유익을 얻을 것이다. "그렇다. 하지만 만일 정치가 공공유산에 대한 가능한 최상의 관리에 불과한 것으로 축소된다면, 사람들은 정치에 관심을 잃고 등을 돌릴 것이다." 나는 이에 관해서 역시 그리스도인들 편에서 주어야 할 모범이 있다고 생각한다. 즉 이념적인 것의 과장을 폭로하면서 이 기술적 과업을 소중히 다뤄야 한다는 것, 완전히 상대적인 이 목적들을 추구해야 한다는 것이다. 이것은 사람들로 하여금 이런 상대적이고 동시에 이해관계 없는 문제들에 관심을 갖게 하는 것으로 매우 감탄할 만한 과업이다. 왜냐하면 문제가 행동을 가장 현실적인 수준으로 이끌며 가능한 한 가장 솔직하게 되도록 하기 때문이다.

만일 말의 허풍을 빼는 것이 비정치화하는 것이라면, 그렇다면 비정치화는 탁월한 일이다. 만일 선동과 열정 없이 인간은 정치에 관심을 갖지 않는다고 말한다면, 그렇다면 정치에게는 유감스럽지만 할 수 없다. 어찌됐건 인간을 열정적으로 만들고자 해서는 안 된다! 중요한 것은 정치적 삶을 보다 실제적인, 사실상 보다 심층적인 영역—그것이 어떻게 보이건—으로 이끄는 일이다.

분명 이 태도는 아무튼 비정치화를 지향하는 것에 있다고 말할 수 있다. 그러나 비정치화는 정치에 대한 거부를 의미하는 것이 아니라, 정치의 이념과 거짓의 거부를 의미한다. 이것은 물론 비정치주의가 더 우월하다는 것을 의미하지 않는다. 나는 비정치주의 개념이 위선적이고 잘못임을 힘써 보여준 바 있다. 이 태도는 또한 수동적 복종도 아니다. 왜냐하면 비정치화는 쓸데없는 것에서 온전히 빠져나옴으로써 정치적 문제에 관한 참된 관심, 참여, 진지하게 여기기를 전제하기 때문이다. 그러므로 비정치화는 자유를 확인하기 위한 투쟁이요 감시다. 그것은 정치 참여 이후의 태도이지 선결의 태도가 아니다. 그것은 정치에 참여하는 자의 태도이지 정치 참여가 부조리하고 헛되다고 생각하는 자의 태도가 아니다.

비정치화와 민주주의

이와 같이 사람들이 비정치화라고 부르는 이런 경향은 건전할 뿐만 아니라 정치 자체에 있어서도 열매 있는 태도다. 그것이 어떤 정치 인사에게 마음대로 하도록 내버려두고 방임하게 한다고 말하지 말자. 정확히 그 반대다. 왜냐하면 이 태도는 말로 가득 찬 정치인의 허풍을 빼고 거절하는 데 있으며, 정치의 실제적인 문제들에 대해 구체적으로 역량 있게 일할 수 있도록 애쓰는 데 있기 때문이다. 나는 이 태도가 정치에 유익하다고 말하는데, 이는 그것이 진정한 민주주의를 가능하게 하기 때문이다.

민주주의—프랑스는 이것을 세우는 데 이르지 못했다—는 사실상 상대성과 이성의 승리를 의미한다. 민주주의는 열정적 수준(통상 부적절한 일반 이론들을 끌어들임으로써)에서가 아니라 이성적 수준에서 문제들을 토론하는 것, 반대자와 소수를 매우 존경할 만한 자로 여기는 것, 이 경쟁자에 대해 민중 선동, 열광, 증오 등의 수단을 사용할 수 없다는 것을 전제한다. 민주주의의 전제는 정치 투쟁이 본성상 궁극적이 아님을 알며, 거기에 참여하는 각자가 집단적이고 배타적인 이론 운동을 가져오지 않고 진리의 작은 초석을 가져오는 것임을 완벽하게 아는 것이다. 민주주의의 첫걸음은 반대자가 완전히 옳을 수 있다는 것, 그에게서 올바른 것은 채택해야 한다는 것을 아는 것이다.

그러나 이 모든 것은 이런 민주주의의 기본적인 요소들을 상기시키는 사람들이 다른 사람들 가운데 존재해야 한다는 것을 내포한다. 그리스도인들은 그들이 궁극적인 진리에 기대고 있고 그리스도 안의 자유에 따라 살도록 부름 받았기 때문에, 정확히 이 소명을 갖고 있는 것으로 보인다.

혹 "그러니까 너희는 어떤 체제를 선택하고 있는가? 다른 것들보다 우월한 체제를 전제하는가? 보다 기독교적인 체제를?"이라는 말을 들을 것이다. 결코 그렇지 않다! 그러나 만일 민주주의가 정치적 상대성, 반대자의 정당성, 정치 수단의 제한, 소수의 가치, 의견의 적법한 다원주의, 모든 사람들 사이에서 권한과 '진실들'의 분배, 권력 축소를 인정하는 것이라면, 그렇다면 이 체제는 그리스도인이, 정확히 그 수수함으로 인해 그리스도 안의 자유인으로서 거기에 참여할 가능성(다른 체제보다 더 큰)을 제공하는 것으로 보인다. 그러므로 그리스도인의 자유는 참된 민주주의에서 참된 정치가 가능해지도록 힘쓸 필요가 있다. 이것은 우선적으로 기독교 정치 이론을 추구할 이유가 아니라, 정치에서 기독교적 삶의 방식을 추구할 이유가 있음을 의미한다.

자유는 제도에서 얻어지지 않는다

더 나아가 사회적, 제도적, 헌법적, 경제적 변화들이 무익하거나 무미건조하지 않을 수 있음을 꾸준하게 다시 말할 필요가 있다. 우리 사회에 실행해야 할 변화들이 있으며, 우리가 원하건 아니건 간에, 그것들이 실행되고 있는 것이 사실이다. 하지만 순전히 정치적인 방법으로는 결국 매우 조금 할 수 있을 뿐이다. 나는 이것이 그리스도인들이 참여해야 할 방식이 아니라고 생각한다. 마찬가지로 우리의 주제 같은 특수한 주제의 경우, 우리는 인간들이 자유롭게 되는 것은 결코 제도들의 변화를 통해서가 아님을 확신해야 한다. 인간들은 우리가 입증하고자 애쓴 의미에서 실제로 자유롭게 된다.

권위적이고 수사적이며 짓누르는 제도들, 감시, 사회적 통제, 이 모든 것은 실제로 자유의 한 가지 양상을 죽인다. 확실히 이 영역에서 행동할 필요가 있다. 이 문제를 혁명적 행동을 말할 때 다시 언급하겠지만, 일단 이런 제도들이 다른 제도들, 즉 존경받는 경찰, 사람들을 섬기는 행정, 자유로운 정치 조직, 진정한 민주주의, 정당한 경제 재조직 등으로 대체되면, 그때 우리는 인간들로 하여금 자유롭게 되도록—그들이 그들의 자유를 획득하는 한, 그들에게 끊임없이 자유를 얻을 능력이 있는 한—하며, 남용하지 않을 만큼 충분히 절제하며, 그들의 운명을 새로운 독재자의 손에 맡기지 않을 만큼 충분히 용기있게 해주는 요소들을 갖게 된다. 그러나 이것이 제도들의 변화에 의해 주어지는 것은 아니다.

그러므로 정치적 행동은 제한적 범위에서 자유로운 존재의 선결 조건이 될 수 있지만, 결코 그 자체로 이 존재를 자유롭게 하지는 못한다. 정치가 누구에게도 자유를 준 적이 없다. 제도들이 인간에 의해 가치 있게 사용될 수 있기 위해서는 인간이 자유로운 인간이어야 한다! 제도가 인간에게 자유를 주지 못할 뿐만 아니라, 자유의 지속과 영속성을 보장하지 못한다. 자유는 시민의 의지, 희생, 금욕, 엄격, 근면, 통찰에 의해서만 지속된다. 시민이 안락, 편이성, 무책임, 여가, 권위, 외부에 의한 사태 해결을 찾는 즉시, 그것은 독재다. 당연히 '훌륭한' 독재다! 달리 말해서, 제도들의 변화와 역할의 영역에서만 존재할 수밖에 없는 정치적 행동은 분명 전적으로 관심 밖은 아니지만, 이 관심은 매우 상대적이며 이 방법을 통해 자유의 위대한 창출을 소망해서는 안 된다.

또한 교회들이 실제적인 정치 행동을 갖고 특별히 제도적 방법을 통해 행동할 기회가 매우 적다는 사실을 기억할 필요가 있다. 교회들은 세속화의 과정을 통해 소수가 되었고, 제도적 변형을 통해 행동할 수 있는 기회가 점점 적어진다. 가능성이 매우 단순한 이 영역에서 길은 폐쇄되었다. 피임이나 이혼을 반대하는 현대 가톨릭 교회의 주장을 반복하는 노력은 실패한 듯이 보이며, 그것은 당연하다. 왜냐하면 우리는 사회를 기독교 세계로 만들려고 애써서는 안 되며, 돈이나 직업이나 가정에 제도적 형태―인간 해방의 수단으로 변하는―를 주려 해서도 안 되기 때문이다.

우리가 행동을 시도해야 할 곳은 이 영역이 아니다. 그러면 교회 내부인가? 그것도 아닌 것으로 보인다. 교회가 다른 세속 사회 내부에서 폐쇄되고 완전무결한 사회이어서는 안 되는 한, 교회가 죄인들의 사회와 대립되는 구원받은 자들의 사회를 조직함으로써 자신의 제도들을 통해 사회의 제도들을 추월해서는 안 되는 한, 교회는 그리스도인들이라는 이 해방된 인간들의 자유를 돕는 제도들인 가정, 결혼, 재산, 돈, 노동에 대한 새 제도들을 창설해서는 안 된다. 우리 사회와 같은 강력하게 통합된 전체적인 사회에서 이것은 충분히 환상적일 뿐만 아니라, 우리는 이런 방식으로 우리 그리스도인의 자유와 교회의 삶을 살아서는 안 된다. 그러므로 우리가 소외의 요인들을 바꿀 수 있는 것은 제도적 방식을 통해서도, 사회나 교회에서도 아니다.

6장

통치자/주권자의 대화

6

통치자/주권자와의 대화

정치에 참여한다는 것은 아주 명백하게 권력이나 국가와, 혹은 내가 더 좋아하는 말인 주권 소지자—그가 누가 됐건—와 접촉하는 것이다. 이런 접촉이 그리스도인의 자유라는 관점에서 어떻게 이루어질 수 있을까?[1] 정치적 힘으로서의 국가는 기독교

---

1) 나는 Bartsch(*Eglise et société*, I. 49)가 상기시키고 있는 부퍼탈 논제(Wuppertal thèses)에 전적으로 동의한다. 이 논제는 정치에 대한 그리스도인의 윤리적인 태도의 문제가 국가 신학에 기초를 둘 수 없음을 확인한다. Bartsch의 정당한 말에 따르면, 국가의 성격과 목적을 정하는 신학 이론에서 개인의 의무와 순종을 끌어낼 수 있다고 믿는 것은 잘못이다. 순종은 더 이상 지상의 권력의 내재적 속성에 기초한 것으로 여겨질 수 없고, 예수 그리스도를 주라 시인하고 그 결과 그를 개인과 국가 관계의 주인으로 보는 신앙 표현으로 여겨질 수 있다. 롬 13장에 대해서, Bartsch는 그것이 국가론이나 철저한 복종과 관계되는 것이 아니라, 하나님에 대한 사랑과 그의 나라의 소망에 의해 결정되고 제한되는 충성 가운데서 일시적인 정치 세력과 지금 여기서 협력하는 참여와 관련된다고 옳게 말한다. 그는 국가에 대한 그리스도인의 순종을 말하는 텍스트들

적이 아니다(그리고 그렇게 되어서도 안 된다!). 국가는 그리스도의 법을 적용해서는 안 된다. 국가는 본질상 도덕을 준수할 의무가 없다. 나는 정치적 자연도덕이 있다고 생각하지 않는다.[2]

국가는 힘을 행사하기 위해 존재한다. 국가는 본질상 옳은 것에 대한 식별력이 없으나 유용한 역할을 담당한다. 국가는 자신이 이끄는 집단의 공동 유익의 수단을 파악해야 한다. 그리고 국가가 모두를 위한 가장 좋은 유익을 보장하는 한, 그때 사람들은 정의—꼭 말을 하자면—에 대해 말할 수 있다. 왜냐하면 각자에게 돌아가는 몫을 각자에게 돌려주고, 집단 재산을 가장 효율적으로 관리하는 것이 정의(실제로 공공 유익 개념에 통합된, 철저하게 고전적인 개념 규정이다!)이기 때문이다. 그런데 꼭 선이나 가치에 호소하지 않더라도, 유익에 대한 이런 판단은 인간의 이성적인 능력과 완전히 일치한다. 그러나 이것은 분명히 혼란케 될 수 있는 제한된 판단이다.

통치자의 정식 교섭 대상

이와 같이 권력은 자신과는 다른, 다른 수단을 사용하는, 다른 것을 말하는, 심지어 국가 너머로 진정한 통치자에게 말하는 누군가를 정면에서 만날 필요가 있다. 나는 이런 정식 교섭 상대가 그리스도인이요 교회라고 생각한다. 국가가 그 앞에 홀로 있지 않은 것은 국가의

이 무조건적인 순종을 겨냥하지 않는다는 것을 입증한다. 왜냐하면 그리스도인은 제도에 대해서가 아니라 개인에 대해서 의무를 지기 때문이다. 이와 같이, 그리스도인이 위치하는 곳은 국가의 내부가 아니라 국가의 정면이다. 그가 당국과 함께 이웃의 관계를 세우면서 자유로운 존재인 한 말이다.

[2] J. Ellul, *L'illusion politique*, ch. 1.

바른 정치적 흐름에 필수적이다. 그런데 주의하자. 권력의 홀로 있음을 깨뜨릴 수 있는 것은 결코 정치적인 적대자가 아니다. 왜냐하면 유력한 정부의 적대자는 어떤 점에서 체계에 가담하는 자이기 때문이다. 그는 정부를 교체하기를 원하는 것으로 만족한다. 그러므로 그는 다른 것을 표방하지 않는다. 심지어 마르크스주의나 모택동주의에서처럼 권력의 기초를 바꾸는 문제일 경우에도 논쟁이 위치하는 곳은 정치 영역—내가 방금 정의내린 그대로의—내부다. 국가의 기초가 프롤레타리아 계급이 된다 해서, 국가의 존재(이 경우 하나의 계급 국가로 남는다!)와 권력의 행사가—어떤 것이 됐건—진실로 바뀌는 것은 아니다. 오로지 무정부주의자들만이 정치 기구에 결정적인 이의를 제기한다. 그러나 국가는 이러한 이의 제기를 수용할 수 없는바, 이는 그것이 국가의 사형선고 외에 다른 문제가 아니기 때문이다!3)

그러므로 만일 정치 균형을 위해 권력의 홀로 있음을 막는 것이 필수적이라면, 한편으로 교섭 상대가 정치 영역에 있지 않아야 하며, 다른 한편으로 수용되기 위해서는 그의 이의 제기가 국가의 존재를 존중하는 것이어야 한다. 그리스도인만이 유일하게 이 요구에 부응하는 것으로 보인다. 그리스도인은 권력이 하나님에게서 유래하며 제거 대상이 아님을 인정한다. 하지만 그는 기준의 다른 범위에 자리 잡고 그것에 입각해서 대화를 시도한다.

한편으로 그는 국가가 유용성의 영역에 위치하며 그것에 따라 결정

---

3) 여기서 내가 쓰는 것은 "기독교와 무정부주의"(in *L'idéologie chrétienne marxiste*, 1979)에 대한 내 연구와 조금도 반대—그런 흔적이 있음에도 불구하고—되지 않는다. 거기서 나는 무정부주의적인 방향에 대한 개인적인 선호를 실존적으로(hic et nunc) 밝히고 있다[엘륄은 1988년에 *Anarchie et christianisme*을 별도로 쓴다—역주]. 거기서 나는 내 견해를 피력했고, 여기서는 내 선택과 독립적으로 객관적인 방향을 보여준다.

을 내려야 한다는 것에 반대하지 않는다. 그는 국가를 기독교화하겠다고 주장하지 않는다. 다른 한편으로 그는 실재(궁극적 실재!)에 대한 다른 인식에서 오는 요구들의 총체를 제시한다. 그는 이 실재를 타협을 통해—아니면 이것이 자연이나 도덕 등의 문제임을 입증하는 시도를 통해—받아들이도록 시도해서는 안 되고, 그것을 국가에게는 감지되지 않는 현실의 요소로 주장해야 한다.

이런 이유에서 그리스도인의 자유는 너무도 중요하다. 이런 대좌(對坐)는 이 자유에 입각해서만 가능하다. 틸리히는 국가 스스로가 '나와 너'의 관계로 들어갈 수 있음을 주장하면서 놀라운 통찰력을 보여준다. 그의 말에 의하면, 만일 이것이 시도되지 않을 경우, 그때 "국가와 정치 권력은 거의 전부 악마에게로, 절대화된 '나와 그'의 관계로 넘어간다. 이런 항복은 정당화되지 않는다. 심지어 국가도 '나와 너'의 관계에 잠재적으로 열려 있다. 이것은 부버(Buber)가 '나와 너' 관계의 세 번째 유형에서 도출해낸 영적 형태들 가운데 하나로 여겨질 수 있다. 그래서는 안 된다는 어떤 근거도 없다. 왜냐하면 창조된 모든 것이 신의 것 안에 포함되어 있으며 성별될 수 있기 때문이다"(*Theology of Culture*, p. 163).

우리가 이러한 관계를 시도해야 하는 것이 매우 사실이지만, 언제나처럼 이중적인 혼동이 있다. 설령 통치자와의 대화가 가능하다고 할지라도, 국가와의 대화는 그렇지 않다. 분명히 틸리히는 국가가 무엇인지 알지 못한다! 그는 더 이상의 언급이 없이 다만 국가가 하나님이 창조하신 것의 일부라고 말할 때 이 사실을 드러낸다. 분명 나치주의에 대한 그의 경험이 그로 하여금 현대 국가의 실재에 대한 고찰을 하지 못하게 했다. 하지만 우리가 통치자를 대화로, 인격화된 관계로 들어가지 못하게 할 경우 그를 악마화된 관계 속에 내던지게 된다는 그의 관점은 놀랍다.

교섭의 조건

이런 대화가 시작되기 위해서는 분명히 두 교섭 대상이 있어야 한다. 이것은 모종의 조건을 내포한다.

[1] 먼저, 권력 편에서 첫 번째 요구는 국가가 스스로 교회와는 다른 존재로 인정할 것, 그러므로 종교적인 주장을 갖지 말 것, 교회 안에 자신을 세우지 말 것, 미혹하여 자기를 좋아하게 할 마음을 갖지 말 것이다. 두 번째 요구는 타인이요 다른 것을 말하는 누군가를 인내하고 관용하는 것이다. 나는 앞서 말한 것으로 되돌아온다. 정치 마당에 앉아 다른 이론을 주장하는 두 반대자들은 다르지 않다. 권력과 관련된 것 외에 어떤 것도 아니다. 한동안 마르크스주의가 너무도 공포의 대상이어서 잔학한 존재로 나타났던 것은 실제로 달라 보였기 때문이다. 그것 역시 세상 어디나에서처럼 하나의 국가로 태어났다는 것, 차이라고는 조직과 어휘였다는 것, 본질적인 것이라곤 전혀 문제가 되지 않았다는 것을 알아챈 후부터, 마르크스주의는 정치 영역에서 두려움의 대상이 되는 것을 그쳤다.

그러므로 정치 권력이 철저히 다른 어떤 것과의, 실제로 다른 입장에서 출발하는 누군가와의 대화를 수용하기란 용이하지 않다. 그리스도인들은 어쩌면 이 대화가 필요한 국가를 위해서 억지로 문을 열어야 한다. 대화하기 위해서는 둘이 있어야 한다.

[2] 그리스도인들과 교회 편에서도 조건이 있다. 가장 필수적인

것은 교회가 말할 것이 있어야 한다는 것이다! 만일 우리가 추상적인 가치 평가와 신학적이거나 이론적인 입장(일례로 혁명 투쟁에 개입된 군사 권력에게 "고문은 매우 악한 짓"이라고 말하는 것)에 매달린다면, 그때 권력은 다음과 같이 말하면서 등을 돌릴 것이다. 즉 "너희는 너희가 말하는 실재를 알지 못한다. 나는 너희의 영원한 심판이 필요 없다"고 말이다. 만일 반대로 우리가 국가에게 기술적인 충고를 주고, 다른 경제 정책을 제안하며, 기타 등을 하고자 한다면, 그때 우리는 국가라는 실재에 위치하게 된다. 이것은 유익할 수는 있으나, 나는 교회가 진짜 역량이 있는지 확신하지 못하며[4] 국가도 자신의 특수 활동이 침해당한다고 마땅히 거부할 수 있다.

결국 교회가 단지 어떤 이론에 동의하기 위해서 권력(나는 반대 정당과 마찬가지로 정부 여당을 여기에 포함시킨다!)이 말하는 것과 동일한 것을 말하는 것으로 그친다면, 그때 그것은 아무런 가치가 없다. 교회는 다른 아무것도 아니다. 그러므로 교회는 독특한 말, 즉 권력의 말과 동일하지 않으나 그것과 관련해서 공통된 척도가 없지 않은 말을 가져야 한다. 만일 교회가 이런 종류의 것으로 할 말이 아무것도 없다면, 그때 대화는 없으며, 국가에게도 더 이상 진리가 없다.

성서의 사례들

교회의 역할을 좀 더 분명히 알기 위해서 잘 알려진 몇몇 성서

---

[4] 정치 문제나 경제 문제에 대한 세계교회협의회(WCC)의 논쟁들과 보고서들이 보여주듯이 말이다.

텍스트들을 상기하자.

1. 에스겔서에서 우리는 파수꾼의 역할을 본다.5) 그리스도인들과 교회는 국민에게 경고할 임무를 맡는다. 그들에게는 이 경고에 대한 책임이 있으며, 그들이 그것을 하지 않을 경우 비난을 받을 것이다.

그러나 이 텍스트는 단지 영적이거나 도덕적인 영역에서만 유효한 것이 아닌가? 이것은 단지 도덕적으로 나쁜 행동에 대한 것이 아닌가? 한편, 한 개인에게 주는 경고가 아닌가? 나는 그렇지 않다고 생각한다.

이것은 국민에게 집단적으로 향하는 말씀과 관련된다. 하나님에게 속하지만 그것을 인정하려 하지 않는 백성의 너무도 중요한 이 성격과 더불어 말이다. 그런데 유대 백성에게 특수 상황이었던 것이, 예수 그리스도 이후로 모든 국민, 모든 나라의 상황이 되었다. 이 말이 국민에게 전달되어야 한다는 것은, 국민이 참된 정치적 주권자로 여겨지는 오늘날 매우 중요하다. 우리가 말했듯이 우선적으로 말해야 할 대상은 통치자(주권자)다. 주권자로서의 국민과 관련해서 파수꾼의 역할은 국민이 하나님께 속한다는 것을 상기시키는 일이다.

그렇지만 이것은 '영적인 메시지'가 아니다. 이것은 예언자들의 모든 말들처럼 분명한 역사적 맥락—그러므로 정치와 관련된—에 정확히 삽입된 경고다. 이 경고는 모든 정치 행위가 그 의미와 영적 판단을 포함한다고 주장한다. 하지만 예언자(교회, 그리스도인, 그리스도인들)가 말할 때, 그것은 그가 하나님에게서 듣는 것과 관련된다. 그러므로 그가 주어야 할 것은 인간의 견해가 아니다(이것은 우리가 정치적인 입장의 선택에 대해 기술했던 태도와는 완전히 반대되는 태도다).

---

5) 겔 33:1-20. 욘 4장. 눅 13:1-5 참고.

그러나 그때 예언자가 말하는 것은 위기나 전쟁이 우발적으로 야기하는 어떤 사건과 그다지 관련되는 것이 아니다.

사실 우리는 위기와 전쟁이 발생하여 온 세상이 불안해할 때 불행히도 교회의 불안을 확인한다. 그리고 '질서'가 회복될 때, 다시 말해 아무도 더 이상 불안해하지 않을 때 교회의 평온을 확인한다! 이미 이것이 우리의 의심을 촉발해야 한다. 왜냐하면 이것은 실제로 교회가 하나님에게서 무언가를 듣고 말하는 것이 아니라, 그리스도인들이 온 세상과 동일한 공포에 사로잡혔을 때 말한다는 것을 의미하기 때문이다. 그때 교회가 세상의 말을 채택하는 것은 자명하다. 그리고 매우 종종 그것을 극단으로 밀어붙이고야 만다. 그런데 이것은 교회의 소명이 아니다. 교회는 주체적으로, 다시 말해 때를 얻든지 못 얻든지 진리에 따라 말하도록 하나님에 의해 부름 받는다. 참되게 들려지는 하나님의 말씀은 그리스도인을 가르쳐 징조를 보게 한다. 모든 사람들은 거기서 사건만을 식별할 수 있을 뿐이다. 그리스도인은 이 징조의 의미가 무엇인지, 이 징조가 무슨 '기의'(signifié)를 가리키는지를 배운다. 그리고 이 의미는 정치적인 것과 마찬가지로 영적일 수 있다.

이와 같이 그리스도인은 '진행 중의 역사 읽기'에 초대된다. 하지만 이것은 마르크스주의나 민족주의자들과는 전적으로 다른 방식인 바, 그 이유는 이것이 연속적인 읽기가 아닌 일회적인 읽기일 수 있으며, 정치적 선택이라는 읽기가 아닌 영적 판단과 경고라는 읽기일 수 있기 때문이다. 마지막으로 그리스도인과 교회에는 그렇게 하거나 하지 않을 자유가 있지 않다는 사실을 강조하자. 그리스도인과 교회가 그렇게 하지 않을 경우 그들은 다가오는 사건에 책임을 진다.

그들의 자유란 이런 선택에 있는 것이 아니라, 사건에 대하여 이런 거리를 두고 그것을 깊이 이해할 수 있는 능력에, 운동을 주도적으로 행사할 수 있는 능력에 있다.

2. 우리는 열왕기상 18:16-40에 나오는 엘리야와 바알 선지자들의 이야기를 확실히 알고 있다. 우리는 다만 정치 영역에서의 그 모범적 성격을 강조하고자 한다. 여기서 관건은 참된 주권자에게, 즉 모든 국민에게 전하는 말이다(18, 21, 31절). 이것은 우선 선지자와 왕 사이에 수립되는 관계가 아니다. 국민이야말로 출발점이요 초점이자 동시에 어떤 점에서 선택과 주권의 진정한 소지자다.

파수꾼의 경고는 여기서 권력의 실제 보유자에 대한, 국가 종교를 창설하는 국가에 대한 직접적인 공격으로 변형된다. 우리는 우상 문제에 대해서는 전혀 언급하지 않고 나중 몫으로 유보하겠다. 다만 권력이 어떤 식으로든 교회가 될 때 그 권력에 대한 공격이 있다는 사실을 명심하자. 그러나 강조해야 할 것은 앞 텍스트와의 또 다른 일치다. 다시 말하거니와, 갈등을 야기하는 것은 하나님의 말씀에 부추김을 받은 선지자(그리스도인, 그리스도인들, 교회)의 주도권이다. 왕과 국가는 일반적으로 이런 갈등을 추구하지 않는다. 그들에게는 그게 아니라도 골치 아픈 일들이 충분히 많다. 오히려 그들은 교회가 제자리에 있다는 조건하에서 교회와의 평화를 바란다. 실제로 교회는 자신의 선택을 따르면서 조용히 지낼 수 있고 그렇지 않을 수도 있다.

일반적으로 박해는 교회가 충분히 민감한 문제, 충분히 심오한 문제, 곧 진리 문제를 공격하는 경우에만 일어난다. 만일 교회가 집권 정부의 반대자들의 견해를 채택하는 것으로 그친다면, 그때 이 정부에게 상황은 매우 단순하다. 교회는 (정부가 좌익일 경우) 반동 세력이요, (정부가 우익일 경우) 혁명 세력이 된다. 이것은 아무런 의미가 없다. 의미는 교회가 문제를 분리시키고 흔들어놓고 불안정하게 둘 때 나타난다. 왜냐하면 교회는 정치적 견해들에 포함되는 대신 하나님의 말씀을 말하기 때문이다. 권력 숭배(이것은 오늘날 프랑스와 다른 나라들에서 일반적인 현상으로, 〈카나르 앙쉐네〉6)는 **본말이 전도된** 권력 숭배의 원형이다!)의 영역에 대해서 교회는 언제나 공격할 준비가 되어 있어야 할 것이다.

교회와 역사 창조

우리가 다루고 있는 성서 본문에서 붙들어야 할 마지막 교훈은 교회가 이런 결정을 내리고 진정 말씀—창조적이기에 혼란스러운—을 신뢰할 때, 그때 교회는 (그의 행위가 기회이기에) 역사에 기적을 들여온다는 것이다. 그리고 실로 역사를 이루는 것은 바로 이런 예측할 수 없는 사건의 개입이다.7)

주권자와의 대화에 교회가 관여하는 것은 흔히 상상할 수 있는 것보다 훨씬 더 결정적이다. 그 관여가, 그리스도인들을 이런저런 운동에 참여하도록 이끄는 견해와 같이 임의적이고 일시적인 견해의 결과가 아니라, 진정한 말씀 듣기의 결과로서 교회를 이런 식으로 끌어들일 때 말이다. 이것이 우리에게 보여주는 것은 이런 대화가

---

6) [역주] *Canard enchaîné*(〈사슬에 묶인 오리〉라는 뜻)는 통렬한 정치 풍자로 유명한 프랑스의 신문이다.
7) J. Ellul, 「하나님의 정치와 사람의 정치」, 제5장, "기적과 역사" 참고.

모순(꼭 그런 것은 아니지만)의, 이의 제기의, 긴장의 영역에 포함될 수 있다는 것이다.[8]

이제 우리는 여기서 몇 가지 결과들을 끌어내야 한다. 문제가 우리가 위에서 언급한 두 가지 양상(경고와 공격)과 함께하는 대화와 관련된다면, 그것은 하나의 운동이다. 우리는 흔히 교회와 국가의 관계에 대해 말하고 두 제도가 진실인 양 그 관계를 분석했던 전통적인 영역에서 빠져나온다. 신학자들과 정치 사상가들이 수 세기 동안 정역학(statique)에서 이 관계를 연구했다. 그들은 마치 조직되어야 할 두 세력이 있거나 한 듯이, 그리고 하나의 만족스런 체계를 상상해낼 수 있는 듯이 권력 균형, 권한 재분배, 관계에 대한 사법적 제한 등을 시도했다. 실제로 어떤 체계도 없었고, 그것은 당연하다! 왜냐하면 조직되는, 그리고 조직적인 하나의 세력이 있기 때문이다. 그것은 국가다. 다만 교회가 동일한 영역에 위치할 때, 교회는 실로 교회이기를 그친다.

그런데 주님이 자신의 교회가 그분을 배반할 때도 교회를 버리지 않듯이, 그분은 정치적-법적인, 사회학적인 혹은 행정적인 영역에 조심스럽게 세워진 기구들을 흔들어 놓는다. 이 사실로 미루어 교회와 국가라는 시스템은 결코 작동하지 않는다. 조직적이고, 제도적이며, 조직하는 하나의 세력이 다른 질서의 세력과 만나는 역동적 관계를 생각해내야 한다. 이 질서는 어떤 사회적 권력 행사나 인간적 권력 나누기를 주장하지 않고 끊임없이 다른 것, 아니면 보다 좋게

---

8) 긴장의 정치적인 필요성에 대해서는 cf. J. Ellul, *L'illusion politique*, ch. 5 et "Problématique de l'Etat".

말해서 다른 누군가를 대변하는 근본적으로 다른 질서다.

만일 우리가 전적 타자의 이름으로 철저하게 다르고 초월적인 한 분 하나님의 이름으로 관여하지 않는다면, 그것은 "그리스도인들이 정치를" 한다는 것 외에 아무런 의미가 없다. 바로 이것이 하나님의 죽음의 신학의 대가 가운데 하나다. 만일 반대로 그리스도인이 살아 계신 하나님의 이름으로 말한다면, 국가와의 관계는 정치-사회적인 영역에서 유동적이지만 활기 있게 되고 어쩌면 풍부하게 된다.

그러나 동시에 이것은 이 주권자와의 대화가 교단의 총회에서 정치 문서를 가결시키는 것이나 공화국 대통령과의 교섭보다 훨씬 더 규모가 크다는 것을 의미한다. 이런 대화는 각 신자, 각 신자들의 그룹의 목소리와 참여를 통해 권력의 모든 영역으로 들어간다. 다만 신자들이 실로 전적 타자의 대사들이지, 주권자의 권력에 참여하는 자들이 아니라는 조건하에서 말이다.

이와 같이 이 운동은 교회가 이 대화를 시작할 목적으로 정치 권력을 향해 외부에서 오는, 진정 외부의 힘임을 전제한다. 정확하게 마치 교회의 주님이 [외부에서] 오는 이인 것처럼, 다시 말해서 그분은 인간 본성이나 심층이나 사회 단체 내부에 포함되지 않는 이인 것처럼 말이다. 그분이 여기에 있다는 것은 그분이 본성이나 심층이나 사회 단체가 아닌 것에서 온다는 것을 의미한다! 따라서 교회는 흡수되어서도 정치화되어서도 안 된다. 교회에는 다른 누구도 대신할 수 없는 자신의 특수 역할이 있다(이것은 건강한 정치가 가능하기 위해 필수불가결한 것으로, 나는 이 사실을 사회학적인 측면에서 민주주의의 경우에서뿐만 아니라 다른 분야에서 입증하고자 했다).[9] 그것은 하나님의 말씀에 따라 사건을 평가하는 것, 정치적 행보나 결정의 의미를 이해시키는 것이다. 그것은 인간 모험의 '기표'다.

대화의 내용

우리가 말한 대로 귀머거리들의 대화가 되지 말아야 할 이런 대화는 두 가지 다른 표현들에 부딪히게 한다. 첫째, 국가는 힘으로 행동한다는 말이고, 둘째, 교회는 '정의와 사랑'에 대해서 말한다는 것이다. 이것은 힘을 가진 자와 사랑과 정의를 대변하는 자 사이에 긴장을 끌어들이는 바, 이 긴장은 정치 행동을 비옥하게 할 수 있다. 왜냐하면 행동하는 자와 말(참된 말!)하는 자 사이의 이 긴장 밖에서는 참된 정치란 없기 때문이다.10)

하지만 한 걸음 더 나아갈 필요가 있다. 이것은 실제로 우리를 권력에 대한 문제 제기로 이끈다. 이것은 국가 신학을 아주 무시한 양상이다! 전반적으로 그리스도인은 국가의 정당성에 이의를 제기하

---

9) 사회단체들의 폐쇄적 경향과 그리스도인들의 책임인 불가피한 여는 역할에 대해서는 cf. J. Ellul, *Fausse présence au monde moderne*, 1964.
10) 교회는 정의에 대해서 말을 해야 한다. 현대 세계에서 말이 어느 정도까지 인정되지 않고 멸시되는지를 알면서 말이다. 교회는 행동으로 하겠다고 주장해서는 안 된다. 그의 우발적인 행동은 이 말의 표현이요 말의 형식 외에 다른 것이 될 수 없다. 왜냐하면 교회는 말씀 사역 외에 다른 사역(다른 섬김)을 갖지 않기 때문이다. 하지만 교회는 말을 하면서, 세상을 위해 진리와 사랑과 정의를 전달하는 일이 교회에만 주어졌다는 것, 나머지 모든 것은 가식이라는 것, 교회가 빛의 근원에 대한 유일한 지식을 갖고 있다는 것, 나머지 모든 것은 어둠이라는 것을 부자연스런 수치를 느낌이 없이 조용하게 주장해야 한다. 오늘날 그리스도인들은 분명 두려움에서 만들어지는 거짓 겸손으로 이것을 인정할 준비가 되어 있지 않다! 사람들 앞에서 하나님을 말할 때 거리끼는 양심을 가져서는 안 된다. 그런데 이 겸손은 매우 단순히 그리스도인들과 교회로 하여금 아무에게도 유익을 주지 못한 채 그들의 참된 역할을 상실하게 만든다. 그들은 더 이상 아무런 쓸모가 없다.

도록 부름 받은 것이 아니지만, 한편으로 우리가 위에서 기술하고자 한 방식에 따라 정치에 참여함으로써, 다른 한편으로 교회와 통치자 사이의 대화로 말미암아, 가치, 판단, 정치에서의 태도의 총체가 드러난다. 이 총체가 권력으로 하여금 필수적인 불확실성의 운동으로 들어가게 하는 바, 바로 이것이 실제로 정치 영역에 자유가 들어왔음을 증거한다.

바꿔 말하면, 그리스도인으로서 우리는 권위의 영역에 근본적인 모호성을 침투시켜야 하며, 권위에는 신적이거나 인간적인 어떤 기초도 없음을 드러내 주어야 한다. 권위가 있기는 하지만, 그것이 그리스도인으로서 우리가 동의할 수 있는 전부다. 우리는 그것에 신학적 토대를 제공해서는 안 된다. 그러지 못할 경우, 바로 그 순간 우리는 권력에 문제를 제기하고 그것을 결코 보좌에 앉히지 않는 계시를 배반하는 것이다.11)

국가에 대한 성서적이고 기독교적인 개념과 다른 국가 이론을 구분하는 것은 모두 바로 이 문제 제기의 등장이다. 그런데 이 문제 제기는 이론에서가 아니라 실천에서 표현될 수 있다. 이런 이유에서 국가

---

11) 이 주제에 대해서는 권위에 대한 틸리히의 놀라운 텍스트(「새로운 존재」)를 보라. "권위 문제는 결코 궁극적인 답을 얻어낼 수 없다…어째서 권위 문제에 궁극적인 답이 없을까? 라는 질문에 나는 모독적으로 보일 수 있는 식으로 답한다. 그 이유는 하나님 자신이 거기에 답을 주실 수 없기 때문이다. 그분의 결정적인 행위가 예수 그리스도의 십자가라는 사실이 그 이유다. 심지어 예수 그리스도의 권위도 독재로 통치하는 한 인간의 성별된 이미지가 아니다. 그분은 스스로 모든 권위를 비워 버린 자의 권위를 가지며, 십자가에 달린 인간의 권위를 가지신다. 이것은 하나님은 영이시고 하나님은 십자가에서 나타나신다고 말하는 것뿐이다. 권위들과 싸우는 너희여, 권위들을 위해 활동하는 너희여, 예수가 권위들과 싸웠고 세워질 수 없는 하나의 권위를 세웠다고 우리에게 말하는 이야기를 들어라! 너희는 거기서 이 답 외에 어떤 답도 주어질 수 없는 답을 발견한다. 너희는 선결되어야 할 모든 권위 너머로, 하늘과 땅에서 권위를 갖는 모든 것의 기반이자 부정이신 이의 힘에 열려 있어야 한다!"

신학은 매우 유용하며 동시에 매우 불충분하다. 만일 이 신학이, 권력이 자연적으로 거부되는 상황으로 그 권력을 이끄는 실천과 관련되지 않는다면 의미가 없다. 이 문제 제기는 위에서 분석한 다양한 요소들에서, 나아가 국가에 대한 한계 설정, 특별히 세속성(laïcité) 설정에서 온다.12)

하지만 이 문제 제기는 단지 기독교적인 메시지의 선포와 그 결과적인 태도에서만 유래할 수는 없다. 그리스도인이 국가가 잊지 않고 공고하여 자신을 알리는 이론이나 일정에 주는 참고 언급이 또한 이 태도에 포함되어야 한다.13) 우리는 국가의 많은 주장들에 동의할 수 있고, 우리가 본 대로 거의 아무러면 어떨 정치적 입장을 선택할 수 있으나, 우리는 국가에게 다음과 같이 선언해야 한다. "네가 정의의 가치를 선택하고 있다. 좋다. 우리도 찬성한다. 하지만 이제는 진지해야 한다. 진실로 정의를 추구해야 한다. 그 일에 철저하게 참여해야 한다"고 말이다. 이것에 입각해서 그리스도인과 교회는 스스로 국가의 선포에 대한 감시자가 되어야 한다.

문제 제기: 말과 행동의 관계

그러므로 대화의 첫 걸음, 문제 제기의 첫 행위는 권력이 선포하는

---

12) 주요 이론들과 이런 문제 제기에 대해서는 cf. J. Ellul, "Rappel de quelques doctrines sur l'Etat" in *Les chrétiens et la politique*, (1966). 권력의 제 문제의 성서적 기초에 대해서는 cf. J. Ellul, "Le pouvoir royal en Israël," in *Mélanges en l'honneur de Brêthes de le Gressaye*, (1966)

13) 나는 여기서 Bartsch의 말(*Eglise et société*, I. 48)에 동의하는 바, 그는 그리스도인의 마음속에 있는 이웃 개념이란 국가의 행동이 우리 이웃에게 가져다줄 도움이나 손해에 따라 복종의 의무의 한계를 조절하는 수단이라고 말한다.

말을 신중하게 받아들이고, 그것들을 진정한 말로 변형시키며, 권력에게 자신이 한 말대로 행동하라고 요구하는 데 있다. 내가 보기에, 이것은 내가 위에서 진리의, 정의의, 사랑의 말로 지칭한 것의 인간적이고 구체적인 표현이다. "나는 너의 인간적인 말을 진지한 것으로 인정한다. 하지만 '네가 네 말에 따라 판단될 것'임을 기억하라. 이제 나 교회가 이런 의지 표명(시정 방침 발표)을 인정하기 때문에, 나는 너 국가가 선택한 것에 입각해서 네가 행하고 있는 것에 대해 비판을 수행할 수 있다. 내가 네게 요구하는 것은 초월적인 것들이 아니라 네 마음에서 나오는 말에 대한 단순한 존중이다."

이와 같이 교회는 상대성과 동시에 진지성도 상기시켜야 한다! 바로 이것이 권위가 평온한 마음으로 단일 세력이 되지 못하게 막는 방식이다. 권력의 존재에 문제 제기가 시작되는 것이 바로 이 순간이다. 그런데 만일 우리가 이런 식(내 말은 엄격한 대화로 국가에게 그 자신의 말, 그의 한계, 그의 관리적 성격을 상기시키고 예언적인 말로 경고하는 것)으로 행동하기를 거부한다면, 그때 국가는 확장될 수 있을 뿐이며, 권력은 전체주의적이고 독재적이 될 수 있을 뿐이다. 독재란 우리의 포기의 결과에 불과하다고 말하는 것은 진부한 얘기다.14) 하지만 이 진부한 말은 사실이다. 물론 나는 독재에 우호적인 사회학적이고 경제학적인 상황을 잊지 않는다. 아무튼 그래도 남아 있는 사실은 국가가 자신이 취할 수 있는 모든 권력을 언제나 취한다는 것이다. 더 이상 자유로운 사람들이 없을 때, 더 이상 정치적인 자유도 없다.

---

14) B. Barret-Krigel의 매우 훌륭한 책 *L'Etat et ses esclaves*(1979)를 참고하라.

국가의 권력이란 정확히 마르크스가 말한 대로 "우리 스스로가 그에게 돌리는 것"이거나 그 자체로 되돌아오는 것이며, 칼뱅이 "국민은 자신에게 합당한 정부를 갖는다"고 말하듯이 국민은 그가 포기할 경우 독재에 굴복한다. 하지만 국가에 우리의 자유를 강요하기 위해서는 매우 강력한 힘이 필요할 것이다. 우리는 모든 역사의 진행을 통해서 인간과 제도에 기초한 자유가 국가에 대한 어떤 문제 제기도 끌어들이지 못한다는 사실을 보았다. 이런 문제 제기가 제도 내부에서 가능하다고 믿는 것은 몽테스키외의 주된 착오였다. 나는 권력과의 관계에서 체험되는 그리스도인의 자유만이 권력을 부정하지 않은 채 권력에 대한 결정적 문제 제기라는 현저히 바람직한 결과를 실제로 만들어 낼 수 있다고 생각한다. 이와 같이 그리스도인들과 교회가 그들의 자유를 표현하기 위해 연속적인 결정을 내리는 이런 관계에서, 국가는 가치 있는 국가가 될 수 있으며 자유들이 가능하게 된다.

그러나 언제나 기억해야 할 것은 국가란 힘을 갖고 있기 때문에 관여되는 문제 제기와 대화를 거부할 수 있다는 사실이다. 국가는 스스로 일방적이고 전체주의적이기를 원하며, 자신과 맞서는 모든 것을 파괴할 수도 있다. 이 경우에는 직접적인 이의 제기의 방식과 공개적인 갈등의 방식이 있을 것이며, 이때 그리스도인은 순교를 통해서 자신의 신앙을 증거할 뿐만 아니라, 국가가 원하건 원치 않건 간에 정치적인 문제 제기를 재도입할 것이다. 우리가 좀 전에 말했듯이 정부가 선택한 말을 진지하게 받아들이는 것이 첫 단계라면 순교는 그 마지막 단계다. 우리가 알아야 할 것은 교회가 신실하고 끝까지 갈 결심이라면, 국가가 대화를 단절하고 이 성가신 승객을 쫓아버림으로써 그 권력이 약해지는 것으로 충분하지 않다.

순교란 언제나 신앙의 위대한 증인들에 의해 양심의 자유와 종교적 자유의 최상의 행위로 여겨져 왔다는 것과, 순교의 길은 혁명의 길을 배제한다는 것을 상기해야 한다. 자기 목숨을 버리기로 마음먹은 사람은 전투를 함으로써가 아니라 타인을 죽이기를 거부함으로써 그렇게 한다. 왜냐하면 원수란 사랑해야 할 이웃이기 때문이다. 그가 타인들에게 부당할지라도 말이다. 순교를 받아들이는 것은 확실히 수동성이나 포기가 아니다. 반대로 그것은 테르툴리아누스의 놀라운 표현에 따르면 우리 주님의 주 되심에 대한 완벽한 주장이다. "나는 내가 원하는 경우에만 그리스도인이다. 그러므로 너는 내가 비난받기를 원할 경우에만 나를 비난한다. 그러므로 너는 내가 원하는 한에서만 네가 나에게 할 수 있는 것을 할 수 있다. 네가 할 수 있는 것은 내 의지에 달려 있는 것이지 네 힘에 달려 있는 것이 아니다"(*Apologétique* 49, 5).

그러나 오늘날 그리스도인들은 순교에 대한 말을 듣기를 그다지 좋아하지 않는다. 이것은 그들의 방식이 아니다. 그들은 폭력을 선호한다. 그들은 피억압자를 사랑하는 것으로 압제자를 향한 증오를 정당화한다(실제로는 온갖 평가와 오해가 있음이 고려된다!). 그런데 주권자와의 대화가 수립되는 것은 분명 이런 토대에서가 아니다. 교회의 핍박과 억압은 공개적인 대화와 마찬가지로 확실하고 구체적인 방식으로 권력을 문제시한다. 교회가 심어지는 순간부터, 설령 그것이 외관상 힘이 없고 뿌리가 없어 보여도, 권력에 대한 문제 제기가 있어서 그 권력을 불확실성과 한계로 이끌어 간다. 오직 이런 문제 제기를 그치게 하는 변화야말로 교회의 불충이요, 교회가 더 이상 주님의 말씀을 듣지 않는다는 사실이며, 교회가 세상 속에 용해되고자 한다는 사실이요, 교회가 자신을 배반함으로써 이 세상의 일부가 된다는 사실이다. 교회가 자신의 자유를 담당하기를 그치고 스스로 노예가 되도록 내버려둘 때 이것은 언제나 가능하다. 내가 보기에 이것이 현대 세계에서 실로 걱정되는 유일한 가능성이다.15)

누가 대화를 이끄나

마지막으로 '대중과 엘리트' 딜레마에 대해 몇 마디 할 필요가 있다. 우리는 대화에 대해 많은 말을 했다. 하지만 누가 대화를 이끌어야 하는가? 우리는 누구라 정하지 않은 채 그리스도인, 그리스도인들, 교회라고 말했다. 실상 이것은 어떤 사람, 어떤 사람들, 타인이 될 수 있다! 아무것도 배제되지 않는다. 분명 편리한 해결책은 교회 기구에 맡기는 것이다. 교회 제도가 국가 제도에게 말하는 것이다. 나는 이미 이것이 그다지 좋게 보이지 않는다는 것을 말했다. 아무튼 그것은 매우 불충분하고 불만족스럽다. 왜냐하면 교회 총회조차도 교회가 아니기 때문이다. 총회의 메시지가 꼭 교회의 말은 아닌 것이다.

반대로 매우 프로테스탄트적인 경향은 개인 예언자의 경향이다. 일어나서 하나님의 말씀을 선포하는 그리스도인 말이다. 이것도 유효하나 그다지 만족스럽지 않다. 성령이 총회나 개인에게 영감을 줄 수 있는 것은 사실이다. 우리는 그 점에 대해 아무런 할 말이 없다. 하지만 우리는 지금 교회라는 새로운 실재 앞에 있다. 우리가 대화를

---

15) 폴란드에서 모든 연대(Solidarité) 사건의 매우 특별한 성격과 가톨릭 교회의 약속 이행 사이의 관계에 대해서는 cf. J. Ellul, "La victoire de Lech Walensa", in *Katallagete*, 1982.

시작해야 하는 것은 사회학적인 실재로 화육된 그리스도의 몸으로서다. 정상적으로라면 이것이 모든 교회의, 집단이건 개인이건 모든 그리스도인들의 몫이어야 하리라.

권력과의 관계는 모든 영역에 있다. 즉 어떤 권력 소지자와의 개인적인 관계 영역이요, 정치 기관에 호소하는 그리스도인 집단의 영역이며, 또한 이것이 주권자와, 따라서 국민과 관련된다는 것을 상기하자. 그러므로 시민과 조합 집단, 정치 집단, 지구 조합과의 모든 관계는 이 영역에 속한다. 국가 기관에 호소하는 교회의 공식 기구 영역과, 모두에게 호소하는 개인의 영역도 마찬가지다. 여러 운동들 가운데 있는 기독교 정치 운동도 마찬가지다. 중요한 것은 어떤 형태도 다른 형태를 배제하지 않는다는 것, 그 형태들이 서로를 보완적으로 여긴다는 것, 나아가 어떤 그리스도인이나 그리스도인 집단도 서로를 이 문제 밖에 있는 것으로 여기지 않으며 이웃에게 일임하지 않는다는 것이다. 이렇게 해서 이것은 모든 구성원들 가운데서 온전한 교회가 되어야 할 것이다.

물론 이것이 구체적으로 생각될 수는 없다. '투사들'만이 다른 투사들에게 호소할 수 있다. '국민'을 기리자고 주장할 수는 없다. 왜냐하면 국민이란 실체로서 존재하지 않기 때문이다. 게다가 대중은 그리스도인들이 말해야 하는 것에 전혀 관심이 없다! 또한 이 이의 제기에 신학적으로나 정치적으로 준비되지 못한 신자들의 집단을 대화로 끌어들이겠다고 주장할 수도 없다. 여기서도 특별히 이 이 문제들을 지향하는 그룹들만이 말할 수 있다. 하지만 그때 우리는 다른 난관에 봉착한다. 이 그룹들이 교회를 위해 효과 있게 말하는가(적어도 단 하나의 개인이 말하는 것만큼!)? 특히 이 그룹들이 이런 종류의 문제들로 매우 열정적이 되고 매우 정치화된 사람들로 구성되었기 때문에 스스로 이 소명을 느끼지 못하고 있는가? 그들이 그리스도인이기 때문이라기보다 그들이 정치화되었기 때문에 많은 말을 하는 습관을 갖는가? 이 경우 그들은 신앙과 하나님의 말씀을 듣는 것과 관련해서 보다는 그들의 정치적 견해들과 관련해서 더 말을 할 것이다. 이것은 실제로 우리가 확인하는 것이다. 그러므로 만일 대화에 참여하는 투사들의 그룹을 갖는 것이 특별히 가능하려면, 그것은 가장 정치적 열정이 없는, 신학적으로 가장 확고한 투사들이 있어야 하리라.

결국 신앙에 확고하고, 정치 문제를 연구하며, 이런 종류의 일에 어떤 열정도 없이 정치에 '깊이 감동되지' 않은 채 진정한 기독교적 참여를 허용하는 이런 초연함으로 정치 그룹들과의 관계에 관여하는 그리스도인들이 있어야 하리라. 어찌됐건 이들은 파견된 전문가들이 되어서는 안 된다.

일례로 마르크스주의자들과 그리스도인들 사이에 '대화'라는 명칭이 붙은 회의들보다 더 가슴 아픈 것은 없다. 거기서 우리는 언제나 서너 명의 동일한 마르크스주의 연사들과 나란히 이야기를 독점하는 두세 명의 동일한 프로테스탄트 연사들을 만난다. 이들 각자는 상대방이 무엇을 말할지를 알며, 진정 마르크스주의에 정통한 사람들의 자격으로서가 아니라 이 '대화'의 '전문가'로서 와 있는 것이다. 바로 이것이 전형적으로 해서는 안 되는 일이다! 왜냐하면 여기서 우리는 교회의 진정한 대표도 예언적 영감도 보고 있지 못하며, 다만 온전히 경직된 '교회적 책임'을 보고 있기 때문이다.

그러므로 어찌됐건 주권자와의 대화는 대다수의 신자들에게 관심과 소명의 각성을 내포하며, 이 과업을 위한 그리스도인들의 교육을 내포한다. 이런 준비는 안 하고 환상을 품어서는 안 된다. 권력과 교회 사이에 정치 관계란 없다. 그리스도인들의 자유의 모습이 부족하다. 세상에는 국가에 대한 필수불가결한 이의 제기가 부족하다.

무정부주의적인 태도

하지만 여기서 멈춰야 한다고 말할 수 있을까? 내가 앞서 말했던 것, 즉 기독교적으로 정당화되는 어떤 정치적 입장도 없으며, 역으로 그리스도인이라면 모두가 개인적 동기 때문에 정치적 동향에 참여할 수 있다는 것을 온전히 유지함으로써, 과연 나 자신은 할 말이 없는 것일까? 내가 가장 진지한 입장으로 여기는 것을 위해서 무슨 인간적 근거를 대서는 안 되는가? 분명 가능하다. 나는 말해야 한다. 나는 오늘날 인간들의 총체를 위해 가장 유용하고 그리스도인의 자유를 가장 잘 표현하는 참여는 무정부주의에 참여하는 것이라고 생각한다.16)

나는 사람들이 그것에 반대할 수 있는 모든 것을 매우 잘 안다. 칼뱅의 입장에 따르면, 이것이 수용할 수 없는 유일한 방향이다. 그리고 성서 텍스트들은 권위가 하나님에게서 온다고 말한다. 나는 칼뱅의 견해가 상황에 기인한다고 생각하며, 비록 역설적으로 보이기는 하지만 내 태도가 성서 텍스트에 반대되지 않는다고 생각한다! 무슨 동기가 나를 이 길로 들어가게 하는가? 나는 확실히 이것이 그리스도인의 자유로 보인다고 말하지는 않겠다. 나를 이렇게 끌고 가는 것은

---

16) J. Ellul, "Anarchisme et christianisme", in *Contrepoint*, 1974.

본질상 현대 국가의 조직과 발전이다.

모든 전문가들은 국가-민족(Etat-Nation)에 대해 말하는 데 일치한다 (다시 말해서 민족의 삶 전체를 국가에 흡수시키는 것). 국가는 관료적이다(다시 말해서 추상적이고 익명적이다). 국가는 권위적이다(설령 민주 국가라 하더라도). 국가는 독단적이다(어떤 국가도 규칙과 헌법을 지키지 않는다). 국가는 만능이다. 국가는 숭배받기를 열망한다(오늘날 어떤 국가도 마음의 가담과 군중의 열렬한 지지를 얻지 못하고서는 실제로 통치할 수 없다). 국가는 한계도 인간성도 모른다.

종종 분석되는 이런 몇 가지 특성으로 볼 때, 현재 상황에서(다시 한 번 말하거니와 나는 그 자체로 영속적인 기독교적 태도를 규정짓겠다고 주장하지 않는다) 모든 나라에 있는 국가가, 그것이 채택하는 형태가 어떠하든 간에, 민주적이건 독재적이건, 신생국이건 인민의 국가건, 정신적 관점에서와 마찬가지로 물질적 관점에서도, 인간이 알 수 있는 으뜸가는 위험이 된다는 결과가 나온다.17)

위험은 권위의 부재나 심지어 권위의 서툰 사용이 아니다. 칼뱅은 그의 시대와 그의 위치에서, 독일과 마찬가지로 프랑스에 실제적인 위험은 무정부주의, 권력의 무능, 군중의 열정의 폭발이라고 말한 바 있다. 우리 시대에는 정확히 반대다. 왜냐하면 군중이 폭발하고 반역할 때, 그것은 언제나 결국 보다 강력한 국가를 창설하기 위함이기 때문이다. 인간이 경험하는 유일한 위험은 모든 영역에서 절대를 지향하는 국가의 경향이다. 이것은 절대를 지향하는 이 권력이 기술

---

17) 물론 국가에 대한 이 판단은 무수한 연구의 매우 간략한 요약에 불과하다. Cf. B. Charbonneau, *L'Etat*, J. Ellul, *La technique ou l'enjeu du siècle*, *L'illusion politique*, R. Aron, *Démocratie et totalitarisme*, *Doctrines des libertés*.

사회에, 다시 말해서 굉장한 양의 수단을 국가에 제공하는 사회에 위치한다는 사실 때문에 더욱 가중된다. 국가가 전체주의적이 되는 것은 전체주의적인 이론들 때문이 아니라, 계획, 경제적이고 행정적인 관리, 예측, 앙케트, 통제, 연구, 표본 조사, 심리적 행동 등을 포함하는 거대한 수단들 때문이다.

현대의 모든 국가는 전체주의적이다. 국가는 어떤 한계도, 사실도, 법도 더 이상 알지 못한다. 이런 이유에서 나는 현대 세계에 적법한 어떤 국가도 없다고 주장할 수 있다. 현재의 어떤 권위도 하나님에 의해 세워지지 않는다. 왜냐하면 모든 권위가 전체주의적인 국가의 틀 내부에 위치하기 때문이다. 이것이 내가 무정부주의 편으로 결정하는 이유다.

그러나 여전히 분명하게 해야 할 두 가지 것이 있다.

첫째는 무정부주의에 항상 가해지는 비난과 관련된다. 즉 순전히 유토피아적이며 이상주의라는 것으로, 어떤 사회도 결코 이런 상태에 있을 수 없으리라는 것이다. 이것은 내게 명백해 보이며, 나는 전적으로 동의한다. 내 목적도 무정부주의 사회의 수립과 국가의 전적인 파괴가 아니다. 이것이 내가 무정부주의자들과 분리되는 지점이다. 나는 현대 국가를 파괴하는 일—그게 아무리 조금이라도—의 성공 가능성을 믿지 않는다. 어느 날 이 힘이 붕괴되리라고 소망하는 것은 공상이다. 그러므로 실제적으로 판단해 볼 때, 성공의 기회란 조금도 없다.

다른 한편, 나는 무정부주의 이론이 사회와 정부의 조직 문제에 대안이라고 믿지 않는다. 설령 언젠가 무정부주의가 성공한다 하더라도 그것이 보다 낫고 가치 있는 사회가 되리라고는 생각하지 않는다.

그러므로 내가 싸우는 것은 이 이론의 승리를 위함이 아니다.

그러나 무정부주의적인 태도야말로 일반 국가 체계에 맞서 충분히 급진적인 유일한 태도다. 왜냐하면 체계를 바꾸기 위해 내부에 의해 그 체계를 정복할 수 있느냐의 문제가 아니기 때문이다(레닌과 카스트로 등의 실패가 그 증거다). 체계는 그것을 이용하고자 하는 자들을 흡수한다. 나아가 삶의 방식을 찾고 완화를 얻어내는 문제도 아니다. 사람들은 자유주의 국가에서 권위주의 국가로의 이전이 있었다는 것을 목도했다. 철도는 순조롭게 진행되며, 어떤 조정(調停)도 지속적이거나 충분하지 않다.

이런 절대 권력 앞에서는 절대적으로 부정적인 입장만이 유효하다. 이것이 구체적인 일례로 양심적 병역 기피자들의 태도이고, 그들은 옳다. 그러므로 바로 이런 현재 상황에서, 어떤 권위—그 권위가 어떤 것이건, 어디에 있건—의 어떤 적법성과 유효성을 전면적으로 거부하는 무정부주의적인 태도가 내겐 효과적으로 보인다. 이것은 무정부주의라는 사회 개념으로 승리하게 하기 위함이 아니라, 견제, 이의 제기, 단절의 표시 역할을 하게 하기 위함이다. 총체적 권력 앞에서는 총체적 이의 제기만이 무언가를 의미할 수 있다.

통치자와의 대화를 말하면서, 오늘날 이 권력이 현실적인 모든 토론에 완전히 관심이 없는 형태로 세워지는 한, 나는 결국 가장 완강한 입장에 입각해서만 대화가 수립될 수 있다고 생각한다. 물론 모든 토론이 체계 내부에서는 인정될 것이다! 이런 이유에서 좌·우익 논쟁은 내게 매우 쓸데없어 보인다. 이런 논쟁은 아무튼 국가 권력의 강화로 귀결될 것이기 때문이다.

민주화는 정당—현재 모습으로 조직된—체계, 그리고 변화될 수 없는 관료주의와 더불어 하나의 환상이다. 세금 할당액이나 전화 개선에 대한 토론은 인정받을 것이다. 하지만 거기에는 아무런 유용성이 없다. 권력은 개인에게 완전히 귀머거리이며, 자유에는 완전히 무관심하고, 민족의 실제적인 이익에는 완전히 무지하다. 급진적인 반대, 다시 말해서 상황의 뿌리 자체를 공격하는 반대에 의해서만 대화에 참여할 수 있다.

내가 분명히 하고자 하는 두 번째 요점은 구체적인 조직과 관련된다. 이것은 현대 국가의 모든 기획의 모든 타당성을 철저하게 부정하는 태도의 문제다. 이것은 존재하는 무정부주의 그룹들—특별히 무정부주의 연맹—과 제휴하는 것이 가능하지만 필수적이지 않다는 것을 의미한다. 나는 이 제휴가 그리스도인들이 그들에게 새로운 피를 공급할 수 있다는 점에서, 그리고 유익하고 진지한 접촉이 있으리라는 점에서 좋다고 생각한다. 반대로, 첫 번째 요점에 따라서 볼 때 그리스도인은 거기서 지속적인 오해를 경험할 것이 분명하다.

그러나 이것만이 무정부주의적인 행동의 유일한 가능성은 아니다. 비폭력 그룹, 환경 보호 그룹, 평화주의 그룹 등에의 참여가 있을 수 있다. 참여하는 행동은 매우 다양한 형태가 될 수 있을 것이다. 이념, 선전, 직접적 행동, 모든 선거에의 투표 거부, 양심적 병역 기피, 세금 납부 거부 등의 형태 말이다. 개인적 결단이 작용하는 곳이 바로 여기다. 핵심은, 이 소수의 반체제 인사들 없이는 자신 앞에 어떤 제동이나 가치와도 부딪히지 못하는 현대 국가에 대한 이의 제기의 결단으로 남는다는 것이다.

7장

그리스도인의 자유와 자유를 위한 투쟁

7
그리스도인의 자유와 자유를 위한 투쟁

1. 오해들

그리스도 안에서 자유롭게 된 그리스도인은 자유인으로서 인간의 자유를 지향하는 모든 운동에 참여해야 하는 것으로 보인다.[1] 분명해 보이는 것은 그리스도인이 인간을 짓누르는 모든 독재, 모든 억압,

---

1) 여기서 바르트의 다음 텍스트를 상기할 필요가 있다. "인간들에게 궁극적으로 필요한 것은 성령의 자유다. 기독교 공동체는 그들에게 이 자유를 줄 수 없다. 다만 자신의 증거가 헛되지 않을 것이고, 하나님께서 그것을 사용하실 것이며, 자신이 증언한 것을 그분이 명백하게 하실 것이라는 희망에서 이 자유를 그들에게 증언할 수 있을 뿐이다. 하지만 기독교 공동체는 자신이 인간들을 사랑하는—그리고 행동으로 사랑하는—한에서만, 다시 말해서 무엇보다 우선적으로 이 공동체가 그것을 빼앗긴 채 고통당하는 피조물들의 자유에 열렬한 관심을 갖는 한에서만 증거 행위를 완수할 수 있을 것이다"(*Dogmatique*, XVI, 196).

모든 운명에 맞서 일어나야 한다는 것이다. 그리스도인은 타인이 노예가 되는 것을 참을 수 없다. 세상에서의 그의 위대한 열정은 인간들을 해방시키는 열정이어야 한다.

그리하여 실제로 그는 굴욕을 당하고 공격받는 자들 편에 위치하는 바, 이는 자애심에 의한 것이 아니라, 그가 해방되어야 하는 사람들과 함께 있기 때문이다. 자기 자신이 순간적으로 오는 자유를 얻기 위해, 기도 가운데서, 주님에게 손을 내밀어야 하는 동일한 방식으로 해방되어야 하는 사람들 말이다. 그는 절망하는 사람들과 자리를 함께한다. 왜냐하면 그들이 인간에게서 아무것도 기대하지 않을 정도로 노예들(주인의 노예건, 정치 권력의 노예건, 경제 상태의 노예건, 심리학적이거나 사회학적인 예속 상태보다 더 미묘한 형태의 노예건 간에)이기 때문이다.

그러나 그리스도인은 인간으로부터 아무것도 바라지 않는다는 사실을 이 상황에 끌어들이는 바, 이는 모든 것을 하나님에게서 바라기 때문이다.

우선적으로 즉시 우리는 두 가지 명백한 난관을 만난다. 우리는 "각자 자신이 있던 신분 상태에 머물러야 한다"(고전 7:20, 24 참고)고 말하지 않았던가? 그렇다면 그리스도인들로서 우리는 인간이 자신의 신분을 바꾸고자 하는 이 반란 운동에 참여할 수 있는가? 한마디로 답해서, 이 권면이 결코 타인들이 아니라 그리스도인들에게 말해지고 있음을 상기하자. 반대로 그리스도인은 그가 자유의 특별한 기쁨을 알고 있을진대, 타인들이 이 복을 갈망하도록 도울 수밖에 없다.

물론이다. 그러나—이것이 명백한 두 번째 난관임—정확히 그리스도인은 스스로를 해방시키려는 모든 노력이 무익했다는 것, 그가 언제나 또다시 속았다는 것, 자신의 투쟁이 헛되었다는 것을 배우고 경험했다. 그는 만물의 주로서 자신을 해방시킬 수 있는 분에 의해서 오직 이 방법으로만 해방되었음을 안다. 달리 말해서, 그리스도 안의 그리스도에 의한 자유만이 자유이며, 나머지는 모두 거짓이요 가식이요 새로운 예속이다. 인간 운동에서 기대할 수 있는 인간의 자유란 없다. 인간은 공화정과 민주제 운동에 의해서도, 자유 사상에 의해서도, 집단 재산의 달성에 의해서도, 공산주의의 등극에 의해서도, 식민지의 독립에 의해서도, 기술 진보에 의해서도, 경제나 물질 법칙의 지배에 의해서도 자유롭게 되지 못했고 또 못할 것이다. 그렇다. 이 모든 것 중 어느 것도 인간을 자유롭게 하지 못한다.

이로부터, 이 모든 것이 절대적으로 무익하다는, 그런 일에 개입해서는 안 된다는, 심지어 그런 일에 열정적인 사람들을 어쩌면 낙담시킬 필요가 있다는 결론을 끌어내야 하는가? 그리스도만이 해방을 주기에 하나님 말씀의 설교와 선포 외에 다른 자유의 행동이 없다고 말해야 하는가? 그리스도 안에서의 믿음만이 우리로 하여금 그리스도 안에서 자유를 가지도록 하기에 회심의 결단 외에 사람을 부추길 다른 결단이 없다고 말해야 하는가?

비록 이것이 현대 그리스도인들의 관점에 전적으로 반대된다 하더라도, 분명 이것이 진리의 논리적인 귀결이다. 그러나 이 논리 법은 우리를 이 진리의 양상들 가운데 단 하나로만 이끌어 가며, 따라서 결국 우리로 하여금 과오를 범하게 한다. 왜냐하면 성경은 여러 곳에서 그리스도인으로서 우리가 그리스도의 운반자라고 말하거나, 아니면 우리의 몸이 성령의 전이라고 말씀하기 때문이다. 그런데 "주의 영이 있는 곳에 자유가 있다"(고후 3:17 참고). 이처럼 우리는 우리가 살도록 부름 받은 사회적 내지는 정치적 환경에서 직접적으로 자유의 운반자인 것이다. 단지 모범이나 징표가 아니라, 이것이 담고 있는 견디기 힘든 책임—이 점을 항상 상기하자—과 더불어 실질적으로 참된 자유의 운반자라는 말이다!

우리가 종종 말한 것처럼, 이 자유는 내적이거나 영적인 것으로 머무를 수 없다. 자유는 구체화의 길을 찾아야 하며, 따라서 자유는 정치적, 경제적 혹은 사회적 환경에서 자신의 존재를 뚜렷이 나타내야 한다. 그러므로 오직 설교와 회심을 위한 노력으로 만족하는 것은 있을 수 없다. 또한 이것이 무엇을 의미하는지를 보여주어야 한다.

이와 같이 우리는 가난하고 굴욕당하는 자들의 편에서, 그들이 가난하고 굴욕당하는 것을 그치도록 투쟁해야 한다. 이 인간적인 투쟁이 그들을 결코 근본적으로 해방시키지는 않지만 그들의 투쟁과 제휴하지 않은 채 그들에게 그리스도 안에서의 자유를 선포하는 일은 위선과 비굴함에 불과할 수 있음(나는 꼭 언제나 그렇다고는 말하지 않는다)을 알면서 말이다. 자유를 향한 그들의 노력에서, 사람들은 그들이 그들 안에 갖고 있지 않은 어떤 의미, 규모, 차원을 이 노력에 주기 위해 그들 편에 선 그리스도인들을 매번 발견해야만 한다. 자유의 투사들 편에서 그리스도인들은 일종의 사제의 기능을 행사한다. 이 운동은 본래 완전하지 않지만, 그리스도인들의 참여가 그리스도의 바로 그 자유를 거기에 가져다준다. 그러므로 이 노력이 진정한 해방으로 귀착—잠정적이고 국부적이며 불완전하다 하더라도—하느냐, 아니면 아무런 의미를 갖지 못하느냐는 다음의 두 가지 사실에 달려 있다. 즉 그리스도인이 진정 그의 자유를 담당한다는 사실과 그가 자유를 향한 인간들의 운동에 가담한다는 사실 말이다.

그러므로 우리는 자유에 참여하는 인간들을 판단하며 그들의 노력을 경멸하고 실망시키는 대신 이 자유가 하나가 되도록 힘써야 한다. "이 (주님의) 자유가 나타날 때마다, 주의 판단 하에 모인 자들이 서로를 판단하게 되는 일은 객관적으로 불가능하다. 반대로, 그때 주님을 위해 상호 자유롭게 하고 자유로운 제휴 가운데서 서로를 위해 서로 평등하게 살 객관적 가능성, 즉 필요성이 나타난다."[2] 이것이 자유를 위한 이 제휴의 목적이며 최종적인 실재다.

결과적으로 우리는 한 걸음 더 나아가게 된다. 그리스도인의 자유는 앞 문단에서 검토한 정치적 행동의 가능성을 우리에게 열어줄 뿐만 아니라, 그리스도인들이 인간들에 의해서 시작된 자유—정치적, 경제적, 지적, 도덕적, 종교적 자유와 관련되는—를 향한 운동과 제휴할 필요성을 그 자체 안에 내포한다. 다만 이 자유들에 본래의 가치를 조금도 돌리지 않은 채, 그것들이 체험할 구체적인 가능성들이라는 것과 이 점에서의 인간의 노력이 이미 상대적으로 자유하게 하는 것임을 고려하면서 말이다. 달리 말해서, 우리가 가담해야 하는 것은 자유의 이론이나 자유들에 대한 말이 아니라 자유의 구체적인 과업이다. 원칙은 이렇다.

하지만 이렇게 말한다고 해서 해결되는 것은 아무것도 없다. 오히려 이 원칙에서 출발하여 가장 큰 난관들을 만난다. 세 가지 주된 난제가 있다.

시작부터 상기할 근본적인 것은 정치적인 투쟁이 필요할 경우, 그것이 자유에 적용될 수 없으며 전적으로 부적절하다는 것이다.

---

2) Karl Barth, *Dogmatique*, IX, 215.

나는 키르케고르의 근본적인 경고를 인용하는 것보다 더 잘 할 수 없다(「고난의 복음」).

"하나의 천박한 문화가 확산되고, 인간들이 그들 사이에서 관찰하는 다양한 시각이 늘어 감에 따라, 질투와 두려움과 쩨쩨함이 섞인 끊임없는 비교가 그 전염을 확대함에 따라 모든 것이 협력하여 인간에게서 자유로운 용기를 억누르려 한다고 할 수 있다. 사람들은 왕권과 체제를 전복시키기 위해 싸우면서 동시에 온 힘을 다해 언제나 가장 위험한 예속 상태, 즉 동류의 심약한 두려움을 키워 나가려고 애쓴다. 사람들은 하나의 폭군(그가 정말 폭군일 경우, 그를 전복시킬 수훈을 세우려고 꾸며낸 진부한 이야기를 만들어 내지 않는 한)을 쓰러뜨릴 수 있거나, 아니면 적어도 그를 타도 대상으로 삼는 것은 가능하고 용이하기까지 하다. 그러나 오늘날 전제 군주들과 귀족들에 대한 두려움은 옛 이야기로 여겨진다. 아무튼 많은 사람들이 더 이상 특별히 크지 않은 위험과 싸운다. 사실 경험이 없는 사람이라면, 이렇게 많은 사람들이 싸우는 것으로 보아 필경 위험이 큰 것임에 틀림없다고 순진하게 추론할지도 모른다. 하지만 약간의 경험이 있는 사람이라면 더 큰 근거로 다음과 같이 결론짓는다. 많은 사람들이 싸우는 위험은 전혀 중요하지 않다. 이는 많은 옹호자들이 있기 때문이며, 또 군중이란 피해야 할 큰 위기가 있는 곳에서 보이는 마지막 것이기 때문이다. 그러나 이 약한 정신, 동류와 독재에 대해 심약한 이 두려움, 자아를 떠올리는 이 약한 정신, 어떤 개인 안에 거주하거나 존재하지 않은 채 은밀히 끼어들어 먹이를 기다리며 인간관계 속으로 살며시 들어가는 이 약한 정신, 개인과 하나님과의 모든 관계를 파괴하는 일에 전념하는 이 약한 정신은 근절하기가 몹시 어렵다. 사람들은 노예 상태가 발전된다는 사실에 대한 인식을 거의 그쳤다. 사람들은 왕국들을 전복시킴으로써 인간을 자유롭게 한다고 생각하고 그런 열성을 보여줌으로 말미암아 노예 상태를 망각한다. 사람들은 문제가 노예 상태와 관련되어 있다는 사실에 대해 전혀 의심해 보지도 않는다. 어떻게 인간이 자기 동류의 노예가 될 수 있겠는가? 하지만 우리는 인간이 그가 종속되고 예속된 것의 노예임을 올바르게 배웠으나, 자유에 불타는 우리 시대에는 다르게 생각한다. 우리 시대에는 통치자에게 의존적이지 않으면 더 이상 노예가 아니라고 믿으며, 폭군들을 없애는 것이 노예 상태를 없애는 것이라고 믿는다. 사람들은 그들이 노예 상태를 조장하고 있음에 대해 의심해 보지도 않는 바, 바로 이것이 노예 상태에서 떨어져 나가기가 그토록 어려운 이유다. 왜냐하면 이런 종속은 한 인간이 많은 타인을 억압하고자 하는 것을 의미하지 않고(그때 사람들은 조심하게 될 것이기에), 하나님과의 관계를 망각한 개인들이 서로 겁을 먹는 것을 의미하며, 자신을 위해 이런 감정으로 부추겨져서 하나님을 망각하고 서로 모여 군중—군중이란 각각 개인이 되도록 각자에게 부여되는 영원성의 기품을 거부한다—을 형성하는 어떤 이들 내지는 모든 이들에 대해 개인이 겁을 먹는 것을 의미하기 때문이다."

이 긴 구절을 인용한 이유는 키르케고르의 예언적 통찰 때문일 뿐만 아니라, 이 구절이 한편으로 놀랍게도 토크빌(Tocqueville)[3]의 분석과 일치하기 때문이며, 다른 한편으로 모든 정치(자유, 권력 전복

---

3) [역주] Charles Alexis Clérel de Tocqueville(1805-1859). 프랑스의 역사가요 정치인으로 관련 서적은 *De la démocratie en Amérique*(1835-1840)와 *L'Ancien Régime et la Révolution*(1856)이다.

을 겨냥하는 정치를 포함하여)가 언제나 **결코** 자유의 질서가 아닌 **필연**의 질서임을 엄격하게 상기시켜 주기 때문이다.

독립과 자유

우리는 독립과 자유를 전적으로 혼동하는 세계에서 살고 있다. 그런데 우리가 여기서 매우 주의해야 할 이유가 있다. 그것은 우리가 아담이 하나님으로부터 독립을 얻어냄으로써 필연과 결정의 악순환으로 들어갔음과, 그리스도 안에서의 자유가 하나님에 대한 독립이 아니라 자유로운 의존 상황의 회복임을 이해했다는 것이다. 그렇다면 우리는 독립 추구가 자유에 이른다고 확신하는가?[4]

이것은 우리로 하여금 그리스도 안에서의 자유—우리가 계시에 의해 받고 이해하는 그대로의 자유—가 다른 자유들을, 그리고 그리스도인의 자유의 결핍 때문에 인간이 자유라고 부르는 것을 제한하고

---

[4] 여기서 느에르(Neher)가 정치적 자유와 예언적 자유 사이의 모순에 대해 놀랍게 분석한 내용(「아모스 주석」)을 참고할 필요가 있다. 예언자는 정치적 자유가 불완전하다고 날마다 증언한다. 선동가(정치인)는 독립을 설파하고 이상(理想)을 세우며 자유를 주장한다. 예언자는 모든 독립 의도에 반대하고 유토피아 건설을 싫어한다. 아모스가 해방의 욕구를 규탄하는 많은 구절들을 참고할 필요가 있다. 인간이 그 자신의 세계를 만들려고 노력하는 곳은 어디서나 아모스가 개입하여 인간이 베리트(Berit, 언약)로 들어갔음과 평계할 길이 없음을 상기시킨다. 설령 이런 해방 운동들이 사회 개혁에 이르게 된다 할지라도, 그것들은 예언자를 격분시킨다. 느에르는 아모스를 혁명의 예언자로 삼는 해석의 잘못을 지적한다! 이것은 예언 사상과 그리스 사상을 혼동하는 것이다. 아모스를 정치적인 의미에서 가난한 자들을 위한 대변인으로 만드는 것도 동일한 혼동이다. 아모스는 결코 '암 하레츠'를 대변하지 않는다. 그와 정반대다. 백성은 예언자들의 난폭한 적이다! 예언적 자유는 소위 근본적으로 정치적인 자유의 획득을 의문시하고, 모든 독립의 불완전함을 끊임없이 상기시키며, 잘 해야 자유를 문제로서 제시할 뿐이다. 바로 이것이 예언자들에 대한 느에르의 놀라운 분석이다.

판단한다는 사실을 고려하게 한다. 그리스도인의 자유는 모든 자유 운동에 대한 비판 도구 역할을 해야 한다.

내가 그런 운동에 부정적이거나 심지어 유보적인 입장을 취하고자 한다고 생각하지 말자. 나는 세상엔 인간적인 자유 운동들이 존재해야 하며 그리스도인들이 거기에 필히 참여해야 한다고 말했고 또 말할 것이다. 다시 한 번 말하거니와 단 하나, 소경이 되거나 무지 가운데서 행동해서는 안 된다는 것이다. 내가 오늘날 현재의 상황에서 비판적인 국면을 강조하는 것은, 한편으로 내게는 참여의 국면이 명백해 보이고 상대적으로 쉽기 때문이며, 다른 한편으로 교회의 특징인 진자 운동에서 그리스도인들의 일반적인 경향이 이 참여 쪽으로 쏠리고 있고 또 세상에서 더 많은 독립과 자율을 위해 주장되는 모든 것 편에서 통찰력 없이 싸우고 있기 때문이다.

그러므로 이 사안에 대한 내 주장은 이런 상황 및 어려움과 관련되어 있다. 비판적 자세로 참가하는 것이 사실상 눈을 감고 참여하는 것보다 더 힘들다.

그리스도인의 자유는 다른 자유들의 한계다. 그리스도인의 자유가 다른 자유들을 방해한다는 의미에서가 아니라, 자유를 향한 경향들이 도달할 수 있는 궁극 지점이라는 의미에서, 그리고 그리스도 안에서 이 자유의 저편에 위치하는 어떤 자유도 있을 수 없다는 의미에서다. 스스로 저편에 있다고 주장하는 모든 것은, 그것이 단순히 아담의 행위를 되풀이하려는 의도와 주장이라는 점에서, 이전보다 더 크고 총체적인 예속 상태로 떨어질 수 있을 뿐이다.

그러므로 자유를 향한 충동은 그리스도 안에서의 자유 이편에 있으며, 이것은 이 자유의 반영이요, 그것을 향한 부르짖음과 갈망일 수 있다. 그리스도 안에서의 자유에 입각할 때, 이런 운동과 노력 위로 빛, 일종의 축복, 동의가 찾아온다.

하지만 저편에도 역시 자유를 향한 충동이 있으며, 그것은 주어지는 것이 아니라 획득되는 것이고, 그 특성 자체에 의해 더 심한 예속 상태에 빠진다. 이런 사실로 볼 때, 그리스도인의 자유는 자유 운동들에 대해 비판적이다. 왜냐하면 그것이 그런 운동들의 임계점(臨界点, point critique)이기 때문이다.

그러므로 우리는 자유에의 열망이라 해서 아무거나 수용할 수는 없다. 먼저 우리가 개인적인 영역에 위치할 경우, 우리는 스스로 다른 사람들과의 관계, 자신의 삶의 조건들과의 관계, 자신의 환경과의 관계와 독립적이기를 원하는(종종 단지 의사 표명만 할 뿐이다!) 사람의 주장을 인정할 수 없다. 왜냐하면 이것은 사실이 아니며, 거짓으로 드러나는 단순한 오만이기 때문이다.5) 우리가 우리의 가족, 우리의 교육, 우리의 환경에서 독립적이라는 것은 잘못이다. 자유의 첫걸음은 이 의존을 인정하고, 그것을 받아들이며, 그것이 갖는 가치를 알며, 우리 자신의 힘에 고정된 그것의 한계를 터득하는 것이다. 잘해야 우리가 독립적인 존재로서 행동할 수 있는 상태에 이를 수 있음과, 타인들로 하여금 이런 결과에 이르도록 도와야 할 뿐임을 말하자.

---

5) 이 모든 것에 대해서는 샤르보노(B. Charbonneau)의 놀라운 책(*Je fus. Essai sur la liberté*, 1980)을 참고하라.

이웃에 대한 두 가지 태도

하지만 우리는 사회학적인 것에 대한 이 독립이 이웃에 대한 독립과 같은 영역에 자리매김하는 것을 인정할 수 없다. 우리 스스로 자유롭다고 주장하는 것은, [1] 우리의 도덕적인 자유가 우리로 하여금 이웃을 대상이나 사물로 취급하도록 하기 때문이거나, [2] 아니면 우리의 이기주의가 우리로 하여금 상호성의 관계를 거절하게 하기 때문에, 그리스도인이라면 지지할 수 없다.

[1] 전자의 경우에 자신의 자유에 대한 주장은 타인의 노예화를 전제한다. 이것이 경제적인 면에서 본 자본주의의 상황이다. 하지만 심미적인 면에서 이것은 사드(Sade)[6]의 입장이다.[7] 그 둘의 방향은 동일하다. 언제나 타인들을 이용하고 타인의 예속 상태 위에 자기 자신의 독립을 세우는 것과 관련된다.

그런데 헤겔, 마르크스 등의 분석이 완전히 정확하다는 것과, 타인에 대한 이 태도가 우리 자신의 자유를 파괴한다는 것이 우리의 주장이다. 그리스도인은 유사한 자율의 모든 형태를 거부할 수 있을 뿐이며, 이렇게 행동하겠다고 나서는 사람을 도울 수 없다. 아니, 좀 더 낫게 말해서 그리스도인은 그 사람이 스스로 자신의 방향을 비판하도록 도우며, 자유가 사랑과 분리될 수 없다는 것을 발견하도록 도울 수 있다.

---

6) [역주] Donatien Alphonse François de Sade(1740-1814). 프랑스의 귀족(후작)이요 극단적인 자유 철학자로 그에게서 사디즘이 유래한다.
7) 클로소브스키(Klossowski)의 사드 입문서를 참고하라[역주—Pierre Klossowski는 1947년에 「내 이웃 사드」(*Sade Mon Prochain*)를 쓴 바 있다].

[2] 이런 이유에서 우리는 우리를 타인들과 연결시키는 모든 유대를 절단함으로써 홀로 자유롭기를 원하는 태도를 인정할 수 없다. 이 태도는 앞의 태도와 다른데, 여기서는 타인들을 이용하고자 함은 없고, 타인을 내 자유의 장애물로 여김(이 점에서 실상 같다!)으로써 단지 단절과 고립이 있을 뿐이다. 이것은 오만한 낭만적 개인주의의 태도로서 전자의 태도 못지않게 위해하다. 우리는 "나는 증오로 대중과 짐승을 멀리한다"8)는 방식으로 자신의 자유를 주장하는 사람을 지지할 수 없다.

그럼에도 불구하고 타인들에게서 분리됨으로써 자신의 자유를 주장하려는 이 의지에는 두 가지 양상이 있을 수 있다. 사실상 타인에 의해 자신이 결정되는 것을 절단하려 하는 자는 자신에게 아가페를 실천하고 사랑에 따라 살 수 있게 해주는 오직 거리 두기를 위해서만 그렇게 할 수 있다. 결국 예수님은 우리를 타인들과 묶어 두는 인간관계를 단절하라고 말씀하신다(네 부모나 네 자녀 등을 버리지 않는 자는…). 선한 사마리아인은 사랑으로 살아갈 수 있기 위해서 그의 환경, 직업 활동에 묶여 있는 이 관계를 단절했다. 사랑은 사실상 모든 사람에 대한 거리 두기를 의미한다. 이 경우 우리는 사랑을 지향하는, 그리고 그리스도에 의해 드러날 수밖에 없을, 자유에 직면한다. 그리하여 우리는 나름대로 자신의 자유를 추구하는 이 사람과 동행하고, 그를 도우며(그를 보호하지 않고), 그의 길을 따를 수 있다(그를 우리 길로 끌어오지 않고). 그의 추구에서 우리의 동료관계가 그의 기획—결국 그리스도에 의해서 수용될—에 대한 그리스도의

---

8) [역주] 어느 고전 작가가 한 말(odio vulgum pecus et arceo)인 듯.

자유의 은밀한 보장임을 알면서 말이다.

그러나 순수한 독립 행동에는 이런 특징만 있는 것이 아니다. 문제는 어떤 사람이나 집단이 '주변인'으로 살고 사회 활동, 타인들과의 활동 등에 참여하지 않겠다는 주장과 관련될 수 있다. 이 단절은 허망한 것이며 모든 사람들처럼 사는 자들에게 경멸을 의미할 수 있기에 인정될 수 없을 것이다. 많은 소 운동들(특별히 기술 진보와 '문명의 진행'에 적대적인 사람들)이 마침내 이 태도를 갖는 바, 이것은 자유가 타인을 되찾는 사랑을 향한 실제적 방향이라곤 전혀 없는 단절과 반전에 기초한다는 이 개념 때문에 보잘것없는 결과만을 줄 뿐이다. 이 고독은 결국 죽어 있는 것이다.

여자와 자녀

여자와 자녀의 독립 문제도 마찬가지다. 티옹(G. Tillon)[9]의 표현에 따르면, 여자는 "우리의 마지막 식민지"로 여겨진다. 알려진 대로 남자에 대한 여자의 복종과 싸우는, 남편에 대한 아내의 독립을 위해 싸우는 엄청난 운동이 있다. 부모에 대한 자녀의 독립(주도권이 아니라면!)을 주장하고, 자녀의 개성의 개화를 위해 그들을 지도나 구속 없이 자유롭고 자율적으로 내버려 둘 필요성을 주장하는 운동도 정확히 마찬가지다.

먼저 이런 운동들이 잘 알려진 사실의 단순 데이터를 이념과 개념으로 덮어 씌우고 있음을 주목할 필요가 있다. 즉 일하는 아내, 더 이상

---

9) [역주] Germaine Tillon(1907-). 알제리 태생의 비-식민주의적 민족학자.

개인적 권위가 없는 남편, 현대 사회·문화적인 조직에서 더 이상 의미도 자리도 기능도 없는 가족 단위, 실제로 자녀를 돌볼 시간이 없을 정도로 일에 매달려 있는 부모, 가족의 각 구성원에게 특별한 삶을 주는 기분 전환, 가족들을 서로 떼어놓는 개인 교통 수단, 각기 다른 사회학적 집단으로 융합되기…. 이 모든 것과 다른 많은 사실들은 여자와 자녀라는 두 가지 독립을 설명한다. 이념적 표명은 별게 아니지만, 일반적으로 그것들을 둘러싸고 논쟁이 이뤄진다. 그러나 내가 생각하는 유일한 사항은, 과연 이 독립이 여자와 자녀를 참된 자유에 이르게 하는지를 아는 데 있다.

여자는 자신 앞에 두 가지 가능성을 갖는다. 즉 소련이나 서구 유럽에서처럼 일터로 나가거나, 아니면 미국에서처럼 매우 종종 고용되지 않은 채로 남는 것이다. 여성 노동은 여자에게 자기를 성취하게 해주는 것으로 크게 찬양된다. 실상 우리는 실제 상황을 정당화하기 위한 가공의 건축물에 직면한다. 90퍼센트 이상의 경우, 여자들은 흥미 없고, 의미 없으며, 풍부한 자질을 요구하지도 않고, 인격 개발과는 전혀 관계가 없는 일을 해야 한다.10) 그것은 구속이고 부조리한 의무다. 여자는 가사에서보다 더 자기 성취감을 느끼지 못한다.

두 가지 확실한 이점은 새로운 사람들과의 접촉으로 들어간다는 것과 자기 자신의 돈을 갖는다는 것이다. 하지만 첫 번째 이점에 대해 말하면, 여자는 이전에도 모든 이웃들과 충분한 접촉을 가졌으며, 두 번째 경우에는 여자가 의존하는 권위가 대체될 뿐이다. 여자는

---

10) 부연할 필요가 있는 것은 75%의 경우, 여자는 남편의 봉급이 불충분하기 때문에 일을 할 수밖에 없다는 것이다.

더 이상 남편의 돈을 받지 않고 고용주의 돈을 받는다. 그러나 잘 알듯이, 고용주와의 관계가 어느 정도로 자유스럽고 안정되며 즐거운 것이던가! 사실상 여자는 온 세상에 그 영역을 미치는 예속 상태로 넘어갔다. 즉 사회 전반의 경제 체계라는 예속 상태와 고용주의 권위라는 예속 상태로 말이다. 종속의 변화가 있는 것이지 자유의 획득이 있는 것이 아니다.

고용되지 않은 채로 있는 여자의 경우, 지금 우리는 그 경우 역시 심각한 문제를 제기하는 것으로 안다. 미국이 가장 심각한 경우 중 하나다. 여자는 남편에게서 독립적으로 되었는 바, 이는 여자가 남편보다 더 큰 권위를 획득하고야 말았고, 그에게 아무런 의무도 행하지 않은 채 돈을 받으며, 가전제품에 의해 가사에서 해방되기 때문이다. 그녀 앞의 비극은 공허의 비극이다. 그리하여 그녀는 자신이 할 수 있는 것, 일례로 알코올, 게임, 마약으로 채우며, 자녀에 대한 과도한 열정 때문에 소유적이고 과보호적인 엄마가 되고, 점차 신경증이 생긴다. 누군가는 여기서 말하기를, 이것은 또 다른 예속 상태가 아니라 자신의 '자유'를 사용할 줄 모르는 것이라고 할 것이다. 물론 그렇다. 하지만 이것은 이미 '자유'가 쉽게 자리 잡을 수 있는 하나의 상태인지에 대한 질문을 제기하게 한다. 결국 '자신의 권태를 채우기' 위한 여자의 노력은 여전히 속박의 총체라는 것을 알게 되는 바, 그녀는 어떤 외부의 권위보다 훨씬 더 확실하게 자신을 노예로 만드는 습관과 악습을 갖게 된다.[11]

---

[11] 우리는 여기서 가정이라는 제도적 틀에서 남자에 대한 종속에 대비하여 단지 여자의 상황과 관련된 몇 가지 증거를 제시한다. 우리는 제10장에서 여성의 자유 문제를 보다 풍부하게 다룰 것이다.

그런데 동일한 상황이 자녀에게서도 발견된다. 자녀는 가정의 속박과 부친의 독재에서 벗어난다. 하지만 우리는 그들의 경우에도 여자의 상황과 동일한 상황의 두 모습을 발견한다. 이제 자녀는 실제적인 권위를 행사하는 사회의 노동 체계, 즉 학교 공부 체계에 포함된다. 이 체계는 자녀가 이전에 해본 적이 없는 일을 훈련시킨다(20세기에 공장에서 아이들의 노동은 얼마 되지 않는 수의 아이들에게만 적용되었음과, 농촌 일은 예외적인 시기를 제외하면 거의 힘들지 않았는데 소와 양을 지키거나 숟가락을 놓는 정도였음을 이해해야 한다).

학교 체제는 인상적인 공부 시간(초등학교 1학년이 대략 일주일에 40시간)과 익명의 권위 제도로 자녀를 보다 높은 속박에 둔다. 사실상, 가정에서 해방된 자녀는 이제 즉시 행정과 씨름한다.

하지만 다른 한편, 자녀 역시 여가 시간이면 공허감에 직면한다. 그는 지루함을 느끼고, 우리 사회의 모든 것과 직접적으로 접촉한다. 이전에 가족 단위에서 자녀는 사회적, 정치적, 경제적 현상들을 오로지 스크린, 여과기, 제동창치를 통해서만 접촉했었다. 가정의 벽은 사회 정보, 충격, 긴장의 제한된 수만을 그에게 전해 주었다. 이 제한된 모든 것은 자녀의 능력과 정서에 알맞은 높이에 있었다. 반대로 이제 이 가족 단위의 파괴는 젊은이를 모든 전반적 사회 현상과 직접 접속하게 한다. 거기서 그는 심한 충격, 매우 힘든 압박, 충동을 받으며, 엄청난 유혹에 굴복한다. 세상은 이미 성인에게도 힘들며, 젊은이에게는 그들의 예민한 감성과 구조 부재, 온순함과 더불어 충격적이 된다. 그때부터 젊은이는 이 부조리하고 추악하며 계모 같은 사회에 대한 반항으로 들어간다. 이것이 불량배 패거리, 반항적 신세대, 비트족[12] 히피, 이유 없는 반항, 부랑아 등이다. 여기서도 우리는 파국적인 자유 안에 있는 속박의 교환과 개인의 정황이라는 두 가지 문제에 부딪힌다.

자유의 두 조건

이 사례는 결코 새롭지 않은 두 가지를 우리에게 가르치고 있는 것처럼 보인다! [1] 첫째는 권위가 있는 곳에만 자유가 있다는 것이다. 자유는 권위와 관련해서, 권위와 대면해서 행사된다. 하지만 이 권위는 가깝고 접근할 수 있고 눈에 보여야 하며, 동시에 자신의 자유를 요구하는 사람의 힘에 상응해야 한다. 아내와 자녀에게 이의가 제기되는 가장의 권위는 분명 강압적이며 참기 힘들다. 그것은 가까이에 있으며, 하나의 가능한 자유가 싸우는 구체적인 장애물이다.

반대로 사회 제도, 행정, 경제적 내지 사회적 장치의 추상적인 권위는 인간에게는 완전히 과도한 것이다. 인간은 어떤 자유도 얻을 수 없는 바, 이는 그가 너무도 강력하고 파악되지 않으며 보이지 않는 권위 체계와 부딪히기 때문이다. 그가 싸우려면, 스스로 매우 광대한 집단들로 들어가서 자신의 개인적 상황과 아무런 관련 없는 행동에 참여해야 한다. 그는 매우 먼 미래에 오게 될 이론적인 자유를 위해 싸운다. 그는 매우 구체적이고 꼼짝 못하게 하는 성격임에도 불구하고 궁극적으로는 추상적인―직접 느끼고 체험되기는 하지만 식별되거나 알려지지 않는, 흔히 상징적이라고 말해질 수 있는 행동의 예속 상태와 관련해 볼 때―온갖 활동들을 수행한다. 이와 같이 현재의

---

12) [역주] 부르주아와 소비 문화의 가치관에 반항하는 사람들로 1960년대에 유행함.

흐름은 가깝고 개인적인 속박을 전체적이고 추상적인 속박으로 대체한다. 거기서 자유가 이기지 못한다.

[2] 두 번째 관찰은 자유란 무슨 치즈 분배처럼 우리에게 할당된 상태나 상황이 아니라는 것을 상기시킨다. 자유는 자유로운 사람에게만 체험될 수 있다. 다시 말해서 개인을 아무나 자유의 상황에 둔다는 것은 그에게 독이 든 선물을 주는 것이다. 충분히 다듬어지고 강한 인격, 진정한 자율, 그 자신의 삶을 이끌 수 있는 능력, 시련과 긴장을 이겨낼 수 있는 에너지와 안정을 갖지 못한 개인의 경우, 그때 자유의 상황은 허망함, 나침반 없이 방황하는 사막, 견딜 수 없는 무기력, 무슨 대가로든 아무것이라도 채워야 하는 공허함 외에 다른 것이 아니며, 거기서 그는 다시 보잘것없는 일거리와 좀 더 파괴적인 기다리던 예속 상태로 되돌아간다. 이것이 우리가 이러한 모든 해방 운동들에 주저 없이 참여해서는 안 되는 이유다.

행복과 자유

독립과 자유 사이의 동일한 혼동에 기인하는, 오늘날 자유의 또 다른 빈번한 주제는 행복이란 주제다. 인간이 행복을 바라는 것은 완벽하게 적법하다. 우리는 전적으로 행복의 관점에서 세워진 사회의 타당성 문제나, 이것과 기독교의 관계를 논의하려는 것이 아니라, 다만 행복과 자유 사이의 관계를 논의할 것이다.

오늘날 가장 흔히 인정되는 개념들 중의 하나는 인간이 빈곤 가운데서는 자유를 알지 못하며, 행복(게다가 생활 수준의 상승, 소비의 증가라는 의미로 축소된)과 더불어서만 자유 가운데서 살기 시작한다는 것이다.

 그런데 우리는 이것이 이중적인 오류이며, 결국 아주 단순하게 말하자면 라퐁텐13)의 우화 〈늑대와 개〉가 실재를 말한다고 주장한다. 반대로 행복과 자유 사이에는 이율배반이 있다.

 우리는 자유는 어렵고 희생이 크다는 것, 자유는 의지와 포기와 동시에 자기 통제를 전제한다는 것을 인정해야 한다. 우리 사회가 이해하는 그대로의 행복은 노동에서와 동시에 소비에서 무수한 속박을 전제한다. 이런 행복은 보다 상승된 소비(하지만 이때의 노동은 그 성격이 악화된 노동임을 내포한다)와, 본질적으로 공허함(우리는 이것의 무의미를 보았다)14)인 여가의 가능성으로 요약된다.

 우리가 '행복'을 말할 때, 그것은 분명 우리가 생각하는 쾌락주의 철학이나 에피쿠로스적인 고행이 아니라 그것의 현대적 해석이다. 그런데 이 해석은 자유와는 아무런 상관이 없다. 구체적인 삶에서 파악되는 직접적이고 즉각적인 의미에서, 자유는 훨씬 더 자연과 투쟁하는 인간, 자신의 힘을 직접 행사하고 개인적으로 자신의 자율을 획득하기에 적합한 인간에게 속했다. 중세의 해양 탐험가의 신화들(현대의 고독한 항해자들이 되찾으려 애쓰는), 카우보이와 서부의 신화들은 인간이 자기 자유로 여기는 것의 참된 이미지들을 우리에게 제공한다. 이런 이미지들은 그것들이 접근할 수 없게 되어 버린 사라진 자유와 관련되기 때문에 더욱 생생하고 풍부하며 의미 있다.

 그런데 현대 사회에 포함된 인간은 분명 생활 수준이 향상되는

---

13) [역주] Jean de La Fontaine(1621-1695). 프랑스의 시인으로 「우화집」은 1688년에서 1694년까지에 걸쳐 이뤄졌다.
14) 여가와 자유 사이의 모순에 대해서는 cf. Charbonneau, *Dimanche et lundi*.

것을 보지만, 그는 점점 더 속박된다고 느낀다. "그에게 자유"란 어떤 것이라고 말할 수 있을까? 권력 앞에서의 자유는 확실히 아니다! 질병에 대한, 기아에 대한 자유라고 말할 수 있다. 그렇다. 하지만 이런 것들은 아무것도 할 수 없는 권위의 손에 자신의 운명을 맡김으로써 보상받는 자유들이다. 기아에 대한 자유라고? 하지만 아무도 우발적인 실업에 대해 아무것도 할 수 없다(심지어 소련에서도 말이다).15) 그런데 개인은 자연과 대항하여 싸워 그것으로부터 양식을 빼앗을 수 있다는 인상을 갖는다. 그러나 그는 또한 우리 사회에서 자신의 운명이 자기 밖에서 통제되고 있다는 인상을 갖는다. 그리하여 우리가 자유에 대한 명확하고 객관적이며 측량할 수 있는 정의를 내릴 수 없고, 반대로 자유에 대한 주관적 이미지, 느낌, 인상으로 만족할 수밖에 없는 한, 우리는 현대인이 자기 자신에게서 갖는 이 이미지를 인정해야 한다. 아마도 보다 행복하겠지만 확실히 자유롭지는 못한 이미지 말이다.

우리는 이 수준에서 자유의 실재를 논할 수는 없다(게다가 그것을 입증하기 위해 일반적으로 진행되는 것은 완전히 추상적인 자유와 관련된다). 자유가 줄었다는 느낌은 현대인의 많은 반응들을 설명해 준다. 이것은 우리가 자유를 생활 수준의 향상과 일치시킬 경우 결코 정당화되지 못하는 반응이요, 1968년 5, 6월에 반영된 반응이다. 오히려 가장 빈번한 결과는 그 반대다. 이런 상황에서 인간은 자유의 맛과 욕망을 상실한다.

실상 반대로, 행복이 자유와 관련되지 않는다는 것, 이 둘이 서로

---

15) 이 부분은 1966년에 썼다!

모순된다는 것, 생활 수준 향상이 자유의 토대 역할을 하지 않는다는 것이 고려되어야 한다. 인간은 더 이상 자신의 운명의 주인도 아니며, 덜 소외되지도 않으며, 더 적합한 선택을 하지 못하며, 정치-사회적인 영향에 더 독립적이지도 못하다. 이런 이유에서 그리스도인으로서 우리는 분명 인간의 행복을 향상시키기 위한 노력을 할 수는 있다. 그것은 별개다. 오히려 그것이 해방과 아무런 상관이 없음을 알고 증언해야 한다. 달리 말해서, 자유를 위해 인간의 물질적인 행복을 추구하는 운동에 참여하는 것을 철저히 거부해야 한다는 말이다.[16] 반대로 중요한 것은 둘을 분리시키는 것이요, 둘이 서로 적법한 목표라 해도 전혀 조화될 수 없음을 증명하는 것이다. 바로 이런 것이, 이런 운동들에 참여하면서 그리스도인의 자유의 이름으로 증거해야 할 정직성이다.

2. 성서에서의 노예 제도 문제

그리스도인으로서 자유 추구와 자유를 위한 투쟁의 문제를 제기할 때 분명 노예 제도 문제를 피할 수 없으며, 우리는 하나님이 모세를

---

16) 명백하게 오해가 없도록, 나는 이것을 쓸 때 불행과 빈곤의 유익을 격찬하기 위함이 아님을 거듭 말한다. '소비 수준'의 무한정한 향상은 생활 수준의 추구와 일치하지 않는다. 생활 수준이라 함은 인간이 문화적 환경에 있는 이상 인간으로 하여금 실제적으로 살고 구체적으로 단정하게 살도록 해주는 것을 의미한다. 하지만 그때 이것은 생산과 분배라는 우리 체계의 전적인 재배치를 의미한다. 엄청난 생산 수단은 가장 가난한 자들에게 필요한 소비재를 지향해야 하며, 이 가난한 자들은 소비재를 얻기 위한 충분한 방책을 받아들여야 한다.

통해 해방하신 애굽의 노예 된 히브리 백성이라는 대표적인 모델로 만족할 수는 없다. 물론 이것은 모든 것의 기초로 남는다. 왜냐하면 우리가 하나님이 무엇보다 먼저 해방자임을 배우는 곳이 바로 거기서이기 때문이다. 우리는 이 점을 다른 곳에서 충분히 입증했다. 하지만 노예 제도와 관련된 성서 텍스트들을 삭제해서는 안 된다. 사실 이 텍스트들은 교훈적이며, 우리는 옛 노예들의 극단적인 상태를 통해 현재의 억눌리고 소외된 자들의 상태를 읽어야 한다는 것을 알고 있다.

우리는 오늘날 더 이상 노예가 없다—법적인 의미에서—는 구실로 이 텍스트들을 치워 버릴 수 없다. 실제로 노예 제도는 거의 사라졌지만 그 실재에 있어서는 그렇지 않다. 내가 '거의'라고 말하는 이유는 이슬람 세계에 여전히 문자적이고 법적인 의미에서 노예들이 존재하며, 석유 국가 수장들을 위한 노예(흑인) 무역이 있기 때문이다. 이것은 유엔(UN)에서 고발된 바(지속적이진 않았지만) 있다. 나아가 성서 텍스트들이 우리에게 입증하는 것은 해방자 하나님의 커다란 계시에 입각해서 결과가 아무렇게나 끌어내어질 수 없다는 것이다. 이런 성서 텍스트들은 분명 놀랍고 묵상할 만한 무언가를 준다. 두 가지의 큰 집합적 텍스트가 있는데, 구약에서는 희년과 관련된 모든 것이요, 신약에서는 특별히 빌레몬서이다.

구약의 희년

먼저 희년을 보자. 레위기 25장에는 매 7년마다 안식년이 있고 매 7안식년(그러니까 49년)마다 희년이 있다. 잘 아는 대로, 희년은 이스라엘에서 전 경제-사회적 개정(소유, 채무, 대여, 변제)과 특히 노예들의 해방을 의미한다. 이것은 상당수의 구체적인 설명을 담고 있다. 만일 히브리인이 가난해져서 자신을 타인에게 팔아야 할 경우, 그는 만기 7년 후 안식년에 자유롭게 될 것이다. 만일 외국인이 노예일 경우, 그는 이 법의 혜택을 받지 못한다. 만일 히브리인이 자신을 외국인에게 팔 경우 희년 이전에 변제할 수도 있으나, (여기서 제도는 복잡하다) 아무튼 희년은 절대적 해방의 표시다.

희년은 어떤 종류건 모든 노예들의 전적인 해방이다. 물론 역사가들과 구약 전문가들—페더슨(Pedersen)과 아이히로트(Eichrodt)를 포함해서 로(Lods)에서 드보(de Vaux)까지—의 만장일치는 이 법이 적용될 수 없다는 것, 적용된 적이 있었다는 어떤 역사적 증거도 없다는 평가다. 혹자는 일례로 문화유산의 재건을 위해 풀 수 없는 혼동으로 들어가야 했다는 식으로 주장한다. 그럼에도 불구하고 한 진지한 미국 주석가는 이 만장일치를 깰 용기를 갖고 희년 적용이 불가능하지 않음을 입증하는 면밀한 연구를 했다.[17] 그는 제도적 난제를 풀려고 시도하지 않았다. 그는 이것의 적용의 흔적—물론 일시적이나 흥미가 없지 않은—을 찾는 것으로 만족한다.

하지만 실제로 이 희년은 예레미야 이후, 성결법전(Code de Sainteté) 이후의 법전 편찬이 있기 전에는 잘 작동했을 것이다. 어쩌면 포로 시기에, 혹 어쩌면 느헤미야 시대나 그 후에 있었던 이 법전 편찬은 오히려 존재하는 보다 오래된 관례로 돌아가려는 의지를 표출한다. 하지만 3세기부터의 민족 이동과 그때 수립되는 군주제와 더불어,

---

17) T. Hanks, *Opresión, Pobreza y Liberación*, 1982.

이 편집은 분명 희년의 적용 가능성의 끝을 나타낸다. 어찌됐건 이 희년에는 그래도 매우 오래된 요소들(시대에 뒤진 역법曆法, 침해할 수 없는 가족 유산 개념, 여섯 번의 안식년과 비교되는 마지막 안식년의—50번째 날마다 이뤄지는 그 주간週刊의—축제18) 등)이 있음이 벌써 인정되었다.

우리에게 있어서 문제는 다르다. 적용이 되건 안 되건, 텍스트는 있다. 텍스트는 토라의 모음집에 소장되어 있다. 이것은 신자들의 눈에 가치 없는 선포가 아니다. 그것은 하나님의 계시다. 이것이 아무런 실천적 영향력 없는 '도덕적 이상'이라고 말하는 합리주의적이고 실증주의적인 역사가들의 해석은 터무니없고 가소롭다. 그것은 모든 시대의 경건한 유대인에게 하나님의 계시다. 그렇다면 이 요구와, 알려진 역사 시대에서의 이 적용 불능은 무엇을 의미하는가? 이 법의 남은 모든 부분(일례로 안식일 규정)은 적용하고 상세히 설명하고 명확히 밝히기 위해 세심한 배려가 뒤따른 것에 반해, 이 법이 적용되지 못한 채 유지된 사실은 무엇을 의미하는가? 이것이 역사가들이 오래 전부터 스스로 제기했을 질문들이다.

나는 세 가지 요소가 고려되어야 한다고 생각한다.

먼저, 우리는 여기서 하나의 제도에, 본질적으로 정치, 경제, 사회적 자유의 규칙을 정하는 제도에, 다시 말해서 자유를 축소시키지 않은 채 제도화하는 노력에 직면해 있다. 그러므로 제도적 규정으로 자유를 구현하기란 불가능하다는 것에 주목해야 한다.

---

18) [역주] 난해한 본문은 이렇다. le parallèle des sept sabbats précédant la fête des semaines du cinquantième jour.

둘째 요소는 이 법이 하나님의 말씀으로 남아 있다는 것, 그러므로 막연한 도덕적 내지는 사회적 이상과는 다른 것이며, 이 법은 동시에 요구요 지시며 진리라는 것이다. 그것은 있어야 할 것의 진정한 모델이요, 우리가 상황과 행동들을 판단하며 동시에 결단을 내릴 방향을 주기 위해 끊임없이 눈앞에 두어야 하는 모델이다.

마지막으로 세 번째 요소는 이 법이 자유를 위한 가능성의 한계로 나타난다는 것이다. 이 법이 우리에게 가르치는 바는, 바로 택한 백성에게 하나님의 계명으로 전달된 자유가 사회와 경제에의 적용 가능성에서 그 한계를 발견한다는 사실이다. 이 법은 하나님의 택함을 받은 자가 언제나 부름 받고 언제나 실패하는 불가능성이다. '절대적' 자유 ─이에 대한 요구와 선포가 주기적으로 재출몰하는 것을 우리가 보거니와─는 우리의 오만의 표현이요 어리석음이다. 이런 선언을 되풀이하는 우리 시대와 같은 때에 이 점을 상기시키는 것은 중요하다.

하나님의 계명으로서의 희년

이것을 알았다 해도, 우리에게는 아직 이 희년에 대해 배워야 할 것이 많다. [1] 이것은 무엇보다도 하나님의 계명과 관련된다. 이것은 전혀 규범적이거나 혁명적인 사회 질서가 아니며, 일례로 인간 본성의 열매가 아니다. 그러므로 이 모델은 반(反)본성적, 비규범적 계명으로 받아들여져야 한다. 사회 조직의 법으로서가 아니라, 이런저런 식으로 실현되고 시간이라는 사회적 맥락에서 해석될 계명으로서 말이다. 또한 하나님의 계명으로 받아들여져야 한다. 다시 말해서 사회에 대한 하나님의 뜻이 무엇인지를 명백하게 표현하는 계명으로,

하나님의 뜻과 같은 계명으로 말이다.

희년은 모두를 위해 주기적으로 자유를 재건하는 사회 형태를 추구하는(거기에 이르리라는 큰 소망 없이) 것이며, 반면에 이 자유는 정치, 경제, 사회적 운동의 단순한 메커니즘에 의해 필경 사라진다. 이 작업이 이뤄지지 않고, 자유의 재-주입의 이런 형태가 만들어지지 않는 한, 인간에 대한 하나님의 뜻은 이뤄진 것이 아니다. 그리스도인들은 이 사실을 명백하게 알아야 한다.

[2] 하지만 다음으로, 희년은 너무도 분명히 신자들에게 주는 계명이다. 왜냐하면 그것은 '하나님의' 계명이기 때문이다. 이것은 계명의 객관성을 의미하는 것이 아니라, 우선 이 하나님을 믿고 그분의 말씀—그러므로 이 계명—을 참된 것으로 받아들이는 자에 의한 신앙의 수용을 의미한다. 따라서 우리는 이것에 입각해서 모두를 위한 제도를 창설하고자 할 수는 없으며, 이런 종류의 '규칙'에 입각해서 세속 사회나 이교 사회를, 그리스도인과 유대인이 소수인 사회를 조직할 수는 없다. 그렇다면 어떤 의미인가? 단순히 이것이다. 즉 이런 사회에는 다원적 행동, 조직, 가능한 경향들이 있어야 한다는 것이며, 이런 것들 가운데 우리는 외부에서 오는 놀라운 모범으로 나타날 수 있는 일종의 자유의 재-통합 내지 재-주입을 만들어 내야 한다는 것이다. 그 이상은 아니다.

이 일은 여전히 이뤄져야 한다. 여전히 유대인들과 그리스도인들인 우리는 전통적인 정치 논쟁의 형편없는 초라함에 머물러—〈프랑스 프로테스탄트 연맹〉이나 〈세계교회 협의회〉가 그 사례를 보여주듯이—앉아 있는 대신, 이것을 만들어 낼 능력과 이 일을 구현할 의지를 가져야 한다.

나는 반론을 잘 안다. 이 '율법'은 이스라엘 백성이 모이고 조직되어 국가가 되었던 때만 이해되고 수용될 수 있었기 때문에, 더 이상 우리가 할 일이 아니라는 것이다. 나는 이것이 잘못이라고 생각한다. 베드로서신이 우리(그리스도인)가 "거룩한 나라, 그의 소유 된 백성"(벧전 2:9)이 되었다고 말할 때, 이것은 기분 좋아지는 말이거나 아니면 체험되는 실재이거나 둘 중 하나다. 심지어 디아스포라 상태에서도 유대 백성은 하나의 백성으로 남는다. 만일 이것이 하나의 실재라면 그것에 몸체를 주어야 한다.

예수 그리스도에게서 이 계명은 다른 계명들과 마찬가지로 폐지되지 않는다. 다시 한 번 상기하자. 예수가 온 것은 율법을 폐기하기 위함이 아니라 완성하기 위함이다. 다시 말해서 율법을 완전히 실행하고 동시에 그것을 최고로 높은 수준의 성취까지 가져가기 위함이다. 그렇다면 우리는 이 성취에 따라서 살아야 하는 것(이것이 은혜다)이지, 율법의 구현을 우리와 관계없는 듯 외부에서 바라보는 식으로 살아서는 안 된다. 은총의 규칙은 율법의 절대화이지 그것의 배설이 아니다. 행크스(Hanks)가 "가난한 자들에게 선포된 복음"과 "주의 은혜의 해"에 대한 예수의 유명한 답변이야말로 희년의 선포였다고 입증한 것은 전적으로 옳다. 하지만 희년은 한편으로는 보편화되고 (유대인에게만 지시된 것이 아니다) 다른 한편으로는 영적으로 해석된다. 율법의 영적 해석이 성급하고 피상적인 판단이 종종 설명하듯 현실적, 사회적, 정치적 성격에 그렇게 반대되는 것은 아니라는 사실에 매우 주의하면서 말이다. 영적 해석은 율법주의에 대한 반대이지 현실적인 것에 대한 반대가 아니다.

그런데 이 희년과 관련해서 예수에 의한 율법의 성취는 옛 제도를 대신하는 새 제도의 창설을 의미하지 않는다. 그것은 복음을 듣는 모든 사람들 가운데서와 예수 그리스도가 주이신 세계에서 율법이 보편화되는 것을 의미할 뿐만 아니라, 시간성에서의 한 가지 변화를 의미한다. 다시 말해서 주의 은혜의 해가 단번에 선포되고 성취된다는 것은 매해가 희년이 된다는 것을 의미한다는 말이다. 매해가 은혜의 해이다. 그러므로 노예가 해방되어야 하는 것은 50번째 해일 뿐만 아니라 매해가 해방의 해이다. 따라서 은혜의 해는 전자의 방식이나 후자의 방식으로(여전히 전자의 방식을 발견할 필요가 있다!) 노예 해방, 모든 예속 상태의 해방을 초래한다.

이와 같이 은혜의 해의 선포는 오늘날 희년이 택할 수 있는 추구—법적, 정치적, 경제적, 사회적 예속 상태를 포함한 세상의 예속에 대한 해방—로 모든 그리스도인들이 참여할 것을 의미한다. 하지만 우리는 또한 제도적 형태, 엄밀히 말해서 법적 형태가 적합하지 않다는 것을 알고 있다. 내가 위에서 지적했듯이, 법적 형태로는 우리가 궁지에 몰릴 뿐이다. 우리가 최소한 이렇게(율법이란 은혜가 우리로 하여금 그보다 훨씬 넘어서도록 이끄는 지극히 작은 부분임을 끊임없이 상기하면서) 할 수 있거나 아니면 없거나 둘 중 하나다.

노예들의 해방이라는 의미에서 보다 근본적인 형태를 만들 필요가 있다. (일례로 개인적인 영역에서 우리는 순수하고 단순하게 우리의 '채무자'를 거저, 공짜로 해방시킬 준비가 되어 있는가?) 물론 이것은 의무적인 제도로의 이양을 모든 사회에 야기할 수는 없으나, 어쩌면 교회 안의 제도, 사회나 경제계에 있는 그리스도인들—사회적 규범에 따르는 사람과는 다른—의 행동 지침을 야기할 수는 있다.

달리 말해서, 이것은 어떤 사회에서 모든 노예들의 자동적인 해방을 일반화시키려는 것이 아니라, 유대 백성과 기독교 백성의 행동 노선, 정치나 경제 영역에서 모든 사람들의 본이 되고 이런저런 식으로 우리에게 속한 노예들의 해방(또한 제도적인)을 함축하는 행동 노선을 세우는 것과 관련된다.

이것이 그리스도인의 자유를 드러내는 방식이다. 그리스도인의 자유는 반드시 법과 제도에 세워지는 것이 아니라, 오히려 예속의 객관적인 상황과 관련된 행동의 변화에 세워진다. 원하건 원치 않건 간에, 특수 행동이 늘어나면 집단의 제도적 변화가 어쩔 수 없이 뒤따르는 법이다. 하지만 이것이 으뜸가는 목적도 유일한 목적도 아니다.

이처럼 희년에 따라 고찰해야 할 세 단계는 다음과 같다. 오늘날 우리 사회를 특징짓는 노예들은 어떤 이들인가? 관계된 '예속'의 제거를 촉구하기 위해 그리스도인들이 준수해야 할 행동은 무엇인가? 이런 관례가 세워지고 일반화될 때 그리스도인들이 집단적이고 사회적인 영역에서 감내하고 담당해야 할 결과는 무엇인가? 물론 이것이 혁명 운동, 해방 운동에의 참여, 정치적 입장의 선택을 내포한다는 것은 전적으로 배제되지 않는다. 하지만 본질적으로 기독교가 특혜받는 길이 아님은 확실하다.

신약의 빌레몬서

나는 희년 법의 회복이 자유와 예속에 대한 두 번째로 위대한 텍스트인 이 수수께끼 같은 빌레몬서의 내용을 십중팔구 설명한다고 생각한다. 게다가 바울이 희년 법에 대한 어떤 암시도 주지 않음을 강조하는 것이 중요한데, 이는 이 법이 유대인의 법으로서 유대인에게는 의미가 있으나 '그리스인'에게는 가치가 없기 때문이며, 또한 바울이 로마법에 의존적인 어떤 노예에 대해 이교적 배경에서 어떤 그리스인에게 쓰고 있는 마당에 희년 법에서 영감을 받아 그것을 내세워서는 안 되기 때문이다.

하지만 노예 '문제'는 이 시기에도 피할 수 없었다. 노예 제도에 대한 초기 그리스도인들의 태도에 문제를 제기하지 않을 수 없다. 실제로 우리는 여기서 엄청난 사회 현상인 노예 상태(주전 1세기와 주후 1세기에 노예들의 수적 증가는 상당했다)에 있는 인간 존재에 대한 전적 부정이라는 모범적인 상황에 직면한다. 그러므로 이것은 정치, 사회의 문제요, 동시에 정의의 문제이며, 직접적으로는 자유의 문제다. 이것은 정의를 말하고 동시에 그리스도 안의 자유를 선포하는 자들을 마땅히 동원했을 것으로 보인다. 우리가 맨 먼저 만나는 것은 물론 빌레몬서다.

기독교 공동체의 새로운 관계

나는 본질상 레만(R. Lehmann)이 그의 탁월하고 성실한 빌레몬서 주석에서 한 말에 동조할 것이다.19) 예를 들어 바울은 노예 제도에 대한 이론서를 쓰려 하지 않았다는 것, 그는 개념들이 아닌 사람들을 화해시키면서 그들을 상호 섬김 가운데 같이 살도록 이끌고자 했다는

---

19) R. Lehmann, *L'Epître à Philémon*, 1978. 그러나 앞으로 보겠지만, 법적이고 정치적인 관점에서는 유보할 것이다.

것이다. 바울은 주인과 종의 관계가 외부에서 이론적으로 세워질 수 없고, 그리스도 안에서 새로운 공동체를 통해 재편성될 수 있음을 알고 있다. 레만은 바울이 이 사적인 편지를 공적인 편지로 삼기를 원하고 있으며, 그가 만들고자 하는 새 관계가 온 기독교 교회에 하나의 모델이 될 수 있음을 예감했다고 옳게 주장한다.

이 규정은 따라야 할 모범을 의미한다. 즉 노예는 자기 주인의 집으로 돌아가 주인의 권리를 존중한다. 해방은 주인의 뜻에 맡겨진다. 하지만 온 교회에서 노예는 사랑받는 형제다. 기독교 공동체의 품안에서는 새로운 가치들이, 사회적 신분이 부차적이 되고 심지어 무관심하게 되는 새로운 세계가 세워지고 또 세워져야 한다. 그러나 이것은 궁극적 실재의 현재적 표징인 종말론적 공동체와 관련된다. 여기에는 각각의 권리를 젖혀두는 일이 있으나, 이것은 이 권리가 타인에 의해 존중됨을 내포한다.[20]

이런 점에서 레만은 (보수 역사가들에게 있는) 일반적인 개념을 인정하지 않는다. 이 개념에 따르면 그리스도인들 사이의 이런 개인 상호간의 관계가 변화한다는 점에서, 이 관계가 세상에 보급될 때 그것은 노예 제도의 사라짐을 초래한다는 것이다. 흔히 이것이 교회에서 먼저, 그리고 이어 세상에서 일어났다고 말한다. 레만은 이 '고전적' 관점을 관념론적이라고 규정한다. 바울이 노예 문제를 일반 사회 문제로 보았다고 확신하고서, 그는 임박한 세상 종말을 믿었기 때문에 그런 문제에 대해 아무런 말을 하지 않았다고 여기는 사람들도

---

[20] 레만은 이 주제에 대한 홀츠만(Holtzmann)의 놀라운 구절을 인용한다. "인간들과 그들의 관계들의 사회적 변화 없는 화해가 허약한 위로이지만, 화해 없는 사회적(정치적) 변화는 테러 행위로 이어진다는 것이 사실이다."

있다.

다른 관점에서, 레만이 바울에게 있어서 자유란 무엇보다도 정치적이지 않으며 스토아 학파가 권장하는 자유와도 본질상 다르다고 주장하는 것도 분명 일리가 있다. 바울은 우선적으로 그리스도와의 관계를 목표로 하며, 사회적 자유나 (스토아주의자들의) '내적' 자유는 인간적 차원을 가질 뿐이다. 자유롭다는 것은 하나님이 그리스도 안에서 완성하신 구원 행위에 가담하는 것이며, 그것에 따라 사는 자들과 교통하는 것이다. 하지만 일단 참된 자유의 도덕적 상태가 얻어지고 나면, 필요할 경우 이것은 사회적이거나 정치적인 자유로 표현될 수 있다. 내가 보기엔 여기에 주안점이 있다. 결국 레만과 더불어서 결론지을 수 있는 것은 바울이 교회들의 문제에, 오직 이들의 문제에 답을 주고자 했다는 것이다.[21]

우리가 이미 본 대로, 자유에 대해 말하는 것은 곧 이 자유가 언제나 이웃을 섬기는 입장에 있음을 주장하는 것이다. 바울은 분명 그리스도인의 자유(사회적인 것과 정치적인 것에 포함된)를 한편으로는 스

---

21) 루이 시몽(Louis Simon)의 놀라운 「빌레몬서 주석」(Semeur, 1965)도 간접적으로 이것을 주장한다. 그가 지적한 것처럼, 문제는 바울-오네시모-빌레몬의 개인 상호 관계로서, 그 안에서 참된 교회 공동체는 성령의 기적에 의해 세워지게 될 것이다. 시몽이 지적하는 것은 이 공동체에서는 오네시모가 사회적으로 노예 됨을, 빌레몬이 사회적으로 주인 됨을 그치지 않은 채 모든 역할이 바뀐다는 것이다. 채무자가 누구인가? 물론 오네시모다. 하지만 바울은 스스로 그의 보증인이 된다. 그리고 결국 빌레몬이 바울의 채무자가 된다. 노예는 누구인가? 오네시모다. 하지만 바울은 빌레몬을 자신의 종으로, 자기 자신을 그리스도의 노예라고 부른다. 누가 사도인가? 이제 사도가 되는 것은 오네시모다(시몽에 따르면)! 이와 같이 각자가 타인과 '공동의 인물'(co-homme)이 됨으로써 신앙의 연합이 세워진다. "각 개인은 타인의 과거를 담당하고, 자신의 모습은 타인의 소망과 약속으로 제시된다"(유감스러울 수 있는 것은 다만 이 놀라운 주석이 처음에 도망가는 노예에 대한 역사가들의 온갖 실수들로 반죽되어 있다는 것이다!)

토아주의자들의 자유와, 다른 한편으로는 이 시기에 정치적으로 분석된 그대로의 자유와 철저하게 차별화시키고자 했다.

여기서 레만은 "자유의 개념이 주변 세계에서 잘못 정의되었다"고 말하면서 실수를 한다. 하지만 그렇지 않다. 로마인들에게 자유 개념은 완벽히 정의되었다. 그것은 순전히 법적인 문제였다. 자유의 신분(status libertatis) 획득이 있고 법과 권리가 뒤따랐다. 그런데 명백한 것은, 바울이 이런 개념에 반대했다는 것이다.22) 하지만 반대로 그는 분명 소위 '창조 질서'를 가르치기를 원하지도 않았다. 이 질서에 따르면 주인은 신법(神法)으로 주인이 되며, 노예는 신의 뜻에 복종할 것이다!

그리스도 안에서의 삶을 통한 변형은 사회 체계를 정당화하는 이런 배열 방식을 전적으로 거부한다. 기독교 공동체는 완전히 새로운 사회이어야 하는 바, 거기서는 시민 사회의 법적 권리가 폐지된다. 바울에게 있어서 인간이란 하나의 개인이요 나눠지지 않는 전체다. 모든 것이 바뀐다. 사회적 신분도 포함된다. 노예는 그리스도인이 됨으로써 더 이상 노예가 없는 하나의 공동체로 들어간다. 그는 이전의 관계를 파기한다.

노예 제도의 폐지를 요구하는 것은 그때 상황에서 현실적으로 불가능했다(우리는 이 문제로 다시 돌아올 것이다). 이것은 전적으로 유토피아적—이 말의 안 좋은 의미로—이었으리라. 우리는 그리스도 안에서의 자유가 리얼리즘을 의미한다고 말한 바 있다. 바울은 법적이고

---

22) 레만이 프레스(Th. Preiss)의 훌륭한 고찰을 인용하는 것은 타당하다. "그리스도인의 자유와 나태한 무정부주의 사이의 가장 조잡한 혼동에 지속적으로 반발하는 것이 필요했다."

사회적인 새 질서의 창설을 원한 것이 아니라—왜냐하면 그것이 부조리하기 때문에—교회 안에서 폐지된 주인-노예 관계가 무엇인지를 보여주기를 원했다. 바울의 사회적 보수주의에 대해 말하는 것은 전혀 쓸데없는 일이다. 교회는 전적으로 새로운 사회이며, 모든 그리스도의 종들의 새롭고 실제적인 구성 단위다. 하지만 그것은 새로운 존재를 허용하는 예언적이고 종말론적인 공동체다. 이것이 이 탁월한 주석서의 주된 내용이다.23)

하지만 이 모든 것이 일반화되기 때문에 몇 가지 문제가 야기되어야 마땅해 보인다. 이것은 바울의 개인적인 태도가 아니다. 예수나 사도들이 사회 문제로서의 노예 제도 문제를 풀려 하지 않은 것으로 보인다. 그들은 이런 조직에 대한 반란자들이 아니며, 인간 개인의 존엄성을 논증하지도 않았다. 달리 말해서 그들은 제도적 변형을 추구하지 않았다. 초기 그리스도인들은 노예들에 대한 개인적인 입장—이것이 내부의 상황을 바꾸었다—을 갖는 것으로 만족했다. 그렇지만 이것은 수 세기 후에 노예 제도의 폐지에 이르고 말았다.24) 그런데 성서 텍스트의 매우 명백한 이런 지시 사항은 처음엔 제대로 해석된 것으로

---

23) 저자의 엄청나고 거의 철저한 고증에도 불구하고, 나는 역사적이고 정치적인 영역의 유보 조항을 달겠다. 내게는 노예 제도가 어떤 것이었는지에 대한 정확한 관점이 있어 보이지 않는다: 자유인과 노예 사이의 혼동. 노예들의 운명이 정치 제도에 달려 있지 않았다는 놀라운 주장. 반면, 권력이 노예들의 운명을 바꾸기 위해 확고히 개입하기 시작한 것이 바로 이 시기라는 주장. 주전 50년에서 주후 50년까지는 노예들의 수와 신분과 역할에서 엄청난 변화의 시기임을 모르는 것으로 보이는, 노예들을 말하기 위한 키케로 언급. 노예를 얻기가 더 어려운 시기라는, 반면 노예 무역의 가장 중대한 도약이라는 놀라운 주장. 하지만 이 모든 것은 부수적이다.
24) 나는 노예 제도가 경제적 이유 때문에 사라졌다고 평가하는 마르크스주의 역사가들의 경향에도 불구하고 이 해석을 유지한다. 사실상 마르크스주의적 해석은 순전히 상상적이다. 점진적으로 노예 제도를 제거하는 제국의 법제화는 전적으로 교회의 영향의 산물이다. 경제 발전은 이 변화를 전혀 만들어 내지 못했다.

보인다. 즉 그리스도인은 제도적 개혁에 개입해서는 안 된다는 것, 제도 안에서 그들의 개인적인 행동이 혁명적이 되어야 하고 제도의 변화로 연결되어야 한다는 것이다.

하지만 이것이 사회 질서 유지를 위한 위선적인 정당화의 구실을 할 수 있었던 것이 사실이다. 사회 기독교의 발전과 더불어, 커져 가는 방식으로 제도들의 전체 변화를 인정하는 경향이 주된 경향이 되었다. 이것은 교회들의 실제적인 태도와 더불어 절정에 달한다. 그때부터 노예 제도와 관련된 거추장스런 텍스트들을 치우기 위해 사람들은 그 텍스트들을 시대적 배경 속에서 생각해야 한다고, 바울과 사도들이 글을 쓰던 시기는 사회적 변화에 전혀 신경 쓰지 않았다고, 노예 제도의 폐지는 고려될 수 없었으며 누구의 개념에도 있지 않았다고, 노예 제도가 '자연법' 제도로 여겨졌다고, 아무도 이 질서의 제도들을 바꿀 생각을 갖지 않았다고 말했다.

이처럼 사도들은 집단적 흐름을 따르고 공동의 개념들을 채택하는 것으로 만족했다는 것이다. 그들의 텍스트들은 특별히 기독교적인 것이라곤 아무것도 갖고 있지 않으며, 제도에 관한 모든 사람들의 일반적인 견해다. 그러나 그들이 인간에게서 인정하는 존엄성에 따라, 그들은 어떤 개인적인 행동이 제도 내부에 좋은지를 주인들과 노예들에게 보여주고자 했다는 것이다.

노예 제도 개혁에 대한 역사적 논증

사람들은 또한 이 시기에 그리스도인들의 수가 너무도 약해서 제국과 같은 거대 조직에 제도 개혁을 제안한다는 것이 우스꽝스러웠을 것이며 순전히 오만한 모습이었으리라고 덧붙인다. 하지만 만일 사도들이 오늘날 살아 있다면 동일한 태도를 채택하지 않았을 것이며, 그러므로 그들의 지시는 규범적이지 않다는 것이다.

오늘날 매우 일반적으로 인정되는 이 추론은 내가 보기에 절대적으로 타당하지 않다. 왜냐하면 이 추론은 (정확히 국가 및 정치 참여와 관련되는 추론과 마찬가지로) 역사적 재구성의 오류에 기초하기 때문이다. 이 시기에 노예 제도가 사회적, 철학적, 법적 문제를 제기하지 않았다는 것은 잘못이다.[25] 이 문제는 훨씬 전에 철학 영역에서 제기되었다. 결국 아리스토텔레스가 이 제도 유지의 정당화를 위해 사용하는 논증이 충분히 약하다는 사실은 알려져 있다. 스토아 학파의 입장이 어떤지도, 그리고 로마에서 키케로가 법적 영역에서 이 학설을 퍼뜨리게 되는 것도 알려져 있다. 노예들의 반란이 있었던 것이다. 노예에게 인간적인 인격과 동시에 법적 인격을 인정하려는 경향이 있었다. 이 시기에 노예 제도가 자연법의 제도로 주장된 것은 정확히 도처에 노예 제도에 대한 비판이 있었고, 인간 거래와 동시에 노예 신분에 대한 문제 제기가 있었기 때문이다.

바로 이 시기야말로 노예 신분이 바뀌고, 점점 자유주의적인 법제화가 공인된 법을 노예에게 인정하던 때다. 사람들은 노예 제도의 폐지를 향해 가고 있었다. 아직 그 방법을 모르고 있었지만 말이다. 노예들은 영혼을 가진 인간 개인들로 인정되었다. 민투르나[26]에 있는

---

[25] 그리스도인과 노예 제도의 정치적-법적 문제 전체에 대해서는 비온도 비온디(Biondo Biondi)와 앵베르(Imbert)의 고전 작품들을 참고하라. 내 작품 「제도사」(*Histoire des Institutions*, t. II, 1977)에는 이 문제에 대한 완전한 참고도서가 있다.
[26] [역주] Minturna. 고대 로마(Latium)의 도시 이름.

〈희망의 여신〉(Spes) 제단은 노예들과 자유인들로 구성된 지도자들(magistri)에 의해 치워졌다. 죽은 노예들은 그들의 넋을 기리는 비문을 받았다. 전반적으로 정치-사회적 경향은 노예들에게 우호적이었다. 주인의 권력을 제한하는 수많은 법들이 있었다. 경제 조건도 바뀌었고, 노예들은 고급의 상업적이고 산업적인 직업도 행사할 수 있었다. 자신을 위한 노예를 가졌던 수많은 노예들이 있었다. 그러므로 바울이 시대의 일반적인 흐름을 따르는 것으로 만족했다고 말할 수가 없다! 노예 문제는 이미 제기되었다. 그런데 초기 그리스도인들은 이 문제에 대해 결단을 내리지 않았다.

보다 일반적인 방식으로 사람들은 시대 정신이 전반적인 사회 개혁에 전혀 부합되지 않았다고 말한다. 이것은 2세기 전부터 로마를 흔들었던 전체 사회 개혁 운동을 전적으로 모르는 소치다! 사회 계급과 가정의 영역에서와 마찬가지로 재산과 부의 분배 영역에서 엄청난 문제 제기들이 있었고(하지만 사람들은 일반적으로 정치적 갈등만을 이해하려고 한다!), 이것은 결국 로마의 경제-사회 구조들을 심하게 바꾸는 아우구스티누스의 총체적인 법제화로 연결된다. 온 제국이 이런 경고를 받고 있는 동안, 모든 속주들이, 특히 동방에서 서로 열렬히 편들어 줄 수는 없었으며, 사도들이 이 모든 것을 모를 수도 없었다.

나는 반대로 이 점에서도 그들의 태도가 매우 의미 있다고 생각한다. 그들은 무언가가 진정 변화되는 것은 법적, 제도적, 전체적 변형을 통해서가 아님을 말하고자 한다. 그들은 이것이 옳은 방법이 아니라고 여겼기 때문에 결단을 내리지 않은 것이다. 그들은 즉각 현실적인 것을 공격했다. 즉 현재 있는 상황에서 주인과 노예 사이의 관계 말이다. 신앙에 기인하는 심층적 변화가 즉각적으로 나타나고 표현되어야 할 곳이 바로 여기다.

그러므로 이것은 리얼리즘에 따른 논증이다. 하지만 리얼리즘은 또한 다른 영역에도 있다. 어떤 대가를 치러서라도 노예 제도를 완전히 폐지하고자 하는 것은 노예들에게 재앙이 될 것이었다. 당시의 경제 구조로 볼 때, '해방'은 노예들을 절대 빈곤에 빠뜨릴 것이었다. 그들에겐 어떤 가능한 일자리도 없었으며, 생존할 어떤 가능성도 없었다. 노예들의 심리적이고 도덕적인 진짜 붕괴 또한 있게 될 것이었다.[27]

에픽테토스[28]는 이 사실에 대한 훌륭한 증인이다. 그는 해방이 매우 종종 노예가 이전에 알았던 상황보다 그에게 백 배는 더 힘들고 불안한 상황으로 들어간다는 것, 자유인으로서의 노예의 예속 상태가 '법적' 노예의 상황보다 훨씬 더 힘들다는 것을 상세하게 입증한다.[29] 나아가 사회적 결과를 무시해서는 안 된다. 이미 바울 시대에 해방된 엄청난 수의 노예들의 확산은 로마 사회에서 아주 커다란 문제였다. 이 일자리 없이 확산되는 유동 인구는 당국을 끊임없이 귀찮게 하는 문제였다. 주후 1세기부터 노예 해방의 증가는 이 해방된 자들에 대한 사회적 문제로 인해 법적으로 제한을 받게 되었다. 이것은 정치적 불안정의 원인이 되었다. 왜냐하면 이 해방된 노예들이 통제 없는

---

27) 이탈리아인들이 1936년 모든 에티오피아 노예들을 집단적으로 해방시켰을 때 정확히 이런 비극이 있었음을 잊어서는 안 된다. 이 노예들은 옛 주인들이 그들을 부양하지 않음으로 말미암아 수 년 동안 굶어죽기 시작했다.
28) [역주] Epiktetos(50-125 또는 130). 스토아주의 철학자로 관련 서적은 제자 아리아누스(Flavius Arrianus, 95-175)가 편찬한 「대담집」(*Entretiens*)이 있다.
29) *Entretiens*, IV, 1-33.

'도둑 집단'이라 불릴 수밖에 없는 것을 형성했기 때문이다. 4세기에 기독교의 발전은 노예 제도에 대한 다른 해결책에 도달함으로써 200년에 걸쳐 이 문제를 풀게 해주었다.

내겐 다른 논증이 옳아 보인다. 즉 초기 그리스도인들이 너무도 수가 적어 제도들의 급진적인 개혁을 추진하고자 한다는 것은 우스꽝스럽게 보였을 것이며, 사도들은 그 가능한 것으로 만족했다는 논증이다.

결론적으로 이 주제에 대한 세 가지 점을 지적할 수 있다. 먼저, 유사 영역들에서 가능한 것의 문제가 제기되는 것이 중요하다는 것이다. 다음으로, 만일 이런저런 정치적 수뇌의 입장에 동조하고 당의 진영을 확대하는 것이 중요했다면, 적은 수로는 정치적으로 아무것도 변화시키지 못했으리라는 것이다. 셋째로, 사회의 세속화는 점점 초기 그리스도인들의 상황과 비교되는 상황으로 되돌아가게 한다는 것이다. 제법 자율적 '압력 단체'가 되겠다는 주장을 했을, 거의 경청되지 않는 보잘것없는 소수 말이다.

사회 변혁 방식

그런데 이런 상태에서 우리는 이 서신으로부터 한 가지 교훈을 끌어내야 한다. 그것은 바로 우리가 행동 방식의, 평가의, 관계의, 태도(기술-사회 심리적인 의미에서)의 실제적이고 효과적이며 심층적인 변화로 시작해야 한다는 것이다. 바로 이 개인적 변화의 축적, 증가, 결합, 일반화야말로 인간관계의 현실적 실재의 변화와 동시에 구조적이고 제도적인 변화의 가능성을 만들어 내는 것이다.

나는 내가 이런 방향을 취함으로써 전통적인 비난의 위협을 받는다는 사실을 잘 안다. 이제 낡아빠진 것으로 여겨지는 문제는 "먼저 개인을 변화시키든지, 아니면 먼저 구조를 바꾸든지 둘 중 하나"라는 것이다. 이에 대한 반론은 "2,000년 동안 기독교는 개인으로부터 시작하자고 주장했고, 결국 점점 부당한 상황에 이르렀다. 그러므로 이제는 구조 뒤엎기로 시작할 결심을 해야 하며, 거기서 개인에 이르러야 한다"는 것이다.

나는 이것이 두 가지 점에서 잘못이라고 주장한다. 먼저, 개인적 회심이 정치-사회적인 것 안에 포함되는 식으로 추구되었는데, 기독교는 집단적인 면에서는 순응주의와 외관의 기독교요, 개인적인 면에서는 도피와 대체(개인 구원의 문제)의 기독교가 되었고, 3세기부터 총체적 변화라는 목적이 포기되었으며,[30] 그러므로 성서가 제안한 방식은 결코 추종되지 않았다는 것이 잘못이다. 다음으로, 기독교는 제안할 수 있는 가장 낮은 제도 변화 강령이라는 것이 잘못이다. 이 문제는 다시 논의하지 않겠다.

그러나 개인적 회심의 방향을 더욱 강화해야 하는 바, 이는 그것이 결정적이기 때문이다. 흔히 정통적 방식으로 말하기를 제도의 변화는 그 안에서 살 새 사람이 없는 한 아무런 의미가 없고 어떤 가치도 없다고 한다(유물론적 결정론자일 경우와 환경의 변화가 자동적으로 인간 변화를 가져온다고 믿는 경우를 제외하고). 이 말은 전적으로 옳다. 우리는 가장 정당하고 가장 참되고 가장 잘 적응된 제도들을 만들 수 있으나, 만일 인간이 그 모습 그대로 남아 있다면 그 제도들은

---

30) J. Ellul, *La subversion du christianisme*, 1983(「뒤틀려진 기독교」, 1990).

다시 불의와 억압의 도구가 될 것이다.

하지만 이것으로는 매우 불충분하다. 두 가지 소견을 첨가할 필요가 있다.

첫째, 단지 구조와 제도만의 변화는 폭력, 독재, 강제, 단절을 통해서만 일어날 수 있을 뿐이다. 이것은 그리스도인에게 수용 불가능하다. 어떤 환상도 만들어져서는 안 된다. 정확히 말해서 사람들이 인간의 내적 변혁에, '선'을 향한 회심에 가담하지 않는 한 느린 개혁의 과정이 결실을 맺을 기회란 없다. 그래야 개혁들은 만족할 만한 누적된 결과를 가질 수 있다. 하지만 개혁 자체만으로는 결코 이 결과를 가질 수 없다.

두 번째 소견은 현재 경제·사회적 변형에 있는 큰 장애물들이 심리적이고 정신적인 영역에 속한다는 것이다. 이것은 전적으로 본질적이다. 사람들은 긍정적인 변화의 기술적 가능성들을 안다. 사람들은 바람직한 정치적, 경제적 구조들이 어떠해야 할지(국가 사회주의가 아니다!)를 알며, 거기에 도달하고 생산 관계를 바꾸며 노동, 시간, 분배, 문화 형태를 바꿀 수단도 안다. 하지만 모든 것을 차단하는 것은 너무도 급진적인 변화에 대한 두려움, 자기 폐쇄, 즉각 보이는 것, 과거의 이념으로의 도피다. 다른 범주의 용어로 말하면, 그것은 이기주의, 오만, 힘의 의지, 관대함의 부재, 타인의 이익에 대한 고려의 거부, 미래의 두려움이다. 바꿔 말하면, 문제가 물질적 장애와 가능성보다 훨씬 더 심리적이고 도덕적인 것과 관련된다는 말이다.

사회주의자들(그리고 사회주의 그리스도인들)의 오류는 계급 투쟁이라는 용어로 경제적 이익의 추구, 물질적 힘의 관계 등을 지속적으로 해석하는 데 있다. 오늘날 무언가—그것이 무엇이건—를 바꾸고자 한다면 인간의 내면의 변화를 통과하지 않으면 안 된다. 바로 이것이 옛적부터 계시가 주장했던 것이다. 오늘날 우리는 바로 이것에게로 갈 수밖에 없다. 다른 모든 길은 엄밀히 말해서 환상적이다. 나는 그리스도인들이 여기서 성서적인 길을 되찾지 않는 이유를 모르겠다. 그들은 이렇게 하기에 가장 좋은 위치에 있다. 그리고 이 길은 예수의 모든 가르침과 일치한다. 이것은 급진적 표현인 "입이 말하는 것이 곧 심정의 토로"[31]라는 것 외에 다른 주장이 아니다.

진행해야 할 방향은 내면에서 외면으로이지 그 반대가 아니며, 개인에서 사회이지 그 반대가 아니다. 이것은 뿌리를 바꿔야 한다(동일한 뿌리로 더 나은 열매를 가지게 되리라고 소망해서는 안 된다)는 주장과 재회한다. 그러므로 감춰진 것과 내면이지 외관과 외면이 아니다. 그러므로 개인이지 구조가 아니다.

나는 어떻게 마르크스주의자들이 이것을 거부할 수 있는지를 모르겠다. 마르크스의 경우 혁명의 길이 필연적으로 자각—그러므로 도덕적이고 지적이며 동시에 심리적인 지시 행위, 아무튼 내적이고 필히 개인적인 지시 행위—으로 시작하는 데 비해서 말이다.

선택은 이렇게 이뤄진다. 물론 이 길을 통해서 사람들은 즉각적으로 덜 눈길을 끄는 결과를 갖는다. 이것은 인내와 신뢰를 동시에 요구하는, 느리고 긴 시간이 걸리는(우리의 미디어의 속도는 변화를 더 어렵게 만드는 것 외에 아무것도 바꾸지 못한다!) 작업이다. 그러나 이 작업이 이뤄지지 않는 한 아무것도 이뤄지지 않는다.

그리스도인으로서 혁명에 대해 질문을 던질 때마다 이 경고가 받아

---

31) [역주] "입에서 나오는 것들은 곧 마음에서 나오나니"(마 15:18—개역 한글).

들여질 필요가 있다. 변화란 보다 큰 인격화를 통해서만 일어날 수 있다. 자유를 경제·사회적 맥락에서 표현하기 위해 자유의 정복은 필히 내적 해방과 개인적 투쟁을 통과해야 한다. 남은 모든 것은 환상적이요 거짓이며, 비극적인 상황으로 귀결한다. 게다가 이것이 바울이 따른 예수의 모든 가르침을 공유하는 모델이다. 아랫사람의 상태의 변화가 일어나는 것은 언제나 권위를 가진 자의 '마음'의 회심을 통해서이지, 법 바꾸기나 '하급자'의 반란을 통해서가 아니다. "다스리는 자는 섬기는 자처럼 하라." "너희에게 권위가 있다면 종이 되어라." 이처럼 아버지는 자녀를, 남편은 아내를 등으로 섬겨야 한다. 노예에 대한 가르침은 귀찮은 경우가 아니다. 그것은 예수가 세우신 것과 같은 운동이다. 만일 그것이 기독교 세계에서 '통하지 않았다'면, 그것은 단지 권력자들이 실제로 회심하지 않고 하나님의 계시를 자기 이익을 위해 사용했기 때문이며, 교회가 배반했기 때문이다.

3. 목적과 수단

아무 운동이나 참여하는 문제에 있어서, 첫 번째 난관은 다음과 같이 제시된다.

그리스도인으로서(그리스도인의 자유의 임재를 인간 활동에 가져다주기 위해서) 우리는 자유를 위해 일한다고 주장하고 선포하는 인간 활동에 협력할 수 있는가? 우리는 무조건적으로 도와주어야 하는가? 우리가 가담할 수 있기 위해서 선언이나 강령으로 충분한가?

첫눈에 이미 쉬운 한계가 보일 것이다. 우리는 확실히 교회의 기독교적 영향력을 파괴하고 인간을 기독교에서 '해방시키는' 것을 목적으로 하는 운동과 연합할 수 없다. 「현대 세계에의 잘못된 참여」[32]에서, 나는 교회와 신학에 반박하는 모든 운동에 갈채를 보내고 모든 비평들을 좋은 것으로 받아들이는 그리스도인들을 공격한 바 있다.

하지만 이것이 그러한 운동들과의 적법한 협력이 있을 수 없음을 의미하지는 않는다. 문제가 종교와 도덕으로 변질된 기독교에 대한 의문시나 기독교 사회 체제(기독교 세계)의 거부, 혹은 기독교적 요소들이 이끄는 억압(교회에 의한 억압 혹은 교회와 국가의 결속에 의한 억압)에 대한 투쟁과 관련되는 한, 그때 싸우고 있는 사람들 편에 그리스도인들이 서는 것은 완전히 적법하며 심지어는 건강하고 거룩하다.

이것은 한편으로는 그리스도인들로 하여금 계시된 진리를 소중히 여기도록 하며, 그것에 붙어 있는 수치스런 장식을 벗겨내기 위한 일종의 금욕을 요구한다. 다른 한편으로는 이러한 반 기독교적인 사람들 사이에 그리스도인들의 참여는 계시의 진실과 의미—이 진리의 전달자들의 지적, 정치적 혹은 사회적 배반과는 구별되는—가 무엇인지를 저들에게 보다 깊이 이해시킬 수 있다. 그럼에도 불구하고 통찰력을 가져야 하며 아무런 운동에나 맹목적으로 참여해서는 안 된다. '이 아무런 운동'이 우리가 지나간 기독교의 오류로 평가하는 것을 공격하는 것이라면 말이다.

이 협력이 오해로 일어나서는 안 된다. 내게 심각하게 나타나는 것은 일례로 그리스도인들과 마르크스주의자들 사이의 대화에서 후

---

[32] *Fausse Présence au monde moderne*, 1964.

자가 전자보다 더 명석해 보인다는 것이다. 우리가 읽은 것에 따르면, [둘 사이에] 일치가 있다면 그것은 공산주의자가 된 좌익 그리스도인들의 감정에 기초하기 때문이고, "이념의 차이를 넘어, 인간적인 이해관계에서 비롯된 자본주의의 희생자들의 공동체"에 기초하기 때문이며, 이 맹렬하게 반자본주의적인 그리스도인들이 공산주의자들을 "자본주의의 본질적인 악행과 맞선 민중적 요구의 가장 좋은 옹호자로" 여기기 때문이다.33)

이것은 전적으로 옳다. 그러나 설령 이렇게 행동하는 것이 그리스도인들에게 허용된다 하더라도, 그들은 그리스도인의 자유의 보증을 이 운동에 가져다준다는 희망을 가져서는 안 된다. 그들이 가담하는 것은 자유로운 그리스도인으로서가 아니라 좌익에 참여하는 자의 자격으로서이며, 이것은 더 이상 어떤 흥미도 제시하지 못한다.34) 명석할 필요가 있다.

우리는 두 가지 비판으로 우리 자신을 시험해야 한다. 우리가 협력하는 운동이 진정 인간의 자유를 염려하는 운동인가? 그것이 어떤 행동 수단을 사용하는가?

목적 비판

첫 번째 비판은 실제 목적과 관련된다. 이런 운동이 자유를 방패막이나 선전 도구로 이용하고 있는가? 자유를 추구한다고 주장하지만

---

33) A. Casanova, *France Nouvelle*, June, 1966.
34) J. Ellul, *L'idéologie marxiste-chrétienne*, 1979.

실제로는 온갖 전체주의적이고 강압적이며 반자유적인 다른 이론을 격찬하는가? 그것은 인간의 독립을 부인하면서 엄격한 군대적 조직을 갖는가? 그것은 사실상 독재의 정치, 경제, 사회 체계를 창설하려는 경향이 아닌가?

새 독재가 좋다면…, 권위 체계를 국민이 행사한다면…, 보다 엄격한 조직에서 살 때만 자유롭다 등으로 말함으로써 난관을 벗어나서는 안 된다. 이 모든 것은 우리 시대의 새로운 위선이요 핑계거리다. 규제, 행정, 계획이 증가할 때 자유가 획득된다는 것은 사실이 아니다. 이와 관련된 논증들은, 내가 잘 알고 있거니와 궤변이다.

임시 동행 이론

하지만 설령 최종 목적이 매우 확실하지 않다 하더라도, 자유를 원한다고 말하는 정당과 더불어 잠시 동행하는 것은 가능하지 않을까? '임시 동행' 이론은 30년 전에 크게 유행했다. 사람들은 몇 가지 사안에서 기독교적 개념과 이런저런 정당이 주장하는 개념 사이에 어떤 일치가 있다고 말했다. 그때부터 사람들은 이런 제한된 영역에서 협력하는 것이 가능하다고 평가했다. 차이점들, 즉 근본적인 대립들은 괄호에 묶은 채 구체적인 동일 목적을 추구하면서 말이다. 이 임시 동행 이론에 대해 나는 세 가지를 지적하겠다.

[1] 먼저, 내가 앞에서 지적한 조건들에 따라 그리스도 안에서 자유의 표현으로서 정치적인 행동에 참여하기 위해 이 이론을 내세우는 것은 필수적이지 않다. 오히려 관건은 통찰력이 있어야 한다는 것이요, 이 협력이 일례로 선한 믿음을 가진 사람들을 유혹하여 그들로

하여금 이 제한된 행동 이상으로 참여시키기 위해 그리스도인들을 보증으로 삼거나, 볼모 내지는 나아가 미끼나 선전 대상이 되게 하는 것을 의미하지 않는지를 아는 것이다.

[2] 또한 관건은 일반 전략 내부에서, 그리고 다른 목적들 가운데서 협력할 수 있을 이 제한된 행위의 적소(適所)와 의미가 무엇인지를 아는 것이다. 명백한 것은, 완벽하게 수용될 수 있는 구체적 목적을 위해 어느 진영에 가담할 경우, 이 진영이 비난 받을 만한 전체 가운데 한 작은 조각에 불과하다면 이 임시 동행은 수용될 수 없다는 것이다. 이와 같이 1932년 독일에서 가난 및 실업과 싸우려는 나치당의 의지는 전적으로 칭송받을 만했고, 그리스도인이라면 누구나 이 제한된 행위에 참여해야 할 것으로 보였다. 하지만 그것을 나치당의 정치적 총체와 전략 속에서 다시 생각할 때 과연 이 협력이 가능했겠는가?

그리스도인이 현실에 참여해야 한다는 이유로 바보와 소경이 되어서는 안 된다. 정치, 경제, 사회 영역에서 제한된 활동 분야, [구분되는] 뚜렷한 행위란 없으며, 임시 동행이란 없음을 알아야 한다. 설령 누군가가 참여를 특별하게 만들 의도를 갖는다 하더라도 어쩔 수 없이 일반적이 될 수밖에 없는 참여가 있을 뿐이다. 게다가 경험적으로 사람들은 언제나 하나의 임시 동행이 다른 임시 동행으로 이어지는 것을 확인한다. 끝까지 말이다!

[3] 세 번째 지적은, 임시 동행 이론이[35] 그리스도 안의 자유의 보증을 어떤 행위에 가져다주는 것과 아무런 상관이 없다는 것이다. 왜냐

---

35) 나는 1950년과 1960년 사이의 '임시 동행'의 모든 참여자들이 오늘날 이 이론을 포기했음을 실제로 확인한다. 가장 정직한 자들은 그들이 실수했음을 밝히고 인정한다.

하면 내가 나의 믿음의 전체성 가운데서 참여할 수 없고 '정신적 유보'를 하지 않을 수 없기 때문이며, 결국 승리하는 것이 그리스도 안의 자유가 아니고 오히려 정반대임을 알기 때문이다.

그러므로 나는 임시 동행 이론이 잘못이요 위험하며 거짓이라고 믿는다. 운동은 전체적으로 고려되어야 하며, 그것이 궁극적으로 자유를 위해 싸우는지를 알아보는 질문을 제기해야 한다.

사회 정의와 자유

여기서 간략하게나마 한 가지 예민한 문제를 다룰 필요가 있다. 나는 바타이(Bataille)를 인용함으로써 다뤄 보고자 한다.36) "생활 수준 향상을 요구하는 운동은 막대한 부의 사치에 대한 항의다. 이와 같이 이런 요구는 정의의 이름으로 이뤄진다. 만일 분명 정의에 반대할 것이 전혀 없다면, 여기서 정의라는 말은 그 반대어—그것은 바로 자유다—의 깊은 진리를 숨기고 있음을 관찰하게 해준다. 정의의 가면 속에서 자유는 전반적으로 필연에 종속된 실존의 무미건조하고 중립적인 모습을 취하고 있는 것이 사실이다. 아니, 그보다 자신의 한계를 가장 정의로운 것에 한정시키는 것이다. 그것은 위험한 폭발이 아니다. [자유라는] 말은 폭발의 의미를 상실했다. 그것은 예속의 위험을 막는 보증이지, 여러 위험 무릅쓰기—이것 없이 자유는 없다—를 담당할 의지가 아니다."

바타이는 1793년 이래 인정된 평등과 자유 사이의 유명한 갈등을

---

36) G. Bataille, *La Part Maudite*, 1969, p. 49.

여기서 되찾는다. 그것은 도식적으로 다음과 같이 요약될 수 있다. 사람들을 자유롭게 놓아줄 경우 가장 강한 자가 이길 것이기 때문에 아주 빨리 더 이상 평등이 없게 되거나, 아니면 평등에 걸 경우 그때 자유가 깨어질 수밖에 없거나 둘 중 하나라는 것이다.

집단적 자유, 대의 제도에 따른 자유, 계획과 행정에 따른 자유에 대한 모든 후대의 설명들은 문제를 정면에서 바라보기를 피하려는 더러운 거짓이다. 바타이가 말하듯이, 오늘날 사회 정의를 위한 투쟁이라 불리는 것이 자유를 대적하는 투쟁과 같다는 것은 매우 옳다. 달리 될 수 없다. 어떠한 화해도 가능하지 않다. 사회 정의의 강요는 필연에 종속한 실존을 만드는 것이다. 자유와의 유일한 관계 사항은 사회 정의가 예속의 위험을 막는 보증이라는 것이다. 이것은 정확하다. 그러나 여기에는 어떤 자유도 없다. 우리는 자유와 위험 무릅쓰기 사이의 관계를 조금 뒤에 검토해야 할 것이다.[37] 여기에 오해가 있어서는 안 된다. 나는 사회 정의를 '반대하는' 사람이 아니다! 사람들이 사회 정의의 길에 참여하는(특히 소득 재분배라는 다른 방식으로) 경우에만 경제적으로, 기술적으로 유효한 변화를 수행할 수 있다는 것은 명백하다.

하지만 한편으로 이 정의가 자유를 만들어 내지도 잉태하지도 못한다는 것을 알아야 한다. 자유는 다른 실재이고 다른 진리에 근거한다. 다른 한편으로 모든 것이 이 사회 정의의 방법에 의존한다. 내가 앞에서 쓸 수 있었던 대로 지금까지 제안되거나 추종된 모든 방법과 관련해서 볼 때, 이 사회 정의와 자유 사이에서 양립은 불가하다.

---

37) [역주] 이 주제는 제4장에서 한 번 다뤄진 바 있다.

역으로 만일 자유가 사람들이 너무도 자주 보여주었던 것—억압하고 착취하는 등의 가장 힘 센 자를 위한 자유—에 있다면, 그때 그것 역시 자유의 정반대다. 왜냐하면 이 잘못된 자유는 약자의 예속뿐만 아니라 강자의 예속도 잉태하는 바, 이는 엄밀히 말해서 강자가 타인을 예속시키는 체계의 노예가 되기 때문이다. 어떤 자본주의자도, 어떤 독재자도 자유롭지 않다. 모두가 그들 자신의 노예화 수단에 굴복된다.

여기서는 다만 사회 정의와 정치적 자유 사이에 있는 대립과 양립불가만을 제기하자. 이것은 자유의 선택이 강요된다는 것을 의미하지 않는다! 하지만 누구든 정직하고자 한다면 둘 가운데서 선택해야 한다는 것을 의미한다.

화해를 주장하는 자들은 현대의 경제적, 사회적 삶을 전혀 알지 못하는 이론가이거나, 싫은 일을 남에게 떠맡기고 속임수로 미혹하는 마키아벨리주의자들이거나 둘 중 하나다. 선택해야 한다.

물론 그리스도인의 자유는 우리로 하여금 정의 쪽으로 선택하고, 무엇보다도 생활 수준 향상 운동에 참여하도록 결정하게 할 것이다. 하지만 이 동일한 그리스도인의 자유는 그 자신의 친구들의 거짓들을 엄격하게 고발하고 그 모든 것이 전혀 자유와 관계되지 않음을 사람들의 눈에 드러낼 것을 요구할 것이다. 분명 나는 온전한 자유로 정의를 위한 투쟁에 참여할 수 있으나, 그렇게 함으로써 필경 모든 형태의 자유에 맞서 싸울 수밖에 없다고 말할 줄 알아야 한다. 그리스도인의 자유가 나에게 하지 못하게 하는 것이 한 가지 있다면, 내가 상대하는 사람들에게 터무니없는 것을 믿게 하는 일이요, 그들을 환상에 가담시키는 일이며, 소비 증가와 수입 평등화를 위한 투쟁 끝에 자유가 오리라고 소망하게 하는 일이고, 그때 자유인의 존엄을 발견하게 되리라고 믿게 하는 일이다.

이 거짓(사회적 평등 추구에 헌신하는 운동에 관계하는 나의 참여가 아님)은 나 자신의 자유를 결정적으로 파괴한다. 이것은 참여된 많은 그리스도인들에게서 내가 실제로 본 것이다. 그들은 이 환상의 함정에 빠졌으며, 이 순간부터 슬프게도 그리스도에 의해 해방된 인간으로 말하고 행동하기를 그치고는 가담자들이 될 뿐이었다.

그러나 역으로 절대 빈곤, 기아, 소유권 상실에서 사는 사람에게는 어떤 자유도 가능하지 않다는 것을 상기할 필요가 있다. 모든 자유 추구는 그 첫 단계에서 사치가 아닌 물질적 삶, 소비 사회, 신기한 제품 사용의 가능성에, 나아가 죽음의 한계가 없는 삶의 가능성에 다가가는 것을 전제하고 내포한다. 결과적으로 내가 여기에 쓰고 있는 모든 것은 '최저생활비'의, 최저보다 약간 위의 쟁취라는 이 선결적인 태도를 전제한다. 의심의 여지없이 나는 놀라울 만큼 자유롭게 사는 많은 가난한 자들을 보았다. 나는 모로코 사하라의 베르베르 사람들이 가난하지만 굶주리지 않는 삶에서 상당한 자유를 누리는 것을 보았다.[38]

그러므로 자유를 향한 행진에서 첫걸음이 내일을 위한 보장(만나!)이나 풍요가 아닌, 가능한 물질적 삶의 수립이라는 것과, 두 번째 걸음이 이 첫걸음에 입각해서(여기서 길이 달라진다) 안락, 소비, 생활 수준의 지속적 향상의 요구가 되거나 자유의 의지가 된다는 것은

---

[38] 빈곤(misère)에 대립되는 가난함(pauvreté)의 탁월성에 대한 프루동(Proudhon, 1809-1865)의 비상한 책 「전쟁과 평화」를 보라.

사실이다. 이 둘은 서로 화해될 수 없다. 왜냐하면 그것들은 서로 다른 길에서 이뤄지기 때문이다.

수단 비판

설령 우리가 이 첫 번째 비판에 분명하게 답을 했다 하더라도 모든 것이 해결된 것은 아니다. 두 번째 비판을 수행해야 한다. 즉 사용되는 수단의 비판이다. 내가 자주 상술한 바 있는 개념에서 다시 출발할 필요가 있는데, 그것은 목적이 수단을 정당화하지 않을 뿐만 아니라 수단이 목적을 변형시킨다는 것이다. 누구도 이 두 요인의 분리를 피할 수가 없다. 엄밀히 말해서 예수 그리스도 안에서만 목적과 수단은 합쳐진다.[39]

이 일치에 입각해서 그리스도인은 두 가지를 배운다. 먼저 자기 자신의 삶에서 그것이 그리스도 안에서의 삶이라면, 그 역시 이 일치에 따라 살아야 한다는 것이다. 다시 말해서 매 순간 그가 사용하는 수단이 그 자체로 전부이며 그 자체로 목적이요 완전함이라는 것이다 (이런 이유에서 일례로 경멸적 의미의 포교는 복음화가 될 수 없다). 그리스도 안에 있는 삶 전부가 우리의 각 행위에 참여된다. 두 번째, 역으로 우리가 추구할 수 있는 목적들은 결코 긴 활동, 여정, 건설 끝에 위치하지 않고, 우리가 그것들에 도달하기 위해 행동하는 이 순간에 이미 전적으로 제시된다. 이와 같이 모든 나라는 인간이 그가 아직 소유하지 못한 밭에서 숨겨진 보화를 발견하는 순간 이미 제시되

---

[39] J. Ellul, *Présence au monde moderne*, ch. 3(「세상 속의 그리스도인」 제3장).

는 것이다.40)

하지만 그때 이것은 우리로 하여금 수단의 문제를 상당히 과대평가하게 한다. 그리고 이것은 오늘날 우리가 처한 상황과, 무엇보다도 수단의 세상인 이 세계와 일치한다. 이와 같이 우리는 수단을 사용함에 있어서 극도로 양심적이고 신중해야 한다.

우리는 자유를 위한 운동에 행동으로 참여할 때 이 수단에 대해 지속적으로 비판을 가해야 한다.41) 왜냐하면 수단에서 목적까지 단절이 없으며, 일례로 양에서 질까지 도약이 없기 때문이다.

수단은 예상되는 결과를 가질 뿐만 아니라, 훨씬 더 자주 오랫동안 추구된 목적에 반대되는 것으로 드러난 보이지 않고 예상불가인 결과를 갖는다. "심지어는 종종 긴 시간 동안 목적의 어떤 흔적도 남아 있지 않다." 분명히 할 필요가 있는 것은 우리 시대에 기술이라는 존재 때문에 수단이 너무나 중요하게 되어 품을 수 있는 모든 목적을 훨씬 능가할 정도가 되었다는 사실이다. 결국 더 이상 목적은 없다. 목적은 관념적이고 정당화하는 어휘의 영역에 속한다. 주로 목적을 말하는 자들이 공산주의자들일 때 그렇다. 목적은 우리가 착수하는 수단에 의해 제거되고 지워진다. 꼭 마치 소통 수단이 끊임없이 발전

---

40) [역주] 마 13:44 참고.
41) 다시 한 번 키르케고르는 진실로 예언자적인 통찰력을 가졌고, 그때까지 아무도 하지 않은 것처럼 수단의 문제를 제기한다. 이처럼 그가 수단이 목적과 일치할 뿐만 아니라 목적보다 더 결정적임을 입증할 때, 그 이유는 목적이 끝에 위치하기 때문이며, 수단이 시작인 반면 목표는 드물게 달성되기 때문이고, 인간이 언제나 수단의 단계에 머물기 때문이리라. 키르케고르(「상황 강론」, *Un discours de circonstance*)는 놀라운 방식으로 목적과 수단에 대한 판단이 세상에서와 신앙에서 정확히 뒤바뀌어 있음을 증명한다(일시적으로는 목적이 수단보다 더 중요하며, "영원성의 경우 수단과 목적의 관계가 뒤바뀌었고", "인간은 철저히 그가 착수하는 수단으로 답한다")… 수단이 그 맹목적 확실성을 아직 강요하지 않던 시기에, 이것은 놀라운 통찰력이다.

함으로써 이 소통의 내용인 정보가 사라지는 것과 같다.

이와 같이 어떤 목적이 선포되든지, 어떤 동기가 내세워지든지 간에, 그것은 그리스도인으로서의 우리의 관심을 끌지 못한다. 우리가 제기해야 할 유일한 윤리적 질문은 말하는 집단이 사용하는 수단은 무엇이냐는 것이다. 푸라스티에(Fourastié)는 똑바로 나아가고 있으나 그보다 더 멀리 나아갈 필요가 있다. 그는 다음과 같이 쓴다. "사람들이 관대하고 선한 목적을 위해 잔인하거나 불성실한 수단에 의뢰한다면, 그들은 결국 본래 계획된 행동을 누르게 될 사고방식과 행동방식을 기대되는 결과에 이르지 못하게 할 뿐만 아니라 필연적으로 거기서 멀어지게 되고 말 사고방식과 행동방식을 낳고야 만다."42)

따라서 수단에 대한 특별 조사를 수행함이 필요하며, 수단이 그 효력이나 목적에 의해 정당화되어서는 안 되고 수단 자체에 의해, 수단만으로 정당화될 필요가 있다. 각각의 수단은 그 자체로 자신의 가치와 의미를 갖는 하나의 특별한 행동이다. 바로 이 수준에서 우리는 어떤 정당이 사용하는 수단, 혹은 자연발생적인 우리의 동정심에 호소하는 대의명분을 위한 수단을 엄정하게 조사해야 한다.

자유를 부정하는 수단들

이처럼 자유를 부정하는 수단은 결코 자유에 이르지 못할 것이다.

---

42) Cf. Fourastié, *Idées majeures*, 1996. 이 책은 목적과 수단 사이의 관계 서적으로 목적보다는 수단을 판단하는 결정적 중요성을 보여준다. 나는 이것이 1945년 이래 서구 세계를 분석한 최초의 작품들 가운데 하나라고 본다. 오늘날 1980년대에 목적과 수단을 말하는 것은 지식인들이 인정하고 반복하기는 하지만 결코 적용하지 않는 진리가 되었다!

일례로 독재를 통해서 국민을 자유로 이끈다는 것은 잘못이며 기만이고 위선이다. 어떤 독재나 권위적 수단도 그것 자체를 변화시킬 수 없으며, 국민이나 국가를 보다 자유 쪽으로 발전시킬 수도 없다. 소련의 자유화라는 유명한 사례는 틀렸다. 왜냐하면 국민이 심리적으로 순응적이 되고 선전을 통해 국가가 바라는 대로 되었을 때, 그때 국가가 자신의 외적 압제를 늦출 수 있기 때문이다. 하지만 내적인 비-자유가 외적인 비-자유를 대체했다(그리고 외적인 비자유는 결코 사라지지 않았다!).[43]

국가 권력의 확장이 결국 개인의 자유를 가장 잘 보장한다는 것은 잘못이다(티토[44]의 이론). 자유를 위해 일하기를 원한다는 것은 자유의 수단을 사용한다는 것을 의미한다. 다시 말해 개인들, 특별히 적대자들에 대한 직접적인 존중을 의미한다. 그러므로 이것은 일례로 "자유의 적들을 위한 자유는 없다"라는 유명한 문구를 거절하는 것이다.

증오와 폭력

자유의 수단은 폭력, 증오 혹은 거짓을 배제하는 수단이다.[45] 우리

---

43) 나는 흐루시초프 이후 소련에서 얻어진 '자유주의'를 온 세상이 기뻐하던 시기에 이 행을 썼다. 1970년 이래 어떤 일이 있었는지는 알려져 있다.
44) [역주] Josip Broz Tito(1892-1980). 크로아티아 출신으로 공산당에 가입하여 활동하다가(티토는 당명) 후에 유고슬라비아의 초대 대통령이 되고(1953), 1974년에는 종신 대통령이 됨. 독자적인 사회주의 이론을 전개함.
45) 폭력 문제에 대해서 나는 내 책 「폭력」(Contre les violents, 1972)을 참고하도록 하겠다. 여기에 다음 책들을 첨가할 수 있을 것이다. P. Blanquart, *A la recherche d'une théologie de la violence*, 1968 : 이것은 신학자들과 비그리스도인들을 대질시킨 작품

가 증오에의 호소에 직면할 때마다, 또는 그 호소가 전파하는 증오 덕택에만 존재하는 운동—주 연합 수단이 증오인—에 직면할 때마다, 우리는 이 운동이 어떤 종류의 자유에도 이를 수 없다고 확신한다. 백 가지 사례 가운데 하나만 들자. 1966년 6월 사람들은 베트남의 평화를 위한 시위에 다함께 참여했다. 예를 들어, "미국은 살인마"와 같은 플래카드를 들고 "존슨46)을 죽여라"와 같은 구호를 또박또박 외치는 평화 행진 말이다. 제아무리 목적이 적법하다 하더라도 그리스도인들은 엄밀히 말해서 이런 시위에 참여할 수 없다.47)

한편으로 누군가의 죽음을 요구하면서 평화를 말하는 것은 수치이며, 다른 한편으로 증오를 퍼뜨림으로써 모종의 해방에 이르기를 소망할 수는 없다. 이런 종류의 시위는 베트남 전투에서 우리가 베트콩과 북베트남 편이라는 사실, 우리가 결국 해방과 평화를 바라는 것이 아니라 남베트남이 공산주의 독재에 굴복하는 것이라는 사실을 의미할 뿐이다.48)

으로, 비록 어떤 문제들을 명백히 제기하긴 하면서도 기독교의 특수성 완화와 프로이트-마르크스주의적 담론의 수용 외에 다른 길을 열지 않는다. J. M. Muller, *L'Evangile de la non-violence*, 1969. 한편, 지라르디(J. Girardi)의 작품(*Amour chrétien et violence révolutionnaire*, 1970)에는 모든 진부한 내용이 들어 있다. '제도화된 폭력', 하늘을 덜 믿을 수 있게 할 정도로 세상을 변화시킬 필요성, 사랑의 표현으로서의 계급 투쟁에 참여하기(물론 증오 없는 투쟁!) 같은 것 말이다. 그럼에도 불구하고 폭력이 독재에 이르고 양심의 발전을 막는다는 위험에 대한 좋은 경고도 있다.

46) [역주] Lyndon Baines Johnson(1908-1973)은 케네디 대통령 서거 후 그를 승계했으며 (1963), 곧이어 재선에 성공하여 미국의 제36대 대통령으로 봉직(1965-1969)했다.
47) 키에르케고르는 이렇게 말한다(*Un discours de circonstance*). "고립된 개인들로서 진실로 선을 원할 수 있는 바로 그 개인들이 서로 연합하거나 말을 하는 순간부터 부패된다. 선에 속한 사람은 군중을 해산시키기 위해 군중에 의뢰하거나 뒤에 군중을 두지 않는다. 한편, 그는 그 앞의 군중을 해산시키기 위해 스스로 나아간다." 수단과 혁명적 행동의 문제를 제기하는 놀라운 방식이다!
48) 나는 이 행을 1966년에 썼다. 이것은 또한 실제 수단에 대한 철저한 판단이 후속에

이 단순한 증오의 드러냄은 우리가 자유를 위해 일하지 않음을 증명한다. 어떤 수단에 증오가 나타나면 우리는 그 수단의 사용에 참여해서는 안 된다. 이 판단은 사랑의 법에 입각해서 뿐만 아니라 기독교 리얼리즘에 따라서도 옳다. 증오와 폭력의 수단의 사용이 결과로서 무엇을 만들어 낼 것인지를 알아야 한다. 이것이 더 큰 대응 폭력만을, 승리할 경우 어떤 형태건 모종의 독재의 수립만을 재생산하리라는 것은 잘 알려져 있다. 달리 말해서 리얼리즘의 영역에서 폭력의 수단 사용은 인간관계의 영역에서와 마찬가지로 처참하다.

물론 그리스도인들이 자신들이 그렇게 하듯이 모든 수단을 통한 명분의 승리라는 단 한 가지만이 중요하다고 주장한다면, 나는 그것에 대해 아무런 할 말이 없다. 내가 그들에게 경고할 수 있는 것은 단지 그때 스탈린이나 히틀러 형태의 체제가 필히 태어날 것이라는 사실이다. 비록 그 체제가 쿠바, 알제리, 북베트남, 브라질, 그리스 등에서처럼 잘 위장된다(이 체제들은 전에도 그랬다!) 하더라도 말이다.

성령의 감동을 받지 않은 폭력의 사용은 이유를 따지기 전에 언제나 하나님의 뜻에 반대된다. 물론 불의와 억압과 폭력의 희생자들이

대한, 그리고 사실의 결과에 대한 정확한 예견을 허용한다는 사실을 보여준다. 내가 쓴 것은 베트남에서 끔찍한 독재와 캄보디아의 집단 학살과 더불어 확인되었는 바, 그것들은 이 체제들이 식민지주의보다 더 심했음을 확인시켜 주었다. 흥미롭게도, 그 후 "호치민으로 가는 길"이라는 〈프랑스 국영 제1방송〉(TF1)의 탐방 기사는 공산주의 지도부의 말을 통해 북이 남을 순수하게 정복한 문제였다고 주장했다. 사이공과 남베트남에서는 공산주의자들에게 우호적인 가담자들이 없었다. 일례로 단지 17년 뒤 Michel Tatu의 기사를 참고하라. "Désintoxication vietnamienne", *Le Monde*, 1983, 2, 20.

요, 자신을 방어하고 표현할 다른 어떤 수단도 없는 비그리스도인들이 이 방법에 뛰어드는 것은 매우 잘 이해할 수 있다. 그러나 그리스도인들이 이것을 정당화하거나 이것에 가담하는 것은 불가능하다. 나는 자유하게 하는 폭력이라는 유명한 문구에 대해서는 재론하지 않을 것이다. 그러한 무의미한 표현에 시간을 쓰는 것은 무익하다. 나는 단지 폭력이 언제나 필연의 영역임을 상기시키련다. 폭력은 자신의 열정에 자기 자신이 복종하는 예속 상태이거나, 폭력 사회에 예속된 상태이거나, 내게 가해지는 폭력에 대응하기 위해 필연으로 여겨지는 것이다. 그 기원이 어떤 것이건 간에 폭력은 언제나 필연의 영역에, 다시 말해서 자유의 반대 영역에 속한다.

사람들이 어김없이 내세우는 정당화는 실상 폭력이란 대응-폭력에 불과하다는 것이다. 이것은 사람들이 이 필연을 인정한다는 것을 의미한다. 그런데 자유는 결코 필연에서 태어나지 않는다. 폭력이란 자유의 부재에서 태어나며, 그것의 사용은 반-자유이고, 그 결과도 그것의 영속화에 의한 반-자유다. 폭력이 필연적이라고 판단되는 한, 그것은 필연을 표현하며 자유를 파괴한다. 이것은 인간에게는 매우 정상적이지만, 그리스도인에게는 수용될 수 없다.

명분의 정당성이 인정된다 하더라도, 또한 수단이 승리의 모습을 보장해 준다 하더라도, 그 수단의 부당함에는 참여하기를 거부해야 한다. 이런 폭력의 승리는 필연적으로 승리를 쟁취한 사람들을 향해 되돌아온다. 그러므로 그것에 가담하지 않고 반대 편에 머물러야 한다. 이는 배반이나 방해나 패배를 위함이 아니라, 그 편이 패자 편이기 때문이다. 그리스도인이 이런 명분의 정당성을 확신할 때 해야 할 작업이란 권력자가 반역자의 정당한 권리를 인정하고, 반역자의 폭력을 폭력으로 대응하지 않으며, 정의와 화해와 용서의 길을 수용하도록 애쓰는 일이다. 바로 우리가 부당하다고 평가하는 진영에서 이런 식으로 일함으로써, 그리스도인은 진실로 그의 자유를 나타낼 수 있는 것이며, 동시에 거리에서 싸우는 경우나 증거를 제공해 주는 경우보다 더 실제적으로 가난한 자와 압제받는 자의 입장에 협력할 수 있는 것이다.

여론과 선전

수단들 가운데서 여론에의 호소 역시 고려되어야 한다. 이것은 내게 폭력의 경우와 마찬가지로 부정적이다. 그리스도인은 정치적인 수단으로서의 여론을 사용할 수 없다. 벽보, 탄원서, 선언서, 모임은 효과적일 수는 있으나 옹호하려는 사람이나 입장을 동시에 타락시키는 수단에 속한다. 여론에의 호소는 모두 그것이 복합적이고 상세하며 합리적인 정보와 관계될 수 없다는 점에서 거짓과 속임수의 일면을 포함한다. 여론에의 호소는 모두 열정의 지나친 흥분 상태이며, 가담자의 열광 상태다. 여론에의 호소는 모두 맹목적인 군중을 폭발시키며 제거되어야 할 적들을 지정하려는 경향이 있다.

여론에의 호소에 내재하고 떼어낼 수 없는 이 세 가지 양상으로 볼 때 이런 호소는 자유를 부정하는 것으로 나타난다. 그것은 개인들을 열정적이 되게 하고 비합리적이며 폭발적인 대중에 통합시키려는 경향을 갖는다. 그것은 여론 자체의 자유를 부인하며, 여론의 직격탄을 맞는 자들의 자유를 부인한다. 이처럼 자유에 입각해서 볼 때, 그리스도인이 여론을 작동시키려 애쓰면서 선전 조작에 참여하기란 불가능하다.

나는 이런 행동이 모종의 비효율의 대가를 치른다는 것을 안다. 열광과 열정의 효력을 과대평가해서는 안 된다. 궁극적으로 진정한 효력이 어떤 것인지를 자문해 보아야 한다.

말할 나위 없이, 고문의 문제에 대해 길게 언급하는 것은 무익하다. 고문은 가능한 어떤 종류의 정당화를 요구하지 않은 채 언제나 정죄될 수 있다. 효율의 영역에서 유용한 결과야 어쨌건 간에 고문은 본질적으로 악하다. 그러나 수단에 대한 이런 평가가 단지 어떤 수단들을 거부할 목적으로 부정적이 되어서는 안 된다. 다른 것을 위한 선택권이 있을 수 있다.

바웬사의 경우

선전이 이렇게 들춰질 수 있을 때마다 여론과 수단에 따른, 여론 중재에 따른 행동을 거부할 필요가 있다. 그런데 1980년 이래 우리는 건전한 방식의 여론 형성—그리스도인으로서 우리가 인정하고 따를 수 있는—이라는 놀라운 경우를 본다. 그것은 폴란드에서 레흐 바웬사[49]의 행동과 관련된다. 이것은 처음부터 여론에 따른 행동이 선전이라고 규정지어질 수 있기 위해서는 리더 내지는 심지어 '카리스마적인 지도자'가 있는 것으로 충분하지 않음을 상기시켜 준다.

우리는 시민들로 하여금 모든 영역에서 스스로 책임지고, 스스로를

---

49) 상세한 연구를 위해서는 cf. J. Ellul, "La victoire de Lech Walesa", in *Katallagete*, 1983.
[역주—Lech Walesa(1943-). 1980년부터 폴란드에서 자유노조 활동으로 공산주의 정권과 싸워 민주화를 얻어내고 폴란드 초대 대통령이 된 인물.]

통치하며, 지도부를 스스로 뽑는 조직으로 자주적 관리를 하도록 이끌 목적의 여론 각성이라는 문제에 직면한다. 달리 말하면, 여기서 수단은 목적에 일치한다. 연대(Solidarité)의 자율적 세포 조직을 창설함으로써 사회의 옛 구조를 의문시하고 동시에 새로운 제도를 배치하는 것이다(우리는 이것이 이미 1900년에 바로 펠루티에50)가 무정부적 조합주의자들과 더불어 세운 계획이었음을 상기할 수 있다). 여론 조작이란 없다. 왜냐하면 그것이 전체 배치에 책임을 지게 되기 때문이다. 독재에 대한 반란이라는 자발적 감정의 단순한 이용도 없다. 왜냐하면 창조의 적극적 양상이 반대 양상을 이기기 때문이다.

하지만 레흐 바웬사가 획득한 경이로운 결과에 이르기 위해서는 일정 수의 조건을 구현해야 했다. 무엇보다 먼저, 하나의 정치 형태로서 그것은 내게 하나의 모델로 보인다. 급진적이고, 완강하며, 폭력을 거부하고, 언제나 조정할 준비를 갖추며, 상대방을 미워할 적으로 여기지 않으며, 근본적으로는 아무것도 양보하지 않는다는 조건 하에 양자를 위해 유효한 모든 결과를 인정하는 정치 형태 말이다. (전반적인 엄격함과 극도의 부드러움으로) 상대방의 비판을 수용하면서 그가 말할 수 있는 것을 언제나 듣기까지, 이 형태는 놀랍도록 상상력이 풍부하다. 다시 말해 각 단계마다 새로운 대안을 제시할 수 있다는 말이다. 이것이 내가 이해한 대로 레흐 바웬사의 행동의 8가지 성격인 바, 내게는 기독교 사상에 정확히 일치하는 것으로 보인다.

그러나 이런 정치가 만들어지고, 대중에게 이해되고, 추종되기

---

50) [역주] Fernand Pelloutier(1867-1901). 프랑스의 무정부적 조합주의자. 젊은 날 신문 기자에서 프랑스 노동당에 가입한 뒤, 노동조합 활동에 주력했으며, 사회 경제지인 「두 세계의 노동자」(1897)를 창간했고, 「노동조합의 역사」를 유작으로 남겼다.

위해서는(대중이 군중의 폭력에 휩쓸려 가지도 않고 운동의 느림에 실망하지도 않은 채) 선결 조건들이 필요했다. 이것이 가능했던 이유는 바웬사가 진정한 그리스도인이었고 '기독교 국민'에게 호소했기 때문이었다.

폴란드 사람들은 제법 미신적인 사회학적 그리스도인들이었다. 하지만 거기서 일어난 것은 그리스도인으로서 느끼는 결정의 제안과 더불어 참되고 진지한 문제에 직면하여 '사회학적인 그리스도인'이 각성하고 다시 참된, 참여된, 신앙에 따라 사는 그리스도인이 될 수 있음을 우리에게 보여준다. 발생한 것은 바로 이것이다. 참된 기독교 신앙의 갱신이 정치 운동을 수반한 것이다.

한 걸음 더 나아가서, 폴란드 국민이 가톨릭으로 남고 같이 모여 흔들리지 않았던 것은 본질상 영적 지도자인 비진스키 추기경[51]의 단호함에 기인한다는 사실을 고려해야 한다. 이 사람은 공산주의와의 협력을 거부했다. 이것은 바로 그가 가톨릭을 반동분자로서가 아니라 특수한 것으로 유지했다는 의미다. 거기에는 배반도 타협도 없었다. 교회는 국민의 태도에 부응했다. 국민은 자신을 표현할 수 있을 때까지 인내로, 마치 번데기처럼 자신의 원 상태를 유지할 수 있었다. 비진스키 추기경은 올바른 입장을 취했고, 바로 그가 바웬사의 출현이 가능하게 한 것이다.

체코와 헝가리의 개신교에서 로마드카[52]와 베레크스키(Berecski)와 더불어 일어난 것은 이것과 정반대다. 이 사람들은 정확히 해서는

---

51) [역주] Stefan Wyszynski. 폴란드 출신 추기경.
52) [역주] Josef Hromadka(†1969). 체코의 개신교 신학자. 저서로는 「기독교와 학문적 사고」(Das Christentum und das wissenschaftliche Denken)(1922)가 있다.

안 될 것을 했는 바, 새 체제에 도덕적이고 신학적인 보증을 가져다줌으로써 그 체제와 협력했으며, 교회들의 내적인 해체를 허용했다. 이것은 1956년이나 1968년에53) 개혁 교회가 민중 운동에 아무런 역할도 수행하지 못하게 했다. 반면, 만일 당시 개혁교회가 달리 이끌렸더라면 의심의 여지없이 교회는 체코슬로바키아에서 리히타54)의 놀라운 경험을 도왔을 것이다. 바로 이것이 수단에 대한 판단이 무엇을 야기하는지를 보여주는 사례다.55)

기타 수단들에 대한 신중한(다시 말해서 자유로운!) 선택은, 일례로 처음 보기에나 단기적으로 볼 때, 혹은 정치적 현실주의의 평가에 따를 때 비효율적일지 몰라도 우리 사회에서 성취될 수 있는 근본적으로 가장 혁명적인 행위다. 노동에서의 가장 적은 생산성, 최소한의 시간 채우기, 시간 사용의 최소한의 엄격함, 계산보다는 몽상, 정복보다는 시(詩), 대중의 선동보다는 정치적 성찰, 거리 두기와 선택의 무의미, 자가용의 최소한의 속도, 법적이고 난해할 경우 최소한의 정보, 모든 곳에서 최소한의 조직, 바캉스 일부와 일터 일부를 갖지 않는 방식으로 노동과 여가를 섞기, 이것이 행동 수단들이다. 교회들과 그리스도인들이 모두 함께 자리 잡고 자신들의 사회를 표명하며, 구체적으로 자신들의 자유를 표현하는 것은 바로 이런 수준에서다.

---

53) [역주] 1956년은 헝가리가, 1968년(프라하의 봄)은 체코슬로바키아가 각기 소련 공산주의 정부에 반기를 들고 봉기하던 해다.
54) [역주] Radovan Richta(1924-1983). 체코의 철학자로 대표적인 저서로는 「우리 시대 혁명에 있어서 인간과 기술」(1963)이 있으며, 그가 말한 "인류와 함께하는 사회주의"는 〈프라하의 봄〉의 모토로 사용되었다.
55) 체코슬로바키아에서 공산당에 의한 권력 장악은 수치스럽게 이뤄졌다. 이것만으로도 그리스도인들 편에서 협력에 대한 철저하고 결정적인 거부를 야기해야 했을 것이다.

이런 방향에 있지 않는 모든 것은 사회학적 조직의, 필연의, 모든 자유에 대한 철저한 결정의 결과다.[56)]

테러리즘

마지막으로, 그리스도인이 결코 인질 잡기, 암살, 맹목적 폭탄 테러 같은 '테러리즘'을 사용하는 운동에 참여할 수 없다는 것은 너무도 분명하다. 테러리즘이란 테러를 사용하는 것임을, 테러를 군중에 대한 행동 수단으로 삼은 자들이 히틀러주의자들임을 상기할 필요가 있다. 그것은 무력 선전(Machtpropaganda)의 일부다. 내게는 혼합된 것을 쉽게 만드는 습관이 없다. 그러므로 나는 내 용어를 신중히 검토하고 나서 테러리스트들은 나치당이라고 말한다.

나는 폭력이 언제나 정죄 받아 마땅하지만, 때로는 그것이 불가피하고 필연적이며 강요된다고(일례로 정당방위) 쓴 바 있다. 나는 폭력이 이렇게 필요할 때 그것이 옳지는 않지만 우리가 죄로 타락한 세상에 살고 있음을 인정해야 한다고 말했으며, 그때 폭력은 이해될 수 있고 때로는 그 행위가 악임을 알면서 그것에 가담해야 한다고 말했다(정당한 전쟁은 없다).

이 모든 것은 결코 불가피하거나 필연적이지 않은 테러리즘에는 적용되지 않는다. 그러므로 테러리즘은 언제나 철저히 정죄된다. 나는 테러리즘이 본질적으로 악하다고 말하겠다. 테러리즘에 대해서는 어떤 인정이나 타협이나 정당화도 가능하지 않다. 테러주의 운동

---

56) 많은 현대 연구물들 가운데서 cf. Schumacher, *Small is beautiful*.

의 조건과 동기가 어떠하든지 간에, 모든 것이 이 수단에 의해 잘못되고 왜곡된다. 그리스도인은 이런 종류의 운동에 어떤 도움도, 어떤 정당성도 주어서는 안 된다. 사람들과 지지되는 '명분' 때문에 느낄 수 있는 연민이야 어떠하든 간에 말이다.

최근 이 문제가 팔레스타인 사람들에게 아주 특별히 제기되고 있다. 많은 그리스도인들이 그들에게 애정을 갖고 그들 편에 선다. 나는 바로 그들의 행동 수단 대부분이 테러리즘인 한 이런 태도가 근본적으로 불가능하다고 말한다. 매우 주목할 만한 두 가지 양상이 있다.

먼저, 문제가 우발적이고 우연한 사실의 정황뿐만 아니라 기존 이론과 관련된다는 점이다. 〈팔레스타인 해방 기구〉가 자신의 모든 경향들의 공동의 기반을 이루는 하나의 헌장—결코 부인된 적이 없는—에 의해 규제되고 있음과, 누구든 그 기반이 무엇인지 알고자 할 경우 바로 이 헌장을 참고해야 한다는 것을 망각해서는 안 된다. 이 텍스트는 이런저런 지도자의 상황적인 성명보다 우월하다. 그런데 이 헌장 제10조는 명백히 특공대에 의한 테러리즘을 행동 수단으로 마련해 두고 있으며, 제30조는 암시적으로 그것을 주장한다.

두 번째로 주목할 만한 양상은 〈팔레스타인 해방 기구〉가 1980년에 세계 테러리즘을 위한 국제 학교가 되었다는 사실이다. 〈르몽드〉와 같은 팔레스타인 사람들에게 우호적인 신문도 두 번씩이나 명백하게 이탈리아, 독일, 어쩌면 아일랜드와 일본의 테러주의자들이 베이루트에서 〈팔레스타인 해방 기구〉에 의해 양성되었음을 인정했다.

그러므로 이 기구는 더 이상 초기에 갈 곳 없이 비참하며[57] 지원도

---

57) 1982년 〈팔레스타인 해방 기구〉의 엄청난 군자금을 상기할 필요가 있을까? 축적된

방어도 없는 국민의 절망적인 수단이라거나, 굶주린 가난한 자의 어쩔 줄 모르는 반동이라는 등으로 말했던 것과 전혀 같지 않다. 이 기구는 강력한 장비를 갖추고, 매우 과학적으로 조직된 항구적인 행동 수단이다. 이런 상태에서 기독교 신앙은 이런 종류의 운동에 대한 전적인 거부를, 그리고 이 방식으로 추구되는 목적에 대한 결정적인 정죄를 내포한다.

"기독교는 모든 수준에서 정의를 위한 고상하고 정당한 싸움을 이해하고 인정한다.58) 하지만 증오와 죽음을 거치는 해결책에 의뢰하는 것은 금한다."59)

자유의 수단

자유의 수단은 자유로운 조직 그 자체의 수단으로서, 그것은 구성원들에게서 정통 정신60)을 창조하거나 그들에게 전적인 참여를 요구하거나 하지 않고, 반대로 구체적인 자유와 비판의 실천으로 그들을 훈련하며, 행동이나 사상의 체계를 통해서가 아니라 이 자유를 통해

어마어마한 군비를 상기할 필요가 있을까? 〈팔레스타인 해방 기구〉는 경제 강국이다.
58) 부연 설명을 하자면, 싸움을 정당하게 만드는 것은 추구되는 정의가 아니다. 다만 정의의 목적과 그 자체로 정당해야 하는 싸움 사이에 일치가 있어야 한다.
59) 한 번은 관례가 아니다. 나는 요한 바오로 II세의 이 글을 인용할 수 있다(Discours de Drogheda, 1979년 9월)
60) 여기서 문화 혁명의 오류를 상기할 수 있다. 나는 이미 1969년에(*De la Révolution aux révoltes*) 그것을 자유의 폭발이라는 외양을 가진 수단에 있는 반(反)자유의 사례로 고발한 바 있다. '좌익주의자들'은 그렇게 여겨지도록 내버려두었다. 나아가 그들은 비판들에 자신들은 자유를 우롱했다고, 폭력을 폭력으로 대응하고자 했다고 답할 수 있었다. 어쨌건, 그때 사람들은 이런 상태에서 기독교의 입장을 따르기를 전적으로 그쳐야 했다.

서 행동한다.

자유의 수단은 엄격한 정직의 수단으로서, 그것은 정부들을 가능한 한 가장 잘 제공하고, 자신의 방책을 있는 그대로 제시하며, 자신의 의도, 목적, 수단을 숨기지 않는다. 즉 돈이 어디서 오는지 털어놓기, 상대방에게 속임수를 쓰지 않기, 전혀 이해되지 않을 정도로 복잡한 이론들을 가지고 당황하게 만들지 않기, '술책'을 부리지 않기, 전술이 있을 경우 그것을 공명정대하게 알리고 왜 그런 결정을 내렸는지를 말하기 같은 것이다.

이런 것들이 우리가 수행해야 할 수단의 점검이다. 이것들은 사례들에 불과하다. 아무튼 이것은 자유의 추구의 측면에서 자유의 상태를 창조하기 위해 일시적인 독재를 수립하고자 하는 진영과의 협력을 금한다.

만일 이러한 협력으로 들어간다면 우리가 독재―독재는 독재 이외에 다른 아무것도 아니며, 결코 자유로 이어지지 않는다―를 만들기 원한다는 것을 알아야 하며, 그로 말미암아 우리가 그리스도인의 자유를 철저히 포기하는 것임을 알아야 한다. 바로 이것이 그리스도인들이 그들의 자유를 상실하는, 그리고 그리스도 안에서 얻어진 자유를 담당하기를 그치는 백 가지 행위 가운데 하나다.[61]

---

61) Cf. Jean Grenier, *L'Esprit d'orthodoxie*. 엘러(Vernard Eller, *The Promise in the Kingdom of God*)는 자유란 반드시 무저항의 윤리를 초래한다는 것과 수단들은 하나님 나라 그 자체에 의해 결정된다는 것을 아주 분명하게 보여준다.

8장

혁명

8
혁명

1. 혁명

이제 우리는 독립과 자유, 인간 독립에 그리스도인이 참여하기에 관한 새로운 문제에 직면해 있다. 이것은 혁명의 정치적 문제다. 그리스도인은 혁명적일 수 있는가? 나는 다른 책에서[1] 그리스도인이 달리 될 수 없음을 입증하고자 시도했다. 혁명적이지 않은 기독교는 무가치하다. 믿음이 혁명적이지 않는 한, 다시 말해 믿음이 주어진 상황에 지속적으로 문제 제기를 하지 않는 한, 또한 물이 끓듯이 지속적으로 활동하지 않는다면, 그것은 살아 있는 믿음이 아니다. 믿음이 한 사회

---

1) J. Ellul, *Présence au monde moderne*, ch. V.

안에 정착될 때, 그것이 개인의 상태와 사회의 상태를 뒤집어놓기를 더 이상 주장하지 않을 때, 그때 계시의 배반이 있다.

하지만 이것을 말하면서 나는 그리스도인의 특별한 결정이 되어야 할 것을 겨냥한다. 다시 말해서 그리스도인은 실제적이고 지속적인 혁명을, 한 사회나 문화의 필수적인 요소들을 끊임없이 공격하는 근본적인 혁명을 솔선해서 행해야 한다는 사실이다. 이것은 예수 그리스도 안에 있는 계시와는 전혀 공통점이 없는 사상이나 신화나 경험에서 그 기원과 영감을 찾는 혁명운동에의 참여와는 다른 무엇이다. 이런 혁명운동에서 인간이 항상 추구하는 것은 인간의 자율이다. 우리는 그리스도 안에서의 자유에 따라 살면서 이런 종류의 혁명운동에 동참해야 할까?

우리는 먼저 앞서 던진 것과 같은 질문을 제기해야 한다. "문제가 신뢰할 수 있는 혁명인가? 인간에게 어떤 자유를 획득하게 해주는 기회를 갖는 혁명과 관련되는가? 아니면 단지 약간의 독립을 얻어 줄 뿐인 혁명과 관련되는가?" 문제가 약간의 독립과 관련된다고만 하더라도, 혁명은 가치가 있을 것이다. 그러므로 가능한 한 정확한 평가가 요구된다.

사실상 역사의 경험은 그다지 우리에게 용기를 주지 않는다. 우리는 사실 너무나 자주 혁명이 인간을 자유로 이끌어 가지 못했음을 확인한다. 우리에게 알려진 성공적인 혁명들은 모두 권위 강화와 권력의 증가 그리고 자유의 감소라는 결과를 가져왔다. 클레온[2]이나 그라쿠스 가문[3]의 혁명, 마리우스[4]나 아우구스투스의 혁명이 그랬

---

2) [역주] Kleon(†B.C. 422). 아테네 정치가이자 민중 지도자.

다. 크롬웰의 혁명이나 1789년 혁명, 1848년 2차 혁명이나 1917년 혁명, 1933년 혁명이나 1961년(카스트로)의 혁명들이 그랬으며, 그것들은 언제나 독재로 끝났다.5)

오직 실패한 혁명들만이 가능한 자유의 위신을 보존한다. 스파르타쿠스 혁명, 중세 프랑스 농민 폭동6), 그라쿠스 바뵈프7)가 시도한 혁명, 1848년 1차 혁명, 코뮌8) 그리고 1956년 헝가리 혁명의 행위들은 보다 커다란 자유에 이를 수 있었던 것으로 보인다. 그러나 매번 실패만이 있었다. 이런 잘 알려진 역사적 명증에 대한 간략한 상기는 우리가 발견해야 할 교훈을 담고 있다.

자유를 위한 혁명

그러므로 아무튼 결실을 맺고자 하는 혁명과 관련될 때, 우리는 무조건 그것이 자유를 위한 것이라고 여길 수 없다.9) 우리가 혁명에

---

3) [역주] Tiberius S. Gracchus(B.C.169-B.C.133]. 로마 공화정 말기의 정치가(호민관)로 동생 가이우스와 더불어 토지 개혁운동을 전개했다.
4) [역주] Gaius Marius(B.C.156-B.C.86). 로마 공화정 말기의 장군, 정치가(집정관)로 군제 개혁 단행.
5) J. Ellul, *Autopsie de la révolution*, 1969.
6) [역주] Jacqueries. 1358년에 일어난 농민 폭동을 가리키는 말.
7) [역주] Gracchus Babeuf(1760-1797). 프랑스 혁명 당시 생활 혁명을 꾀했던 사회 혁명가.
8) [역주] 파리코뮌. 1871년 프로이센과의 전쟁 후 프랑스 임시정부의 태도에 반발한 파리 시민들이 만든 일종의 인민의회.
9) 자유는 그리스도인으로 하여금 혁명을 '일으키기' 원하는 대부분의 사람들의 잘못된 목적을 깨닫게 만들 것이다. 나는 위에서 인용한 키르케고르의 텍스트를 여기서 반복하고자 한다. 그것은 내게 결정적으로 보인다. "우리 시대에 주권자와 권력자에 대한 두려움은 고대의 역사처럼 여겨져야 한다. 어쨌건 많은 이들이 특별히 더 이상 크지도 않은 위험과 싸운다. 왜냐하면 경험 없는 사람은 어쩌면 순진하게도 많은 사람들

동참해야 할지를 결정하기에 앞서 다음 세 가지 질문을 제기해야 한다. "이 혁명운동의 실제적 목적은 무엇인가? 그것이 공격하는 것은 무엇인가? 그것이 잘못된 대상, 즉 이미 지나가 버린 실체가 아닌가?" 이와 같이 오늘날 사유 재산의 구조, 종교, 도덕, '지배 계급'을 공격하는 거라든지, 아니면 혁명을 통해 사회주의 경제 형태 또는 권력 획득의 하위 계급 내지는 인종의 의지를 얻으려고 시도하는 것은 우리 사회의 참된 문제들을 비켜가는 일이며, 이미 지나간 구조나 운동에 매달리는 일이다. 그것은 결코 혁명을 행하는 일이 아니다. 이런 목표를 대상으로 행동하는 운동들은 단지 이전의 근본적 상황들을 주장하면서 분명 이내 더 큰 순응주의로 이끌릴 수 있다. 이런 혁명들엔 가담할 필요가 없다. 그것들은 인간에게 자유를 전달해 주지 못한다.

1) 혁명의 공포된 목표와 비밀 목표의 문제는 결정적이다. 왜냐하면 "혁명이기에 좋다"고 여기고 무턱대고 참여할 일이 아니라 무엇을 하는지 알아야 하기 때문이다. 조종된 민중들의 맹목적 운동 뒤에는 역사를 구부러지게 만들고자 하는(가단성[可鍛性]을 세우려는) 의지가 있다. 그러므로 자신의 운명을 만드는 것은 자신의 미래를 하나님으로부터 받으려 하지 않는 인간의 프로메테우스적인 혹은 바벨탑 건설적인 태도다. 교만한 상황에서 이것은 정당하다. 하지만 역으로

이 싸우는 것을 보아 필경 위험이 크다고 추론한다. 하지만 다소 경험이 있는 사람은 보다 올바르게 다음과 같이 결론짓는다. 많은 사람들이 싸우는 위험은 많은 옹호자들이 있기 때문에, 그리고 쫓아내야 할 커다란 위험이 있는 곳에서 보이는 최후의 것이 '대중'이기 때문에 별것 아니다." 이 기준은 오늘날 사회주의, 제3세계 등에서 적용되어야 한다. 실제로 (우리 시대에 전적으로 혼동되는 대상에 대한) 혁명과 아무런 통찰력이나 자유도 없이 자발적인 인간의 고통을 표현하는 반란 사이를 철저하게 구별해야 한다.

이것은 역사적 결정론에 양보하지 않으려는 바른 의지와 관련된다. 이것 때문에 실체가 모호하다. 따라서 그리스도인들에게 관건은 실제로 역사의 모든 숙명들을 걷어내는 일을 돕는 것이다(하지만 안타깝게도 오늘날 사회주의는 하나의 숙명으로 여겨져야 할 지경이다!). 그러므로 관건은 자기 자신의 권력을 세우기 위해서만 혁명을 행하는 자들에게 반대함으로써 비판적인 태도로 이 전투에 참여하는 일이다. 이런 점에서 레닌에 대한 마흐노10)의 투쟁은 (레닌과 마찬가지의) 철저한 혁명가의 사례로서 보존되어야 할 유형이다. 그러나 그는 레닌이 실시한 메커니즘을 비판한 혁명가다.11)

---

10) [역주] 네스토르 이바노비치 마흐노(Hectop I. Maxho, 1888-1934). 볼셰비키 혁명 이후 독자적인 길을 간 우크라이나의 아나키스트 혁명가.
11) M. Berque가 *Dépossession du Monde*에서 보여준 보편주의적인 관점은 충분히 혼란스럽다. 알제리아의 독립 때 그 국민의 열광에서, 그리고 수에즈 운하를 되찾았을 때 이집트인의 열광에서 어떻게 하나의 역사 철학으로, 역행할 수 없는 운동으로, 철저한 새로운 탄생으로 결론지을 수 있는가? 뿐만 아니라 M. Berque가 콩고나 쿠바가 '해방'되었을 때 그 국민들이 열광한 사실을 언급하지 않은 것은 유감이다. 하지만 이러한 사건들은 그의 관점에 들어맞지 않는다. 나는 그가 알제르에서 소유권 박탈이라는 춤사위의 인상을 받았을 수 있음을 인정한다! 단두대 발치에서 프랑스 혁명에 참여한 서민층 여인들도 그런 느낌을 주었다. 그러나 이것이 소유에서 박탈로, 지배에서 해방으로, 제국주의에서 탈식민지화로 가는 전반적인 방향을 설명한다고 표명하는 것과, 또한 이것이 인간적인 모든 것에 존엄을 부여하는 인간 본성의 절대적인 경향(Jaures의 입장!)을 설명한다고 표명하는 것은 지나친 일반화다. 이곳이 기술도, 저축도, 경제 체계도 없는 제3세계이기 때문에 이런 자유의 획득이 새로운 현상이라고 말하는 것과, 우리가 강자의 권리를 이긴 빈자와 무지한 자의 권리에 직면하고 있다고 말하는 것은 매우 칭찬할 만하지만 현실과는 별 관계가 없는 관념론에 복종하는 것이다. 불행히도 해방된 이 선량들은 자연과 문화를 결합시키지 못하며, 그들은 곧 이집트가 이스라엘을 공격하듯이, 혹은 중국이 티베트를 점령하고 인도를 공격하듯이 그들의 주변국들을 공격하기 시작한다. 그들은 모든 아프리카의 국가들에서처럼 가능한 한 빨리 군사독재를 수립한다. 그들은 기술로 세계를 소유하고, 다른 강자들과 메커니즘들의 노예가 된다. 약간은 낭만적이고 결코 사회학적이지 않은 Berque의 사상에 반대하여 우리가 말할 수 있는 모든 것은, 우리가 인간이 인간을 직접 지배하는 특징의 전(前) 기술 상황에서 지배의 객관적 메커니즘이 수립되는 기술 상황으로의 이동이라는 위기에 들어간다는 것이다. 만일 이 국민들이 해방되었다

이 문제의 다른 예를 들자면, 우리는 지금 '정의'를 위해 행해지는 혁명들에 직면해 있다(그것이 유산자 타파이건, 소득 평등화이건, 경제 경영 참여이건 간에). 비록 진정한 혁명이 이것과는 전적으로 달리 자유를 위한 혁명이긴 하지만, 우리는 통찰력을 잃지 않은 채 이런 투쟁에 협력할 수 있다. 하지만 이런 갈등에서 그리스도인은 화해의 요소가 되어야 한다. 그는 그리스도 안에서 성취된 화해의 운반자가 되어야 한다. 화해 없는 정의란 없다. 혁명운동 내부에서 그리스도인의 혁명적인 메시지란 이런 것이다. 그렇지만 이런 식으로 참여하는 것은 반동분자로 취급될 위험성을 감수하는 것이다. 왜냐하면 문제가 더 큰 원수와의 화해와 관련되기 때문이다. 곧 식민주의자, 프랑스 알제리 독립군, 중산계급과 같은 적들과의 화해 말이다. 물론 그리스도인이 이렇게 하지 않는다 하더라도, 모든 혁명에 참여할 수는 있다. 그러나 그렇게 함으로써 그는 철저히 그리스도인으로 존재하는 것을 그치게 되고, 주님을 배신하며, 단지 혁명의 순응주의자가 될 뿐이다.

2) 설령 우리 사회의 이런저런 구조를 근본적으로 공격하는 혁명운동이 발견된다 하더라도(일례로 20여 년 전 상황주의 운동이 그런 것처럼), 다음으로 해야 할 일은 그것이 사용하는 수단들의 검증이다. 수단들의 문제로 다시 돌아가지는 않겠지만, 만일 혁명이 권위주의적인 수단들을 행사한다면, 다만 그것이 자유로 이어지지 않으리라는

면, 그것은 새로운 국면으로 진입하는 것이다. 알제르나 카이로의 군중들의 열광은 식민 체제 하에서보다 자유가 훨씬 더 축소되는 기술 체제로의 통합의 서곡에 불과하다. M. Berque는 문제를 철저하게 보지 못했고, 자기 자신의 열광과 알제리 국민에 대한 우정에 양보하고 말았다—나는 이것을 매우 잘 이해한다.

것을 기억하자. 물론 나는 혁명이 피와 폭력으로만 이뤄질 수 있음을 안다. 내가 거부하는 것은 이것이 아니라 권위적이고 국가적이며 중앙집권적인 수립이다. 우리는 이러한 형태 이행을 1793년 프랑스에서, 1919년 소비에트 연방에서 볼 수 있고, 카스트로가 승리하고 6개월이 지난 뒤 쿠바에서도 볼 수 있다. 이런 혁명 수단들은 자유의 파괴로 이끌릴 뿐이다.

3) 제기되는 세 번째 문제는 혁명운동의 수뇌부인 지도자 문제다. 왜냐하면 자유를 향한 결과 내지 그것의 거부 여부는 부분적으로 그들의 인물됨에 달려 있기 때문이다. 혁명의 시기에는 객관적인 정황이 매우 유동적이기 때문에 인물의 무게가 매우 주목된다. 전반적인 문제 제기에 있어서 개인은 자신이 어떤 존재인지 쉽게 드러낼 수 있다. 지도자는 매우 용이하게 독재자나 민중의 대변자가 된다. 이런 지도자들의 자질은 반드시 크게 주의를 기울여야 한다.[12] 개인 권력의 경향이 나타나는 즉시 그것이 자유의 상실을 야기한다는 사실을 알아야 한다. 우리는 만일 혁명이 권위적인 수단 행사를 거부하고 독재적이지 않은 지도자의 인도 하에 전개된다면 거의 대부분이 실패할 것임을 안다. 그렇지 않고 그런 혁명이 성공한다 해도, 압제와 구속과 비-자유라는 새로운 상황이 형성된다. 그리하여 (위에서 검토한 개인적인 사례에서처럼), 하나의 소외에서 다른 소외로의 대체가 있을 뿐이다.

우리는 위에서 언급한 위반과 혁명 사이의 대립에 대해 기억한다.

---

12) 일례로 1968년 5-6월의 대부분의 '지도자들'(Cohn-Bendit를 제외하고)이 무엇보다도 개인적 성공을 추구하는 Rastignac[역주—발자크 소설에 등장하는 인물로서 용기 있는 이상주의자이지만 영광과 권력에 탐욕적임]의 졸개들이었음이 명백하다.

혁명은 그것이 성공할 경우, 필경 새로운 권력과 새로운 사회로 향하게 된다. 심지어 무정부주의 혁명이라 할지라도 공백 상태에 이르지 않을 것이다. 즉시 어떤 이양의 재구성을 함유한다. 이런 이양은 새로운 권력이 혁명적으로 규정되기 때문에 더 진지하게 된다. 전통적인 국가에 맞서서 항상 혁명적인 반발의 요청이 있지만, 국가나 기존 질서가 그것이 혁명운동에서 나왔다는 이유에서 혁명적으로 규정되는 순간부터 모든 것이 상실된다. 왜냐하면 이제부터 모든 반발은 오직 반혁명적이거나 반동적인 것으로만 규정되며, 인간은 끝없이 하나의 권위에 굴복된 채 있게 되기 때문이다. 혁명운동이란 이런 것이며, 성공하는 혁명은 필히 더 심각한 속박을 야기한다. 이러한 이유 때문에 첫눈에도 그리스도인의 자유와 이런 시도(혁명의 피 흘리는 성격이라는 특수 문제를 고려하지 않고도)를 연결시키기가 어렵다.

혁명 행위의 자유성

그러나 우리가 여기서 멈출 수는 없다. 문제의 다른 면들을 검토해야 한다. 우리가 말했듯이, 명백히 혁명적인 정황에서 일어나는 혁명적인 영향은 잠정적으로 보다 유동적인 사회 구조를 생산하는 데로 귀착한다. 그리고 이것은 역사의 가단성(malléabilité)을 믿는 혁명적인 신념(과 의지)을 구체화시킬 뿐이다. 역사의 '법칙들'과 경제적 메커니즘(실제적 또는 분명한)의 사회적인 억압감에 직면하여, 인간이 이러한 세력 위에 자신을 위치시키고 그 세력의 주인임을 선포하려는 스스로에 대한 주장을 추구하는 것은 정상적이며 동시에 전적으로 적법하다. 이것은 인간의 자기 운명에 대한 투쟁이다. 바로 이런 인간이 혁명이 진행되는 동안 조금이나마 이런 억압감을 걷어내게 될 때, 또 그가 자유자재로 사용하는 세계에 (실제로건 환상으로건) 자리 잡을 때, 그때 그는 단지 자아 성취를 추구하고 있을 뿐이다. 이것은 스파르타쿠스나 프랑스 농민폭동(1358)과 같은 원초적이고 자연 발생적인 폭동13)에서나, 무정부주의적인 노동조합 운동 내지 마르크스주의에서처럼 명백하고 지속적인 혁명으로 전환되는 폭동에서 동일하게 사실로 남는다. 흔히 너무도 쉽게 하듯이, 자연발생적이냐 계산된 것이냐를 대립시켜서는 안 된다.

요점은 혁명 행위야말로 (그것이 개인적이건, 집단적 내지 계급적이건 정확하게 동일하며, 블랑키14)는 레닌과 견줄 만하다) 그리스도인의 자유의 모든 행위에 가장 가깝다는 것이다. 왜냐하면 혁명 행위가 발생하는 순간, 그것은 진정한 자유의 반영을 제시하기 때문이다. 물론 나는 여기에 채택된 관점에서 이 행위는 단지 거짓 모조품밖에 될 수 없다는 것을 잘 안다. 그럼에도 불구하고 구현의 수준이 아니라면 갈망의 수준에서 이 행위는 진실로 남으며, 따라서 자유롭다. 혁명 행위의 순간, 하나의 질서가 뒤집히고 또 다른 하나가 세워지기 전, 보통은 숨겨진 상태로 있어야 하는 세력에 의해 해방이 이뤄지며, 표현이 '더 먼 곳'을 향한 긴장과 정확히 맞아떨어지며, 기획 안과 현실 사이에서 변증법도, 한계도, 모순도 발견되지 않는 이 짧은 시간에, 그때 이 혁명 행위는 위반과 매우 가깝다. 분명 그것은 반역(하나

---

13) J. Ellul, *De la Révolution aux révoltes*, 1970.
14) [역주] Louis Auguste Blanqui(1805-1881). 프랑스의 사회주의 혁명가로서 소수 정예에 의한 폭력 혁명과 프롤레타리아 독재를 주장함.

님에 대항하는!)과 거부를 통한 위반이며, 따라서 그것은 역으로 그리스도인의 자유에 대한 위반이다. 그렇지만 거울 속의 이미지는 여전히 이미지로 남는다.

내가 알기로, 하나님을 가장 잘 모방하는 것이 빛의 천사요, 정반대의 이미지를 줄 수 있는 것이 사탄이며, 이 점에서 사탄은 거짓말쟁이이며, 결국 혁명은 그리스도인의 자유의 사탄적인 이미지라는 사실이다. 이것은 많은 진실을 담고 있다. 그러나 나는 이 모험에 따라 사는 사람, 이 사탄의 힘에 대해 아무것도 모르는 사람의 수준에 위치해야 한다. 그는 단지 자유에의 갈망에 따라 산다. 우리가 어떻게 그와 동행하기를 피할 수 있겠는가? 특권적인 순간에 그는 자신의 실제적인 권리이양의 거부를 표현한다. 우리가, 정확하게 막 만들어진 이보다 유동적인 상황에서, 어떻게 그리스도 안의 자유가 될 수 있는 그것을 전달하고자 하지 않을 수 있겠는가? 왜냐하면 성령의 개입이 또한 전격적으로 나타나는 것은 바로 악마적인 행위가 표현되는 그 순간이기 때문이다. 이와 같이 나는 우리가 혁명에 대해 판단할 수 있는 것에도 불구하고, 그리스도인들이 혁명 대열에 있는 이유란 오직 자유를 향한 인간의 절망적인 노력에만 참여해야 하기 때문이라고 말하리라. 이 노력이 절망적이기 때문에 우리는 우리의 소망을 가져다주어야 하며, 인간이 자유를 더듬거리며 찾기 때문에 우리는 그에게 진정한 자유를 증거하고 그가 가진 자유가 거짓 모조품에 불과할 수 있다는 것을 말해 주어야 한다.

2. 혁명과 해방의 신학들

해방의 현대적 방식은 이제 폭력과 혁명이다. 윤리는 그것들을 떠넘길 수 없다. 하지만 한 가지 특별한 논점이 있다. 그것은 그리스도인들의 역할이 다른 데서와 마찬가지로 일상적인 행위에 정당성을 가져다주는 데 있을 수 없다는 것이다. 혁명과 해방의 신학 문제가 위치하는 곳이 바로 여기다. 60년대에 몇몇 혁명신학의 시도들이 있었고, 이어서 이것은 해방신학이라는 이름을 취하면서 확대되고 동시에 가벼운 변화를 보였다. 이 두 가지 신학에 대한 연구는 사실상 동일한 것이다. 하지만 그들의 기원은 약간 다르다.

혁명의 신학들은 마르크스주의나 공산주의의 공감과 영향 하에서 발전되었다. 해방 신학들은 라틴 아메리카에서 유래하며 이 대륙의 가난한 자들이 그들의 착취자들과 벌인 투쟁에서부터 만들어졌다. 나아가 신학적 '동기'도 상당히 다르다. 혁명 행동에 대한 *직접적으로 성서적인* 기초를 찾기가 어려운 만큼이나, 성서의 해방 선포와 정치적 해방운동(적어도 추상적으로 표현된) 사이에는 직접적인 관계가 있다. 물론 실제로 신학적이고 윤리적인 소재는 두 경우 모두 동일하다. 그러나 적법성에 관해서는 주목해야 할 커다란 차이가 있다. 혁명의 신학들은 거의 유럽인들의 사건이다. 그러므로 나는 그들의 작업이 마르크스-공산주의(나는 마르크스 사상이라고 말하지 않는다!)에 의해 직접적으로 영향을 받았다는 점에서, 이것이 이념 운동—지배 이데올로기에 대한 순응주의, 다소간 비참한 사회 모습을 묘사하는 좌익 정서—에서 뒤처지지 않으려는 고심에서 나타난다고 말한다. 견해를 표명하는 것은 이론가들의 할 일이며 그 이상은 아니다. 반대로 라틴 아메리카의 해방신학들은 농민들과 빈민촌의 끔찍한 가난, 냉혹하고 끝없는 착취―미국의 대리인들의 짓이건 지방 귀족들과 사나운 독재의 짓이건―와 직접적으로 연관되어 있다.

해방신학

이렇게 해서 우리는 유럽의 공산당이 이끄는 것과 아무런 공통점이 없는 정치 투쟁인, 불가피한 해방에 직면한다. 그 원인이 직접적인 이 '혁명' 투쟁에 그리스도인들이 참여하는 것은 분명 그 적법성을 가지며, 완벽히 존중될 만하고, 때론 감탄할 만하다. 하지만 느낄 수 있는 공감이야 어쨌건 간에, 이 행동에서 새로운 신학을 끌어낼 수 있다는 것은 분명하지 않다. 아무튼 우리는 이 불가피한 행동을 그들의 기독교적 삶에 일치시키고자 하는 노력을 충분히 이해한다. 반대로 우리는 이 남아메리카 신학들이 유럽으로 '회귀'하여 서구 신학자들에 의해 채택되는 것을 보았다. 실제로 서구 신학자들은 새로운 해방신학들을 일반화시킴으로써 그것들을 통해 옛 혁명 신학들을 덮어씌웠다. 그런데 인간 바탕과 사회 집단이 절대로 동일하지 않다.

이 해방신학을 신학 '자체'로 인정하는 것은 부조리하다. 그들의 정치·경제적 맥락에서 분리된 이 신학들은 전혀 동일한 가치를 갖지 않는다. 우리는 그것들을 '옛 것들'을 대체하는 신학들로 받아들일 수 없다. 내가 보기에, 라틴 아메리카의 신학들이 정확히 그 환경에 위치하고 있기 때문에 라틴 아메리카를 위해 소중히 여겨져야 하는 만큼, 그것들이 도처에서 일반화되는 것은 무의미하다.

여기서 논점은 무엇인가? 별안간 신학들이 성서의 가난한 자라는 중심 위치와 중요성을 되찾았다. 이것은 성서적으로 억압에 의해 지칭되는 죄와 관련된다. 수세기 동안 고전 신학들에서는 가난한 자와 억압이 숨겨졌던 것이 사실이다. 예수가 가난한 자라는 것을 제외하고 신학 작업이 이뤄진 것도 사실이다. 이스라엘의 하나님이 가난한 자의 하나님이라는 것, 억압(모든 가능한 의미에서)은 죄의 가장 명백한 형태라는 것이 신학에서 제외됐던 것이다. 부자들에 대한 정죄의 경우 그것을 지우거나, 아니면 개인 도덕의 영역에 위치시킴으로써 텍스트를 변형시켰다. '선량한' 부자(자비롭고, 절약하며, 타인을 돕는 등)가 되는 것으로 충분했다. 이런 텍스트를 말할 때면 언제나 덧붙여지는 것은 '사악한' 부자의 문제다(텍스트가 전혀 말하지 않는). 그리스도인들에게 어쩔 수 없이 이 두 가지 근본적인 성서 진리들을 소중히 여기도록 만든 것은 마르크스주의의 발전과 동시에 라틴 아메리카 빈자들의 직접적인 폭동이다. 그들의 투쟁에서 출발하여 텍스트들이 다시 읽혀졌고 거기에 쓰인 것이 명백하게 발견됐다. 윤리의 영역에서 결정적인 것은 실제적인 회심이다.

하지만 사람들은 더 멀리 밀어붙이고자 했다. 몇몇 신학자들은 가난한 자(가난한 자 예수)라는 중심 위치에서 시작하여 모든 신학을 다시 만들어야 한다고 주장했다. 여기서 나는 더 이상 동의할 수가 없다. 삼위일체 신학, 하나님의 초월, 사도신경을 수정할 이유가 없다. 예수가 가난하건 아니건 간에, 성육신과 부활은 사실로 남는다. 예수가 가난하건 아니건 간에, 구속, 은총, 하나님의 사랑의 배려는 사실로 남는다. 사람들이 말할 수 있는 것은 이 모든 진리를 가난한 자와 더불어 들을 때 그 진리가 더 잘 알게 되고 더 깊게 이해된다는 것이다.

이 진리가 보다 경탄할 만하고 참되긴 하지만 결코 대체될 것은 아니다! 우리는 이 결정적인 문제를 나중에 다시 살펴볼 것이다.

혁명신학

혁명신학과 관련해서, 나는 다만 내가 현대 작품들을 기다리지 않았음을 상기시키고자 한다. 나는 1936년 *Bulletin de Liaison des Amis d'Esprit*에서 '기독교와 혁명'에 대한 연구를 기고했고, 그것을 1946년 보세15)의 교회연합 연구소가 주최한 회의("혁명 신학을 위하여")에서 요약했으며, 1947년 「세상 속의 그리스도인」이라는 책으로 엮었다. 거기서 나는 기독교 혁명 원리를 충분히 완전하게 지적했으며, 샤울(Schaull), 벤트란트(Wendland) 등의 후대 연구들이 내가 그때 쓴 것을 훨씬 심오하게 했는지는 확실하지 않다. 나는 이 '1세대'에게 충분히 동의한다. 나는 여전히 혁명을 '신학적으로 생각'해야 한다고 확신한다. 해방의 관점에서 그렇게 하는 것은 당연하다. 신학자들은 모든 혁명의 모호한 성격을 강조하고 자연법에의 준거 개념을 거부하면서, 그리고 끝에서 두 번째(그러니까 정치와 혁명)는 최후의 것들의 빛 아래서 이해되어야 함을 상기시키면서 전반적으로 신중했다. 결국 사람들은 우리 시대의 혁명(어떤 혁명인지 구체화하지 못한 채)의 긴급성을 주장했으며, 객관적인 상황들을 개선하고 동시에 인간을 비인간화시키는 쪽으로 향하는 기술의 성장을 종종 문제시했다. 하지만 그 후 이런 연구엔 충분히 심오한 변화가 있었다(D. Sölle, G. Casalis

---

15) [역주] Bossey. WCC가 위치한 스위스 소도시.

등). 이미 얻어진 것과 다른 신학적 소재들이 연구되었다.

일반적으로 이 혁명신학엔 네 가지의 신학적 기초가 제공된다.

1) 하나님은 모든 사회 질서의 창조자이시다. 하지만 이 창조 질서의 목적은 인간을 섬기는 것이며, 따라서 이 질서는 인간의 필요와 기획에 따라 항구적으로 변해야 한다. 현실의 구조를 비신성화해야 하며, 따라서 그리스도인들은 인간의 실제적인 필요를 위해 구조들을 변형하고, 동시에 사회 질서를 믿는 신화적 신앙에서 인간을 해방시키고자 하는 사람들과 더불어 공동 보조를 취해야 한다.

2) 하나님의 활동은 역사에서 역동적이다. 우리는 사회·정치 세계를 변화시키는 이 하나님의 동력의 전달자가 되어야 한다.

3) 혁명은 회개와 관련된다. 회개는 모든 영역에서 전적으로 철저한 삶의 갱신을 낳는다. 갱신은 내부적일 뿐만 아니라 사회적으로, 정치적으로 표현되어야 하며, '새 삶'은 사회에서의 혁명적인 행동으로 이끌린다.

4) 마지막으로, 역사적 해방을 위한 투쟁은 하나님의 미래가 '열려' 있음을 표현하는 새로워진 실행을 구현한다. 달리 말해서 메시아주의 개념에서 이미 표현되는 종말론적인 투쟁의 현재화와 관련된다. 메시아 역시 정치적 혁명가였다. 그는 이전에 왔지만 자신의 해방적인 행동을 지속하면서 사람들에게 그것에 협력하도록 호소한다.[16]

---

[16] 칼 바르트(심지어 '후기' 바르트도)가 사회주의에 대한 그의 공감에도 불구하고 혁명에 대해 항상 매우 유보적이고 망설였다는 것을 상기시키는 것은 어쩌면 무익하지 않다. 그에게는 죄에 대한 하나님의 혁명이 있으며, 이것은 정치 혁명의 정당화를 허용하지 않는다. 분명 서구의 부당성 앞에서 교회가 마땅히 반발해야겠지만 "교회가 정치적 대립 운동에 의해 옹호되는 무슨 강령과 일치되어서는 안 된다." 사회 변혁의 모든 시도는 상대적이며 죄악 세상의 내부에 위치한다. 인간적으로 말하면서 시도되는 모든 것은 상대적이다. 악의 뿌리는 모든 사회학적 분석이 입증하는 것보

혁명과 인간화

혁명은 하나님의 '인간화하는' 행위를 표현하는 역사의 '인간화'의 요인으로 여겨진다. 하지만 사람들은 혁명 개념 자체와 마찬가지로 이 인간화의 내용에 대해 일반적으로 생각을 분명하게 밝히지 않는다. 혁명은 때로는 경제적·정치적 통솔에 참여하는 의지로서, 때로는 정의의 추구로서 정의된다. 그리고 때로는 그 의미하는 바를 분명히 하지 않은 채 사회의 새 틀을 발견하는 합리적 자유로서 정의된다. 하지만 어찌됐건 역사를 이루시는 분이 하나님이라는 개념으로 끊임없이 되돌아간다. "보다 인간적인 존재 조건을 만들기 위해 옛 구조들을 허무시는 분이 하나님이며", "새 사회 질서는 하나님의 선물이다." "하나님은 인간 삶의 성숙에 필요한 조건들을 창조하는 중이다." 혁명의 특징이 이런 것이라면, 그리스도인들은 이런 혁명에 참여해야 하며 그것으로 족하다. "결과가 어떠하든 간에, 이런 투쟁 밖에 혁명

다 더 깊으며 어떤 혁명도 그것에 도달하지 못한다. "악의 뿌리는 인간의 잘못 속에 있으며, 거기서부터 필연적으로 인간에 의한 인간의 착취가 언제나 새로운 형태로 흘러나온다." 만일 인간이 하나님의 계명을 인정하지 않는다면, 그때 혁명을 포함한 모든 가능한 시도는 "인간에 의한 인간의 착취와 계급 투쟁의 특징을 띠고 흘러갈 수밖에 없으며, 이것은 자본주의에서 명백하고 사회주의에서 덜하다." "우리가 사회 문제에 직면해서 희망을 갖는 것은 하나님의 나라가 도래하여 하나님의 능력 및 영광과 더불어 자신의 나라를 드러내기 때문이다." 분명 '체제'에 반대해야 하며, 지배적 불의와 싸울 준비를 해야 하고, 사회적 진보와 사회주의를 위해 행동해야 하지만, "결정적인 설교는 모든 무신론과 인간의 불의에 대한 하나님의 혁명 선포에만 있어야 할 것이다"(Dogmatique, XVI, ch. 55, n°3). "그런데 이 하나님의 혁명은 그것이 대항하고 저항하는 이 세상의 모든 나라들의 한복판에 오신 인간 예수의 존재 안에서 선포되고 구현된다." 바르트는 좋은 체제와 나쁜 체제가 없다고 지적한다! 대립은 세상의 모든 소여, 삶의 모든 규칙, 역사의 모든 세력들을 향한다. 유일한 혁명은 먼저 그리스도인들의 회개와 또한 현실의 모든 인간들의 회개에 의해 결정된다(Dogmatique, XXI, ch. 66, n° 3). 우리는 '해방신학들'에서 매우 멀리 있다!

적 태도란 없다." "그리스도인은 온전히 혁명의 진행으로 들어가야 한다."

그런데 1968-1980 사이의 혁명신학에는 주목할 만한 방향 전환이 생긴다. 사람들은 더 이상 기독교적 관점이나 성서에 입각해서 혁명을 정당화하려들지 않았다. 혁명은 그 자체로 정당화되었다. '혁명'은 그것이 있는 것만으로 좋은 것이기에 충분했다. 반대로 혁명이야말로 적법성 원리와 막강한 정당성이 된다. 혁명가일 때 그리스도인이 된다. 그렇지 않을 경우 기독교는 악이 된다. 참된 신앙까지도 말이다. 따라서 두 번째 방향 전환으로 들어간다. 사람들은 토론 중에 무엇보다 먼저 그리스도인이 혁명가가 될 수 있는지를 찾고, 이어서 성서적 기독교가 혁명적 행동의 매우 확고한 방향성을 내포한다고 입증한다. 그때부터 사람들은 자신이 그리스도인이기 때문에 혁명가가 되어야 했다고 말할 수 있었다. 그러나 분명한 것은 그리스도인이라는 존재는 자신을 혁명가로 만드는 것과 거리가 멀다는 점이다. 이렇게 해서 엄청난 반전이 생겼다. 모든 혁명가는 옳다. 그러므로 기독교적인 근거를 찾을 필요가 없으며, 기독교인이기 때문에 혁명가가 된다는 것은 가당치 않다. 이제 사람들은 "혁명가이기 때문에 그리스도인이 될 수 있다"고 말하리라.

궁극적으로 우리는 한 가지 마지막 반성을 강조해야 한다. 엄밀한 의미에서 전쟁의 신학, 노동신학 등과 마찬가지로 혁명의 신학에 대해 말하는 것은 부당하다는 지적은 옳다. 실제로 신학이란 하나님으로 말씀하시게 할 뿐이다. 그러므로 혁명에 대한 성서적 고찰을 말할 수 있는 것이지, 엄밀히 말해서 다른 것은 아니다. 하지만 사람들은 혁명을 위한 신학을 제안한다(로마드카[Hromadka]). 이것은 의미론적으로는 정확히 이해된다. 하지만 표현 방식은 위험하게 된다. 그럴 경우 "하나님을 혁명 행동에 두어야" 한다. 여기에는 명백히 두 가지 동향이 있다. 하나는 기독교적 관점에서, 방향이 혁명을 향하면서도 혁명으로 하여금 기독교 삶의 정상적인 질서로 들어가게 하며, 동시에 그리스도인들의 눈에 모든 혁명의 정당화 구실을 하는 사상 체계를 만드는 것이다. 이런 사상 체계는 그것이 혁명을 신학적으로 합법화시켜 주기 때문에 혁명을 위해 무언가 소용이 되는 하나의 신학이다.

다른 하나는, 보다 심각한 것으로(여기서 우리는 위에서 본 신학의 중심 주제를 다시 만난다), 하나님의 다른 '개념'(또는 이미지!)과 관련된다. 혁명을 위한 유용성에 따라 하나님에 대해 가질 수 있는 생각을 바꾸어야 한다. 이런 생각에 도달할 수 있다는 것이 놀랍다. 우리가 하나님에 대한 우리의 이미지를 강요한다는 것이 놀라운 것은 아니다. 왜냐하면 우리는 끊임없이 그렇게 하기 때문이다. 놀라운 것은 이런 작업을 하는 신학자들이 하나님을 질서와 일치의 보증인으로 삼았던 일부 신학자들과 정확히 동일한 것을 다시 하고 있음을 깨닫지 못한다는 것이다. 우주의 자연법 신학(어쩔 수 없이 하나님은 위대한 시계 제조공이 되고 만다), 사회 보수주의 신학 등은 정확히 동일한 과정을 표현한다. 다른 개념들과 함께 말이다. 그러나 이것은 동일한 오류다. 혁명을 위한 신학. 표현의 위험이란 이런 것이다.

나는 혁명과 해방의 신학들을 두 가지로 묶어 비판할 것이다. 하나는 신학적인 묶음이요, 다른 하나는 사회·정치적인 묶음이다. 그러나 그 전에 성서 영역에 대한 충분히 놀라운 검증이 이뤄져야 한다. 혁명신학에 대한, 그리스도인이 혁명가가 될 필요에 대한 모든 책들에서 '반란자', '반역자'를 명백히 정죄하는 무수한 성서 텍스트가 전혀 문제가 되지 않는다는 사실을 확인하는 것은 매우 의아하다. 물론 성서의 대부분이 하나님의 질서, 하나님의 말씀, 하나님의 뜻에 대한 반역의 문제이지만, 간간히 취급되는 정치적 반란에 대한 텍스트도 있다! 왜냐하면 실제로 문제시되는 것은 반란과 반역의 정신이요, 이런 행동의 근본적인 태도 자체이기 때문이다(시 37:38; 66:7, 19; 사 1:28; 48:8; 57:17; 겔 2:5; 20:38; 호 9:15; 수 1:18). 악인과 반역자(잠 17:11), 정죄된 폭력과 폭동(사 59:13) 사이의 동일시가 있으며, 권력에 대한 폭동을 직접 정죄한다(느 2:19). 이사야 57:17은 핵심적인데 이 텍스트는 "반역이 그의 마음의 길을 따랐다"고 진술한다. 다시 말해서 하나님과 단절하려는, 순전히 인간의 선택, 자율, 독립이다. 반역은 언제나 하나님과 관련이 없는 인간의 방식에 의한 인간의 선택이며, 어쩔 수 없이 "내 길은 너희의 길과 다르다"는 위협으로 떨어진다. 물론 하나님에 대한 반역과 혁명운동을 동일시해서는 안 되며, 정치 권력과 하나님의 뜻을 동일시하는 것은 그릇된 신학으로 되돌아가는 일이다. 그럼에도 불구하고 반역 정신에 대한 이런 정죄는 혁명신학들로 하여금 조심하게 하며 그것에 연루되지 못하게 한다!

혁명신학에 대한 신학적 비판

신학 영역에서 나는 이 신학들을 세 가지로 비판할 것이다.

먼저, 역사를 하나님의 행위로 보는 해석이다. 하나님의 '작품'으로 말이다. 역사에는 하나님의 대리인들이 있고 이 대리인들이 역사를 만든다. 이런 모든 선포에 따르면 하나님이 "옛 구조들을 허무시고 이 혁명운동이 정확히 역사에 하나님의 뜻을 성취한다는 것이다. 여기서 우리는 민중운동, 정치, 전쟁, 침략, 독재―서구의 상황에 딱 맞는―를 늘 하나님에게 전가시키곤 했던 하나의 영속적인 이단을 다시 만난다. 이것은 클로비스의 세례 이후 통용된 표현의 순전하고 단순한 반복이다. "프랑크족을 통한 하나님의 행동." 역사에서 하나님의 행위는 프랑크족을 통해 이뤄진다. 우리는 이것이 어디로 이끌리는지 알고 있다. 정치라면 무엇이든 거룩하게 하고, '전능자에게 선택된' 독재자의 행동을 하나님과 관련시킨다. 히틀러가 한 말도 이것과 다르지 않다. 우리가 혁명이 하나님의 행위임을 주장할 때, 아무런 혁명이나 그렇다고 말할 수 있는가? 어쨌건 나치주의도 하나의 혁명이었다. 나는 혁명신학 이론의 현 지지자들이 이런 해석을 수용한다고 생각하지 않는다. 누군가 '가난한 자'를 내세워 반론을 제기한다면, 정확히 이 나치주의 역시 가난한 자들과 실업자들의 분노의 표현이었음을 상기할 필요가 있다(나치주의에 있어서 이것은 흔히 설명하고자 했던 유명한 '중간 계급'보다 훨씬 더 중요했다). 신학적으로 우리는 결코 이런저런 사건이나 역사적 결정이 하나님의 행위라고 말할 수 없다. 모든 것이 이런 식으로 정당화됐다. 성서적으로 예언자만이 하나님의 행위를 지칭할 수 있다. 언제나 예기치 못하게 말이다.

두 번째 오류는 정확히 가난한 자들과 관련된다. 혁명이 하나님의 행위일 수 있는 것은 그것이 가난한 자들의 표현이기 때문이며, 그런 표현일 때다. 하지만 여기서 위험한 변화와 반전이 혁명신학자들의 생각에서 발생한다. 이동은 이렇다. 예수 그리스도는 가난하다. 이것은 본질적이다. 실제로 구주와 주가 되려는 분은 모든 면에서 세상의 모든 빈곤을 담당했다. 이것은 점차 예수는 빈자(le Pauvre)라고 말하는 데로 이끌렸다(예수의 역사성과 땅의 것을 붙들기 위해 신성을 무시한 채). 그로부터 이제 우리에게 모든 빈자들은 예수의 이미지처럼 되어야 하며, 여기서 마태복음 25:31-46이 철저하게 이용된다("내가 주릴 때에 너희가 먹을 것을 주었고…"). 우리는 모든 가난한 자를 예수의 임재처럼 여겨야 한다. 이것이 중세에 온전히 경험되었음을 주목하자(구걸하러 오는 가난한 자—예수께서 보내신 자로 여겨진—를 위한 식탁의 한 자리가 전통적으로 있었다). 그로부터 "모든 가난한 자는 예수의 전달자"라는 데로 넘어간다. 하지만 이내 단절이 생긴다. 그렇다면 이 죽은 예수를 내세워서 무슨 소용인가? 가난한 자가 그 자체로 예수다. 가난한 자가 그 자체로 예수라는 인격이다. 예수는 안개 속으로 사라진다. 실제로, 만일 가난한 자가 그런 것이라면 어째서 여전히 예수를 상기시키는가? 이 예수가 누구인지 상기하는 것이 무슨 소용인가? 아무런 필요가 없다. 가난한 자가 여기에 있기 때문이다. 어떤 혁명신학자들은 가난한 자들을 사랑하고 돕는 것이 예수 때문에 또는 예수 안에서가 아니라, 단순히 그들이 가난하기 때문이라고 확고하게 말할 것이다. 그렇다면 여기에 있는 가난한 자를 고려하는 것으로 충분하다. 가난한 자는 '그 자체로' 신앙과 사랑의 중심 위치다. 그러므로 이것은 예수 그리스도를 빼내기다. 인간과 인간의 관계에서 하나님을 제3자로 두는 것은 쓸데없는 일이다. 이 순간 기독교 신학을 배제한 이 '신학'은 사람들이 원하는 모든 것이다.

마지막으로 세 번째 비판은 종종 사용되는 프락시스(praxis)라는 말이 만든 혼동에 대해서, 그리고 소위 귀납적 신학에 대해서다. 한 가지 예비 지적이 있다. 과학자들이 귀납이 불가능함을 확증함으로써(N. 보르17) 등) 전차 귀납을 포기할 때, 혁명신학자들이 귀납을 발견했다고 주장하는 것은 흥미롭다.18) 대체로 연역 신학은 신학 원리들이나 성서 텍스트에서 이끌어낸 추론들로 이뤄진다. 귀납 신학은 실천, 사실, 행동에 입각한 유추를 통해 세워지는 신학이다. 하지만 질문될 수 있는 것은 무슨 실천이며 누구의 행동이냐이다. 프락시스라는 단어의 선택이 이를 설명해 준다.19) 이것은 기독교 덕목들의 실천이 아니다! [이 덕목들은] 싫다! 그렇다. 착취된 계급들의 혁명적 프락시스와 관련된다. 혁명가들(하지만 가난한 자들과 혁명가들 사이의 동일시가 있는가?)의 행동, 전략, 전술 등을 관찰하고 거기서 이 현실에 따른 신학을 만드는 것이다. 성서는 끊임없이 우리에게 실행을 말한다. 그렇다. 하지만 행동 방식은 명백하다. 예수 자신이 그것을 말한다. "이것들을 알고 실행하는 자는 복이 있다." 실행은 하나님의 계시에 대한 지식에서 유래한다(그 반대가 아니다). 우선 말씀의 계시가 있고, 이어서 그 결과로 실천의 필요가 있는 것이다. 누구도 성서를 반대로 말하게 할 수는 없다. 그런데 혁명신학자들은 프락시스에 대해 말하기를 더 좋아한다. 이것은 마르크스주의의 진행 과정에 우리를 위치시킨다. 마르크스의 경우 이론과 실제의 상호 생성이 있다. 하나의 올바른 실천은 동시에 올바른 이론을 파생시키고 만들어 낸다. 이것은 변증법적 진행과 관련된다. 하지만 성서적 '실행하기'와는 아무런 상관이 없다. 특별히 혁명적 관점에서 해야 할 것을 스스로 아는 프롤레타리아 계급의 '자발성 신봉주의'를 인정

---

17) [역주] Niels Bohr(1885-1962). 덴마크의 물리학자.
18) 아인슈타인의 핵심 구절을 언제나 상기할 필요가 있다. "관찰해야 할 사실들이 무엇인지 우리에게 알려 주는 것은 바로 이론이다."
19) 내가 G. Casalis의 책 *Les idées justes ne tombent pas du ciel*에 대해 내린 긴 비판을 참고하라(*Foi et Vie*, 1979).

해야 하며, 이론가는 이 자발적 실천에서 자신의 이론의 한 측면을 추론한다. 하지만 성서적 관점에서 인간의 자발성 신봉주의는 죄와 관련된다. 절대적으로 그것은 기초로 여겨지지 않는다. 그러므로 프락시스와 이론이라는 말들이 다소 같은 '소리를 내는' 것을 이용하여 프락시스에서 이론으로의 이동을 주장할 때, 그리고 실행하기에 대한 텍스트를 이용하여 혁명적 프락시스를 합법화할 때, 그것은 실제로 일종의 거짓이다. 그로부터 이어지는 것은, 일례로 복음서로 돌아가 예수의 행동(텍스트는 이것이 성부에 의해 영감된 것이라고 명백히 말함)이 하나의 프락시스임을 입증하려는 시도다. 심지어 예수의 '전략'이라고 말하기도 한다(Belo). 그러므로 우리는 신학과 계시에 관한 일대 이단과 마주대하고 있는 것이다.

혁명신학에 대한 사회·정치적 비판

이어서 사회·정치적 비판이 뒤따른다. 내가 볼 때, 모든 것은 다음의 두 가지 본질적인 사실로 귀결한다. 하나는 이 신학자들이 현대 사회·정치 세계의 현실을 모른다는 것이고, 다른 하나는 그들이 안개 속으로 진행하며 의식하지 못하는 착오를 저지른다는 것이다. 그들은 가난한 자, 혁명 등에 대한 낭만적 관점을 갖고 있다. 물론 일반화시켜서는 안 된다. 그들 중 어떤 이들은 매우 통찰력이 있다. 전반적으로 라틴 아메리카 신학자들이 훨씬 더 정확하며 이 현실을 안다. 게다가 훌륭한 코스마오(Cosmao)가 있다. 그러나 일반적으로 유럽이나 아메리카 신학자들은 기술 증대, 권력 기능(그들은 혁명들의 역사도 모른다!), 경제 구조(그들은 실제 주문呪文이나 다름없는 제국주의나 다민족 같은 말들을 내뱉는다)의 문제들에 대해 전적으로 무지하다. 그들은 '혁명'이 모든 것을 해결하리라는 일종의 맹목적 신앙을 갖고 있으며, 이것은 전적으로 비정상적이다.

그런데 그들의 무지는 그들로 하여금 자연히 마르크스주의의 용어와 표현을 채택하게 한다. 그것들과 공산주의의 관계를 조심스럽게 감추면서 말이다. 계급 투쟁이란 말은 모든 것을 설명해 주는 표현이 된다. 모든 것이 계급 투쟁이란 용어로 해석되어야 했는 바, 그것은 사람들이 말하는 것을 이해하기 위한 해석의 도구(grille)가 된 것이다. 나라를 구분하지 않은 채(물론 라틴 아메리카에 계급 투쟁이 있었다면, 다른 곳은 어떤가?), 그리고 오늘날 마르크스주의자들이 이 표현의 사용을 주저하고 있음(선전의 경우를 제외하고)을 알지도 못한 채 말이다. 왜냐하면 현대의 방식은 마르크스가 계급 투쟁을 말하던 방식이 더 이상 아니며, 사회·경제 관계들의 복잡성이 이 관계를 점점 더 모호하고 부차적인 것으로 만들기 때문이다. 그런데도 혁명 신학자들은 이 이론을 여전히 유효한 것으로 채택하고 있으며, 그뿐이다.

내게 가장 심각하게 보이는 논점은 공산주의와 공산당에 대한 최소한의 암시도 없이, 가난한 자의 신학, 가난한 자들의 혁명적 행동을 정당화하는 신학이 만들어질 수 있다는 것이다. 우리가 가난한 자들의 혁명에 대해서 들어보면, 사람들은 마치 가난한 자들이 공산주의자들에 의해 가장 빈번하게 관리되고 취급되지 않은 듯 말을 한다. 나는 이 무리들이 공산당에 포함되는 순간부터 그들이 더 이상 가난한 자들이 아님(설령 그들이 개인적으로 경제적 관점에서 가난한 자로 남아 있을지라도)을 주장한다. 왜냐하면 그들이 세상의 가장 큰 제국주의적 힘을 사용하기 때문이다. 만일 그들이 공산주의자들에 의해 속았기 때문에 더욱 가난해졌다는 소리를 듣는다면(실제로 그렇다), 그때 무엇보다도 그들을 각성시키는 일이 필요하고, 마르크스주의 용어들과 공산주의 개념들의 채택을 피하게 하는 일이 필요하며, 그들 주변에서 그들을 속이고 그들에게 거짓을 말하는 자들을 고발하는 일이 필요하다. 그들 위에 공산주의 독재를 수립하고야 말 잘못된 혁명에서 돌아서게 하는 일이 필요하다는 말이다.

그리스도인들이 성취해야 할 가장 큰 일은 정확히 가난한 자들을 자본주의와 동시에 공산주의—이 두 제국주의에서—에서 해방되는 혁명 행동으로 이끄는 일이리라. 이 해방신학들에서 공산주의에 대한 아무런 암시도 없이 가난한 자들의 행동에 대한 긴 전개가 읽힐 때는 화를 내는 일이 필요하다. 가장 큰 속임수는 가난한 자들로 하여금 그들이 이 길을 통해 해방될 것을 믿게 하고 공산주의에 신학적인 정당성을 가져다 준 데 있다. 누구든 복음의 혁명적 메시지를 선포하기를 원한다면, 한편으로 자신이 처한 상황과 맥락을 잘 알아야 하며, 다른 한편으로 자유의 모든 원수들을 겨냥해야 한다. 그때부터 대부분의 이 신학자들이 행한 것을 행하지 않을 수 있다. '좌익'이라는 이유로 아무런 반란 운동이나 정당화시켜 주는 것 말이다. 누구도 하나님 앞에서 이런 무지에 성서 명령을 사용할 권한이 없다. 이것은 너무나 자주 고발된 동일한 잘못을 정확히 재생시키고야 만다. 교회가 권위에 순종하라는 바울의 유명한 텍스트를 사용하면서 질서와 당국이라면 무엇이든 지지했던 것처럼 말이다. 물론 이것은 지난 일이다(물론 다는 아니다…). 이 오류는 인정되었으나 빈자의 이름으로 반란 운동이라면 무엇이든 지지함으로써 동일한 오류를 저지른다.

의식화

이것을 말한 이상, 해방신학자들의 행동 양상을 강조할 필요가 있다. 일반적으로 의식화 작업이라 불리는 것이다. 우리는 여기서 일부 앞의 비판들을 다시 만나게 된다. '의식화'라는 말이 품고 있는 모호성과 착오를 분명히 고발할 필요가 있다. 이미 자주 언급한 바처럼, 자유는 자각을 전제로 한다. 정치적 자유는 우리가 위치하고 있는 세상의 현실의 자각을 전제로 한다. 분명하다. 마르크스는 프롤레타리아가 하나의 사회 계급이 될 수 있는 것은 오직 그들이 자신들의 공통된 조건을 자각할 때만 가능하다고 강조한다. 이것은 '의식화', 곧 자각을 위한 작업으로 표현될 수 있다. 하지만 이때부터 두 가지 굴절 또는 모순적 해석이 확인된다. 어떤 이들에게 의식화는 그 자체로 충분하다. 자각이 수행될 때 더 멀리 가는 것은 쓸데없는 일이다. 멀리 가는 것이 '내적' 삶과 실행 사이에 아무런 구분이 없는, 그리고 모든 신앙이 예수 그리스도의 성육신에 근거하는 기독교 관점에서 아무 의미가 없다는 것은 명백하다.

다른 어떤 이들—이들이 지배적 흐름이기 때문에 더욱 강조됨—의 경우, "계급 투쟁의 선택이 없는 곳에, 정치 조직이나 혁명적 프락시스가 없는 곳에 의식화는 없다"(파울로 프레이리[20]). 달리 말해서, 유일한 순종인 공산주의 혁명의 목적과 더불어 계급 투쟁의 이념적 배경에 위치하는 경우에만 자각이 있을 수 있다는 것이다. 그리고 위선이 나타난다. 왜냐하면 마르크스주의나 공산주의 같은 용어들을 연구함

---

20) [역주] Paulo Freire(1921-1997). 브라질의 교육가.

에 있어서 전혀 자각이 사용되지 않았고, 모든 무언의 준거들이 공산주의나 마르크스주의이기 때문이다.

변증법과 대화 사이의 관계로서 주어진 '의식화'라는 관점에 나는 전적으로 동의한다. 이것은 교육을 도구로 삼아 도중에 있는 사람의 적극적인 참여를 끌어내는 의식화로서, 하급자에 대한 상급자의 교리교육의 산물이 아니라 세상과 동시에 진리의 총체적 발견이다. 말은 "함께 이끌어 가는 비판적 대화에서만 성취될 수 있는 인간에 의한 인간의 해방이라는 변증법적 경험"[21]과 관련된다고 곧잘 한다. '공동체의 발전'에 필요한 목적, 이론, 방법을 동시에 설명한 사람은 파울로 프레이레가 아니라, 그보다 20년 전부터 놀라운 작업을 한 알린스키[22]다. 그런데 한편으로 이 좌익 그리스도인들이 알린스키를 전혀 주목하지 않았다는 것과, 프레이리에 대한 연구 작품들에서 알린스키를 전혀 언급하지 않았다는 것이 이채롭다. 그 이유를 자문하지 않을 수 없다.

우리가 깨닫게 되는 것은 실제로 알린스키가 언제나 정치적 선택을 거부했다는 사실과, 가난한 자들을 모종의 혁명 개념과 계급 투쟁 개념에 참여시키고자 하는 것이 부정직하다고 여겼다는 사실이다. '교육자'가 무산자가 발견해야 할 것에 대해 이미 만들어진 개념들(소외, 자본주의 메커니즘, 종속성 등)을 갖고 있다는 점에서, 그리고 억압당하는 자의 창조적인 주도권과 자발성을 전혀 남겨두지 않는다

---

21) Paulo Freire, "La conscientosation", 1975, *Parole et Société* 특호; Paulo Freire, *Pédagogie des opprimés*, 1973.
22) Saul Alinski, *Le métier d'éducateur*, 1976[역주—알린스키(1909-1972)는 1930년대 시카고 도시 빈민운동에 가담한 급진적 좌파 사회학자다].

는 점에서 이론이 잘못되었기 때문이다. 달리 말해서, 프레이리에게는 가난한 자들과 억압당하는 자들에게 주어지는 자유의 외양밖에 없고, 교육자는 자신이 발견해 주어야 할 것을 미리 알고 있으며, 심지어 이미 만들어진 하나의 해석을 갖고 있다. 그런데 이것은 진보된 이론과 전적으로 모순된다. 하지만 이것은 또한 이런 교육에서 정치적인 의미나 정치적인 내용물을 주지 않을 수 없다고 선포하는 마르크스주의화하는 그리스도인들을 기쁘게 해주는 것이기도 하다. 하지만 정치는 정확하게 말하는 법이다. 공산주의라고 말이다! 알린스키 역시 급진적인 결과와 행동에 이름으로써, 그가 함께 작업한 그룹들과 개인들을 철저히 존중했다는 점에서 사실상 훨씬 더 혁명적이었다.

3. 참고문헌 연구

먼저 내가 사용한 주요 작품들을 인용하겠다.[23] 그리고 이어지는 연구 전개에서 십여 권의 비판적 도서 목록을 제시하겠다.[24] 최근의

---

23) J. Cardonnel, Esposito Farèse, *Jésus et César*; P. Fraire, *La conscientisation*, 1971; P. Freire, *Conscientización, teoria e prática de la liberatión*, 1974; Tariq Ali, *The New Revolutionaries*, 1969; Harvey Cox, *The Church Amid Revolution*, 1967; J. Moltmann, *Religion, Revolution and Future*, 1970; J. Moltmann, *Théologie de la Révolution*, 1972; J. Moltmann, *L'espoir en action*, 1971; J. Moltmann, *Conversion à l'avenir*, 1975. [엘륄이 사용한 이 도서목록은 원문에는 본문에 포함되어 있으나 편의상 각주로 처리했다—역주].

24) 해방신학을 다룬 2권의 특호(*Foi et Vie*, 1981-1982); Borovoy, "The challenge and relevance of theology of the revolution of our time"(*Ecumenical Review*, XIX, 1966); Wendland, "The Church and revolution"(*Ecumenical Review*, XIX, 1966); Schaull, "Point

작품들에 대해서는 주요 저자들을 인용하는 것으로 그치겠다. 프랑스에서는 카잘리스(Casalis)의 책 「올바른 개념은 하늘에서 떨어지지 않는다」(1978)이다. 나는 이 책에 대해 나의 「기독교 마르크스주의 이념」에서 길게 다뤘기 때문에 여기서는 그 비판을 되풀이하지 않겠다. 카잘리스는 자신이 주도하는 잡지 〈말씀과 사회〉에서도 여러 텍스트를 남겼다.

1980년대 이전의 작품

나는 리히(Rich, 「정치적 결단에 대한 믿음」, p. 96 이하)가 기독교 윤리학에 있는 비판적이고 혁명적인 요소의 필요성을 제시한 방식에 전적으로 동의한다. 그는 그리스도인의 이런 혁명 사상을 종말론에 근거시키며, 실제로 이것이야말로 내가 오래 전에 「세상 속의 그리스도인」에서 밝힌 바와 같이, 그리스도인의 지속적인 혁명적 태도를 요구하고 합법화할 수 있는 유일한 요소다. 그러나 설령 이것이 혁명적인 태도의 기초가 된다 하더라도, 그것은 동시에 혁명의 다른 모든

---

de vue théologique sur la Révolution"(*Eglise et Société*, 1966, I); Rich, *Glaube in politischer Entscheidung*, 1962; Comblin, *Théologie de la révolution*, 1970; Iwand, *Von ordnung und Revolution*, 1968; Lochman, *Oekumenische Theologie der Revolution*, 1967; A. Dumas, *A la recherche d'une théologie de la violence*, 1968; Le Guillou, Clément, Bosc, *Evangile et révolution—au coeur de notre crise spirituelle*, 1968; Jaeger, *Ethik und Eschatologie bei Leonard Ragaz*, 1971; W. Daim, "Le feu sur la terre", *Christianisme et Révolution*, 1967; J.H. Cone, *Black Theology and black power*, 1969; R. Alves, *A theology of human hope*, 1969; E. Cardenal, *Chrétiens au Nicaragua. L'Evangile en Révolution*, 1980; J. de Santa Ana, *L'Eglise de l'autre moitié du monde. Les défis de la pauvreté*, 1981; T. Hanks, *Opresión, pobreza y liberación*, 1982; V. Cosmao, *Changer le monde*, 1981. [역주―이 도서목록 역시 본문에 있는 것이다].

기원들 및 원인들과의 중요한 차이를 드러낸다. 그러므로 간단히 말해서 인간의 혁명적인 기획에는 동화하기나 포함하기—샤울(Schaull)과 벤트란트(Wendland)가 궁극적으로 주장한—란 있을 수 없다. 종말론적 차원은 심지어 혁명의 과정 내부에서조차 비판적 차원이다. 바로 이것을 그들은 결코 보지 못했다. 그러므로 이런 종말론적 도발은 거리 두기를 유발함과 동시에 알맞게 선택된 혁명 행동과의 결속을 유발한다.

자유의 행위로서 혁명적인 행위는 부활의 증거와 증언이며, 이 운동은 인간의 (정치적) 해방에서 부활—다른 실체가 없는—로 나아가는 것이어야 함을 입증하려는 카르도넬(Cardonnel)의 노력은 언어의 흥분과 표현의 나열에만 근거할 뿐 어떤 배열도 보여주지 못하며 저자의 견해 외에 아무것도 참고하지 않는다. 그것은 시적으로 아주 매혹적이며, 정치적으로 매우 유용하지만, 기독교의 특수성, 모종의 합리성 혹은 현실성의 측면을 전혀 담고 있지 않다.

콩블랭(Comblin)의 중요한 저술인 「혁명의 신학」은 문제에 대해 훌륭하게 종합해 주고 분별력 있는 역사적 관점을 제공하지만, 긴 반혁명의 시기를 지나고 나서 교회가 결국 그런 태도를 포기했다고 믿는 오류를 범하고 있다. 이것은 역사적으로 잘못되었는 바, 혁명 수행 개념의 부재에서 비롯된 결과다. 이 책은 혁명의 신학적 기초에 대해서는 별반 언급이 없으며, 혁명과 기독교 사이의 관계에 대한 표현은 매우 진부하고, 특히 계급 투쟁 이데올로기에 관해서는 더욱 그렇다.

같은 선상에서 이반트(Iwand, 「질서와 혁명」)와 로흐만(Lochman, 「혁명의 에큐메니칼 신학」)의 지적은 분명 옳다. 이 저자들이 볼 때

19세기 초반 이래 기독교 신학은 질서의 원리에 고착되었고, 혁명을 반기독교적인 것으로 여기도록 이끌렸다. 이것은 중세 이래 지속되는 신학적 방향의 후속이다. 그에 따르면 신학은 제도에 의존하고, 윤리는 제도의 윤리였다. 이 저자들은 실제로 혁명 신학과 변형의 윤리를 만들어야 한다고 말한다. 이것은 분명 흥미롭긴 하지만, 신학적이고 윤리적인 기능이 언제나 시류를 따라야 하는 것인지 자문할 필요가 있다. 물론 중산 계급이 형성되던 중 그 계급을 정당화시켜 준 19세기 신학이 비난받을 수 있다. 그러나 만일 중세와 종교개혁 때 질서와 제도에 대한 큰 강조가 있었다면, 이는 하나의 질서가 있었기 때문이 아니라 그런 질서를 결여했기 때문이다. 엄청난 무질서, 시민전쟁, 불안정, 지속적인 반란 속에서, 교회는 무슨 혁명신학을 내놓기보다는 질서와 화해, 그리고 제도—모두가 제도를 조롱했기에—에 호소해야만 했다. 오늘날 상황은 더욱 가혹하고 불변적이며 복잡해졌다. 우리에겐 전체주의적인 질서의 사회적 단계(기술, 국가, 불변하는 심층 구조라는 단계)가 있고, 유동성, 이동성, 불확실성의 사회적 단계(정치, 심리적 반동이라는 단계)가 있다. 혁명신학과 변화의 윤리가 관계해야 하는 것은 첫 번째 단계다. 두 번째 단계에서 우리는 존중, 친목, 질서의 중요성을 상기시켜야 하며 불안을 몰아내야 한다. 그러므로 이것은 혁명신학의 저자들 사이에서 가장 유행하는 관점과 반대되는 관점이다. 이 저자들에게서는 언제나 다음과 같은 도식적인 태도가 확인된다. 즉 세계 도처에서 이 문제가 토의되고, 도처에 혁명들이 있기 때문에 혁명신학을 만들자는 것이다. 이것은 내게 '지성의 갱신'의 역행으로 보인다.

앙드레 뒤마(「폭력의 신학을 찾아서」)와 르 기우(클레망, 보스크

공저, 「복음과 혁명」), 그리고 매우 중요한 야에게르(Jaeger, 「레온하르트 라가츠의 윤리학과 종말론」)도 보아야 한다. 이 마지막 인물은 혁명신학 개념과 그리스도인의 혁명운동 참여 개념이 전혀 새로운 것이 아님을 유익하게 상기시켜 준다. 이 점은 뎅(W. Daim, 「땅에 불을」)에 의해 훌륭하게 입증되었는 바, 불행히도 나는 내 작품을 쓸 당시 역사에 미치는 기독교의 혁명적 영향이라는 놀라운 연구서인 이 책을 알지 못하는 우를 범했다. 이 책은 내가 알기로 제대로 문제를 제기하며, 그리스도인의 자유와 혁명 사이의 관계를 진실로 입증하는 유일한 책이다. 이 책이야말로 걸작이다.

반대로 우발적이고 피상적인 것 위에 신학을 세우고자 하는 순전히 시사 문제에 대한 책들(마레Marray의 「인정받지 못하는 교회」나 세루Serrou의 「하나님은 보수주의자가 아니다」)은 경계할 필요가 있다. 하지만 제임스 콘(James Cone, 「흑인 신학과 흑인 권력」)과 알브스(R. Alves, 「인간 희망의 신학」)의 책들을 설명하는 앙리 모튀(Henry Mottu, 「해방신학을 향하여」)는 진지하게 문제를 제기해야 한다. 나는 이 저자들의 작품들을 읽지 않았고, 다만 모튀의 글을 통해서 알고 있을 뿐이다.

나는 기독교 신학을 해방신학으로서 정의하는 콘에게 많이 동의한다. 그러나 흑인이 억눌린 존재이기 때문에 그들이 예수 그리스도의 백성이라고 주장하는 것은 불가능해 보인다. 선택된 사람들과 억눌린 사람들을 동일시하고, 구원 사역과 억눌린 자들의 해방 투쟁을 동일시하는 것은 잘못이다. 이스라엘의 선택은 하나님의 결정에 기인한 것이지, 그들이 억압당한다는 사실에 기인한 것이 아니다. 당시에 억압당한 수백의 민족 가운데서 하나만이 선택되었다. 아메리카 흑인들에 대한 동일한 선택이 있는가? 만일 그렇다면, 예수 그리스도는 해방자가 아니다! 이것은 어쩌면 너무 쉽게 모세와 말콤 X를 동일화하는 것이다.

물론 억압에 대하여, 그리고 억눌린 자와 억압하는 자 사이의 관계에 대하여 매우 훌륭한 (게다가 고전적인!) 분석이 있지만, 만일 이스라엘의 역사가 해방자의 행위라면, 구원사라 불리는 것(이것을 완성하는 이는 정확히 사람이 아니다! 이것이 이 해방의 온전한 의미다!)이 인간 해방의 역사 외에 아무것도 아니라고 생각하는 것은 완전히 부정확하다. 또한 성부이며 주님이신 하나님과 해방자 하나님 사이의 대립을 인정하는 것이 불가능하다. 예수 그리스도를 반역하는 노예들의 지도자로, 쫓기는 노예로, 암살된 선동자(그냥 죽은 것이 아니라 암살되었다는 사실을 강조하는)로 해석하는 것에 관해서, 이것은 영적이고 신학적인 퇴보라고 말하지 않을 수 없다. 물론 모든 사람들과 특히 제자들은 콘과 알브스가 발견했다고 말하는 것을 이미 알고 있었다. 즉 예수는 한 무리의 우두머리로서 범죄자, 쫓기는 자, 죽임당한 자처럼 취급되셨다는 것이다. 그러나 계시의 진리는 이런 정황을 주장하고 거기서 멎어 버린다거나 그것을 망각하는 데 있지 않고, 오히려 그것을 극복하고 초월하는 데 있다. 바로 이 범죄자가 하나님의 아들이며, 이 저주받은 사나이가 구주이며, 이 죽임당한 자가 주님이시라는 사실 말이다.

이 사람은 결코 흔한 종류의 노예가 아니다. 그렇지 않다면 스파르타쿠스가 딱 어울릴 것이다. 중요한 것은 예수에 대한 사실 기록이 아니다. 이런 사실 기록과, 예수에 대한 하나님의 계시 사이의 관계를 다른 어떤 것으로 대치할 권리가 우리에겐 없다. 콘과 알브스의 이 모든 신학은 신학의 가면을 쓴(그 이유가 궁금하다) 정치적인 유치증으로의 심한 퇴행처럼 보인다. 그들은 예수의 제자들과 바울의 인도하에 초대교회가 향했던 방향과 정확히 반대 방향을 따른다. 이는 정확히 그들이 구약에 대해서 동일한 퇴행을 수행하는 것과 같다.

이 주된 비판 외에도 많은 비판들이 있다! 어떤 이는 새 예정설을 끌어들인다(가난한 자는 의롭고 구원받은 반면, 정치적으로 그리고 경제적으로 힘있는 자들은 저주받았다고 말하는). 또 어떤 이는 (혁명이 무엇인지에 대한 진지한 성찰도 없는 채) 혁명 실천의 가장 형편없는 이데올로기를 따른다. 즉 그리스도가 인간 혹은 인간들과 동일시되지 않고 억눌린 자들과 동일시되신다는 것이다. 구체적인 오류들도 많다. 세리들 역시 가난한 자들과 억눌린 자들 사이에 위치한다. 모세는 노예였고, 예수는 죽기를 선택하지 않으셨다고 주장된다(성경 텍스트와는 반대로 예수의 죽음이 타율적이며 정복되지 않았다는 것이다!). "더 이상 헬라인이나 유대인이 없다" 등 다른 많은 텍스트와는 반대로, "백인으로서의 세상-속의-존재를 허물고 흑인으로서의 하나님-안의-존재를 드러내는" 순서가 배치된다.

물론 이 작품들은 고상한 감수성, 우아한 말, 감동적인 호소, 진정한 경건, 꾸밈없는 열정, 가난한 자와 억눌린 자를 위한 참된 증언 그리고 고귀한 희망으로 가득 차 있다. 그것들은 진실로 열정적인 사람들의 작품들이다. 한 세기 전이라면 감탄할 만했으리라. 그러나 오늘날 그것들은 마르크스주의적인 순응주의의 표현이며 세속적 사고를 추종하는 표현에 불과하다(왜냐하면 구조들이 억압적이고 '자본주의적'인 상태로 남을 경우 이데올로기들은 점점 반체제와 혁명에 우호적이 된다는 사실을 망각해서는 안 되기 때문이다. 이제 혁명은 시시껄렁해졌다).

1980년 이후의 작품

이런 분석을 완성하기 위해서 최근의 몇몇 작품들을 소개하는 것이 무익하지 않을 것이다. 나는 의도적으로 네 가지 매우 다른 책을 골랐다.

「니카라과의 그리스도인」

첫째는 「혁명 속의 복음」이라는 부제가 달려 있는 카르데날의 책이다.25) 이것은 니카라과 호수에 있는 솔렌티나메 군도의 가난한 그리스도인 소집단—성서 연구의 모델처럼 보일 수 있는—과의 대담(인터뷰)으로 이뤄진 매우 독창적인 책이다. 사제 에르네스토 카르데날은 직책을 맡은 후 성서 연구를 중심으로 농촌 신자들 그룹과 대담을 했는데, 이는 성서 텍스트를 현재의 상황에서, 그리고 참여자들의 구체적인 삶의 현장에서 이해하기 위함이었다. 대담은 때론 주일 미사 시간에, 때론 미사 후 모임에서, 때론 움막에서, 때론 대낮에 이뤄졌다. 말하고, 성서 텍스트의 풍요로움을 발견하며, 그 텍스트를 현실적이고 생생한 말로 듣는 법을 가르치는 이들은 실로 이 조력자들이었다. 사제 자신은 언제나 뒤로 물러나 필요하거나 질문을 받을 경우에 종종 한마디로 설명하는 것으로 그쳤고, 그룹의 사고나 토론

---

25) Ernesto Cardenal, *Chrétiens au Nicaragua. L'Evangile en Révolution*, Karthala, 1980.

을 이끌었다. 이 대담은 다채롭고 무성하며 직접적이었다. 이것은 사회학적 전통의 그리스도인들을 성서 텍스트의 깊은 의미를 이해시켜 주었음에 의심의 여지가 없었으며, 이런 발견은 단지 그들의 구체적 삶인 그들의 실존과 그들이 읽은 것—다시 말해 고정된 종교 텍스트로 그치지 않고 말하고 충격적이며 혼란케 하는 텍스트가 된—사이의 대조 덕택에 가능할 수 있었다. 사람들은 이런 대화의 자발성과 잘 알려진 옛 텍스트들에 주어진 '비종교적인' 해석의 신선함에 감탄했다. 그런데 그들이 볼 때 이 성서 텍스트들은 무엇보다 혁명에 대해 말하고 있음이 분명했다. 곧 그들의 비참, 그들의 착취, 부자들과 가난한 자들의 버거운 불평등, 독재 권력에서 오는 억압의 종말 외에 다른 것이 아닌 혁명 말이다.

이런 혁명은 14-15세기에[26] 유럽에서, 혁명적인 현상에 대한 이론적 성찰들이 나오기 전에 생각될 수 있었던 혁명이다. 의심의 여지없이 라틴아메리카의 가난한 자들의 상태란 이런 혁명만을 원할 수 있었던, 그리고 복음이 밝혀 주는 그런 끔찍한 상태였다. 해방자란 이런 뒤틀려진 상황 가운데 있는 법이기 때문에 한 가난한 여인에게 메시아에 대한 예고가 이뤄진다. 물론 마리아의 송가는 명백하고 분명하다. 강자와 부자는 낮아지고, 가난한 자가 높아질 것이다. 하지만 두 가지 문제가 나타난다. 참여자 중 하나가 "동정녀 마리아가 이렇게 말했을진대 그녀는 실제로 공산주의자였다"고 선언한 것이다. 이것은 내가 위에서 말한 '초급' 혁명으로, 저항할 수 없을 만큼 사상적

---

[26] 이 사실이 잘 알려지지 않았기 때문에, 나는 유럽에서 14세기가 혁명들의—이 말의 가장 정확한 의미에서—놀라운 세기였음을 상기시키련다. 1789-1980 사이에 못지않게 온 유럽이 혁명적인 폭발로 끊임없이 요동했다.

으로 공산주의와 연결되어 있다.

참여자 중 하나가 야기한 또 하나의 문제는 "그리스도가 부자 청년에게 억지로 강요하지 않았을진대, 가난한 자를 위하여 무력을 사용할 수 있느냐?"는 것이다. 성서에 따르면 이를 바탕으로 논쟁이 시작되고, 결국 부자 청년이 자신의 재물과 함께 그냥 가버리는 것으로 끝난다(마 19:16-22 참고)! 그럼에도 불구하고 마리아는 "평등, 사회 계급 없이 모두가 동일한 사회를 노래했다"는 것이다. 어부들이나 농민들 중 어떤 이가 "그리스도의 탄생은 혁명의 탄생"이라고 말했을 때 반대하기가 어려웠다. 그가 중요한 것은 그리스도 이래 혁명이 커지고 아무도 그것을 멈추게 할 수 없다는 사실이라고 단언할 때, 분명 나는 그것에 동의하기가 어렵다. 불행히도 여기서 오해가 시작된다. 하지만 여전히 놀라운 것은 이 남자들과 여자들이 성서 텍스트를 들을 때 보여주는 진정성이다. 그들 역시 성서 텍스트가 부자들 및 착취자들—악한 사람들—과 가난한 자들—곧 그들 자신들로, 착하고 올바른 사람들(그렇게 보이기도 한다. 어떤 참여자들의 경우는 때로 짜증이 나지만, 다른 경우가 이를 상쇄한다)—사이를 둘로 나누지 않는다는 것을 발견한다.

가난한 자의 복에 관하여, 그들은 심령이 가난한 자를 "압박자의 심령이 아니라 피압박자의 심령을 갖는, 부자의 심성을 갖지 않는 가난한 자"라고 말한다. "우리도 가난하기 때문에 부자처럼 교만할 수 없으며, 우리도 가난하기 때문에 착취자가 될 수 없다." 마찬가지로 그들은 부자들을 구원 밖으로 내몰지 않는다. "예수님은 가난한 자 편에 계시지만 복음은 부자들의 해방도 될 수 있다. 왜냐하면 그들이 원하건 원치 않건 간에, 설령 어쩔 수 없이 그렇게 된다 하더라도,

아무튼 이 변화는 그들로 하여금 복음을 이루게 할 것이기 때문이다. 하지만 우리 그리스도인들은 하나님이 이 변화를 행하시기를 기다려야 한다. 우리는 [부자들의 변화를 위한] 노력을 한다. 나는 우리가 부자들의 해방을 위해 노력해야 할 의무를 갖는다고 믿는다…" 나아가 "다른 편 뺨을 돌려대라"는 예수의 명령에 대해서 한 참여자는 힘주어 말한다. "여기에 우리와 우리 원수들 사이의 차이가 있다. 우리는 원수를 억압하려 하지 않은 채 그들을 해방시키기 위해 그들과 싸운다. 그들은 우리를 미워한다. 그들을 향해 사용해야 할 무기는 사랑이다…" 그러므로 우리는 이 어부들과 농민들이 그들의 삶의 현장, 비참한 상황에서 참되게 복음서를 읽고 이 말씀을 깊이 이해하고 있음을 본다.

불행히도 카르데날 사제가 덧붙여 말할 때 모든 것이 망가진다. 다시 말해 그가 **의식화**의 이름으로 이념적 첨가물을 부연할 때 말이다! 카르데날은 분명히 말한다. "내 임무는 내가 있는 장소에 마르크스주의를 전파하는 것이다. 하지만 성 십자가의 요한과 함께 하는 마르크스주의다." 희미한 **밤**이라는 신비주의의 선택은—하나님 없이 기독교 신앙을 말할 수 있겠는가—우연이 아니다! 그의 말에서 우리는 설교가 우선 그리스도의 설교가 아니라, 하나의 기독교적 입장이 붙어 있는 마르크스주의 설교임을 확인한다.27) 성서 텍스트를 중심으로 한 매번의 대담에서 카르데날은 텍스트에 대한 청중의 바르고

---

27) 당연히 다음 질문이 제기된다. "산디니스타(sandiniste)[역주—1979년 Somoza 정권을 무너뜨린 니카라과의 민족해방전선의 일원] 전선의 지도자들이 복음을 내세우지 않은 채 그리스도인인 것처럼 행동한다면, 이것은 알려지지 않은 기독교 혁명인가?" 아무튼 니카라과의 혁명은 많은 소망을 주었지만, 1982년의 사태는 그 혁명을 전통적인 마르크스주의적 흐름을 끌고 간 것으로 보인다!

참된 이해에서 출발하여 '마르크스주의적인'(이렇게 말할 수 있다면) 의미로 그들을 이끌어감으로 말미암아 공산화하는 이념적 단계로 향한다.

이렇게 해서 그는 "사랑은 사회 정의를 의미한다"고 천명한다. "모든 노동은 신성하다(!)." 그리고 안식일은 본질적으로 "소외된 노동"의 종말이다(전혀 하나님 경배에 대한 의미 없이). 반대로 공산주의 혁명적 관점에 가입되지 않는 정신 계급의 모든 운동은 의심스럽고 심지어 악하다. "이제 라틴아메리카에는 종교적 열정만으로 이뤄지는 새 종교 운동들이 있다. 그것은 정치 없는 기독교와 관련된다. 나는 그것이 종종 CIA에 의해 전파된다고 여긴다(!)." 카리스마적인 인물들은 CIA의 도구다! 그는 구체적인 성서 텍스트에 기록된 인간적이고 영적인 이해에서 이념적인 방침으로 이동하게 하기를 그치지 않았다. 그는 능숙하게 참여자 중 하나로 하여금 이렇게 말하게 했다. "초기에 공산주의는 사람들을 무섭게 했다…이제 우리가 가까이서 그것을 본 후, 우리는 그것이 사람들 사이의 우애요, 연합이며, 모두와 함께하는 모두의 참된 교제임을 안다. 그것은 내게 유령처럼 보이나 가까이 다가왔을 때 우리는 '그리스도시다'라고 말했다.28) 오늘날 이 그리스도와 함께 배를 탄 많은 사람들이 있다…" 카르데날은 예수께서 유령으로 나타나시는 이야기가 유럽을 관통하는 유령과 비교되는 혁명인 공산당 선언과 연결되어야 한다고 덧붙인다!

성서 텍스트를 '마르크스주의적인' 해석과 인간적 차원으로 끌어가

---

28) 이것은 예수께서 물 위를 걸어 제자들에게 오실 때 처음엔 유령으로 여겨졌던 성구에 대한 설명 중에 한 말이다(막 6:48-50).

려는 카르데날의 지속적인 의지가 있다. 이와 같이 오병이어의 기적의 경우도, 그는 "가장 위대한 기적이 재산 공유와 공동 소유의 재분배에서 실현된 교제로 이뤄졌다"고 말하기 위해 예수의 개입을 삭제했다. 하나님 나라가 문제가 될 때, 그는 "그것이 바로 체 게바라가 말하던 자유의 나라다"라고 설명했다. 하나님의 행동은 아무것도 없다. "인류가 스스로 이 사랑을 발전시키며, 이 사랑이 키워 주는 것은 인간 본성 바로 그 자체다."

실제로 우리는 다음과 같은 두 가지 입장에 직면한다. 하나는 물론 혁명적인 입장으로, '소박한 자들'이 자신들이 처한 상황에서 복음을 비 이념적으로 읽은 결과이며, 다른 하나는 혁명가와 '마르크스주의자'를 동일시하는 입장으로 성서 텍스트를 모종의 이념적 어휘로 재해석하는 작업이다. 이렇게 해서 대담이 끝난 후 카르데날은 예수의 태도를 정치적 동기로 설명하고 결론짓기를, "그랬기 때문에 예수는 예루살렘에서 승리할 수 없었다. 거기서 그는 죽어야 했다"고 말한다. 하지만 즉시 청중 하나가 "죽고 부활한다"고 선언한다. 이것이 마지막 말이다! 그런데 이 책을 읽으면서 충격적인 것은 시작부터 끝까지, 이념적 해석에 전진적으로 가담된 청중과 그룹이 자신의 자발성과 직접성을 상실하고 지겹게 되풀이되는 마르크스주의의 어휘로 들어가는 것을 보게 된다는 사실이다. '의식화'가 수행된다. 다시 말해서 성서 텍스트는 하나님과 이웃의 동일시, 계급 투쟁—처음엔 이런 것들이 없었다—에 관한 반동들을 막는 선언을 위한 구실이 된다. 다시 말해서 일종의 그룹 조작이 있는 것이다. 근본적이고 참된 신앙에서 출발하여 이 신앙을 마르크스주의에 가담하는 의미의 출발점으로 이용한다는 말이다. 물론 나는 카르데날이 참된 신앙의 인물이지 마키아벨리주의자가 아니라는 것을 확신한다. 그러나 그는 마르크스의 사상도 살피지 않고, 공산주의가 승리한 모든 나라들에서 그 실제적 구현도 자세히 살피지 않은 채, 완전히 관념적인 거짓-공산주의의 확신으로 일그러졌다.

「세상 반대편의 교회」

두 번째는 전적으로 다른 책이며 훨씬 더 이론적이다. 그것은 잘 알려진 논제를 제시하며, 사람들과 복음의 직접적인 만남이 아니다.29) 이 책은 훌리오 데 산타 아나가 편집한 모음집으로 여러 논문들이 극도로 성격이 다르다. 그들은 가난한 자들의 신학, 여러 교회들이 받은 경험의 신학을 제시하며 교회의 변화를 위한 호소를 한다. 항구적인 준거는 가난한 자이다. 내가 보기에 이 작품의 중심 표현은 다음과 같다. "가난한 자들을 위한 교회가 되는 것으로 충분하지 못하다. 가난한 자들과 함께하는 교회가 되는 것은 필요하긴 하지만 아직 충분하지 못하다. 오늘의 세계에서 신약 시대의 교회의 기원을 재발견하도록 우리를 돕는 가난한 자들의 정황은 다시 우리로 하여금 가난한 자들의 교회가 되도록 요구한다." 이 책은 볼리비아, 인도네시아, 한국 등의 가난한 자들의 교회들의 사례를 제시한다. 총체적으로 제3세계 상황에 대한 기술들은 정확하고 올바르다고 말할 수 있다. 풍요의 세계에서 최악의 빈곤이 증가한다는 소란은 우리 시대의 근본

---

29) Julio de Santa Ana, *L'Eglise de l'autre moitié du monde, Les défis de la pauvreté*, Karthala, 1981.

적 징후 가운데 하나라는 것, 부의 축적이 빈곤을 만들어 낸다는 것, 그리고 수세기 동안 모든 발전을 위한 노력에도 불구하고 빈곤은 증가했을 뿐이라는 것이다. 이런 상태에서 빈곤의 근원에 있는 지배 메커니즘이 어떤 것인지를 이해함으로써 빈곤 문제를 해결해야 한다. 바로 여기에 매우 정확한 사실과 발전의 모든 총체가 있으며 사람들은 여건에 동의할 수 있을 뿐이다. 마찬가지로 "교회와 인간 해방"이라는 제목의 장은 그 마지막 선언들과 마찬가지로 탁월하게 보인다. 그 선언들에 따르면 교회는 시대의 징후에서 읽히고 부딪히는 하나님의 말씀이 지속적인 회심의 장소가 되는 그런 장소다. 교회는 형제 우애, 코이노니아, 나눔의 체험, 연대, 디아코니아, 종말론적인 긴장, 출애굽, 부활절 등의 장소다. 이 모든 것이 완벽하다.

그러나 우리는 여기에 머물 수 없다. 매우 종종 (매우 다양한 수준에서 이뤄진) 이 책의 연구들은 충분히 피상적이며, 교회사에 대해서뿐만 아니라 그들이 보는 것과 다른 기획들에 대해 매우 무지함을 드러낸다. 이런 결함의 좋은 사례는 첼소 푸르타도(Celso Furtado)가 쓴 논문 "착취와의 투쟁"에서 일종의 행동 영역, 투쟁 조직, 대안들 등에 대한 묘사다. 그런데 나는 이 모든 것이 거의 30년 전 미국에서 알린스키에 의해 이미 언급되었을 뿐만 아니라 실천되었음을 되풀이해서 말할 수 있다. 자신의 운명을 스스로 손에 쥔 가난한 자들이 무슨 힘으로, 무슨 창조 정신으로, 무슨 관심으로 그렇게 했는지 말이다.30) 알린스키의 작품을 모르는 것이 문화의 결핍은 아니며, 새로운

---

30) 알린스키의 실천에 관한 유일한 책이 완전히 가벼운 제목으로 불어로 번역되었다: *Manuel de l'animateur social*, Seuil, 1976. 한편, 알린스키가 1940년 이래 만든 것은 정치·사회적인 근본 전략이었다! J.-F. Médard는 논문에서(1960, 출판되지 않음) 이를

무언가가 만들어지는 상상력은 될 수 있지만, 오래 전부터 존재하는 길을 찾아내기 위해 엄청나게 시간을 허비하고 오랫동안 더듬거리는 일이다. 이것이 심각한 것은 아니다. 내게 보다 심각하게 보이는 것은 구체적인 문제들에 부딪힐 때, '경제 계획들'—일례로 '다른 사회를 위한 약속'에서—이 제시될 때, 경제적 고찰이 거의 아무것도 아니며 사용할 만한 것이라곤 아무것도 제시하지 못한다는 데 있다.

나아가 그것은 엄청난 한 가지 사례로 끝나고 만다. 즉 "소련의 농촌 사회에 세워지는 집단화 과정"을 모델로 제시하는 것이다. "농민들에게 가장 유익하고 유용한 생산 형태는 집단 농장(kolkhoze)이다." 이것은 역행하게 하는 표현—"농업협동조합은 쉽게 수립되고 빈곤을 퇴치했다"—과 더불어 믿어지지 않는다. 마찬가지의 놀라운 무지를 드러내기 위해서는 미국인이 되어야 한다. 집단 농장들이 무력에 의해 수립되었다는 과거에 대한 무지는 공산당의 냉혹한 독재를 지속시킨다. 1917-1921년 사이에 약 200만 명의 농민들을 무력으로 죽인 독재, 훨씬 더 많은 희생자를 낳은 무시무시한 기아의 원인이었던 독재를 말이다. 현재의 무지란 집단 농장의 생산이 세계에서 가장 빈약한 것 가운데 하나라는 것, 집단 농장이 경제적 실패라는 것, 소련의 농촌 경제가 분할된 개인 소유지—집단 농장과 마찬가지로 잘 경작된—에서 실행되는 농업으로 산다는 것에 모두가 같은 생각이라는 것이다.

이것은 보다 근본적인 데로 우리를 이동시킨다. 먼저 아무도 가난한 자가 누구인지를 우리에게 말해 주지 않는다. 저자들의 경우 빈곤

연구했다.

이 절대적으로 경제 상황, 소비의 가능성 여부로 측정된다는 것은 자명하다. 그들의 경우 빈곤의 모든 형태가 그것들로부터 유래한다는 것은 말할 나위가 없다. 나는 가난한 자에 대한 성서적 호칭이 훨씬 더 포괄적이라고 생각한다. 실제로 빵이 없는 사람들이 있으나 백 가지 다른 종류의 빈곤이 있다. 이와 같이 공산주의 정부에 속한 자들은, 비록 자본주의와 불평등이 제거되긴 했어도, 가난한 자들이다. 왜냐하면 그들이 피억압민이기 때문이다.

마찬가지 방식으로, 제거될까 조심하는 일종의 모호함이 지배한다. 가난한 자들에 대해 말하는 것은 좋다. 하지만 은근히 가난한 자들을 옹호하고 동시에 빈곤을 끝장낼 체제를 확립하는 것이 공산주의요 공산주의 체제라고 암시된다. 이 모음집의 상당수의 저자들이 매우 분명한 '마르크스주의자들'이다. 나는 절대로 동의할 수 없다. 가난한 자들을 이용하고, 그들을 다른 방식으로 착취하며, 프롤레타리아의 독재가 아니라 프롤레타리아에 대한 독재를 수립하는 운동에 동의할 그리스도인은 아무도 없을 것이다. 엄밀히 말해 어디서도 가난한 자로 승리하게 하지 못하며 빈곤도 퇴치하지 못하고, 오히려 전반적으로 빈곤을 가중시킨 체제에 말이다. 문제는 공산주의 편에 서는 것과 관련이 없으며, 그것이야말로 내가 비난하는 것이다. 하지만 이런 입장 취하기가 암묵적으로 존재한다. 일례로 아무튼 '계급 투쟁'이 언급되고, 우리는 계급 투쟁이 용서를 배제하며, 부자와 가난한 자 사이의 화해가 가능하지 않다는 말(해방신학들에서 빈번한)을 듣는다. 그런데 나는 원수들과의 용서와 화해가 예수의 삶과 죽음의 열쇠라고 믿는다. 나는 강자들에 의해 저질러진 착취를 안다. 하지만 성서와 계시의 악용이 결코 진리를 바꾸어 놓을 수는 없었다. 용서와 화해라는 근본 진리로 되돌아와야 한다.

이것은 이 연구물의 신학적 영역에 대한 비판으로 우리를 이끈다. 빈자(언제나처럼 예수와 동일시되는)는 모두를 대신하는 일종의 절대적 본질이 된다. 신학은 전적으로 가난한 자들의 투쟁에서 비롯되어야 한다(p. 152). 교회는 우리가 본 대로 가난한 자들의 교회이어야 한다(다른 쪽의 배제를 의미하는 이것은 옛날과 마찬가지의 차별이다. '부자'는 더 이상 교회의 일원이 될 권리가 없다!). 빈자는 그 자체로 메시아적이며, 메시아의 현재적 임재다. 나는 다음과 같은 말에 동의한다. "가난한 자들을 자선의 대상으로서가 아니라 변화의 주체로 직접 만나는 것은 교회의 구조를 갱신할 것이다. 이것은 교회가 자기 자신을 볼 거울이 될 것이다. 이것은 복음에 대해서와 마찬가지로 교회를 위한 하나의 신뢰성 테스트가 될 것이다. 이것은 신학적 변화, 선교의 변화, 교회 개념들의 변화를 가져올 것이며, 성서 하나님의 새로운 지식으로 이끌 것이다"(p. 57).

이 모든 것은 옳고 훌륭하다. 하지만 가난한 자를 일종의 절대자, 메시아의 대리인, 신학의 원동력으로 삼을 때, 성서는 빈자가 주는 빛에서 이해되어야 한다거나, 신학자는 가난한 자들을 위해 그리고 그들 자신의 기준에 따라서 그의 신학을 만들어야 한다고 선포될 때 완전히 곁길로 간다. 달리 말해서 가난한 자가 정확히 성령을 대체한다(pp. 110, 149, 152, 189)! 성서 텍스트의 참된 이해 가능성을 주는 이가 가난한 자라는 것이다.

마지막으로 나는 역시 심각하게 보이는 마지막 비판으로 나아가겠다. 이 책에는 소위 민중 종교라 불리는 것에 대한 특수 연구물이 있다. 그런데 여기에는 커다란 모호성이 지배한다. 민중 종교란 그것이 민중(가난한 자들)에 속하고, 가난한 자들의 문의 일부이기 때문에 선험적으로 좋다는 것이다. 이 민중 종교들은 긍정적으로 제시된다. "삶의 역동적인 모습에 가까운 종교 감성", 수확, 낚시, 족장 선출과 관련된 종교 관습 등. 이것은 구체적이고 강력한 참여를 의미하는 '유물론적이고 구체적인'(물론 영성보다 매우 우월한!) 민중 종교요, '양식, 동물, 태양, 달이 하나님을 나타내는', 삶과 분리되지 않는 종교다. 달리 말해서 우리는 정확히 탁월하게 제시된—'민중'의 종교이기에—이교주의와 다신교에 직면한다. 하지만 한 가지 유보사항이 있다. 이 민중 종교들이 결국 민중을 억압하는 지배 계층에 의해 이용되기 때문에 그들의 참된 성격을 상실했다는 것이다. 그런데도 그리스도인들이 저지른 커다란 범죄는 민중의 종교 개념들을 다른 종교적 관점으로, 즉 죽음 이후의 삶(부활!)과 구원을 강조하는 도덕주의적이고 추상적인 종교로 대체했다는 것이다(p. 94-95). 기독교가 이런 이교들—이것 역시 '진리'인—과 싸울 필요가 없다는 말을 듣는다. "하나님의 평등과 그분의 해방의 메시지는 이 종교 관습들에도 역시 활동 중이다"(p. 96). 달리 말해서 특별히 기독교적인 진리란 없으며, 민중이 만드는 것은 복음과 마찬가지로 유효한 하나의 종교다. 사람들은 하나님에 대해 말하면서 무엇에 대해 말하는지 모른다는 것이다. 결국 민중은 성서 계시를 대신해서 진리가 된다. 이것은 우리가 가난한 자의 절대 가치에 근거한 모든 해방신학을 의문시할 수밖에 없는 극점이다.

모범적 사례인 토마스 행크스

이제 우리가 연구할 두 권의 책은 마르크스주의적인 뉘앙스를 가진 반복적이고 거의 주술적인 장광설—매우 자주 해방신학 내지 혁명신학에 대한 작품들을 특징짓는—에서 나온다는 사실만으로도 주목할 만하다.

나는 토마스 행크스의 탁월한 소책자31)가 불어로 번역되지 않은 것이 지극히 유감이다. 이것은 단연 본 문제에 대한 가장 확고한 성서 연구로 보인다. 그것은 성서적 관점에서 확고할 뿐만 아니라, 신학적으로 옳고 정치·사회적 영역에서도 통찰력이 있다. 이 연구는 세 가지 주제로 귀결될 수 있다.

첫째는 성서적 중심 주제로서, 고전 신학들과 그 해석들에서조차 완전히 감춰진 것인 바, 곧 억압이라는 주제다.32) 성서적으로 가난한 자는 억압에 굴복하는 자다(따라서 빈곤의 유일한 대안은 해방이다). 억압의 중심 위치를 신학의 한복판에 회복시켜야—이것이 성서적이다—하며, 이스라엘 사상의 결정적 내용이 출애굽—다시 말해 사실상 억압의 종말—임을 상기해야 한다. 사람들이 억압의 위치를 가난한 자뿐만 아니라 빈곤의 기원에 회복시킨다면, 행크스는 신학 방향이 어느 지점까지 변화되는지를 보여준다.33) 하지만 문제는 성서 연구와 관련되어 있으며, 행크스는 억압과 관련된 구약의 용어를 자세하게

---

31) Tomas Hanks, *Opresión, pobreza y liberación*, Celep-Laribe, 1982.
32) Hanks가 억압이라는 본질적인 사실이 밝혀지지 않았다고 말하는 데는 일리가 있다. 하지만 매우 이상하게도 그는 정확하게 억압을 중심 개념으로 삼는 J. H. Cone의 책 (*Black Theology and Black Power*)을 모른 체한다.
33) Hanks는 H. Assmann을 참고한다(*Teologia desde la praxis de al liberación*).

분석하는 일에 전념한다. 불의로서의 억압('ashaq), 예속으로서의 억압(yanah), 비인간화로서의 억압(nagas), 고통을 유발시키는 억압(lahats), 폭력으로 얻는 억압(ratsats), 운명적 결과를 촉발시키는 억압(daka'), 피억압자들의 비굴('nah), 강자의 적개심의 표현으로서의 억압(tsarar). 저자는 이 모든 용어들 하나하나에 문맥적 분석과 아울러 의미론적 분석을 시도한다. 이처럼 항구적인 조회를 통해서만 확신할 수 있다. 피억압자들과 관련된 텍스트들을 아주 쉽게 읽는 습관이 우리에게 있는 것이 사실이다. 피억압자들의 지속성도, 하나님의 말씀과 하나님의 심판에 들어 있는 억압의 심각성도 못 본 체 말이다. 물론 저자는 신약의 어휘도 조사를 계속하며(하지만 그는 구약 전문가다), 야고보서와 특히 누가복음과 사도행전에서 동일한 유사성을 발견한다.

야고보서의 유명한 부자 정죄 구절에서(5:1-6), 교회가 가난한 자들의 명분과 동일시되는 것은 충분히 명백해 보인다. 나는 이것이 논쟁의 여지가 없다고 믿는다. 우리는 텍스트를 왜곡시키지 않은 채, 구원이 일종의 정치적 해방 목적과 더불어 물질적 구원도 함축한다고 말할 수 있다(이 문제로 다시 돌아올 것이다). 누가복음에서 우리는 가난한 자들이 돈이 없는 사람들일 뿐만 아니라 사회적으로 억압받는 사람들이라는 이런 경향을 재발견한다. 여기서 행크스는 내가 보기에 매우 정당한 역사적 사실을 지적한다. 즉 예수 시대의 유대에서 정치적 핵심 문제가 유대인과 로마인 사이의 대립—로마 제국주의와의 투쟁—문제라고 생각하는 것은 시대착오라는 것이다. 억압 권력은 스스로를 신성하게 나타내고 로마인에게 의존적이었던 유대 신정정치—이스라엘의 왕권—였다. 예수는 열심당원은 아니었으나, 이 왕권을 비-신성화시킨 이였다.34) 사도행전의 일련의 장들에서 저자는 충분히 의미 있는 반복적 구조를 발견한다. 즉 기적, 해방, 새 공동체에서 가난한 자들을 위한 정의, 교회의 증가(행 2, 3, 5, 6장 등)이다. 피억압자의 해방이 교회의 품안에서 실현되었다. 이런 성서 연구의 결론에서, 주된 억압자는 마귀 자신이라는 것, 누가는 인간의 치원에서 빈곤의 모든 '원인들'에 관심을 갖는다는 것, 모든 것이 교회가 미리 행하는 하나님의 통치에서 해결되리라는 것이 드러난다. 예수가 온 것은 피억압자들을 위로하기 위함이지, 로마에서 즉각적으로 해방을 얻어내기 위함이 아니었다. 정치적 해방은 종교적 계급 체제의 억압적 권위와 복음 선포에 의한 종교적 자유의 주장을 구분함으로써 분명해진다. 우리가 다시 보겠지만, 행크스는 예수가 이뤄낸 해방은 억압의 세 가지 거대 형태—신체 장애(질병 등), 종교 독재, 박해—앞에서 이뤄낸 실로 통전적인 해방이다. 그러므로 이 성서 연구의 결정적인 첫 번째 단계란 이런 것이다. 나는 신앙에 입각한 윤리적 내지는 정치적 문제들에 대해 고찰하는 모든 사람들이 이 상세한 연구에 전념해야 한다고 믿는다.

둘째 단계는 고난 받는 종에 대한 장으로 유명한 이사야 53장을 중심으로 이뤄진다. 행크스는 "억압받는 종, 해방되는 백성"이라는 제목을 달았다. 그는 종과 관련된 구절들을 네 가지 송가로 구분한다. 첫째 송가에서는 말씀하시는 분이 하나님이다. 둘째와 셋째 송가는

---

34) Hanks는 여기서 한 가지 중요한 개념을 끌어낸다. 라틴아메리카에서 문제는 '외국의 제국주의'에 대해 모든 무력을 배치하기—이것은 결국 이뤄낼 수 없는 것임—보다는 오히려 외국의 착취를 용납하는 지역 지배 집단과 투쟁하는 일과 관련된다는 것이다.

종에 대한 말씀이다. 넷째 송가에는 일종의 드라마틱한 구성이 있다. 먼저 하나님이 그분의 종에게 말씀하신다(사 52:13-15). 이어서 백성이 응답하고 그분을 인정한다(사 53:1-10). 마지막으로 하나님이 결론을 맺으신다(사 53:11-12). 그런데 우리는 여기서 좀 전에 상기된 인간 비참의 모든 양상을 발견한다. 즉 신체 장애, 도덕적이고 영적인 비참(죄), 외부의 억압 말이다. 억압받는 종은 온갖 형태의 '억압'을 견뎌낸 인물로 나타난다(왜냐하면 병자 역시 실로 억압당하는 자이기 때문이다). 여기서 우리는 이 연구의 새 양상을 본다.

행크스는 본문 이사야 52장, 53장과 관련해서 주로 세 가지 해석 경향이 있음을 지적한다. (1) 첫째는 종의 질병과 육체적 결함을 강조하고, 성령의 증거인 치유, 치유의 기적에서 그 응답을 발견하는 '오순절 교회'의 경향이다. 고난 받는 종이 우리의 신체 장애와 고통을 짊어진 이요 그로 말미암아 우리가 치유된 것은 사실이다. 그러므로 연구되어야 할 것은 정확히 바로 이 기적이다. (2) 두 번째 주 해석 노선은 우리가 매우 익숙해 있는 습관적인 '복음주의' 프로테스탄트 신학의 입장으로, 우리는 이 장을 죄의 관점에서 읽는다. 고난 받는 종은 우리 죄를 담당했다. 논쟁의 여지없이 이것 역시 본문 가운데 들어 있다. 죄는 하나님에 대한 반역, 불의(하나님은 우리의 모든 불의를 담당하셨다), 이기주의 등을 통해서도 표현된다. '고전' 신학은 모든 텍스트를 대리 처벌과 '법적 칭의'의 관점으로 해석한다. 다시 말해서 하나님의 아들이 우리를 대신해서 우리 죄에 대한 형벌을 받고, 하늘에서 떨어지는 하나님의 진노를 짊어지며, 하나님을 누그러뜨리는 희생 제사를 드리고, 이 희생 덕택으로 하나님의 의가 무흠한 희생 제물이었던 절대적 죄인의 처벌을 통해 충족되고(모든 죄와 모든 사람들이 단 한 사람으로 축소된다) 우리가 의롭게 되어 하나님 앞에 의인이 되었다는 해석이다. 하지만 이미 이 해석에는 순전히 개인적이지 않은 양상이 나타난다. 물론 반역이 하나님께 대한 것이지만, 그것은 신하가 '사회 계약', 언약을 깬다는 사실을 표현하는 정치적 용어다. 이기주의는 개인적인 죄이지만, 경제적 사취(자본주의?)의 기원에 있다. (3) 이것은 라틴아메리카 신학(행크스는 유대교도 덧붙인다)의 세 번째 해석으로 이끈다. 이 텍스트가 설명하는 것은 억압과 자유다. 왜냐하면 이사야 본문은 순전히 개인적인 영역에서 해석될 수 없기 때문이다. 억압받는 종은 그의 백성과 동떨어진 개인이 아니다. 여기에는 한 사람과 동시에 한 사회 전체가 있다. 네 번째 송가는 모두 '집단 인격' 개념에 기초한 '한 개인과 전 이스라엘 사이의 진자 운동'을 내포한다. 우리는 본문에서 그것을 빼고 생각할 수가 없다. 문제시되는 것은 사회적, 정치적, 경제적 억압이며, 사회적 굴욕(53:4), 사법적 억압(53:7-8), 부자에 직면한 빈곤(53:9)이기도 하다. 부자는 불경한 자로 여겨진다.

그런데 내게 본질적으로 보이는 것은 행크스가 이 중 어느 하나의 해석을 우선시하지 않는다는 것이다. 그는 억압받는 종의 송가 가운데 실제로 세 가지 양상이 있음을 확인한다. 해방신학에서 질병과 죄의 양상을 배제해서는 안 된다. 이 세 가지 신학들은 옳다. 하지만 성서 텍스트에 있는 그대로 모여져야 하고 연합되어야 한다. 구원은 전체적인 해방이다. 다시 말해서 개인과 집단, 개인적인 것과 정치·경제적인 것, 영적인 것과 세속적인 것, 육체와 '영혼'과 관련된 해방이란 말이다. 이렇게 말하는 저자는 명백히 영혼과 육체, 개인과 백성을 나누지 않는 유대 사상의 우익 노선에 선다. 구원은 죄로부터 의롭게 됨, 신체 장애의 치유, 억압에서의 해방, 계급 투쟁을 대신하는 평화, 빈곤을 대신하는 번영35), 고독을 대신하는 우정과 **코이노니아**를 내포한다. 그리고 그는 구원에 덧붙인다. 추방 대신 고국을 향한 귀환과 생태학적인 멸망 대신 복된 새 땅의 도래를 말이다.

마지막으로 세 번째 핵심 논점은 이 모든 것이 예수 자신에 의해 되풀이된다는 것이다. 그분이 사역 초기에 이사야의 글36)을 읽으실 때뿐만 아니라, 특히 주님의 은혜의 해를 강조하실 때 말이다(눅 4:18-19). 은혜의 해란 무슨 말인가? 이것은 단순히 막연한 표현이 아니다. 행크스는 이것이 명백하게 희년에 대한 상기라고 말한다.37) 안식일은 매주 '모형'으로 출애굽을 상기시켰으며, 희년은 동일한 안식일이지만 모든 정치적, 경제적 결과들을 포함한다. 예수는 와서 자신이 온 이유가 희년의 실현임을 선포하신다. 우리가 어떻게 그 결과들을 배제할 수 있겠는가? 현대적인 용어로 다시 풀어 본다면, 희년이란 자본주의적인 축적, 지속적인 식민주의, 인간과 땅의 무한 착취에 대한 정죄다. 그런데 행크스는 혁명의 폭력적 방법에 관해서는 매우 신중한 입장에 머문다. 그는 그것이 예수가 선택한 방법이 아니라는 것과, 하지만 어떤 억압의 관점에서는 다른 수단이 없음을 지적한다.

이것이 이 책의 내용인 바, 나는 이 책을 완전히 모범적인 것으로 여긴다. 희년이 하나의 혁명인 것은 사실이다. 고난의 종이 모든 악을

---

35) 우리는 일반적으로 하나님께서 그의 백성에게 경제적 번영을 예고하고 풍요로움이 하나님의 약속의 일부임을 말하는 수많은 텍스트들을 소홀히 하는 것이 사실이다.
36) 예수가 이 인용 구절에서 다른 텍스트의 삽입구(눅 4:18의 "눈먼 자에게 다시 보게 함을"은 사 61:1-2에는 없다)를 끌어들이는 문제가 있다. Hanks는 그 이유를 길게 연구한다.
37) V. p. 145.

짊어졌다는 것도 사실이다. 그리고 이 종이 정치적이지 않은 행동의 형태를 취했다는 것도 사실이다. 행크스는 예수의 '프락시스'를 길게 연구한다(그는 결코 벨로Belo와 동일한 결론에 도달하지 않는다!). 그는 내가 이념적이라 부르는 해방신학들과 거리를 두며, 마르크스주의에의 가담을 경계한다(비록 그가 계급 투쟁이나 프락시스 같은 말을 채용—내게는 그럴 필요가 없어 보인다—하지만 말이다). 또한 그는 성서에 근거한 행동 방침을 제시하는 바, 이 방침은 그런 해방 운동에 열광적으로 가담하는 것과 동일한 효력이 있으면서도, 모든 것을 가난한 자뿐만 아니라 구주와 주[해방신학이 말하는]가 아닌, 예수에게 가져감으로써 계시의 특수성을 간직한다.

가장 복음적인 빈센트 코스마오

우리는 이제 내가 역시 혁명신학들의 가장 결정적인 연구 가운데 하나로 여기는 빈센트 코스마오의 책38)을 소개하면서 일반 개념들로 되돌아갈 것이다. 이 책은 내가 그것을 접했을 때 안 좋은 편견을 가졌다는 점에서 특별한 관심의 대상이다. 그 편견이란 먼저 「세상 바꾸기」라는 야심찬 제목과 형편없이 작은 소책자 사이의 대비이며, 다음으로 내가 읽은 숱한 해방신학들에 대한 책들이 새로운 것을 주지 못했다는 것이다. 실제로 처음 몇 쪽들은 충분히 진부하고 문제가 있어 보였다. 하지만 책을 읽어 나갈수록 나는 정복되었고 결국 설복되었다. 처음 장들보다 마지막 장들에 더 많은 가치가 주어진다.

---

38) Vincent Cosmao, *Changer le monde*, 1981.

내가 설복되었기 때문도 아니요, 내가 각각의 제안에 동의하기 때문이 아니라, 전부가 내게 결정적으로 보인다. 처음으로 나는 감정적인 수다나 시시껄렁한 정치 구호 혹은 사회·종교적인 호소에서 벗어난 계획된 책, 단단하게 조립되고 논증된 책을 만났다!

전체로 볼 때 이 책은 두 부분으로 구성되어 있다고 말할 수 있다. 하나는 현대 세계의 구조와 관련되며, 다른 하나는 이 상황에서의 교회와 기독교 신앙의 역할—거기서 끌어낼 수 있는 구체적인 결과들과 개입 가능성을 포함하여—과 관련된다. 현대 세계와 관련해서, 코스마오는 두 가지 본질적인 양상을 연구한다. 즉 국제 경제 질서가 존재하며, 이 세계 질서가 이중적으로 위험하기 때문에 바꿔야 한다는 것이다. 이 질서는 사실상 어떤 나라도 빠져나올 수 없는 무질서다. 그러므로 새 경제 질서에 도달해야 하는데, 그러지 않을 경우 우리는 경제 붕괴로 향하게 되리라는 것이다. 하지만 여기서 코스마오는 인간성에 대한 희망, 만회할 수 있는 그 능력, 인류가 삶의 열망 속에서 출구와 응답과 자제력을 발견할 가능성을 주장한다. 이것은 내게 결코 명백해 보이지 않는다. 이것은 그 자체로 이상주의적인 신념이다. 즉 그가 사회적 역학의 지배란 자연의 지배 못지않게 생각될 수 있다고 말할 때가 그렇다. 하지만 우리의 '자연 지배'에서 어떤 해로운 결과들이 나왔던가!

둘째 부분은 저개발 상태의 분석과 개발의 문제 제기다. 나는 문제에 대한 이처럼 간략하고 분명한 종합을 읽어 본 적이 없다. 한 가지만 유보하겠다. 코스마오는 저개발 상태가 기술적인 더딤으로 설명되지 않는다고 주장한다. 이런 식의 표현은 분명 정확하겠지만, 저자는 저개발 상태에서 기술의 효과를 매우 요약해서만 보았다. 그는 그 본질적인 원인들 가운데 하나가 실제로 기술적 간격임을 보지 못한다. 그는 지난 20년 간의 급격한 기술 진보와 기술들—조상 대대로 내려오는 기술이건, 현대적이나 기괴한 기술이건—사이의 증가하는 거리 간격이 저개발 상태의 주된 여건임을 보지 못한다. 물론 새 기술들의 유입이 문제를 해결하지 못하리라는 그의 주장은 옳다. 하지만 그는 저개발 세계에 기술이 미치는 전반적인 영향력을 보지 못한다.

이 유보를 제외하고 나는 그의 다른 제안들에 전적으로 동의한다. 즉 어떤 나라들의 저개발 상태는 다른 나라들의 발전의 결과라는 것, 이 후진성은 지배 사회에 의한 사회들의 집중 때문에 생기는 사회들의 구조 상실로 설명된다는 것, 발전은 사회들의 재구조화를 의미하고 일부 권력의 재점유를 전제한다는 것이다. 하지만 이것은 세계 경제 체계의 변화가 있을 경우에만 일어날 수 있다(이 체계의 저개발 상태는 필연적인 결과다). 민족들 사이의 관계 체계의 구성을 향해 집단적, 자발적으로 참여해야 한다. 그러나 이 국제 체계의 재구조화는 이 변화를 수용하는 '발전된' 국가들에서 정신 구조의 변화와 특별히 여론 형성이 발생하는 경우에만 일어날 수 있다. 코스마오는 문제의 자료들을 완벽하게 보았다. 나는 제3세계의 재앙이 불가피하게 전 인류의 재앙을 야기하지 않고서 일어나야 한다고 부연한다. 그런데 내가 방금 검토한 모든 것을 저자는 정확하고 엄격하며 냉정하게 분석한다.

하지만 일단 '여건'이 만들어지면, 그는 두 가지 일반 원리—이것도 내게는 근본적으로 보인다—로 넘어간다. 첫 번째는 사회들은 그 고유의 관성(반세기 전에 B. 샤르보노가 말했던 사물의 힘으로!)에 맡겨진 채 불평등으로 조직화된다는 것이다. 내게 매우 심하게 보이는 것은 이런 종류의 불가피한 성향으로, 이것은 여기서 악이 다만 흐름들을 맹목적이 되도록 내버려두는 것임을 강조하기 위해 상위층의 악의를 배제한다. 그러나 코스마오는 이것과 자발적 질서를 창조하고 의지주의적인 행동을 시도할 필요성을 대립시킨다. 물론 나는 그에게 동의한다. 하지만 그는 우리 사회에서 자발적인 모든 것이 기술적인 방법으로 설명된다는 어려움을 알아채지 못한다. 기술의 성장이라는 단순한 표현이 아닌, 자발적이고 올바른 질서를 어떻게 형성할 것인가?

빈센트 코스마오가 제기하는 정치 사회학의 두 번째 일반 원리는 사회들이 그들의 주인이 되는 신들을 스스로 만든다는 것이다(나는 이 영역의 확인 사실을 읽으면서 안도의 숨을 쉬었다!). 그리고 그가 내리는 결론은 완전히 적법하다. "사회 내지 정신 구조들의 사회화가 발전(그는 '성장'과 혼동하지 않는다)에 장애물로 나타날 때, 그것은 발전에 대한 순전하고 단순한 부정이 아니라, 사회 역학의 지배로 가는 진보에 길을 여는 발전의 재해석이다." 그리스도인들과 교회가 개입되기 시작하는 것은 분명 바로 여기다. 달리 말해서 코스마오의 태도는 완전히 건전하다. 사회학적인 분석에서 영적 뿌리를 발견하는 데로 나아가는 것이다. 이 단계에서 그리스도인들과 교회들의 행동은 필수적이다. 기독교로 하여금 정치의 영역으로 들어가게 하는 문제가 아니라, 반대로 정치적인 변화가 영적인 회심에서 유래한다는 것을 입증하는 문제다. 교회는 세상의 변화에서, 민중—교회가 오랫동안 복종시키는 데 공헌한—의 해방에서, 산업화된 나라의 여론 형성—여기에 전 체계의 변화가 달려 있는—에서 담당할 역할이 있다. 하지만 그는 형성 중인 세계 사회의 모순들의 조정에서도 담당해야 할 역할이 있다고 주장한다. 나는 그것에 동의하지만, 이것은 한편으론 교회에서의 자각과 당국의 통찰력 있고 지성적인 행동(일반적으로 이렇지 못하다!)을 내포하며, 다른 한편으로 교회가 현실을 떠난 영성과 현존하는 정치 운동에 동화되도록 내버려두고 자신의 진정성을 상실하는 맹목적인 정치 참여 사이의 방황(물론 좌익 프로테스탄트 당국의 경우!)을 멈추는 것을 내포한다.

그러나 이런 방향 설정에서 나는 세 가지 불일치를 느낀다. (1) 먼저 내가 이미 비판한 '의식화'의 사용에서다. (2) 두 번째 비판적 논점은 저자가 매우 놀라운 방식으로 간직해야 할 전통적인 이방 종교의 가치 개념—내가 위에서 비판한—을 되풀이하며 모종의 혼합주의(부두교39)!)를 기뻐한다는 것이다. 나는 사회학적이고 인류학적인 영역에서 이런 입장을 매우 잘 이해하지만, 예수 그리스도의 진리에 따를 때 그것은 수용될 수 없다. (3) 마지막으로 저자는 귀납적 신학 개념과 합류한다. 내가 말한 바 있거니와, 연역 신학은 하나의 여건으로 수용되는 성서 계시에 입각하여 성립되며, 거기서 오늘을 위한 진리를 추론하는 신학이다. 귀납 신학이란 모종의 실천에 입각해서 형성되는 신학이다. 다시 말해서 삶, 행동, 정치와 역사 참여로 시작해서 하나의 신학을 세우는 것이다. 만일 문제가 신앙 실천과 관련된다면 최소한의 악이 되겠지만(필경 매우 보잘것없는!), 이 신학은 역사 운동을, 거룩한 역사에 계시를 허용하신 분과 유사하게 보고 그 운동을 중요시한다. 다른 이들이 했던 것처럼 코스마오는 가난한 자들의 혁명적 역사 실천에서 계시의 진리를 끌어와야 한다고

---

39) [역주] Voodoo. 서인도 제도의 아이티에서 행해지는 애니미즘적인 민간 신앙.

말하기 위해 지나치게 통찰력을 발휘하지만, 그가 말하는 내용은 모호하다.

나는 소위 이 귀납적 거짓-신학의 불가능성과 그릇됨을 다른 곳에서 입증한 바 있다. 그것은 (벌어지고 있는 것의 이념적 정당화로 귀결되는) 단순한 구호다. 나는 여기서 한 가지 새로운 요소를 첨가하겠다. 현대 과학의 경향은 문자 그대로 과학뿐만 아니라 인문 사회과학에서도[40] 귀납적 방법을 거부하기에 이르렀다. 사람들은 그것이 방법도 아니고 방법적 오류에 근거함을 간파했다. 사람들은 아인슈타인의 핵심적인 표현을 전반적으로 적용하기 시작한다. "관찰되어야 할 것을 결정하는 것은 이론이다." 이론의 형성만이(어쩔 수 없이 연역적인!) 붙들어야 할 행위가 무엇인지, 취해야 할 행동이 무엇인지를 알게 해준다. 물론 반작용을 고려해야 한다. 다시 말해 이론 행위의 결과를 확인함으로써 다시 이론으로 돌아가 그것을 수정하고 개선해야 한다는 말이다. 과학자들이 실증주의자들이 되기를 그치고 귀납적 방법론을 포기할 즈음에, 언제나 진보의 선두에 있다는 신학자들이 그것을 발견하고 귀납 신학을 만들고자 한다! 코스마오의 작품을 통해서 나는 그가 이 방법론을 버리는 일이 중요하다고 믿는다. 하지만 그의 전 작품에서 그다지 그런 느낌을 받지 못한다!

이 세 가지 유보를 제외한다면, 나는 그의 제안에 동의할 수밖에 없다. 가난한 자들에게 전파되는 복된 소식인 복음은 세상을 바꾸는 하나님의 힘이다. 이것은 때로 불연속적인 방식으로 불평등 가운데

---

[40] 최근 Edgar Morin이 〈불어권 사회학자 국제회의〉에서 보고한 내용을 참고하라(1982년 10월).

서 구조화되는 사회의 자발성과 싸우고, 그것을 수정하며, 밝혀진 경향을 조절하기 위해 적용되었다. 행크스처럼, 코스마오는 복음 곧 복된 소식이 가난한 자들에게 선포되고 그들을 통해 세상을 바꾸는 하나님의 힘이 된다는 엄연한 사실에 근거한다(하지만 저자는 가난한 자들의 모든 행동이 역사 속의 하나님의 행동이라고 말하는 함정에 빠지지는 않는다). 정의나 불의에 대한 싸움은 하나님의 백성의 신실함을 위한 선지자들의 설교와 실천의 강경 노선들 가운데 하나(유일한 것은 아닌!)다. 예수의 설교와 실천은 가난한 자들이 집단 생활과 그 열매에 참여할 권리를 명백히 하는 이 노선에 서 있다. 나는 이런 사상적 조치 앞에서 사람들이 무슨 위로를 느낄지 알지 못한다. 가난한 자들이 집단 생활과 이 사회의 모든 생산물에 참여하도록 초대되는(우리의 경우, 그들 옆에 그들과 더불어 있도록 초대되는) 것은 명백하다.

마지막으로, 저자는 교회사의 수세기 동안 왜곡된 기독교를 간략하게 분석한 뒤 "세상의 분석과 변화를 위한 수술 개념"에 대한 결론에 도달한다. 하나님께로 회심하기 위해선 세상의 변화에 참여해야 하며, 그때 억눌린 자들을 해방하시는 하나님이 창조주로 나타나신다는 확고한 확신에서 출발함으로써 저자는 세 가지 강경 노선을 상기시킨다. (1) 죄 가운데서 구조화되는 세상의 변화에 참여하는 것은 예수 그리스도의 하나님에게로 회심하는 조건(그리고 결과!)이 된다. (2) 사람들이 해방될 때, 그들은 하나님이 그들의 해방자요 창조주이심을 발견한다. (3) 땅은 인류에게 위임되었고, 그 산물은 모두의 몫이다.[41]

---

41) 코스마오의 책 각 장 앞에는 상당수의 '제안' 내지 '논제'가 있으며, 나는 이 서평에서

처음 두 표현은 모호하게 나타날 수 있으나, 코스마오가 주는 설명은 내가 보기에 복음과 완전히 일치한다. 아무튼 급진적이면서도 동시에 신중한 이 분석에서 코스마오는 마르크스주의를 가난한 자들의 해방의 길로 삼고 가난한 자들의 명분을 공산주의와 동일시하는 함정―대부분이 빠진―을 피한다. 이 책의 가르침을 진정 소중하게 여긴다면, 이런 방향과 공산주의가 양립불가하다는 것을 빨리 알아차릴 것이다. 공산주의는 질서에 대한 모든 이의 제기를 자신들을 위해 필히 이용하려고 애쓸 것이기 때문이다. 그러므로 좌익을 경계하면서 우익을 공격해야 한다. 마르크스주의, 레닌주의, 카스트로주의 등의 흐름을 확고히 거부하면서, 라틴아메리카의 제국주의적이고 독재적인 경제구조들을 모든 방식으로 의문시해야 한다. 교회가 열어야 할 길은 가장 진지해야 한다. 교회는 최악의 제국주의만큼이나 가난한 자들에게 유해한 공산주의의 동맹도, 전위도, 전령도 되어서는 안 된다.

4. 누가 해방되나

우리는 이제 가장 까다로운 문제에 도달하게 된다. 나는 그리스도인이 인간의 정치적, 사회적 그리고 경제적 해방에 참여하되, 그 모든 것이 어느 정도까지 상대적이고 모순되며 출구가 없고 심지어 거짓인지 알면서 그러해야 한다고 말해 왔다. 하지만 한 가지가 더 있다. 설령 해방 운동이 성공한다 해도, 궁극적으로 누가 해방되는 것인가?

종종 그의 용어들을 되풀이하는 것으로 만족했다.

해방되는 것은 사람이다. 우리가 아는 대로 그는 근본적으로 소외된 (소외된 채 남아 있는!) 사람이며, 파괴적인 힘, 죽음을 향한 열정, 지배 의지에 사로잡힌 '죄인'으로서의 인간이고, 자신의 힘을 '악'을 위해 사용하고 하나님으로부터 자유로워지고자 하는 사람이며, 그래서 악을 저지를 수밖에 없는 사람이다. 창세기는 하나님과 인간 사이의 단절을 이야기하고 즉시 이렇게 해방된 인간의 첫 번째 행위가 살인이라고 기록한다. 그래도 가인은 경건한 사람이었다! 그는 하나님께 제사를 드렸다! 그러나 그의 종교심에도 불구하고, 그는 하나님을 떠났기 때문에 죽음이 임박했으며, 또한 죽음을 야기시키는 일이 임박했다. 바로 그를 통해서 하나님이 아담에게 선포하신 말씀에서 예고된 죽음이 사람들에게 들어왔고, 죽음은 이 자유 행사의 첫 번째 사례로서 그 모습을 드러낸 것이다. 자유와 죽음!

우리는 이 경고를 매우 심각하게 받아들여야 한다. 너무도 자주 사람들은 우리 사회의 모든 문제들을 "바른 사용의 문제일 뿐이다"라는 말로 요약한다. 인간이 자신의 자유를 바르게 사용하는 것으로 충분하다, 인간이 기술을 바르게 사용하는 것으로 충분하다 등. 분명 인간은 '바른 사용'을 찾을 수 있으며, 우리는 그것을 매순간 본다. 그것을 부인하는 것은 부당하다. 나는 종종 인간이 유용한 것에 대한 놀라운 지각을 보전했다고 말한 바 있다. 인간은 자신에게 유용한 것, 자기 집단과 가족, 국가에 유용한 것을 찾아낼 수 있다. 인간은 유용한 기술, 유용한 법, 유용한 도덕을 만들 줄 안다(나는 「원함과 행함」에서 이에 대한 증명을 시도했다). 결과적으로 인간은 보존할 줄 알며, 하나님이 원하시는 보존에 매우 적극적으로 참여한다. 그러나 하나님과의 분리에 입각하여 인간은 죽음에 대한 열정에 사로잡혀 있다. 인간은 어쩔 수 없이 무, 파괴, 혼돈, 광기를 향해 끌려간다.

인간이 질서를 도입할 때마다, 그는 다른 무질서로 빠진다. 인간의 기술적인 진보는 매번 양면적이다(이것은 옳은 사용이냐 그른 사용이냐의 문제가 아니다!). 생활 환경을 구축할 때마다 자유의 파괴를 야기하며, 자신의 독립을 주장할 때마다 적법한 생활 환경의 파괴를 야기한다. 죽음의 유혹은 인간에게 완강하게 활동한다. 그는 죽기를 원한다. 그는 끊임없이 죽음의 자세로 돌아간다. 인간의 최대 축제는 전쟁이다. 대량학살 때마다 셀 수 없는 참여자들을 발견한다. 속아서 온 것인가? 사악한 목자에게 이끌린 것인가? 천만에, 스스로 참여한 것이다! 인간은 자신이 유용하다고 찾아내는 모든 것을 즉시 죽음을 향해 돌려놓을 수 있다. 생명의 근원이자 혼돈에서 창조를 나오게 하신 이와 분리된 이래 인간을 근본적으로 특징짓는 것은 바로 무를 향한 이 열정('원죄'나 무슨 '악' 그 이상으로)이다. 그는 달리 될 수 없다. 그런 이유에서 나는 '위험한 범죄자'라는, 수치스러워 보이는 표현을 사용한 것이다. 물론 인간은 내가 방금 지적한 의미에서 이것만은 아니라 이것도이다. 이것은 하나의 성품을 특징짓는 말이 아니라, 그의 존재를 체험된 표현으로 특징짓는 말이다. 이것은 한 번의 언급으로 충분하다! 바로 이곳이 그리스도인에게 모든 난관이 있는 곳이다!

하나님으로부터 분리된 인간이 혼돈에 그의 모든 뿌리를 내리고 있을진대, 그가 정신분석학이 밝혀 주는 권세에 사로잡혀 있을진대, 그가 파괴를 향하고 있을진대, 어떻게 그가 '바른 사용'을 행사할 수 있겠는가! 프로이드의 분석은 계시를 통한 이런 인간 발견과 어긋나지 않는다. 결과적으로 이 인간을 해방시킨다는 의미가 무엇인가?

그것은 위험한 동물을 자유롭게 놓아두는 꼴이다!

이런 이유에서 정치 권력과 관련된 전통적인 기독교 교리는 권력의 한계와 억제의 성격을 주장했던 것이다. 정치 권력이란 인간에 의해 풀려난 악의 최종 결과들을 피하도록 하나님이 주신 것이다. 정치 권력은 하나님의 종이다. 왜냐하면 그것이 인간으로 하여금 살인자, 도둑, 간통자 등이 되지 못하게 막기 때문이다. 이 정치 권력이라는 장벽이 없을 경우 인간은 언제고 그렇게 될 수 있을 것이다.

칼뱅은 권력이 있는 이유가 인간들이 서로에게 사나운 짐승과도 같기 때문이라고 말한다. 칼뱅은 말하기를, 이 사실로부터 분명한 것은 권력은 권위주의적이어야 한다는 것이다. 오직 국가만이 상황이 재앙으로까지 나아가는 것을 막을 수 있으며, 국가만이 인간들 사이에서 정의를 분배할 수 있다. 인간들 스스로는 단지 불의를 행할 수 있을 뿐이다. 만일 국가가 없다면, 인간들은 사회를 혼돈에 빠뜨리고 세상을 파괴할 것이다. 이런 이유에서 칼뱅은 무정부 상태보다는 전제적이고 독재적인 국가가 더 낫다고 분명하게 밝힌다. 이런 무정부 상태에서는 극도의 악이 횡행할 것이기 때문이다. 아주 놀랍게 보이는 것은 바르트(우리는 그의 국가 이론이 매우 다른 데 기초를 두고 있음을 안다)가 결국 정확히 이런 개념에 합류한다는 것이다. "하나님은 위대함에 목말라하는 인간, 그 유해한 권력 의지가 현 세기의 모습을 특징짓는 인간을 고려하신다. 그분은 인간을 스스로 현자로 여기게 하는 지성, 결코 갱신되지 않는 지성이 보여주는 위험을 측량하신다. 그분은 인간들이 서로 잡아먹기를 원하지 않으신다. 왜냐하면 이런 일은 그들이 어떤 존재인지를 생각할 때 일어날 수 있기 때문이다. 로마서 1:24, 28에 따르면, 하나님은 탐욕에 빠진 인간들을 그들 자신에게 내맡기지 않으시고, 그들의 열정이 하나님을 배제한 채 그들 자신들을 이끌고 갈 완전 파멸을 막으신다. 하나님은 오래 참으신다. 하나님은 실패한 인류에게 당신의 은혜를 인식할 기회를, 당신의 공동체에게 이 은혜를 선포할 기회를 주시고자 하는 것이다. 바로 여기서 정치적 권위가 나온다. 이것은 검의 질서이고 강압과 공포에 의해 보장되는 질서다. 이것은 정확히 자신의 은혜가 아직 알려지지도 찬양되지도 않는 곳에, 그리고 복종이 발견되지 않는 곳에 하나님께서 정하시는 목적 때문이다. 여기서는 검, 강압, 공포가 지배해야 한다."[42]

그러므로 우리는 이 주목할 만한 구절에서 정확히 동일한 방향을 발견한다. 즉 인간이 악의 최종 한계인 파멸까지 가는 것—인간을 인간 스스로에게 넘겨줄 경우 인간은 그렇게 할 것이다—을 막기 위한 강제와 법이다. 물론 나는 이 분석의 기독교적 진실성을 인정하지만, 이런 국가의 권위에 굴복하고, 예속 상태가 되며, 소외되는 것이 인간에게 선이 아니라는 생각을 금할 수 없다. 왜냐하면 우리가 이런 분석에서 국가 권력이란 법치국가 내지 사법적 존재라는 이론적이고 추상적인 권력이 아니라, 다른 인간들에 대한 인간들의 매우 구체적이고 실제적인 권력임을 늘 망각하기 때문이다. 그렇다면 내가 이러한 정치적 인간들의 탁월함을 특별히 신뢰할 이유가 무엇인가?

하지만 문제는 여전히 통째로 남아 있다. 나는 독립의 증대가 인간에게 있어서 그 자신 안에 있는 악의 유포의 증대라는 사실에 전적으로 동의한다. 나는 몇 가지 사소한 현대의 사례를 들겠다. 모든 국가에

---

42) K. Barth, *Dogmatique*, IX, 220.

서 사람들은 개인 무기들(스위스와 이스라엘의 경우 군사용 총기를 제외하고!)과 독극물 재량권을 개인에게서 압수해야 한다고 여겼다. 이런 것들이 아무나의 손에 넘겨지는 것은 살인 성향을 돕는 일이었다. 이것은 사실이다. 1960년에(경찰이 없는 곳에 범죄자도 없다는 유명한 이론과는 반대로) 파리에는 17세기 말에 발생한 살인의 약 3퍼센트만이(물론 주민 수와의 비율로) 있었다. 그런데 무기와 독극물을 개인들로부터 압수하는 것은 분명히 자유를 제한하는 일이다. 아랍인에게서 단검을 압수하는 것은 그에게서 명예와 남성다움을 제거하는 일이다.

그런데 이런 자유의 사용이 구체적으로 보인다. 1966년 잡지 「자동차 L'Auto」는 "속도 제한은 운전자의 자유를 침해하는 것"이라는 표지 제목을 달았다. 물론 그렇더라도 시속 80킬로미터에서 일어나는 사고가 드물게 치명적이라는 것과, 시속 200킬로미터에서 일어나는 사고는 언제나 치명적이라는 것을 인정하지 않으면 안 된다. 운전자의 과속의 자유 행사는 엄청나게 위험하다. 이것은 권총 소지가 제기하는 문제와 정확히 동일한 문제다. 파리 경찰이 조사한 최근의 통계는 '셀프 서비스' 제도가 '소매치기'의 수를 늘렸음을 보여주었다. 이 제도를 시행하는 상점에서는 다른 상점에 비해 절도가 10배 많았다. 이와 같이 스스로 이용하는 손님에게 주어진 자유는 사실상 경범죄의 증가로 나타난다.

이에 대한 한 가지 놀라운 예증은 '마약' 문제와 더불어 주어진다. 특별히 LSD 25의 경우 그 힘은 개인의 잠재력을 열 배로 늘리고, 그것을 다 쏟게 하며, 개인별 적용의 억지력을 뛰어넘게 할 정도다. 그러므로 그것은 근본적으로 위험하고 파괴적이며, 인간에게 해방도

'초인'으로 가는 방법도 아니다. 이 문제를 가장 잘 알고 있던 사람들 가운데 한 사람의 말을 들어보자.43) "침울한 일상의 현실에서 모종의 행복, 존재 이유, 살아서 자기 자신을 건설할 힘을 찾을 수도 없었고 찾을 줄도 몰랐던 사람이라면 이 땅에서 그것들을 찾을 수 없을 것이다. 리제르그 산(酸)44)은 바보들을 부조리와 몰이해의 거대 사막에 떨어뜨릴 것이며, 신경쇠약 환자를 그의 초라함의 강렬한 빛에 혹은 악순환 속에 떨어뜨릴 것이며, 억눌리고 억압된 자를 갈등으로 견딜 수 없는 건물 밑에 둘 것이다. 하지만 누가 그의 신경쇠약 증세를 인정할 것이며, 누가 그의 초라함, 그의 갈등의 부조리한 성격을 인식할 것인가? 누가 스스로를 불쌍하게 보도록 도우며, 아니면 다만 실제로의 모습 그대로 보도록 돕겠는가? 인간의 모험들 가운데 가장 무모한 것들 중 하나를 시도할 준비가 되었다고 스스로 밝히는 자들조차 힘든 마지막 시기의 불안, 감정적인 스트레스 혹은 치통을 겨우 버틴다.

누가 약간은 웃기는 감정을 느끼지 않고서 의심할 수 없는 현실의 거의 견디기 어려운 조명 속에서 돌연 벗겨지고, 찰과상을 입고, 전신 해부된 자신을 발견할 준비가 되었다고 단언할 수 있을까? 누가 여섯 시간 동안의 비정상적인 돌출 행위—다른 곳에서 5년 간의 정신분석이 천천히 내보이는—를 견딜 수 있겠는가?

기독교 용어로, 죄에 사로잡힌 자 외에 아무것도 아닌 이 인간에게 힘과 자유를 주는 것은 그 자신에게와 다른 사람들에게 위험이요,

---

43) Borg, *Le voyage de la drogue*, 1970.
44) [역주] 쌀보리 맥각에 함유된 알칼로이드가 변질되어 생기는 산.

재난이다.

문제는 여전히 남아 있다. "누가 이 자유를 행사하게 되는가?" 만일 우리가 인간이 선하고, 분별력이 있으며, 자신을 통제할 수 있고, 신뢰할 수 있으며, 성숙한 존재라고 생각한다면, 그에게 자유, 전적인 자유가 주어지는 것은 당연한 일이다. 그러나 우리가 죄란 단지 영적인 문제가 아니고 행위로 표현된다는 사실을 인정한다면, 또한 우리가 은혜가 인간에게 구원의 약속을 주지만, 오직 그 은혜 주시는 자를 믿는 믿음만이 행위를 바꾸는 열매를 맺을 수 있음을 인정한다면, 믿음 밖에서 자유를 증가시키는 것은 단지 악을 행할 가능성을 증가시키는 것이다.[45]

우리가 프로이트나 심지어 마르크스가 행한 분석(마르크스의 분석에 대해서는 포이에르바흐의 비평을 볼 것)을 고려하더라도, 이 평가는 동일하게 남는다. 자유를 증가시키는 것은 여섯 살짜리 어린아이에게 기관단총을 쥐어주는 것과 같다. 왜냐하면 이 자유는 궁극적으로 힘의 증가이기 때문이다. 이것이 우리 사회의 진정한 문제다. 기술은 우리의 수단들, 외면적 행위 수단들의 무한정한 증가를 가져다준다. 요구되는 자유는 이러한 수단들의 영역에서다. 현대인에게 있어서 자유를 표현하는 행위 수단들은 본질상 열정, 본능, 사회 환경 혹은 욕구로부터 자유롭지 못한 인간의 수중에 놓여 있다. 그에게 지배권이 부여되지만, 권력은 스스로에게 자유가 없는 자에 의해 행사된다. 그는 마치 원시 로마에서의 노예와 흡사한 바, 이 노예는

---

[45] 심지어 믿음 안에 있는 자유마저도 그리스도인들을 타인에 대한 끔찍한 결정으로 이끌기 때문에 더욱 그러하다.

일 년에 하루 전권을 부여받고 무엇이든 명령할 수 있었지만 여전히 노예였던 것이다.

오늘날 사람들은 자유란 인간에게 자아 재량권(다시 말해서 자신의 몸이나 지성에 대해—일례로 피임 문제—원하는 대로 할 권리)이나, 사물에 대한 지배권(기계 기술과 계획 기술의 총체), 혹은 심지어 궁극적으로 타인에 대한 지배권(자아 재량권과 반대되는 인간 기술)에 있다고 여긴다. 그런데 매우 흥미로운 것은, 우리가 이런 현대적 경향에서 전통적인 자유주의에 대한 순수하고도 단순한 메아리를 발견하고 있음을 확인한다는 사실이다. 사람들은 늘상 말하듯이 피임에 대해서도 말한다. "여성에게 그녀가 아이를 원할 때를 스스로 결정하고 선택하도록 허용해야 한다. 그것은 그녀의 책임이다. … 이것은 여성에게 자유의 수단이다." 이것은 정확히 19세기의 자유주의 경제학자들이 기업가의 자유와 책임에 대하여 내세웠던 것과 동일한 주장이다. 이것이 자본주의로 이끌어 갔던 것이다.

나는 이렇게 주장되고 요구된 자유들에서 더 나은 결과들을 기대할 수 있으리라고 생각하지 않는다. 왜냐하면 그것들은 항상 (그리스도 안의 자유와는 정반대로) 힘을 행사하는 자유이기 때문이다. 이것은 결국 우리 시대의 유일하게 진실한 윤리적 문제를 우리 앞에 제기하는데, 그것은 다음과 같이 표현될 수 있다. 즉 과학 지식과 기술 수단의 증대는 두 가지 관점에서 새롭다는 것이다.

먼저, 인간은 점점 의식하게 된다. 전에는 신비스러웠던 현상들이 이제는 드러나고, 전에는 점진적인 적응과 본능에 의해 자발적으로 이뤄졌던 조정이 이제는 지식과 체계적인 개입에 의해 의지적으로 얻어지게 되며, 전에는 본능의 영역이었던 것이 이제는 더 이상 본능적이기를 그치고 의지적이고 계산적이 된다. 이제 우리는 엄청난 무의식의 상황들에 대하여, 그리고 전에는 경험하기는 했으나 생각하지 못했던 문제들에 대하여 자각하게 되었다. 결혼, 자살, 복종, 출산율, 사회적 금기는 즉흥적인 사고의 영역에 속했으나, 지금은 문제들이 되었다. 다시 말해서 그것들에 대해 인간이 답을 구하지 않을 수 없게 되었다는 말이다. 이 의식, 자각의 증가는 우리를 점점 상당한 난관으로 이끌어 가지만, 우리는 이것이 불가피한 길이라는 것과 동시에 이 난관으로 들어가는 것이 인간의 영예라는 것을 말할 수 있다.

이것에 두 번째 양상이 첨가된다. 즉 기술은 우리의 힘을 무한정하게 증가시켰고, 우리는 실제로 모든 일을 할 수 있다는 것이다. 그러나 이 무제한적인 힘이 한계들에 대해 파괴적이지 않은가? 다시 말해서 우리가 자유를 한계들의 작용으로 특징짓는다면, 내가 보기에 근본적인 사실은 인간이 힘이라는 자신의 수단으로(자유의 행위로가 아니라 위반의 행위로!) 도덕적 선택이나 윤리적 결정과 결코 무관하지 않은 채 그 한계들을 제거한다는 것이다. 힘의 증대는 이런 결과에 도달할 뿐만 아니라 가치들을 제거한다. 왜냐하면 가치란 제한된 수단의 상황 속에서만 존재하기 때문이다. 한 국가가 전권을 장악할 때, 정치에서 선과 악 사이에, 정의와 불의 사이에 더 이상 아무런 구분도 없게 된다. 가치란 오직 상관성에서만 의미와 중요성을 갖는다. 어떤 종류건 권력 저편에는 더 이상 가치가 없으며, 힘의 무제한의 증대라는 무의미밖에 없다.

그러나 이 길은 자신의 발자국을 따라 되돌아올 수 없는 길이다. 만일 내가 말한 바와 같이 우리가 윤리적 문제 한복판에 있다면,

그것은 개인이 끊임없이 이중의 선택, 이중의 판단을 행사해야 하기 때문이다. 개인이 의식하게 된 뒤 단기적으로 취하는 유익한 행동의 선택은 결국 예상되는 진보의 장기적 차원에서 재앙이다. 그러므로 그는 자신의 재량에 속한 전 수단을 사용하지 않는 선택을 해야 한다. 그런데 자유의 증대는 이 두 가지 대립에서 인간에게 전적인 책임을 부여할 것이다. 하지만 분명히 그는 자신에게 맡겨지는 역할을 조금도 수행할 능력이 없다. 만일 이 문제가 핵심적인 것이라면, 인간은 이 길을 따라가고 이 대립에서 답을 찾을 만한 아무런 힘도 성취하지 못했다. 이와 같이 인간의 자유를 증대시키는 것은 한편으로는 악 가운데서 자신의 자율성을 증대시키는 것이고, 다른 한편으로는 인간을 그의 유일한 책임감과 더불어 우리 시대의 윤리적 문제—오늘날 유일하게 진정한 윤리적 문제인—의 엄청난 난관 속에 놓아두는 것이다. 그리스도인은 어렵게 이 문제를 해결할 수 있다.

5. 결론

우리는 지금까지 사실상 독립과 자율에 불과하고 재난—이전보다 더 심한 노예 상태이든, 악의 권세를 위한 독립 행사이든, 한계와 가치의 상실로 인한 바벨의 혼란인—으로 귀결될 뿐인 자유를 향한 개인적 내지는 집단적 운동들에 참여하지 말아야 할, 무한히 심각한 모든 동기들의 분석을 시도했다. 그러므로 합리적인 결론은 그리스도인들의 윤리가 독립운동들을 억제하는 데로만 그들을 이끌어야 하며 (내가 보기에 이것은 불가능한데, 왜냐하면 그럴 경우 그들은 인간을 억압하는 세력에 서게 될 것이며, 발생할 악을 우려하여 현재의 악을 위해 행동할 것이기 때문이다), 최소한 전혀 아무것도 하지 않는 데로 이끌어야 한다는 것이다. 그러나 믿음, 성령의 인도함, 예수 그리스도 안의 계시는 합리적인 현상들이 아니며 합리적인 행위로 이끌어 가지 않는다. 앞서 내가 말했듯이, 그리스도 안의 자유는 사랑을 향하여 방향이 맞추어져야 한다. 그런데 이것은 단순하고 직접적이며 즉각적인 감상적 성격과 관련되지 않는다. 인간을 있는 그대로 소중하게 여겨야 한다. 우리가 배운 것은 궁극적으로 인간을 활기 있게 하는 것이 자유를 향한 그의 긴장이라는 사실이다. '자유로운 상태'가 아니라 '자유롭기를 원하는 것' 말이다. 분명 인간이 자유를 건드리고 진정 자유롭기 위해 위험을 무릅쓸 때마다, 그는 공포 때문에 유사 모험과 유사 책임감 앞에서 뒤로 물러난다. 우리는 이것이 그리스도인들의 경우에도 발생하는 것을 보았다. 하지만 설령 인간이 자유를 거부한다 하더라도, 그는 여전히 자유롭고자 하는 요구와 자유를 얻고자 하는 의지에 사로잡혀 있다.

   이 사실에 대한 현대의 연구 결과들을 예로 들자. 먼저 파블로프[46]가 목적과 자유의 반사 작용이라고 부르는 것이 있다. 동물은 이런 '반사 작용'을 갖지 못할 때 죽는다. 파블로프는 인간의 경우 자살이 이 목적과 자유의 반사 작용의 상실에 기인한다고 본다. 이것은 마르크스도 동일하게 인정하는 것이다. 마르크스는 인간이 자신의 역사를 만들어 감으로써, 그리고 자신의 삶의 조건들에 대해 행동함으로써

---

46) [역주] Ivan Petrovich Pavlov(1849-1936). 러시아의 과학자로 조건반사의 개념을 발전시킴.

자아를 형성해 간다고 말한다. 바로 여기에 정확히 인간의 자유가 있으며, 만일 인간이 프락시스를 통한 이런 행위의 가능성을 상실할 경우, 그때 그의 삶이나 역사는 아무런 의미를 갖지 못한다.

이것이 또한 현상학자들과 실존주의자들이 투기의 측면(dimension du projet)이라 부르는 것이기도 하다. 여기서 다시 인간의 모든 삶이 투기(投企) 안에서 살 가능성에 있음이 매우 구체적이나 형이상학적이지 않은 방식으로 증명된다. 분명 이 투기가 웅대할 수도 또는 보잘것없을 수도 있지만, 이것 없이 삶은 가능하지 않으며, 그때 인간은 인간이기를 그친다. 투기란 매우 정확하게 자유를 출구 없이 닫힌 상황으로 개입시키려는 요구다. 투기란 닫힌 문과 정반대다.

마지막으로, 이 문제에 관한 훌륭한 연구서에서[47] 저자는 계획 의지야말로 인간을 자연의 다른 부분들로부터 구별하는 인간의 시간적 측면이라고 말할 수 있었다. 인간에게 있어서 문제는 계산된 자기 지배력을 확신함으로써 자신을 둘러싸고 있는 미확정의 후광을 몰아내는 일이며, 이를 통해 이 계획이 인류의 행동의 자유를 풍성하게 한다. 이 분석(내가 첫 연구물인 「원함과 행함」을 매우 간략하게 요약하고 있는)은 내가 위에서 지적한 바와 같이 힘과 자유가 아주 밀접하게 연결되어 있음을 보여준다. 인간은 오직 힘에 의해서만 자유를 획득할 수 있다. 세상에 대한 힘은 인간의 요구되는 자유의 도구일 수 있다. 인간을 특징짓고 세상의 다른 피조물들과 차별화시키는 것은 바로 이 수단과 목적의 총체다. 이것이 인간의 특수성이다.[48]

---

47) Jung et Mundt, *Modelle für eine neue Welt: Der Griff nach der Zukunft, Plannen und Freiheit*, 1965.
48) 하지만 이 연구서는 사회와 인간 자체가 계획의 대상이 될 때 계획이 자유를 파괴하

그러므로 만일 자유에 대한 의지가, 어떤 면으로 보든 인간을 특징짓는 것이요, 인간 존재의 본질적이고 실존적인 조건이라면, 그때 그리스도인들로서 우리는 이 자유의 의지를 결여할 수 없다. 설령 그것이 근본적으로 그리고 근원적으로 애매하게 이끌린 하나님에 대한 반역 의지와 관련된다 하더라도, 사랑 때문에 이 자유 욕구를 결여할 수가 없다. 예수 그리스도가 모든 인간을 사랑하신 그 사랑과, 그분이 우리에게 서로 사랑할(즉 교회 안에서) 뿐만 아니라 이웃을 사랑하라고(다시 말해서 장애물이자 원수) 명령하시는 그 사랑 때문에 말이다. 우리는 자신의 자유를 얻기 위한 인간의 거센 노력 앞에서 방관자로 머물 수는 없다.

이 글을 쓰면서, 나는 윤리 연구의 서론격인 책49)에서 인간의 도덕들에 관해 말한 모든 것에 의거하고 있다. 인간 도덕들은 불복종의 소산이며, 하나님과의 분리에 따라 형성되었고, 결코 선을 표현하지 않으나, 그럼에도 불구하고 아무것도 아닌 것은 아니다. 그것들이 공허한 것으로 전락되어서는 안 되기 때문에, 그리스도인들로서 우리는 그것들이 하나님의 의지에 직접적으로 반대되지 않는 한 그것들을 받아들이고 따라야 한다.

여기서도 마찬가지다. 이 자유의 의지라는 모든 악한 동기에도 불구하고, 우리가 확인하는 모든 악한 결과에도 불구하고, 그것을 동반하는 모든 거짓—왜냐하면 인간은 자신의 삶의 전부가 거기에 관련되어 있다고 평가하고 판단하기 때문에—에도 불구하고, 우리는

게 된다고 덧붙인다. 그때 우리가 위에서 지적한 경향이 생긴다. 즉 자유를 향한 운동이 결국 현실화될 때 새로운 소외가 발생한다는 것이다.
49) 「원함과 행함」을 가리킴.

우리 자신의 자유 때문에 이 길을 가는 사람과 동행하지 않을 수 없는 것이다. "율법 없는 자에게 나는 내가 하나님께 율법 없는 자가 아니요 도리어 그리스도의 율법 아래 있는 자나 율법 없는 자와 같이 되었다!"(고전 9:21). 그러므로 우리 그리스도인은 우리의 자유 가운데서 자신의 자유를 위해 애쓰는 인간의 노력에 참여해야 한다.

하지만 이미 내가 말한 바와 같이, 물론 이 참여는 무조건적인 것이 아니다. 여기에는 세 가지 유보가 있는데, 이것들은 까다롭고 이상한 행동으로 이끌어 간다.

(1) 먼저, 나는 내가 정치 운동들의 '수단'에 대해 그것을 일반화시키면서 언급했던 것을 상기시키련다. 자유를 향한 노력이 어떤 것이건 간에, 우리는 그 수단을 엄격히 비판해야 하며, 거짓되고, 불의하며, 잔인한 수단—인간의 사악함이 터져 나오는—과 결탁하기를 절대적으로 거부해야 한다. 왜냐하면 이 수단은 어떤 자유도, 심지어 어떤 진정한 독립도 표현하지 않으며 결코 자유로 이끌어 가지 않기 때문이다.

(2) 두 번째로, 이렇게 참여하는 그리스도인은 기획된 운동이 장기적으로 무엇을 의미하는지를 평가해야 한다(이것은 감시병이라는 그의 역할의 적용일 뿐이다). 나는 이것이 그리스도인의 본질적인 기능이며, 자유 운동에의 참여의 가치 그 자체라고 믿는다. 그의 역할은 장기적인 결과들은 '예측'하는 것이다. 이 점에 있어서 나는 푸라스티에(Fourastié)가 도덕적 삶에 내린 놀라운(한계가 있긴 해도!) 정의를 상기하고자 한다.50) "그것은 장기간의 오류들을 야기하는 단기간

---

50) Fourastié, *Idées Majeures*, 1965, p. 190.

의 충동들을 인식하고 극복하기 위한 어렵고도 불확실한 노력이다."

그런데 어떤 독립 운동에서든지, 우리는 언제나 단기간의 사건, 행동에 빠진다(예견이 시도될 때도!). 다시 말해서 실제로 현실 여론, 열정, 확산되는 반응, 군중의 충동질, 집단 열광의 총체 속에 빠진다는 말이다. 혁명 운동이 우선적으로 이렇다는 것을 알아야 한다. 이 소란의 한복판에서 우리는 단기적으로는 적법하게 보이나 장기적으로는 결국 재난이 되는 것이 무엇인지를 평가해야 한다. 이것이 쉽지 않은가? 그리스도인의 삶이 쉽다고 누가 말했던가? 만일 우리가 극도로 어려우나 전적으로 필수 불가결한 이 영역의 임무—모종의 기술적 능력과 커다란 영적 대담성을 동시에 전제하는—를 수행하지 않는다면, 우리가 어떻게 다른 사람들을 섬길 수 있겠는가?

우리가 자유 운동을 통하여 사람들에게 줄 수 있는 봉사는 그 운동이 궁극적으로 어디로 이르게 될지에 대한 개연성을 그들에게 보여주는 것이다. 만일 우리가 대세를 따르는 것으로 만족한다면 참여가 무슨 소용이겠는가? (프랑스에 거대한 사회주의 흐름이 있을진대, 다른 이들과 같이 훌륭한 소수의 사회주의자가 되는 것이 무슨 소용이겠는가!). 그럴 경우 우리는 많은 수 가운데 하나이며, 백만 명 가운데서 내는 하나의 동일한 목소리다. 그러므로 우리의 입장에 머물자! 우리의 유일하고 진정한 역할은 우리가 참여하고 있는 것의 장기적인 의미를 진지하게 검토하는 것이다.

(3) 세 번째로(이것은 아마도 큰 스캔들로 나타날 것이다!), 우리가 참여한 운동이 성공한 후에도 자유를 향한 노력을 멈추지 말아야 한다는 것이다. 사실상, 내가 앞서 말한 바와 같이 역사적으로 그리고 사회학적으로 독립을 위한 인간의 모든 노력들은 잘 될 경우 변화는

되지만 자유롭지 않은 상황에 이르며, 최악의 경우 예속 상태의 증대(게다가 다른 인물들을 목표로 삼을 수 있다)에 이른다. 그때부터 우리가 진정 사랑으로 행했는지, 우리가 진정 그리스도 안의 자유를 증거하기 위함이었는지를(무슨 터무니없는 정치적 열정도 아니요, 이 사람이 저 사람으로, 이 계급이 저 계급으로 바뀔 때 자유를 위한 큰 진보가 있을 것이라는 유치한 확신도 아닌) 묻게 된다. 그러므로 이것은 어쩌면 우리가 성공하도록 도왔던 우리의 이전 친구들에 대하여 등을 돌리게 된다는 것을 의미한다. 이것이 바로 스캔들이다!

여기에 독재가 있다고 하자. 우리는 해방운동에 참여한다. 왜냐하면 인간은 독재에 굴복되기를 원하지 않는 것이 당연하기 때문이다. 이 운동이 성공할 경우, 그때 우리는 파괴된 체제의 모든 옛 지지자들에 대한 기소, 처형, 숙청에 참여하게 된다. 그런데 그리스도인들로서 우리는 저질러진 잘못이 어떠하든 간에 즉각 이 패자들의 편에 서서 처음 피억압자들 편에 서게 했던 그 동일한 사랑과 용서의 이름으로 그들을 보호하고 구해야 한다.

제3세계의 모든 독립 운동들이 보여준 것처럼, 무너진 독재, 패배한 식민주의는 이내 새로운 독재(독재자에 의해서건, 체제의 체계화와 합리화에 의해서건 이전의 독재보다 더 심한!), 새로운 식민주의(일례로 프랑스나 영국의 식민주의를 대신한 중국, 미국 혹은 러시아의 식민주의)로 대체되었다. 그 순간 우리 그리스도인들은 새로운 전투로 들어가야 하며, 인간이 중단해서는 안 되는 행진을 되풀이해야 한다. 설령 우리가 아는 대로 관련된 문제가 궁극적으로 자유가 아니라 자유라고 믿는 것에 불과하다 할지라도 말이다.

물론 문제는 이전 지배자들에게 그들의 권력을 되돌려주기 위한 투쟁이 아니다. 관건은 다만 새로운 피억압자들을 다시 옹호하는 것일 뿐이다. 결코 옛 상태로 되돌아갈 수는 없다. 그럴 경우 우리의 태도는 배반과 불충의 비난을 받을 것이며 세상의 빈축을 살 것이다. 우리가 충성스럽게 예수 그리스도께 이러한 종류의 문제에 관여한다면, 우리는 다른 방도가 없음을 알아야 한다. 우리의 동업조합에서 이런 자유야말로 우리의 참여의 결정적인 조건이다. 만일 우리가 이런 단절과 방향 전환을 수행할 수 없다면, 만일 우리가 매 순간 진정으로 약자들(일례로 1921년에 소련의 지주들은 약자요 실제적인 가난한 자들이었으며, 마찬가지로 1948년 이후 헝가리, 루마니아 그리고 체코슬로바키아의 중산 계급이 그랬다)과 함께 할 수 없다면, 그때 우리는 결코 그리스도의 자유의 증인들이 아니며, 우리 자신도 자유롭지 않고 다만 우리의 사회학적인 조작을 표현할 뿐이다. 또한 우리는 우리의 믿음이 그리스도에 대한 믿음이 아니라 우리가 추구하는 정치·사회적인 목적에 대한 신념임을 드러낸다. 우리는 그 목적에 너무도 집착하여 그 결과야 어떠하건 간에 눈을 감아 버린다.

이렇게 함으로써 우리는 우리의 임무를 추구하면서 그것에 머물러 있을 수는 있으나, 경건한 표현의 사용을 그치고, 우리가 그리스도인이라고 말하기를 중단해야 하며, 언행을 일치시켜야 하고, 더 이상 그리스도의 자유의 이름으로 인간의 독립을 위해 싸운다고 주장해서는 안 된다. 명백한 동기―우리가 제시하게 될―와 더불어 가져올 이 질서의 방향 전환은 우리가 세상에 줄 수 있는 그리스도 안에서의 자유에 대한 가장 진실한 표징이다. 그러나 참여하기에 앞서, 각자는 이런 시련―성령께서 적당한 때에 자신을 그곳으로 인도하실―의 순간이 올 때 그것을 인간적으로 견디어 낼 수 있을지를 알기 위하여

자기 자신을 검증해야 한다.

　이와 같이 자유를 향한 인간의 모든 노력에 참여하면서 그리스도인은 끊임없이 그것을 상대화시키고, 그것이 매우 중요하지만 가장 중요한 것이 아님을 상기시켜야 한다. 그는 시도하려는 기획의 중요성을 올바로 판단해야 하며, 그것을 절대시하는 데로 빠져서는 안 된다(마치 그리스도인이 인간의 뜻을 주장하면서, 자신이 행하는 것에 절대를 부여할 하나님의 뜻을 추구함으로써 절대시하려는 유혹을 받듯이!). 그는 결과가 필경 별거 아니며 어쩌면 기대에 어긋날 것임을 그의 친구들에게 경고해 주어야 한다. 나아가 십중팔구 새로운 예속 상태의 창출을 향해 갈 것임을 경고해 주어야 한다. 왜냐하면 모든 혁명은 독재를 만들어 내기 때문이다. 그는 정치운동들과 마찬가지로 여성 해방운동, 성년에 대한 청소년의 해방운동, 동성애자의 해방운동을 비신화화해야 하며, 인간의 자유, 인간 모습의 사회주의, 에로티시즘, 더 나은 미래 등의 이데올로기들을 거부해야만 한다. 마지막으로 그는 자유란 진공 상태에서가 아니라 장애물들과의 관계에서 존재한다는 것과, 장애물의 제거를 요구하는 것은 자동적으로 자유를 제거하는 것임을 끊임없이 상기시켜야 한다.

　누군가는 "하지만 그리스도인이 이렇게 한다면, 그는 그의 동료들에게서 모든 용기를 거둬 가고, 그들의 행동 기반을 제거하며, 그들의 의지를 약하게 한다"고 말할 것이다. 그렇다면 이렇게 말하는 것은 소위 이런 해방운동이 사실상 타인과 우리 자신을 노예로 만드는 헛된 환상의 운동—잘못된 근거와 그릇된 선의에 기초한—임을 인정하는 것이다. 그것은 정의와 권리를 위한 전쟁, 십자군 전쟁 등으로 되돌아가는 일이다. 만일 해방운동이 이런 비신화화와 접촉을 지지하지 않는다면, 그 해방운동은 완전히 거부되어야 한다. 그러나 분명 그리스도인은 진지한 행동과 확실한 결속과 무한한 헌신의 모범을 보이면서 스스로 철저히 참여하는 경우에만 이 증언을 담당할 수 있다.

그러므로 관건은 이미 발견된 이런 역할과 더불어 참여하고, 동시에 '아님'과 '예'가 되는 일이다. 마치 하나님이 모든 인간, 모든 사회, 모든 교회(그리고 모든 그리스도인!)의 활동에 '아님'과 '예'를 말씀하시듯이 말이다. 왜냐하면 만일 인간의 자유 충동에서 그가 단지 힘일 뿐인 자율을 획득한다면, 그는 이 힘을 타인을 억압하고 스스로 자아를 파괴하기 위해 사용할 것이며(이것이 아프리카의 신생독립국가들의 비극적인 경험이다!), 그리스도인으로서 우리는 이런 힘을 얻어 주는 일을 도울 수 없기 때문이다. 우리는 경계를 다변화해야 하며, 운동에 대항하여 싸우지 말고 운동의 방향을 바꾸며, 이 힘의 가능성들을 축소시키는 논의를 도입해야 한다.

하지만 만일 인간의 자유 충동에서 인간이 그를 억압하고, 억누르며, 타인이나 사회 구조(이전에는 '자연')에 좌우되게 하는 내적 혹은 외적 속박에서 벗어나는 경우라면, 그때 우리는 당연히 그를 돕고, 지지하며, 격려하고, 참여해야 한다. 물론 현실에서 이것은 결코 그렇게 명백하거나 분명하지 않다. 이것은 결코 단순히 힘의 정복이나 인간 '존엄'을 향한 노력이 아닐 것이다. 이 두 가지는 어쩔 수 없이 얽혀 있으며 때때로 혼동된다. 하지만 주요하게 보이는 요인들 가운데 하나는 언제나 있는 법이다. 이것이 내가 그리스도인의 참여가 아님과 예, 찬동과 거부, 경계와 착수, 추진과 억제 사이의 미묘한 게임이어야 한다고 말한 이유다. 이것은 전적으로 많은 통찰력, 사태에의 완전 개입, 큰 헌신, 희생, 봉사, 선한 믿음을 의미한다. 그렇다. 확실히 주님께 순종하는 그리스도인만이 사람들—이들과 함께 있고, 이들의 삶과 어쩌면 죽음을 돕게 될—로부터 인정받기를 기대하지 않고 자기 자신을 이러한 방식으로 내줄 수 있다.

9장

종교적 자유

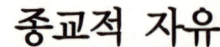
종교적 자유

　　자유롭지 못한 사람은 어쩔 수 없이 자유의 박탈자가 된다. 그는 타인의 자유를 지지하지 못하며, 반대로 자신의 이익을 위해서 타인의 자유를 깨뜨린다. 자유롭지 못한 사람은 스스로 해방되기를 바라지만, 바쿠닌(Bakounine)처럼 자기들 주위에 노예 인간들이 남아 있는 한 자유롭지 않다고 생각하는 사람들은 드물다. 우리가 이해하는 자유의 투쟁은, 심지어 외관상 그가 타인들의 자유를 떠맡은 경우에도 언제나 각자가 자신의 자유를 위해서 치르는 투쟁이다.

　　우리가 도처에서 예외 없이 본 것은 타 그룹의 예속 상태 위에 (개인적이건 집단적이건) 내 자유를 정착시키면서 [얻는] 개인적 정복의 잔인성이다. 그런데 그리스도인의 자유란 정확히 역의 태도로 향한다. 그리스도인은 자신의 자유를 위해 싸우는 것이 아니다. 왜냐하면 그는 그리스도 안에서 자유하게 되었고, 구체적 조건들은 결코 중요하지 않기 때문이다. 한편, 그는—인간이 요구하는 대로의—정치적, 경제적 권력 등에 대한 이 자유가 무시할 수는 없으나 환상적인 하나의 독립에 불과하다는 것을 안다. 그는 이 독립이 인간의 하나님과의 첫 결별의 연속인 한, 그것을 확보하기 위해서 싸워야 하는 것이 아니다. 우리는 신약의 전망에서 회심한 노예가 무엇보다 노예 상태를 중단하는 방법을 찾지 않는다는 것을 보았다. 그리스도 안에서 자유로운 그리스도인이 정치적이거나 경제적이거나 가정적인 자유를 추구해야 하는 것은 아니다.

이런 자유가 결코 첫 번째 자유(그리스도 안에서 얻은 자유)의 직접적이고 의무적인 결과가 아니다. 그러기에 나는 지체하지 않고 일반적으로 너무 오랫동안 다뤄진 것, 즉 종교적 자유의 문제를 취급하겠다. 선한 정부에 대한 정의(定義)가, 심지어 칼뱅이나 바르트에게서도 나올 수 있었던 것은 이상한 일이다. 마치 국가가 그리스도인들에게 주는 자유가 그토록 중요하기나 한 듯이 말이다! 하지만 종교적 자유를 정초시키기 위해서는 우리가 앞 장(章)들에서 말한 연구의 관점을 잠시 요약해야 한다.

기독교의 계시적 성격

우리가 이미 말한 것처럼, 중요한 것은 국가가 진정 세속적이며, 지적, 종교적, 교리적, 형이상학적, 의무적 진리를 강요하지 않는다는 것이다. 어떤 진리도, 심지어 기독교적 진리도 강요하지 않는다. 그 밖에 우리는 기독교의 특별한 지식이나 우리의 종교를 위한 자유를 요구해야 하는 것이 아니다. 이 자유는 정확히 그리스도 안에서 주어진 자유로 말미암아 보증된다. 국가가 방해해서는 안 된다는 것, 이것이 우리가 최고로 요구할 수 있는 전부다.

어째서 국가가 기독교의 신앙고백에 예외적이고 특별한 가치를 인정해야 하는가? 국가는 이럴 자격이 결코 없다. 국가는 신학자도 아니며, 진리에 대해서 판단해야 하는 것도 아니다. 만일 우리가 그리스도를 믿고 예배를 실행하도록 허락된다면, 그것은 일반적인 명령의 결과요, 시민의 집단적 자유와 정치적 평온에 대한 공통된 상황의 결과이며, 공적 질서의 결과일 뿐이다. 그리스도인으로서 우리는 정확히 모든 사람들에게 놓여 있는 운명을 나눠 져야 하는 것이다. 그리스도인의 자유는 결코 국가나 혹은 어떤 종류의 사회적 힘이 허가하는 특권에 위치할 수 없다. 그리스도인들이 그들의 종교적 자유를 요구할 때, 그들은 오해와 타협이라는 운명적 순환으로 들어간다. 종교적 자유와 관련해서 국가가 인정할 수 있는 것은 무엇인가? 국가가 어떻게 진리와 예수 그리스도를 인정하겠는가? 국가가 어떻게 계시의 진정성을 인정하겠는가? 국가는 기독교와 모든 종교들 사이에 존재하는 공통된 성격들만을 인정하고 받아들일 수 있을 뿐이다.

그때부터 그리스도인들이 그들을 위한 종교적 자유를 국가에 요구할 때, 그들은 국가가 계시를 하나의 종교로 여기기를 요구하는 것이다. 분명 이 자유가 모두에게 인정될 때, 이것이 정상이고 위험이 없다. 기독교가 하나의 종교로 보이는 것은 합리적이고 정치적이며 휴머니스트적인 관점에서 정당하고 적법하다.

그러나 그리스도인들이 기독교를 위한 이 자유를 특권으로 자신들에게 돌리도록 주장할 때, 그때 비극이 시작된다. 그때 기독교는 종교가 되고, 따라서 어쩔 수 없이 이교화된다. 권력에 의한 기독교의 인준과 그것의 공식적 인정의 필연적 결과란 이런 것이다.

반대로 알아야 할 것은, 그리스도를 믿는 신앙이란 필연적으로 오해의 대상이라는 것과 예수 그리스도라는 진리가 정상적으로 거부되고 잘못 알려지며 박해받는다는 사실이다. 이 신앙이 용납되고 하나님께 드리는 예배가 수용될 수 있는 것은 공통된 질서 덕분이다. 그리스도인은 자유롭기 때문에 자신의 자유를 위해, 심지어 종교적 자유를 위해 치러야 할 어떤 전투도 없는 바, 이런 투쟁이야말로 모든 오류의 근원이다. 정치적 혹은 사회적 영역에서 그리스도인은 엄밀히 자신을 위해 요구할 것이라곤 아무것도 없다. 그러나 반대로 그는 타인들의 자유를 위한 투쟁에 들어가지 않을 수 없다. 그는 이것이 진정한 자유가 아니며, 영원히 그렇게 될 수 없다는 것과, 그것이 다만 가짜 자유 내지는 독립임을 잘 안다. 그렇지만 그것은 결정적 투쟁과 관련된다.

우리가 성경적으로 보는 것은 사람이 계속된 하나님에 대한 불순종과 거부를 통해 일어서기 불가능한 상황에 처할 때마다, 하나님은 새로운 상황을 없애지 않고(홍수 때를 제외하고!) 오히려 사람을 위해 그 상황을 살 만하게 만드시고 하나님 자신이 다시 사람에게 연락할 수 있는 길을 만드신다는 것이다.

그리스도인들이 그들의 하나님보다 더 질투적인 존재가 되어야 하는 것은 아니다. 그들은 그들의 정치가 아니라 하나님의 정치를 그분에게 이끌어 가야 한다. 그들은 어쨌든 언제나 인간의 손으로 실행되고 성취되는 이 전략으로 들어가야 한다. 인간은 하나님과의 결별을 통해서 자유롭게 되기를 원했고 [그 결과로] 하늘 아버지보다 훨씬 더 나쁜 주인들의 노예가 되었지만, 끊임없이 그의 자유를 쟁취하고 확인하기 위해서 진흙(mélasse)과 끈끈이(glu)와 유령 같은 안개와 신기루 속에서 한정 없이 싸운다. 우리는 인간이 결코 자유를 획득하지 못하고, 다만 순간순간 모종의 독립과 자율을 획득하리라는 것을 안다. 사람에게 일어나는 상황이란 이런 것이다. 물론 비록 그 상황이 하나님의 계시에 따라 측정해 볼 때 철저하게 나쁘고, 역사적 현실에 비춰 전적으로 거짓되다 할지라도 그것을 수용해야 한다!

인간은 자유롭게 되기를 원하는 데로 자신의 모든 정열을 쏟기 때문에, 그리스도인은 타인들과 더불어 이 해방의 시도에 참여할 수 있을 뿐이다. 왜냐하면 이제 이것이 하나님을 대적하는 시도가 아니고(결별은 이뤄졌고, 획득되었으며, 작동되고 있다), 오히려 인간이 처한 상황에서 그를 억압하는 모든 것이 언제나 사탄의 하나님 모방임을 자각해야 하기 때문이다. 인간이 볼 때 하나님은 사탄이 하나님을 비난하고 인간의 '눈을 뜨게 한' 순간부터 인간을 억압한 존재와도 같았다. 인간이 하나님과 결별한 순간부터(하나님은 정확하게 자신을 억압하지 않는 존재로 계시하시는데, 이는 그분이 결별이 일어나는 것을 허용하셨기 때문이다!), 그는 하나님을 흉내 내는 권세 앞에 무한정 있는데, 이 권세는 사탄이 하나님에 의해 세워진 것으로 묘사하는 메커니즘—하지만 사실은 사탄 자신이 만든 장치—에 따라서 자유를 제어한다.

종교적 자유를 위한 투쟁

그리스도인이 순복하도록 부름 받는 인간의 자유를 위한 투쟁에는 두 가지 양상이 있다. 하나는 내일은 결국 우리가 자율적이 될 것이라는 소망의 매우 단순한 양상이다. 여기서 그리스도인은 많은 환상을 가질 필요가 없지만, 그럼에도 불구하고 피 흘리는 독재를 자유롭고 허약한 체제로 대체시키는 것은 헛되지 않다.

다른 하나는 사탄의 하나님 모방, 다시 말해 주님의 자리를 차지하면서 억압하는 것에 맞선 투쟁이다. 사실 억압자는 대화를 속박으로, 계명을 죽은 율법으로, 국가를 독재로, 사상들을 이념으로, 신념들을 교리로, 경제 조직을 착취로 변형시키는 자다. 이 모든 것은 하나님의 일을 뒤바꾸면서 그분을 모방하는 억압자가 개입한 결과다. 이런 이유에서 그리스도인은 신앙의 독립을 요구해야 하며, 사람들이 믿는 것이 오류일 수 있음을 알면서 그들을 위해 오류의 권리를 요구해야 한다. 그렇지 않고서야 어떻게 사람들이 어느 날 사랑과 말씀을 통해 진리의 증거를 받아들일 수 있겠는가? 끊임없이 반복되는 투쟁이 있을 뿐이다. 바로 이 투쟁에 그리스도인들은 끊임없이 다른 사람들을 불러들여야 한다. 결과가 아무것도 아니요, 결코 얻어지지도 정착되지도 않는다는 것과 자유가 결코 주어지지 않으며 제도화되지 않는다는 것을 알면서 말이다.

투쟁의 순간만이 증오의 억압과 환상적인 독립 사이에서, 멸시된 독립과 믿어지지 않는 억압 사이에서 인간이 가장 자유에 가까이 접근하는 순간이다. 반영에 불과한 투쟁의 순간은 역사 속에서 끊임없이 야곱과 천사—미지의 인물 곧 하나님—의 충돌을 재현한다.

그렇지만 혼동해서는 안 된다. 이런 독립에서는 그리스도 안의 자유가 결코 태어나지 않는다. 이 자유는 그것 안에, 그러나 우리가 말한 차원과 더불어 모든 다른 것들을 모든 수준에서 내포한다. 반대로 그리스도 안에 있는 자유에서는 인간적 자유들의 어떤 연속성도 없다. 이 정치적이고 사회적인 인간적 자유들은 그리스도인의 자유를 위해 필요 조건이거나 선재적인 것들이 아니다. 게다가 그것들은 기호(signe)나 기표(signifiant)가 아니다. 모든 사람들의 독립의 쟁취를 위한 타인들 옆에 그리스도인들의 임재는 전적으로 사심 없는 것일 수밖에 없다. 왜냐하면 우리는 그런 자유가 아무리 인간을 위해 필수 불가결하다 하더라도, 그것은 환상적이며, 진실과는 다른 것이며, 장래도 소망도 없는 것임을 알아야 하기 때문이다. 이렇게 볼 때, 그리스도인이 어떻게 노예로 있는 사람을 사랑하지 않을 수 있겠는가?

그러므로 인간이 자신의 독립을 위해 투쟁에 참여한다는 것은 영적 수준에서 권세와의 싸움 속에 위치하며, 인간적 수준에서 이웃 사랑의 표현 속에 위치한다. 그러나 리얼리즘은 운명, 물질, 국가 그리고 계급을 향해 증가하는 자유에 대해 인간성의 승리라는 행진의 함정에 빠지지 않도록 우리로 하여금 조심하게 해야 한다.

종교적 자유의 네 가지 양상

바로 이런 문맥에서 우리는 종교적 자유에 대한 신학자들의 수많은 작품들을 요약할 것이다.[1]

---

1) 이 작품들은 두 범주로 모을 수 있다. 이 문제에 대한 철학적 영역을 연구하는 작품들(특별히 *L'herméneutique de la liberté religieuse*(1968)는 로마에서 카스텔리(M.-E. Castelli) 주재로 열린 회의의 논문 발표집으로서, 여기에는 카스텔리의 논문과 소망에 따른 자유에 대한 리쾨르의 논문이 있다)과, 정치적 문제와 관련된 작품들(특별히 WCC에 제출된 A. F. Carillo de Albornoz의 보고서와 그의 작품들인 *Le catholicisme et*

종교적 자유란 일반적으로 신앙 행위의 자유로—코스트(Coste)와 크랑(Cren)2)에서처럼—그리고 정치적 자유, 다시 말해 주어진 사회에서 권력이 개입되지 않은 채 행하기를 원하는 종교 실천의 자유로 이해된다.3) 이제 더 이상 단순히 견해의 자유와 관련되는 것이 아니라, 사람들이 바라는 종교를 공적으로 고백할 권리와 관련된다.

종교란 리쾨르의 말처럼 "문화적 숭고함(grandeur)이요 잘 알려진 공공의 힘"이다. "따라서 사람들이 요구하는 자유는 종교가 배타적 수익자가 아니기 때문에 더욱더 적법하다." 다시 말해 사람들은 자기 자신을 위해서(자신의 종교 행위를 하는 것) 뿐만 아니라 모든 사람을 위해서(각자가 바라는 이념을 갖는 것) 자유를 요구하는 것이 적법이다.

하지만 카스텔리(Castelli)가 분석한 내용(*Herméneutique de la liberté religieuse*, 1968)은 훨씬 멀리 간다. 그것에 따르면 이 자유의 양상들은 아래와 같다.

1) 우리가 타인의 신앙으로 여기는 것에 관하여 결과적으로 뒤따르는 신앙 행위의 자유와 관용.

---

la liberté religieuse(1961)와 *Le fondement de la liberté religieuse*(1963))로 말이다. 마지막으로, 당연히 핵심적 작품은 코스트(R. Coste)의 *Théologie de la liberté religieuse*(1969)로서 여기에는 이 주제와 관련된 모든 문제에 대한 연구가 명백한 방식으로 들어 있다.

2) Cren, "Liberté de l'actede Foi", *Lumière et Vie*, 1964.
3) 이 문제들은 특별히 1971년부터 나오는 잡지 *Conscience et Liberté*에서 연구되고 있다. 여기서는 종교적 자유에 대한 토대뿐만 아니라 여러 나라에 있는 종교적 자유의 구체적인 상황에 대한 연구도 발견된다. 예를 들어, 사회주의 국가에서의 자유와 가톨릭 국가에서의 자유 등이다. 마지막으로 우리는 이슬람교인들과 유대교인들과 그리스도인들 사이의 종교적 자유에 대한 Abbaye de Senanque 회의록을 마음에 둘 것이다. 거기에는 각자의 관점과 더불어 가장 미묘한 문제들이 넘쳐 흐른다. 이 회의는 G. Geffré가 주재했다(*La liberté religieuse dans le judaïsme, le christianisme et l'islam*, 1981).

2) 해석의 자유 : 변함없이 남아 있는 케리그마—예를 들어 계시 메시지인 "네 이웃을 사랑하라"는 이웃의 의미에 대한 추궁의 자유를 야기한다.

3) 학문적 조사가 본질 개념에 대해 제시하는 수많은 의미 가운데서 선택의 자유.

4) 전통 개념에 대한 판단의 자유 : 변함없이 남아 있는 전통과 그것의 현재 언어로의 번역은 종교적 자유의 행위다.

이 분석은 내게 결정적인 것으로 보인다.

[1] 이처럼 그리스도인의 자유의 관점에서 종교적 자유란 우선 자신이 선택한 교파에서 스스로 그리스도인이라고 주장하는 자유가 아니라, 각 사람이 스스로가 결심하는 이념, 종교, 철학, 무종교 등을 자유롭게 주장할 수 있어야 한다고 여기는, 본질적으로 타인들을 위한 자유다. 타인을 위한 이 자유는 첫 번째 자유[자신을 위한 자유]보다 훨씬 더 중요하다. 실제로 그리스도인들 자신의 종교적 자유와 관련해서, 그들은 우선 문제의 핵심이 그리스도인의 자유라는 것과 종교적 자유의 부재가 그들이 자유로운 것을 막지 못한다는 것을 언제나 상기해야 한다.

[2] 둘째로, 그리스도인들은 결코 사회에서 특권을 주장해서는 안 된다는 것이다. 달리 말하면, 그들의 종교적 자유는 모든 사람을 위한 종교적 자유의 표현과 결과일 수밖에 없다는 것이다. 따라서 타인들과 같은 위치에 놓이는 것 이상의 어떤 것도 바라지 않으면서 그들이 싸워야 하는 것은 바로 이 타인들의 자유이며, 그들이 이 요구를

해야 하는 것은 저들의 개인적 유익을 위함이 아니다.

게다가 이 모든 것은 권리와 의무에 대한 얀켈레비치의 놀라운 연구4)에 들어 있다. 그는 모든 사람들이 권리를 가지나, 윤리적 전망에서 나는 타인의 권리를 인정하고 옹호해야 할 의무가 있을 때만 내 권리를 주장할 수 있음을 명쾌하게 보여준다. "모든 사람이 권리를 갖는다. 그러므로 나도 그렇다…내 권리는 일반적으로 인간의 권리에서 추론된다…자신의 권리에 대해 확고한 사람은 마찬가지로 그의 내적 양심으로도 확고하게 믿는다. 확고하게 말하는 사람의 요구는 모든 무상성(無償性)과 독단으로부터 자신이 결백하기를 원한다…이 선한 양심은 태어나는 양심의 가책 의혹에 이르기까지 모순된다…."

그러나 정확히 이것은 나를 '정통의 정신' 밖에 위치시키며, 그때부터 나는 "나를 제외한 모두가 권리를 갖고 나는 의무만을 가지며, 모든 권리는 너에게 있고 모든 책임은 나에게 있다"는 것을 의식하는 데로 이끌린다.

"모순 중의 모순은—선한 양심의 경건한 위선으로 다시 빠지기를 원치 않기 때문에—이렇게 요약된다. 선험적, 그리고 이론적으로 나는 권리(이것은 사회적 상호성과 사법적 객관성으로 구성된다)를 갖고 있으나, 엄밀히 말해서 궁극적으로 나는 아무런 권리를 갖지 못한다." 이것이 나로 하여금 너의 권리의 수호자가 되는 데로 이끈다. "처음 사람이 뒤로 가고, 둘째 사람이 첫째가 된다."5) "나는 너의 권리의 수호자이지만, 너의 권리의 헌병은 아니다."

---

4) Jankélévich, *Le paradoxe de la morale*, 1982.
5) [역주] 마 19:30 참고.

윤리적 결과로 표현된 이 모든 것은 복음적 방향과 특별히 그리스도인의 자유의 구현에 대한 놀라운 설명이다. 나는 내 권리를 위해서가 아니라 너의 권리를 위해서 싸워야 한다. 이처럼 종교적 자유에 있어서 나는 모두를 위해서 그 자유를 주장해야 한다. 나를 위해서가 아니다. 이것이 여기서 내 자유다.

[3] 셋째로, 그들[=그리스도인들]은 그리스도의 신앙이 정상적으로 박해받도록 되어 있다는 그리스도의 말씀을 결코 잊어서는 안 된다. 마태복음의 팔복과 요한복음에서 사도들에게 하신 예수의 마지막 담론에서 우리는 다음과 같은 확언, 즉 만일 그리스도인이 진실로 신실하다면 그의 증거가 사회에서는 견딜 수 없기에 박해로 나타나는 것이 정상이라는 것을 발견한다.

이처럼 종교적 자유가 지배하는 곳에서(우리는 가장 폭넓은 종교적 자유를 실천한 로마 제국에서 이 점을 보았다) 그리스도인들이 그 혜택을 누리는 것은 부득이해서도 아니고 확실한 것도 아니다. 그러므로 우리는 우선 그리스도인들과 관련된 종교적 자유 개념에서 얼마나 거리가 먼지를 본다. 위대한 신학자들이 자유의 문제로 국가에 행하는 요구가 예배의 자유, 신앙 교육의 자유, 전도의 자유와 관련되었다고 평가한 것은 그리 오래 전 일이 아니다. 국가가 이것을 보장했다 하더라도, 그 이상 요구할 대단한 것도 없었다. 이것은 전혀 문제 밖의 것으로 보인다.

하지만 더욱 용납할 수 없는 것은 교회의 전통적 태도로서, 이에 따르면 기독교는 국가의 관용 혜택을 받은 유일한 종교이어야 했고, 교회는 특권을 받은 단체이어야 했다는 것이다. 이 주제에 대한 키에르케고르의 숱한 텍스트들을 다시 읽어야 한다! 어떻게 그리스도의 생각이 이렇게 뒤집히고 사랑이 이렇게 부패될 수 있었는지, 어떻게 하나님의 사랑의 선포가 독점, 종교 재판, 타인들의 자유의 부정으로 나타날 수 있었는지를 이해하기란 어렵다.6)

물론 우리는 논쟁의 심층을 안다. 그것은 진리의 논쟁이요(누군가가 하나의 대치될 수 없는 진리를 알 때 오류에 대한 인내를 수용할 수 있겠는가?) 구원의 논쟁이다(누군가가 사람들을 위한 구원의 길을 알 때, 사람들이 다른 종교들과 철학들을 받아들이면서 멸망하는 것을 수용할 수 있겠는가?).

그러므로 우리는 종교적 자유의 문제가 많은 본질적 요소들을 의문시함을 본다. 그것은 모종의 진리 개념(진리는 결코 사람이 소유하지 못하며, 직접적 수단으로 전달될 수 없고, 그것을 아는 자들과 모르는 자들을 분리시킬 수 있을 만큼 잘 알려지지 못하며, 언제나 유일하고 완전한 계시에서 출발하는 새로운 해석에 종속된다)을 내포하며, 모종의 교회 개념(교회는 결코 모든 진리의 유일한 보유자가 아니며, 진리를 증거하기 위해 고난 받고, 결코 세상의 이익을 누리지 않으며, 권세와 권위의 수단을 사용하지 않으며, 진리와 동일시되는 교리에

---

6) 우리는 여기서 로빈슨(James M. Robinson)이 그의 주목할 만한 기고문인 "L'herméneutique du Kérygme"(in *Herméneutique de la liberté religieuse*)에서 한 진술을 진지하게 취해야 한다. "오늘날 교회의 입장의 부조리는 교회가 해방, 즉 자유로운 참 인간성을 제공한다는 것과, 동시에 그것을 제공하는 우리의 방식이 종교적 자유, 즉 인간 존엄과 모순된다는 사실을 인정해야 한다는 것이다." 그리고 그는 종교적 자유를 위한 운동이 전개된 것은 교회와 기독교 밖에서라고 이야기하는데, 이 운동은 "그리스도인의 종교가 주는 구원, 인간의 자유, 참된 자유를 제공한다고 하는" 기성 교회의 교리에서 우리를 해방시키는 것을 목적으로 삼는다. 나는 여기에 두 가지 것만 유보한다. 하나는 이것이 오늘날의 정황이 아니라 언제나 그랬다는 것이며, 다른 하나는 만일 교회가 종교적 자유를 부인했다면 교회 역시 자신의 자유를 수용하지 않았다는 것이다.

갇히지 않는 데로 부름 받는다)을 내포하고, 모종의 구원 개념(구원은 어쩔 수 없이 보편적이 될 것이다)을 내포한다.

실제로 구원의 문제에 있어서 가능한 세 가지 입장밖엔 없다. 먼저, 멸망의 예정이 있건 예정되지 못한 다수가 멸망하는 구원의 예정만 있건 간에, 대다수의 인간의 멸망을 인정하는 것이다.

다음으로 인정할 수밖에 없는 것은 사람들이 자발적으로 멸망하지만, [구원에] 자발적으로 가담하고 개인적으로 회심하는 것도 기대할 수 없다는 것이다. 따라서 한편으로 그들을 억지로 믿고 구원받게 하기 위해서 강제 수단을 사용해야 하며(성 아우구스티누스는 "저들을 억지로 들어오게 하라compelle eos intrare"고 말한다), 다른 한편으로 일종의 마술적 수단을 믿게 해야 한다(이 경우는 세례의 발전이다).

마지막으로, 모든 사람들, 심지어 믿지 않은 사람들을 향한 사랑의 하나님이 베푸시는 보편 구원을 인정하는 것이다. 종교적 자유는 구원의 이런 개념을 암시하고 있음이 분명하다.

[4] 넷째로, 종교적 자유의 선포는 모종의 신앙의 개념(신앙은 더 이상 구원의 필요불가결의 조건이 아니라 책임, 증거, 봉사에 참여하는 것이며, 다른 한편 신앙은 강제적이 될 수 없고, 사람이 하나님의 사랑을 감지하고 확신했을 때 그 사랑에 대한 인간 사랑의 자유로운 응답이어야 한다)을 요구한다. 결국 이 종교적 자유는 모종의 국가 개념을 내포한다. 이것은 진리(이 진리가 어떤 것이든)를 선포하지 않으면서 세속 국가와 관계할 수밖에 없다. 그때 국가는 우리가 말한 대로 공동체의 관리인이다. 그러나 만일 국가가 기독교를 수호해서는 안 된다면, 또한 국가는 어쩔 수 없이 종교적 자유에 반대될 이념적이

고 정치적인 진리를 지지해서도 안 된다.

그러므로 우리는 종교적 자유의 이해가 수많은 신학적 문제의 십자로에 놓여 있으며 다른 수준에서의 입장을 내포하는 것을 본다. 그러나 반세기 전부터 그리스도인들 사회에서 이런 종교적 자유의 요구의 출현이 단순히 위기의 결과인지를 자문하지 않을 수 없다. 그리스도인의 자유의 표현으로서 종교적 자유의 발견이 기독교 세계의 사라짐, 콘스탄티누스주의의 종말, 교회들의 권력 상실, 국가들의 세속화와 동시에 일어난 것은 분명하다. 이런 추락이 그리스도인들과 교회들로 하여금 구원적 반성으로, 계시의 본질적 요소의 회복으로 이끈 것은 매우 좋은 일이다.

내가 보기엔 신학자들이 사회적 발전이 제기한 문제를 고찰할 때, 그리고 그들이 계시된 진리가 하나님의 사랑의 진리임과 이 진리가 타인들의 확신에 대한 존경 속에 들어 있음을 발견할 때, 그들은 그들에게 강요되는 상황을 정당화하는 것으로 만족하지 않고(나는 이것 때문에 자주 그들을 비난한다!), 오히려 상황들을 통해 계시를 보다 정확히 이해하는 데로 이끌린다. 이것은 불운에도 꺾이지 않는 문제가 아니라, 예수 그리스도의 겸손으로 전향하는 문제이며 힘 있는 자들과 관련된 심판을 자신의 몸에 수용하는 문제다. 그러므로 여기서 역사적 소송은 참된 영적 회심으로 이끌어 간다.

우리는 또한 이 종교적 자유의 수용이 단순히 진리에 대한 무관심과 회의주의의 표현(진리란 도처에 있다), 그리고 신앙의 냉담이 아닌지를 자문할 수 있다. 확실히 질문을 던지고 교회의 양심에 대한 조사를 시행해야 한다. 우리 그리스도인들이 다시 힘의 입장에 선다 하더라도 우리가 계속 양심의 자유와 종교적 자유를 주장하리라고 확신하는가? 이 주장이 우리가 명백하고 완전한 그리스도인의 자유를 수용하고 실천하는 일과 연결되어 있는가? 우리는 동시에 모든 수단으로 전도에 애쓰는가? 우리는 우리 주변의 사람들을 억지로 그리스도에게 회심시키기를 바라는가? 우리는 결코 완전하게 알려지지 않는 예수 그리스도 안에 계시된 하나의 유일한 진리가 있으며 다른 진리는 있을 수 없다고 여기는가? 우리는 주님의 은총이 실제로 모두에게 충분하고, 물질적, 심리적, 종교적 문제들에 잘 부응한다고 믿는가? 우리는 싫증내지 않고 날마다 예수 그리스도의 돌아오심을 증거하는가? 만일 우리가 이 질문 하나하나에 예라고 답할 수 있다면, 그때 종교적 자유의 주장은 참이며 단순히 우리의 정황과 우리의 무관심의 결과가 아니다. 하지만 이런 양심의 조사 없이는, 우리에게 종교적 자유에 대해 말할 권리가 없다. 왜냐하면 그때의 종교적 자유란 정치적 자유의 표현에 불과하기 때문이다.[7]

가톨릭의 입장

이 종교적 자유는 최근 특히 제2바티칸 공의회 이래 가톨릭 작가들에 의해 명백히 설명된 많은 이론적 기초에 근거한다.

---

[7] 로슈(J. Roche)의 책 *Eglise et liberté religieuse*(1967)는 이 점에서 충분히 의미 있다. 거기서는 가톨릭 교회의 입장의 역사적인 것들이 발견되며, 그 유연성이 칭찬되고, 매우 주목할 만한 개념들이 비쳐진다. 예를 들어 양심의 자유(이것은 하나님에 대한 인간의 절대적 독립이 되기 때문에 받아들일 수 없다)와 양심들의 자유 사이의 구별, 명제(자유의 발자취)와 가정(구체적 자유)의 구별, 교회의 내적 영역(여기서 교회는 전체적이다)과 외적 영역(여기서 교회는 '오류'를 저지를 위험이 있다)의 구별이다. 이 모든 것은 정직하나, 종교적 자유가 임시변통일 수 있음을 보여준다!

[1] 이 자유는 우선 하나님의 초월과 주권에 대한 인식에 근거한다. 왜냐하면 만일 하나님이 진정 초월적이시라면 인간은 그분의 길과 행동 방식을 안다고 주장할 수 없기 때문이다. 모든 종교적 불관용 하에서 우리 자신의 절대적 정의에 대한 주장이 있다. 초월적 하나님은 숨겨져 있고, 이것은 그분을 인정하는 자의 편에서의 겸손을 암시한다. 그분만이 절대적이다. 따라서 나는 내 이해가 결정적으로 옳다고 단언할 수 없다. 이것은 상대주의가 아니라 절대적인 것을 초월하시는 그분에게만 돌리는 것이다.

종교적 억압을 정당화하기 위한 신경과 교리의 사용은 정확히 우상숭배의 형식을 구성한다. "하나님의 주권에 대한 존경심은 누구도 인간을 통한 인간에게로의 하나님의 교통을 조금도 제한하지 못하도록 요구한다. 어떤 상황에서건, 누구를 통해서건 그리고 어떤 인물 안에서건 행동하고 활동하는 하나님의 자유는 다른 신앙고백을 갖는 사람들을 침묵으로 몰아넣기 위해 펼쳐지는 노력으로 거부되어서는 안 된다. 종교적 자유는 모두에게 말하는 하나님의 자유뿐만 아니라 인간의 자유도 취급하지 않는다…종교적 자유는 우리 동류에 대한 사랑의 행위가 아니라 하나님의 절대 주권을 향한 존경의 표지다."[8]

이것은 하나님의 판단에 대한 존경심과 일치한다. 우리는 신앙, 신념, 진지함, 타인의 진실에 대해서 결코 판단할 자격이 없다. 종교적 자유를 거부하는 것은 바로 이 질서에 대한 판단을 가지고 있다고 주장하는 것이다. 그런데 이 판단을 갖는 자는 그 자신이 정확히

---

8) Cf. B. B. Beach, "Le Fondement de la liberté religieuse", in *Conscience et liberté*, n.1,2, 1971.

절대적 진리에 종속되는 자다. 다시 말해 그 자신이 판단할 자격이 없다는 말이다! 이것이 종교적 자유에 대한 그리스도인의 요구의 첫 번째 기초다.

[2] 두 번째 기초는 명백히 타인의 양심에 대한 존경심이다.9) 이것은 그리스도 안에서 완성된 하나님의 형상—그래서 우리 각자가 그렇게 되도록 부름 받는—으로서의 인간에 대한 존경심과 관련된다. 그런데 각자는 자신의 양심에 따라 스스로 자기 자신을 판단하도록 부름 받으며, 우리는 이 논쟁을 자유롭게 내버려 두어야 한다.

여기서 바울에게 있는 양심의 신학에 의거할 필요가 있다. 하지만 이것이 '양심의 권리' 또는 '인간 인격의 존엄'이라는 보다 유행하는 표현을 의미하며, 또 그렇게 전환될 수 있는가? 여기에 상당한 혼동이 있다. 자아에게는 우리가 존경해야 할 그런 존엄이 있는가? 이것은 흔히 종교적 자유에서 합리적 기초를 추구할 때, 또는 본성적 자유를 믿을 때 인정하는 것이다. 우리는 인간 인격의 존엄이 존재하지 않는다거나, 그것을 성경 본문들에서 끄집어낼 수 없다고 말하지 않는다. 그러나 우리는 이 존엄이 조금도 양심의 절대적 소여(donné)가 아니며, 하나님에 대한 신앙이 없는 자에게 명백하지도 않다고 말한다. 마찬가지로 합리적이고 자연적인 측면에서 인간이 단순한 동물이요 특별한 존엄이 없는 물질임이 지지될 수 있다.

[3] 우리는 종교적 자유의 자연적이고 객관적인 다른 기초들에 대해서 말하고, 또한 진리에 대한 조사를 언급할 것이다(사람들은 그들의 존엄에 근거하여 그들의 본성 자체를 통해 서둘러 진리를 추구한

---

9) 특별히 Coste의 작품 2장과 3장을 보라.

다…제2바티칸 공의회 선언). 이럴 경우 우리에게 종교적 자유의 괄목할 만한 기초가 있게 될 것이 명백하다. 불행하게도 인간의 본질—나는 이것을 상상적이라고 말하겠다—이 아닌 사실을 고려한다면, 나는 인간이 진리를 추구하기보다는 그것을 열정적으로(심지어 그 이상으로) 피하고 변질시키며 은폐하고 사라지게 하는 경향이 있다고 본다.

신학자는 꿈을 꿔서는 안 된다. 종교적 탐구의 자연적이고 선한 성격과 관련해서, 무엇보다도 자신의 양심을 따르는 각자의 권리와 의무로 말하면, 명백하게 이것은 기독교 계시에서 나온 표현이다. 이것은 보편적이지도 자연적이지도 않다. 달리 말해서, 이 다양한 기초들10)과 쉽게 찾을 수 있는 다른 기초들은 자연 질서에 속하는 것 같지 않고 실제로 하나님의 계시(심지어 세속화된)에서 출발하여 진술되었으며, 그리스도인과 유대인 그리고 비록 세속인이라 하더라도 기독교 이념의 흐름에 접목된 사람들에게 분명히 가치가 있고 진지한 것들이다. 이외에 나는 종교적 자유의 의무에 아무런 보편성도 발견하지 못한다. 이것은 정확히 뒤집어서 선언되고 선포될 수 있다. 이것이 내가 특별히 강조하고자 하는 것이다. 즉 나는 기독교 신앙 밖에서 종교적 자유의 원리를 표명하는 것이 불가능하며 상상할 수 없다고 말하지 않는다.

---

10) 이것은 R. Coste의 작품에서 매우 주목할 만하게 분석되었다. 마찬가지로 종교적 자유에 대한 논문 모음집(C. Geffré 편집)에도 사람들이 이 주제에 대한 오해 속에서 살고 있음이 명백하게 나타난다. 이 종교적 자유가 형식적인 법적 자유의 경향에 내포되어 있음은 사실이다. 하지만 그 가치와 효과는 거의 없다. 반대로 근본적인 면에서 기독교만이—왜냐하면 그것이 그리스도 안에서의 인간 해방에 집중되기 때문에—모두를 위한 진정한 종교적 자유를 표명할 수 있다(수세기 동안 기독교가 행한 것과는 정반대로). 이 작품에서 퓌리(R. de Pury)가 완벽하게 입증한 것이 바로 이것이다.

사람들은 그것을 불교에서, 그리스 세계에서 그리고 로마 제국에서 발견했다. 하지만 내가 말하는 것은 이 모든 경우에 동일한 논리나 증명으로 정확히 정반대를 말할 수 있다는 것이다. 아무것도 종교적 자유를 그리스 사상이나 로마의 이념에 필연적인 방식으로 연결시키지 못한다. 종교적 강제와 의무는 모두 동일하게 정당화 된다.

기독교와 종교적 자유

역으로, 기독교는 그것의 기초들 자체인 계시의 내용물로 보아 그 안에 이런 종교적 자유의 표현을 담고 있다. 그렇지 않다면, 우리는 자유롭게 종교적 자유를 표현하지 못한다. 만일 우리가 그렇게 하지 않는다면, 우리는 계시의 본질 자체를 부인하며, 역사에서의 하나님의 행동을 거부하고 예수 그리스도 안에 있는 하나님의 계시를 우롱하게 된다. 이와 같이 나는 그리스도인들이 (실제로) 종교적 자유의 위대한 주창자 수호자라거나, 교회가 (실제로) 그러했다고 말하지는 않는다. 우리는 오히려 그 반대였음을 너무도 잘 안다. 교회가 그 권세를 갖던 시기에 도달할 수 있었던 과도한 독재, 단일화의 의지, 비국교도들의 제거가 상기된다(사람들은 실제로 교회와 그리스도인들이 20세기 전에도 종교적 자유를 지지했던 수많은 경우들을 모두 망각하면서 습관적으로 이것만을 기억한다!).[11]

---

[11] 나는 이교와 다신론으로의 회귀를 권장하는 새로운 철학적 경향이 교회와 기독교와 단일신론에 제기하는 엄청난 소송만을 암시할 수 있다. 세상의 모든 악은 기독교의 억압에서 온다. 철학자들에게 있는 뜻하지 않은 안이함과 순진함 덕택으로, 사람들은 독재와 전체주의 국가가 단일신론의 직접적인 결과라고 앞다투어 되풀이한다. 사람들은 다신론이 인간에게 놀라운 자유와 평등을 준다고 여긴다. 사람들은 불가지론

내가 주장하는 것은 교회와 그리스도인들이 종교적 자유를 거부할 때 그들이 그들 자신을 부인한다는 것이다. 그들은 말해야 할 의무가 있는 말을 하지 않으며, 그들의 메시지와 그리스도의 사역 자체를 파멸시킨다.

교회가 이 자유를 부인할 때, 교회가 파괴하는 것은 자기 자신의 자유다. 이것이 문제의 핵심이다. 이는 그리스로마 세계 내부의 스토아주의의 상황과 매우 다르다. 그리스도인들의 경우 이것은 존재하느냐 존재하지 않느냐의 문제이지, 다른 사람들 가운데 [있을] 가능성이 아니다. 만일 종교적 자유가 선포되고 지지되며 수호되지 않는다면, 하나님의 사랑의 선포는 더 이상 가능하지 않다. 따라서 기독교의 어떤 유형도 형식도 없게 된다. 그때 제시되고 지지되는 것은 진리를 설명한다고 주장하나 사실은 진리와 관계 없는—왜냐하면 이 계시된 진리는 인간에 대한 하나님의 사랑이며 오직 성령의 자유 안에서만 수용될 수 있기 때문에—이념적 체제다.

그럼에도 불구하고 착각해서는 안 되는 것이 있다. 종교적 자유와

(이것은 다소간 순진하게도 여전히 지지된다. 일례로 D. Grancier, *Etre agnostique, pourquoi? comment?*, 1971)의 단계를 넘어섰고, 기독교에 대한 전투와 정죄의 국면으로 들어섰다. 더 이상 그 타락한 실천의 문제에서가 아니라 그 내면의 진리와 우주적 신비의 문제에서 그렇다. Cf. A. de Benoist, *Comment peut-on être païen?*, 1981; M. de Dieguez, *L'idole monothéiste*, 1981; M. Maffesoli, *La conquête du présent*, 1979; *L'ombre de Dionysos*, 1982. 소설의 영역에서도 동일한 투쟁 열정이 발견된다(Doris Lessing, *Shikasta*, 1981). 그런데 이 모든 것은 교회사의 어떤 시기 동안 모종의 기독교 적용에 대한 문제 제기로서는 옳다. 하지만 그것은 계시의 실재와 진리에 대한, 동시에 이교와 다신론이었던 것 내지 그럴 수 있는 것의 총체적 허구에 대한 철저한 오해의 표현이다. 단 한 가지 사례만 들자면, 단일신론이 전체주의 국가의 기원에 있다는 비난이다. 이집트, 앗시리아, 중국, 아즈테카 세계 그리고 다른 많은 나라들이 기독교 국가보다 훨씬 더 전체주의적이었다. 행복한 이교도의 환상도 마찬가지다!

계시의 선포 사이에 있는 불가분의 관계에 대한 이 주장이 모든 종교적 형식들의(심지어 하나의 종교 형식의) 법적 유효성의 선언(validation)을 의미하지는 않는다. 이것은 모든 종교 속에 선한 것이 있다는 선언도 아니며, 모든 종교들이 결국 그리스도의 종교로 집중한다는 선언도 아니다. 일반적으로 이런 태도는 종교들이 (몇 퍼센트의 '참된 것'을 제외하고) 기독교로 대치되어야 한다는 주장과 일치한다.

종교적 자유의 선언은 결코 모든 종교들의 진리에 대한 인식에 기초하지 않고, 오히려 하나님의 사랑이 반역자들과 죄인들, 즉 오류에 빠져 있는 자들을 위해서 온다는 증언과, 오직 사랑만이, 자유로운 회심만이, 하나님과의 만남만이, 그리스도 안에 있는 진정한 자유만이 신자를 그릇된 종교에서 그리스도의 진리로 이끌어 갈 수 있다는 증언에 기초한다. 따라서 종교적 자유, 다시 말해 기독교의 진리의 관점에서 잘못할 자유가 선언되는 것은 복음화의 가능성을 위해서도 근본적이다. 하나님의 사랑이 인간에게 도달하는 것은 바로 이런 상황에서이지, 결코 고정된 정통에서가 아니다. 물론 이것이 의미하는 바는 우리가 종교적 자유를 선언하면서 동시에 종교들이 선하다는 것을 말하는 것이 아니라 그리스도 안에 있는 계시가 종교가 아니고, 종교로 확립되어서도 안 되며 또한 계시가 성경이 우리에게 보여주는 그대로 남아 있는 한 종교로 변형될 수도 없음을 말하는 것이다.[12]

바로 그리스도인들이 이 진리를 종교로 변형시킬 때, 그들은 진리를 다른 종교들과의 경쟁의 영역으로 옮겨 놓으면서 불관용하게 되고,

---

12) 종교와 기독교 계시 사이의 대립을 지적한 이가 바로 바르트다. 나는 그것을 *La foi au prix du doute*(1980)에서 길게 되풀이했다.

권위적이 되며, 기독교의 우수성과 이내 배타성을 선언하게 된다. 그러므로 "기독교를 포함하는 종교들의 자유"라고 말하는 것과 관련되지 않는다. 그것은 하나님의 반역적인 피조물의 독립을 지지하고 오직 은혜—다시 말해, 은사와 사랑과 자유—로만 그 독립을 속박하는 하나님의 사랑의 표현으로서 종교적 자유를 옹호하는 것과 관련된다.

그래도 종교들은 언제나 인간 소외의 커다란 요인들 가운데 하나였음을 상기해야 한다(동시에 인간 그룹들 구조의 피할 수 없는 요인이요, 사람이 스스로에게 준 살아 남기 위한 방식이며, 장애물과 위험을 극복하려는 의지의 도구이고, 따라서 인간 생활의 불가피한 구조들 가운데 하나다). 모든 기억들 속에 있는 이 사실을 전개할 필요가 없다. 결과적으로, 종교적 자유를 선언하는 것은 인간을 위해 그를 소외시키고, 양심의 심판 가운데서 그를 예속 상태로 만들며, 그의 양심을 그릇되게 하는 것을 선택할 자유를 선언하는 것이다. 하지만 이것이 인간이 원하는 것이라면 우리가 할 수 있는 것이 무엇일까? 종교는 인간의 모든 시도들과 동일한 모호성의 특징을 보인다. 인간은 커다란 맹수들과 싸우기 위해서 그리고 영양을 취하기 위해서 무기들을 발명했으며, 무기들은 인간 생존의 본질적인 조건이었으나, 동시에 그의 형제를 죽이고 노예로 삼는 수단이기도 했다. 종교도 정확히 동일했다.

이처럼 우리는 종교적 자유를 선언해야 할 때 우리가 무엇을 행하는지를 알아야 하고, 이것이 독립(자유가 아니라)과 관련되며 인간에게 얼마나 불확실하고 파산적인 독립과 관련되는지를 알아야 한다. 또한 동시에 우리는 [우리를] 노예로 만드는 우상들과 싸우지 않을 수 없으며, 이 종교들—이것들을 위해 우리는 형식적, 정치적 '자유'를 요구한다13)—의 그릇됨과 위험을 선언하지 않을 수 없다.

견해들, 정치적 교리들, 종교들을 자유롭게 놓아두어야 하고, 인간이 그것들을 자유롭게 선택하도록 놓아두어야 하는 것은 그것들이 선하고 참되기 때문이 아니다. 오히려 그 이유는, 다시 한 번 말하거니와, 하나님 자신이 그렇게 하듯이 인간에게 그의 독립을 수호함과 이 반역적 인간의 의지를 존중함이 없이는 하나님의 사랑을 선포할 수단이 없기 때문이다. 종교들은 그릇되고 위험하며, 기독교 안에 있는 이단들(이것들은 기독교 발전의 조건들이다)은 비극적이고 치명적이다. 하지만 인간은 그의 모든 종교적 가능성을 탐사해야 하며, 이단은 있어야 한다. 그러나 우리는 이단들을 관대하고 알랑거리며 이해해 주는 시선으로 바라봐서는 안 된다.

인간의 자유를 위해서 싸우되, 결과적으로 그가 그리스도의 참된 사랑을 받아들여 이 자유로 들어가게 할 목적으로 싸워야 한다. 다른 목적은 전혀 없다. 하지만 어느 누구도 속박과 (생명의 말씀을 만나기까지 인간으로 살도록 허락하는 것의) 파괴를 통해서는 인간을 자유

---

13) 이런 이유에서 나는 종교적 자유에 관하여 두 가지 고전적 '수준'을 유지했으며, 리쾨르의 문제 제기 영역으로 들어가지 않았다. 리쾨르의 경우, 종교적 자유가 순전히 있는 그대로의 종교 현상에 속한 자유의 특성을 의미함을 논증하는 문제가 제기된다. 하지만 그는 '종교 현상'을 케리그마의 표명 내지는 그 토대가 되는 말로 이해한다. 사실상 나는 그의 연구서에서 소망에 따른 자유의 놀라운 이해와 기독교 신앙에 있는 자유에 대한 뛰어난 분석을 발견했다. 하지만 나는 실제로 종교에 대한 언급은 어디서도 보지 못했다. 종교에 대해 언급된 모든 것은 칸트를 되풀이하는 철학적 영역에 속한 것으로, 내게는 너무 철저히 기독교 '종교'와 관련되어 있어 일반적으로 사회학적인 종교에 적용하기가 어려워 보인다. 리쾨르의 매우 아름답고 섬세한 분석은 그리스도 중심적인 사고 내부의 것이지, 풍부한 종교 현상을 포괄하지 못하는 것으로 보인다.

에 도달하게 하지 못한다!14)

이와 같이 우리가 종교적 자유를 위해 치러야 할 싸움은 계시된 진리의 표현일 뿐만 아니라 증거의 가능성이다. 인간이 스스로 만드는 말들 가운데 인간은 또한 이 말씀을 들을 가능성을 가져야 한다. 하지만 만일 추상적 권위의 입 외에 모든 입이 닫힌다면 어떻게 듣겠는가? 인간이 그리스도 안에서 자유롭게 되도록 하기 위한 투쟁은 그의 독립(다시 말해 그의 가장 큰 불순종!)의 투쟁에서 분리될 수 없다. 그런데 이 독립은 언제나 새로운 속박과 새로운 오류를 준비하나, 또한 그의 삶의 뼈대 자체요 그를 서 있게 하는 에너지다. 우리 그리스도인들은 확실히 그를 쓰러뜨려서는 안 된다. 그러나 우리는 그에게 유일한 진리를 알게 하면서 그를 노예로 만드는 거짓을 분명히 고발해야 한다. 우리는 그에게 하나님의 사랑을 증거하면서 그가 신들에게 속한다고 믿는 모든 것이 사랑이 아님을 드러나게 해야 한다.

이 과정에서 종교적 자유는 자신의 고유 역할을 수행한다. 이 독립이 인간을 자신에게 만들어진 속박에서 스스로 벗어날 의지로 이끌어 간다. 그는 자신이 자유의 표현(그러나 실제로는 성부에 대한 독립의 표현에 불과한)을 발견한다고 믿는 하나의 종교를 만들어 내며, 이내 자신이 스스로 노예가 되는 것을 발견하고, 스스로 이 종교와의 투쟁으로 들어간다. 그런데 명백히 종교적 '자유'가 지배한다는 조건으로,

---

14) 바로 이것에 입각해서 우리는 기독교의 확장과 토착 문화의 파괴 사이의 결합을 거부할 수 있다. 그릇된 종교의 사라짐은 오직 그리스도 안의 사랑을 발견함으로써만 소망될 수 있다. 한 집단의 문화적 풍토인 종교를 파괴해서는 안 되며, 그것에 서구 기독교의 종교 형태를 강요해서도 안 된다.

이것은 종교를 비판하는 자유를 의미한다.

이 비판이 인간이 기독교와 더불어 받드는 종교를 향할 때, 우리는 정확히 동일한 길을 가지며, 이 비판은 언제나 진실이다. 왜냐하면 이 비판이 기독교의 종교적 양상을 파괴하기 때문이다. 따라서 비판은 기독교로 하여금 그것이 그리스도에 의해 존재하도록 부름 받는 것이 되도록 다시 한 번 요구한다. 이 비판은 기독교의 진정성의 가능성의 방편이다. 그러므로 종교적 자유는 인간을 위해 새로운 종교들을 고안할 가능성과(물론 기본적이고 단순한 양상은 그에게 적합한 종교를 선택할 가능성이다) 모든 종교들을 비판할 가능성일 뿐만 아니라, 기독교의 종교적 형식, 다시 말해 소외(이 안에서 그리스도인들은 계시에 복종한다)를 비판할 가능성이다. 그러므로 종교적 자유 안에는 일종의 비판적 교환이 있다. 그리스도인들은 인간이 될 가능성에서 소외시키는 것들로서 종교들의 비판을 수행한다(오직 사랑의 선포를 통한 비판). 비그리스도인들은 (그들이 진리 가운데서 행하는 것을 알지 못한 채) 계시의 소외로서 기독교의 비판을 수행한다. 그때 그리스도인들은 이 비판을 그들 자신의 보조적 행보로서 받아들여야 한다. 자신들을 끊임없이 이 출발점—이것은 또한 종교적 자유의 선언의 출발점이기도 하다—으로 돌아오게 하면서 말이다.

그러나 이 종교적 자유는 기독교 신앙의 내부에서 신앙 행위의 자유로나 아무런 종교를 고백할 가능성으로 이해될 수 없으며, 오히려 계시를 해석하는 자유로 이해될 수 있다. 왜냐하면 계시는 그것이 케리그마로 받아들여질 경우에만 계시이기 때문이다. 하지만 그때부터 탐구하고 이해하여 하나의 교리를 세우는 것을 피할 수 없다. "교리는 교회가 반복하고 제시하는 하나님의 케리그마의 교리다.

케리그마는 자유롭지 못하다. 교리는 어떤가? 그것이 인간 이성에 의해 세워진다는 점에서는 자유롭다. 그러나 또한 모종의 진술이 언어적 표현 체제의 측면에서 그것에게 적합하기 때문에 자유롭지 못하다…그것은 그것 자체다. 하지만 신앙 행위는 자유롭다(그것은 은총을 내포한다). 그때 교리 안에서 신앙 행위의 자유를 갖게 된다"(카스텔리).15)

이것이 교회 내부의 종교적 자유의 문제가 차지하는 위치다. 그러나 '내부'는 스스로 갇힐 수 없으며, '외부'를 향한 운동으로 정의된 채 남아 종교적 자유를 위해 싸운다. '외부'에서 오는 것의 수용은 언제나 배타적 체제로 고정되려는 경향의 '자유로운/자유롭지 못한' 교리를 의문시한다.

---

15) [역주] 위에서 인용한 Castelli, *Herméneutique de la liberté religieuse*, 1968.

10장

일상사에서 그리스도인의 자유

10
일상사에서 그리스도인의 자유

I. 그릇된 실마리

나는 우선적으로 내가 가정, 노동 등의 윤리가 아닌 자유의 윤리를 다루고 있음을 지적하고자 한다. 이것은 결과적으로 성결과 사랑의 관점에서도[1] 동일한 문제가 제기된다는 것을 의미한다.

전통적으로, 흔히 노동이나 가정 혹은 성(그리고 결혼)의 윤리를 구축하고자 할 때는 하나님이 원했던 최초의 질서들에 기초하여 이론을 세운다. 즉 보존의 질서, 창조주가 피조물을 만든 조건(유한을

---

1) [역주] 성결과 사랑은 엘륄의 3대 윤리 기획 작품 가운데 마치지 못한 또 다른 두 주제다.

포함한), 실제로 아담과 하와의 결혼에서 발견되는 조건, 에덴 동산에서의 아담의 노동 말이다.

나는 이것이 나쁜 방식의 문제 제기라고 생각한다. 이는 필연적으로 단절이 없었다는 것과 인간이 에덴에서 살았던 것을 지속할 뿐이라는 것을 전제로 하고 있다. 이에 따르면 인간은 자유롭게 창조되었고 혼인을 위해 만들어진 셈이다. 이로부터 즉각적인 결과들이 도출된다.

사실상 중립적 입장을 취하기란 불가능하다. 그것이 정말 그렇거나 (성서적으로 이것은 수용 불가하다), 아니면 철저한 단절이 있기(이것이 우리가 이 책의 서론에서 수용한 입장이다) 때문에 이 초기 자료에서 윤리를 위한 것을 아무것도 끌어낼 수 없거나 둘 중 하나다.

변화와 변형이 있었음을 고려한 신학자들이 4세기부터 채택한 일반적인 해결책은 무수한 불일치, 죄의 깊이의 깊고 얕음의 단계로 특징지어진다. 필경 결의론(casuistique)에 이르게 된다. 무엇이 싹 바뀌었고 무엇이 보존되었는가? 이에 대한 명확한 답은 없다.

기독교 윤리의 출발점인 종말

하지만 내가 이 출발점을 부정확하게 여기는 이유는 비단 이것만은 아니다. 나는 「원함과 행함」[2]에서 그리스도인들에게 있어서 모든 윤리는 종말론적이어야 한다고 주장한 바 있다. 다시 말해서 종말, 마지막 사건들(주로 나는 어떤 이들이 마태의 작은 묵시라고 경멸하

---

2) [역주] *Le vouloir et le faire*, 1964(「원함과 행함」).

듯 부르는 텍스트3)에 기록된 사건들 전체를 간직하고 싶다), 최후의 회복, 마지막 창조에서 출발해야 한다는 말이다.

바로 이 도착점에서 출발하여 우리는 윤리를 생각해야 하는 것이다. 왜냐하면 우리가 시간의 흐름의 시각에서 도착으로 여기는 이 지점은 실상 출발점이기 때문이다. 즉 우리를 향해 오는 왕국의 출발점이다. 그리스도의 재림 작동 장치야말로 우리 역사의 의미 있는 작동 장치요, 실제로 이미 현 시간을 그 모든 무게로 짓누른다.

이 사실을 윤리의 기본 구성으로 여겨야 하는 이유는, 거기에서만 우리가 하나님이 우리의 활동을 보고 판단하며 궁극적으로 수용하시는 방식이 무엇인지를 배우기 때문이다. 그러므로 우리가 우리 행동을 평가할 수 있는 것은, 미리 고정된 관점에 입각해서가 아니라, 우리가 계획한 것을 향해 오시는 주님의 움직임에 따라서다.

만일 우리가 출발점을 채택한다면, 만일 우리가 '처음에 있었던 것'을 윤리의 규칙으로 채택한다면, 그때 우리는 이 윤리 규칙을 선결적 여건에 부합하는 것으로 이해할 수밖에 없으며, 고정된 체계를 만들어야 하고, 의무들을 나열하고 구조들을 구상하게 될 것이다. 이것은 어쩔 수 없이 영구적인 윤리가 될 것이다. 하지만 어찌됐건, 설령 이 태도가 적법하다 하더라도, 엄격한 의미에서 우리는 이 최초의 여건에 입각해서 자유의 윤리를 생각해 낼 수는 없다. 왜냐하면 최초의 자유 상태에 있었던 아담의 상황이 더 이상 그 모습 그대로 재연될 수는 없기 때문이다.

반대로 자유의 윤리는 오직 최종 사건에 입각해서만 존재하고 착상

---

3) [역주] 마태복음 24-25장을 가리킴.

될 수 있다. 재림하시는 주님은 우리가 우리 역사의 길을 내기 위해 닦는 길을 방해하시지 않는다. 이 역사는 첫 율법의 반복이 아니라, 우리 자신의 삶과 행동 양식들의 지속적인 발명품인 것이다. 이것은 주님이 보면서 수용하거나 거절하시는 양식들이다. 하지만 그분은 우리로 하여금 이런 위험을 감행하게 하신다. 이것이 그분의 중심 의지다. 우리가 무한정 같은 행동을 반복하는 것도 아니며, 피조물 가운데 포함된 어떤 '가능한 것들'을 발전시키는 것도 아니다. 자유의 윤리가 의미를 갖는 것은 단지 종말에 입각해서다. 우리는 그리스도인들에게 있어서 윤리란 오직 자유의 윤리일 수밖에 없음을 입증하고자 했다. 그러므로 그것은 종말에 입각한 사고일 수밖에 없다.

그런데 이제 '일상사'의 영역에서 우리는 이 종말에서 오는 명백하게 많은 지시들을 수용해야 할 것 같지 않다. 분명 더 이상 노동이 문제가 되지 않는다. 이것은 첫 번째 율법이 바뀌었음을, 하늘 예루살렘에서 사는 사람들에게 더 이상 어떤 노동도 없음을 의미한다고 말해야 할까? 이것이 진정 여가를 의미한다고 말해야 할까? 아니면 이미 실현된 하나님의 안식으로 들어갔음을 의미한다고 말해야 할까?

마찬가지로 결혼에 관해서도 아주 중요한 설명을 주지 않는다. 왜냐하면 매우 정확하게 예수는 결혼이 단지 일시적 지속을 의미하는지, 아니면 반대로 그 영원하고 유일한 성격을 의미하는지를 절대로 알 수 없다는 식으로 이 문제를 다루시기 때문이다. 하지만 아무튼 가족과 그 전체 문제로 말하면, 그분은 친족 관계에 대해 아무런 언급도 하시지 않았다. 친자 관계가 여전히 유효한가? 예수를 따르기 위해 부모와 자녀를 포기해야 한다는 요구만이 이 관계가 매우 축소되고 부차적인 가치만을 가질 뿐이지 어떤 영원성도 갖지 못함을 우리에게 말해 줄 수 있는 듯하다. 왜냐하면 오히려 그리스도인은 많은 무리 가운데서 부친과 모친과 형제를 발견할 것이라고 약속(이것이 궁극적인 성격이다!)되어 있기 때문이다.4)

여기서도 이것은 있는 그대로는 부인되지 않으나 급격히 상대화되는 이 구조의 일종의 마침표다. 그리고 왕국의 관점에서 볼 때, 이 구조는 미래가 없는 것으로 확인된다.

돈과 부로 말하면, 그것들의 미래는 가장 철저하게 모호하다. 계시록을 보면, 우리는 그것들이 파괴와 승천에 은밀히 가담하는 것을 알 수 있다. 그것들은 바빌론과 더불어 파괴되는 바, 바빌론은 그 엄청난 부, 모든 진귀한 것의 축적, 그 무역의 광대함, 소비재의 증대, 오늘날로 말하면 생활 수준의 향상으로 특징지어진다. 그런데 이 모든 것은 힘과 부에 대한 의지로 특징지어지는 부패로 인하여 없어진다.

반면에, 계시록엔 국가들이 그들의 영광을, 다시 말해서 그들의 업적의 총체를, 따라서 부를 천상의 예루살렘에 바칠 것이라는 언급이 두 번 나온다. 이것들은 이 예루살렘으로 들어갈 것이며, 어떤 면에서 하나님에 의해 수용되고 수납될 것이다. 모든 것이 파괴되는 것이 아니며, 반대로 (어쩌면) 결국 모든 것이 인정될 것이다. 하지만 불을 통과할 것이다!

성생활의 미래에 대한 정보에 관해서는, 음란한 자들과 부정한 자들에 대한 최종 심판(이것은 의심의 여지없이 지나치게 성생활에

---

4) 가족에 관해서는 그리스도인의 비-관례화에 대한 틸리히의 탁월한 연구 *L'Etenel maintenant*(1969)을 참고하라. 그러나 그가 보기에 이 비-관례화는 부모와 자녀 각자가 그 권위와 독립의 한계를 인정하는 지혜와 불가피하게 관련되어 있다.

빠져 있는 자들과 성을 신으로 삼은 자들을 겨냥한다) 외에 아무것도 없다.

그러므로 우리가 갖고 있는 일반적 전망을 종말론에 입각해서 요약하고자 한다면, 우리는 본질상 이것이 자유의 전망임을 본다. 거기에 노동이란 더 이상 없다. 그것은 안식이다. 친족 관계는 그 특수 성격을 상실하고 보편적이 된다. 다시 말해 그것은 더 이상 어떤 강제적 성격도 갖지 않는다는 말이다. 돈은 바빌론에서 파괴되고 동시에 하나님께 봉헌된다. 다시 말해 그것은 인간에게 더 이상 강제권이 없다는 말이다. 성은 그 유혹의 힘을 박탈당하고 '음란한 자들'이 거부당함으로써 중립화된다.

종말과 현실 사이

이처럼 종말은 해방이다. 우리는 바로 이것에 입각해서 숙고해야 한다. 왜냐하면 우리가 구체적인 상황을 살펴본다면, 우리는 인간 사회 생활의 이 모든 요소들이, 비록 그것들을 하나님의 질서라든가 창조 질서 또는 자연 질서라고 규정한다 하더라도, 아무튼 인간 소외의, 인간 압제의, 인간 배척의 힘이 된다(나는 '[종말] 이전에' 그렇게 될 수 있었다고 속단하지는 않는다!)는 것을 인정하지 않을 수 없기 때문이다.

내가 실제로—추상적이 아니라—가족, 국가 등이 무엇인지 조사할 때, 나는 내가 소외에 직면하고 있음을 인정하지 않을 수 없다. 이 모든 주제에 있어서 우리는 우리가 국가에 대해 위에서 말한 것을 되풀이할 수 있다. 전통적인 신학자들에게 국가란 하나님이 뜻하신 것이요, 선을 위한 하나님의 종이며, 당연히 선하고, 당연히 옳으나, 억압적으로, 악하게, 부당하게 될 수도 있다. 거기에는 천사의 힘이 거주한다. 이 힘은 기원은 선하지만 악하게 되었고, 그러나 예수 그리스도의 주 되심에 패하여 굴복했다. 그럼에도 불구하고 여전히 반역한다. 나는 이 모든 것의 신학적 가치를 분명 인정하지만 그것이 나를 크게 만족시키지는 못한다!

실상 정치 권력, 노동, 돈 또는 가정을 구체적으로 살펴보면, 이것들은 인간에게 유용하고 만족을 가져다주는 요인이지만, 또한 동시에 언제나 예외 없이 강제, 압박, 인간 소외의 요인이기도 하다. 나는 역사 속에서 정치 권력이 해방, 균형, 깨끗한 정의였던 사회를 알지 못하며, 가정이 모든 인격과 행복을 부화시키는 이상적인 환경이었던 사회를 알지 못하고, 돈이 정의와 참된 소통의 수단이었던 사회를 알지 못하며, 노동이 균형 잡힌 인격의 표현 수단인, 창조 활동에의 참여와 일종의 역할이었던 사회를 알지 못한다. 정반대를 생각하는 것은 실재를 보기를 거부하는 것이요, 순전한 언어적 이상주의에 굴복하는 것이다.

만일 오늘날 우리가 노동이 몹시 힘들고 국가가 전체주의적이 되는 것을 본다면, 우리는 한때 더 좋았던 적이 있었다고 상상해서는 안 된다. 단지 억압의 정도 차이일 뿐이다(우리와 관련되는 것은 그 현재 형태다!). 그러므로 우리는 하나님의 '본래' 의도가 무엇이든 간에, 이 모든 제도가 무엇보다 소외와 예속의 힘이 되었다는 이 확인된 사실에서 출발해야 한다.

그런데 한편으로 종말을 고려할 때, 거기에는 우리가 실제로 해방되리라는 약속이 있다. 다른 한편으로 그리스도 안에서 얻은 자유의 현재적 실재를 확인할 때, 거기에는 이미 얻은 이 자유를 구체적으로 어떻게 표현해야 하는지, '일상사'를 부인하고 파괴하지 않은 채 약속된 궁극적 자유의 징표를 어떻게 주어야 하는지를 아는 윤리적인 문제가 있다!

자유와 순종

흔히 하는 첫 번째 대답은 내게 완전히 거짓으로 보인다. 우리는 그리스도인의 자유가 순종으로 표현된다고 얼마나 많이 읽었던가? 우리는 앞 장에서 순종이란 실상 자유에 입각해서만 존재할 수 있음을 보았다. 그렇다면 여기서 우리가 말하려는 것은 무엇인가?

혼동을 일소할 수 있는 질문은 다음과 같다. "순종은 누구에게 해야 하며 무엇과 관련되는가?" 성경이 우리에게 말하는 순종이란 하나님과 그의 계명에 대한 것이든지 이웃에 대한 것이다.

우리가 어떤 이웃에 대한 순종을 생각해 보면, 우리는 그의 지시, 그의 우월성, 그의 요구, 그의 필요에 순종하는 행위가 우리를 이 타인의 이웃으로 만든다는 사실을 알게 된다. 자녀가 기쁨과 감사로 아버지에게 순종한다면, 그는 그의 아버지의 이웃이 된다. 그리고 이 아버지 역시 동일한 행위로 말미암아 자녀의 이웃이 된다.

하지만 더 나아가 얀켈레비치는 타인에 대한 순종이 근본적인 윤리의 여건임을 명백히 입증한다. 타인의 권리, 나에 대한 그의 권리를 인정하는 것 말이다. 반대로 내가 너의 의무를 요구해서는 안 되며 너의 의무의 통제관이어서도 안 된다. 만일 내 자유가 내 자유로운 순종으로 표현된다면, 역으로 나는 너의 자유가 부당한 의무 요구에 의해 제한되지 않는다는 사실에 유의해야 한다. "나는 너의 의무 실행을 감시하거나 의무 목록을 규정해서는 안 된다…나는 너의 권리의 무조건적인 수호자이며, 너의 의무의 헌병이 아니다."

정확하게 이것은 일상사에서 모든 그리스도인의 자유의 핵심 표현으로 여겨질 수 있다. 자연발생적으로 우리가 생각하는 것과는 반대로, 나는 "너의 의무가 내 권리의 기초가 아님"을 알아야 한다. 나는 너에게 요구할 것이 아무것도 없다. 내 자유는 너의 의무의 요구에 기초를 둘 수 없는 바, 이는 내 자유가 그리스도 안에서 내게 주어진 것이기 때문이다. 내가 네게 원할 수 있는 모든 것은 이 동일한 자유다.

어찌됐건, 우리가 기꺼이 사회적이라고 부르는 관계 영역에서 문제는 오로지 일대일의 관계일 뿐이다. 성경은 우리에게 구조들을 비제도화하라고 확고하게 가르친다. 우리가 권력을 갖고 있는 사람들만을 고려하도록 권면을 받을 때, 이것은 특별히 국가의 경우에 해당된다. 이와 같이 문제는 우리가 누구에게 복종해야만 하는가이다. 남편 앞에 있는 아내, 아버지 앞에 있는 자녀, 상전 앞에 있는 종과 노동자(엡 5:15-6:9 참고). 문제는 오직 일대일의 순종과 관련되며, 우리가 자주 말했고 또 끊임없이 되풀이해야 할 것이지만, 윗사람(그리스도인)이 아랫사람에게 아무것도 요구하고 강요하고 압박하지 못하고 온전히 아랫사람—그가 윗사람과 새로운 관계를 세우기 때문에 순종하는—의 자발적이고 자유로운 순종에 기인할 수 있는 관계와 관련된다. 이러한 상태에서 순종은 사실상 사랑에 포함된다. 순종은 자유롭다.

다만 우리는 이 개인 관계의 순종을 그것이 포함되는 사회학적인 실재에서 분리시킬 수 없다(여기서 문제가 복잡해진다). 윗사람은 기독교적일 수 없다. 설령 그는 기독교적이라 할지라도, 우리가 방금 묘사한 '윗사람-아랫사람'이라는 관계를 갖는 집단은 '기독교적'이지도 않고, 그럴 수도 없는 사회 체제에 병합된다. 마치 이 관계가 제도에 포함되지 않는 듯이, 그것을 별도로 고려할 수 있는 듯이 행하면서 이 관계에 대해 말하는 것은 가능하지 않다(여기에 위선이 도사린다).

모든 것이 주어진 사회 체제에, 제도적 형식에 자리매김된다. 하지만 명백한 것은 시대에 따라서 제도가 항상 동일한 무게를 가졌던 것은 아니라는 사실이다. 제도는 때로는 더, 때로는 덜 강압적이며, 오늘날 여러 제도들은 이전처럼 그렇게 압제적이지 않다. 어떤 것들은 퇴조하고, 또 어떤 것들은 권위의 절정에 있다. 모든 것을 섞어서는 안 된다. 그럼에도 불구하고 인간관계는 결코 직접적이지 않고 언제나 제도화된다.

가족은 모종의 가족 제도에 따르며, 노동은 모종의 노동 조직에 따른다. 이 제도에 따라서 각 개인은 모종의 역할(사회심리적인 관점에서)을 수행한다. 각자는 모종의 기능을 부여받는다. 그 기능은, 설령 우리가 그것을 동일한 말로 지칭한다 해도, 언제나 같은 것이 아니다. 1975년의 프랑스의 가장(家長)은 13세기 가문의 수장이나 B.C. 3세기의 가부장(pater familias)과 동일한 기능을 갖지도 않고 동일한 사회적 역할을 수용하지도 않는다. 물론 아버지-아들 관계는 언제나 존재하지만, 그것은 전적으로 다른 사회적 맥락에서 체험되는 바, 경우에 따라 동일한 결과를 낳지 않는 사회 모델을 따른다.

우리는 이 기능의 사회적 역할이 중요하면 중요할수록 개인적 관계가 점점 더 쉽지 않게 될 것이며, 따라서 이웃 관계를 개선할 가능성도 점점 더 줄어들 것이라고 말할 수 있다. 또한 이런 관계가 포함된 사회 집단이 확장되고 구조화되고 조직화되면 될수록, 그 관계는 더 막연하고 추상적이 될 것이며, 이웃 관계를 개선할 가능성도 점점 더 줄어들 것이라고 말할 수 있다.5)

이와 같이 동일한 제도에서는, 일례로 가족 제도에서는 시대에 맞춰 이웃 관계로서의 순종에 따라 살 가능성, 따라서 자신의 자유를 표현할 가능성이 다소 클 것이다. 게다가 동일한 시기와 동일한 사회에서도 상이한 관계 구조들이 매우 가변적일 것이다. 그러므로 이런 순종을 통해서 그리고 순종 안에서 자신의 자유를 표현하는 것이 어디서나 가능한 것은 아니다.

이처럼 모든 다른 형태의 가족에서보다 현대 [서구] 가족의 형태에서 자유를 표현하는 것이 더 쉽다. 오늘날 유럽에서 가족은 더 이상 큰 비중도 제도적 구조도 갖고 있지 않다. 이것은 결혼이나 성생활도 마찬가지다. 모든 것이 각자의 자유로운 동의에 근거한다. 자녀와 아내의 순종, 성생활의 존중이 그러하다. 사회학적으로 독립이 얻어진 이상, 그리스도인은 이러한 상호 순종으로, 배우자의 정조 선택으로, 부모의 자녀 존중과 자녀의 부모에 대한 순종이라는 선택으로, 모든 성적 충동에 빠지지 않는 선택으로 자유를 표현할 굉장한 가능성을 발견할 수 있을 것이다.

이런 종류의 비구조화가 생겨날 때 그것은 그리스도인에게 비순응적인 방식을 통한 자유의 표현 가능성을 제공하는 것이 사실이다. 사회에서 가치를 상실한 것에 가치를 돌려줌으로써 말이다. 이런 식으로 가정이 그 비중을 상실할 경우, 더 이상 성적 '타부'가 존중되지

---

5) 우리는 비제도화 문제를 뒤에서 다룰 것이다.

않을 경우, 주어진 말의 영예와 존중으로서의 가치가 사라질 경우, 학교가 경멸될 경우, '자선', '선행', '가족주의'(이것들에 대한 비판은 18세기, 19세기에는 적법했다)가 멸시를 받을 경우, 그리스도인으로서 우리는 이를 즐겨서는 안 되며, 우이독경 식으로 신학적인 논증을 함으로써 흐름을 강화시켜서도 안 된다.

정반대다. 왜냐하면 이 각각의 실재는 인간에게 참되고 불가피한 가치를 갖기 때문이요, 어쨌든 제도의 부담을 피하면서 이 실재들의 명예를 회복시켜야 하기 때문이다.

불행히도 우리는 무엇을 목도하는가? 그것은 순전히 사회학적 해체를 주장하는 온통 한 가지의 신학적인 경향이다. 이 경향은 사랑이 여러 파트너와 더불어 표현되어야 함과, 자녀나 아내의 순종은 가부장적 가족에서 유래하는 순전히 사회학적 개념이었음과, 커플 개념은 기독교적이 아님을 주장하면서 순종과 정조를 한때의 제도와 혼동한다. 달리 말해서, 이 '일반화된 이웃' 신학은 순전히 현대 사회학적인 경향과 합류하기 위한 간접 수단이다! 이 신학은 더 이상 어떤 자유도 표현하지 않는다. 그것은 단순한 정당화다.

우리는 제도화와 투쟁하기 위해 교회가 갖는 중대한 경향에 직면한다. 교회가 그리스도의 몸이어야 한다는 것은 적법하다. 하지만 여기서 사회학적인 흐름을 따르는 것으로 만족한다는 점에 잘못이 있다. 사회에는 승리하는 제도들이 있는 반면 쇠퇴하는 제도들도 있는 바, 특히 서구 교회 제도들이 그렇다. 사람들은 교회가 모든 사회학적 가치, 모든 구조, 모든 사회적 힘을 상실할 때, 더 이상 돈도 권세도 없을 때, 그때 그리스도인이 되는 것이 자유로운 행위이며 참된 신앙의 증거가 될 것이라고 말하면서 스스로를 정당화한다. 하지만 그때 사람들은 그것을 이용해서 인간적이고 영적인 참된 유대 자체를 파괴함으로 말미암아 교회 제도를 약간은 더 파괴하려고 하며 그것을 허물어 버린다(이것은 크게 어렵지 않다).

제도적인 것, 영적인 것, 인간적인 것 사이에는 심층적인 해석이 필요하며, 단순한 외과 수술을 시행할 수는 없다. 자발적으로 교회를 파괴해서는 안 된다. 교회 해체 신학을 실천해서는 안 된다. 이것은 전혀 자유의 표현이 아니며, 단지 우리가 아주 자발적으로 편입하기 쉬운 사회학적 경향에 대한 정당화다.

그러나 반대로 노동 관계, 심리적 내지는 행정적 강압, 돈 관계는 우리 사회에서 훨씬 더 갑갑해지고 제도적이고 추상적이 되었다. 이런 상황에서 이웃 관계를 편안한 방식으로 고려하기란 불가능하다. 익명의 다국적 사회에서 다시 보지도 만나지도 않을 고용주에게 순종한다는 것이 무엇을 의미하겠는가? 단지 경우에 따라 상호 섬김이 있다는 이유로 이웃 관계가 우발적으로 가능하다고 주장하는 것은 터무니없다.

선택이 내 편에서의 모든 의지와 관계없이 제도에 의해 이뤄지는 이상(일례로 집단 협정, 가입 계약!) 어떤 선택도 가능하지 않을진대, 이 순종이 자유라는 것을 무엇으로 표현하겠는가? 또한 노동에서 순종의 관계가 사랑의 관계로 변할 어떤 가능성도 없을진대 말이다.

엄격히 제도화된 체계에서 엄격히 익명의 방식으로 내게 명령하는 이 사람에게 하는 순종에서는 어떤 자유도 드러나지 않으며 드러날 수도 없다. 현대의 군대, 현대의 산업적 내지 상업적 기업, 행정은 과연 무엇인가? 우리는 그 실재라는 것이 관료주의이며 그 성격을 바꿀 수 있는 인간적인 힘이란 없다는 것을 잘 안다. 이런 점에서 가장 특징적인 에너지를 주는 기업은 인간관계 기업으로, 이것은 사실상 전적인 속임수요[6] 거짓 인간화이며, 실제로는 상황을 그 실제적 익명성과 추상성에 남겨둔다.

이와 같이 노동 관계나 돈 관계를 변화시켜 자유로 하여금 활동할 수 있게 하는 것은 우리의 순종이 아니다. 왜냐하면 그 순종은 더 이상 인간에게 하는 것이 아니라 추상에게 하는 것이며, 추상 체계에 편입되기 때문이다. 이런 식으로 표현될 수 있는 자유란 결코 없다.

자유의 표현으로서의 순종

하지만 우리는 또한 하나님에 대한 순종으로 자유를 표현할 수 있다고 말한 바 있다. 그 근거는 다음과 같다. 즉 결혼 질서, 가정 질서, 노동 질서, 심지어는 돈의 경제 질서 배후에서 우리가 하나님의 모종의 뜻을 식별한다는 것이다. 그분이 이 모든 것을 제정하고 이 질서를 세우셨으므로 이 질서에 순종하는 것이 바로 하나님의 뜻에 순종하는 것이라는 말이다. 이것은 결과적으로 우리가 검토한 것, 즉 자유의 표현으로서의 순종으로 되돌아간다. 나는 이 해석이 두 가지 면에서 철저하게 잘못되었다고 생각한다.

[1] 첫 번째 오류는 다음 사실에서 보인다. 즉 어찌됐건 우리가 아버지나 고용주에게 순종하는 것은 하나님의 대리인에게 하는 순종일 뿐이라는 것이다. 이것은 하나님의 뜻에 대한 직접적인 순종이 아니다. 왜냐하면 우리가 실제적으로 순종하는 것은 결국 사회, 신부

---

6) J. Ellul, "Les relations publiques et humaines", in *L'Année sociologique*, 1964.

(Père) 등에게 하는 것이기 때문이다. 사람들이 하나님에 대한 순종을 말할 수 있는 것은 어떤 면에서 간접적일 뿐이다. 사람들은 단순히 부친에게 순종하는 것이 하나님에게 순종하는 것이라고 말할 수 있다!

물론 부친에게 순종하는 것은 하나님에게서 권위를 부여받은 자를 순종하는 것이요, 그러므로 그것은 하나님이 세운 질서에 순종하는 것이요, 이차적으로 하나님께 순종하는 것이 된다. 이것은 필연적으로 '질서들'의 형식적 독립을 가리킨다. 만일 직접적인 순종이 있다면, 그것은 이 권력이 하나님의 권력임을 의미할 것이며, 따라서 그 권력의 형태와 표현은 분명 사회와 유사 관계에 있을 것이다. 그런데 반대로, 이 형태들은 특별히 가변적이다. 그때부터 이것은 이 '질서들'이 하나님과 관련해서 일정 거리가 있음을 의미한다. 무슨 권위(하나님이 원하는)가 되고 우연한 '형태'가 될 '내용'이나 '핵심', '중심'이 있다고 말하지 말자. 이것은 민망한 평계에 불과하다. 왜냐하면 결국 이런 제도들에 있는 모든 것은 '형태'이기 때문이다.

13세기 장인(匠人)이 그 동료들에게 갖는 권위와 제너럴 모터스(General Motors)나 아이비엠(IBM)의 이사장 겸 사장(P.D.G.)의 권위 사이에 공통의 척도란 발견될 수 없다! 모든 것은 제도가 취하는 형태에 있다. 아무런 제도에게, 아무런 노동 조직에게, 아무런 돈 관계 형태에게, 아무런 사랑 관계 구조에게 하는 순종이 그 자체로 하나님께 하는 순종이라고 말할 수는 없다(아무런 국가 제도에게 하는 순종은 말할 것도 없다). 그런데 이 순종은 이런 구조들을 바꾸기에 충분하지 못하며 어림도 없다. 그러므로 그것은 이런 구조들에 있는 자유의 형태가 아니다.

[2] 두 번째 오류는 바르추(Bartsch)가 국가를 언급하면서 완벽히

들춰낸 것으로 보인다.7) 사람들은 이 제도들이 그 자체로 하나님이 원하고 규정하셨기 때문에 권위와 가치를 갖는다고 너무 오랫동안 생각했다. 사람들은 이 제도의 기초가 우리에게서 순종의 조건이 되어야 한다고 여겼다. 하지만 만일 그렇다면, 그때 우리는 이 순종이 전혀 자유의 표현이 아니라는 사실에 유의해야 한다. 반대로, 바르추가 매우 잘 강조하듯이, 하나님의 의지는 우리로 하여금 이런저런 제도, 조직, 권력에 대한 모종의 태도와 행동을 갖게 한다. 이 하나님의 명령이 우리에게 순종을 의미할 수 있으며, 우리의 순종이 결국 이 제도에 권위를 줄 것이다.

그러므로 노동, 부모 등에 대한 모종의 태도로 표현되는 것은 오직 하나님과 나의 관계의 문제일 뿐일 것이다. 오직 하나님에 대한 순종과 관련되는 한에서만, 이것이 내 자유를 표현할 수 있다. 하지만 이것은 우리가 노동 조직이나 가정 조직에 의해 채택된 형태와 관련하여 직접 말한 것을 확고히 해준다.

결과적으로 이 모든 것은 노동이나 가정에 관한 개념이 아닌 구체적인 상황을 생각할 때, 분명 순종이 이 영역들에서 우리의 자유의 길이 되지 않을 것임을 고려하게 한다. 여전히 실재를 고려하려는 의지가 필요하다! 내가 보기에 바로 이것이 노동이나 돈에 대해 추상적으로 말하는 신학자들이 부딪히는 가장 큰 난관이다. 그런데 우리가 자주 말했듯이, 그리스도 안의 자유는 그것이 현실적인 것으로 나타나지 않을 경우 아무것도 아니며, 그것이 이 주제에 관한 무슨

---

7) Bartsch, "Nouvelle manière d'aborder l'Etatique sociale chrétienne", in *L'éthique sociale chrétienne dans un monde en transformation*, 1966.

개념에 따라서가 아니라 현재 상황—구체적으로 알려지고 체험되는 그대로의—에 따라서 표현되지 않을 경우 현실화될 수 없다.[8]

자유와 개인적 결단

또 다른 유혹이 즉시 다가온다. 그것은 사회적 총체에서 개인적인 결단으로 자유를 표현하려는 것이다. 달리 말하면, 노동, 가정, 성관계에서 자신의 자유의 형태를 발견하기 위해 각자가 알아서 해야 한다는 것이다. 정확히 앞의 경우와 마찬가지로, 이것은 진리의 일부를 포함한다. 하지만 또한 상당 부분의 오류를 담고 있다. 이 개인적 해결책은 두 가지 양상으로 검토될 수 있다.

[1] 먼저, 가장 피상적인 경우를 들자. 이것은 영악함이라고 불릴 수 있는 것과 관련된다. 요컨대 나는 자유롭게 되기 위해 부름 받았고, 이 자유를 나 자신의 수단으로 표현해야 하며, 선택하고 결정하는 것은 나에게 달려 있다. 내가 있는 곳은 노동을 강압적이고 전체적인 방식으로 조직하는 사회이며, 부조리하거나 부당한 직업 체계이고, 실직 상태이며, '자동화된 노동'(travail en miettes), 인정할 수 없는 경제 질서다. 나는 일하기 위해 살며, 사회가 조직되면 될수록 그것은 내 삶 전체를 이 노동 안으로 집어넣는다. 그때 나는 아직도 존재할 수 있는 비약(faille)을 찾기 위해 적절한 조치를 취할 것이다.

아무튼 정말로 다른 어떤 것들보다 더 독립적인 직업이 있는가?

---

[8] 이런 이유에서 나는 노동, 사형, 전쟁 등에 대한 칼 바르트의 상술(*Dogmatique*, XVI)이 너무도 실망스럽다는 것을 말하지 않을 수 없다. 그는 현실 상황을 실제로 전혀 참고 하지 않고 추상적으로 말한다! 우리는 이 점을 다시 보게 될 것이다.

분명 노동자가 되는 것은 자신의 손과 발을 묶도록 내버려두는 것이다. 큰 기업의 간부가 되는 것은 많은 돈을 보장하지만, 그것은 어쩌면 노동자의 예속 상태보다 더 심한 개인적 예속 상태일지 모른다. 내게 최대한의 자유 시간과 개인적인 주도권을 주며, 내게 최소한의 통제가 있는 직업을 찾자. 비록 해마다 선택의 폭이 줄어들긴 하지만, 그런 직업은 여전히 존재한다.

이것이 가정에서는 보다 쉽다. 나는 다른 사람들 앞에서 내 존재를 뚜렷이 나타낸다. 나는 나의 부친이나 남편 앞에서 독립적이다. 나는 나다. 설령 아버지가 권위 행사를 주장한다 하더라도, 나는 거의 끊임없는 갈등 가운데 매일 조금씩 이 권위를 이용하기에 이른다. 나는 이 권위를 극복할 때까지 항상 내 독립적인 영역을 증가시킨다. 나는 필요하다면 집을 나갈 것이다. 모든 사회적인 운동이 나를 이러한 방향으로 부추긴다.

돈에 직면해서 내게는 돈을 많이 벌지 않거나, 돈에 대한 욕망을 자제하거나, 돈을 나눠 주거나, 정직하게 검소한 상태로 남아 있을 자유가 언제나 있다. 확실히 여기서는 이런 순전히 개인적인 태도가 무시될 수 없다! 이것은 사회적인 경향이나 일반적인 결정과 아무런 상관이 없다! 이것은 돈에 대한 진정 의미 있는 자유의 행위다. 우리는 이 점을 다시 언급해야 할 것이다.

그럼에도 불구하고, 그렇기 때문에 더욱 개인 활동의 환상을 고발하는 것이 중요하다. 이런 영역들에서 모든 것이 개인의 선택에 근거한다는 확신으로 남아 있는 환상 말이다. 내 돈에 대해 내가 원하는 대로 하고 있는 것이 분명하지 않은가? 나는 내 생각대로 돈을 소비한다. '지배 계층'에서는 내가 직업을 스스로 선택하는 것이 분명하지 않은가? 직업은 내 선택의 영역이고, 따라서 나는 개인적 결단에 의해 뛰어나게 행동할 수 있다. 일례로, 가족 계획은 내가 아이를 가질지 말지, 언제 가질지를 선택할 수 있게 한다. 이것보다 더 좋은 자유의 영역이 무엇이겠는가?

바르트가 이 점을 매우 폭넓게 상술했다는 것은 실로 주목할 만하다. 그는 직업 선택의 문제가 마치 자유의 문제인 양 길게 기술했던 것이다.[9] 그가 이 점에 대해 쓴 모든 것은 누구나 자신의 직업을 자유롭게 선택한다는 가정에 입각할 경우 분명히 훌륭하고 타당하다! 그러나 이 모든 것은 자유주의적이고 개인주의적인 사회를, 19세기 사회를 배경으로 하고 있으며, 유감스럽지만 이것이 학적인 가설이라고 말할 수밖에 없다. 왜냐하면 이것은 이런 '선택'의 내적, 외적 변화를 완전히 모르는 소치이기 때문이다.

아주 특별히 사람들은 어쩌면 현대 사회에서 가장 중요한 요인이 되는 것을 모른다. 즉 심리적인 압박 수단에 의한 내면의 결정이다. '여러분은 여러분이 원하는 대로 돈을 쓰고자 합니까? 설마!' 광고는 여러분으로 하여금 대량 생산의 사회에서 마치 돈의 소비가 선하고 유익한 방식인 양 그렇게 하도록 만든다. 커다란 경제적 착각 가운데 하나는 "경제에서 소비자가 우선"이라는 주장이다. 실제로 우선은 생산자이며, 소비자는 광고를 통해 정확히 생산에 짜 맞춰진다. "그래도 누구나 자유롭게 스스로 소비를 금할 수 있지 않은가?"라고 말할 것이다. 나는 먼저 현대 광고 기술의 교묘함 때문에 이런 저항이 매우 힘들어 보인다고 말하련다. 거기에 사회의 전반적 흐름이 주는

---

9) K. Barth, *Dogmatique*, XVI, p. 338s.

영향력을 감안하면, 이것은 거의 불가능하게 된다.

모든 사람이 겨울 스포츠를 원하고, 모든 사람이 보트 타기를 원하며, 모든 사람이 휴대용 소형 컴퓨터를 원하고, 모든 사람이 오락에 빠지며, 모든 사람이 신기한 제품들을 사고, 모든 사람이 플라스틱 제품들을 산다. 그렇다. 우리는 결코 우리 방식대로 돈을 소비하는 길을 선택하지 못한다. 우리가 저것 말고 이것을 선택하는 이유가 무엇인가? 모든 것이 동등하며 동일하게 흥미롭다. 만일 우리가 돈을 아끼고자 한다면, 광고하는 사람들은 우리의 가장 고결한 감정에 호소하면서 소비가 국가적인 의무임과, 우리가 소비하지 않거나 지금 투자하지 않을 경우 경제를 막는 꼴이라고 설명한다.

직업 선택에 있어서 자유는 훨씬 더 축소된다. 환경의 비중은 빼고 생각하자.10) 만일 우리가 외적인 압박(학위, 경쟁, 노동법)을 고려한다면, 거기에 심리적인 압박(진로, 선전, 실업의 비극)을 감안한다면, 구체적으로 선택의 가능성은 끔찍이도 제한된다는 것을 알아차리게 된다. 농민과 노동자 계층에서는 상당한 환경의 비중과 사회적 장벽 극복의 난관(심지어 호주머니 사정, 금전적 능력과 더불어)으로 말미암아 선택이 매우 제한된다. 교육받은 계층이나 중산 계급에서는 모든 것이 점점 냉혹한 행정적(우연적!) 선발에 근거하기 때문에 선택이 매우 제한된다.

현대 교육 체계의 많은 분과들은 돌이킬 수 없는 '선택'으로 하여금

---

10) 우리 사회에서 직업 선택의 자유라는 환상적인 성격에 대해서는 부르디외와 파스롱의 철저한 연구물들을 참고할 필요가 있다(Bourdieu, *La reproduction*, 1978; Passeron, *Les héritiers*, 1980). 이들은 한 문화의 재생산과 동시에 직업적 운명을 야기하는 사회의 조화화를 입증한다. 사회학적으로 이론의 여지가 없다.

10년 동안 실행되게 한다. 무슨 선택에 대해 말할 수 있는가? 노동 시장의 요구들은 우리를 이런 직업에서 저런 직업으로 보낸다. 실업으로 압도당하는 사회에서 과연 선택에 대해 말할 수 있는가? 독선적인 직업 진로 체계를 가진 사회주의 사회에서 선택의 가능성이란 훨씬 적다. 준비가 끝나면 독선적으로 임용이 이뤄진다. 그러므로 어떤 '직업 선택'도 없다. 게다가 사회주의적인 사회 역시 지금 실업의 위협을 받는다. 이 압박감은 행정의 압박감에 덧붙여질 것이다.

만일 우리가 선전의 압력 하에서 이미 유연한 견해를 생각한다면, 우리는 이 선전이라는 구체적 사항에 대해 어느 정도로 그 영향력이 큰지를 증명할 수 있다. 1958년 프랑스에서 사람들이 과학 계통의 직업에 미래와 가능성이 있다고 말하면서 그 직업을 위한 광고를 했을 때, 즉시 과학을 전공하는 학생들이 많이 늘어났고 4년 만에 실로 두 배가 되었다. 학생들이 이 분야에서 점차로 증가하게 되었다. 그리고 이제 과학을 전공하는 학생들의 수가 너무 많다고 말하자 (1962). 썰물처럼 빠져나갔다!

만일 여기에다 재교육이, 재적응(충분히 제한된 '격차' 내부에)이, 경제 전반의 결정에 따라 이런저런 우선 분야에 대한 방향 전환이 점점 필요하다는 것을 감안하면 직업 선택 개념이 얼마나 환상적인지 보게 된다. 바르트가 하나님의 결정에 대해 말하는 것이 물론 옳고 명백하지만, 선택에 있어서 인간의 자유로운 책임에 대해 그가 말한 것은 완전히 시대착오다.

즉 우리가 살고 있는 현실에 대한 해석의 도식을 바꾼다는 것, 그것을 그 현재성으로 본다는 것은 지극히 어렵다는 것이다. 그런데 적절한 윤리적 답을 위해서 이렇게 하는 것은 필수적이다. 만일 우리가 더 이상 우리의 상황이 아닌 상황을 성찰한다면, 확실히 주어지는 윤리적 답은 신학적 진리의 환기(이것이 바르트의 경우임)처럼 언제나 유효할 것이다. 하지만 체험되는 현실의 경우는 결코 유효하지 않을 것이다. 바로 이것이 무엇보다도 우리가 이런 상황에서 개인적인 응답의 가능성을 거절해야만 하는 이유다. 후에 전혀 다른 관점에서 적극적으로 개인적 응답으로 되돌아올 것을 무릅쓰고 말이다.

동기의 검토

마지막으로, 이 모든 영역에서 가장 의심스런 태도는 동기의 수준에서 표현되는 태도다. 우리는 기독교에 특별한 것이 있다면 그것은 동기라는 주장을 종종 듣는다. 달리 말해서, 우리는 다른 사람들처럼 똑같은 일을 한다. 또한 우리는 어떤 특별한 기독교적 대답이나 태도를 만들어 내고자 애쓰지도 않는다. 하지만 전쟁을 하기 위해, 우익이나 좌익을 뽑기 위해, 결혼을 하기 위해, 모든 사람들처럼 이런저런 직업에 종사하기 위해 우리는 다른 사람들과는 다른 동기를 갖는다는 것이다. 이것이 내게 매우 의심스럽게 보인다. 왜냐하면 하나의 새로운 태도, 새로운 행동으로 표현되지 않는 동기란 거짓 동기이기 때문이다. 동기의 영역에서 순전히 내적인 자유란 존재하지 않는다.

동기란 그 자체로 변하지 않는다.[11] 만일 우리가 다른 사람들과 똑같이 행동하면서 그들과 다른 동기를 갖는 것으로 만족한다면,

---

11) R. Mehl, "Fondement de l'éthique sociale chrétienne", in *Ethique sociale chrétienne dans un monde en transformation*, 1966. 이것이 내가 얀켈레비치에게 동의하지 않는 유일한 사항이다.

그것은 순전히 위선이다. 이것은 지옥은 선한 의도의 대가로 얻어진 다는 중세의 경구로나(의도의 단계에 머무는), 예수회 사람들의 '내면 적 유보'(사람들은 명백히 나쁜 무언가를 행하지만 '내면적 유보'와 함께 그리하거나, 아니면 사람들은 거짓을 말하지만 내면에 진실을 유보하면서 그리한다!)로 되돌아간다.

반대로 만일 우리가 다른 동기를 **따른다면**, 그때 이것은 동기가 행동의 변화를 야기하고, 다른 동기를 갖고 있는 자들과의 결별을 야기함을 전제한다. 달리 말해서, 동기는 그 자체로 아무 의미가 없다. 그러므로 만일 우리가 궁극적으로 극단적인 개인주의―설령 이것이 사회참여로 이끌어간다 하더라도―에 속한 '내적 동기'의 경우를 거부한다면, 다른 태도들 역시 거부되어야 한다. 왜냐하면 그 태도들이 이웃 사랑의 차원을 무시하기 때문이다.

영악함으로 개인적 해결책을 발견하는 것, 이런 식으로 자유를 표현하는 것은 하나님의 영광의 방향과 사랑의 방향이라는 불가피한 두 방향을 고려하지 않은 채 자유를 이용하는 것이다. 만일 자유가 개인적인 기획 속으로 철수하게 된다면, 자유는 그것이 아무것도 증거하지 못하기 때문에 하나님의 영광에 있지 못하다. 결국 동기 이론은 이런 특징을 갖는다. 즉 이 이론은 그것이 내적인 문제이기 때문에 어떤 증거도 만들어 내지 못한다는 것이다. 그런데 이 하나님의 영광이 없이는 어떤 자유도 없다. 마찬가지로 우리에게 주어지는 자유는 타인들과 더불어 체험되어야 하며, 또한 타인들을 위한 그리스도인의 열림이 되어야 한다. 이웃 사랑은 스스로 자유롭고 싶은 순전히 개인적인 결단을 전적으로 배제한다. 자유는 사랑에 의한 '조화'이며, 그렇지 않을 경우 그것은 환상에 불과하다.

그런데 심지어 바르트도 각자가 자신을 위해 얻는 자유의 유혹에 굴복한다. 일례로 노동에 대한 그의 글에서 그렇다. 이렇게 그에게 있어서 노동은 인간의(한 인간의) 실존을 이롭게 하고 이해시키며 아름답게 하는 것을 돕는다. 이렇게 우리는 인간의 입장을 위해 있는 노동을 선택해야 하는 것이다. 여기서도 이것은 개인적인 자유의 문제다. 실제적이고 구체적인 이웃 사랑 밖에 있는 자유 말이다. 나아가 이것은 전적으로 관념론적이다!

영악함의 수준에서 비난받을 만한 개인적인 해결책은 바르트가 제기하는 질문들 앞에서 환각적이다. 인간에게는 노동에 대한 자신의 자유를 이렇게 표현할 수단이 전혀 없다. 그런데 우리가 검토하는 것은 실제적으로 다른 문제들의 경우와 동일하다. 비록 집단 조직과 덜 철저히 연관된다는 점에서 상대적으로 덜 복잡하다 하더라도 말이다.

하지만 영악함, 내적 동기, 순전히 개인적인 선택을 거부한다고 해서 잘못된 도로로 들어가서는 안 된다! 여기서 문제는 개인적 결단과 개인적 선택을 배제하고 정죄하는 것이 아니다. 우리가 줄곧 말했거니와, 자유란 한 개인의 자유일 수밖에 없으며, 필히 그룹, 집단성, 사회학적 결정론에 맞서며, 개인적 차원에서 얻어지고 수용되며 체험되는 것이다. 개인과 자유는 정확히 상관적인 차원이라는 말이다. 이것은 지배적 '공동체'나 팀 등의 '그룹주의'라는 정신 상태로 들어가는 문제가 아니다. 뒤에서 우리가 다시 보겠지만, 사실상 모든 것은 개인적 결단으로부터 시작한다.

내가 말하고자 하는 것은 이 제도적이고 집단적인 영역에서 자아로의 후퇴를 통해 난관이 해결될 수 없다는 것이다. 모든 것은 개인적인 결단으로부터 시작한다. 다른 곳, 즉 프롤레타리아의 자발성 신봉주의나, 계층이나, 국가에서는 아무것도 시작되지 않는다. 하지만 개인적인 결단은 시작이다. 다시 말해서 그것은 이어지는 후속을, 그리고 제도적 내지는 다원적 질서에 속하는 결과를 야기하고 전제하며 내포한다는 말이다.

2. 의미

노동, 결혼, 돈, 가정 문제들에서 그리스도인의 자유를 나타내는 첫 번째 적극적인 행위는 의미를 되돌려주는 데 있는 행위다. 우리는 여기서 리쾨르에게 소중한 영역으로 들어가는데, 이것은 이 시대의 중대 발견들 중 하나다. 왜냐하면 우리는 긴급한 요구에 대한 응답과 동시에 자유의 표현 앞에 있기 때문이다.12)

의미에 대한 연구 서적13)

리쾨르가 의미에 대해 준 거대 반향 이래 작품들이 배가되었다.

---

12) Cf. J. Ellul, *L'Empire du non-sens*, 1980. 우리는 즉시 도스토예프스키의 「카라마조프의 형제들」의 놀라운 표현을 생각하지 않고서 의미 문제를 떠올릴 수 없다. "'나는 사람들이 무엇보다도 생명을 사랑해야 한다고 생각하네,' 라고 알리오카가 말하자, 이반은 '생명의 의미보다 생명을 사랑한다고?' 라고 답했다. 확실히 추론하기 전에 논리 없이 생명을 사랑하는 것, 그때만 사람들은 생명의 의미를 이해할 것이다."
13) [역주] 이 항목의 내용은 원문에는 각주 처리된 부분이지만, 그 엄청난 분량 때문에 번역 과정에서 본문에 편입시켰다. 다만 이 안에서 소개되는 책들은 역자가 각주로 처리했다.

작품 목록을 주는 것은 우리의 목적이 아니다. 사람들은 인간 존재의 이 본질적 소여를 사회, 정치, 경제 분야의 연구에서와 마찬가지로 정보와 소통에 대한 작품(여기서 사람들은 정보의 내용과 의미를 벗어날 수 없음을 알아챘다)에서 깊이 연구하고 과대평가했다. 이 영역에서 중요한 작가들 가운데는 카스텔리(Castelli), 장 브룅14), 들뢰즈15), 라드리에르16), 레비나스(Levinas)가 있다. 나는 최근의 세 작품만을 여기서 고려할 것이다.

[1] 먼저 오니뮈스는 그의 책 「갈등」17)(이것은 매우 종종 장 브룅과 가깝다)에서 우리 세계에서 의미의 상실이 무엇인지를, 그리고 우리가 만족하지 못하는 그 불가능성이 무엇인지를 그가 '냉철한 빛'(차가운 통찰력, 가치들의 죽음, 견유주의, 의혹, 형식의 우월성…)이라 부르는 것으로 힘들게 입증한다. 우리는 효율성, 정확성, 정밀성으로 만족할 수 없다. "내 모든 존재는 거기에 보다 개인적인 것이 있기 때문에 살아 있는 무질서로 이뤄지며, 정밀성이 그것을 죽인다." "우리의 생존 의식은 꿈과 상상을 필요로 하며, 그것의 안정과 비옥함을 보장하는 이 태고의 환상을 필요로 한다." "우리는 우리에게 더 이상 의미가 없는 세계에 익숙해질 수 없다. 우리에게는 의미가 필요하다. 우리의 본성적 기능은 만물에 의미를 부여하는 것이다…융(Jung)은 신경증이란 자신의 의미를 발견하지 못한 영혼의 질병이라고 말한다…전통들은 많은 의미들을 최후의 한 가지 의미—모든 것을 완성하

---

14) Jean Brun, *A la recherche du paradis perdu*, 1979; *Les rivages du monde*, 1979.
15) Jean Deleuze, *La logique du sens*, 1979.
16) Ladrière, *L'articulation du sens*, 1970.
17) Onimus, *L'écartèlement*, 1979.

는—에 붙들어 매는 데 사용되었다." 그는 오늘날 인간을 구하기 위한 유일한 길이란 우리가 사는 것에 의미를 재발견해 주거나 되돌려주는 것임을 입증한다. 그러나 이것은 진정한 회심 없이는, 공동의 행진이 없이는 이뤄질 수 없다.

[2] 내가 참고하는 두 번째 책은 완전히 다른 것으로, 곧 아틀랑의 책「투명함과 애매함 사이」18)이다. 아틀랑은 생물학자로 사고한다. 그는 원래 '소문에 의한 질서 원리'의 창설자들 가운데 하나였고, 우리가 방금 오니뮈스에게서 읽은 것과 합류했다. 그러나 생물리학자로서 그는 어쩔 수 없이 의미에 대해 다른 것을 우리에게 가르치는데, 이것은 철학자 못지 않게 그에게도 중요한 것이다. 그에게 문제는 의미와 의미 작용에 대한 기원과 적법성이 아니라, 이 긴급함이 어디서 태어나서 어떻게 '지나가는지'를 아는 것이다.

불확실성의 돌발과 그것의 기억 속에의 등재는 여러 형태로 만들어진 의식 활동으로 연결되며, 여기에는 현상들 간의 관계를 세우는 인식하는 의식이 포함된다. 왜냐하면 "모델들을 기억 속에 표시해 두는 것"은 과거에 대한 우리의 지식 내용에다 새로운 사건들을 삽입하는 해석 활동으로 연결되기 때문이다. 이것은 이 새로운 사건들에 의미를 부여함으로써만 이뤄질 수 있다. 구축된 기억과 의식이라는 작용이 없다면, 사건들은 자동적으로 흘러갈 것이다.

우리는 불가피하게 무의미에서부터 의미를 만든다. 하지만 그때 아틀랑은 그것이 정신착란이 아닌지를 알아보는 문제를 제기한다. 그에게 있어서 정신착란적인 의식과 참 의미를 만드는 의식을 차별화

---

18) H. Atlan, *Entre le cristal et la fumée*, 1979.

하는 것은 후자가 새로운 현상과 새로운 해석에 언제나 열려 있는 반면, 전자는 끝나 버린 한 가지 의미에 갇히고 고착된다는 사실이다. 이처럼 새롭게 하는 의미 창조는 살아 있는 인간 존재를 구성한다.

하지만 의미는 내적, 개인주의적 창조가 아니다. 단계에 따라서 상이한 의미 작용을 갖는 정보들과 더불어 조직의 단계들이 있다. 의미가 한 단계에서 다른 단계로(일례로 개인에게서 그룹으로, 또 그 역으로) 넘어가는 것은 불가피하다. 이 때문에 단계에 따라서 가변적인 의미 작용 법전이 이해될 수 있거나, 한 단계에서 다른 단계로 번역될 수 있어야 한다(그에 따라 개인이 사건에 의미를 주는 법전은 그룹과 사회의 법전에서 이해될 수 있고 번역될 수 있어야 하며 그 역도 마찬가지다). 달리 말해서, 의미가 전달될 수 있고 이동하는 것은 인간의 삶에 필수불가결하다. 이 이동의 단절이 있을 때 위기가 있다.

이와 같이 생물리학자의 경우, 의미는 결정적인 사건들―개인적이면서 동시에 사회적인―의 모든 총체의 중심과 관련된다. 의미란 무질서에서 출발하는 질서 창조이며, 소문에서 출발하는 정보 창조다.

[3] 마지막으로, 내가 택한 세 번째 사례는 바켄하임의 책 「이념 없는 기독교」[19]다. 우리는 이 신학자에게서 신앙 사건에 해당하는 의미의 중심 두기를 발견한다. 그는 매우 본질적인 한 가지 문제에 이른다. 즉 의미와 구조 사이의 관계 문제다. 그에게 있어서 의미란 "의식이 어떤 특수 경험이나 인간의 기획 전체에 부여하는 실존적이

---

19) Ch. Wackenheim, *Christianisme sans idéologie*, 1974.

고 전체적인 의미 작용"이다. 앞선 두 사람의 경우와 마찬가지로 그에게서도 객관적인 의미—그 자체로 존재하고 사물 속에 포함된—란 없으며, 역사가 의미를 갖지 않고, 요컨대 삶이 의미를 갖지 않는다는 사실을 고려하자.

모든 경우에 문제는 부여된 의미와 관련되거나, 돌발적인 것 내지는 의도적인 것에 부여되는 의미와 관련된다. 결국 인간이 의미를 주는 것이다. 우리는 이렇게 함으로써 선택을 수행한다. 우리는 인간이 주체로서 그리고 의식으로서 존재하며, 의미들을 지각하고 표현할 가능성을 갖는다고 주장한다.

"다양한 의식들이 무한히 다른 의미들을 현상들 자체에 부여하며, 한 동일한 주체가 한 가지 사건에 상이한 의미를 번갈아 줄 수도 있다…각각의 의식은 자신에게 제공되는 모든 사건들에 대해 전체적이고 최종적인 해석을 제안하려는 경향을 갖는다."

그러나 바켄하임은 모든 것이 의미와 구조의 변증법적 연관에서 작용한다고 주장한다. 이것이 그의 주 공헌이다. 인간 세상의 구조들은 결코 의미가 없지 않다. 의미란 구조와 관련되지 않고서는, 또는 구조 속에 통합되지 않고서는 존재할 수 없다. 이것이 없다면, "의미는 순전히 의식의 지향성일 것이며, 따라서 아무것도 아님의 의미일 것이다." "의미란 언제나 무언가에 대한 의미이자 동시에 누군가를 위한 의미다." 역으로 말해서, "구조들은 사방에서 그것들을 둘러싸고 있는 많은 의미들에 의해서만 현실적인 인간을 위해 존재한다…의미 문제 제기를 거부하는 것도 그것에 답하는 한 가지 방식이다. 현실 또는 역사는 인간이 식별하고 증언하는 의미들에 의해서만 인간을 위해 구체적으로 존재한다."

내가 이 세 저자의 사상에 대해 잠시 상술한 것은 내가 나 자신의 연구에서 정확히 이런 동일 계통에 위치하기 때문이다.

무의미의 시대

우리 시대는 무의미로 특징지어진다. 일례로, 결국 모든 사회심리학자들이 동의하듯이 우리가 하는 노동은 무의미의 영향을 깊게 받는다. 이제 노동은 더 이상 의미도 없고 그 자체로 명백한 가치도 없다. 업무의 분업화, 단조로움, 불필요한 물품의 생산, 동기와의 단절, 심지어 기계와의 단절, 사고 기능과 실행 기능 사이의 단절, 엄청난 노동조직과 관료주의의 성장 등 이 모든 것은 노동이 우리 사회에 더 이상 의미를 갖지 못하는 결과를 야기한다.

노동은 정확히 생계 수단이다. 그런데 인간은 무슨 일로 자신의 시간을 가장 분명하게 보낼지, 자신의 창조적인 힘을 어디에다 쏟을지에 대한 보완적인 정당성을 발견할 필요를 느낀다. 이것이 오늘날 모든 부모가 부딪히는 비극적인 문제들 가운데 하나다. 이것은 15-20세 사이의 자녀들이 제기하는 질문이기도 하다. "공부[20]를 왜 해야 하나? 그래 봤자 무슨 소용인가?" 어떤 설명도 만족스럽지 않으며 비판 정신을 설득할 수 없다.[21] 그런데 우리는 이런 의미의 상실을

---

20) [역주] 공부나 노동은 동일한 travail다.
21) Kierkegaard, *L'alternative* (OC, III, 30). 결국 이 삶의 의미가 무엇인가? 만일 인간들을 두 개의 큰 계층으로 분할한다면, 하나는 살기 위해서 일하는 한편, 다른 하나는 일할 필요가 없는 계층이라고 말할 수 있다. 하지만 삶의 의미가 살기 위해서 일하는 것일 수는 없다. 상황들의 지속적인 생산이 이 생산에 의해 조건지어지는 사물의 의미를 알려는 질문에 답을 제공한다는 것은 실상 모순이다. 일반적으로 타인들의 삶

가정, 돈 또는 성에서도 발견한다.

가정이 사회에서 더 이상 명백한 기능을 갖지 못하기 때문에, 노동과 주거의 조건들이 참된 공동체적 삶을 어렵게 만들기 때문에, 가정이란 그룹은 시대에 뒤진 것으로 보인다. 구성원들은 더불어 살아야 할 이유를 명확히 보지 못한다. 자녀들은 그곳에 머물러서 부친의 권위에 굴복해야 할 어떤 의미도 보지 못하며, 부부도 그들의 결혼에서 의미를 보지 못한다. 가질 수밖에 없었던 자녀를 양육할 필요가 존속하던 때에는 '아이들 때문에'라는 의미는 남았었다. 하지만 지금 자녀들은 부모의 책임만큼이나 사회의 책임 하에 있으며, 또한 자녀를 갖는 것을 충분히 쉽게 피할 수 있다. 그러므로 가정이라는 사회적 그룹에 대해 느끼고 체험하는 명백한 의미의 상실이 있다.

이 그룹은 우리가 원할 경우에만 유지될 수 있다고 위에서 말한 바 있다. 하지만 우리는 그것이 우리에게 의미를 줄 경우에만 그것을 원할 수 있다. 의미가 없다면, 정열의 첫 불꽃이 사라진 후 거기에 억지로 남아 자녀를 키워 봐야 무슨 소용인가? 여기에는 동시에 삶의 전환이라는 지독히도 근본적인 질문이 있다.

우리는 위에서 이미 지적한 한 가지 사항을 다시 만난다. 즉 전에 본능의 영역에 속했던 것이 이제 기술 사회에서는 의식(conscient)의 영역이 된다는 것이다. 그런데 우리는 부조리 철학이 우리 서구 세계에서 굉장한 반향을 불러일으켰음을 확인한다. 이 철학적 입장의 정상적인 논리 체계는 삶의 전달을 거부하는 것이다. 이것만은 엄격

은 환경들을 채우는 것 외에 다른 의미가 없다. 설령 삶의 의미가 죽는 것이라 해도, 여전히 이 모순에 직면한다!

하다. 만일 삶에 어떤 의미도 없다면(모든 문학과 영화가 무한정 발전시킨 것이 바로 이것이다), 먼저 왜 자살하려 하지 않겠는가? 다음으로 왜 이 삶을 가난한 자에게 전달하여 이 짐을 지게 하려 하겠는가?

더욱이, 만일 삶이 지긋지긋하다면, 만일 삶이 너무도 싸구려라면(전쟁과 포로수용소의 경험은 이것을 명백히 보여준다), 세상에 자녀를 둘 이유가 무엇인가? 나는 많은 현대의 부모들이 "우리가 태어나겠다고 요구한 적이 없어요"라는 자녀들의 가혹한 불심검문을 들었으리라고 생각한다.

그때부터 낙태의 의지가 커지고, 이것은 피임 수단(게다가 이것의 유용성은 이론의 여지가 없다!)의 필요를 정당화하는 데 소용이 된다. 명백히 의미의 부재와 관련되어 일관되게 유일한 태도인 이 사실 앞에서 무슨 말을 하겠는가? 그런데 인간은 바로 본능적인 것의 일부가 감소했기 때문에 이 의미를 요구한다. 인간은 단순히 "세상에 사람 난 기쁨!"(요 16:21), 이 새로운 존재에 대한 경탄, 몸을 많이 숙여 아이를 보는 시선으로 만족하지 않는다. 인간은 그 이유를 알아야 하지만 아무것도 '왜냐하면'이라고 답하지 않는다. 그리하여 낙태가 이뤄진다.

돈 문제로 말하면, 처음엔 매우 다른 것으로 보인다. 왜냐하면 돈과 그것을 소유하고 사용하는 것이 항상 명백한 의미를 갖기 때문이다.[22] 물론 이것이 그렇게 확실한 것은 아니다. 경제학자와 사회학자들은 돈에 대한 태도 변화를 기록하고 있다. 이제 사람들은 절약하고,

---

22) 내가 독립된 책[역주—*L'homme et l'argent*(1953/1979)을 의미함]에서 돈의 윤리를 다룬 바 있기 때문에, 여기서는 상세하게 취급하지 않겠다.

자본을 창출하며, 먼 앞을 내다볼 이유가 없음을 잘 안다. 절약? 가격 변동, 화폐 가치의 규칙적 하락 앞에서 절약이 무슨 소용인가? 자본? 점점 사회주의적으로 되어 가는 사회에서, 점점 집단 재산과 사회 자본이 늘어 가는 사회에서, 개인 자본이 위협받고 압수당할 위험이 있는 사회에서 저축하기 위해 내핍 생활을 하려 애쓸 이유가 있겠는가? 돈은 단지 유통 요소로서만 나타날 뿐이다.

이것은 돈의 위력이 줄어들었다는 것을 의미하지 않는다. 분명 그렇다! 다만 그 자체로 더 이상 의미가 없다는 말이다. 돈은 사회적 힘의 도구(엄청 소유할 경우!)와 위신의 도구가 되거나, 아니면 소비의 수단이 된다. 돈은 소비 증가와 관련된다.

그러나 심리학자들과 사회학자들은 돈이 현대인을 만족시키기에 충분하지 않음을 인정한다. 현대인은 많은 소비에서 행복을 느끼는 것이 아니다. '최고'가 그에게 기쁨의 순간을 줄 때도 있다. 단기간 동안 더 많이 소비할 수 있을 때 그는 충족된 느낌을 받는다. 그러나 그것은 매우 일시적이다. 소비가 삶을 채우지 못한다. 그래서 사람들은 다른 것을 찾는다.

비록 간략하게 상기한 것이기는 하나, 바로 이런 것이 오늘날 인간 생활의 틀을 만드는 모든 것이 갖는 의미의 부재 상황이다. 그런데 우리는 이것이 완벽히 정상적임을 기억해야 한다. 다시 말해서 실제로 노동도, 가정도, 결혼도, 성생활도, 돈도 본질적이고 존재론적이며 '타고난' 의미를 갖지 않는다는 것이다. 사회 생활과 인간 생활의 이런 요소들이 가장 자연스럽게 떠오르는 의미—지금은 이것이 우리에게 단순히 없을 뿐이지만, 앞으로는 우리가 상실하고 말—를 갖는 것으로 그것들을 바라보는 관점이 어느 정도까지 잘못되어 있는지를 참고하기 위해서는, 여러 시대에 걸쳐 여러 나라에 있는 이런 요소들의 놀랍도록 다양한 상황과 그에 대한 고찰을 보는 것으로 충분하다.23)

사람들이 노동이란 인간의 정상적인 표현이라고 쓸 때, 이것은 최근의 서구 문명의 관점이지 그 이상 아무것도 아니다. 사람들이 결혼과 가정이란 사회의 영속적인 여건이라고 말할 때, 동일한 말속에 천 개의 다른 내용들이 포함되어 있음이 쉽게 간파된다! 실제로 이런 행동들과 제도들은 외부로부터 오는 부여된 의미를 갖는다. 그것이 종교적 고려이든, 이념이든, 사회의 구조 자체이든 간에 말이다. 삶의 전달[출생]이 의미를 갖는다는 것, 노동이 가변적이라는 것은 실상 두말할 것 없이 명백하게 사회 구조의 결과로 나타날 수 있다.

극단적으로 말하기 위해서 바르자벨24)의 소설 「대재난」(Ravages) 이 보여주는 상황을 다시 생각하자. 자신만을 믿을 수밖에 없는 고립된 한 인간 그룹의 조난 상황에서, 땅을 경작함으로써 생존하기 위해서는 갑자기 결혼, 출산, 노동의 규칙의 회복이 명백해진다.

의미의 현상학

대부분의 집단과 사회는 자신을 구성하는 모든 것, 즉 정보, 제도, 의식, 조직, 인간관계, 도덕, 타부 등에 의미를 주거나, 아니면 이미 의미를 갖고 있다. 이것에 순종할 무슨 의미가 있어야 한다. 우리 서구 사회에서처럼, 의미가 사라질 때 상황은 비극적이 된다. 다음

---

23) Stoetzei, *Traité de psychologie sociale*, 1964.
24) [역주] René Barjavel(1911-1985). 프랑스의 SF 문학의 대부. 대표작으로는 본문에 나오는 「대재난」(1943)과 「야수의 허기」(1973)가 있다.

세 가지 현상이 결합될 때 의미에 대한 질문이 생기며 문제가 제기되는 듯하다.

[1] 첫째로, 사회관계의 매우 큰 추상성이다(더 이상 일대일의 관계가 아니라, 인구 밀도와 수에 의해서건, 영토 확장에 의해서건 느슨해진 관계다. 한 마을에 속하는 것은 직접적인 소속의 의미를 내포하며, 프랑스의 일부가 되는 것은 사회관계의 추상적 이해를 전제한다. 이런 추상성은 의미를 전적으로 이념적으로 만드는 경향이 있다).

[2] 둘째로, 살기 위해서는 얻어낼 필요가 있다는 점에서, 사람들이 행하는 행위와 그것들의 결과 사이에 있는 인과관계의 단절이다(먹기 위해서 사냥감을 좇고 죽이는 것은 명백한 의미를 갖는다. 양식을 사게 해주는 급료를 받기 위해 고용주의 명령에 따라 일하는 것은 덜 명백하다. 급료를 받기 위해서만 일할 경우 노동은 그 의미를 급속도로 상실한다. 고용주와의 관계는 더 이상 의미가 없다. 원인관계가 극도로 팽창되기 때문에 모든 것이 의문시된다).

[3] 마지막으로, 사회적 행위에 대한 다양한 해석이 가능하게 나타나야 한다. 사회 조직과 행동들에 대한 한 가지 설명이 있을 때(일례로 신화적 형태) 의미가 있다. 모순적 신화들, 종교적 소속들, 정치 이념들, 과학적 설명들(결코 완성되지 않는)의 다양성이 있을 때, 선택의 실행을 통한 의미의 풍부화는 없으며, 이 모든 가능한 의미를 해치는 —그래서 어떤 의미도 분명하게 보이지 않게 하는—상대성에 의한 의미의 빈약해짐이 있다.

이것들이, 결합하여 사회 그룹(그리고 이 그룹의 사람들)으로 하여금 의미—그룹 자체에서 사라져 버린—에 대한 질문을 제기하는 데로 이끄는 세 가지 조건이다. 오늘날 이 세 가지 요인은 결합되어 있다.

의미의 어떤 필요성도 없으며, 우리가 살고 행하는 것에 부여되는 어떤 의미도 더 이상 없다.

그때부터 우리의 상황은 어떻게 되는가? 우리는 부조리한 사회(부조리한 것은 삶이 아니라 이 사회에서의 생활이다)에서 살며, 우리 눈에 아무런 가치도 없는 많은 행위에 참여한다. 그때부터 우리는 이 부조리—그것이 꿈, 만화, 초현실주의, 할복자살(Hara Kiri), 뉴욕 극장이건, 불량배나 훌리건이나 반항아의 반란에 의한 부조리 표현 행위이건—에 더욱 깊이 빠지거나, 아니면 어떤 의미를 찾아야 하거나 둘 중 하나다.

삶이 단순히 히피들(이들을 매우 소중히 여겨야 한다)의 수준에서 살 만한 것으로 보이지 않기에 관계되는 청소년의 즉각적인 반항을 극복하고자 한다면 어떤 의미를 재발견해야 한다.

더욱이 그리스도인으로서 우리는 이 모든 것이 사회에서 유래하는 의미와는 다른 어떤 의미를 수용했음을 확실히 안다. 하지만 난관은 우리 그리스도인들도 우리가 의미를 제공받는다는 사실에 익숙하다는 데 있다. 우리는 축복의 결혼의 의미, 소명 개념에 따른 노동의 의미, 부르주아 도덕에 따른 성생활의 의미를 받아들이는 데 익숙하다. 그런데 이 중 어떤 것도 더 이상 지속되지 않는다.

이제 우리는 그리스도인의 자격으로 스스로 답해야 하고, 우리에게 미리 주어지지 않은 어떤 의미를 찾아내야 하며, 우리 각자를 위해서(이 모든 것이 집단 활동인 이상 각자의 의미란 엄밀히 가능하지 않다)뿐만 아니라, 내가 발견하고 부여하는 의미가 내 이웃에게 가치가 될 수 있는 방식으로 의미를 찾아내야 하는 국면에 대처하지 않을 수 없다.

이전 사회들과 관련해서 믿어지지 않는 차이는, 옛 사회들에서는 이 의미—그때는 이것을 찾을 필요가 없었다—가 이해되지도 않고 지적으로 파악되지도 않은 채 체험되어 왔다는 것이다. 그 시절, 의미는 본능과 사회적 소양의 수준에 위치했다. 그러나 지금 우리는 우리가 살아야 할 모든 것에서 의지적이고 지적인 방식으로 어떤 의미를 찾을 수밖에 없다. 이것은 우리가 경험하는 기술의 엄청난 변동의 결과다. 하지만 우리가 '지식적'이라고 말할 때, 이것은 순전히 형식적이고 외적인 문제로 나타날 수 있다. 요컨대 외적으로 남아있는 활동에 달라붙은 의미로 나타날 수 있다는 말이다.

바로 이것이 커다란 난제다. 왜냐하면 이제 반대로 의미란 활동을 통합하는 일부이기 때문이다. 이전에는 내가 이 모든 활동 전체에 확실하고 이론의 여지가 없는 어떤 가치—하지만 이제는 합리적이고 의식적이 된—를 주입하지 않은 한, 거기엔 어떤 의미도 없었다.

사회가 기술화된다는 사실은 사람들이 무엇을 행하는지, 어떤 존재인지를 의식하지 않을 수 없게 한다. 이것은 진보도 재앙도 아니다. 그냥 그렇다는 말이다. 그러므로 의미가 분명해져야 한다. 하지만 사실은 그렇지 못하다. 우리가 본 대로, 본질적인 의미를 발견하는 것으로는 충분하지 않다. 그런 의미란 없다(바로 이것이 모든 자연법 지지자들의 대 실패요 실망이다).

그러므로 의미를 만들어야 한다. 그 의미는 실제로 많은 사람들이 채택하는 그런 의미여야 한다. 왜냐하면 나는 개인적인 의미로는 절대 만족할 수 없기 때문이다. 분명 많은 내 행위와 내 결단에 있어서, 나는 그 의미를 나와 내 측근의 입장에서 볼 수 있기 때문이다. 이와 같이 일례로 나는 내 노동에 어떤 의미를 줄 수 있다. 나는 내 도덕적 행동에, 내 결혼에 어떤 의미를 줄 수 있다. 확실히 나는 그렇게 할 수 있으며, 어쩌면 그렇게 시작할 필요가 있다. 하지만 그때 그것이 의미하는 바를 실현해야 한다. 정확히 나는 바다로 둘러싸여 파도에 부딪히며, 종종 그 파도에 잠기는 바위와도 같아야 한다. 왜냐하면 내가 내 삶에 개인적으로 부여하는 의미와 더불어, 나는 커져 가는 무의미의 해양에 둘러싸여 있으며, 그렇지 않은 듯 행동할 수가 없기 때문이다. 나는 끊임없이 무의미의 공격을 당하는 바, 이 무의미는 내가 나 개인을 위해 부여한 의미가 무슨 의미 가운데 하나가 아님을 분명하게 만들어 놓는다.

나는 영웅적으로 저항할 수 있다. 그러나 나는 내 태도가 부조리하다는 것을 확인할 수밖에 없으며, 내가 나의 보는 것에 준 의미가 삶의 부조리—이것은 온 사회가 입증하는 것임—를 증대시킬 뿐임을 확인할 수밖에 없다. 나는 영웅적으로 저항할 수 있지만, 언제나 상기해야 할 것은 바다와 바위 사이의 싸움에선 항상 바다가 이긴다는 것이다.

이와 같이 내가 내 개인적인 모험에 준 이 의미는 절대로 내 자녀에게 전달될 수 없을 것이다. 왜냐하면 참된 의미란 언제나 함께 체험되어야 하는 것이며, 그렇지 않을 경우 그것은 초인적 힘의 끔찍한 공격에 불과하기 때문이다. 그러므로 나는 내가 인지하는 것으로 만족할 수 없으며, 내 삶의 이런 문제들—노동, 결혼, 자녀—에 의미를 주는 것으로 만족할 수 없다. 나는 그것을 전달해 주고 공유할 수 있어야 하며, 타인들도 의미를 만들어 내고 그들의 의미가 내 것과 결합되어야 한다.

하지만 내가 말했듯이 이런 상태에서 문제가 아무리 의식적이고 지적이라 해도 소용없다. 이론 전달이나 설명을 통해서 이런 의미는 결코 나타나지 않을 것이다. 그러므로 만일 내가 신앙으로나 성서적 사고로 이 노동과 결혼에서 의미를 발견할 수 있다면, 그것은 분명 훌륭하고 가치 있는 일이다. 하지만 그리스도인으로서 나는 이런 태도를 취한 것으로 만족할 수가 없다. 사실 나는 저 [성서적] 의미를 직접 전달할 수 없다. 타인이 회심을 거쳐야 하며, 예수 그리스도가 자신의 구주요 주(主)이심을 인정해야 한다. 그때 그는 자신의 삶에서 제공되는 '유례없는 계기'에, 분명 이 의미를 발견할 수 있다. 그러나 우리가 말했거니와, 신앙의 의미 밖에서 의미란 집단적인 문제다.

그리스도인과 의미

그리스도인으로서 나는 모든 사람이 회심하고 삶의 궁극적인 의미를 발견하리라고 소망할 수도 없고, 아무나 발견할 수 있는 자연적 의미가 있다는 것을 믿을 수도 없으며, 나와 가까이 지내는 사람들과 내가 사는 사회가 순전히 부조리와 무의미에 영원히 빠져 있는 것을 견딜 수도 없다.

리쾨르가 의미의 피조물이 되는 것을 사회에서의 그리스도인의 본질적 과업으로 여긴 것은 명백히 옳다. 그러므로 그리스도인과 비그리스도인 모두가 받아들일 만한 의미가 필요하다(이것이 내가 신앙을 통해 찾는 궁극적인 의미를 대신하지는 않는다). 전에 있던 것의 단순한 지속이 아니라, 노동과 가족의 현재 상태에 일치되는 의미가 필요하다. 명백한 의미, 하지만 이해력과 이론으로 충분하지 않음을 참작하는 의미가 필요하다.

그런데 의미는 방향(orientation)과 의미 작용(signification)이라는 두 가지 요소를 포함한다. 그러므로 방향과 의미 작용을 동시에 함께(그리스도인은 누룩, 소금, 효소, 의지, 솔선의 역할을 함으로써) 만들어야 한다. 내가 하는 노동은 어디로 가며, 이 결혼, 내가 속한 이 가족 집단은 어디를 향하는가? 이 돈의 사용(왜 저것이 아니고 이것인가?)은, 이 성적인 태도는 나에게, 타인들에게, 내가 속한 사회에 어떤 가치가 있는가? 그런데 나는 만일 그리스도인이 자신의 신앙에 따라 힘차게 삶으로써 이런 인간 조건의 수준에 위치하기를 수용한다면, 다시 말해 매사를 그리스도와 관련시킴으로써 타인들과 더불어 무의미(그것을 판단하지 않고!)를 느끼고 맛보기를 수용한다면, 그가 의미의 탐지 영역에서 최고 출력 가동(point fixe) 역할을 할 수 있다고 생각한다.

그리스도인뿐만 아니라 교회도 그렇다. 교회는 세상 사조, 몰상식, 부조리에 몰두해서는 안 된다. 교회는 확실한 이성의 도피처여야 하되, 특히 충분히 안정적으로 남는 가능한 공동의 가치의 장소여야 한다. 왜냐하면 인간이 필요로 하는 것은 교회가 무의미에 몰두하는 것이 아니기 때문이다!

인간이 필요로 하는 것은 교회의 혁명이 아니다! 이런 일의 모호성을 조심해야 한다. 만일 이것이 죽은 전통과 시대에 뒤진 문화적 요소들을 덜어내는 것과 관련된다면 적법하다. 그러나 교회를 만들고, 세상의 주된 사조를 채택하며, 기술에 가담하고, 사회주의에 가담하며, 정치적 방법으로 국민의 '해방'에 가담하며, 사회적 행동에 가담하는 것은 여전히 교회의 이기주의다. 이런 식으로 돌진하는 것은 역사의 대로에서 망각될 것에 대한 두려움 때문이요, 교회에게 그 역사적인 행운을 주고자 시도하기 위함이다. 교회는 홀로 있지 않기 위해 타인들의 바로 뒤를 따라간다. 하지만 이렇게 함으로써 교회는 억눌린 백성, 기아 등에 대한 위대한 선언에도 불구하고 인간의 실제적 필요에 전혀 전념하지 않는다. 사실 만일 현대의 인간과 참된 일체가 된다면, 진정 현대인(그와 합류할 우리의 가능성이 아니라!)에게 전념한다면, 그가 빵과 생산보다 무엇을 더 필요로 하는지 고려할 것이다. 그는 지표를 필요로 한다. 그는 의미, 소망, 진리를 필요로 한다. 그는 정보의 만화경, 역사의 가속, 지적인 정신착란, 핵의 불확실성, 문화의 야단법석의 한복판에서 의미, 소망, 진리를 필요로 한다. 그는 동요하지 않고 북(北)을 가리키는 등불을 필요로 한다. 그는 자신에게 위치 기준의 역할을 하는 고정된 신호등을 필요로 한다.

우리는 좀 전에 바위에 대해 말했다. 하지만 바위들은 잘 만들어진 지도의 도움으로 항로 표지가 될 수 있다. 만일 그리스도인들이 인간에게 전념한다면, 그들은 모두에게 유효한 최고 출력 가동을 발견하고자 할 것이다. 하지만 삶의 방향 설정을 돕는 이 최고 출력 가동은 우리가 말한 잘 만들어진 지도에 입각해서만, 다시 말해 전체적 의미라고 한다면 곧 하나의 세계관에 입각해서만 의미 작용을 할 수 있다. 달리 말하면, 각각의 요소(돈, 섹스 등)는 한 가지 의미를 수용하도록 촉구된다. 마찬가지로 각각의 그리스도인의 삶은 본보기가 될 수 있으나, 이 각각의 요소들은 보다 넓은 의미와 전체적인 의미 작용에서 해석될 경우에만 존재할 수 있다. 우리는 그리스도인의 삶을 만들어 내야 한다.

의미 창조의 자세

그런데 이 주제에 대해 두 가지 지적을 할 필요가 있다.

[1] 먼저(나는 내가 위에서 한 말을 되풀이한다), 이 시대와 이 세계 사람들의 혼란과 착란에 빠져들어서는 안 되며, 어리석음을 마치 가치 있는 의미와 공통의 의미를 발견할 가능성이 있는 지혜라고 여겨서도 안 된다. 우리가 30년 전부터 보듯이 (거짓-의식화 운동을 통해) 열정을 부추기고, 세상 참여라는 구실로 모든 활동에 뛰어들며, 할 수 있는 아무런 말이나 반복하고, 지적 내지는 정치적인 온갖 방식을 채택하는 이런 식이어서는 안 된다. 이 시대의 철학을 채택한다거나 공산주의자, 모택동주의자, 성애주의자가 되는 식이어서도 안 된다.

[2] 또한 우리가 이 시대의 사람들을 돕는 기독교의 특수성을 버리는 식이어서도 안 된다. 일례로, 이 여행 동반자들을 위한 최소한의 의미를 가질 수 있는 것은 기독교 무신론—하나님이 죽었기 때문에 우리는 타인들과 같다는 선포—도 아니며, 텅 빈 하늘 아래서 공통의 절망에 빠지는 것도 아니다. 그들을 위로하는 것은 "여러분, 보세요. 나는 여러분들과 같습니다"라고 말하는 것이 아니다. 아주 큰 부자가 자신이 부자라는 사실에 수치를 느끼고 자신의 은행 수표와 증권을 불사른 뒤, 부랑자들을 만나러 다리 밑에 가는 것은 어쩌면 감화적일 수 있다. 하지만 부랑자들은 빵 조각과 포도주 한 병을 자신들과 나누어 먹기 위해 오는 것을 분명 고마워하지 않을 것이다. 그것은 단지 먹여야 할 입 하나가 는 것뿐이다.

이것은 정확히 중세의 스콜라주의에 가까운 유치한 논리 체계에 근거한 기독교 무신론의 선포가 주는 의미다. 만일 하나님이 존재하지 않는다면, 그리스도 역시 존재하지 않으며, 예수는 인간성의 모델로서 유치함의 극치가 된다.

우리로 의미를 만들게 하고 의미를 주게 하는 자유는 바로 세상의 모든 사조와 일치하지 않는 자유이며, 성경이 어리석다고 부르는 자들—다시 말해 바로 의미를 잃은 자들—과 같지 않은 자유다. 만일 우리가 구별된다면, 그것은 우리가 특정 상황을 갖고서 양자택일을 독촉하기 때문이다. "우리 그리스도인들에게는 모험의 의미가 있다(의미를 소유한다고 말하면 잘못이다!). 방향을 잃은 여러분, 이 의미를 수용하십시오. 그렇지 않으면 여러분은 아무것도 갖지 못할 것입니다." 나는 여기서 두 단계를 구분해야 한다고 생각한다. 그리스도를 믿는 신앙이 실제로 의미와 방향과 의미 작용을 우리에게 주어야 한다는 것은 확실하다. 이것이 설교와 간증의 목표이어야 한다. 하지만 오늘날의 사람들은 이전의 사람들보다 말하자면 더 방황하고 있다. 영생의 의미에서가 아니라 역사적인 의미에서 방황한다는 말이다.

우리는 인간 혼란의 역사적인 시기를 살고 있다. 이는 마치 아마도 주전 12-10세기의 기간과 같으며, 확실히 서구에서 주후 5-10세기의 기간과도 같다. 그런데 후자의 경우 수도회들은 문화와 기술을 구하고, 경제적 삶의 가능성을 재부여하며, 도덕(기독교 도덕 자체가 아니라 이교도와 함께하는 공동의 도덕)을 수호하려고 했다. 다시 말해 인간의 삶의 가능성을 만들어 내려고 했다는 말이다.

이렇게 교회의 일이 이중적인 기간들이 있다. 한편으로 구원 복음을 높고 명백하게 주장하는 것이요, 다른 한편으로 삶의 가능성 보전에 참여하는 일이다. 이 둘은 같은 것이 아니며 혼동해서는 안 된다. 실제로 인간 삶을 영위하게 해주기 위한, 일종의 단순한 인간 수호 방침을 수립하는 것은 필수불가결하다. 하지만 이렇게 하는 것이 우리가 복음을 증거하는 것을 의미하지는 않는다. 또한 그리고 더 나아가 관련되는 일은 인간의 지위를 보호받은 이 인간이 복음을 듣는 일이다.

하지만 역으로 괴롭고 정신 없으며 얼이 빠지고 갈팡질팡하는 이 사람에게 복음을 전하는 것은 어쩌면 복음을 배반하는 짓이다. 분명 모세는 백성이 서로 싸우는 동안 단지 기도에만 머물렀다. 그때 매우 구체적으로 서로 싸우는 하나님의 백성이 있었다. 오늘날 이것도 그리고 저것도 망각해서는 안 된다. 우리가 인간에게 실제로 필요한 것을 헤아려야 하는 것은 바로 인간을 위한 전투의 영역에서다. 여기서 우리는 웁살라 총회나 나이로비 총회의 〈교회와 사회〉25) 보고서 (Genève, 1966)가 거의 쓸모없음을 인정해야 한다. 왜냐하면 그것은 모든 비기독교 신문들에 널려 있는 것을 되풀이하는 것으로 만족하기 때문이다. 이런 식으로는 우리가 인간을 위해 유효한 공동의 의미를 발견하지 못할 것이다. 내가 결코 되풀이하기를 그치지 않는 말이 있다. 이 시대의 인간은 이 사회에서 이뤄지는 것 때문에 교회의 승인, 축복, 참여를 필요로 하지 않는다는 것이다.

그리스도인들이 자신들이 경제 계획을 찬성한다고 선언하는 것이 무슨 소용인가? 이것은 사람들이 영위하는 삶에도 생산성에도 무슨 의미를 줄 수 있는 것이 아니다. 오늘날 인간에 의해 제기되는 "무엇을

---

25) [역주] WCC의 여러 분과 가운데 하나.

위한 것인가?"에 전반적인 답을 만들어 내야 한다. 이 답은 모두에게 받아들여질 수 있어야 하며, 그 결과로 인간에게 미래를 여는 것이어야 한다. 바로 이 전반적인 답 내부에서 가정, 돈, 직업, 성의 특별한 의미가 다시 나타날 수 있을 것이다. 왜냐하면 우리 역시 이런 것들의 특별한 의미를 추구해야 한다는 사실을 고려하기 때문이다. 그러나 어찌됐건 의미를 부여하는 것은 삶의 의지적인 활동을 내포하는 한편, 거짓된 의미(무의미를 촉발하는)와 부여 가능한 의미 사이의 선택을 내포한다.

어쩌면 바로 이런 상태에서 우리는 다음과 같이 말할 수 있을 것이다.

노동의 경우, 우리의 삶에서 장애와 한계가 문제이며 그 한계가 그 자체로 의미를 가짐을 인정하고, 완전히 실리적인 대립이 문제임을 인정한다면, 자기 실현의, 자기 초월의 소명의 의미를 거부해야 한다.

결혼의 경우, 선택된 타인—하지만 인간 존재의 땅에서 나를 위해 마지막으로 유일한 증인으로 남는—과의 관계에서만 자기 자신이 되는 것을 받아들임으로써 만남, 고독의 단절, 완전히 타인인 존재에 대한 인정에 관한 시도를 수용하기 위해서는 낭만적 사랑과 동시에 부르주아적인 혼인의 의미를 거부해야 한다.

돈의 경우, 무역 활동의 의미나 노년의 안전을 목적으로 하는 축적의 의미를 거부하고, 기부를 위해 돈을 쓰며 돈을 삶의 심미적인 의미 속에 위치시키기를 받아들여야 한다.

성의 경우, 불안에 대해 항상 새롭게 문제 제기를 하는 힘의 의미를 받아들이기 위해 욕망과 쾌락의 의미를 거부해야 한다. 여기서 생물학적인 것은 결국 하나님의 말씀에 의한 문제 제기의 가장 정확한 상대다. (바로 이런 이유에서 성을 '정착'시키고, 소화와 같은 단순한 생물학적인 문제로 변형시킬 수 없다!)

자녀의 경우, 가장 기초적이고 덜 지적인 직접적 기쁨이라는 단순한 의미를 되찾기—그 결과는 "여자는 세상에 사람이 태어난 기쁨을 인하여 자신의 고통을 잊는다"(요 16:22)는 것이다—위해서, 삶을 물려주고 자기 자신을 영속시키는 등의 필요성과 관련된 의미를 거부해야 한다. 달리 말하면, 이 모든 것에서 중요한 것은 삶의 각 요소에서 우리 사회와 우리 이념과 과거가 부여한 잘못된 의미를 없애는 일이다. 왜냐하면 바로 이 잘못된 의미가 우리 사회에서 무의미의 끔찍한 느낌을 야기하기 때문이다. 새로운 의미는 현재 가능한 것의 수준에서, 체험된 상태에서, 하나의 선택, 하나의 결단에서만 유래할 수 있다. 바로 여기에 자유의 표현이 있다.

참된 의미의 부여

이것은 우리를 '의미'에 대한 두 가지 궁극적 고찰로 이끌어간다.

[1] 먼저, 만일 이것이 사실이라면 결국 이것은 우리가 말했듯이 교조주의적이고 지적인 문제가 아니라 삶의 문제임이 자명하다. 어떤 식으로든 이런 상황을 삶으로써 의미는 나타날 수 있다. 온전히 진정한 우리 자신이 됨으로써 우리는 이런 상황에서 인간의 삶에 의미가 있음을 드러낼 수 있다. 하지만 이런 삶의 방식, 삶을 통한 이런 의미부여야말로 정확히 자유를 내포한다. 무의미와 맞서, 인간을 짓누르는 이 운명에 맞서, 사회·경제적 여건에 맞서 자유롭게 됨으로써 체험되

는 것에, 사회·경제적 여건 자체에 어떤 의미가 다시 부여될 수 있는 것이다. 바로 이런 이유에서 그리스도인들의 역할은 너무나 중요하게 될 것이다. 그들은 자신들에게 주어진 자유를 붙들고 여기에 적용할 수 있어야 한다. 아아, 그러나….

[2] 두 번째 궁극적 고찰은 지혜에의 호소에서 출발한다. 곧 모든 것에 그리고 아무것에나 의미를 부여하려 해서는 안 된다는 것이다. 현대 사회에서, 우리의 삶을 구성하는 요소들에서 모든 것이 의미를 갖도록 촉구되는 것은 아니다. 설령 이 의미를 찾고 그 의미에 따라 사는 것—우리가 지적한 이유 때문에—이 좋다 하더라도, 나는 경제 성장, 기술, 전쟁, 인종 갈등에 의미를 부여하는 것이 기독교적인 소명이라고 확신하지 않는다. 이런 것은 어쩌면 무의미에 빠지고 무의미로 남아 있는 것이 좋다.

의미 추구가 무슨 편집증이 되어서는 안 되며, 모든 것이 그리스도인들의 입장에 따른 의미를 수용해야 하는 것도 아니다. 불행하게도 현대인의 눈에 명백한 의미를 갖는 것은 바로 사실들임(거의 유일하게!)을 인정해야 한다! 본질상 우리는 어떤 식으로든 인간을 파괴하는 것에 의미를 주어서는 안 된다. 전쟁같이 대량으로 파괴하거나, 기술, 심리적 행동 혹은 이념같이 교묘하게 파괴하거나 간에 말이다.

현대인이 경험하는 모든 것에, 그 주위를 형성하는 모든 것에, 어떤 의미를 주기를 절대적으로 원하는 것은 새로운 기계적 행위에, 따라서 극단적인 자유라는 구실 하에 새로운 예속 상태에 빠지는 것이리라.

하지만 이렇게 함으로써 우리가 부여하고자 하는 의미가 거짓 의미가 되지 않도록 세심하게 주의해야 한다. 그런데 의미에서 거짓 의미로 넘어가는 것보다 더 쉬운 것은 없다. 다음과 같은 기준점에 따라서 의미에 대한 비판을 지속적으로 수행하는 것이 필요하다. 그것은 곧 이념, 종교, 환상(illusion)이다. 먼저, 우리가 부여할 수 있는 의미는 실제로 상황의 이념적 산물에 불과할 수 있다. 다음으로, 그것은 우리가 의미를 주고자 애쓰는 이런저런 현상에 관한 종교적인 신앙의 창설일 수 있다(다시 말하면, 내가 무슨 의미를 준다고 하자. 하지만 만일 내가 군중을 얻게 되면, 그 의미는 마치 종교적 가치로 받아들여진다. 모든 종교적 감정으로 돌진할 준비가 되어 있는 속화된 사회의 군중을 실제로 언제나 경계해야 한다). 마지막으로, 심리적인 방식을 통해서 하나의 실재로 여기게 하는 데 성공하는 것은 단순한 환상일 수 있다. 이처럼 일례로, 인간의 공적 관계 체계는 사람들이 경험하는 것에 의미의 외양을 주기 위해 서구 사회에서 이용되는 수단이었다. 그러므로 참된 의미를 추구함과 동시에, 우리 주위에서 끊임없이(의도적이건 아니건 간에) 태어나는 거짓 의미에 대한 부지런하고 지속적인 비판을 동일한 운동을 통해 수행해야 한다.

그러므로 우리가 함께 살도록 부름 받은 것에 의미를 부여하는 일은 그리스도인의 삶의 본질적인 일이요, 우리 자유의 표현이다.

비제도화

내가 보기에 이것으로는 완전히 충분하지 않으며 한 걸음 더 나아갈 수 있다. 우리는 이 사회에서 구체적으로 돈, 노동, 가정, 성이 현대인을 소외시키는 요인이 되었음을 보았다. 이것들에 어떤 의미를 주어서 이런 소외를 파괴시키는 것으로는 충분하지 않다. 기껏 우리는 삶이 인간에게 살 만하게 되는 결과에, 물론 소홀히 할 수 없는 것이지만, 이를 것이다. 하지만 이것은 매우 위험할 수 있다. 왜냐하면 이 인간은 그때부터 우리가 함께 발견하게 될 의미로 인해, 그가 영위하는 삶을 완전히 용납할 만하고 수용할 만한 것으로 받아들이면서도 한편으로는 그의 소외 상태에 머무를 수 있기 때문이다. 결국 인간관계의 기술들은 [소외 외에] 다른 것을 추구하지 않는다.

위대한 모험, 위대한 시도는 이 소외의 요인들을 그리스도 안에서의 인간 해방의 표시로 변형시키고자 애쓰는 데 있다. 여기에 도달하기 위해서는 나의 기독교적 자유라는 체험된 실재뿐만 아니라 사회학적 차원과 '그리스도 안에서'라는 차원 사이의 접촉이 필요하다.

그런데 각각의 그리스도인이 시도해야 할 이 변형을 얻기에는 어떤 방식들은 아주 빨리 불가능하게 나타난다. 먼저 정치·제도적 방식이다.

길게 주장하지 말고 여러 단계를 검토하자. 제도적 변형을 통해서 우리가 인간에게 소외되지 않는 삶의 조건을 만들어 준다는 것은 불가능하다. 이 문제는 다시 거론하지 않겠다. 반대로, 비제도화하려는 노력은 제도적 차원에서 모종의 가능한 행동이다. 물론 나는 이 말을 통해 그 자체로 자신의 소명을 갖고 있는 법을 파괴해야 한다고 말하는 것이 아니다. 그러나 사법 제도와 나란히, 동일하게 확고하고 더욱 위협적인 사회학적 제도가 있다. 돈, 노동, 결혼이라는 영역들은 끔찍이도 제도화되었다. 제도화는 그것들이 소외시키는 힘의 양상들 가운데 하나다. 인간은 법적으로 표현되거나 사회학적으로 세워진 엄격한 틀의 총체 가운데 사로잡혀 있다. 분명 그리스도 안에서 자유의 첫 행위들 가운데 하나는 제도를 거부하는 것이다.[26]

이런 비제도화 또는 이런 해체의 의지는 우리 사회를 위해 헤아릴 수 없는 중요성을 갖는다. 르페브르[27]가 잘 본 것처럼, 여기에 진정한 해방적 혁명 행동이 있다. 오직 거기에뿐이다. 나머지는 가식이다. 관건은 구조화 이념과의 투쟁이다. 이 이념에 따르면 사회란 그것이 통일성과 일관성의 원리, 잠복 중이거나 드러나 있는 구조를 담고 있을 경우에만 존재한다는 것이다. 이것은 거짓이다. 하지만 우리는 구조와 체계의 강박관념에 사로잡혀 있는 세계에 살고 있다. 그런데 구조는 언제나 자유의 부정이다. 이것은 경제적 영역과 집단적인 차원에서뿐만 아니라 지적 내지는 영적인 영역에서도 옳다.

르페브르의 말처럼, 자율적인 것에서 의식적인 것으로의 이동이란 모두 필경 권위에 의한 책임 담당을 동반한다고 말할 수 있다. 사생활의 영역에서 르페브르는 일상생활이 하나의 제도가 되는 것을 입증함으로써 사실을 동일하게 분석한다. 오늘날 기독교적 자유 행위는 모든 차원에서의 해체라는 이 주안점을 우선적 목표로 삼아야 한다.

비제도화 작업의 세 가지 국면

그리스도인들은 각자 자신의 입장에서 비제도화 작업을 체계적으로 하는 일에 참여해야 한다. 이것은 내가 보기에 세 가지 국면을 담고 있다.

---

[26] 나는 Lochman("Oekumenische Theologie der Reformation", *Ev. théol.*, 1976)이 제도의 윤리에서 운동의 윤리로 넘어갈 필요성을 주장한다는 점에서 그에게 전적으로 동의한다.
[27] Lefebvre, *Position contre les technocrates*, 1967, p. 70, 167s.

[1] 먼저, 우리 각자의 능력 안에 있는 것으로, 인간관계의 세계를 구성하는 것을 제도로 변형시키기를 거부하는 일이다. 결코 법적이고 조직적인 방식으로 생각하지 않기, 결코 프로그램을 짜지 않기, 결코 엄격하게 규율을 잡지 않기, 결코 '청원-응답'이라는 체계를 운용하지 않기, 개인관계가 관련되는 곳에, 심지어 노동 집단에서도 결코 조건 반사를 만들거나 버릇 고치는 일을 하지 않기다. 또한 "빨래대야 풍자극"[28]의 귀감을 항상 기억하고 우리 주변의 사람들을 행동주의 모델로 작동시키는 것을 철저히 거부하기, 어떤 그룹—일례로 어떤 협회—을 조직할 때 '창조적' 발전, 자발성, 적응, 발명 그리고 동시에 인간관계의 즐거움에게 자유 활동을 넘겨주기 위해 모든 것을 예상하고 규제하지 않도록 주의하기다!

제도는 언제나 불신, 의혹, 인간관계의 질식 그리고 결국 로봇에 의한 인간 대체의 증거다.

[2] 두 번째 국면은 반대 국면으로, 프로그램 짜기, 규율, 법률 만능주의가 지배하는 곳에서 활동하여 관계의 유연성을 재도입하는 데 있다. 이것은 크로지에(Crozier)[29]가 관료주의에 대한 그의 연구에서 잘 입증한 바 있다. 인간은 자연발생적으로 인간관계에 따라 사는 법을 추구한다. 교육을 받았건 아니건 중요하지 않다. 규칙이 지배하는 곳곳에 예외를 도입하기, 엄격한 질서가 수립되는 곳곳에 무질서(일관성이 없지 않은)를 만들어 인간들로 하여금 역할, 조직, 의무 안에 있는 것과는 달리 존재하게 하는 방식이다.

---

28) [역주] Farce du cuvier. 15세기(작가와 연대 미상) 프랑스의 풍자극으로 Farce du Maître Pierre Pathelin(c. 1464)과 더불어 널리 알려져 있다.
29) [역주] 누구의 어떤 책인지 불분명함.

인간관계란 방패막이와 강압 없이 수립될 수 있어야 한다. 이것은 가정, 이웃관계의 집단, 작업실, 사무실, 정당, 협회에서 그 효력이 나타나야 한다. 물론 존중해야 할 게임 규칙이 있다. 그러나 어떤 것도 전체화하고 엄격하며 결정적인 제도로 변해서는 안 된다. 그리스도인은 모든 것을 인간관계의 차원으로 이끌고 객관적인 규범 및 계급 제도와 맞서 싸워야 한다.

[3] 마지막으로, 비제도화의 세 번째 국면은 이제 전 사회의 조직적인 제도들을 겨냥한다. 이 사회가 점점 더 경직되고 프로그램화되는 한, 이 제도 지상주의(행정적으로와 마찬가지로 경제적으로 프로그램화된 대부분의 예측이 거짓이거나 무익한 것으로 드러나기 때문에 더욱 가소로운)에 맞서 전면전을 벌여야 한다. 프로그램들의 실패를 입증하고, 전면적인 대체안을 찾아내며, 개발 계획들과 싸우고, '하부 조직', 모든 '하부 조직'에게 그들의 책임을 담당하도록 호소하며, 모든 것을 부차화시키는 것이 필요하다. 여기에 자유의 집단적 구원이 있다.

그럼에도 불구하고 두 가지 한계를 지적해야 한다. 첫째는 가능한 것의 한계다. 여기서 환상을 갖지 말아야 한다. 우리는 결코 아주 멀리 가지 못한다. 우리 사회의 조직들은 상당하고 강력하다. 우리는 아주 힘들게라야만 무언가를 자극하고, 이 규칙들을 조금, 매우 조금 무릎쓰게 하며, 엄격한 굴레를 배제하기에 이른다. 그럼에도 불구하고 이것을 시도해야 한다.

둘째는 바라는 것의 한계다. 설령 제도를 파괴하는 것이 가능하다 하더라도, 단지 그뿐이며 그렇게 해서는 안 될 것이다. 왜냐하면 제도 역시 담당할 역할이 있기 때문이다. 자유는 제도와 관련해서만, 제도에 따라서만, 심지어 어느 정도는 제도의 보호 아래에서만 표현될 수 있다. 문제는 제도를 부인하거나 그것을 파괴하겠다고 주장하는 것과 관련되지 않는다. 만일 (사회) 제도들이 강력할 경우, 부인이나 파괴는 **환상적**이며, 만일 제도들이 약할 경우, 그것은 **쓸데없는** 일이다. 관건은 의미를 담고 있는 의미심장한 결단을 찾아내는 것이다. 제도적인 것의 무한정한 성장 속이 아닌, 비제도화 속에 투입되기 위해 실제로 사회적 맥락에 포함될 수 있는 그런 의미 말이다. 달리 말해서, 이것은 사람들이 있는 그룹을 재조직—성장의 필요성이 부추기는 재조직과는 반대—하기 위한 노력에 참여하는 것이다.

제도와의 직접적인 투쟁은 불가능하며 동시에 무익하다. 투쟁이 구조들 속에 포함되어 있을 경우, 비난해야 할 대상은 투쟁 운동의 토대, 다시 말해 그 무의미다. 이와 같이 우리는 제도를 파괴할 목적으로가 아니라, 진정 자유를 효과 있게 하고 제도의 바로 그 내부에 긴장을 불러일으킴으로써 실제로 유익을 만들어 낼 목적으로 제도와의 투쟁을 추진해야 한다.

투쟁의 대상과 방식

이 투쟁은 분명 제도의 두 가지 양상을 대상으로 한다. 그것은 곧 추상 개념과 관료화 내지는 관습이다(이 두 용어는 다른 맥락에 있는 동일한 실재에 부합한다).

[1] 제도는 언제나 추상 개념의 힘이다. 제도는 더 이상 대상을 고려하지 않고 자기에게 부과된 규칙을 고려하는 데로 이끌린다. 이것이 무엇을 의미하는지는 우리가 이미 다른 문제들에서 쉽게 볼

수 있다. 즉 규제에 종속된 노동, 아동교육학에 종속된 자녀 교육, 도식 체계에 종속된 성이나 결혼 같은 것이다(이것들이 과거에 혁명적이었다!).

여기서 자유의 최초의 행위는 이 규칙들을 통과해서 대상 자체를 재발견하고, 이 관계에서 우리와 관련되는 것을 참되게 재발견하는 것이다. 돈의 관리, 취득, 이용 규칙들을 신뢰하기 위해서는 더 이상 돈만 생각하는 것을 중단하는 일이 적합하다. 반대로 돈이라는 괴물의 실재와 정면으로 맞서기 위해서는 우리 사회에 있는 돈과 관련된 규칙, 관습을 별로 중요하지 않은 위치로 넘기는 것이 필요하다. 즉 아동교육을 통해 자녀들을 평가하고, 아내를 관례에 따라 평가하는 것을 그쳐야 한다.

절대적으로 필요한 것은 그리스도인의 자유가 이 존재와 사물들을 추상적으로 만드는 제도적 체계를 깨뜨림으로써 우리로 하여금 그것들에게 그 실재─우리 앞에서 우리와 더불어 체험되는─를 회복시키도록 하게 하는 것이다(이것 역시 리얼리즘의 양상이다). 이제 벌써 우리는 불편한 상황으로 들어간다. 하지만 자유는 안락한 것이 아니다.

[2] 이것은 동일한 운동을 통해 모든 관료화와의 투쟁(노동, 소유권, 돈의 경우)과 관습과의 투쟁(성, 결혼, 가정의 경우)으로 우리를 이끈다. 그리스도 안의 자유라는 것이 있다면, 그렇다면 우리는 이 상황들을 항시 마치 새로 주어진 것처럼 살아야 하며, 이 현실이 관료적이거나 관습적인 속박을 통해 나타나는 것을 막기보다는, 이 현실을 바꾸는 요소를 항시 재발견해야 한다.

달리 말해서 내가 위에서 지적한 첫걸음[최초의 행위]은 이 두 번째 단계로 우리를 이끌어야 하는데, 재발견된 대상은 그 자체로 내재적인 발전의 가능성에서 유지되어야 하며 단종되어서는 안 된다. 각자는 이 혁신을 이런 영역들에 적용해야 하며, 그때 사람들은 이런 태도의 어렵고도 동시에 폭발적인 성격을 알게 될 것이다.

만일 고용주가 노동자들을 조합, 규칙, 제도를 통해 고려하기를 그치고 그들의 구체적 실재에서 고려한다면, 만일 노동자가 해야 할 것을 규범과 조직을 통해 참작하기를 그치고 의미나 의미의 부재에서 참작한다면, 그래서 각각의 경우에 사람들이 이 현실을 새롭게 고친다면, 분명 사람들은 제도를 바꾸지 않고, 다만 필경 불확실성의 요인, 운동의 가능성을 도입한다. 왜냐하면 아무리 제도가 잘 짜 맞춰져 있다 하더라도, 강력한 행동에 직면해서 이런 가능성을 남기지 않는 어떤 제도도 없기 때문이다. 하지만 이 행동의 출발점은 제도적 이미지를 거부함으로써 상황이나 현실을 고려하는 방식이어야 할 것이다.30) 이것은 내 편에서의 구체적인 참된 자유를, 그리고 동시에 내 스스로 이 제도들과 충돌하면서 문제를 제기하는 것을 전제한다.

결국 추상 및 관료화와 투쟁하는 것이 실로 불가능하다면 태업을 생각해야 한다. 만일 제도가 너무 단단하고 신성화되고 경직되어서 행동의 어떤 가능성도 없다면, 비정상적인 행동만이 질식된 것에 생명과 운동을 재부여할 수 있다. 태업에 대해 말할 때 우리가 겨냥하는 것은 노동에 관한 노동자의 태업뿐만 아니라, 우리가 생각하는 모든 영역에서의 태업이다. 돈의 규칙, 인정된 성의 규칙31), 부모와

---

30) 이 문제에 대한 연구로는 cf. R. Mothé, *Militant chez Renault*, 1961. 그러나 놀랍고도 승리적인(1982년 실재 억압에도 불구하고) 실천과 행동은 폴란드의 노조 연대다. cf. J. Ellul, "La victoire de Lech Walensa", in *Katallagete*, 1982.

자녀 사이의 관계 규칙, 의무 교육과 시험의 규칙 등에 대한 태업이다.

분명 오늘날 불량배들과 비트족들은 참된 자유의 표현이라기보다는 수용되지 않는 것에 대한 반항을 표출하면서 어설프게 행동한다. 그러나 그들이 행동한다는 것은 그리스도인들이 행동하지 않기 때문이다.

1964-1965년에 암스테르담의 히피족은 확실히 자각과 수준 높은 태업의 단계에 이르렀다. 그들은 사회 체계 규범들을 태업을 통해 풀어 버림으로써, 예를 들어 그리스도인의 자유가 가능하게 만들 그 무엇으로 간주되었다. 이것은 터무니없는 부정, 젊음의 반동, 너무 단순한 파괴가 아니라, 성찰된 행동, 즉 더 이상 반복과 관료적인 공허함에 불과한 것에 삶의 진정성을 회복시키기 위해 가장 약하고 감각적인 부위를 자극하는 행동이다.32)

하지만 이미 우리는 사회 구조들 내부에서 해방된 인간 조건을 고려하도록 독촉되고 있다. 우리가 살아야 하는 곳은 바로 이 형태들의 내부이지, 그 외부(자신이 외부에 있다고 주장하는!)도 아니요, 제도를 바꾸겠다는 집요함도 아니다. 다만 이 형태들과 이 틀에서 단종을 운동으로, 안정을 긴장으로 대체해야 한다.

이것은 우리가 최고 출력 가동의 필요에 대해 앞서 기술한 것과 결코 모순적이지 않다. 즉 인간을 위해서 교회(와 그리스도인)는 이 기준점들을 제공함으로써 그의 자유를 표현해야 하며, 제도들을

---

31) 인정된 성의 규칙이라는 말로 내가 의미하는 것을 분명하게 하는 것이 어쩌면 유익하겠다. 우리 사회에 있는 포르노 영상, 애로 영상, 성 상품 가게, 도색 잡지, 그룹 섹스, 동성애, 유아성애 등은 모두 예속 상태를 드러내며 파트너를 하나의 대상이 되게 만든다. 우리는 이 점을 다음 문단에서 다시 볼 것이다.
32) 이 글은 1966년에 쓰인 그대로 놓아두었다.

위해서 그리스도인들은 (좋든 싫든 이 사회의 참여자들로서) 굳어지고 경직되는—모든 제도가 그럴 경향을 갖기 때문에—것의 내부에 끊임없이 요구와 운동을 도입함으로써 그것들의 자유를 표현해야 한다.

가정, 노동, 돈이라는 실제적 제도의 구체성과 더불어 아무런 공통분모 없는 행동을 검토하는 것이 비현실적이고 유토피아적이라면, 정체적이 아닌 역동적 방식으로 재발견된(제도 이면에서와 제도 내부에서) 이 실재들을 살아가고자 하는 것은 그렇지 않다.

경탄

이것은 벌써 자유의 두 번째 양상이 될 것이다. 즉 소외시키는 힘들을 자유를 수단으로 해서 변형시키는 최초의 행위다. 하지만 제도적 외양과 엄격함 너머로 사람들이 거기에 감춰지고 숨겨진 산 자의 실재를 재발견할 때, 그때 우리를 이 투쟁으로 끌어들인 자유가 이제 경탄할 만한 것으로 나타난다고 나는 생각한다. 매우 오래된 것이나 갑자기 돌출한 이 새것 앞에서의 경탄 말이다. 일단 결혼의 관습과 권태가 깨어지고 난 뒤 자신의 아내를 그 진실과 함께 보는 경탄, 사람들이 주는 돈이 담고 있는 사랑의 가능성 앞에서의 경탄, 독재자들의 얼음 방벽 밑에서도 지속적으로 존재해 왔던, 그리고 단층이 생기는 즉시 젊고 충만하게 돌출하는 지하의 흐름인 영적 삶 앞에서의 경탄 말이다.

제도와 싸우는 자유는 창조와 창조 세계 앞에서, 또한 인간의 생산품, 인간의 지성, 인간의 끊임없는 갱신 앞에서, 심지어 파괴된 소망에서 오는 폭력이라는 절망적 표현에 불과한 인간의 냉혹함 앞에서 경탄하는 능력이다. 이런 인간에게 소망을, 진정 새로운 것이 만들어질 수 있다는 소망을 다시 주자. 그러면 그는 악인이 되는 것을 그칠 것이다.

이것은 이상주의가 아니다. 이것은 복음의 표현에 불과하다. 복음의 힘과 사랑으로 무덤 생활에서 건짐 받은 한 귀신들린 자의 표현에 불과하다(눅 8:27-39 참고). 왜냐하면 철저한 새 사람이 복음으로 태어나기 때문이다. 이 모든 되살아남에 대한 경탄은 자녀의 예술 감각에 따라, 고대 '미개인'의 천진난만함에 따라, 여성의 정서에 따라, 혁명가의 소망에 따라, 모든 인간의 마음에 거하는 '영원성의 갈망'에 따라 우리가 모아놓는 묘석들이 깨지고, 하나님이 부활시키시는 것의 어린 새싹이 나올 때 생긴다. 경탄은 삶의 가장 일상적인 것들을 위한 자유의 투쟁에서 생긴다.

그러나 제도적 불모성에 운동을 도입하려는 의지가 제도를 완전하게 하고, 향상시키며, 보다 효율적으로 만드는 것을 목적으로 삼을 수 없음을 숨길 필요가 없다. 사람들이 제도를 '인간화'하면 할수록(ENA[프랑스의 국립행정학교가 그렇게 하고자 했듯이), 사람들은 인간을 흡수하고 고갈시키는 힘을 제도에 줄 뿐이다. 제도를 '인간화'하면 할수록 제도는 강해진다.

유연하고, 기분 좋으며, 너그럽고, 서류 절차가 번거롭지 않은 행정은 그렇기 때문에 더욱 위험하다. 왜냐하면 같은 일을 완수함으로써, 동일 목표를 추구함으로써 덜 괴로워하고 덜 격분하게 되기 때문이다.33)

자유로운 그리스도인이라면 의식적으로 기계를 바보로 만들려고 시도함으로써만 이 영역에서 실제로 행동할 수 있을 것이다. 제도가 실제로 인간에게 터무니없는 것인 한, 현대의(자본주의 국가와 마찬가지로 사회주의 국가에서도) 정치적·행정적 제도는 그리스도 안에서 해방된 사람의 입장에서 볼 때 태업의 대상에 불과할 수밖에 없다. 태업은 이 부조리를 점차 분명히 나타나게 하고 드러낸다.

일례로 사람들은 25년 전부터 프랑스의 입시 체계를 적합하고 합리적으로 만들고자 시도했다. 그런데 그 결과는 무엇인가? 사람들은 이 입시를 점점 까다롭고 복잡하며 불가능하게 만들기를 그치지 않았다. 현재의 체계는 입시의 망상을 그 절정에 이르게 한다. 유일한 태도는 25년 전부터 그 결과를 보여준 개혁들을 시도하는 것이 아니라, 일례로 모든 사람을 받아들임으로써 입시를 강력하게 방해하는 것이다. 사실 이 입시가 현실의 어떤 것에도, 인간 이성의 어떤 것에도 더 이상 부응하지 않기 때문에, 방해공작(sabotage)이야말로 건전한 제도를 다시 만들도록 요구하기 위한 인간적으로 유일의 진지한 출발점이리라. 하지만 이것을 위해서는 시험관이라는 천직을, 자신들을 정당화해 주는 학위의 현저한 가치를, 이런 종이 쪽지의 직업적 이점을 믿지 않는 교수들, 다시 말해 자유로운 사람들이 필요하리라!

바울 서신이 주는 교훈

만일 사실의 이유에서와 정신적 이유에서 제도적 변화(이것은 어쨌

---

33) 바로 이것이 정보화의 비극이라 불릴 수 있는 것으로, 이 정보화는 통제나 감시에 대한 불안을 느끼지도 못한 채 거의 절대적인 통제 사회를 세우도록 해준다. 사려 깊은 것이 가장 위험하다.

든 더 많은 정의를 줄 수 있으나 결코 더 많은 참된 자유를 줄 수는 없다!)의 문제가 아닌 것이 옳다면, 만일 제도(소외의 요인)에서 자유의 섬김으로의 이동이 제도적 변화를 통해 이뤄질 수 없다면, 그렇다면 이동이 실행될 수 있는 것은 해방된 인간들의 일련의 개인적인 행동을 통해서다.

이것은 개인적 행동이지 개인주의적 행동이 아니다. 다시 말해서 동일한 주님에게 동일하게 순종하려는 동일한 관심으로 이끌린 각 개인 말이다. 이것은 또한 성경이 우리에게 보여주는 것으로, 우리는 이 주제에 관하여 우리가 노예제도에 대해 상술한 것을 참고하게 할 수 있다. 우리 사회가 우리에게 던지는 대부분의 일반 질문들에 있어서, 우리는 원시 교회 앞에 있는 노예제도라는 모델을 계승해야 한다. 이것은 직접 우리를 가르친다. 신약 서신들의 가르침은 기독교 세계에서 교회가 정치·사회적인 힘이 되었던 때보다 우리에게 명백히 더 유익하다. 이 가르침은 전체적이고 제도적인 형태(노예제도처럼)로 된 사회 환경에서 그리스도인의 행동에 세 가지 특성을 부여한다.

1. **그러므로 이것은 개인적인 행동이다.**[34] 사람들은 이념적 수준에서가 아닌 현실적 수준에서 이 문제를 공격한다. 사람들이 기대하는 것은 사회 구조의 변화가 아니라 인간의 변화다. 사람들이 사회

---

[34] 내게 있어서 결정적인 역할을 담당하는 개인이란 세 가지 차원을 포함한다는 사실을 기억해야 한다. 먼저, 개인은 '분할'되지 않는다. 둘째로, 개인은 의식적 존재다. 마지막으로, 키르케고르와 더불어 개인은 윤리적 차원을 갖는 인간이다. 다시 말해서 스스로 죄인임을 의식하는 인간이다.

문제의 중요성을 최소화하는 것은 그리스도인의 책임을 감소시키기 위함이 아니라 반대로 *그 책임을 증대시키기 위함*이다.

이것이 핵심이다. 즉 사실상 인간은 한 정당에 서명을 함으로써, 사회의 전반적인 변화를 위해 일함으로써보다, 그가 사회의 어려운 문제들—개인적으로 풀기에 알맞는—과 개인적으로 직접 싸울 때가 훨씬 더 참여적이라는 것이다.

성서 텍스트가 여러 번 "종도 자유인도 없다"(갈 3:28; 골 3:11…)고 말할 때, 이것은 노예들로 하여금 그들의 상황을 '감내하게' 하기 위함도, 주인들의 상황을 정당화하기 위함도 아니다. 그러므로 이것이 사실이라면, 그리스도를 믿는 신앙이 바로 노예 사회 계층에 어떻게 그토록 확장되었을까? 이것은 이 차별이 그리스도 안에서의 교제를 통해 초월되고 극복되어야 함을 보이기 위함이다. 한 가지 중요한 것이 있다면, 그것은 그리스도가 모든 것이시며 만물 안에 계신다는 사실이다. 나머지는 부차적이다. 그때, *이것에 입각해서 사회적 변화*(이것은 거부하거나 비판하는 문제가 아니다)*가 있을 수 있다*.

우리는 여기서 핵심 문제에 직면한다. 나머지가 뒤따르도록 제도, 법, 메커니즘, 구조를 바꾸어야 하는가? 그렇지 않으면 어쩔 수 없이 구조의 변화를 야기할 인간을 바꿔야 하는가? 우리는 역사적으로 두 가지 방법의 실패를 경험했다! 기독교는 분명 인간의 변화, 회심, 교회 안의 새로운 관계 창조를 선택했다. 기타 사회가 그 뒤를 따르도록 말이다.

'기독교' 사회는 실로 그에 부응했으나, 그것은 억압, 부당함 등에 이르는 끔찍한 사회·경제적 실패였다. 마르크스주의와 공산주의는 반대의 방법을 선택했다. "혁명을 통해서 경제 질서와 사회 구조를 바꿔라. 그러면 필경 인간은 내적으로 변화될 것이며, 악과 지배 정신을 상실할 것이다." 그런데 나타난 결과는 억압, 부당함, 대량학살이었다. 전자의 경우보다 더 심했다.

내게 이론의 여지가 없이 나타나는 것은 나쁜 인간의 손에 있는 좋은 제도가 처참한 결과를 줄 뿐이라는 것이다. 마찬가지로 내게 이론의 여지가 없이 나타나는 것은 심지어 혁명과 강력한 경제적 변화로도 눈썹 하나도 움직이게 하지 못했다는 것이다. 혁명은 마술이 아니다. 달리 말해서, 혁명 다음날 사람들은 바로 일 년 전의 모습이다. 힘과 지배 의지, 복수, 돈과 소비와 부에 대한 갈증, 증오와 시기 등의 모습 말이다. 한두 세대 내에 이것이 사라지리라고 바라서는 안 된다. 그런데 정확히 한 세대 안에 혁명의 모든 축적이 곡해되고, 모든 제도가 왜곡된다. 정의, 자유, 진리가 철폐된다. 이것은 오는 세대가 앞 세대에 의해 철저히 나쁘게 된 제도 안에서 살기 때문에 개선될 어떤 행운도 갖지 못하는 결과가 된다.

그러므로 우리는 성서가 보여주는 기독교적인 방법을 확고히 유지해야 한다. 즉 개인적인 회심으로, 이것이 점차 태도의 변화에서 나타나고, 사고방식과 사상에서 나타나며, 제도적 환경에 영향을 미치는 방법 말이다. 바로 이것이 우리가 앞서 노예제도에 관해 확인했던 것이다. 제도적인 변화에 앞서고 그것을 결정해야 하는 것은 태도와 고정관념의 변화다.[35]

---

[35] 우리가 여기서 마르크스와 동일한 태도를 만나는 것을 확인하는 일은 매우 놀랍다. 즉, 첫째는 노동 계급의 자각이 모든 혁명 행동에 앞서야 한다는 것이요, 둘째는 혁명 행동이 먼저 정치적이어야 한다는 것(근본적으로 제도적인 것인 경제적인 것에 도달하기 전에 '상부 구조'에서 행동해야 한다는 것)이다.

이것이 기독교 계시의 완전히 명백한 방향이다. 하지만 이것은 단순한 도덕화(고용주들은 좋은 고용주가 되라)를 의미하지 않는다. 결코 이것이 아니다. 사회 고위층이 실제로 자신의 하인들의 하인이 되게 만드는 것은 교회 안에서의 전적인 관계 변화다. 고전 관념을 바꾸는 일을 하는 것은 태도를 도덕화하는 것이 아니다.

나아가, 우리는 너무나 자주 사회 구조의 변화에 있어서 본질적인 장애가 우선적으로 심리적, 도덕적, 심리학적 장애임을 이미 확인한 바 있다. 사람들은 위험을 각오할 용기가 없고 새 방법을 적용하기를 두려워하는 반면; 상황을 바꿀 물질적 수단을 갖는다. 따라서 내가 인간의 변화에 대해 말할 때, 이 변화의 방향은 일반적으로 모호한 원리(정의, 진리 등)에서 도출되지 않고 순간의 구체적인 상황에 따라 선택되어야 하는 것이다. 이처럼, 내가 보기에 '공격성-두려움', '가치상실-불안'으로 특징지어지는 오늘날과 같은 시대에 정신적인 것에 기초한 심리학적인 변화가 마비와 무절제를 직접 겨냥해야 한다. 신뢰를 회복시켜 주고 지배 정신을 축소시켜야 한다.

그러므로 그리스도인들은 다시 한 번 말하거니와 자유 때문에 이념적 환경의 변화를 위해 바닥에서 행동해야 하며, 회심을 위해서는 하나의 삶의 태도로 행동해야 한다. 이 태도는 인간에게 변화에 맞서기 위한 보다 큰 대담함을 주며 동시에 가상적이지 않은 위험(기술사회의 위험) 앞에서 보다 큰 용기와 보다 적은 공격성을 준다.

여기서 그리스도인들은 자유의 발명 가능한 것의 촉진자, 발명자, 본보기가 되어야 한다. 이런 기본에서의 행동은 정확히 권력을 중재로 하는 모든 기획된 행동의 반대다. 노예제도의 경우처럼, 바닥의 창안이 사회 조직과 제도들—권력의 경향이 어떤 것이건 간에—을 기어이 바꾸게 되는 것은 풍토를 바꿈으로써이다. 사회적 변화는 바닥에서 개인적 결단들의 축적의 결과로 온다. 왜냐하면 오직 이런 차원에서만 '우리 안에 있는 그리스도'의 행동이 보이기 때문이다. 정부의 칙령이나 격렬한 혁명으로 인간 조건의 참된 변화를 기대해서는 안 된다. 이것은 언제나 거듭 말해야 할 의미다. 복음은 인간들 가운데 있는 운동이 언제나 아래에서 위로이지 결코 위에서 아래로가 아님을 우리에게 보여준다. 증언하는 것은 가장 약자요, 증인이 되기로 결심하는 자는 종이다. 증인으로 선택되는 자는 학자가 아니며, 자신의 권위를 주장하는 자는 주인이 아니다. 마찬가지로 여기서도 사회적 변화는 바닥에서 오지 정상에서 오지 않는다.

2. 그러나 서로에게 요구되는 태도는 극도로 혁명적이다. 이 태도는 제도가 인정한 규범적 행동에서 빠져나오게 한다. 무언가가 이미 변했다는 것은 이 태도가 혁명적이기 때문이다. 우리는 이 태도가 그 기초와 표현에 있어서 어떻게 다른지 앞에서 분석을 시도한 바 있다. 이 점에서 이것은 돈, 가정, 소유권의 경우와 같은 문제다. 바로 이런 행동 형태에 자유가 있다.

가족으로 하여금 각 구성원을 섬기게 하기 위해서는 사회가 베껴 쓰는 관계를 뒤집어야 한다. 즉 아버지는 인내, 섬김, 소망, 친밀함으로 살아야 하고, 자녀는 권위, 주도권, 거리감, 문제 제기를 체험해야 한다. 돈으로 하여금 자유를 섬기게 하기 위해서도 사회적인 규범관계를 뒤집어야 한다. 돈을 가진 자는 절약하지 말아야 하며, 인색해서도 안 되며, 미래를 예측해서도 안 되며, 선을 행하기 위해 낭비해야 하며, 주어야 하며, 갖고 있지 못한 자는 부끄럼 없이 달라고 해야 하며, 돈 정복에 삶을 집중시키지 말아야 한다. 모든 상황에서 돈의 중요성을 축소시키는 일이 얼마나 어려운 경험이던가. 만일 개인적인 영역에서 그렇게 된다면, 그것은 엄청난 사회적 파장을 내포한다.

하지만 한 가지 반론이 제기된다. "앞서 개인적 결단, 개인적 선택, 한마디로 자유의 개인주의적인 주장을 거부해 놓고 나서, 방금 말한 것에서는 정확히 이런 방향으로 되돌아가는 것이 아닌가?"

그런데 의심의 여지없이 이 문명과 이 시대에 우리는 개인적 소명의 우선성을 재확인하고, 무엇보다도 개인에 의한 자유의 입증 없이는 아무것도 이뤄질 수 없음을 재차 말할 필요가 있다. 우리가 앞에서 거부한 것은 자유를 직접적으로 표현한다고(자유에 대해 열거하고, 자유를 대변하며, 자유로서의 본 모습을 표현한다고) 주장하는 개인적 결단, 스스로 고갈되는(자유롭게 되는 개인적 수단의 발견으로 만족하고, 그 이상으로 나아가고자 하지 않으며, 구조와 제도에 아무런 문제를 제기하지 않는) 개인적 결단 그리고 마지막으로 자유의 주장으로서 스스로 가능하다고 여기는 결단이다.

우리로 하여금 반대 판단을 내리게 한 것은 이렇게 선포될 가능성 때문이다. 자유롭다고 제시되는 개인적인 선택이 가능한 것으로 표명될 때, 그때 우리는 착각 앞에 있게 된다. 이 개인적 자유의 불가능성, 하나의 개인이 되는 것의 불가능성, 자율적 선택 수행의 불가능성을 근본적으로 자각했을 때, 바로 그때 모종의 행운이 우리에게 주어진다. 모든 것에도 불구하고 우리가 제도와 싸워서 자유를 입증할 위험 무릅쓰기를 감수한다면 말이다. 하지만 그것은 제도적인 필연이라는 무게와의 충돌에서만 찾아온다.

사실상 우리 사회의 제도들이 엄정하고 엄격하면 할수록, 그것들은 심리학적인 차원에서는 더욱 약해진다. 그것들은 인간의 심정의 가담과 더불어서만 작동할 수 있다. 그렇기 때문에 현대 사회에서 실제적인 논쟁은 심리학적 수단(프로파간다, 광고, 텔레비전, 오락, 인간관계와 공적 관계, 이념, 경영 참여, 재교육, 현대 아동교육, 체계적인 문화동화 등)을 통해서 정신 통합, 다시 말해 심정의 가담을 얻어내는 데 있다. 바로 여기서 진정 사회적 자유의 투쟁이 행해진다. 모든 혁명, 탈식민화, 인종 폭발은 결코 이런 사실에서 벗어나 있지 않다. 결정적인 것은 사회가 성공해서 그때 인간이 결정적으로 소외되던지(이런 일은 어떤 체제에서도 일어나며, 반대로 인간이 심리적으로 통합되기 때문에 더욱 사회주의적이고 자유주의적이 된다), 아니면 인간이 심리적인 자율을 지키고, 그때 이것은 제도의 퇴행, 불안정, 최소한의 효율을 만들어 낼 것이다.36)

---

36) 나는 *Propagande*와 *L'illusion politique*에서 이 문제를 개괄적으로 묘사했다. 근래 작품들로는 cf. Vance Packard, *L'homme remodelé*, 1979; B. Koch, *L'homme modifié*, 1979; Watson, *Le behaviorisme*, 1980. 주된 문제는 인간을 우리 사회의 필연에 적응시키기 위한 인간 여론 조작(mise en condition) 문제다(성적 해방이 이런 여론 조작이기에). 이 행은 15년 전에 쓰였다. 나는 이것을 그대로 놓아두었다. 왜냐하면 그것은 내 눈에 여전히 옳기 때문이다. 하지만 또한 강조해야 할 것은 현대 사회에서 우리는 문화 적응의 또는 종종 '재생산—다시 말해서 한 사회를 유지시키는 모델, 가치, 행동 형태, 일반 논거 등의 전달—이라고 불리는 것의 엄청난 실패를 겪고 있다는 사실이요, 의도적으로 강요되지 않는 일반적 '합의'가 존재한다는 사실이다. 왜냐하면 적어도 서구에서 전통적인 방식은 마을, 가정, 학교, 도제수업이요, 이어서 조합, 지역 그룹이다. 이 모든 것들은 이후 더 이상 작동하지 않는다. 대체물은 한편으로 미디어(미리 정해진 이념과 그룹의 단결력보다는 반대로 대중 모델들의 분산 가치들과 공동의 은둔을 더 강요하는)요, 다른 한편으로 지금까지 어떤 역할도 갖지 못한 '연령층'이다. 그러므로 우리는 과도기에 있으며, 이때 순응주의에 대한, 놀라운 합의에 의한 유폐에 대한 투쟁은 미디어를, 연령층에 의한 구조를 목표로 해야 한다. 바로 여기서 자유의 게임이 행해진다. 하지만 동시에 이것은 모종의 사회적 유대의 재평가를 전제한다. 이 사회적 유대는 죽어 있으나, 새로워진 현대의 자유 의지에 부착점 구실을 할 수 있다.

그런데 그리스도인들은 내가 보기에 여기서 특정한 입장을 갖고 있는 듯하다.

한편으로 그들은 심리 통합에 저항할 수 있다. 왜냐하면 그들의 '심리'가 다른 주(主)에게 속해 있기 때문이다. 그래도 그들은 문제를 자각하고 있어야 하며 이 점에 대해 경계를 게을리해서는 안 된다.

다른 한편으로 그들에게는 타인들을 위해 이 통합을 공격할 수단이 있다. 사실 여기서 싸우기 위해 권세와 돈 같은 예외적인 수단을 가질 필요가 없다. 인원수는 적을 수 있으며, 수단은 말(言)이다! 그래도 그리스도인들은 우리 사회가 진지한 공격을 정확히 돌려 세워놓기 위해 함정으로 활용하는 보다 화려한 다른 정치 활동(인종주의, 사회주의…)로 전환해서는 안 된다.

3. 우리는 자유가 필경 우리 세계에서 조직, 대중화, 구조, 사회의 여러 조각들의 조정, 사회 통제, 전체적 조작, 사회의 규칙성 등이 되는 것에 대한 비제도화 속에서 나타난다는 사실을 길게 입증했다.

하지만 소외란 이런 현상에 의해서만 만들어지는 것은 아니다. 그것은 삶의 환경 파괴에 의해서도 만들어진다. 여기에는 역사적으로 인간에게 그의 인간적 환경이었던 것의 파괴도 포함된다. 이런 환경으로 나는 가정이나 재산 또는 결혼을 생각한다. 이런 것들이 엄격한 구조요 억압적인 제도이며, 타인에 대한 부당함과 박탈의 수단인 한, 그때 확실히 자유를 허용하기 위해 그것들과 싸워야 한다. 투쟁을 착각해서도, 시대를 혼동해서도 안 된다! 나는 내 책 어디에서든 문제가 나올 때마다 이것을 반복하고 있다고 생각한다!

실제로 가정이 억압적인 환경이라는 것은 거짓이다. 가장이 전제군

주같이 지배하고 어머니는 노예요, 자녀는 벙어리인 가정, 혼인이 아버지에 의해 결정되는 가정 말이다. 소지주가 그의 나라에서 주권자이고 자신의 소유권을 이용해서 타인을 가난하게 만든다는 것은 거짓이다. 그는 가난한 소작인이나 농민 앞에서 '지주'가 되지는 않는다. 섹스가 금기라는 것, 남녀 아이들이 외상 유발 금지 하에서 살며 감히 서로 바라보지 못한다는 것은 거짓이다. 이런 일은 물론 우연적으로 일어날 수 있으나, 그것은 실로 우연이다!

이제 이 영역들에서의 규칙은 오히려 가치 혼란(anomie), 실재의 부재, 이 제도들의 가치에 대한 몰이해다. 그런데 나는 그것들은 '자연'의 이름으로나 성서의 이름으로 옹호하고자 하지 않는다. 나는 단지 역사적이고 문화적인 관점에서, 바로 이것이 약 4,000년 동안 상류층과 하층민, 성공과 실패를 막론하고 인간이 자신에게 부여한 삶의 환경이었으며, 거기서 제법 자신의 행복과 발전을 이뤄냈다고 말하겠다.

이 모든 것을 갑자기 청산한다는 것은 엄청난 역사적 전통, 모든 문화 배경을 폐기하는 것이며, 우리는 이 문화적인 것이 결국 우리의 지배에 포함되었는지 아닌지를 모르게 된다! 아무튼 그것은 인간을 타인과 만날 수단이 없는 상태에, 적대적인 세계와 사회에서 질서도 없는 상태에, 정당화와 참고의 기준도 없는 상태에, 자신의 삶을 스스로 선택할 가능성도 없는 상태에 두는 일이다. 가정, '혼인'(내가 의미하는 것은 공적 결혼이 아니라, 행복과 불행의 상태에서 커플의 지속적인 연합이다), 적지만 자유로운 사유재산, 장인(匠人)이나 농부 등의 폐기는 사실상 무서운 소외이며, 전혀 해방이 아니다.

인간이 소외되는 것은, 그가 이 참고 기준을 더 이상 갖지 않음으로 인해 마치 영예로운 독립 상태에서 살 수 없는 듯이 이런 부재를 보상받기 위해 훨씬 더 나쁜 것에, 광고나 선전에 의한 여론 조작에, 거짓 연대적 집단과의 융합에, 오토바이나 마약에 도취되는 것에, 여러 운동들—이렇게 사라진 것들이 남겨놓은 공허함을 필연적으로 채우러 오는—에서의 인원 모집에 몰두하기 때문이다.

이 소외된 인간은 자신 앞의 수백 세대들을 살게 했던 것이 없음으로 인해 불행하다. 내가 도덕에 대해 했던 말을 되풀이하자면, 도덕이 없어진 이상 진정한 혁명적 행위는 더 이상 계속해서 도덕을 파괴하는 것이 아니요, 이런 상황에서 결과를 끌어내는 것이 아니라, 도덕을 재구축하는 것이다. 물론 관건은 이전으로의 회귀도 아니며, 부르주아 도덕이나 가부장 제도나 지난 세기들의 위선적이고 형식적인 결혼도 아니다! 그것은 이런 상황에서 새로운 것을 만들어 내는 것이다.

11장

노동과 소명

11
노동과 소명

1. 오해[1]

성경에서 노동과 소명을 동일시하게 해주는 것이 아무것도 없음을 이해하기 위해 길게 성서 연구를 할 필요는 없다. '소명' 혹은 '하나님의 부르심'이라고 번역될 수 있는 용어들은 언제나 하나님에 대한 특별한 섬김으로의 부르심, 선지자나 사도로의 부르심, 또한 다윗처럼 왕으

---

[1] Cf. J. Ellul, "Work and Calling", *Katallagete*, 1972-1974; A. de Robert, *L'Evangile confronté avec le travail aujourd'hui*, Ed. Villemétrie, 1966; B. Charboneau, *Dimanchi et lundi*; *Foi et Vie* 특별호—노동(1980). 여가에 대해서, 우리는 최근의 도서 정보(Laffargue의 책 이래 많이 알려진 고전 작품들 외에)를 줄 수 있다. 그것은 많은 항목들로 구성된 정간물의 배본으로 그 중 "여가"(Temps libre)라는 매우 흥미 있는 제목이다(*Temps libre*, Denoël, t. I, 1980; t. II, 1981).

로의 부르심, 그리고 갈대아인들[2], 고레스[3] 혹은 다메섹 왕[4] 같이 누굴 섬기는지 모른 채 어쩌다가 예외적인 행위를 통해 하나님을 섬기는 데로 부르심 받는 것과 관련된다. 이것은 결코 노동의 문제가 아니다. 다만 성전 건축에 기여한 히람과 관련된 경우는 예외다.[5]

노동의 성서적 의미

노동은 긍정적이건(에덴 동산의 상황에서) 부정적이건(하나님과의 단절에서) 사람을 창조와 관련시키는 활동의 천성적 행위다. 게다가 부정적인 상태의 경우 노동은 힘들고 생존하기 위해 의무적인 것이 된다.

어찌됐건 노동은 하나님에 대한 섬김으로 보이지 않는다. 그것은 생존의 절대적 필요성이다. 성서는 충분히 현실주의적으로 남아 있으며 이런 필연을 쓸데없는 영적 장식으로 포개지 않는다. 나아가 성서는 이런 노동 상황에 대해 본질상 관심이 없다. 성서에서 노동은 힘든 공동의 운명이지만 특별하게 중요한 것은 아니다.

종종 지적된 대로, 구약이나 신약에서 사사들이나 선지자들이나 사도들과 제자들이 그들의 생활비를 번 방식에 대한 언급은 거의 없다. 목동 아모스와 천막 제작자 바울, 이것은 이례적인 정보이며 무슨 중대한 결과를 가져오지도 않는다. 아무튼 전문가들은 이것이

---

[2] [역주] 대하 36:17 참고.
[3] [역주] 대하 36:22 참고.
[4] [역주] 아람 왕 벤하닷을 죽이고 왕이 된 하사엘(왕하 8:7-15; 10:32).
[5] [역주] 왕상 7:13 이하 참고.

문화적 측면에서 볼 때 유대 세계와 그리스·로마 세계에서 노동이 언급되지 않을 만큼 그다지 중요한 위치를 차지하지 않았다(이렇게 확실한 것은 아니다)는 사실에 기인하는 것이지, 하나님 앞에서 별로 중요하지 않기 때문이 아니라고 생각한다.

노동 문제에 대한 성서의 무관심이 꼭 규범적인 것은 아니지만, 실제로 그것에 대한 관찰은 관심 밖이다. 왜냐하면 만일 노동이 하나님의 소명으로 여겨졌다면, 성서는 노동이 어쩌면 문화적으로 갖지 못했던 중요성을 그것에 부여했을 것이다. 게다가 노동이 문화적으로 중요하게 되는 이때, 이 노동-소명이라는 개념을 성서에서 끌어내고자 한 이유가 무엇인지를 자문할 필요가 있다.

그 이유는 결국 우리가 노동을 찬양하려는 유혹에 가담하기 때문이다. 이것은 프로테스탄트에게 있어서, 베버의 생각에 따라 16세기 이래가 아니라면 적어도 18세기 이래 일반 노동 이념의 창설과 더불어 흔한 일이다. 브루너(E. Brunner)는 문명적 노동의 숭배를 말하면서 정확히 동일한 칭송을 따랐다!

노동이 단순한 필연이라는 것(일하고 싶지 않거든 먹지도 말라), 노동에는 어떤 특별한 가치도 없다는 것, 나는 성서 어느 곳에서도 노동에의 소명을 보지 못한다는 것, 순수 노동이 아닌, 적어도 우리가 알고 있는 그대로의 노동은 타락의 결과요 인간의 소외되고 분리되며 나누어진 상태의 일부라는 것을 어찌 상기하지 못하는가. 노동은 그 자체로 인간을 소외시킨다. 그것은 사회적이거나 경제적인 조건에 속하지도 이념에 속하지도 않는다.

하지만 그렇다고 내가 노동이 나쁘다고 말하는 것은 아니다. 내 말은 노동이 단지 유익하고 필연에 속한다는 것뿐이다. 그러므로 노동을 찬양하지도 하나님의 소명과 혼동하지도 않은 채 노동을 행하자("땅에 충만하고 땅을 정복하라"[창 1:28]에서 노동이 하나님의 소명이라는 개념을 끌어내는 것은 얼마나 거짓인지!). 노동을 행할 필요가 있고 그게 전부다.

예수는 누구를 노동하도록 부르신 적이 결코 없다! 반대로 그분은 지속적으로 사람들을 부르시고 하던 일을 그만두게 하셨다(시몬, 야고보, 레위, 소를 시험해 보고자 했던 사람 등).

예수 자신이 노동을 하셨으리라는 것은 가능성은 있지만 확실하지는 않다(마가의 한마디 말[6]). 이것은 아무것도 입증하지 못한다. 예수는 인간 삶의 다른 필연들을 따르셨다.

마지막으로 구약 성서가 안식일을 그토록 칭송하는 것은 안식일을 해방의 표지로 삼기 때문임을 강조해야 한다. 그것은 아무튼 노동이 우리가 좋게 말하기 원할 정도로 그렇게 긍정적이고 탁월한 것이 아니기 때문이다. 그러므로 문제는 자유가 노동—그 자체로는 결코 자유를 표현하지 않는—이라는 이 무조건의 필연에서 자신의 자리를 발견한다는 사실이다.

노동의 교회사적 고찰

약 3세기 말경 기독교가 로마 세계에서 지배적이 되었을 때, 일부 신학자들이 노동에 가치를 부여하기 시작한 것으로 보인다. 그리고 이것은 정치 운동과도 일치한다. 로마 제국은 노동자와 노동력을

---

6) [역주] 이 사람이 마리아의 아들 목수가 아니냐(막 6:3).

점점 더 필요로 했던 것이다. 그러나 요점은 거기에 있지 않다. 이 경우에 나는 결코 마르크스주의적인 해석(19세기 서구 부르주아지가 기독교를 이용한 것에 적용되는)을 믿지 않는다. 이 해석에 따르면, 사람들로 하여금 양심적이고 진실하며 속임수 없이 일하게 할 목적으로 신학자들이 하나님에 대한 섬김으로서의 노동 신학을 만들었다는 것이다. 내가 보기에, 노동-소명 개념은 3세기에서 5세기 사이에 기독교 신학에서 점진적으로 발생한 두 가지 관점으로부터 연유하는 듯하다.

[1] 첫 번째 관점은 그리스 철학에서 유래하며, 그것은 내가 일치의 열정이라고 부를 수 있는 것이다. 그리스 철학의 이상은 분열되지 않는 하나의 삶이다. 왜냐하면 도시(Cité)를 위한 이상이 하나의 일치된 조직이었기 때문이다. 모든 철학은 이러한 하나를 향한 소명을 지향했다. 세상이 악한 것은 그것이 깨어지고 나누어지며 분리되기 때문이다. 하나는 기원 상태로의 복귀이자 동시에 모든 일치의 완성이다. 인간은 하나의 삶―하나이지 둘이 아닌―이 되어야 하며 나뉘어서도 안 된다. 이런 조건에서 신앙의 삶으로 말하면, 하나님이 우리 삶의 본질이신 이상, 은총, 우리에게 계시된 말씀, 신앙을 중심으로 그리고 그것들에 따라서 일치가 이뤄져야 하는 것이 명백하다.

인간은 그가 행하는 모든 것과 그의 모든 업적과 더불어 하나님 안에서, 하나님을 위해서 존재해야 한다. 인간의 삶은 일관되지 못한 일련의 순간들로 이뤄지는 것이 아니라, 그리스도의 회복 안에 있는 하나의 삶이다. 마찬가지로 그의 다양한 업적은 우연에 내던져지지 않는다. 그것들은 베풀어지는 은총에 따라서 하나의 전체를 형성한다. 따라서 이 업적은 각기 하나님과 관련되며, 나아가 하나님의 뜻의 결과요(신실한 신자의 경우), 하나님에게 인정되고, 구분되며, 수용되고, 사랑받는다.

이와 같이 하나님을 섬기고 복음을 전파하기 위해 하나님이 주시는 소명이 있을 뿐만 아니라, 우리가 채택하는 '신분'에 대한 소명, 일례로 결혼이나 독신에의 소명이 있을 것이다. 그러므로 노동에의 소명, 심지어 이러이러한 노동에의 소명이 있을 것이다. 이것은 우리의 삶이 하나님 안에서 하나가 되는 조건이다.

[2] 하지만 두 번째 동기가 있다. 우리는 방금 하나님을 섬기는 소명에 대해 말했다. 그런데 4세기 이후 점차 하나님에 대한 섬김은 설교, 교회 봉사, 디아코니아(diakonia)로서의 봉사뿐만 아니라, 섭리라는 개념을 통해 세상에서의 봉사로도 나타난다. 하나님은 그분의 창조 세계가 존속되고 유지되기를 원하신다. 하나님이 원하시는 모종의 세상 질서가 있다. 그때부터 우리가 창조 자체를 유지하고(창조를 지속하게 하는 것, 자녀를 갖고 노동하는 것) 그 질서를 보전하기 위해 행하는 모든 것이 하나님에 대한 섬김이다.

이렇게 해서 4세기에 군복무는 소명이 될 수 있었다. 왜냐하면 이것은 하나님이 원하시는 세상 질서의 유지에 속하기 때문이다. 당연히 노동도 그렇게 되었다. 이 모든 것은 4·5세기에 명백하게 표명된 것으로 보인다. 하지만 이 모든 신학 구조물은 5세기에서 10세기까지의 혼란기 동안 사라지게 된다.

중세의 노동 신학

이어서 중세(10-14세기)에는 보다 혼란스런 상황이 나타난다. 이

시기에는 실제로 두 개의 모순된 경향이 있었다. 어떤 이들에게 노동은 무조건적으로 저주요, 아담에 대한 정죄의 표시였다. 그러므로 노동은 그 자체로 어떤 가치도 없으며 소명의 대상이 될 수 없었다. 진정한 소명은 일례로 빈곤의 수용으로 표현되었고, 걸식 수사의 경향은 바로 이것에 부응한 것이다. 극단적인 사람들은 이 세상은 세상의 군주에 의해 지배받는 악한 장소이며, 우리는 그것의 종말을 앞당겨야 한다고 말하기까지 한다. 바로 여기에 카타리파가 일부 기독교적 동향에 합류한다. 세상을 지속시키기 위해 아무것도 해서는 안 되며, 반대로 하나님의 나라를 오게 하기 위해 애쓰는 것이야말로 세상의 종말을 위해 일하는 것이다(바로 여기서 카타리파는 출산을 거부하는 근거를 끌어온다).

하지만 또 다른 일부 신학자들에게서는 노동 이념과 그 신성한 가치의 유지, 삶의 일치 가운데로의 통합의 유지, 결과적으로 하나님이 이러이러한 노동을 하도록 우리를 부르신다는 개념의 유지가 발견된다. 그럼에도 불구하고 다양한 종류의 노동들이 잘 구분된다.

농사일은 신성하며 하나님의 부르심의 대상일 수 있다. 그것은 자연 속에서 하나님을 섬기는 일이다. 반대로 무역과 더욱이 돈거래는 소명을 구현할 수 있는 노동이 아니다. 일반적으로 교의학을 세우고자 했던 신학자들은 모두 중세 시대에 이런 노동 문제에 봉착했다. 그들은 하나님이 기뻐하실 만한 노동과 저주 받은 노동 사이에서 이뤄지는 선택의 방향으로, 그리고 전적으로 은총에 따르면서도 이 은총을 입증하는 행위에 의해 초대되는 인간 삶의 일치에 대한 확인으로 이 문제를 해결했다. 거기서 노동은 배제되지 않았고, 따라서 노동은 인간에게 전달된 하나님의 소명의 대상이 되었다. 그러나 개인화된 소명이 아니라 전반적인 소명과 관련되었다.

사람들이 고통에 속죄적인 가치를 부여하면서, [노동 신학은] '노동-형벌', 노동-고난이라는 개념에 입각해서 발전하게 된다. 나는 여기서 이 모든 행로를 재추적할 수는 없다. 매우 간략하게, 고난이란 무엇보다도 예수의 고난에의 참여임을 말하자. 이어서 고난은 일종의 속죄의 효력을 획득한다. 사람들은 자기 죄를 속죄하기 위해 지상에서 고통당한다. 이 두 해석을 조화시키면서 사람들은 고난의 속죄적인 효력에 이른다. 하지만 노동이 고통이기 때문에, 노동은 스스로 속죄적인 효력을 갖는다. 그때부터 새로운 노동 신학이 펼쳐진다(일부 교회 교부들이 이미 예고했음을 말할 필요가 있다). 바로 이것이 노동 이념이 될 무엇의 출현이다.

근대의 노동 사상

15-16세기에는 상황이 되돌아가는데, 이것은 무엇보다도 14세기에 시작되는 세속화라는 거대 동향과 더불어, 그리고 노동에 더 높은 가치를 부여하고자 하는 경제 활동(특히 무역)의 발전과 더불어 이뤄진다. 노동은 이전 시기에서보다 더욱 중요하게 되었고 동시에 "품격이 높아졌다". 노동의 저주 개념은 점점 사라진다. 15세기부터는 종교 개혁 시기와 18세기에 발전되는 수사(특히 걸식 수사)들의 무익성—왜냐하면 이들이 일하지 않으며 아무것도 생산하지 않기 때문에—이라는 논증이 발견되기 시작한다. 노동은 가치와 덕목이 되기 시작한다(13세기에는 그러지 않았다).

루터가 나타나는 것은 바로 이런 문화적 풍토에서요, 노동에 관한 이런 경제·심리적 변화의 시기에다. 그는 이미 일어난 모든 것을 거부할 수가 없었다. 그가 속한 사회는 여느 때와 마찬가지로 노동의 습관을 갖고 있었다. 그가 상대하는 사회 범주는 주로 노동을 삶의 목적과 의미로 삼았다. 다만 모든 것이 하나님과 관련되며 하나님에게서 유래한다는 관점이 간직되었을 뿐이다. 그때부터 노동 역시 하나님과 관련되게 되었다. 노동은 노동으로서의 법적 유효성을 인정받았으나, 다만 노동이 하나님에게서 기인하기 때문에만, 노동이 인간을 위한 하나님의 질서에 속하기 때문에만 그럴 수 있었다. 이와 같이 루터는 구두 수선공에 대한 유명한 텍스트에서, 이 사람은 구두를 만듦으로써 하나님을 섬기며, 말씀의 설교자와 마찬가지로 하나님의 소명에 따른다고 강력하게 주장했다. 또한 노동이 인간을 통한 하나님 섬김이라는 개념이 종교개혁 시기에 이따금 출현했다. 노동자는 다른 사람들을 섬기며, 이렇게 함으로써 그는 하나님의 계명에 순종한다는 것이다.

나아가 이 소명에 대한 또 다른 해석을 고려해야 했다. 노동은 끔찍이도 힘들고 몹시 버거우며 굴욕적일 수 있었다. 그러나 이것이 하나님의 뜻이었다. 이런 형벌과 책임을 담당하고 수용해야 했는 바, 이는 그것이 하나님으로부터 왔기 때문이다. 이를 통해 사람들은 충분히 빠르게 속죄적인 노동이라는 개념에 도달했으며, 이 개념은 17-18세기에 발전된다. 이것은 명백히 인간의 소명의 일부가 되었다. 다만 중요한 변화가 있었을 뿐이다.

루터는 은총의 개인적 성격, 각 소명의 특수성을 많이 강조했었다. 만일 누군가가 영적인 영역에서와 마찬가지로 육적인 영역에서 하나님을 섬겼다면, 전자에서 참인 것이 후자에서 거짓일 수 있었을까?

그때부터 이러이러한 직업을 수행하는 사람은 그가 다른 직업이 아닌 바로 이 직업에 종사하도록 하나님에 의해 실제로 부름 받았기 때문에 이 일을 하는 것이다. 각자는 특별한 방식에 따라 하나님의 계획으로 들어간다. 그러므로 더 이상 일반적인 노동 소명이란 없고, 다만 이러이러한 개인에게 석공이나 의사가 되도록 전달되는 독특한 부르심만이 있다.

이것은 한편으로, 하나님이 기뻐하시는 직업들과 저주받은 다른 직업들(하나님은 이 직업도 노동으로 부른다)을 분류할 수 없게 만들며, 다른 한편으로 각자가 스스로 제기하는 "하나님이 내가 하기를 원하시는 노동은 무엇일까?"라는 개인적인 질문을 야기한다. 이 질문은 아무런 의심도 가질 수 없을 정도로 결코 위험하지 않은 부름에 순종하는 문제에 관해, 프로테스탄트주의의 불안한 양심을, 그리고 불확실성을 야기할 것이다.

하지만 어찌됐건 이것은 특별한 직업 의식을 야기했다. 명백한 것은 소명에 의해 행동한 사람은 이렇게 하나님을 섬기는 일에서 그의 모든 열정과, 모든 사랑과, 모든 힘을 다했다는 사실이다. 사람들은 또한 이것이 자본주의와 부르주아의 발전에 기여할 수 있었던 경제적 결과들을 안다. 당연히 이것은 노동의 가치를 상당히 높였고, 그때 사람들은 노동-소명의 상호 영향을 통한 발전에 가담했다. 즉 노동이 소명 개념에 의해 그 가치가 높아지면 질수록 그만큼 경제 활동도 증가되며, 마찬가지로 경제 활동이 발전되면 될수록 노동의 가치 또한 높아지는 것이다. 이것은 이데올로기 영역에서 두 가지 방향을 취하게 된다.

[1] 한편으로, 부르주아지 계층에서 노동은 구체적 가치와 요구의

정점에 달했다. 사람들은 거기서 나오는 '진부한 말들'을 안다. 일례로 '일하며 기도하기'(이것은 노동과 하나님의 소명 사이를 혼동시키는 직접적인 결과를 낳는다), 아니면 '노동은 자유다'가 있다. 그리고 사람들은 노동의 속죄적인 성격을 강조한다. 하지만 또한 사람들은 노동하는 자들에 대한 하나님의 뜻을 부르주아지가 어떻게 이용했는지를 안다. 부르주아지는 19세기에 이런 종교적인 이념을 이용하여 노동자들을 복종과 순종(하나님의 질서에의) 가운데 붙들어 두었던 것이다.

이 순간 노동에의 소명은 집단적이 되고 사회적 억압의 수단이 되는 반면, 부르주아지 안에서는 흔히 (종종 자유로운) 직업 안에서 하나님에 대한 개인적 섬김으로서의 소명 의식이 간직되었다. 이것은 예외적인 특성을 적용시키는 것을 의미한다. 즉 사람들은 그것이 하나님을 위하고 하나님의 질서에 의한 것이었기 때문에 더 많은 열정과 기호와 배려를 가지고 노동했던 것이다.

[2] 하지만 마르크스에게 있는 노동-소명의 발전의 다른 양상이 강조될 필요가 있다. 마르크스는 노동 이념을 극단으로 몰고 갔다. 인간은 (자신의 노동에서) 자신이 만드는 그 무엇이다. 노동은 모든 **자연**(Nature)에서 인간을 특별하게 하는 그 무엇이다. 인간은 노동에 예외적인 자리와 덕목을 부여한다.

이처럼 노동은 최고의 매개체다. "네가 내 생산물을 사용할 때, 나는 인간의 필요, 객관성, 인간의 본질을 충족시켰다는 의식, 그것이 너에게 너와 인류 사이의 타협점이었다는 의식, 네가 그것을 너 고유 존재의 보완물로서와 너 자신의 필수적인 일부로서 깨닫고 느꼈다는 의식, 너의 사랑에서와 마찬가지로 너의 사고에서 내가 확인되는 것을 안다는 의식, 다시 말해 나의 삶의 표시에 너의 삶의 표시를 만들어 냈다는 의식, 그러므로 내 활동(노동), 인간적 본질, 내 사회적 본질에 직접적으로 그것을 구현하고 확인했다는 의식을 직접 누릴 것이다"(Karl Marx, L'idéologie allemande). 이로 인해 분명한 것은, 만일 노동이 (사실상) 이렇다면 그것을 노동자의 노동과 비교할 때 우리는 어쩔 수 없이 모순에 사로잡힌다는 것이다. 이것은 마르크스가 노동의 탁월하고 건설적인 역할을 착취로 파괴시켜 버린 자본주의 체계를 비난한 근본 동기들 가운데 하나다.

마르크스에 의해 현저히 높아진 노동의 가치—그 이전엔 그런 찬양이 결코 없었다—는 한편으로는 19세기 서구에서 노동이 증가한 결과이며, 다른 한편으로는 노동에 있어서 인간의 신적 소명 개념이 세속화된 결과다.

현대의 노동 개념

그런데 매우 명백한 것은, 우리 사회의 진보와 더불어, 이런 노동 이념을 고수하기란 불가능하다는 것이다. 물론 철학적 영역에서 원하는 말을 다 할 수 있겠지만, 어떤 시대에도 노동 이상주의를 정당화시켜낸 것은 아무것도 없었음이 분명하다. 19세기 이래 노동의 품위 하락은 세 단계로 이뤄진다. 그렇다고 수공업이나 농업의 노동을 마치 보다 쉽고 더 피곤한 것으로 높이는 문제가 결코 아님을 강조하겠다. 하지만 이런 노동의 범주에서 하나님의 질서와 혼동할 보다 큰 가능성이 있었[던 것이 사실이]다.

한편으로, 수공업은 보다 개인화된 노동이었으며, (충분히 개인적인) 서비스 개념과 한 작품—제조자의 전 개성이 표현되는—의 완성을 직접 의미했다. 사람들은 성공한 작품인지 실패한 작품인지를 볼 수 있었다. 그것은 보다 완전한 노동이었고, 동시에 노동은 노동자 자신의 리듬에 따랐다.

다른 한편으로, 농민은 자연에서 일한다. 그리고 사람들은 자연—인간의 자연적인 환경—은 선하고 거기서 행해지는 노동은 "하나님에게 더 가깝다"는 중세적 개념을 저항할 수 없을 정도로 간직한다. (하지만 보다 유쾌한 노동의 문제는 아니다). 노동-소명의 혼동을 조장하는 이 두 양상은 명백히 사라졌으며, 우리는 이 두 용어의 일치가 깨어지는 것을 본다.

[1] 먼저 자본주의가 있었다. 급여 때문에 노동은 팔고 사는 상품이 된다. 인간은 그의 노동력과 노동 상품을 동시에 박탈당하며 그 대신 자신을 오직 생존하게 해주는 급여를 받는다.

이 급여는 절대로 노동의 참되고 우월적이며 '초월적인' 가치를 대변하지 못한다. 반대로 노동을 상품에 불과한 것으로 하락시킨다. 이런 식으로 노동을 파는 사람은 더 이상 어떤 주도권이나 기쁨도 가질 수 없다. 노동은 더 이상 자기 개성의 표현일 수 없다. 왜냐하면 노동이 상업적인 유통으로 들어갈 품목을 생산하는 것 외에 다른 목적이 없기 때문이다. 이 경우에 소명 개념을 유지하기란 어렵다.

[2] 상황은 기계화가 발전하면서 더 악화된다. 문제는 잘 알려져 있다.[7] 노동은 행위에서 분리되고, 어떤 의미 작용도 없이 무조건적인 의무가 되며, 분할과 전문화에 의해 파열되었다. 노동자는 결국 그가

---

7) 예를 들어, Friedmann, *Le travail en miettes, Ou va le travail humain?*

무엇을 하고 있는지, 이 노동의 유익과 가치가 무엇인지 모르며, 또한 그가 무슨 자재로 일하는지도 모른 채 다만 그가 일하는 도구만을 알 뿐이다. 노동의 분업화와 세분화는 종사하는 활동에 대한 전체적인 이해를 하지 못하게 한다. 전문화된 직업 교육은 노동자를 좁은 노동 실행 영역에 가두어 버린다. 노동자 편에서 자신의 노동 방식에 대한 성찰은 없다. 행동과 생각 사이에 파열이 있다. 이것은 기계의 노예 같은 모든 행위가 '인간-기계'의 조화, 이것들을 하나의 총체로 만드는 기계들의 조화에서 전문화된 사람인 제3자에 의해 계산되는 방향으로 이끌린다.

그때부터 인간의 노동은 기계의 가능성들에, 기계들의 조직의 필요성에 온전히 굴복된다. 이것은 일례로 '작업 속도'의 문제요 테일러식 경영 방식8)의 문제다. 이것은 노동—인간은 이것을 박탈당한다—이 인간에게 낯선 활동에 불과하며, 어떤 점에서 더 이상 내부의 실재와 일치하지 않는 외부에 의해 강요되는 활동에 불과할 수 있음을 의미한다. 이것은 또한 문자 그대로 노동이 더 이상 노동자의 삶의 일부가 아니라, 오히려 그것이 이 노동자의 대부분의 시간을 흡수한다는 것을 의미한다.9)

---

8) [역주] taylorisation. 이 용어는 미국 기술자 Frederick Winslow Taylor(1856-1915)에게서 유래하는데, 그는 산업 노동의 과학적 조직의 창안자로 알려져 있다(테일러 체계). 이 체계는 도구의 극대 활용, 엄격한 전문화, 불필요한 동작의 제거를 전제하며, 또한 노동자에게 생산성을 부추기기 위해 수당 붙은 급여 체계를 전제한다.
9) 나는 여기서도 바르트에게 완전히 동의하지 않는다. 그는 노동의 사회학적이고 구체적인 조건들이 무슨 결정을 형성하지 않는다고 주장한다(*Dogmatique*, XVI, 327). 그는 이런 생각은 운명이라는 미신에 빠지는 것이라고 단언한다. 하지만 그는 형이상학적인 운명과 사회학적인 결정을 혼동한다. 그는 환경은 영향을 주지만 결정하지는 않는다고 말하면서 현저하게 상황을 과소평가하며, 이 영향의 정도 문제를(문제 제기도 하지 않은 채!) 너무 쉽게 푼다. 어쩌면 이 조건들이 인간 자체가 아니라고 말하는 것

이러한 조건에서 노동이 더 이상 소명이 될 수 없다는 것은 너무나 명백하다. 물론 하나님은 최악의 상황도 변화시키실 수 있고 최악의 노동에서도 소명 의식을 회복하실 수 있다고 주장할 수는 있으나, 그것은 실제 상황을 보지 않으려는 실로 편리한 태도다. 이런 식의 노동이 일반적으로 소명이라고 주장될 수는 없다. 그냥 하나님은 은총과 기적으로 인간이 노동을 하나님의 선물과 부르심으로 체험할 수 있게 만드신다고 말하자. 하지만 소명과 노동 사이의 신학적 관계는 단절되었다.

[3] 그런데 사회의 전반적인 기술화는 이 단절을 더욱 심하게 했다. 기술은 모든 행동과 의도에서 매개물이 되었다. 무엇이든 세상에서 그것을 구현하기 위해서는 기술의 방법을 거쳐야 한다. 한편, 기술은 자신의 특수 효력을 갖는다. 그것이 기술을 특징짓는 것이다. 그러므

인가…. 하지만 가능한 모든 단계들이 있다. 우리가 말할 수 있는 모든 것은 하나님이 사랑하시는 존재, 하나님 안에 그리스도와 더불어 숨겨진 존재는 실로 이 결정들에서 벗어난다는 것이다. 그의 구체적인 삶으로 말하면, 이 참된 존재가 이처럼 결정되지 않기 때문에 결정은 존재하지 않는다고 말함으로써 문제가 풀릴 수 있는 것은 아니다. 반대로 노동에 의한 결정이 억압적인 것으로 보인다!

막스 베버나 바타이(Bataille), 그리고 그 뒤를 잇는 많은 학자들이 해놓은 노동 분석들이 실재 사실에 관하여 무한히 우월한 것으로 나타난다. 바타이의 텍스트를 인용하는 것이 좋겠다. 왜냐하면 그가 모든 고전적 비판들과 더불어(Friedmann 등) 현대의 노동을 겨냥하지 않고 노동 실재 그 자체를 대상으로 삼기 때문이다. "세상에 노동의 도입은 처음부터 적개심과 깊은 욕망을 합리적인 속박—여기서는 현재 순간의 진실이 더 이상 중요하지 않고 행동의 궁극적인 결과가 중요하다—으로 대체했다. 최초의 노동은 사물들의 세계를 창설했다…. 사물들의 세계가 새워진 후, 인간 스스로가 이 세계의 사물들 가운데 하나가 된다. 적어도 그가 노동하는 순간에 말이다. 모든 시대의 인간이 벗어나고자 애쓰는 것이 바로 이 실추로부터다…"(Bataille, *La part maudite*, 1949, p. 74). 이 현실관은 정확하다. 우리가 위치해야 하는 곳이 바로 이 노동과 관련해서이며, 언제나 노동이었던 것인 이 불변수와 관련해서다. 소명과 조물주적인 인간 존재를 낭만적으로 만들지 않은 채 말이다. 그리스도인의 자유가 활동하도록 초대되는 곳은 오직 이것과 관련해서다.

로 기술은 첨가되는 효율에의 의뢰를 모두 파괴한다.

실제적인 기술이 존재하는 곳에서 앙브루아즈 파레10)의 표현—"내가 그를 치료했고, 하나님이 그를 낫게 하셨다"—을 사용할 수 없다. 나는 "내가 차의 엑셀레이터를 밟았고 하나님이 가게 하셨다"고 말할 수 없다. 그런데 이 한결같은 효과, 이 특수 수단, 이 일반화된 매개물은 소명 개념을 위한 어떤 자리도 없도록 만든다. 정반대로 사람들은 이 개념에 대한 비판이 있음을 안다. 엄격한 기술자를 필요로 하는 곳에서는, 사람이 자신의 소명과 하나님의 부르심으로 부자가 된다는 것이 인정될 수 없다.

소명은 유능한 기술자가 되지 않기 위한 수단이 된다. 우리 모두는 교수, 교사, 심리학자 직에 지원하는 어떤 사람들이 하나님의 소명에 따랐고 완전히 무능했던 것을 알고 있다. 게다가 우리는 심지어 전문가의 경우에도 소명이 기술 사용에서 어리석은 짓을 하게 할 수 있음을 관찰한다. 소명을 따르는 간호사가 자신의 노동에서 감정에 치우쳐 버리게 되는 경우다. 그때 그녀의 노동은 더 이상 효율성이라는 엄격한 기준에 의해 지배되지 않는다.

그러나 또한 우리는 아무런 '소명'도 없을 경우 이런 사회적인 일이나 아동교육적인 일이나 의학적인 일이 어떻게 되는지를 잘 안다. 냉철한 기술 적용, 환자에 대한 의사의 철저한 무관심, 인간관계 없는 행동의 면밀함, 중환자와 괴짜 환자의 이송 같은 것 말이다. 그런데 이 모든 것은 소명의 접목을 불가능하게 하는 기술 매개의 일반화의

---

10) [역주] Ambroise Paré(1509-1590). 프랑스의 외과의사로 앙리 II, 프랑수아 II, 샤를르 IX, 앙리 III까지 궁정 외과의를 맡았다.

결과다.

오직 추상적이고 이론적인 방식으로서만 사람들은 "소명이 있고 소명을 받은 자는 완벽한 기술자가 된다"고 말할 수 있거나, 아니면 "완벽한 기술 실행 저편에 소명 행위라는 놀라운 부가물이 있다"고 말할 수 있다.

이것은 관념론적인 낭만주의다. 현실은 완벽한 기술이 소명이라는 개념 자체를 축출한다는 것이다. 명심할 유일한 한 가지 사실만이 있을 것이다. 즉 기술의 효율성은 훨씬 더 많은 '사태'(cas)를 다루게 해준다는 것이다. 그런데 사람들은 연민, 동정, 이해심, 사랑이라는 인간적 자원을 늘리지는 못한다.

소명의 위기

'자본주의-기계화-기술화'로 말미암은 노동과 소명 사이의 거의 철저한 단절은 그리스도인들에게서조차 소명의 위기에 부합하는 듯하다. 나는 이 위기를 세 가지 양상으로 살필 것이다.

[1] 먼저, 사람들은 소명 이론이 종종 봉사의 대가를 지불하지 않기 위한 수단이 되었다는(아무튼 유럽에서) 사실을 강조했다. 부르주아들이 노동자들에게 그들의 조건이 하나님께서 주신 소명의 열매임을 주장함으로써 그들을 복종시켰던 것과 마찬가지로, 많은 기독교 단체와 교회들에서 사람들은 소명을 핑계로 간호사들, 사회 봉사자들, 목사들, 교사들에게 열악한 임금을 주었던 것이다(때로는 전혀 주지 않았다).

"여러분이 하나님에게서 오는 소명을 따르는 이상, 하나님의 명령을 따르기 위해서는 아무튼 무슨 대가를 받겠다고 주장하지 말아야 합니다." 단체장들과 교회들이 하는 이런 말은 일을 매우 용이하게 했다! 실제로 당연한 반발이 있었고, 이 '섬기는 자들'은 소명 없이 동일 기능을 대체하는 모든 사람들과 동등한 임금을 요구한다.

하지만 이것은 또한 결과적으로 소명을 완전히 의심스럽게 만들었다. 어떤 교수나 지도 교사가 이 말을 들을 때 "이런, 내 소명에 호소하는군. 그렇다면 내게 정상적인 급여를 지불하지 않겠구먼"이라는 반응을 보인다. 이 때문에 자주 진지한 그리스도인들조차 협박의 수단으로 여겨지는 소명이 거론되는 것을 더 이상 원하지 않는다.

[2] 두 번째 관점에서 볼 때, 소명은 교회의 책임자들(목사 등)이 기술 세계에서 매우 가치가 하락되고 있음을 느낀다는 사실 때문에 그리스도인들에게서 이의가 제기된다. 왜냐하면 그들 스스로가 전문가들이 아니며 특히 기술 전문가들이 아니기 때문이다. 소명에 따르고 설교하며 하나의 공동체를 이끌어 가며 영혼을 치료한다는 것은 심리학자, 기술자, 제작자들의 세계에서 거의 대단하게 보이지 않는다.

그리하여 수치를 느끼는 목사들도 기술 전문가들이 되고자 한다. 그때부터 그들은 정신분석, 그룹 역학, 사회심리학, 정보 등을 공부한다. 그들이 기독교 공동체에서 활동하게 되는 것은 정신분석가로서이지, 더 이상 어떤 섬김을 위해 하나님에 의해서 부름 받았기 때문이 아니다.

여기서도 기술이 소명에 첨부되거나 소명을 돕는다고 여기는 것은 전적으로 환상적이다. *사실상* 기술이 소명을 대체한다.

[3] 하지만 소명에 대한 이 두 가지 문제 제기를 조합함으로써 아주

빨리 세 번째 문제 제기에 이른다. 결국 교회를 섬기는 일을 하기 위해서조차 하나님의 부르심을 인정하지 않게 된다는 것이다. 달리 말해서, 소명과 노동의 결합이 표출했던 결함과는 정반대의 결함에 빠지게 된다. 목사나 집사가 되기 위해서조차 더 이상 소명이 필요없다. 그것은 다른 것과 같은 노동이다.

1965년의 프랑스의 젊은 목사들은 이런 생각을 극단으로 몰고 갔다. "우리는 교회라는 기관에서 일하며, 모든 고용주들과 같은 하나의 고용주(교회)에 의해 활용되는 평범한 임금 노동자(그러므로 프롤레타리아)이다. 우리는 기술들을 실행한다(성서 주해나 설교는 순전히 기술이 된다). 이 모든 점에서 소명, 하나님에게서 오는 선택의 문제는 없다."

그런데 이러한 소명의 가능성에 대한 거부는 기술화의 정상적인 결과나 젊은 목사들의 사상의 정치화의 결과를 표현할 뿐만 아니라, 소명을 바르게 구현할 가능성이 우리 사회에 더 이상 없다는 사실—매우 힘들게(무의식적이라 해도) 느껴지는—을 표현한다. 만일 하나님의 부르심이 있다면, 우리는 그것을 표현하고 구현할 방법을 찾아내야 한다. 이것이 실제로 불가능해졌다. 따라서 소명은 순전히 영적인 무엇으로 남는다. 그러나 성육신에 중심이 맞춰진 신앙 안에서 이것이 용인될 수는 없다.

그런데 사회(와 노동과 군복무 등)이 우리에게 요구하는 모든 것과 하나님의 의지 사이에는 완전한 분리가 있다. 하나님을 섬기는 것은 직업에 포함될 수 없다. 그렇다면 어디에 포함될 수 있는가? 이런 불가능성 앞에서 반발은 이해된다. 즉 소명 개념을, 하나님이 우리에게 전하는 부름이 있을 수 있다는 개념을 없애 버리는 것이 더 쉽다는 것이다. 우리가 순전히 기술적이고 사회적인 측면만 고려하고(심지어 교회의 기능에서조차) 나머지 모든 것을 저버린다면 모든 것이 단순하게 된다. 이와 같이 소명 속에 직업을 흡수함으로써 둘을 **통합한** 뒤, 이제 사람들은 불가능하게 된 소명을 축출함으로써 또다시 둘을 **통합한다**. 따라서 오늘날 우리의 상황은 더 이상 아무런 의미도 없는(그리고 인간에게 아무런 만족도 주지 못하는) 노동과 더 이상 어떤 실현 가능성도 없는 소명 사이에서 찢겨진 채 있는 모습이다.[11]

바르트의 입장 비판

나는 노동 문제와 그 제기 방식에 있어서 또다시 내가 바르트에게 동의하지 않음을 강조해야 한다. 그는 "한편으로 노동은 인간 실존을 돕고, 편리하게 하며, 환하게 해주며, 아름답게 해주는 일에 도움이 되어야 한다. 노동은 인간을 도와야 한다"[12]고 말한다.

물론 이 기준에는 동의할 수밖에 없다. 하지만 거기서는 경건한 소원을 볼 뿐이다. 왜냐하면 실제로 '어떻게'라는 구체적인 방법이 없기 때문이며, 그런 결과에 이를 것이기 때문이다. 바르트는 세부적

---

11) 이 항목은 1970년에 쓰였다. 나는 이것을 바꾸지 않았다. 왜냐하면 이것이 본질상 변함없이 남아 있기 때문이다. 하지만 나는 1975-1976년 이래 많은 젊은이들에게서 소명의 확신의 재출현을 확인한다. 그들은 무슨 대가로든 소명의 의미를 찾고자 한다. 노동이 의미가 없다는 것은 있을 수 없다. 그런데 사람들은 심리전문가들과 노동조직—충분히 모호하며, 하나님과 관계되지도 않은—화해 전문가들이 제공하는 노동의 동기 부여의 실패를 목격한다(cf. *Quelles motivations au travail*, Société française de Psychologie du Travail, 1982).
12) K. Barth, *Dogmatique*, XVI, 226s.

으로 들어가서 "명백히 어리석음, 경박함, 헛됨, 애착 결여, 무수한 개인들의 오류와 악덕에 기대는 노동은 분명 거절해야 한다"고 말한다. "육체적으로 그리고 도덕적으로 스스로 파멸하고자 하는 타인들이 끊임없이 존재하고 있을진대, 단지 사람들이 하겠다고 덤벼드는 노동의 사정은 어떨까?"

여기서도 동의는 하겠지만, 이것을 실제로 적용할 경우 우리는 경제 생활의 엄청난 분야들이 무너지는 것을 본다. 이것은 알코올이나 마약의 제작과 거래처럼 위해할 수 있을 뿐만 아니라, 대부분 여가라고 불리는 것(당구, 주크박스, 텔레비전, 텔레비전 게임 등)이기 때문이다. 이것은 무기력과 소심함(보험이 검토하는 것!), 허영심(성형외과!)과 모든 광고, 대부분의 사무실 근무를 이용하기 때문이다. 그러므로 우리는 [바르트의] 가벼운 구절과 더불어 진지한 문제에, 그렇지만 어떻게 조사가 이뤄져야 할지 모르는 문제에 직면한다.

게다가 노동자들을 탈진시키거나 부당한 노동에 대해 말하면서, "타인들에게 노동을 제공할 수 있는 모든 사람들에게, 고용주들에게, 그들이 인간을 더욱 존중하고 더 나은 노동을 제공해서는 안 될 무슨 주된 이유가 있는지를 물어야 한다."

여기서도 의도에는 동의할 수밖에 없지만, 우리는 이런 태도의 비현실주의를 보기 시작한다. 당연히 비그리스도인 고용주에게 이런 질문을 던질 경우, 그것은 전혀 의미가 없다. 왜냐하면 아주 드문 예외를 제외하고는 인간의 존엄이란 그에게 지극히 아무래도 상관이 없는 것이기 때문이다. 끔찍한 자본주의자들만 생각하지 말자. 나는 의사들의 모임에서 그들 중 하나—매우 저명한—가 만장일치의 칭찬을 받으며 "문제는 행해야 할 선이 있는지를 아는 데 있는 것이 아니라,

얼마간의 수익을 가져다주는지를 아는 데 있다"고 말한 것을 흥분 상태로 기억하지 않을 수 없다.

하지만 우리가 그리스도인 고용주를 향할 경우, 이것은 구체적으로 무엇을 의미하는가? 그가 공장의 생산품을 바꿔야 한다는 의미인가? 어쩌면…. 노동자들이 행복한 조건으로 노동 조건을 부여해야 한다는 것을 의미하는가? 그런데 이것은 비용이 많이 든다. 그리고 우리가 이미 본 것처럼 자본주의 경쟁 체제에서 이런 식의 노동 변화, 노동자들의 처지 개선은 이 고용주가 경쟁자들에 의해 제거되는 것을 의미한다. 물론 이것이 어쩌면 그리스도인 고용주가 해야 할 것이지만, 그것은 결국 실업을 증대시키는 결과를 의미한다.

바르트가 제기한 이 질문은 사회주의 국가나 준사회주의 국가에서는 무엇을 의미할까? 임금, 노동 조건, 규범이 정해지고 통제될 때, '고용주'가 엄청난 규칙 묶음을 적용하는 것 외에 실제로 달리 무엇을 할 수 있을까?

바르트가 어디까지 현실과 동떨어졌는지를 보여주는 구절이 또 있다. "노동의 조직과 할당은 어떤 이들의 주도권에 근거하며, 다른 이들은 그것에 의존적이다…이것들은 노동의 성격, 조건, 임금을 정하는 계약을 필요로 한다."

이런 일이 발생하는 곳은 어디일까? 어쩌면 스위스에서일지 모른다! 하지만 벌써 미국에서는 아니다. 한 개인 노동자와 노동 조건을 자유롭게 정하는 고용주란 누구일까? 모든 것은 규칙을 통해서나 집단 협정—이것의 엄격한 수호자는 조합이다—을 통해서 이뤄진다. 노동자들의 처지를 개선하기 위해서(임금을 인상할 권리만을 가질 수는 없다!)와 마찬가지로 그 처지를 악화시키기 위해서[맘대로 임금을 깎을 권리도 없다, 각자의 결정권과 독립 지대는 무한정 축소된다. 바르트는 거의 반세기가량 뒤진 노동 상황에 대해 말하고 있다. 게다가 설령 고용주가 모종의—매우 상대적인—주도권이나 독립을 간직한다 하더라도, 하나의 기획은 다른 백 가지 기획들에 종속된다는 사실, 하나의 기획에는 특별히 다른 노동직들이 있으며, 여기에는 또한 노동자들이 제조 단계에 따라 다양한 노동 조건을 갖고 있다는 기본적인 사실을 고려해야 한다.

노동직 중 하나가 비인간적이라 해서 유익한 것으로 인정되는 상품 제조를 거부해야 하는가? 처음으로 받는 재료가 비인간적인 노동—우리가 매우 잘 아는 대로—에서 유래한다고 해서 제조를 바꿔야 하는가? 사람들은 이런 정보를 가까이서 조사하는 즉시 실제 상황에서 부적합하고 효과 없는 성격들을 감지한다.

직업과 소명의 일치는 없다

이런 조건에서, 만일 우리가 소명의 무조건적 제거를 수용하지 않는다면, 만일 우리가 하나님이 이런저런 섬김을 수행하도록 우리를 부르신다는 사실을 계속해서 믿는다면, 어떤 응답이 가능할까?

[1] 아직도 흔히 채택되는 한 가지 태도는, 사실상 하나님의 소명으로 여겨지고 체험될 수 있는 어떤 직업들이 여전히 있다고 말하는 데 있다. 목숨을 살리고 보전하는 의사, 가난한 자와 과부와 고아를 변호하는 변호사, 인격 형성을 돕는 교사, 심리학자, 사회 봉사자…. 그리스도인들은 이런 직업을 향해 방향을 잡을 수 있을 것이다. 나는 그것이 전혀 답이 아니라고 생각한다.

그 이유는 먼저 이 '부르주아' 직업들이 그리스도인들로 하여금 '엘리트'에 속해야 한다는 생각을 갖게 하는 것을 의미하기 때문이다.

다음으로, 이것들이 훨씬 소명에 가깝다고 여기는 것이 전적으로 착각이기 때문이다. 이 직업들도 다른 것들과 마찬가지로 기술적이 되었다. 직업적 요구들은 소명 의식을 빠르게 지워 버린다.

마지막으로, 이 직업들이 매우 종종 우리의 기술 사회의 회복 기능으로 여겨질 수 있기 때문이다. 그러므로 '소명'으로 변호사가 되는 것은 좋은 감정의, 관대한 의지의, 이상주의의 표현이지만, 사실상 착각의 희생이 되는 것이며 현실에 대한 무지에서 사는 것이다. 오늘날 '직업이자 소명'은 없다.

[2] 그리하여 또 다른 답을 지향할 수 있다. 우리 사회에서 노동이 정죄되는 것을 인정해야 한다는 것이다. 우리의 삶에는 '저주받은 부분'이 있다. 우리는 가치 없고 의미 없으며 흥미 없는 직업에, 오직 생존을 위한 돈을 제공해 줄 목적의 직업에 몰두하며, 그리고는 다른 곳에서 우리 삶의 흥미를 찾아낸다.

이것은 인간이 여가에서 자신의 실제 삶을 발견할 것이라고 보는 사회학자들과 사회심리학자들의 태도다. 우리가 노동하는 동안에는 사는 것이 아님을 인정하자. 그것은 일종의 가사 상태, 맹목 상태, 무의식적(의식에 이르지는 말자) 수면 상태이며, 우리는 여가에서 깨어나고, 우리 자신이 되며, 살아난다.

소명에 관해서도 정확히 동일하다. 소명은 여가 시간의 몫이 될 것이다. 여가 시간에 기독교적 삶을 추구하든지, 아니면 전통적인 방식으로 '세상을 위한 주중과 하나님을 위한 주일'로 나누든지 해야 한다. 이러한 이분법은 상황을 용이하게 해준다. 6일(5일!) 동안 유능하고 냉혹한 사업가일 수 있으며, 주일에는 그리스도인의 소명이 예배 참석과 교회나 단체의 축제 참석으로 모두 해결된다.

이것이 절대적으로 만족스럽지 않다는 것은 분명하다. '주일 그리스도인'이 자주 비난 받았다는 사실을 강조할 필요는 없다. 그러나 이제는 사람들이 '기독교적인 것'을 현대의 노동 가운데 스며들게 할 수 없다는 것을 잊지 말자. 왜냐하면 종종 가톨릭 교회가 취했던 것과 같은 태도를 채택할 수 없기 때문이다. '외부의' 축복, 다시 말해 직업적인 활동에 간단한 기도나 축복을 첨가함으로써 기독교화하는 태도 말이다. 일 전후로 하나님께 잠시 기도드린 이상 그 일을 바꿀 수가 없다. 이것은 추가적인 위선이 될 수 있다.

관건은 그리스도인으로서 살도록 하나님이 주신 소명에 따르는 것이 명백하게 보이고 직업 실천에서 드러나느냐의 문제이리라. 또한 경건한 몇 마디 말을 덧붙이는 문제가 아니라 구현(incarnation)이 있느냐의 문제이리라. 그런데 우리는 우리의 무능을 확인한다. 그렇다면 무얼 말할 수 있겠는가?

전도서와 계시록 사이에서

심지어 부조리하고 소외시키는, 심지어 가치도 없는 이 노동을 성서가 끌고 가는 양 극 사이에 위치시킬 필요가 있다. 한편에는 전도서의 질서가 있는데, 거기서는 노동에 대한 긴 문제 제기 후에 다음과 같이 기록한다. "네 손이 일을 당하는 대로 힘을 다하여 할지어다"(전 9:10). 이와 같이 문제가 되는 것은 노동-형벌이나 노동-헛됨만이 아니라, 인간의 가능성의 표현으로서의 노동이다. 설령 노동이 큰 가치를 갖지 않는다 하더라도 노동을 해야 한다!

다른 극은 종말론적이다. 계시록에 인간의 모든 업적이 하늘의 예루살렘에 공헌하고13), 그것이 예수 그리스도 안에서 이뤄지는 회복에 포함되리라고 기록되었을 때, 바로 이것에 입각해서 우리는 오늘날의 노동을 판단하고 평가해야 한다.

주님이 자신에게 도움이 될 수 있는 것을 취사선택하도록 모든 것을 행하자. 관계되는 것은 도덕적이거나 정신적인 행동만이 아니라, 인간 삶을 구성하는 모든 것이다. 그러므로 노동 역시(오늘날 무엇보다도!) 포함된다. 이 노동은 새 창조의 용도로 마련된다. 그러므로 노동은 이 종말론적인 목적이라는 의미와 가치를 부여받는다. 예수 그리스도의 재림에 입각한, 하나님 나라를 위한 의미와 가치다. 하지만 이것은 신앙으로만 체험될 수 있다. 이것은 우리로 하여금 우리가 행하는 것이 상대적인 것임으로 또한 알게 한다. 물론 이 두 극 사이에 있는 상황이 우리로 하여금 오늘날의 노동 현실에 만족하게 하지는 않는다. 이런 신앙을 통해 우리 사회에서 노동에 부여하는 위치나 노동의 자격 상실에서 무슨 정당화를 찾아낼 수 있는 것은 아니다.

---

13) 노동, 역사, 새 창조 사이의 관계에 대한 상세한 연구로는 cf. J. Ellul, *Sans feu ni lieu*, 1974(「도시의 의미」, 1992).

2. 노동과 자유

이념적 관점에서 해야 할 첫 번째 확인은 아무튼 노동이 필연의 질서에 속한다는 것이다. 노동은 하나님이 생존 수단으로 인간에게 주신 것이지만, 그것은 또한 생존 조건으로 제시되기도 한다. "사람이 일하고 싶지 않다면, 그는 먹지도 말아야 한다"(살후 3:10)고 바울이 야단친 이 말은 자명한 이치다. 그러므로 노동은 은총, 무상성, 사랑, 자유의 질서에 속하지 않는다. 이 두 질서에 대한 혼동을 언제나 피해야 한다.

노동은 필연의 질서다

나는 여기서 내가 폭력에 대해 썼던 내용으로 돌아간다.[14] 폭력이나 정치 권력과 마찬가지로, 노동은 필연의 질서에 속한다. 그것을 피할 수가 없다. 그것은 하나님과의 단절에 따른 인간 조건이다. 성육신과 화해[15] 이후에도 우리는 여전히 인간으로 남는다는 것을 잊지 말자. 우리는 천사가 되지 않았다. 우리는 여전히 살기 위해서 먹어야 하며, 늙음의 '필연'에 굴복하고, 마지막 필연인 죽음에 굴복한다.

그리스도 안에서 필연의 질서가 폐지된 것은 아니다. 다만 이 질서에 대한 승리가 있다. 죽음에 대한 부활의 승리, 권세에 대한 십자가의 승리, 악에 대한 사랑의 승리 말이다. 하지만 죽음과 악과 권세는

---

14) [역주] *Contre les violents*, 1972(「폭력」, 1974)을 의미함.
15) [역주] 우리를 하나님과 화해시킨 그리스도의 행위를 의미함.

여전히 존재하며 필연의 질서를 형성하고, 거기에 인간은 언제나 붙들려 있는 것이다. 노동이 속한 곳이 바로 이 질서다. 어떤 순간에도, 어떤 양상에서도, 성서적 관점에서 볼 때 노동이 자유라고 말할 수 없다. 실로 정반대다.

인간의 경험은 정확히 계시를 만나고, 계시는 결코 우리를 환상으로 속이지 않는다. 그때부터 우리는 노동을 그렇게[필연으로] 인정해야 한다. 특히 우리는 노동이 이것[필연]과 다른 것이라고 주장해서는 안 된다. 그렇지 않으면, 파스칼이 말하듯이 "천사로 행동하고자 하는 자가 짐승으로 행동하게 된다."

그러므로 우리는 또한 노동을 소명으로 인정해야 한다. 그리스도인으로서, 구속된 자로서, 자유로운 자로서 사는 소명이 아니라, 그 반대다. 즉 하나님 앞에서 우리를 피조물로(유한하고, 제한적이며, 필연에 굴복하는), 그리고 죄진 피조물로(성부와의 단절 결과를 감내하는) 인정하는 소명 말이다.

노동은 이 두 가지 특성[피조물과 죄인]의 표지로서 신앙을 통해 받아들여야 한다. 그때 노동이 인간을 소외시키고 억압하며 무의미한 것은 '정상적'이다. 우리는 노동의 어리석음을 우리 삶의 부조리의 표지로서 인정해야 한다. 이와 같이 노동은 어떤 궁극적인 가치도 어떤 초월적인 의미도 갖지 않는다. 노동은 사실상 하나님 앞에서 우리를 생존하게 하는 것이며 우리를 존재로서 위치시키는 것이다. 그러므로 이 현실주의는 우리의 확인 사실과 일치하며, 노동과 관련된 부르주아나 마르크스주의적인 낭만주의, 이상주의에 대한 파괴를 내포한다.

그러나 우리가 이 필연의 질서에 있음을 인정하는 것이 결코 노동에 대한 경멸, 거부, 비판을 의미하지는 않는다. 우리가 속한 질서가 그렇다는 말이다. 단지 그뿐이다. 여기서 우리에게 금지되는 유일한 것은 바로 필연의 질서를 자유, 다시 말해 은총, 다시 말해 소명과 혼동하는 것이다.

노동의 상대성

한 걸음 더 나아가, 이 노동은 또한 하나님 앞에서 완전히 상대적이다. 전도서의 노동 비판 이후 모든 사회학적 연구는 무익하다! 어떤 환상도 남아 있지 않다. 노동이 도달해야 할 결정적인 곳은 없다. 특별히 마르크스와는 달리, 노동은 인간의 존재 자체를 형성하지 않는다. 노동은 삶에 무슨 의미를 부여할 수도, 인간이 무엇인지를 참되게 밝혀낼 수도, 진리에 이를 수도 없다. 우리는 우리가 노동하면서 실로 가장 완전한 상대성에 머문다는 것을 인정해야 한다. "한날 괴로움은 그날에 족하다"(마 6:14)라는 말씀은 바로 이것을 의미한다. 이렇게 노동은 일상성에, 심지어 진부한 것에, '소망 없는 것'에 제한되어 있다. 노동은 무슨 가치도 창조도 아니다.

우리가 노동에서 무슨 만족—치료하는 의사의 만족이건 작품을 만드는 예술가의 만족이건—을 얻을 때, "이것이야말로 노동의 진정한 척도로서 우리는 진절머리 나는 가련한 노동자의 일이건 불행한 근로자의 일이건 다른 모든 일을 이것으로 측량해야 한다"고 말해서는 안 된다.

그렇다. 노동자의 노동이야말로 진정한 노동이다. 인간의 노동이 즐거움을 만들어 내고, 일상을 벗어난 듯 보이는 작품을 만들어 낼 때, 그것이 예외적인 사건이요, 은총이며, 우리가 감사해야 할 하나님의 선물임을 자각해야 한다. 우리가 노동을 이렇게 여긴다면, 그때 리얼리즘은 성서적 분별력과 결합되며, 각자가 의미로 충만하고 풍부한 노동을 할 놀라운 미래라는 이상주의의 날개가 잘린다.

하지만 다른 한편, 이 상대적인 노동이 가치와 유익이 전혀 없는 것은 아니다. 왜냐하면 노동은 삶을 지속시키고 세상을 지탱할 가능성을 주며, 따라서 실제로 역사의 가능성을 열어 주기 때문이다.

여기서 역사를 허용하는 것이 노동이라는 마르크스의 해석은 전적으로 유효하다. 그리고 이것은 하나님의 뜻이다. 그때부터 오직 이 영역에서만 진정 소명이 있다. 하나님은 자신이 아직 중단하고 심판하기로 결정하지 않은 이 세상을 지속시키기 위해 우리를 어떤 일(그것이 무엇이든!)로 부르신다. 이것은 전적으로 상대적인 일이다. 하지만 그것은 수행되어야 한다. 다시 한 번 말하지만, 우리가 어떤 일을 거절하는 것은 그것이 상대적이기 때문이 아니다. 그리스도인들은 너무도 절대적인 것을 갈망하며 상대적인 것에 관심을 갖지 않는다. (여기서 그들이 저지르는 정치적 과오가 나온다).

달라질 필요가 있을 것이다. 우리와 관련되는 것은 상대적인 것이요, 절대적인 것은 주님의 일이다. 그리스도인으로서 우리가 참여해야 하는 것이 바로 이 상대적인 것이다. 우리의 실제적 현장으로 여기고 중요시해야 할 것이 이 상대적인 것이다. "네가 작은 일에 충성하였으매…"(마 25:21). 그러나 이것(=상대성)은 직업 선택의 결정적인 중요성과 소명 개념—우리가 위에서 정의를 내린 그런 의미에서—을 고려하지 않는다.

노동에 대한 그리스도인의 태도

만일 우리가 노동에서 우리의 삶을 통합시킬 수 없고, 우리 그리스도인의 소명을 구현할 수 없다면, 만일 우리가 기술 사회를 통해서 가치도 궁극적 의미도 없는 상대적 노동이라는 가혹한 상태로 이끌린다면, 그때 우리는 명백히 우리 그리스도인의 소명을 표현할 수 있는 활동의 형태, 다시 말해 신앙의 구체화를 발견해야 한다.

우리가 세상에 대해 책임이 있기 때문에, 이 일은 순전히 내적인 문제일 수도 단순한 하나의 '행위'—일례로 자선 행위—일 수도 없다. 이 소명은 행동으로 표현되어야 한다. 우리가 있는 세상의 형태를 이런저런 방식으로 바꿀 수 있는 사회적, 집단적 '영향력'를 가진 행동으로, 우리가 실제 노동에 부여하는 성격—성실함, 능력, 지속성, 창의력—을 온전히 간직하면서도 무상일 수밖에 없는 행동으로 말이다. 내가 보기에 바로 이런 식으로 활동은 소명을 표현할 수 있다. 소명이 무대가성(無代價性)이며 은혜의 표현인 것처럼, 이 활동 역시 대가성 없는 호응이어야 한다. 그것은 우리 주변의 사람들이 살 수 있도록 돕고 사회가 지속될 수 있도록 도와주는 것이어야 하며, 그러므로 그것은 노동과 동등한 것을 가져다주어야 하고 그 '이상의 것', 결과적으로 어쩌면 하나의 의미를 가져다주어야 한다.

내가 경험상 불가피하게 겪는 한 가지 사례를 들겠다(무슨 모범이 되기 위함이 아니다!). 나는 자연 환경에서, 내 기독교적 소명에 대한 하나의 응답이 될 수 있는 〈청소년 범죄 예방 클럽〉(Club de Prévention) 일을 시도했다. 이것은 흔히 부적응자로 규정되는 젊은이들의 요구와 호소에 부응할 목적으로 조직된 단체다. 한때 비트족(beatnik),

불량배, 가출 청소년, 마약 중독자, 이유 없는 반항아, 경범죄자, 비행 청소년 등, 달리 말해서 모든 영역에서 부적응 행동을 갖는, 특히 자살 행동을 갖는 젊은이들이 대상이다.

먼저, 이들을 가두고 약물 치료에 따르게 하는 것이 관건이 아니다. 이들은 단지 자신들을 기쁘게 하는 장소, '멋지기' 때문에 오는 장소를 발견하면 된다. 이들은 자신들에게 적합한 활동, 자신들을 기쁘게 해주는 사람들을 찾아내면 된다. 그러므로 어떤 의무도 강압도 있어서는 안 된다.

다음으로, 이들을 '정상화'하거나, 사회 모델에 부합하게 만들거나, 어떤 노동에 적응시키는 것이 관건이 아니다. 문제는 단지 그들의 부정적 부적응 상태를 긍정적 부적응 상태로 바꿀 수 있는 수단을 제공하는 것이다. 다시 말해서 그들이 부정적 행동을 창의력으로, 공격성이 절제된 행동력으로 바뀌는 방식에 따라, 그리고 그들이 스스로 삶의 난관을 견디고 주의력을 모아 열매를 맺는 방식에 따라, 그들 스스로 자신들의 인격을 세우도록 돕는 것이다.

이것은 한편으로 그들이 억제력과 협동심을 배우는 과정에서 모종의 활동들—이것이 실제 문제 제기이기 위해서 여전히 충분히 위험스러운—의 도움으로 이뤄지며, 다른 한편으로 심리학적인 치유라고 불릴 수 있는, 하지만 결코 심리학적 기술들의 엄격한 적용이라는 성격을 갖지 않는, 자유로운 상호 인격적 관계의 도움으로 이뤄진다. 이런 종류의 일을 이끌어 가는 것(풀타임으로 급료를 받는 인물이 예상되는)은 진정한 노동이다.

어찌됐건, 이것은 사례에 불과하지 모델이 아니다. 많은 의미 있는 자선 활동에는 다양한 참여가 있을 수 있다. 우리 사회에는 요구와 기회가 없지 않다. 자연 보호와 생태계 운동이 있고, 이민자들이나 제3세계의 가난한 자들에 대한 도움(단지 돈의 기증에 의한 것이 아니라 실제적인)이 있으며, 동물 보호, 행정 세력에 맞선 방어, 단체들과 더불어 실제 공동선에 대한 국지적인 추구, 정치적 정복이라는 속셈 없이 시(市)의 행동 그룹에 참여하기, 문화 단체를 결성해서 단순히 이웃과 만나기, 문화 보급을 위해서건 지식과 역량을 공유하기 위해서건 공동체를 창설하기 등이 있다. 이 많은 활동들은 다양한 영역에서 공동체적인 세포 조직을 재창조하게 하지만, 시간, 헌신, 인내, 무상 행위를 요구한다.

내가 보기에, 그리스도인은 이 모든 것에서 특권이 있는 참여자가 될 수 있다. 왜냐하면 바로 이런 사회 조직의 개혁에 입각해서 사회적 삶이 밑에서 재출발할 수 있으며, 또한 이것이 정치 개혁이나 경제 개혁을 가능하게 할 것이기 때문이다. 이것이 없이는 우리 사회의 어떤 변화도 가능하지 않다. 이와 같이 내가 보기에 사회 참여의 개인적인 선택에서 그리스도인의 자유의 표현은 우리 사회의 전적인 변화를 위한 근본 조건이다.

그런데 이 모든 것에서 내가 주장하는 바, 관건은 피상적이고 부수적인 취미 활동이 아니라 실제적인 노동이다. 게다가 이것은 개인 행위에서뿐만 아니라 공적 활동에서 자원 무료 봉사에 대한 증가하는 호소와 더불어 점점 더 바람직하게 인정된다. 이것은 은퇴 연령이 낮아짐에 따라 더 발전된다.

이런 식으로 우리에게 제공되는 노동은 우리 자신의 인격을 투자하게 한다. 그 노동이 사회가 예상하는 필수적인 노동에 포함되지 않는 한, 그 노동이 다 자란 자율, 언제나 새로워지는 창의력, 무상의 선택을 전제하지 않는 한, 그것은 실로 참여한 사람의 인격과 관련된 것으로 나타난다. 내게는 바로 여기에 가능한 의미가 있어 보인다. 이것은 명백히 각자가 이 질서의 활동을 만들어 내고 찾는 것을 의미하며, 이미 다른 곳에서 행해지고 있는 것을 되풀이하는 것으로 만족하지 않는 것을 의미한다.

이것이 언제나 그리스도인의 모든 '행위'와 더불어 발생하는 중대 문제다. 만일 우리가 그리스도의 증인들로 이 세상에서 살라는 소명을 받았다면, 그것은 우선적으로 결코 되풀이될 수 없는 이 구체화(incarnation)의 창안을 의미한다.

구체적인 노동 활동

그러나 우리가 이런 상황에서 앞에서 만난 동일한 난관에 봉착하지 않을까? 즉 삶이 가치 없는 노동에 헌신하는 삶과 소명에 의해 가치가 높아지는 삶이라는 두 부분으로 분리되는 것 말이다. 이것은 절망적인 해결책이 아닌가? 분명 이것은 행동과 감정을 통합하는 통일된 그리스도인의 삶의 개념을 담고 있다. 하지만 우리가 이미 보았듯이, 이것이 꼭 삶에 대한 진정한 기독교적 개념은 아니다. 만일 우리가 성경에 따른 노동의 진정한 위치가 무엇인지를 이해한다면, 그때 우리는 우리의 기독교적 소명이 이런 노동에 포함되지 않음으로 인해 가슴 아파해서는 안 된다.

하지만 그렇다고 이것이 바캉스의 때를 소망하면서 감내해야 할 '저주받은 지분', 유익이 없는 삶의 일부가 아니다. 실제로 우리의 하나님과의 단절이라는 이 표지를 수용하고 적극적으로 받아들이며 책임을 져야 할 필요가 있을 뿐만 아니라, 하나님이 이따금 우리에게 주신 자유와 우리가 책임을 질 수 있는 소명이 진정한 가치를 표현할 수 있도록 필연의 질서를 따라 살 필요가 있다. 그런데 무상의 행위에서 구현되는 소명이 그 의미를 갖는 것은 오직 노동에 따라서—즉 소명이 아니라 강압에 따라서—일 뿐이다.

내가 하나님께 순종하는 것은 〈청소년 범죄 예방 클럽〉에 종사할 때이고, 나머지 시간은 관심도 의미도 없는 무명의 시간이라고 여기는 것은 끔찍하다. 나는 의미 없는 노동을 하고 있는 때에도 내가 나를 위한 하나님의 계획 안에 있다고 확신해야 한다. 그때 그리스도인의 삶은 변증법적인 운동(추론이 아니라 체험의 운동)처럼 제시된다. 무의미하고 피치 못할 노동에 몰두하는 것은 부정성을 드러낸다. 실제로 그것은 소명의 부정적인 태도다. 그것은 소명의 정반대 이미지요, 소명에 따라 살고 소명을 담당하며 소명을 구현할 수 없음을 표현하는 것이다.

그러나 이 정반대 이미지가 있을 필요가 있는데, 그것은 한편으로 우리가 소명을 표현하는 데로 부추겨지기 위함이다. [무의미하고 피치 못할] 소명은 있으며, 현대 사회에서의 기술 노동은 그런 것이 그리스도인의 소명이 아니라는 확신을 우리에게 준다. 그러나 이것은 우리가 '낙담한 영혼'으로 끝나기 위함이 아니라, 그 반대로 이 부정성에서 출발하여 소명의 구현과 성취로서 가능할 무엇을 찾기 위함이다.

역으로[다른 한편으로], 우리가 이 소명이 취할 수 있는 어떤 형태를 발견했을 때, 구체적인 증거 '방법'을 만들어 냈을 때, 그때 이것에 입각해서 우리가 생계를 위해 하지 않을 수 없는 노동은 풍요롭게 되고 높은 가치가 부여되며, 심지어 어느 정도 의미 있게 될 수도 있을 것이다. 이와 같이 이것은 삶의 분리된 두 부분이 아니라 변증법적 운동의 양면이다. 왜냐하면 관련되는 문제란 명백히 안정되고 확실한 상황이 아니라, 언제나 이의가 제기되는 관계이며, 서로에게 주는 영향에 의한 진행, 언제나 창조적인 기능—문제를 제기하고 또다시 끊임없이 문제를 제기하기 때문에—을 갖는 부정적 협력에 의한 진행이기 때문이다. 바로 이 창조적 기능이 언제나 나로 하여금 내 소명의 실현의 보다 만족스런 형태를 발견하도록 요구한다.

따라서 이것은 노동과 소명 사이에 모종의 관계가 있어야 함을 전제한다. 다시 말해서 내 소명 형태의 선택과 창안과 발견이 필연에서 이뤄지는 노동과 모종의 관계를 맺는다는 말이다. 만일 내가 부득이해서 의사이긴 하지만 배(船)를 만드는 일을 내 소명으로 생각하는 경우, 여기에는 명백히 노동과 소명의 관계란 전혀 없다. 배 만드는 일이 의사로서의 나의 노동을 의미 있게 만들 수는 없다. 그것은 여가의 영역으로 들어가는 것이지 소명의 영역으로 들어가는 것이 아니다(다시 말해서 거짓되고 사회학적인 자유의 영역이지, 은총과 무상성이라는 참된 자유의 영역이 아니다).

〈청소년 범죄 예방 클럽〉의 내 경우를 다시 들면, 나는 학생들을 돌보도록 부름 받긴 했지만 그것을 직업적인 속박으로 행하는 교수가 자신을 다른 상황에 위치시킴으로써 상이한 젊은이들과의 무상의 관계에서 자신의 소명을 표현할 수 있다고 말하겠다. 하지만 그때 그가 부적응 청소년 주변에서의 이 노동에서 배우는 것은 그가 교수 상황에서 볼 수 없는 자기 학생들의 일면을 발견하게 해준다. 그리하여 그는 이들과 새로운 관계로 들어간다. 분명 교수로서의 노동은 제도들의 무게, 부조리한 규칙, 옹졸하거나 부당한 당국과 더불어 언제나 속박과 필연으로 남는다. 그러나 그는 교수로서의 기능에서 전반적인 인간관계로 중심이 이동하게 된다. 이것은 인도주의나 자유주의에 의한 것이 아니라, 젊은이들의 문제를 실제로 발견함으로써이다.

역으로 교수 기능의 부정성은 부적응 청소년에 대해 어떤 존재가 되어서는 안 되는지를 가르쳐 준다. 대학 조직의 부정성이 〈청소년 범죄 예방 클럽〉 같은 것이 어떻게 되어서는 안 되는지를 가르쳐 주듯이 말이다!

그러므로 각자는 자신이 필연의 영역에 포함되어 있음을 알고 자신의 소명 구현 형태를 선택해야 한다. 그러나 이 일은 우리가 우리의 삶에 대해, 우리의 사회와의 관계에 대해 품을 수 있는 방식에 있어서 우리 편에서의 급격한 방향 전환을 의미한다.

요약해서 말하면, 나는 사람들이 오랫동안 그렇게 믿었듯이, 관련되는 문제가 하나님이 원하시는 있는 그대로의 영역으로—그리하여 거기에 소명으로 가담하는—들어가는 것이 아니라, 인간이 세운 무질서(비록 겉으로는 정돈이 되어 있다 하더라도)로 들어가는 것이라고 말하겠으며, 또한 그때부터 우리가 우리의 소명을 표현할 방법을 찾는 즉시 이 무질서에 문제를 제기하고 그것을 뒤엎는다고 말하겠다.

실업의 문제

오늘날(1980) 우리가 노동에 대해 방금 말한 모든 것은 실업에 대해 말해야 할 것에 의해 명백히 문제가 두 배로 커진다. 만일 노동이 때로 억압적이고 비인간적이며 의미가 없다면, 사회단체에 의한 노동의 거부는 더욱 그러하다. 하나의 해결책이 '무-노동'과 더불어 나타나게 된다면, 실업에 의한 이 해결책은 아무것도 가져다줄 수가 없다. 그런데 내가 보기에 경제학자들의 모든 세련된 궤변16)을 제외하면 세 가지 확실성이 나타난다.

[1] 먼저, 사회주의 국가들에도 영향을 주는 실업은, 마음에 들건 아니건 간에, 노동의 극단적 자동화와 정보과학에 의해 야기된다. 젊은 노동자들의 과잉 상태가 실업을 야기 한다고 말한다거나, 정보화가 이뤄지면 질수록 노동직이 더 많이 창출된다고 말하는 것은 악한 농담이다.17) 아니다. 생산성의 진보가 노동 시간의 절약을 가져오며, 이 점에서 리히타(Richta)가 옳다. 그런데 산업 체계에서 이것은 실업을 통해 표현될 수밖에 없다.

[2] 두 번째 확실성은 실업에 기독교적인 의미를 줄 수 없다는 것이다. 노동의 지배 이데올로기가 모든 사회에 주어진 이상, 실업자는 불가피하게 자신이 배제되고 감소되며 과소평가된다고 느낀다. 자신의 재력이 불충분하다는 사실을 계산하지 않는다 하더라도(그래도 그의 물질적 상황은 50년 전보다 훨씬 낫다!), 비극은 사회적이고 심리적이다. 실업자는 전혀 하나의 인간으로 느껴지지 않으며, 통상적인 남성 집단에서 단절된다. 그가 만일 젊은이라면, 이 사회 속으로

---

16) 최근 서적으로는 cf. Malinvaud, *Réexamin de la théorie du chômage*, 1980.
17) 나는 이 영역에서 아무것도 입증하지 못한 것으로 보이는 소비(Sauvy)와, 특히 세르방 슈레베르(Servan-Schreiber)의 정신 나간 작품(*Le défi mondial*)에 전적으로 반대한다. 후자는 실업이 정보 과학의 증가를 통해 해결된다고 말하나, 그것은 주장으로 그친다!

들어갈 수 없음을 인하여 미칠 지경이 되며, 불가피하게 배제된 느낌이고, 소외 계층으로 향하게 된다.

우리가 개인적으로 어떤 실업자를 알 때 그를 도덕적, 심리적으로 돕는 일은 확실히 가능하며, 무서운 시련을 겪는 모든 사람들에게 하듯이 분명 그에게도 기독교적인 위로의 말을 해줄 수 있다. 하지만 이것이 답은 아니다. 이것이 이백만 실업자들 앞에서 보여주는 것이라곤 거의 없다. 아무튼 우리는 필연과 자유의 부재라는 또 다른 문제에 부딪힌다. 만일 한편으로 노동이 자유를 박탈하는 필연의 영역에 속한다면, 실업의 모습으로 나타나는 무-노동 역시 노예 상태다.

실업자는 끔찍스럽게도 가장 강제적인 필연의 세계에 있다. 실업자가 자유인의 정반대인 것은 수단의 방책의 부족 때문일 뿐만 아니라, 자신의 노동 욕구와 충돌하는 장애물 때문이요, 노동을 선으로 보는 사회단체(비의지적)를 통해 그가 감내하는 판단 때문이다. 실업자는 미래와 자기 운명의 불확실성에 대한 불안 때문에, 활동에서 자기 표현을 할 수 없음 때문에 그리고 실업이 야기하는 사회관계의 단절 때문에 언제나 죄의식을 느끼는 사람이다.

실업자의 소외에 대한 이런 묘사에서 잊지 말아야 할 것이 있다면 그것은 지금도 여전히 옳게 남아 있는 마르크스의 분석이다. 실업자는 '산업 예비군', 다시 말해서 고용주들이 마음 먹으면 언제든 끌어낼 수 있는 대중이며, 따라서 그들은 비의지적으로 일자리를 갖고 있는 봉급자들에 대한 압력 수단이다. 상당한 실업이 있을 때는 조합들이 힘과 영향력을 상실한다는 것은 잘 알려져 있다. 실업의 두려움은 봉급자로 하여금 감히 더 이상 고용주에게 반대할 수 없게 한다.[18]

실업자가 협박의 수단이 되는 것은 심각한 소외다.

그러므로 기독교적 관점에서 이런 상황에 대해 가능한 어떤 적법성, 수용될 만한 어떤 정당화도 없다. 우리 사회의 맥락에서(노동에 이념과 가치가 부여된 이상), 실업에 대한 유일한 답은 일자리를 찾아내는 것이리라. 우리가 위에서 상기시킨 예속 상태와 소외 상태에 다시 빠뜨리지 않은 일자리 말이다.

[3] 이것은 세 번째 확실성으로 이어진다. 만일 현대의 노동이 소외라면, 만일 실업 역시 소외라면, 만일 실업이 노동의 기술화―우리가 말한 대로 이 노동을 점점 비인간적으로 만드는 기술화―과정의 불가피한 결과라면, 그때 비인간화와 해방은 실업 문제와 노동 문제에 한꺼번에 주어지는 답을 통해서만 이뤄질 수 있다. 자유주의 경제학자들의 일반적인 개념은 완전히 거짓되고 환각적이다. 즉 가장 고도로 진보된 제품의 '미개척 분야'를 찾아서 경쟁 상품을 만들어 내고 수출하며, 그 결과로 공장과 일자리를 창출하자는 것이다. 이것은 현재 상황을 만들어 낸 부조리한 논리 체계다.

세 가지로 간략하게 비판해 보자.

첫째, 다른 사람들이 만들지 않은 최첨단 제품을 만든다? 그것은 기발한 제품이다. 그런데 수백만의 사람들이 필요로 하는 것은 기발한 제품이 아니라 긴급한 최저 생활비다.

둘째, 무슨 대가를 치러서라도 수출한다? 하지만 누구에게? 개발된 국민들에게? 그들은 우리만큼 이런 기발한 제품들을 가지고 있으며, 시장은 매우 빨리 막힐 것이다. 제3세계 국민들에게? 그들에게는 이런

---

18) Michel Castaing, "La démobilisation par la peur", *Le Monde*, décembre 1980.

상품들을 살 돈이 없다!

셋째, 이런 제품을 위해 만들어지는 공장들은 일반적으로 매우 자동화되고 적은 일자리를 창출한다. 중단은 불가피하다.

달리 말해서, 소외시키지 않고 의미 있는 노동의 재발견이 실업의 단계적 해소와 함께 이뤄져야 한다. 물론 이 말이 아우성을 야기하리라는 것을 내가 알지만, 이것은 적은 생산력과 많은 인력 소비를 갖는 노동으로의 방향 설정을 의미한다.

정치 · 경제적 평가

이렇게 해서 중대한 문제가 나타난다. 우리는 여기서 기독교 윤리의 방향에서 나와 '정치적', 경제적, 기술적 평가 문제로 들어간다. 지금까지 우리는 그리스도인들이 다른 사람들보다 더 나은 정치가나 경제학자가 아닌 것으로 보이는 한 이런 평가를 하지 않도록 조심했다.

하지만 한편으로 위기를 해결해 줄 수 있을 듯이 보이는 수단, 다른 사람들이 수용하거나 착수할 준비가 되어 있지 않은 듯이 보이는 수단이 나타날 때, 다른 한편으로 그것이 여전히 유동적이거나[19] 완전히 새로운 상황일 때, 그리고 다 만들어져서 이미 수백만의 사람들이 진입한 길로 다른 사람들을 따라 들어가는 일이 아닐 때, 그때 그리스도인은 그가 또다시 전달자이어야 하는 한 일정 수의 제안들을 내놓을 수 있다. 이것은 기능 장애나 무기력함이 심리적이거나 영적

---

19) 유동적 상황 개념에 대해서는 cf. J. Ellul, *L'illusion politique*, 1965.

인 영역에 속한 듯이 나타나기 때문에 더욱 그럴 수 있다. 다시 말해서, 어떤 이들이 위기를 해결할 막다른 골목에서 벗어날 수단을 알아차리는 일이 있을 수 있다. 그러나 이 수단은 지적으로 수용하기에 너무 힘들고 어려우며, 가능한 위험 무릅쓰기의 차원에서 우리의 관습의 근본적인 변화와 전적인 새것 앞에서 거리 두기를 수용하기엔 더더욱 어렵다. 그때 바로 여기서 그리스도인은 소망에 근거해서, 신앙이 주는 용기와 더불어 그리고 자유가 주는 독립과 더불어 개입해야 한다.

나는 오늘날 노동과 실업의 영역에서 이 명령의 상황에 직면하고 있다고 말한다. 이런 이유에서 나는 몇 가지 제안을 감히 진술하고자 하는데, 이 제안들은 계시에서 유래하지도 않고 신학적 표현도 아니라, 다만 하나님이 오늘날을 위해 무엇을 요구하시는가라는 의미에서 내게 합리적이고 대담하게 보이는 것들이다. 우리의 상황을 요약해 보자.

1) 우리는 두 가지 재난적인 '시련'에 직면한다. 하나는 제3세계의 증가하는 기아와 저개발이요, 다른 하나는 산업화된 국가들에서 예측되는 실업의 무제한 증가다.

2) 우리는 증가하는 힘에 의한 생산 수단을 소유하고 있는 바, 이 수단은 외관상 원료, 에너지 오염이라는 한계 외에 다른 한계가 없다.

3) 이 수단은 점점 자동화되며, 정보화는 이 수단의 명백히 자율적인 기능 단계로 넘어가도록 해준다.

4) 이 수단은 그것이 소비자의 실제 욕구(자동차, 텔레비전, 오토바이 등)를 넘어설 때, 해로운 상품(병기), 전적으로 없이 살 수 있는 점점 첨단화되는 상품(비디오, 위성중계 등)과 같은, 점점 쓸데없는

상품을 생산하는 데 이용된다.

5) 이 수단의 힘이 정치-경제-사회적 틀에 완전히 다르게 자리 잡고 다른 방향으로 갈 경우, 그것은 제3세계 하층민의 필요와 실업이라는 두 시련에 답을 줄 수 있을 것이다.

6) 이것은 무엇보다도 우리 경제의 급진적인 재전환을 전제하는 바, 이를 통해 제3세계에 꼭 필요한 상품 생산을 향하게 하며, 특히 제3세계에게 이번에는 그가 생산자가 되어 자족할 능력을 [또 다른 세계에] 줄 수 있게 하는 것이다.

7) 이것은 또한 노동의 절약 수단이 실업이 아닌 긍정적 여가 시간을 만들어 낸다는 것을 전제한다. 다시 말해서 사람들이 부정적 여가 시간(또는 실업)이나 긍정적 여가 시간(인간 해방)을 개조하게 되는 데 이른다는 것을 전제한다.

8) 이것은 기술적, 경제적으로 완전하게 실현될 수 있다. 하지만 이것은 명백히 경제적이고 동시에 심리적, 도덕적, 영적, 정치적 전환을 의미한다. 모든 총체 말이다. 확실한 것은 서구인들이 스스로 우월하고자 하며 기타 세계 사람들과의 지배 관계를 갖고자 하는 한, 그들이 기발한 상품, 안락함, 삶의 쾌락과 편리함에만 목말라 하는 한, 그들이 소비와 노동—하나가 다른 것을 벌충하는—만을 그들의 삶의 의미로 발견하는 한, 아무것도 바뀔 수 없으리라는 것이다. 하지만 만일 아무것도 바뀌지 않는다면, 우리는 다시 어찌해 볼 도리가 없이 어쩌면 마지막 재난으로 향할 것이다.

9) 자동화되고 정보화된 생산 수단은 엄청난 생산, 상당한 집단적 부의 창출을 허용한다.

답의 모델

이 전제에서 무슨 결과를 끌어낼 수 있을까? 내가 여기서 내놓는 제안은 답이 아니라 가능한 답의 모델이다. 이것은 먼저 1965-1968년에 영국의 경제학자 시오발드, 체코의 철학자 라도반 리히타의 작품들[20])에 나타난 바 있다. 이들은 이런 불가피한 변화를 제시한 최초의 인물들이었다. 이런 사상은 그 시대가 이해하기에는 너무도 혁명적이었다. 이 작품들은 일리히(그는 주동자나 창안자가 아니며, 때로 결론도 성급하다), 아들러 카를센[21]), 그란슈테트[22]), 고르스[23])에 의해 점진적으로 되풀이되고 심화되었다. 그러므로 농담을 섞어 말하면 동일한 방향으로 가는 모든 학파가 나타난다.

내가 윤곽을 그리는 것으로 만족할 이 모델의 두 주요 노선(상세한 설명을 위해선 별도의 책이 필요하리라[24]))은 다음과 같다.

한편으로 더 이상 급여라는 것이 있을 수 없다. 왜냐하면 가치의 생산자란 더 이상 인간의 노동이 아니라 다만 모든 사람들 사이에서 사회 전체 수익의 분배이기 때문이다. [다른 한편으로] 이 집단(소위 국가 집단) 환경에서 사는 각 개인에게 자동적으로 주어지는 지분과, 일례로 추가로 제공되는 일자리를 포함하는 변화의 폭이 있다.

자동화된 공장과 기업을 작동시키기 위해서는 철저하게 자격 없는 노동(단추를 누르는 조작)과 고도로 자격을 갖춘 노동(엔지니어, 수리

---

20) Theobald, *Economic Growth*, SCMPress, 1966; Radovan Richta, *La société au carrefour*,
21) Adler Karlssen, *Le revenu social*, 1980.
22) Granstedt, *L'impasse industrielle*,
23) Gorz, *Adieux au prolétariat*,
24) Cf. J. Ellul, *Changer de révolution, l'inéluctable prolétariat*, 1982.

공 등) 사이에서 절대적으로 구분되는 최소한의 인간 노동(충분히 적은 양의)이 필요하다. 전자의 노동은 마치 국가의 실제적인 봉사와 마찬가지로 일정 기간 동안 구분 없이 모든 사람에 의해 번갈아 수행되어야 하는 반면, 후자의 노동은 실제로 지속적인 직업이 될 것이다.

철저하게 필요에 의해 생산된 엄청난 양의 상품들은 이런 동일 방향으로의 시작에, 그리고 제3세계 국가들에 도움이 될 수 있을 것이다. 엄청난 양의 자유로워진 시간(리히타는 오늘날 진보는 생산된 양으로서가 아니라 절약된 시간으로 측정된다는 절대적으로 본질적인 표현에 이르렀다)은 실업이나 여가 시간(텔레비전 등의 조직적이고 부조리한)으로 나타나지 않고, 개인 스스로가 자신의 기호에 따라 선택한 다른 노동 형태들로의 적용으로 나타날 것이며, 이것은 서비스 향상(아무튼 개인이 살기 위해 사회 수익금 가운데 자기 지분을 갖고 있는 이상, 우발적 금일봉을 제외하고는 급여 지급이 없기 때문에 부담이 되지 않을 것이다), 평생 교육의 발전, 사회 관계의 증가, 고품질 상품(동일한 이유에서 값이 싸진다)을 제공하는 장인(匠人), 품질 좋은 농산물이 될 것이다.

달리 말해서 두 분야의 경제가 있게 될 것이다. 즉 전반적인 수요에 필요한 특별하지 않은 중간 품질의 상품들—대형 산업 기구가 만들어내는—을 생산하는 경제 분야와, 훨씬 적게 생산하는 장인과 농업 형태의 경제 분야다.

마지막으로 리히타는 모든 것의 근거가 되는 과학적이고 기술적인 탐구가 훨씬 더 다양한 사람들을 동원할 것—현재는 그렇지 않다—이며, 연구자들의 모집은 전적으로 '민주적'이 될 수 있을 것이라고 생각한다. 이와 같이 생산 노동 시간의 경제는 결코 무위안일과 태만을 초래하지 않고, 다만 기호에 따라 이뤄지는 사고력이 있는 노동에 대한 인간의 적용을 가져올 것이다. '갑갑한' 산업 노동에도 여전히 참여할 의무가 있음은 당연히 고려된다.

두 가지 지적 사항이 더 있다.

첫째는 과학적이고 기술적인 연구가 반드시 원료와 에너지의 더 많은 소비 효율을 지향하게 되지는 않을 것이고, 반대로 이 과학, 기술의 연구가 원료와 에너지를 절감하고 환경을 관리함으로써 그만큼 생산하기에 적합한 수단의 연구를 지향하게 되리라는 것이다. 달리 말해서 이것이 더 많은 힘에 대한 연구가 아니라 더 많은 지혜에 대한 연구(프리드만의 희망에 따라서!)이며, 이것도 과학적이리라는 것이다.

둘째는 이 자유로워진 시간이 모든 사람들에게 공동체의 문제에 적극적으로 참여하게 해주리라는 것이다! 더 이상 직업 정치인들이 없을 것이다. 왜냐하면 모든 사람들이 공장이건, 농지건, 시정(市政)이건, 도정(道政)이건, 관리에 꼭 필요한 모든 모임과 위원회들에 참여할 시간을 충분히 갖기 때문이다. 노동자 자주(自主) 관리의 큰 장애 가운데 하나가 노동자의 '잃어버린' 시간이라는 것은 알려져 있다. 하지만 전적으로 자동화된 공장에서는 더 이상 잃어버린 시간조차 없다!

내가 여기에 제시하는 이 매우 단순한 도식에서, 때로 지난 수년 동안 문제가 된 '이원론적 사회' 모델 내지는 '이중 구조 경제' 모델이 발견된다.[25] 특별히 나는 타율과 자율에 대한 고르스(Gorz)의 매우

---

25) 하지만 이것은 때로 이중 구조 경제—귀족적이고 생산적이며 고도로 질 높은 분야

훌륭한 연구서를 소개한다. 인간에게는 필연의 영역에 속한 타율적 수단(갑갑한 조직을 전제하는 강력하게 집단적인)이 있는데, 여기서 모든 것은 불가피한 중앙집권제와 더불어 체계화되고 프로그램화되며 계획된다. 하지만 이것은 정확히 자동화되고 정보화될 수 있는 영역이다.

그에 맞서 개인 영역과 개인적 용도 영역에 있는 가벼운 수단이 있는데, 이것은 '자율적'이며, 프로그램화되지 않고, 그다지 효율적이지 않으며(상대적으로), 각자의 용도 때문에 의존적이다. 자유가 인간관계와 사회관계를 위해, 그리고 정치를 위해 활동할 수 있는 것은 바로 이 영역에서다.

우리는 고르스의 탁월한 두 표현을 상기할 것이다. 그에 따르면, 먼저 "필연에는 도덕이 없고, 도덕에는 필연이 없다." 짓누르는 영역은 필연을 따르며, 그것은 (모든 현대 기술처럼) 도덕적 선택의 장소가 될 수 없다. 하지만 그 가치는, 만일 진정 이 가치를 오늘날처럼 힘의 광기에 적용하지 않고 합리적으로 적용하고자 한다면, 여가를 빼내서 제3세계의 굶주린 사람들의 필요에 대가 없이 공급하는 일이다. 이 여가 시간에 도덕적 선택이 작용한다. 하지만 이것은 명백히 인간의 자유에 위치하며, 여기에는 필연이 없다.

고르스의 두 번째 표현에 따르면, "정치는 도덕적 요구와 외부의 필연 사이의 대립 장소다." 매우 정확하게 정치는 효율성의, 대량생산의, 과학적 탐구 방향의 영역에 속해야 하는 것과, 자율의 영역에

와, 소외된 하층민으로 구성된 평범하고 보잘것없는 분야—라고 불리기에 적합한 것과 아무런 관계가 없다.

속하는 것에 대한 중재 장소이며 방향 설정의 장소다. 경계선을 긋는 것, 특히 언제나 더 많이 생산하려는 시도와 가능성 내지 위험성 또는 필요의 평가 사이에서 수행되는 대립, 중재, 조정, 선택이라는 부수적인 것에 개입하지 않는 것, 바로 여기에 진정한 정치가 있다.

그리스도인의 현대 사회적 의무

그렇다면 이 모든 것에는 진정 기독교적인 무엇이 있는가? 나는 즉시 아무것도 없다고 답한다. 다시 한 번 말하거니와, 이것은 세워야 할 기독교 사회가 아니다. 나는 세 가지 양상을 지적하겠다.

먼저, 우리가 인간의 자유의 의미에서 작업을 해야 함과 또 이런 계획이 바로 옳은 방향임을 상기하자.

다음으로, 리얼리스트가 되어야 하며, 유토피아(일반적인 의미에서)와 이상주의에 굴복해서는 안 된다. 그런데 우리가 주의해야 할 곳이 여기다. 나는 유사-리얼리스트들이 바로 이 계획을 기발한 것이라고, 유토피아적이라고 비난할 것을 안다. 하지만 그것은 잘못이다. 이 계획을 실현하기 위한 기술 수단이 존재한다. 사람들은 경제적, 기술적으로 그렇게 할 수 있다. 마르크스가 공산주의 사회라는 이미지(매우 단순한)를 제시했을 때 존재했던 물질적 불가능성은 더 이상 조금도 없다.

이상주의적이고 유토피아적이며 거짓된 것, 비극적인 신기루이며 끔찍하게 환상인 것은 30년 동안 그랬듯이 우리 서구가 오랫동안 지속할 수 있다고 믿는 것이다. 제3세계가 계속해서 굶어죽게 된다는 것, 우리는 실업자들이 늘어 가는 것을 계속 보게 된다는 것, 고전 자유주의 경제 체계나 계획된 공산주의 경제 체계가 결국 답을 내놓고 말리라는 것, 사람들은 무한정 계속 원료를 추출하고 오염시키며 생명 있는 종류들을 파괴할 수 있으리라는 것, 이런 등의 것들을 믿는 것이야말로 어리석은 유토피아가 남아 있는 곳이다. 광기는 이렇게 계속될 수 있다고 믿는 것에 있는 것이지, 내가 다른 많은 사람들과 더불어 그려내고 있는 계획에 있지 않다.

게다가 우리는 바울의 표현과 다시 만난다. 그는 노예에게 그의 신분을 받아들이라고 말하면서 "만일 네가 신분을 바꿀 수 있다면 그것을 이용하라"[26]고 덧붙인다. 달리 말해서, 무슨 대가로든 체제를 바꾸고자 하는 의지에 삶을 고착시킬 필요가 없고, 무슨 대가로든 노예제도나 무산계급을 없애기 위해 싸울 필요는 없지만, 기회가 제공되면 그것을 취할 필요가 있다는 것이다!

오늘날 상당량의 기술과 과학의 진보 덕택으로, 옛 무산계급을 제거하고 현대인의 예속 상태를 축소시킬 기회가 있다. 수단들이 있다. 그것들을 창안한 것은 우리 그리스도인들이 아니다. 하지만 하나님의 말씀은 우리로 하여금 그것들을 붙들어서 타인들을 해방시키는데 사용하도록 권유한다.

마지막으로, 기독교와의 관계에 대한 세 번째 양상이 있는데, 이 점은 기억해 둘 필요가 있다. 우리가 말한 대로, 현대인—한편으로는 기술 전문가요 다른 한편으로는 서구의 소비자인—의 기능 장애를 초래하는 것은 다음 두 가지 요인이다. 즉 위험 무릅쓰기의 두려움(그

---

26) [역주] "네가 종으로 있을 때에 부르심을 받았느냐 염려하지 말라 그러나 자유할 수 있거든 차라리 사용하라"(고전 7:21).

런 사회 변화에 참여하는 것이 무엇을 가져올지 모른다!)과 굶어 죽어 가는 자들에 대한 이기주의다. 이 두 전선에서 그리스도인들보다 누가 더 여론에 미치는 영향력을 좋게 가질 수 있겠는가!

내가 보기에 그리스도인의 현대 사회적 의무가 위치하는 곳은 바로 여기, 오직 여기다. 이것은 위험 무릅쓰기와 싸우고, 이기주의와 싸우는 일이다. 이것은 위험 무릅쓰기와 관대함이 구원의 길임을 대중적으로 힘껏 가르치는 일이다. 두려움과 물러서기에 굴복함으로써 우리가 자살 중에 있음을 강조하면서 말이다.

우리 모든 서구 현대인들에게 다시 가르쳐야 할 것은 "네 이웃을 네 몸과 같이 사랑하라"는 하나님의 말씀이 "만일 네가 네 이웃을 사랑하지 않는다면 네가 너 자신을 파괴하는 것을 의미한다"는 사실이다. 그리고 오늘날 자신의 이웃을 사랑하는 것은 제3세계에 대한 전적인 정치의 변화를 가져오는 것임을 다시 가르쳐야 한다. 또한 하나님이 "너희가 해방된 것은 자유를 위함이다"라고 말씀하실 때, 오늘날 이 자유의 표현은 사회 구조들의 전체적 변화에 대해 경제·사회적으로 위험을 무릅쓰는 일임을 가르쳐야 한다.

이 변화는 기술 수단들에 의해 가능하게 되지만, 만일 변화가 이뤄지지 않을 경우 이 기술 수단들—그 힘이 우리에게로 되돌아올—의 동일 작용을 통해 우리 사회의 파괴를 초래할 것이다. 이것이 현재 일어나고 있는 중이다(오염, 원료 고갈, 무기 축적). 변화의 용기를 타인들에게 줄 자들이 아니었기 때문에, 이것에 전적으로 책임이 있는 자들은 그리스도인들이다.

12장

성과 자유

12
성과 자유

사실상 우리 앞에 있는 두 가지 주된 주제는 다음과 같다. 성적 자유가, 금기와 터부의 폐지가 진정한 자유인가? 피임과 피임약 역시 자유의 진보인가?

1. 성적 자유

오늘날 우리는 성적 문제에서 완전히 자유를 획득한 사회에서 살고 있다. 간통, 그룹 섹스, 호모, 남색, 레즈비언, 소아성애, 일부다처, 일처다부, 성적 다면성(多面性), 이 모든 것이 허용되고 획득되었다. 가장 외설적인 장면, 포르노 영화, 섹스 상점이 허용되었다. 모든 것이 얻어졌다. 우리는 세 가지 관찰로 시작할 필요가 있다.

성적 자유냐, 성도착이냐

[1] 먼저, 명백한 것은 성범죄 처벌 압력에 대한, 또한 성범죄 멸시에 대한 전투가 이뤄졌다는 것이다. 50년 전에는 호모가 미움 받고 멸시되며 웃음거리가 되며 축출되었던 것이 사실이다. 그런데 여기에는 잘 구분할 필요가 있는 내용이 있다.

만일 이것이 순전히 사회적 반발과 관련되었다면, 이것은 시대의 '풍속'에 속한 것이요, 사회학적 영역의 반발이며, 단순히 풍속의 변화와 함께 달라진 것임에 틀림없다. 다른 곳에서와 마찬가지로 이 영역에서 사회 도덕은 오락가락하며, 우리는 오늘날 단순히 그것이 바뀌었음을 확인할 뿐이다. 호모가 적극 권장되었던 사회가 있고 그것이 금지된 사회가 있다. 50년 전에 행해졌던 것은 오늘날 행해지는 것보다 더 적법하지도 덜 적법하지도 않다. 사람들은 다만 성적 방임이 언제나 한 사회가 억압 단계에서 방임 단계로 넘어갈 때 그 사회의 쇠퇴기, 붕괴 경향의 시기와 일치한다는 것을 알아차릴 뿐이다.

이 '성도착'이라는 주제는 우리가 이 사회에서 경험하는 가치 혼란(anomie)의 징후 가운데 하나다. 인종주의, 차별, 독재, 도덕주의에 대한 비-수용은 모두 비난 받는다. 우리 사회에서 선한 의지를 가진 대부분의 사람들은 이런 말과 분류 앞에서 양보한다. 그리스도인들이 '애덕'이라는 구실로, '사랑'에 대한 새로운 이해라는 핑계로 제일 먼저 양보한다.

사람들은 동성연애자들과 소아성애자들의 강의를 넓은 도량으로 들으며, 이런 성적 존재 방식에 적법성이, 새 아동 교육의 가능성이 없는지를 자문한다.

그런데 나는 우리 사회가 더 이상 어떤 도덕이나 윤리도 없으며, 그리스도인들이 성서 윤리의 의미와 기초를 상실했고, 우리가 선을 악으로, 악을 선으로 부르는 예언된(사 5:20) 시기에 살고 있음을 확인하고 있다고 주장한다. 정신과 언어가 전적으로 혼란한 시기 말이다. 다시 한 번 말하거니와, 내 경우 이 죄가 악의 정상인 최악은 아님을 분명히 하자! 이 죄가 살인, 돈의 힘, 인간 소외 등보다 더 악한 것은 아니다. 그렇다. 그것이 더 악한 것이 아니며, 동일한 실재의 표현이다.

코라즈의 훌륭한 연구1)는 사회학적이고 정신분석적인 현상을 명확히 한다. 하지만 물론 이것은 평가의 문제가 아니다. 성욕의 발전에 가해지는 강압이 적어도 성적 이탈에 책임이 있다고 설명했기 때문에, 프로이트에 따라 동성애가 성적 타락이 아니라 인격의 다른 성적 조직을 가리키는 순간부터 더 이상 할 말이 없다. 이것이 '과학적으로 설명될 수 있는' 이상 도덕에서 벗어난다. 그게 전부다.

그렇지만 우리는 이런 과학주의적인 태도를 인정할 수 없다. 성서 윤리는 과학 영역을 포함해서 모든 영역으로 침투해야 한다. 이는 무엇보다도, 일례로 코랄(Coral) 사건에서 이용된 '아동교육'이나 '대안'(alternatives)처럼 과장된 정당화를 폭로하기 위함이다.2)

---

1) J. Corraze, *L'homosexualité*, 1982.
2) 코랄(Coral—가정에서 다소 버림받은 정신박약아들을 모아 놓은 삶의 장소) 사건은 어쩌면 특기할 만하다. 이 아이들(7세부터)과 성적 경험이 있었다는 것, 외부 사람들이 코랄에 왔다는 것은 의심의 여지가 없다. 흥미로운 것은 교육자들의 정당화다. "그것은 새 아동 교육과 대안의 문제였다…아이들은 완전한 애정을 많이 필요로 했다…아

선과 악 사이에 양자택일은 없다. 하지만 우리가 기독교적 반응을 고려한다면 문제는 매우 달라진다. 그리스도인들이 이런 경향을 제시하고 이런 식으로 산 사람들에게 정죄와 경멸을 퍼붓는 것이 실제로 수용되지 못했다. 여자의 간통이 남자의 간통보다 더 많이 처벌되는 것도 수용될 수 없었다. 그리스도인들이 이 영역들에서 선한 양심과 증오로 일종의 십자군을 주도하는 것도 마찬가지였다. 이 모든 것이 하나님의 계시에서 금지되고 있음은 조금도 의심의 여지가 없다. 우리가 이 문제를 길게 다루겠지만, 아무튼 이것이 의미하는 바가 무엇인가? 그것은 이 성도착이 죄의 표현이라는 것이다. 즉 성도착은 죄의 한 가지 표현이며, 그게 전부다. 다른 죄(교만, 이기주의 등) 그 이상이 아니다.

이런 이유에서 한편으로 그리스도인들은 죄인에게 증오나 경멸을 보여서는 안 되며, 다만 예수 그리스도의 사랑으로 그에게 죄의 용서를 알려 주어야 한다. 정확하게 마치 간음한 여인에게 예수 자신이

이들은 그들의 욕구를 표현했고, 우리는 그에 부응했다." 그런데 나는 이 모든 것이 거짓-아동학적 담론의 영역에 속한다고 주장한다. 아이가 호소하는 애정이 성적 행위로 이어져야 하는 것이 확실한가? 이것 없이 존재하는 부모-자식 사이의 애정은 완전하지 못한가? 아이들이 이런 욕구를 표현하는 것이 확실한가? 또 그게 어떤 것인가? 여기에는 두 가지 양상이 있다. 먼저, 아이들이 외부인들이 와서 성적인 동작을 하도록 욕구 표현을 했는가? 아이들이 온갖 포즈로 벗은 몸을 찍도록 욕구 표현을 했는가? 아이들이 성적 행동을 주도하며 시작했고, 다만 교육자들이 그에 부응한 것이었던가? 반대로 교육자들이 주도하여 아이들에게 가르쳐 준 것이 아닌가? 물론 그러고 나면, 이것이 기쁘게 해주고 야릇한 장난이기 때문에 때로 즐거움(가장 큰 아이들의 경우 이 즐거움에 도달한다)이 끝났을 때 아이들이 그것을 다시 요구한다! 하지만 우리는 이 모든 해방적 아동 교육과 대안 사건에 있어서 파렴치한 거짓에 직면하며, 이 것은 더더욱 이 교육자들 스스로의 혼란을 표현한다. 이들은 더 이상 윤리가 무엇인지, 자유가 무엇인지 알지 못한다. 나아가 이 아이들에게 이런 시기상조의 경험이 가져올 이후의 심리적 결과가 어찌될지를 자문해 본 사람은 아무도 없어 보인다.

행하신 것처럼 말이다. 그런데 그리스도인들이야말로 너무 자주 이 영역의 죄인들에게 가장 심하게 흥분한 사람들이었음을 인정해야 한다.

다른 한편으로 이 계명이 하나님의 계시에 포함되어 있는 한, 그리스도인들은 그 계명이 **자신들에게** 전달되는 것이고 자신을 그리스도인으로 여기지 않는 모든 사람들을 위한 보편적인 법이 될 수 없음을 기억해야 한다.

이 계명은 오직 신앙에 의해서만 하나님에게서 오는 것으로 인정될 수 있으며, 따라서 타인들에게는 불확실하게 남는다. 어떤 사회도 스스로를 기독교적이라고 주장할 수 없기 때문에, 이 계명은 보편적인 법으로 변환될 수도, 형사 처벌에 추가될 수도 없다.3) 그러므로 이것은 그리스도인들이 그들 사이에서 그들을 위해 가져야 할 의무사항이다. 여기서 악은 삶의 기독교적 개념과 정치 영역 사이의 혼동이었다.

이와 같이 이 영역에서 기독교적인 행동은 단지 이 모든 성도착이 고작 인간과 세상의 죄를 표현하는 것일 뿐이라고 주장했어야 했다. 그것을 두려워할 이유도 놀랄 이유도 없다. 죄인에게는 언제나 용서가 약속되어 있으며 회개로 초대된다. 하지만 동시에 관련된 문제는 이 남녀에 대한 정죄, 경멸, 증오의 영역에 속한 모든 것과 투쟁하는 일이었다.

---

3) 나는 기독교 윤리의 일반 입문 구실을 한 「원함과 행함」에서 이 점을 길게 설명했다.

현대인의 도피 방식

[2] 두 번째로 선제적인 관찰은 우리 시대에 이 에로티즘과 포르노의 반응이 아주 특별히 이해될 만하다는 사실을 알아야 한다는 것이다. 문제시되어야 하는 것은 '행실의 문란'만이 아니라 우리 사회의 모든 진행 방향이다. 이것은 본질상 도덕적인 현상이 아니라 사회학적인 현상이다. 현대인이 성적 타락에 몸을 던지는 이유는 그가 영위하는 삶이 다음 세 가지 중대한 불관용으로 인해 점점 견디기 어렵기 때문이다.

그 첫 번째는 사회의 모든 영역에서 증가한 규율과 지속적인 속박이다. (나는 「현대의 귀신들린 자」[4]에서 이 점을 길게 상술하면서, 성적 발산이 정확히 기술화의 반대 급부임을 설명한 바 있다). 그 다음은 일반화된 불안이다. 미래와 전쟁 위협 그리고 실업에 직면해서든 사회 생활에의 참여라는 증가된 요구(직업, 교통, 도시화 등에서 오는 스트레스)에 직면해서든 간에 말이다. 마지막은 삶과 세상의 의미의 사라짐, 모든 삶의 이상의 상실, 집단적인 커다란 소망의 와해다.

정상적인 인간이라면 이런 삼중의 압박감을 견딜 수 없다. 그때부터 그는 본심을 숨기고, 마약과 알코올(소비에트 러시아의 경우)과 섹스로 도피한다. 이것들은 나머지를 견디고 자살하지 않을 힘을 정상인에게 주는 유일하게 즉각적인 실재들이다. 결과적으로 우리는 사회학적 형태인 순전히 동물적인 반응에 직면해 있으며, 이것은 엄밀히 말해서 윤리의 중대 문제도 아니고 자유의 놀라운 정복도

---
4) *Les nouveaux possédés*, Fayard, 1973.

아니다!

남색

[3] 이것은 우리를 세 번째 관찰로 이끌어간다. 나는 동성애라는 고상한 말 대신 의도적으로 남색이란 말을 썼다. 나는 '타락'과 '죄'에 대해 말했고, 포르노와 에로티즘을 동일시했다. 이것은 내게 중요하게 보인다. 왜냐하면 비판적인 문제점은 행위의 문제가 아니라 그것의 정당화와 예찬의 문제이기 때문이다.

남자가 남색이어야 한다는 것은 유감스런 일이다. 하지만 그가 그것을 자랑하고, 학파를 만들고자 하며, 젊은이들을 끌어들이고, 편견을 가진 자들 및 거짓 터부와 싸우고 또한 자유를 위해 싸우는 일종의 명예로운 군인처럼 자신을 소개한다는 것은 있을 수 없다, 절대로 있을 수 없다!

그런데 오늘날의 문제는 바로 이것이다. 나는 참된 그리스도인들 가운데 동성애자들이 있었음을 안다. 그들은 다른 알코올 중독자와 간통자처럼 힘들고 버겁게 이런 태도를 지니고 있었으며, 실로 죄인 신분이라는 그들의 특수 징표로 그렇게 살았다. 하지만 그들은 또한 자신들이 용서된 것도 알았다. 우리는 그들을 결코 썩은 냄새를 내포하지 않은 우정으로 감싸 줄 수 있었다. 그들은 보통 그들 스스로의 투쟁을 통해 의연한 인품과 참된 고귀함에 도달했다.

오늘날 여장 남자들, 넷 내지 여섯으로 된 커플들, 내게 알려진 소아성애자들 가운데서 내가 보는 것은 초라함, 무기력, 정신 이상, 맹목이다. 나는 그들에게 거의 생기가 없다고 말하겠다. 모든 것은

'터부를 깨뜨리고'⁵⁾(터부가 이미 오래 전에 깨졌는데도), 속박에서 벗어난 성생활이 있다는 이유로 자신을 살아 있는 사람이라고 주장하는 이런 교만과 뒤섞여 있다.

나는 감히 여론에 용감하게 맞선 사람들인 오스카 와일드⁶⁾, 앙드레 지드⁷⁾, 심지어 헨리 밀러⁸⁾에 대한 모종의 존경심을 갖고 있다. 이 시기에 그들이 일종의 투쟁(내가 악하게 보는 것이지만, 자체의 위대성을 가졌던)을 주도했음은 사실이다. 아무튼 동성애의 '권리'를 주장하고, 교회가 호모의 결혼을 거행해 주기를 바라며, '새 아동 교육적인 방법'을 통해서건 종교(마츠네프처럼⁹⁾)를 통해서건 소아성애를 정당화하는 이 무리가 출현한 것이다. 이 사람들은 그들의 보잘것없는 성욕을 찬미하기 위한 영예로운 단체를 조직한다. 이 모든 사람들은

---

5) 반대로 한 권의 책은 이와는 다른 평가를 내린다—P. Aulagnier(e.a.), *Le désir et la perversion*, Seuil, 1981. 이것은 정신분석자들이 만든 연구 모음집으로, 내가 보기에 주 관심이 '욕망'을 언급하면서 무엇을 말하는 것인지를 이해하기 위해서는 성도착에 대한 연구를 거쳐야 함을 입증하는 책이다. 성도착은 욕망을 이해하기 위한 가장 좋은 '관점'이다. 왜냐하면 모든 욕망에는 성도착적인 핵심부가 있기 때문이다. 내게 중요하게 보이는 것은, 조금도 도덕적 판단을 수행함이 없이 성도착이 성도착임을 인정하는 일이다. 달리 말해서 성적 태도에는 모종의 '규범성'이나 적절성이 있으며 성도착적인 태도가 있다는 말이다. 역으로 또한 내게 중요하게 보이는 것은 철학자들과 신학자들이 서로 다투며 욕망을 찬양하는 시기에 그 모든 욕망 가운데 성도착적인 내용이 있음이 기억된다는 사실이다. '하나님에 대한 욕망'을 포함해서 모든 욕망은 '탐심'과 '탐욕'을 내포한다는 말이다. 욕망은 상당히 발동적인 힘이요, 사람을 부추기는 힘이지만, 그렇다고 그것이 그 자체로 선하고 바른 것도 아니며, 자유의 근거(lieu)도 아니다! 정반대다. 그리스도 안에서 자유를 사용하는 것은 욕망의 자제를 의미한다.
6) [역주] Oscar Wilde(1854-1900). 아일랜드 출신의 유명한 극작가인 그는 자신이 동성애자임을 밝혔다.
7) [역주] André Gide(1869-1951). 프랑스의 작가. 지드는 오스카 와일드와 친해지면서 1895년에 자연스럽게 동성애로 이끌렸다.
8) [역주] Henry Miller(1891-1980). 미국의 소설가로 대담한 성 묘사로 알려진 인물.
9) [역주] Gabriel Matzneff(1936-). 러시아계 프랑스인 작가. 그는 1966년 「수도원장」이란 소설로 그리스 정교 신자들 사이에서 큰 분란과 비난을 야기한 바 있다.

단지 사회학적인 성향을 가지며, 자신들이 '해방되고' 우월하며 '자유롭게 되었다'고 주장하고, 자만해 한다. 이 모든 사람들은 근본적인 거부와 충돌하며 그리스도인들의 나무랄 데 없는 고발과 충돌한다. 인정될 수 없는 것은 이 시대를 지배하는 범(汎)성지상주의(pansexualisme)이다.

교회와 성적 죄악

그런데 이것은 이상한 길을 따라갔다. 이제 우리는 이것을 검토해야 한다. 사실상 억압에서 찬미로의 전환은 정착(naturalisation)이라는 통로를 통해서다. 다시 말해서 출발 시 섹스는 신비와 일종의 신성한 분위기에 둘러싸여 있었고, 규칙과 터부의 총체를 동반했다. 오랫동안 기독교는 이런 관점의 비호자였다고 비난 받았다. 사람들은 그리스도인들에게 '성적 죄악'이 가장 중한 것이었고, 터부, 금기, 저주를 만들어 낸 것이 기독교였다고 말했다.

기독교 역사의 일정 시기에 성적 도덕과 죄에 대해 많은 강조가 있었던 것은 사실이다(일례로 빅토리아 여왕[1837-1901년 재위] 시기). 하지만 이것은 한편으로 언제나 옳은 것은 아니며, 다른 한편으로 때로 너무도 맞는 얘기다.

전자의[항상 옳은 것은 아닌] 경우, '성적 죄악'이 대부분의 교회 교부들에게서나(물론 오리겐이 있으나 많은 교부들이 그를 반대했다! 일반적으로 교만이 가장 중한 죄로 여겨졌다), 성생활이 믿을 수 없을 만큼 관대했던, 그리고 교회보다는 정치 권력이 성 범죄를 억압했던 11-15세기의 중세 도덕에서나 가장 중요한 것이 아니었다고 말할 수 있다.

후자의[너무도 맞는] 경우, 실제로 전 사회에서 일종의 성욕의 분출과 열광이 있었을 때 그리스도인들과 교회가 엄격해졌던 시기가 확인된다. 이스라엘이 섹스를 종교적으로 찬양하는 세상, 가나안의 기원을 갖는 통음 난무하는 세상에서 살았기 때문에, 예언자들이 가혹하게 대응했던 것은 사실이다. 바울이 엄중한 것은 사실이지만, 여기서도 헬라 세계의 주지주의와 로마의 부패—주전 1세기부터—와의 혼합이 나타내는 믿을 수 없는 색욕의 세계를 이해해야 한다.

교회가 7세기에 성적 죄악에 대해 매우 가혹하게 되는 것은 사실이지만, 교회는 모든 것이 허용되어 전적으로 도덕도 규제도 규칙도 없는 사회에서 살았음과 이것이 끔찍한 인간 형태로 이어졌음을 감안해야 한다. 15세기에도 마찬가지이며, 거기서 종교개혁의 반발이 나오는 것이다(그래도 보르자[10] 가문을, 그들의 '성적 자유'를 제쳐두고 인간적 모본으로 제시할 수는 없다!).

아무튼 모두가 수용하고 있는 흔해 빠진 이야기가 있는 바, 그것은 여기서 절대적으로 고발되어야 한다. 즉 교회와 기독교가 끊임없이 현대인의 불행으로 제시되는 터부와 금기의 기원에 있다는 것이다. 실제로 역사가와 사회학자라면 누구나, 인류학자는 더더욱 모든 사회들에 성생활과 관련된 터부, 금기, 금지 사항과 명령이 있었음을 매우 잘 안다. 어떤 인간 사회건 그것을 아무리 오래 전까지 안다 하더라도,

---

10) [역주] Borgia. 로마-스페인 기원의 이탈리아 가문의 이름으로 르네상스 시대에 두 명의 교황을 배출함. Cesare Bogia(1476-1507)는 미래의 교황 알렉산더 VI세의 아들로서 권모술수를 통해 이탈리아의 통일을 꾀하다가 친척 관계인 나바르(Navarre)—1484년부터 알브레(Albret) 가문의 영토였음—영지에서 죽는다(1507). 마키아벨리는 그의 영향을 받고 「군주론」을 썼다.

성관계와 섹스는 결코 일반적으로 평범하고 일상적인 실재로서 여겨지지 않았으며 '본성'에 따라 행해지지 않았다. 그러므로 이런 관점에서 볼 때 유대교나 기독교가 새로운 속박과 형벌을 초래한 것은 아니다. 죄의 관념은 일례로 법 위반자들의 경우 신성함의 위협으로 대체된다. 하지만 이렇게 달라졌다 해서 그것이 더 중한 것은 아니다!

근대의 변화

유대교와 기독교의 특수한 방향을 보기 전에, 우리는 서구 사회에서 무엇이 벌어졌는지에 대한 설명을 추적하는 일이 필요하다.

교회들과 이어서 19세기 부르주아지가 성적 도덕으로 세우고 담당한 모든 것은 맹렬히 공격당하고 붕괴되었다. 프로이트는 다소 잘못 이해했다. 생물학은 섹스를 순전히 출산의 생리적 기능으로 귀착시켰다. 심리학은 성경험을 '정상 심리학', 다시 말해서 선악의 평가 없는, 그러므로 죄책감 없는 심리학에 재통합시켰다.

이 모든 것은 성생활을 먹거나 숨 쉬는 것과 마찬가지로 단순하고 일상적인 일로 변형시키는 데 공헌한다. 이것은 다른 여러 생리적 기능들 가운데 하나의 기능이며[11], 그것과 관련되는 모든 것을 어렵

---

11) '섹스'가 단순히 생리학적인 문제가 아님을 증명하면서 그 섹스가 개인에게 끼치는 영향의 여러 '차원'에 대해서는, 랑가네(A. Langaney) 신부의 기사("Chacun de nous est une femme", *Le Monde*, 1982. 12. 28)를 참고하라. "섹스는 유전적, 생리학적, 사회적, 개인적이라는 네 가지 성 사이에 있는 복잡한 상호 행동의 결과다." 최초의 유전적 소여에 입각해서 거의 모든 행동에 대한 습득이 있다. 여성은 세상이 그녀가 성장하는 문화와 가치가 무엇인지를 가르치는 바로 그것을 통해서 또한 여성이다. 이것이 사회적 여성이다. "사회적 성적 의미 부여가 한 사회가 다른 사회에 대해서 갖는 임의적이고(나는 외관상이라는 말을 덧붙이겠다) 가변적이며 모순적인 규칙들의

게 생각해서는 안 된다는 식으로 말이다. 사람들은 아이들에게 그 이상으로 가지 않은 육체적 성생활과 관련되는 모든 것을 가르친다. 사람들은 혹 인류의 태고적 경험이 의미를 갖지 않는지를, 요컨대 과거의 인간들이 성욕을 이상한 현상—쉽게 초자연적인 것으로 규정짓는—으로 여길 어떤 이유를 갖지 않았을지를 자문하지 않는다. 이 모든 것은 미신과 반(反)계몽주의로 거부된다.

한편, 프로이트는 매우 호기심에 차서, 그래도 실증주의적인 방식으로 성욕이 인격 형성의 중심에 있음을 입증하고, 따라서 다른 생물학적 기능과 관련해서 볼 때 전적으로 터무니없는 차원을 받아들인다. 모순이다. 그 결과 바로 다음 것들이 우리 사회의 실재에서 우리가 확인하는 것이다. 섹스의 끔찍한 보편화, 대중화, 가치 하락(염치와 자기 존중의 상실), 백 가지 볼거리 가운데 하나, 온전한 작품을 위한 예술적 주장에 어쩔 수 없는 양보.

섹스와 관련된 것은 도처에 있다. 그것은 상업화되었다. 다원적 성생활의 추구는 불편함이 없다. 소년, 소녀의 혼전 성경험은 정상이다. 이 관계 유형을 지칭하기 위한 용어인 '파트너'란 말은 이것의 대중화와 가치 하락의 의미로 보인다. 각자가 재빨리 성행위를 해치운다. 타인에 대한 배려도 없다. 섹스는 삶의 전체성과 총체성에서 완전히 분리되어 오토바이나 한 잔의 진토닉처럼 사용될 수 있는

총체로 이뤄진다"고 말하는 것은 일리가 있다. 하지만 이 두 가지 소여에 입각해서 한 가지 예측 불가의 활동이 작동되며, 여기서 자유가 나타날 수 있다. 경험들이 있고, 그것들에서 결과를 끌어낼 능력이 있으며, 즉각적인 체험과 느낌 너머로 갈 수 있는 힘이 있고, 새로운 것을 만들 의지가 있으며, 충동에 대항하고 안 할 재능이 있다. 이 모든 것이 우리의 성생활을 형성하고 바꾸며 방향 설정을 한다. 어떤 때는 결정론에 굴복하고, 또 어떤 때는 새로운 것을 창안함으로써 말이다. 설령 섹스가 중요하다 하더라도 우리 인격의 유일한 결정 인자는 아니다!

대상이 된다.

성 숭배

나는 이 주제에 있어서 청소년의 '도덕 타락'에 대해서는 결코 말하지 않는다. 내가 보기에 그 과정은 한 세기를 거슬러 올라가며, 결코 현대의 청소년하고만 관련되지는 않는다. 게다가 '도덕 타락'—이런 것이 있다고 가정한다면—에 대해 말할 수 있는 것은 특별히 이 주제에서가 아니다.

하지만 이 영역에서 내게 흥미 있게 나타나는 현상이 있다. 이런 자연주의적인 일반화에 입각해서 일종의 새로운 성 숭배가 창설되며, 역으로 성적 자유는 자유의 절대적 준거가 된다는 것이다. 혼인과 정절의 거부는 초월적 윤리의 요소가 된다. 동성애는 혁명의 상징이 되며, 마찬가지로 소아성애는 자유의 신성한 행위가 된다. 성적 폭발은 새로운 비신성화의 열기로 위장된다(결국 열기 때문에 신성화되는!). 성애(érotisme)는 사회의 기술화로부터 빠져 나갈 수 있는 유일한 출구로서 주장된다.

달리 말해서, 우리는 새로운 성 숭배의 창설에 가담하고 있는 중이다. 내가 다른 곳에서 분석한 바를 따른다면[12], 기술 사회에 있는 현대인은 원시인이 '자연' 환경과 관련되어 처했던 상황과 마찬가지로, 새로운 기술 환경과 관련되어 정확히 동일한 상황에 처해 있으며 동일한 방식으로 반응한다. 본성적 행동에 입각해서 어떤 요소들을

---

12) J. Ellul, *Les nouveaux possédés*, 1973/2003.

신격화하고 신성화시킴으로써 말이다.

그런데 섹스는 이 새로운 신격화의 특별 요소 가운데 하나다. 그것이 반(反)기술적 요소요, 가장 강력하게 인간의 가치를 본성에 주는 요소이며, 기술 환경을 관통하여 인간의 지속성을 보장하는 요소이기 때문에 더욱 중요하다.

성적 폭발과 성적 자유는 기술의 유폐에 굴하기를 원치 않는 사람의 투쟁 요소들이며, 따라서 그것들에 부여되는 전체적이고 지배적인 해방 기능 때문에 신격화의 의미로 가치를 부여받는다. 그런데 이것들은 정확히 원시 시대에서와 동일한 기능이다. 결과적으로, 성생활과 그 영향에 대한 성서의 판단은 유효한 상태로 남는다. 그러나 그것은 도덕과 상관이 없다. 그러므로 우리에게 문제는 이 보편화와 이 찬미가 현대인의 자유와 부합하는지를 아는 데 있다.

2. 성서의 정죄

이런 상황 앞에서 우리는 성서의 근본적인 배척과 정죄를 만난다. 간통, 동성애, 남색, 근친상간, '소아성애' 등에 대한 절대적인 정죄 말이다. 우리의 질문은 "우리가 이 성서 텍스트들을 여전히 소중하게 여겨야 하는가?", "이 텍스트들이 자유의 장애물과 거부인가, 아니면 반대로 자유의 조건과 자극제인가?"이다.

이 금기와 저주를 제거하기 위한 습관적인 방식은 언제나 동일하다. 즉 그것들은 순전히 문화적인 문제들이라는 것이다. 성서 텍스트들은 그것들이 쓰여졌던 문화적인 환경을 반영한다. 유대 텍스트들은 일반적으로 주전 7-5세기의 근동 지방의 환경을 반영한다. 그것들은 이미 여기저기서 말해졌던 것을 고작 재현할 뿐이다. 바울(현대주의자들이 제일 미워하는 자!)의 경우도 그 시대의 관습과 도덕을 되풀이 했다는 것이다!

성서 계시와 성 문화

이 모든 것에서 당신은 무엇을 끌어내고자 하는가? 문화가 바뀌었고, 이 금기들은 우스꽝스럽게 되었으며, 이제 새 시대에 적응해야 한다. 풍습은 더 이상 고대의 풍습이 아니다. 우리는 그들에게 알려지지 않은 자유를 얻었다. 그러므로 성서에서 성욕과 관련된 모든 것은 단번에 지우자. 이것이 지배적인 경향이다.

이런 말이 일련의 오류와 무지로 이뤄졌음을 말해야 한다. 무엇보다도 이스라엘의 시대적 성 풍속과 관련해서, 섹스가 신격화되어 있었음은 명백히 알려져 있다. 풍요의 신들뿐만 아니라 성적 쾌락의 신들이 있다. 여러 형태로 된 남근 숭배가 그것이다. 이것은 바알림[13] 및 황소 떼와 관련된다. 여성의 쾌락 기능과 마찬가지로 그 출산 기능에서 여성 숭배가 생겼는 바, 이슈타르[14], 이시스[15], 아프로디

---

13) [역주] 바알의 복수형으로 지방신을 의미함. 바알림 예배는 산당에서 음란한 예식을 거행하고 자해 행위를 하며 사람을 번제로 바치는 것으로 이뤄졌다.
14) [역주] Ishtar. 메소포타미아 신화에 나오는 여신으로, 베니게, 가나안, 앗수르, 바빌론 등지에서 숭배되었다. 바빌론에서 사랑과 전쟁의 여신으로 숭배되며 유래된 이 여신은 히브리인에게 아스다롯 신으로 숭배되었다(삿 2:13; 10:6; 왕상 11:5).
15) [역주] Isis. Iset를 그리스어로 바꾼 말. 고대 이집트, 그리스, 로마에서 숭배되던 여신.

테16)가 그것이다. 에로스 등의 '성적인 사랑' 숭배도 있었다. 여기에는 적합한 제도들(신성한 창녀, 통음난무의 축제)과 매우 다양한 성적 행동들이 뒤따랐다.

이처럼 이스라엘이 이 모든 관행을 정죄할 때, 이 나라는 전혀 주변 문화를 반영하는 것이 아니라, 반대로 그것과 전쟁으로 들어가는 것이다. 이스라엘에 나타난 하나님의 계시에는 본질적으로 두 가지 방향이 있다.

첫째, 남근이나 오르가즘이나 출산이 결코 신적인 것이 아니다. 섹스의 '정착'의 첫 번째 행위가 있었다면, 그것이 일어난 곳은 이스라엘이다. 그때는 문제가 '도덕적'이 아니라 '종교적'이었다. 모든 성 본능은 다른 것에 비해 다소 창조된 자연의 일부였다. 그것을 신성화하는 것은 전적으로 거부되었다. 하나님만이 하나님이시다. 그분에게는 성적인 의미가 부여되지 않는다. 그러므로 성 본능이 하나님의 창조 세계의 일부이기 때문에 모든 [민간] 신앙과 의식, 모든 무절제, 모든 통음난무가 절대적으로 거부된다. 유일한 '종교적' 관계는 이 하나님과 더불어서만 수립될 수 있으며, 우리는 세상에 있는 어떤 것도 신격화시킬 수 없다. 따라서 우리는 이 모든 범신론, 그 속박, 미신 등에서부터 인간을 철저하게 해방시키는 일에 직면한다.

두 번째 방향은, 그럼에도 불구하고 성 본능은 특별한 힘(성을 신격화시키도록 인간을 유혹하는)이라는 것이다. 성은 인간의 구체적인 삶의 중심에 있다(이스라엘은 주전 7세기에 그것을 알았다). 성 본능이 폭발될 경우 그것은 죽음의 힘이 될 수 있다. 그것은 매우 유혹적이

---

16) [역주] Aphrodite. 그리스 신화에 나오는 미와 사랑의 여신.

면서 동시에 매우 위험하다. 그것은 인간을 온갖 광기로 이끌 수 있다. 인간이 섹스에 관한 미신에서 해방되는 만큼, 인간은 그것의 주인이 되어 그것에 지배당하지 않게 된다. 문제는 바로 이것이다.

이제 오직 이 본성적인 힘에 직면해서 인간이 자신의 길을 선택해야 하기 때문에 윤리의 문제가 된다. 달리 말해서 인간의 해방을 위한 성적 우상 숭배와의 전투가 영적이고 종교적인 영역에 속한다는 말이다.

이런 해방에 입각해서 어쩔 수 없이 하나의 법이 탄생하는데, 이는 자유롭다는 것이 아무렇게나 행하는 것을 의미하지 않기 때문이다. 여기서는 금기도 터부도 신성함도 더 이상 문제가 되지 않는다. 이 모든 것은 야훼가 거부한 종교들과 관련된다. 문제는 성 본능이 치명적이 되는 것을 막기 위한 방향을 인간에게 제공하는 이 하나님의 말씀과 관련된다. 이것은 도덕주의가 아니다. 하나님은 인간에게 최선의 것이 무엇인지 아신다. 삶이란 남자와 여자의 완전한 관계가 완벽히 균형을 이룰 경우에만 가능하다. 이쪽이 저쪽을 위해 있고, 저쪽이 이쪽을 위해 있을 경우 말이다. (이것은 사드Sade에게서 보듯이, 언제나 혼자서의 쾌락과 언제나 타인을 파괴하는 쾌락인 성의 방종에서는 결코 일어나지 않는다).

근친상간, 간통, 동성애, 소아성애 등은 결코 '해방'이 아니라, 언제나 자기와 타인에 대한 파괴이며, 고통과 거짓의 되풀이다. 쾌락을 위해서 이것은 적절하다. 쾌락이 이런 대가를 치를 가치가 있는가? 이처럼 해방된 인간은 윤리적 선택을 해야 한다. 하나님은 어떤 것이 최선인지를 가르쳐 주신다. 이것은 종교적이고 사법적(성행위가 사회와 관련되는 한)이었던 다른 민족들이 채택한 길과는 다른 길(이것이 양자택일이다!)이다. 이것이 이스라엘에게는 윤리적 결단의 문제가 된다.

이제 바울(그리고 신약의 다른 텍스트들)에게로 넘어가자. 바울과 초기 그리스도인들이 도덕과 주변 문화를 반영했을 뿐이라고 주장하는 것은 전적으로 잘못이다(일례로 성적 부패에 엄격한 요한계시록을 보라). 반대로 그들은 주변 문화와 도덕에 대해 엄격히 반대했다. 남근 숭배는 여전히 존재했고, 모든 성적 무절제, 온갖 가능한 성적 결합으로 이어졌다.

기독교 초기에 헬라 세계와 로마 세계 사이의 혼합은 현저한 성적 방임주의를 낳았다. 이는 어쩌면 이것 외에 다른 방식이 결코 알려지지 않았기 때문이다. 오늘날보다 훨씬 더 심했다. 모든 '사랑'의 형태가 일반적이고 흔했다. 일례로 유베날리스(55-140)와 수에토니우스(70-128)는 이 사실의 양심적인 증인이다. 우리가 일부러 짜낸 것은 아무 것도 없다. 모든 것이 이 시기에 일어났다. 바울이 온 것은 바로 이런 환경에서이며, 그는 에로스와 아가페의 대립, 하나님의 사랑과 부패한 사랑의 대립, 예수의 희생과 세상의 교만 사이의 대립에 입각해서 인간의 삶을 위한 새로운 방향을 표명했다. 그는 인간의 중심을 철저히 자유에 맞추었다. 명백히 바울에게 있어서 섹스에 열중하는 삶을 사는 것은 섹스의 노예가 되는 것이다. 모든 규칙, 모든 제한, 모든 존중을 거부하는 것이 꼭 자유롭게 되는 것은 아니다. 오히려 반대로 그것은 비논리에, 즉각적 충동에, 육체적 욕구가 자극하는 이기적 욕망에 굴복하는 것이다.

바울은 철저하게 바쿠스 숭배에 적대적이고 심지어 어떤 '신령파'의 무질서에도 적대적이었다. 왜냐하면 흥분의 끝에는 이런 예속 상태가 있기 때문이다. 반대로 바울의 가르침이란, 인간은 자신의 본능과 충동을 억제함으로써 자신을 결정하는 것을 지배하기에 충분히 자유롭다는 사실을 입증한다는 것이다.

이처럼 두 경우에서 우리는 근동 지방의 유대인, 로마 세계의 그리스도인들이 일반 민간 신앙과 풍속을 채택하기는커녕 그것들을 거부하고, 성생활에 다른 토대, 다른 표현—흥분이 아닌 자유를 보장하는—을 가져다주었음을 본다.

모든 성적 흥분은 희생물을 포함하며(사드를 보자), 예수의 하나님을 믿는 신앙의 경우 오직 속죄하는 유일한 희생물이 그리스도이기 때문에 어떤 피조물도 희생물이 되지 않는다. 따라서 이런 기독교적 윤리로 되돌아가는 것은 결코 '시대에 뒤진 과거'로, 옛 문화와 도덕으로 돌아가는 것이 아니며, "금지가 금지된다"는 영광스런 자유에 대한 거부가 오히려 사람들이 권장하는 것을 밝혀 준다는 것이다. 즉 진보의 절정이란 세상과 마찬가지로 낡은 것이기에, 매번 역사적 경험이 이런 거부가 문명의 어리석음이었음을, 그리고 자유가 이렇게 얻어지지 않았음을 입증했다는 사실을 알려 준다는 것이다. 하지만 물론 이것은 인간이 선택해야 할 모델이다.

성행위와 자연/본성

이제 우리는 한 가지 궁극적인 문제에 직면한다. '전통적인 도덕'의 수호자들, 즉 현재의 무절제를 정죄하는 자들이 종종 '자연'에 호소한다. 피임약과 임신중절을 사용하는 영역에서와 마찬가지로 성행위의 영역에서도 그렇다.

하나님의 의지를 자연에 동화시키는 신학적이고 종교적인 경향이 있다. 자연이 하나님의 창조 세계이기 때문에 하나님은 자연 법칙과 규칙을 만들어 지키게 하셨다. 이와 같이 성행위는 임신을 야기하기 위해 행해진다. 임신은 탄생으로 이어져야 한다. 여기서부터 기독교적이라고 선포된 두 가지 결과가 나온다. 하나는 성행위란 생식(쾌락은 배제됨) 외의 다른 목적을 가져서는 안 된다는 것이요, 다른 하나는 자연의 흐름을 바꾸기 위해 개입해서는 안 된다는 것이다. 여자의 출산은 다산의 경우 보통 15명에서 20명의 자녀를 갖게 할 수 있었다.

그러므로 이 주제에 대한 바울의 텍스트가 있다. 그는 로마서 1:25-27에서 여러 성행위들이 '자연/본성(nature)을 거스르는' 일이라고 말하면서 그것들을 정죄한다. "사람들은 자연적 관행을 바꾸었다." 마치 자연이 규칙이고 법칙인 양 그것을 바꿨다는 말이다. 나아가 사람들은 여기에 "생육하고 번성하여 땅에 충만하라"는 창세기의 명령을 덧붙인다.

나는 이 두 텍스트가 마구잡이로 사용되었다고 생각한다. 먼저, 창세기의 텍스트는 땅이 공허했을 때 정확히 아담과 노아에게 주어진 말씀이다. 나는 이 구절이 무한정한 것, 영속적인 계명, 인간의 주된 법칙을 나타낸다고 확신하지 않는다. 땅에 하나의 커플이 있을 때 하나님이 다산을, 인간 존재의 출산을 명하셨음은 명백하다. 이것이 하나님께서 아담의 자유를 보장하고 노아에게 자유를 회복하시는 일일 진대, 그것이 의무가 될 수 있을까? 나는 하나님과 커플 사이의 단절 이후 언급된 말씀이 이 첫 번째 명령을 제한하며 출산을 보다 불확실하고 제한되게 만든다고 생각한다.

게다가 바울의 텍스트를 잘 고려해 보자. 그는 위대한 규칙이란 자연법의 준수라고 말하지 않고, 하나님이 이 사람들을 가증한 정욕에 내버려두셨다고 말한다. 왜냐하면 그들이 다른 신들을 숭배하고, 피조물을 신격화하며, 탐욕에 빠졌기 때문이다(이 모든 것은 성적 부패의 정확한, 오늘날도 여전히 정확한 기초를 준다!). 다시 말해 그들이 자유를 주는 하나님을 사랑하는 대신 그렇지 못한 신들에게 복종했기 때문이다. 이런 상태에서 그들은 또한 자연을 부패시켰다. 그들은 하나님과 화해한 자연과 더불어 일치하는 길을 따르는 대신, 광기―그것이 무엇이건―와 무질서와 예속 상태를 더 좋아했다.

나아가, 이제 우리가 자연의 문제를 성서 텍스트가 아니라 경험에서 다룰 경우 두 가지 사항을 증명해야 한다. 즉 자연은 단지 '인간 존재'의 그것만은 아니라는 것이다[자연과 인간 본성]. 그런데 우리는 올바른 처신이 무엇인지를 알기 위해 본성을 본받을 수는 없다. 실제로 우리 모두는 본성이 어느 정도까지 악할 수 있는지, 성적인 면에서 '반(反)본성적인' 행동이 동물들에게 어느 정도까지 있는지를 안다.

함께 있는 두 마리의 수컷 개를 보라. 우리는 남색가들이 정확히 개들처럼 행동한다고 말할 수 있다. 견유주의 철학자들도 순수하고 꾸밈없는 본성적 행동을 되찾기 위해 '문명'에서 오는 모든 것을 거부하려는 이 의지를 가졌다. 하지만 그들은 또한 자신들을 개와 유사하다고 말하는(견유적) 용기와 도전을 가졌다.

성행위 편력을 찬미하는 우리 지식인들에게 경멸스러워 보이는 것은, 그런 행위가 진보의 최정상, 인간의 최고의 발전, 부조리한 터부들과 관련된 자유 등을 나타낸다는 그들의 주장이다. 실상은 가장 동물적인 본능에의 굴복인데 말이다. 만일 그들이 스스로를 '개'라고 선포할 용기를 갖는다면, 나는 아무런 할 말이 없을 것이다.

게다가 나는 본성 존중 지지자들에게 다른 논지가 있음을 안다. 즉 "우리가 말하는 것은 인간 본성에 대해서이지 전반적으로 동물의 본성에 대해서가 아니다"라는 것이다. 나는 인류학, 역사, 사회학에 묻는다. "이런 인간 본성이 어디 있는가? 나는 남색이 권장되고, 매춘이 신성화되며, 난봉이 종교적이었던 문명들을 아는데, 그래서 어떻다는 말인가? 이 모든 것이 인간 본성이 아니던가? 그때부터 이 '인간 본성'을 성 생리학에 귀속시켜야 하는가?"

내게는 이것이 실로 많이 부족해 보인다. 생리학은 도덕적 행동의 마지막 말을 내게 줄 수 없다! 달리 말해서, 성행위에 대한 거부와 정죄는 본성에 기준을 둘 수 없으며, 그것이 본성적인 것과 선을 혼동하게 할 수 없다.

마지막으로, 내가 보기에 이 주제에서 마지막 본질적인 요소를 고려할 필요가 있다. 본성을 관찰해야 한다고 선언하는 것은 모든 인간 역사, 기원부터의 그의 행동, 시작부터 끝까지의 그의 행위를 거부하는 것이다. 왜냐하면 인간 역사는 본성과의 전투의 역사이며, 본성의 속박에서 자신을 자유롭게 해주는 어떤 인위적인 것을 창조하려는 의지이기 때문이다. 인간의 특수성은 바로 본성을 따르지 않는 것이다![17]

본성(설령 우리가 개념의 모호함을 해소하게 되더라도)은 모델도, 뛰어넘을 수 없는 한계도 아니다. 인위적인 것은 성서에서 결코 정죄되지 않는다. 성서 어디에도 본성에 따르라는 명령이 없다. 결과적으

---

17) 인간과 본성의 갈등은 「성결의 윤리」에서 상세히 연구될 것이다[역주—엘륄은 결국 이 연구서를 쓰지 못하고 죽었다].

로 성행위의 영역에서도 우리는 '자유로운' 두 방향을 만난다. 먼저, 출산에 대한 유일한 관심을 넘어서서 성적 쾌락의 추구는 완벽히 적법하다. 다음으로, 동물이 생리적 주기를 충분히 정확하게 따르는 것에 비해, 인간의 짝짓기가 생리적으로 결정된 주기 외에도 아무 때나 이뤄질 수 있다는 사실이다.

하지만 그것을 근거로, 이런 상태에서 모든 행동이 인정될 수 있다고 결론지을 수 있는가? 어떤 한계도 어떤 절제도18) 없는가? 피학성애(마조히즘), 이성물애(異性物愛, 페티시즘), 가학성애(사디즘), 매춘 등이 인정될 수 있는가? 나는 실로 여기에 두 가지 근본적인 한계가 있다고 생각한다.

첫째 한계는 그리스도인의 경우에 해당하는 것으로, 바로 성서에 있는 하나님의 계시다. 만일 우리가 성서를 진지하게 받아들이고 거기서 우리가 자유롭다는 것을 배우고 수용한다면, 우리는 또한 위에서 본 제한들과 정죄들—이것들이 '환경'을 표현하는 문화적 영역에 속하지 않는다는 것—을 위해서도 성서를 진지하게 받아들여야 한다. 그런데 만일 성서가 말하지 않는 문제들이 있다면(일례로 내가 위에서 든 문제들), 그것들은 완전히 명료한 문제들이다. 우리에게는 매춘, 간음(이것은 너무도 심각해서 하나님에 대한 선민의 영적 불충의 사례로 제시된다), 남색, 동성애(결과적으로 소아성애), 수간(獸姦), '본성(nature)'을 거스르는 관행'(이것은 본성을 따를 필요를 지칭하는 것이 아니라, 남색, 동성애, 소아성애를 따르는 것을 에둘러 지칭한다), 근친상간, 외설, 성 숭배 그리고 성적인 것에 대한 부정적

---

18) [역주] 본문은 dérèglement이지만, 문맥상 règlement으로 번역한다.

이거나 긍정적인 집착—결국 같은 것임—에 대한 철저한 정죄가 있다.

이 모든 것은 레위기 20장에서 간단하게 죽음에 처해진다.19) 이 모든 것은 신약에서는 색욕, 외설, 음란20), 여성 남자라는 용어들과 관련된다. 로마서 13:13은 전반적이며, 고린도전서 5:1은 근친상간을 겨냥한다. 고린도전서 6:18은 성적인 악이 몸 밖이 아니라 몸 안의 것이기 때문에, 그리고 우리 안에 있는 성령에 대한 죄이기 때문에 특별히 심각한 것으로 제시된다. 고린도전서 7:2은 넷이나 여섯 또는 집단 사랑 등을 금한다. 이 텍스트들에서 처벌은 육적인 것 이상이다. 그것은 하나님 나라에서의 축출이다(고전 6:9).

바울은 이 요구가 그리스도인(또는 유대인)에게 본질적으로 유효하다고 조심스럽게 강조한다. 왜냐하면 그렇다고 일반적으로 '음란한 자들'과의 관계를 거부해야 한다는 말이 아니기 때문이다. 그럴 경우 온 세상과 단절해야 하리라! 이 말은 이 시기에 성적 부패의 파급을 확인해 준다.

물론 나는 즉시 어떤 반발이 나올지 안다. 즉 바울은 율법주의적이고 옹졸하며 반(反)섹스주의적인 정신의 소유자였다는 것이다. 불행히도 이 부당한 변명에 대해, 먼저 초대 교회 그리스도인이 바울의 이 글들을 계시의 진리를 정확히 설명하는 것으로 인정했다고 답할 수 있다. 다음으로, 그 글들이 예를 들어 계시록과 복음서들(마 15:19,

---

19) 어떤 목사가 1981년 11월 텔레비전에서 성서에는 동성애를 정죄하는 곳이 없다고 선언할 수 있었다는 사실은 놀랍다. 그는 레 20:13을 보아야 하리라.
20) '남자 탈취자'(딤전 1:10)를 겨냥하는 바울의 표현도 아마 동성애와 소아성애의 거래와 관련되리라.

24장, 막 7:21 등)에서 완벽하게 확인된다는 것이다. 바울을 제거하기 위해서는 복음서들을 삭제해야 한다!

바울로 되돌아가자. 이 정죄들이 어떤 맥락에 있는지를 고려할 필요가 있다. 두 가지 사례가 결정적이다. 로마서의 매우 가혹한 텍스트는 사랑에 대한 바울의 긴 교훈 속에 위치한다. 12장 전체는 사랑과 관련되며, 14장 전체는 모두에 대한 관용, 판단하지 말 것과 관련된다. 그리고 둘 사이에 있는 13장은 동일한 보폭으로 권위에 대한 '사랑'을 겨냥한다. 계속해서 상호 사랑에 대한 가르침이 발견된다. 그리고 '음란'에 대한 정죄가 들어 있는 곳은 바로 그 안이다. 그러므로 이것은 완벽하게 음란이 사랑의 정반대라는 의미를 갖는다. 니그렌[21]이 에로스와 아가페를 대립시킴으로써 실수했음과, 에로스가 그렇게 악한 것이 아님과 기독교 윤리에 간직되어야 할 많은 에로스가 있음을 설명하려고 시도한 모든 현대 주석가들은, 그들이 원하건 원치 않건 간에, 목신(Pan) 및 아프로디테(완전히 '성애적인')와 동맹한 그리스의 에로스(철학적이고 플라톤적인 에로스가 아니라 종교적인 에로스)—그리스도인들이 거부한—라는 것의 실재에 부딪힌다.

고린도전서에서도 마찬가지로, 성적 무절제의 정죄에 대한 구절은 자유에 대한 가르침 가운데 위치한다. 모든 것이 허용된다. 하지만 자유의 정반대인 '사랑'의 존재 방식이 있다. 6장, 7장은 자유에 온전히 할애되었으나(일례로 바울은 부부가 서로를 주관하지 말라고 권면한다), 매춘과 음란은 자유의 징표가 아니며, 정반대로 예속 상태와 노예 상태의 표지다(고전 6:12).

---

21) [역주] Nygren, 「에로스와 아가페」, 전2권, 1930-1937.

따라서 성서 텍스트는 처음부터 끝까지 단호하다. 그것은 하나님 앞에서 참되고 행복한 성생활의 한계를 정확하게 긋는다. 달리 말해서, 우리가 간음, 매춘, 남색, 소아성애, 동성애, 집단성애, 사디즘 등을 철저히 거부해야 하는 것은 바로 본성을 따르기 위함이 아니라, 단지 아주 명백히 표현된 하나님의 뜻에 따르기 때문이다. 이 하나님의 뜻은 모호하지도 않고, 거기서 벗어나기 위한 문화적 핑계를 찾아낼 수도 없다. 바로 이것이 이 영역에서 자유의 한계다.

우리의 조사는 아직 끝나지 않았다. 마태와 바울의 텍스트들은 '성적 죄악'을 특별한 방식으로 자리매김한다. 그것이 다른 죄보다 더 중한 것은 아니지만, 다른 모든 죄들이 몸 밖에 있는 데 비해 이것은 몸 자체에서 기인하며 몸과 연관되고 존재 전체에 속하며 인격 전체의 죄라는 점에서 특별하다. 이것은 성적인 것이 존재의 뿌리요 표현이라는 사실과, 이 수준의 악이 다른 모든 형태와는 다른 차원을 갖는다는 사실을 기어이 확증하고야 만다.

이때부터 각각의 성적인 부패는 모든 존재의 부패가 되며, 동시에 타인과의 건전하고 거룩한 관계를 가질 수 없게 된다. 여기서도 이것을 말하는 것은 내가 아니라 전적으로 성서 텍스트다. 만일 우리가 오늘날 사람들이 권장하는 이 모든 놀이, 이 모든 '대립'을 철저히 거부해야 한다면, 그 이유는 우리가 하나님의 말씀인 이 반석과 충돌하기 때문이다.

바로 여기에 자유와 인위성의 절대적 한계가 있다. 쾌락(인위적인)의 추구는 임신을 막는 수단의 사용과 마찬가지로 금지되지 않지만, 정확히 우리가 분명하게 읽은 명령의 내부(en deçà)에 있다.

나아가, 우리는 사랑과 성은 하나님이 커플을 창조하신 것과 관련된다는 것을 알고 있다. 만일 남자와 여자가 보완적이라면, 그것은 모든 영역에서 그렇다. 성은 바로 이 보완성을 표현한다. 성년이 된 여자는 남자와 보완적일 수 있다는 것 외에 다른 것이 아니다. 남자는 여자와 보완적일 수 있다는 것 외에 다른 것이 아니다.

이것은 생리학에서 명백하나, 성서는 이것을 존재에서 입증한다. 여자가 남자의 영광이라면, 아담이 "내 뼈 중의 뼈요 내 살 중의 살"이라고 외칠 수 있다면, 그것은 모든 존재가 이렇게 참여되어 있음을 의미한다. 성적 사랑은 존재와 관계 전체에 포함된다. 그것을 떼어내어 여러 가지 가운데 하나의 생리적인 '기능'으로 삼는 것은 악이요, 거짓이며, 치명적이다. 성적인 것의 모든 부패는 사랑 자체의 부패다. 바로 인격의 충일함이 이 관계에 참여한다.

동일한 방식으로, 유대교는 하나의 커플 창조에서 일치와 단일성이라는 신적 성격을 표현하고자 했다. 교환도 분리도 없이 말이다. 교회 교부들도 완벽히 동일하게 해석했다. 한 남자를 위해 한 여자가 있으며, 한 여자를 위해 한 남자가 있다. 그게 전부다.

물론 영악한 자들은 "그렇다면 족장들의 일부다처제는?"이라고 비웃을 것이다. 이것은 두 단계로 답할 수 있다. 먼저, 버리기나 간음이나 일부다처가 있을 때—아브라함, 다윗, 솔로몬 등이 관련됨—마다 정죄가 뒤따른다는 것이다.

다음으로, 이혼에 대한 예수의 철저한 대답으로 너무나 충분하다. "하나님이[모세가] 너희 마음의 완악함을 인하여 아내 내어버림을 허락하였거니와"(마 19:7). 우리는 이것에 유추하여 법적으로 인정된 일부다처에 대해서 정확히 동일하게 말할 것이다. 인간이 얼마나 악한지, 때로 하나님이 인간을 파괴하지 않기 위해 일탈을 용납하고 인정하실 정도다. 하지만 이 관용이 존재(이혼이나 일부다처)한다고 해서 그것이 인간의 권리라든가 하나님의 제도를 의미하는 것은 아니다! 반대로 이 관용은 우리 자신을 돌아보게 하며 우리가 얼마나 악한지를 증명할 뿐이다.

이와 같이 성적인 부패는 부패와 악으로 남는 것이지, 그 이상도 이하도 아니다. 이것은 도덕에 속한 것도 아니요, 자연 질서도 아니다. 그것은 하나님의 심판이다.

성적 부패는 율법과 복음에 어긋난다

그러나 아직 끝나지 않았다. 실제로 우리가 구약과 신약의 서신들을 통해 입증한 것은 매우 '신령한' 그리스도인들에 의해 거부될 수 있다. 이 모든 것이 율법이요, 그리스도에 의해 속죄된 우리는 영으로 살기 때문에 더 이상 율법 아래 있지 않다고 말하는 사람들 말이다.

이 명백한 진리가 최악의 가증됨을 낳았다. 그들은 우리가 성령으로 영감되었다고 주장하는 것으로 그만이다. 그러고는 아무렇게나 행한다. 4세기의 정액 먹기(spermatophage)가 바로 그런 것이었다.[22] 이것은 여전히 이 오래된 옛 터부나 계명을 어겼기 때문에 스스로를 타인들보다 더 영적이라고 여기는 기독교 남색가나 소아성애자들의 논지다.

그런데 이것은 가증한 비상식에 근거한다. 예수가 온 율법을 폐지하러 온 것이 아니라 완성하러 오셨음과, 율법의 일점일획도 마지막

---

22) [역주] 역사적 사실을 확인할 수 없음.

날까지 없어지지 않으리라고 말씀하셨음을 항상 기억해야 한다. 분명 예수는 율법의 영적 해석이 그것의 폐지가 아니라 첨예화임을 입증하셨다. 율법은 마음의 순종에 기인해야 하는 외적 행동과 관련되었으나, 예수는 성령이 우리를 율법을 넘어서는 율법의 방향으로 안내한다고 지적하신다. 문제는 조상들에게 말해졌고, 이제 성령으로 강화되는 유명한 텍스트와 관련된다. "간음하지 말라 하였다는 것을 너희가 들었으나 나는 너희에게 이르노니 여자를 보고 음욕을 품는 자마다 마음에 이미 간음하였느니라"(마 5:27-28).

달리 말해서 성령에 따라, 성령과 더불어 사는 것은 율법의 요구에서 해방되는 것이 아니라, 한편으로는 율법을 더 이상 속박으로 느끼지 않는 것이며, 다른 한편으로는 율법이 요구하는 것 이상으로 나아가는 것이다.[23] 만일 우리가 성령 안에 있고 율법 아래 있지 않다는 구실로 율법이 요구하는 것보다 덜 행한다면, 그때 실로 우리는 매우 정확히 이 율법의 요구로 되돌아간다. 그 이상도 이하도 아니다. 바로 이것이 분명하게 바울이 디모데전서 1:5-11에서 하는 말이다.

이처럼 그는 성적인 영역에서 율법의 요구를 강화할 수 있었다. 동성애자가 되거나 '자유 사랑'(자칭 자유!)으로 사는 어떤 영적 자유도 없다. 이렇게 행동하는 것은 복음을 핑계 삼아 타인들보다 더 사악한 자가 되는 일이다. 갈라디아서에서 바울은 이런 행동들이 우리 안에 있는 성령의 일에 직접 반대되는 것임을 보여준다(5:16-25).

---

[23] 나는 종종 이것을 설명하기 위해 단순한 돈의 사례를 들었다. 율법은 십일조 헌금을 요구한다. 율법에서 해방된다는 것은 십일조를 내는 의무에서 해방되는 것이지만, 그보다 적게 내기 위함이 아니라 반대로 즐겁게 더 많이 내기 위한 것이다. 만일 그렇게 하지 않는다면 그것은 무조건 율법으로 되돌아가는 것이다!

이런 성적인 행동들은 무조건 '육체'의 일이다. 이 육체라는 말(신체를 지칭하지 않음을 상기하자)이 신약에서 갖는 특수한 의미로 말이다.

그러므로 사람들이 일단 콤플렉스와 죄에서 벗어난 후에는 많은 성행위들이 매우 '순수하다'고 주장할 때, 우리는 철저한 거짓과 위선 앞에 있는 것이다. 사람들은 육적인 사랑과 육체 노출의 순수성에 대해 말한다. 이것은 전적으로 위선이다. 이제 위선자들은 더 이상 '도덕주의자들'이 아니라 소위 도덕에서 해방된 자들이요, 다중 성취향인 사람(polysexuel)이다. 그러므로 이런 비정상적인 행동이 율법과 마찬가지로 복음에 반대된다는 것을 명심해야 한다.

성 숭배와 자유

해결해야 할 마지막 한 가지가 남아 있다. 매우 주목할 만한 방식으로 바울은 '음행'(이 용어는 우리가 겨냥한 모든 성행위를 포함한다)이 우상 숭배와 연관되어 있음을 보인다. "너희도 정녕 이것을 알거니와 음행하는 자나 더러운 자나 탐하는 자 **곧 우상 숭배자**는 다 그리스도와 하나님 나라에서 기업을 얻지 못한다"(엡 5:5). "그러므로 땅에 있는 지체를 죽이라 곧 음란과 부정과 사욕과 악한 정욕과 탐심이니 탐심은 우상 숭배니라"(골 3:5). 물론 우상 숭배는 탐심, 탐욕, 돈 사랑을 겨냥한다. 하지만 나는 두 번의 열거에서 마지막에 나오는 이 용어가 모두와 관련한다고 생각한다. 모든 것이 우상 숭배다(음행+악한 정욕+돈 사랑=우상 숭배). 우리는 문제의 영적 중심부와 합류한다. 바울은 모든 통음난무 예배, 남근 숭배 등을 겨냥하고 있는 것이 명백하다.

그런데 우리가 본 대로 우리 시대에 이런 종류의 섹스 숭배가 온전히 되돌아오고 있다. 섹스는 종교적 가치다. 동성애자들과 소아성애자들이 그들의 태도가 옳고 바르고 진실하다는 것을 표명하기 위해서는 그들의 맹렬한 열정을 보여주기만 하면 되며, 자유 사랑이 인정받기 위해서는 페미니스트 운동의 맹렬한 열정을 보여주기만 하면 된다. 또한 이것이 더 이상 도덕의 문제가 아니라 종교 문제임을 깨닫기 위해서는 이 문제가 논의될 때 집단으로 사는 커플들의 투지를 보여주기만 하면 된다.

사람들은 섹스 종교로 되돌아온다. 성인용품점은 그것의 성전이다. 예언자들, 예수, 바울의 선포는 여전히 유효하다. 관건은 아브라함, 모세, 예수의 하나님이 계시한 진리냐, 아니면 극도의 섹스 찬미냐의 문제인가?

그러나 이제 우리는 매우 정확히 자유의 문제가 제기되는 지점에 도달했다. 그리스도 안에서 우리가 해방되는 것은 무엇으로부터인가? 사랑으로부터인가? 제거되어야 할 성행위로부터인가? 우리가 가질 수 있는 쾌락으로부터인가? 결코 그렇지 않다. 다만 강박관념과 성 숭배로 이어지는 이 인간 실재에 대한 집중으로부터다.

그런데 이것이 두 가지 방향으로 활동한다는 것을 이해할 필요가 있다. 섹스에서 자신을 실현하려는 망상(돈주앙처럼)과 더불어 고삐 없이 열정적으로 성에 빠지는 것과, 반대로 그것을 절대적인 죄로 만들고 도처에서 모든 양상의 섹스를 내쫓으며 삶에서 그것을 제거하고자 하며 정절을 절대적인 법으로 만들고 쾌락을 정죄하는 것은 동일한 것이다. 후자 역시 성 강박관념이다. 이 강박관념이 긍정적이건 부정적이건 간에 그것은 악하다. 매우 순수하고 해방되었음을 선언한다는 점에서, 성적 방탕의 강박관념이나 금지(게다가 이 금지를 말하는 자들이 그것을 어긴다)의 강박관념은 마찬가지로 위선이다.

이 영역에서 자유란 '색욕'에서 해방되는 것이다. "하나님이 원하는 것은 너희의 거룩함이며, 너희가 음란을 버리는 것이며, 각기 거룩함과 정직함으로 자신의 몸(또는 자신의 성?)을 점유할 줄 알며, 하나님을 모르는 이방인들이 하듯이 색욕에 빠지지 않는 것이다"(살전 4:3 이하).

우리는 여기서 '음행-거짓 종교'의 관계를 다시 만난다. 하지만 자유의 명백한 방향과 더불어 그렇다. 바울의 용어들은 아주 중요하다. 음행은 탐욕(이것은 모든 악의, 모든 죄의 뿌리다)과 연결되어 있다. 실제 우리가 '성적 자유', 터부에서의 해방이라고 사람들이 주장하는 것을 조사해 보면, 탐욕 외에, 그보다 바울의 말대로 색욕(인간에게 어떤 선택도 어떤 자율성도 남기지 않는 모종의 열정에 의한 열광) 외에 다른 아무것도 없다. 열정에 대한 이 집중이야말로 성적 일탈자들의 도덕적이고 영적인 쇠약 상태라는, 그리고 결함 상태라는 특징을 나타낸다. 성적 일탈자들은 자기를 억제하고 자기를 통제하며 다른 것을 선택할 능력이 없다.

나는 정신병을 분류하는 것을 좋아하지 않지만, 동성애자 등은 실로 장애인이요, 박약자인 것이 사실이다(나는 지적이거나 인격적인 영역에서 말하는 것이 아니다. 그들은 매우 지성적이며 확실한 인격의 소유자일 수 있다). 왜냐하면 그들은 성 숭배에서, 성을 가장 중요시하는 데서 유래하는 색욕에 의해 지배되기 때문이다. 반대로 바울이 제안하는 것은 '자기 몸을 점유할' 능력이다. 바로 여기에 실제로 자유가 있다. 이것은 신체 절단, 성적 억압, 금욕주의와는 전혀 관련되지 않는다.

'성적 자유'를 주장하는 자가 이런 결정론과 싸움으로써 얼마간의 사회학적 속박에서 벗어나며 스스로 자유롭다고 믿는 것은 사실이다. 그러나 실상 그는 또 다른 결정론에 빠지는 것 외에 그 무엇도 실현하지 못한다. 다른 결정론이란 자신의 생리학, 자신의 선(腺) 모양의 분비물[정액], 자신의 유년기에서 유래하는 무의식의 속박, 열정을 쏟을 기회 등의 결정론이다. '몸'에 의한 이런 숙명 역시 억압적이다.[24] 여기에는 어떤 자유도 없다.

그때부터 그리스도 안에서 해방된 사람은 사회적 결정론을 극복한 뒤 자신의 생리학과 정신을 극복해야 한다. 바울이 요구하는 것이 바로 이것이다. 즉 자신의 몸을 점유하고 복종시키며 몸에 이끌려가지 않고 오히려 몸을 이끌어 가는 것이다. 이것이 유일한 자유다. 그때 우리는 전혀 다른 상황에서 주어지는 바울의 증거를 다시 만난다. "나는 비천에 처할 줄도 알고 풍부에 처할 줄도 안다"(빌 4:12).

여기서 우리는 성의 영역에서 그리스도 안에서의 자유의 표현이란 하나님의 축복에 위치하면서 그리고 하나님의 영광에 따라 성을 체험하면서, 거기서 즐거움과 쾌락을 찾아낼 줄 아는 것이라고 말해야 한다. 뿐만 아니라 이 자유의 표현은 또한 성을 포기하고 정절로 자신을 지키며 성을 결정적인 의무로 삼지 않을 줄 아는 것이다. 일례로 타인들에게 유익하게 보일 때나 하나님을 영화롭게 하는 데

---

24) 정신분석가 André Stéphane의 매우 흥미로운 연구 "La liberté sexuelle, pour quoi faire?"(in *Contrepoint*, 1971)를 보라.

유익해 보일 때 성에 몰입하지 않을 줄 아는 것이다. 또한 하나님 앞에서 최선의 것을 선택함으로써 동등한 자유로 서로를 받아들일 줄 알아야 한다는 것이다. 여기서 최선의 것이란, 다시 말하거니와 결코 결정적이거나 환원되지 않는 것이 아니라, 시간과 장소와 환경에 따라 바뀔 수 있는 것이다. 물론 한편으로 결코 이웃을 침해할 수 있는 것도 아니며, 다른 한편으로 사회나 '몸'을 따르는 것도 아니다.

이처럼 그리스도인은 결코 섹스의 '일반화와 우상 숭배'에 가담할 수 없다. 오히려 여러 작가들의 텍스트들을 나무라야 하리라. 나는 그 가운데 한 가지 사례만 들겠다. 우리는 WCC의 전속 전문가인 마가렛 미드(Margaret Mead)가 사회학적인 필연을 구실로 해서 결혼과 정절에 대한 진부함을 말하는 것을 볼 때[25] 이것이 무엇을 의미하

---

[25] 1966년 〈교회와 사회〉 회의에서 마가렛 미드는 커플이 성적으로 적응했는지를 알아보기 위한 실험 결혼을 제의했다. 그녀는 1970년 어떤 인터뷰에서 훨씬 멀리 갔다. 그녀는 성서에 담겨 있는 결혼의 지속과 정절이라는 규칙이 일찍 죽었던 시기의 상태, 결혼이 불과 몇 년 동안 지속되었던 시기의 상태를 표현했을 뿐이라고 여긴다. 수명이 70인 오늘날, 명백히 그녀에게는 남자와 여자가 그토록 오랫동안 서로 사랑할 어떤 가능성도 없어 보이며, 따라서 정절의 의무를 강요하지 않는 것이 적합해 보인다고 한다. 그녀에 의하면 결혼에는 평균 5년이라는 기간이 있어야 하는데, 이는 이것이 사회학적으로 '사랑'의 지속 기간이기 때문이다. 그 후에 이별은 정상적이다. 이것이 부부에게나 자녀에게 비극이어서는 안 될 것이다. 교회의 역할이란 일례로 부부의 죄의식을 덜어 주기 위해 즐거운 이혼 예식을 거행하는 것이리라. 마가렛 미드는 자신의 자유 부재를 전적으로 드러내면서 그리고 기독교적인 삶의 가능성을 부인하면서 정확히 사회학적인 흐름을 따른다. 왜냐하면 그녀는 예수 그리스도의 개입이 사회학적인 행위에서 아무것도 바꾸지 못한다고 여기기[본문은 nier동사이나 문맥상 바꿔 해석했다—역주] 때문이다. 교회의 죄의식 해방 역할은 민중의 아편 영역으로 들어왔다. 이처럼 이 '진보된' 사상은 음식이 약간 상했다괴이것은 엘륄의 말장난으로, avancé('진보된')라는 단어에는 '약간 상한'이란 뜻이 있다—역주] 말할 때의 의미로 쓰자면 약간 상한 사상일 뿐이다. 그녀는 자유의 정반대인 오직 부패만을 표현한다.

는지에 대해 충분히 정확하게 경고를 받는다. 문제는 정확히 필연을 따르는 것과 관련된다. 사람들은 그리스도인에게 타인들과 달리 처신하도록 요구할 수 없고, 그는 타인들처럼 존재해야 하며, 문화 동화에 순응해야 한다는 것이다. 하지만 이것은 정확히 비-자유의 표현이다. 섹스를 따르고 섹스를 신격화하는 것은 한편으로 자유롭다는 인간의 주장이요, 다른 한편으로 그의 노예 상태의 실재다.

전적으로 엄격한 도덕이 지배하고, 권위적이거나 종교적으로 도덕화하는 계급이 지배하는 사회에서 한 인간, 특히 한 여성이 위험을 무릅쓰면서 성적인 자유를 주장할 때, 비록 내가 하나님의 뜻에 대한 그의 독립에 동의하지 않는다 하더라도, 그는 실제로 자유를 위한 무언가를 시도한다.

하지만 부도덕이 명예와 돈으로 이어지는, 성적 자유가 전체적 분위기인, 예술이 성의 신격화를 통해서만 표현되는, 에로티즘이 사상과 혼동되는, 이것에 항의하는 자들이 조소되는, 우리 서구와 같은 사회에서 성적 자유의 표명은 단순히 매우 강력한 순응주의의 표현만은 아니다. 성은 스스로 자유롭다고 주장하고자 하며, 그렇게 하기 위해 이 주제를 택한다. 바로 그렇게 함으로써, 성은 그것이 그 결과를 지배하지 못하는 생식샘의 노예로서 나타난다. 이것은 성이 자신의 정당화를 찾으며 본능의 만족을 원할 뿐만 아니라, 나아가 예술과 자유의 영광을 원하기 때문에, 그것은 도덕화하는 노예다. 이것은 포스터, 연극, 영화 그리고 포르노-에로티즘 행위를 채택하는 환경을 통해 성을 부추기는 사회학적 경향의 노예다.

이것은 부르주아의 성적 도덕주의와 전혀 다르지 않다. 즉 우리 해방자들이 수동적인 순종자들인 것처럼 집단의 평균 행동에 수동적 순종이었던 순종 말이다. 실제로 이 성적 폭발은, 특히 그 신격화는 일반화된 성 불능에 대한 보상적인 장치에 불과하다.26)

하지만 인간이 정확히 섹스를 자신의 인격의 중심에 위치시킴으로써, 자신의 성생활을 해방시켰다고 주장함으로써 스스로 성 불능에서 해방되었다고 믿는 데 비해, 그는 알지도 못한 채 쇼샤르(P. Chauchard)의 놀라운 표현에 따르면 "성적 퇴폐의 큰 요인 가운데 하나인 성의 온갖 기술주의적인 조작"에 동참한다. 그가 알지 못하는 것은 이 성의 기술주의적 조작이 선전 덕택으로 성을 통합시키기에 가장 쉽고 용이한 방법이라는 것이다. 이 성적인 찬양을 발판으로 삼은 모든 선전(일례로 전쟁 선전)은 언제나 성공했다. 쇼샤르는 인간을 특징짓는 것이 이 성행위에 대한 뇌의 통제라는 것을 상기시킨다. 물론 이 뇌의 통제가 선정적인 창작력으로 나타날 수 있다(이것은 포르노 작품들의 광고 주제들 가운데 하나다. "여러분은 동물이 할 줄 모르는 것을 하는 법을 배운다").

하지만 여기서는 실제로 통제에 대해 말할 수 없다. 왜냐하면 지적 호기심이 생식샘의 충동과 사회적 모범성에 굴복하기 때문이다. 달리 말해서, 통제의 핵심이어야 할 것이 비-통제적인 충동의 예속적 도구가 된다는 말이다. 이와 같이 소위 성 해방이 단순한 예속 상태로 나타나는 것은 그리스도인의 자유의 수준에서이기도 하며, 뿐만 아니라 선정적인 행동이 지금까지 형성된 인간의 특수성의 파손을 드러내는 것은 인간의 자연적 실재의 수준에서이기도 하다. 성의 찬미, 성의

---

26) 나는 이 주제에 대해 가리(R. Gary)가 「흰 개」(*Chien blanc*, p. 77)에서 보여준 놀라운 분석을 언급하지 않을 수 없다. 그는 이 문제에 대한 기독교적이고 사회학적인 모든 학식 있는 연구서들보다 훨씬 더 멀리 간다.

신격화, 성 혁명보다 더 큰 자유의 부정은 없다.

부록 : 일부다처제

성적 자유를 말하면서 어떻게 일부다처제를 다루지 않을 수 있겠는가? 즉시 은밀한 일부다처와 내가 문화적, 법적, 관례적 일부다처제라 부르는 것 사이를 구분하자.

전자는 우리 기독교화된 나라들의 특징으로, 엄밀히 말해서 간통 외에 다른 아무것도 아니다. 설령 간통이 지난 30년 간의 성적 방임주의 덕택으로 다양하게 자격이 부여되고 있다 하더라도 말이다.

1) 따라서 간통은 성서적으로 전적이고 철저한 금지에 속하며, '죽음'(구약에서는 육체적인 죽음이요, 신약에서는 영적인 죽음이며, 현재는 심리학적인 영역에서 경험되는 죽음이다)이 예고된 형벌에 속한다. 간통은 어떤 이유에서건(위대한 사랑 등) 결코 정당화되지 않는다.

2) 하지만 예수 그리스도 안에서 간음한 여인의 유명한 일화를 통해 은총과 용서가 간통에, 모든 간음에 주어졌다. 그러므로 교회와 그리스도인으로서 우리는 용서의 말 외에 다른 말을 선포해서는 안 된다. 간통은 다른 것들과 마찬가지로 하나의 죄이며, 우리는 동일한 은총으로 죽음에서 구원되었다.

3) 하지만 이것이 간통에 어떤 자유를 주지도 않으며, 그것을 결코 합법화시키지도 않고, 그것을 용서될 만한 가벼운 과오로 축소시키지도 않는다. 간음한 여인의 사건은 "가서 더 이상 죄를 짓지 말라"로 끝난다. 간통은 여전히 치명적인 죄다. 용서에서 출발해서 열린 유일

한 가능성은 그것을 금하는 율법의 준수이지, 은혜 안에서 체험되는 율법이 아니다. 은총의 자유는 철저하게 간통에서 배제된다.

문화적 일부다처제의 경우는 훨씬 더 어렵다.[27] 일부일처제가 기독교적인가? 기독교는 일부일처로 식별되고, 이교는 일부다처로 식별되는가? 일부다처이면서 그리스도인이 되는 것은 가능한가? 서구 사람들에게 대답은 명백해 보인다. 그러나 칼 바르트는 이렇게 쓰고 있다. "우리는 일부다처제가 엄격하게 금지되고 일부일처제가 보편적으로 규정되고 선포되는 신약의 단 하나의 텍스트도 보여줄 수가 없다."[28] 가톨릭 신학자 쉴리빅스도 동일하게 쓴다. "기독교 결혼이 일부일처제이어야 한다는 계명이나 일부다처제를 금하는 계명이 들어 있는 텍스트는 단 하나도 없다."[29]

문제가 제기되어 마땅하다. 내가 보기에 처음부터 우리가 철저히 거부해야 할 두 가지 그릇된 태도가 있다.

첫째는 일부다처제를 전적으로 금하고 여자들을 하나만 두고 나머지는 버리기를 요구한 대부분의 선교 활동의 태도다. 이것은 한편으로 좁은 의미에서 도덕주의적인(결과적으로는 반기독교적인) 태도다. 다른 한편으로 우리가 아프리카에 강요하고자 했던 일부일처제가 근본적으로 기독교적이었는지, 혹은 단순한 문화적 산물은 아니었는지를 자문할 능력이 선교사들에게 없었음을 보여주는 태도다. 이것은 일부다처의 남편을 출교하는 교회 형태로 이어졌다. 그의 부인들도

---

27) 갈리(J.-N. Gally)가 편집한 탁월한 작품, 「일부다처제와 교회」(*La polygamie et l'Eglise*, Faculté protestante de Yaoundé, 1982)를 보라.
28) K. Barth, *Dogmatique*, XV, 202, 209.
29) Schillebeeks, *Marriage: secular reality and saving mystery*, I, 284.

하나만 두고 나머지는 교회에서 출교된다. 보다 관용적인 일부 교회들에서는 모든 여자들을 교단에 받아들인다. 일부일처 부부만이 성찬에 받아들여졌으며, 사람들은 때로 은총이 일부일처 사람들에게만 주어진다고 가르쳤다.

두 번째로 그릇된 태도는 앞의 태도와 정반대의 입장을 취하는 교회 지도자들—오늘날 아프리카의 목사들과 신학자들—의 태도다. 즉 일부일처제는 오직 서구의 문화적 관심사이며 식민주의 심성의 표현이라는 것이다. 아프리카인들은 그것을 받아들일 이유가 전혀 없다. 일부일처제에 대한 어떤 성서적 증거가 없다. 결혼은 하나님의 제도가 아니라 단지 인간의 창안에 불과하다. 창세기 이야기는 단지 '기원적'(étiologique)일 뿐이다.30) 성서가 결혼에 대해 말하는 모든 것(정숙, 파기 불가능성)은 일부다처제에서 실현될 수 있다. 복음은 다양한 문화에서 적용되어야 한다. 일부다처제는 아프리카인들이 '마음속에' 하나님과 함께 있다는 사실에 의해, 결국 '한 몸'이라는 표현이 '협력적인 인격'과 관련된 선언으로 여겨져야 한다는 사실에 의해, '단수가 복수로 여겨져야 한다는' 사실에 의해 변형된다(이것은 일부다처제와 마찬가지로 일처다부제를 정당화한다). 나는 이런 태도가 앞의 태도와 마찬가지로 잘못이라고 생각한다. 왜냐하면 그것이 성서 텍스트들을 왜곡하고 아프리카의 관례와 풍습을 정당화하기 때문이다.

우선적으로, 확실히 일부다처제라는 인간적인 정당화를 수용할 필요가 있다(산아제한, 경제적 유익, 각각의 여자를 위한 신생아 수

---

30) J.-N. Gally, *La polygamie et l'Eglise*, 1982, p. 73.

제한 가능성, 간통과 매춘의 제거, 부족들과 마을들 사이에 많은 혈족 관계를 통한 평화 수립 등).

이 모든 것은 전적으로 정당하다. 하지만 그것으로 충분하지는 않다. 성서적 관점에서 문제를 바라볼 필요가 있다. 우선 이론의 여지가 없는 것으로 하나님이 하나의 여자와 더불어 하나의 커플을 창조하셨다는 사실이다. 무슨 집단적 인격이란 없다. 하나는 하나다. (한 카메룬의 신학자는 매우 타당한 글을 쓴다. "일부일처의 결혼은 우리에게 남성과 여성—다른 성극을 갖는 두 인간—이라는 두 동등한 힘의 깊은 일치와 균형의 상징이다").

창조의 걸작인 여자는 단 하나의 남자를 위한 단 하나의 여자다. 그리고 그들의 연합이야말로 하나님의 형상이다. 이것은 구약의 도처에서 확인된다! (이것은 문화적 전염이 아니었다. 왜냐하면 주변에는 일부다처제가 지배적이었기 때문이다).

그렇다면 족장들의 잘 알려진 일부다처 문제가 남아 있다. 여기서 요약한 책31)에는 니엠브(A. T. Nyemb)의 훌륭한 연구 논문이 들어 있다. 그는 이 일부다처제가 결코 하나님이 원하신 것이 아니라 반대로 언제나 악과 관련되어 있음을 지적한다. 라멕은 살인자요(창 4:19-24), 아브람은 약속을 스스로 성취하고자 함으로써 그것을 위반하며(창 16장), 야곱의 후손들의 갈등은 분열을 초래하고, 다윗은 일부다처제 속에서 자신의 탐욕을 드러내고 바로 그 일로 인해 벌을 받는다(압살롬). 마지막으로 솔로몬은 그의 일부다처제를 통해서 이스라엘을 우상 숭배로 끌고 간다(솔로몬의 일부다처는 하나님에 대한 불충이

---

31) [역주] 앞의 책을 의미함.

다).

그러므로 여기에는 피해야 할 막중한 오류가 있다. 즉 일부다처의 족장들이 모델이 되리라는 것, 그들의 일부다처가 일부다처제를 합법화하리라는 것이다! 그러나 이것은 정확히 성서의 가르침에 정반대가 된다! 족장들의 사례는 도덕성과 선행의 모범으로 우리에게 주어진 것이 아니다(아비멜렉에게 사라를 자기 누이라고 말하고 사라가 왕의 규방으로 들어가도록 허용하는 아브라함의 안 좋은 이야기를 다시 보자!—창 20장).

족장들은 한편으로 모든 것에 대한 약속의 전달자들이다. 그들은 단지 신앙의 사람들이다(도덕의 사람들이 아니다). 그들은 악행에도 불구하고 결국 자신들에게 베풀어진 은총의 증인들이며, 하나님이 은총의 하나님이심에 대한 증인들이다. 그러므로 여기서 일부다처제는 악과 죄에 속한다.

나는 '소위 계승적인 일부다처제'(수혼제), 다시 말해서 동생이 먼저 죽은 형의 부인을 아내로 취해야 하는 행위는 포함시키지 않는다. 이것은 일부다처제의 실제적인 경우가 아니라, 보다 거리가 먼 답을 주는 데 도움이 될 것이다.

그러므로 성서적으로 내게 확실해 보이는 첫 번째 요소(내가 참고하는 대부분의 카메룬 신학자들의 경우와 마찬가지)는 일부일처제가 하나님이 원하시는 것이라는 사실이다. 하지만 우리는 이것을 형벌을 갖춘 철저한 도덕법으로 변형시켜서는 안 된다. 하나님이 주시는 모델은 창조의 모델이요 하나님과 피조물 사이에 있는 관계의 모델이다. 그렇다면 일부다처제가 일반적인 사회에서는 어떤 태도를 가져야 할까? 그것은 결혼이 특별한 자와 특별한 자의 결혼이기를 원하는

하나님의 특별한 사랑을 전하고 선포하는 일이다.[32]

따라서 스스로 그리스도인이라 칭하고 결혼하고자 하는 자들에게는 일부일처 혼인을 가르쳐야 한다. 회심한 자들이 일부다처일 경우, 그들을 출교한다거나 또 부인 하나만 놓아둔 채 나머지를 억지로 버리게 해서는 안 된다. 여기서 중시해야 할 것은 자유가 사랑에 의해 이끌려야 한다는 규칙이다. 언제나 기억해야 할 것은 버려진 여자들이 어느 누구의 도움도 받지 못하고 살기 위해 몸을 팔 수밖에 없으리라는 점이다. 이것이 핵심이다. 열두 명의 여자들을 억지로 축출하고 소외시킨다면 은총의 증거가 어디 있겠으며, 사랑이 어디 있겠는가? 일부다처제를 관용케 하는 것은 명백히 그리스도 안에 있는 자유다! 동시에 이것이 천민으로 전락하는 그들의 자녀들 문제를 제기하기 때문에 더욱 그렇다.

일부다처제에 대한 도덕주의적인 거부는 한 사회를 도덕적 무질서로 끌어가며, 여자들과 자녀들을 배척하게 된다. 하지만 족장들의 경우에서처럼, *사랑*의 자유로의 수용이 일부다처제의 영원한 유효성 인정과 신학적 합법화로 이어지는 것은 결코 아니다. 그것은 은총으로 용서된 죄를 진 상황이다. 그게 전부다.[33]

마지막으로, 일부다처제에 대한 한 가지 고찰(이것은 내가 방금

---

32) Ani ve Atha[무슨 의미인지 모름—역주], Nyemb는 이것을 매우 타당하게 상기시킨다.
33) 수혼제가 과부 된 여자나 후손 없이 죽은 남자를 도움 없이 내버려두지 않게 하는 것을 목적으로 삼았던 것과 마찬가지다. 일부 아프리카 신학자들에게서 이와 '반대되는 도덕주의'가 발견된다. 즉 "만일 결혼이 하나님에 의해 제정된 것이라면, 그것은 절대적이리라"는 것이다. 세상에는 다양한 형태의 결혼이란 없을 것이다! 이것은 부조리하다. 이것은 한편으로 하나님이 원하시는 남녀의 일치와 혼인 제도 사이를 혼동하는 것이며, 다른 한편으로 하나님을, 그의 창조를 기계화하는 절대적 입법자로 삼는 일이다!

말한 것과 정확히 반대된다)에서, 이 일부다처제의 여성에게 전적으로 부정적인 몇 가지 양상을 고려해야 한다. 여기서 여자는 다른 어느 지역에서보다 '대상'이다. 태어나기도 전에 혼인되고34), 음핵이 절제되거나 봉쇄되며, 경제적인 재산과 교환되고, 타인들(방문객 등)과 '공유'되며,35) 족장 관할 구역 사이의 조약 체결용으로 사용된다(가축 등처럼).36) 따라서 여기서도 여자를 위한 사랑과 자유의 법의 우월성이 추구되어야 하는 바, 일부다처제는 이것을 전혀 보장해주지 않는다.

그렇다고 일부일처제가 명백히 '남자를 위한 구원 조건'은 아니다. 모든 약하고 죄를 진 남자들처럼 "일부다처 남자들도 하나님의 은총을 받아들인다."37) 토고(Togo) 교회에서는 이 주제에 대해 주목할 만한 발전과 자각이 있었던 것으로 보인다(CETA 총회, Lueka, 1974). "우리는 하나님의 입장에서 판단해서는 안 된다." "비록 일부다처제가 하나님의 뜻에 일치하지는 않지만, 주님의 만찬에 초대되는 것은 바로 용서가 필요한 자들이다." 아프리카 교회들의 이런 성찰은 유럽의 그리스도인들을 성 윤리에 대한 보다 나은 이해로 안내할 것이다!

---

34) J.-N. Gally, *op. cit.*, p. 32.
35) *Ibid.*, p. 115.
36) *Ibid.*, p. 120.
37) *Ibid.*, p. 110.

3. 피임

이제부터 '피임약과 피임 수단에 대해 고찰하자.38) '피임약의 발명은 무수한 논의를 야기했다. 나는 여기서 피임약을 사용하는 여자가 출산 계명을 따르지 않는지를 조사하지 않을 것이다. 나는 이 주제에 대해 자유의 문제를 다루는 것으로 만족한다. 왜냐하면 그것이 문제의 중심 논지이기 때문이다.

무엇보다도 먼저, '성적 본능'의 논지로 피임약 사용을 반대할 수 없음을 상기하자. 피임약의 사용이 본능―생식과 성행위를 결합하는―을 따르지 않는 것이기에 그것을 정죄하는 것은 기원부터의 인간 행동 전체를 부인하는 것(이것은 우리가 앞 항목39)에서 이미 증명한 바 있다)이며 인간의 특수성 자체를 거부하는 것이다. 인간은 바로 자신에게 만들어진 자연 상태를 수용하지 않았다는 점에서 동물처럼 행동하지 않았다. 인간은 본능을 지배했고, 그 결과 본능을 따르지 않았다.

이것에 위험이 없지 않다는 것을 우리는 보는데, 이는 기술 향상이

---

38) 〈개신교 연구 센터〉(Centre protestant d'Etudes)가 만든 주목할 만한 도서 목록을 보라: *Amour et sexualité*(1968). 백여 가지의 책들 가운데 베일-할레의 해설 작품들(Dr. Lagroua Weill-Hallé, *La contraception et les Français*, 1967; *Contraception orale ou locale*, 1962―이것들은 사회학적 분석과 기술적 제안을 담은 작품들임), 뇌비르트의 탁월한 제안(Lucien Neuwirth, *Le dossier de la pilulle*, 1967), 뒤마의 매우 중요한 책(A. Dumas, *Le contrôe des naissances*, 1965), 〈신앙과 삶〉의 특별호("Vie chrétienne et sexualité, *Foi et Vie*/1976), 〈말씀과 사회〉의 특별호("Vie chrétienne et sexualité, *Parole et Société*/1976)가 있다. 하지만 특별히 최근의 결정적인 책은 피임이 언제나 자유는 아님을 놀랍게 입증하는 모랭의 책(F. Edmonde Morin, *La rouge différence, ou les rythmes de la femme*, seuil, 1982)이다.
39) [역주] 앞에서 다룬 〈성서의 정죄〉 부분을 가리킨다.

우리를 놓아두는 믿을 수 없는 위험 때문이다. 하지만 위험이건 아니건, 이것이 인간의 전 역사다. 그의 행동에 본능적 경계란 없다. 그는 언제나 경계를 넘어섰다. 이와 같이 우리는 인간이 그 기원에서부터 행했던 모든 것을 거부하거나, 아니면 동일한 길에서 진일보에 불과한 피임약을 수용하거나 해야 한다. 모든 것은 이것이 자유로의 한 단계인지를 아는 데 있다.

피임약이 자유를 주는가?

피임약이 자유를 준다고 생각하는 사람들의 논지는 다음 사실에 근거한다.

[1] 한편으로, 이것은 반복되는 임신의 노예 상태에서 여성을 해방시켜 준다. 남자(그에게 성행위는 심각한 결과를 야기하지 않는다)와 여자 사이의 성 세계에 평등화가 있다는 말이다.

[2] 다른 한편으로, 부부가 아기 갖기를 선택할 수 있으며, 결과적으로 출산은 더 이상 우연한 사고가 아니라 선택이고, 따라서 자유의 표현이다. 태어나는 아이들은 원했던, 그러므로 사랑받는 아이들이지, 출발부터 거부당하고 낙담으로 여겨지는 파국적인 아이들이 아니다. 이들은 '사랑의 자녀' 내지는 긍정적 의미로 '욕망'의 자녀가 될 것이다. 순전한 성적 욕망이나 '불법적' 사랑의 욕망이 아니라, 미리 사랑받는 아이에 대한 욕망, 남녀가 목표로 하는 사랑의 정점을 표현하기 위해 선택된 욕망 말이다.

[3] 마지막으로, 성행위와 출산 사이의 분리 덕택으로, 두 파트너는 자유롭게 선택되고 속박 없이 조직되는 온전히 발전된 성생활을 가질

수 있으며, 이것은 인격을 성숙하게 해준다.

많은 그리스도인들이 피임약에 대해 갖는 천국 같은 환상은 이런 것이다. 만일 우리가 여전히 에덴 동산에 있다면, 혹은 우리가 여전히 자유인, 곧 우리가 소유하는 도구들을 진리와 사랑에 따라 아주 정당히 사용하기에 적합한 진정한 자유인이라면, 이 모든 것은 분명 옳을 것이다. 그러나 꿈을 꾸어서는 안 된다. 실제로 정당하고 건전하며 올바른 부부의 경우 피임 도구가 선택되고 사랑받는 자녀를 갖게 해준다는 것은 매우 옳다(하지만 그런 부부라도 둘이 원하지 않고 택하지 않은 아이들을 사랑할 수 있겠는가?). 그런 부부가 얼마나 될까?

우리가 매우 잘 알다시피, 대부분의 경우 아이는 장애물이요, 속박이며, 의무와 책임에의 굴복이다. 아이가 많아서가 아니다. 어떤 아이든 단 하나만으로도 벅차다. 아이를 갖지 않는 데 이르는 것이야말로 모든 제한에 대해 마음대로 자신을 보장하는 것이다. 이것은 순수 이기주의와 자폐 상태의 표현임을 입증한다. 피임약은 부부들(95%의 경우)을 자유로운 선택 행위 앞에 두는 것이 아니라, 그들의 자유가 아닌 그들의 이기주의를 방해하는 것을 치워 버릴 수 있는 상황에 둔다.

피임약은 전혀 자유의 승리가 아니고 이기주의의 승리다. 최고의 이기주의와 관련될 경우에 말이다! 하지만 아이에 대한 일반적이고 체계적인 거부에서 승리한다는 것은 매우 옹졸하고 보잘것없는 삶의 개념이다.

성생활과 관련해서도 마찬가지다. 만일 피임 도구가 조화롭고 균형 잡힌 성생활을 세우기 위해 자유롭고 현명한 사람에 의해 사용되는 도구라면, 그것은 완벽할 것이다. 하지만 이런 자유롭고 현명한 사람이 어디 있는가? 실로 우리는 사람들이 결국 '위험' 없이 모든 무절제에 빠질 수 있음을 확인할 뿐이다.

흔히 성생활이 '만개'했다고 칭하는 것은 오늘날 방탕하고, 망상적이며, 열광적인 성행위를 의미하며, 자유와는 아무런 관계가 없다. 소녀는 아무런 위험도 없고, 남자는 아무런 도덕적 책임도 없다. 물론 나는 여자의 임신이 형벌이었음을 말하는 것이 아니라, 황폐케 하는 본능에 확실한 장애물이었음을 말한다. 여기서 유일한 긍정적인 경험은 평등 경험이다. 여자도 전통적으로 남자가 그랬던 것과 마찬가지로 거칠고 시시껄렁하게 성적 본능에 전념할 수 있다. 바꿔 말해서, 아이를 갖거나 안 가질 수 있는, 갖고 싶을 때를 선택할, 아이들을 시간 속에 배열할 통제력이 실로 인간을 윤리적 상황―바로 '순수' 상태에서의 선택 상황이기에―에 위치시키며 그의 책임을 확대시키는가?

인간이 행하는 행위에 더 이상의 결과는 없다. 그것은 아무런 대가가 없는 상황이요, 그러므로 보다 진보된―흔히 평가하는 말로―상황이다. 사람들은 인간의 자유를 증대시킨다. 그런데 나는 이 두 가지 사항에서 분석이 그릇되었다고 여긴다. 사람들은 자신의 책임을 전혀 확대하지 않는다. 자신의 행위의 중요성 없이, 무엇이 됐건 거리낌 없이 행동할 수 있을 뿐이다. 사람들은 경찰과 법정이 제거된다면, 살인 의도를 가진 자의 책임이 증대된다고 믿을까? 사람들은 전혀 자신의 자유를 확대하지 않는다. 사람들은 더 많은 자율을 인간에게 준다.

나는 이런 논지들에 대한 분석으로 그치겠다. 왜냐하면 나는 사회학적인 입론을 인정하기 때문이다. 사람들은 이렇게 해서 낙태의 수를 줄일 수 있다. 맞다. 이어서 특히 '행실의 문란'과 성의 찬미가 있으며, 그 결과 사회가 점점 긴밀해지고 가혹해지며 규칙적이 되어 가기 때문에, 인간은 배출구를 필요로 하고 그것을 극단적인 성생활 (실제적이건 상상적이건)에서 찾아낸다. 모든 사람이 모든 사람과 동침한다. 프랑스에서 사람들은 이혼 숫자가 감소하는 것을 기뻐하지만40), 일부는 간통이 점점 인정되고, 정상적인 두 '부부'로 여겨지기 때문이다. 이는 정확히 점점 성적인 양면성이 인정되는 쪽을 지향하는 것과 같다. 그러나 자유의 증진이 있다고 말하지는 말자. 이것은 완벽히, 심지어 전적으로 상황이 결정한 태도들이다.

이런 상황에서 사람들이 범섹스주의(pansexualisme)를 용이하게 하기 위해 피임 도구, 피임약 등을 사용한다는 것은 매우 정상적이다. 하지만 여기에 이르는 여론의 경향은 위험 없는 온갖 성 경험을 하려는 욕망에만 근거한다. 의사나 신학자에 의해 제시되는 다른 동기들은 상황, 사회학적인 흐름, 성적 욕구에 비해 무게가 나가지 않는다.

제시된 논지의 혼합에 있는 과학적이거나 신학적인 논지들은 말고기 파이에 있는 종달새다!41) 물론 이 문제에 있어서 아무도, 전체의 99%가 생리학적인 성 충동이요 또한 사회학적인 순응주의임을 말할 용기가 없다. 나는 사회학적인 순응주의를 인정한다. 내가 들은 바대로, "우리 사회의 현 상태에서 모든 피임 도구를 너그럽게 허용하는 것 외에 달리 행할 수 없다"는 것은 맞는 얘기다. 이것은 상황을 정확히

---

40) 내가 이 글을 썼던 1970년에는 정확했지만, 1980년에는 잘못되었다. 통계는 불확실하다.
41) [역주] 건질 게 없다는 의미로 보임.

본 것이다. 마찬가지로 나는 인구의 과도한 상승을 막아야 한다는 사회학적 논지를 인정한다(특별히 제3세계!). 이것 역시 상황을 명확히 본 것이다. 내가 인정할 수 없는 것은 이것을 자유라고 부르는 것이다. 내가 인정할 수 없는 것은 이것을 책임 달성이라고 부르는 것이다. 내가 인정할 수 없는 것은 이것을 하나님의 뜻에 기초하려고 한다는 것(자기 자신의 주인인 인간)이요, 그것에 도덕과 종교를 혼합한다는 것이다.

이때 다시 한 번 철학자, 그리스도인, 신학자는 단순히 거짓말쟁이가 된다. 그들의 모든 추론은 인간이 하나님의 손에서 나와 그 자체로 자유롭고 자신의 자율을 옳게 사용할 수 있는 피조물이라는 언급되지 않은 전제에 근거한다. 하지만 정확히 스스로 자율적이 되기를 원하는 것이야말로 바로 아담이 저지른 악이었다.

[사실은 다음의 둘 중 하나다.] 먼저 사람들은 인간에게 책임 있는 태도를 주고 참된 자유와 책임 가운데서 피임 도구를 사용하게 해주는 깊은 영적 동기에 호소할 수 있다는 것이다. 나는 영적으로 발전된 남자에게는, 부인과 가족에게 좋은 리듬으로 출생을 제한하기 위해 그다지 피임 도구가 필요하지 않았다고 말하겠다. 절제가 있었던 것이다. 아니면 실제로 자유롭고 책임 있는 이 태도가 가능하지 않은 사람은 자신의 본능과 충동을 따른다는 것이다(이것이 엄마가 해마다 한 아이에게 시달리는 무수한 가정의 경우나, 집단 성관계에 가담하는 젊은이들의 경우다). 그때 피임 도구는 그를 책임 있는 사람으로 만들지 않는다는 것을 깨닫자! 그것은 이 사람을 성적 본능으로, 자기 억제의 부재로, 사회학적인 경향의 순응으로 끌고 갈 뿐이다. 그게 전부다.

도구가 선택의 가능성들을 증대시킨다고 믿는 것은 잘못이다. 만일 억제력이 먼저 자기 자신에게 영향을 미치지 않는다면, 그것은 '도구를 소유하고 있는 자아'에게 영향을 미치지 않을 것이며, 전반적인 상황에도 영향을 덜 미칠 것이다. 참된 선택의 상황은 자기 자신을 이끌어 가는 방식을 목표로 하는 것이지 신생아 수나 출생일을 목표로 하지 않는다.

윤리적 관점에서 피임 도구는 참된 결정과 책임을 면해 줄 뿐이다. 자신의 본능, 열정, 충동의 조절과 관련된 책임 말이다. 피임 도구는 사회학적인 결정론을 생물학적인 결정론으로 대체한다. 그것은 엄격히 말해서 어떤 책임도 어떤 자유도 만들어 내지 않는다. 나는 진정 그리스도인이 자유롭기 때문에 그것을 더 잘 이용할 수 있기를 바란다. 하지만 이렇게 함으로써 그는 자유의 길, 자기 충만의 길에서 전진하기보다는 후퇴한다는 것을 알아야 한다.

물론 나는 오늘날 성적 '절제'와 정절에 대해 말한다는 것이 나이든 바보가 되는 것이요, 게다가 프로이트를 전혀 모르는 것임을 안다. 나이든 바보라는 판단은 순간의 가치에 근거하며, 따라서 전혀 중요하지 않다.

두 번째 판단은 바로 프로이트에서 유래하는 승화(sublimatio)라는 중요한 양상을 무시하는 듯이 보인다. 지금까지 남자는 그가 여자를 사랑하는 한, 그녀에게 억지로 해마다 임신시키지 않을 만큼 사랑하는 한, 여자라는 동일 인격을 위한 완전한 사랑을 중재로 자기 자신에 대해 확실히 통제하는 한 성적 본능에 대한 확실한 통제로 이끌렸다. 여자는 바로 임신의 압박을 피하기 위해 자신이 인격으로서 사랑받게 해야 했다. 남자는 이 사랑 때문에 자신의 충동을 억제해야 했다.

이것이 없는 관계란 대상과의 관계요, 창녀와 동등한 관계다. 순전히 일시적인 쾌락의 관계다. 피임약이라는 실체는 여자를 이런 쾌락의 가능성으로 끌고 가며, 남자는 더 이상 여자를 사랑할 필요가 없다. 왜냐하면 어떤 억제도 실행할 이유가 없기 때문이다.

화학 제품이 결단, 의지, 억제를 대체한다. 성관계는 필경 창녀와 했던 관계 형태가 되고 만다. 사람들은 유감스럽게도 한계나 통제가 없는 가능한 한 '많은 성행위들'과 성생활의 '만개'를 혼동한다! 달리 말해서, 피임약이 자유의 요인이라는 논지는 '본성적인' 인간이 실제로 자유롭다는 전제에 근거한다. 이 논지는 자유와 자율/독립을 혼동한다. 우리는 자율과 독립이 힘과 지배의 정신, 독점 의지, 인격의 모순과 관련되어 있다는 것, 그러나 그것이 자유의 정반대라는 것을 안다.

피임약과 예속 상태

그러므로 [동전의] 다른 면을 조사해야 한다. 피임약이 예속 상황으로 이어지지 않는지를 자문할 필요가 있다.[42] 이것은 단 한 가지

---

[42] 나는 마이오(A. Maillot, "La Déesse Pilule", *Réforme*, août, 1968)가 특히 문제의 두 가지 중대 양상을 강조할 때, 그의 정당한 지적에 쉽게 동의한다. 하나는 싹트기 시작하는 피임약 강박관념이다("불면증 환자와 수면제 관계, 당뇨병 환자와 인슐린의 관계가 커플과 피임약의 관계보다 덜 아찔하다. 그런데 불면증 환자와 당뇨병 환자는 환자였다. 그러므로 커플 역시 환자라 하겠다. 피임약은 환자 심리학을 주지 않을까? 결국 정상적인 여자를 환자로 취급하지 않을까? 질문은 간단하다"). 다른 하나는 사람들이 한 가지 의약품 덕택에 책임 있게 되고 성인이 된다고 여기는 오류다("책임 있는 자가 되기 위해 의약품에 호소하는 것은 내가 보기에 기만이다. 이 새로운 출산 방식은 옛 출산 방식과 마찬가지로 책임적이지 않다. 어째서 그것은 합당하지 않은 이 멋진 형용사['책임 있는']로 스스로를 정당화할 필요를 느꼈는가?"). 마이오의

효과(너무도 많은 임신에서의 여성의 해방)만이 아니라 가능한 한 온갖 복잡한 결과들을 조사한다는 것을 의미한다.

일례로 사람들은 피임약 덕분에 남편이 그의 아내나 정부와 충만한 성적 만족을 갖는다면 그것이 매춘을 줄게 할 것이라는 희망을 가졌다. 그런데 실상은 그렇지 않다. 정확히 체재에 가담한 직업적인 창녀의 수가 안정되었다.

피임약 덕분에 일반적으로 매우 젊은 소녀들의 우발적인 매춘의 증가가 목격된다. 종종 괜찮은 환경에 속한 이 소녀들은 가난 때문에 매춘의 궁지에 몰리지 않으면서도 그걸로 용돈을 만들거나 명품을 살 돈을 번다. 여기에 자유의 향상이 있다고 말할 수 있을까? 아니면 심지어 독립의 향상이라도? 실제로 소녀들은 임신의 무서움에 사로잡

큰 장점은 피임약의 사용이 결코 자유의 표현이 아니며 자유를 만들어 내지도 않는다는 것을 충분히 보여주었다는 데 있다!

반대로 이 문제에 대한 뒤마(Dumas)와 퓌리(Pury)의 논지는 나를 결코 설득하지 못했다. 다산의 30년이 아내에게 15명의 자녀를 강요하는 문제가 아님을 말하면서 생물학의 영역에 위치해야 한다는 것, 물론이다. 이런저런 방식으로 여전히 자녀의 수를 제한해야 한다는 것, 분명하다. 결과적으로 불간섭(하나님인가 자연인가?)이라는 절대 원리를 지지해서는 안 된다는 것, 물론이다. 하지만 여기에 기독교의 윤리적이고 신학적인 주장을 혼합해서는 안 된다는 것이 내가 요구하는 것이다. 단지 그리스도인들이 이렇게 하면서 모든 사람들처럼 필연에 따를 뿐임을 인정하라는 것이요, 적은 수의 자녀를 가짐으로써 하나의 인격이 되고자 하는 여자에 대해 역겨운 감언이설에 몰두하지 말라는 것이다. 여자가 한때 대상물이었음을 믿기 위해서 극단적인 역사적 몰이해가 필요하다는 것은 전통 문명이 여자에 대해 우리에게 가져온 이런 모순이다! 물론 내가 가정주부나 자녀가 많은 어머니를 옹호하는 것은 아니다. 나는 다만 사람들이 근거된 논지만을 사용하기를 바랄 뿐이다. 절제에 대해서 그것이 영웅적 행위에서 요구하는 것이지 기독교적 삶을 이루는 것은 아니라고 말할 때, 나는 절제가 의도적인, 긴장된, 도덕주의적인 박탈일 경우 영웅적인 행위에 속한다고 말하겠다. 절제가 단순히 사랑과 순종에서 나오는 태도일 경우, 그것은 자유에 속한다. 하지만 섹스에 대한 이런 자유가 없을 경우, 사람들은 모든 피임 도구의 사용이 자유의 결핍의 현저한 징표임을 알면서도 그렇게 한다는 것에 전적으로 동의한다.

했을 때보다 훨씬 더 큰 노예 상태의 길로 들어선다. 물론 궁극적인 논지는 "결국 그것이 그녀들을 기쁘게 한다면…"이라고 말하는 데 있을 것이다. 하지만 문제는 여전히 동일하다. '그것'이 더 이상 그렇게 즐겁지 않는 순간이, 더 이상 거기서 벗어날 수 없는 순간이 아주 빨리 온다는 것이다. "그것이 그녀들을 기쁘게 한다면"은 실제로 가장 강한 자로 하여금 가장 약한 자를 억누르게 해주는 자유주의의 최악의 표현이다!

나아가 피임약은 많은 파트너와의 성관계의 다변화를 허용한다. 그런데 에로티즘 이론과 관련된, 사랑과 성의 단절과 관련된 이 다양한 파트너들은 한편으로 매우 빨리 권태와 무관심을 만들어 낸다. 사람들은 화장실에 가듯(어찌됐건 생리학적인 욕구일 뿐이니까!), 많은 젊은이들이 말하는 대로 "15분 스포츠 하듯"(comme on s'envoie un demi) 성행위를 해치운다.

다른 한편으로, 사람들은 사랑의 깊은 관계라는 의미를 상실한다. 이것은 몸을 파는 아주 젊은 소녀들이 느끼는 슬픈 경험이다. 아주 빨리, 모든 것이 더 이상 의미 없게 된다.

우리는 앞에서 사랑과 자유의 불가분리적인 관계를 보았다. 만일 누군가의 사랑이 관련되어 있지 않다면, 스스로 자유하다고 믿는 것은 거짓이다. 자유는 결코 온갖 바람에 떠다니는 것이나 본능을 좇는 것과 동의어가 아니다. 그런데 항시 파트너를 바꿀 가능성은 정확히 온갖 바람에 떠다니는 것이다. "모든 것을 만지고자" 하는 것은 두 살짜리 아이의 자유 수준이다. 현대 에로티즘 이론들은 나로 하여금 필히 유아적 퇴보를 생각하게 한다. 이런 폭발적인 성행위에는 어떤 자유도 없다. 흥분, 포만, 무의미 끝에 오는 무관심에는 산만과 흩어짐이 있다. 그러나 무관심 상태가 자유는 아니다.

마지막으로, 비-자유 상황을 야기하는 피임약의 부수적인 결과들 가운데 성병의 증가를 잊지 말자. 흔히 알다시피, 현재(20년 전에는 이 재앙을 진압한 것으로 여겼었다) 이것은 표피 모습을 갖춘 채 치명적으로 다시 등장했다. 이 질병의 형태는 이전보다 훨씬 더 심각하게 보이며, 기적을 행했던 처방도 점점 그 효과를 잃고 있다. 또한 이 질병은 주로 젊은이들에게 나타난다는 것, 그리고 모든 계층으로 파급된다는 것이 알려져 있다. 이 질병은 더 이상 창녀와의 빈번한 접촉과 전혀 관련이 없다.

결국, 가장 중요한 것은 성행위의 '자유'가 보다 커지기 때문에 성병의 증가도 커진다는 사실이다. 피해가 단연 가장 주목할 만한 나라는 스칸디나비아 국가들과 미국이다. 이들 국가들은 1950-1970년 사이에 충격적으로 증가했다(임질은 스웨덴과 노르웨이에서 35%, 덴마크에서 100%, 미국에서 50% 증가했다).

물론 나는 피임 기구가 생식기의 약함 때문에 여자에게 성병의 영향을 준다고는 말하지 않을 것이다(일부 과학자들이 주장했으나 다른 이들에게 반박되었다). 다만 이 증가는 아무런 조심성 없이 수많은 파트너들과 성관계를 다변화하는 데서 기인한다고 말하겠다. 그런데 이 성적 '자유'는 피임 기구의 존재에 의해 허용된다. 여기서도 원칙이 그렇다는 것이 아니라 현실이 그렇다는 말이다. 점점 더 어렵게 치료되는 성병이 자유의 엄청난 상실임을 어째서 깨닫지 못한단 말인가? 피임약과 같은 현상의 사회적 효과를 평가하고자 한다면 그 모든 양상을 식별하려는 시도가 필요하다. 그것 없이 평가는 아무런 가치가 없다.

피임약의 바른 사용

여기서 두 가지 일반적인 결과를 끌어낼 필요가 있다.

[1] 먼저, 사람들은 잘 알려진 한 가지 사회학적인 현상을 재발견한다. 그것은 인간이 독립의 영역에서 무언가를 얻어낼 때마다 반대급부로 기필코 만들어지고야 마는 보상적 노예 상태를 야기한다는 것이다.

이것을 고려하기 위해서는 명백히 사회학적인 현상들을 부분적이거나 통계적인 양상이 아닌 그 전반적인 양상 하에서 관찰해야 한다. 그러므로 이것은 상황이 언제나 동일하다는 것을 의미하는 것이 아니라, 절대적인 진보란 없으며(모든 진보는 퇴보에 의해 상쇄된다) 독립의 영역에서 인간이 한쪽에서 얻는 것을 다른 쪽에서 잃는다는 것을 의미한다. 그러나 이런 상쇄는 명백하지도 즉각적이지도 않다. 혁명들에서처럼, 주역들이 자유에 이르렀다고 믿는 어떤 순간 혁명적 폭발의 순간이 있다. 이어서 독재자들이 나타난다.

이와 같이 피임약 덕분에 가장 직접적이고 초보적인 단계에서 겁 없이 아무나하고 동침할 수 있는 소녀는 자신의 자유의 명백한 느낌을 갖는다. 그리고 이어서 의식적인 억압과 상실감이 뒤따른다. 하지만 이전의 상태를 만들어 내지는 못한다. 독립된 느낌의 폭발에 이은 자유의 부재는 직접적으로 느껴지지 않는다. 왜냐하면 이때의 자유의 부재는 옛 형태가 아니기 때문이다. 자유롭지 않다는 것을 알아차리게 되기 위해서는 시간이 필요하며, 새로운 상황 분석이 필요하다.

[2] 두 번째로 일반적인 결과는 언제나 새롭게 나타나는 착각과 관련된다. 이것에 따르면 인간은 자연 질서의 변화에 의해서 자유를

얻는다는 것이다. 인간에게 자동차를 주어 보라. 그는 시간과 공간에 대해서 자유롭다. 여자에게 피임약을 주어 보라. 그녀는 여성 생리학의 노예 상태에서 해방되고, 파트너들은 성적으로 자유롭다.

원대한 꿈은 인간이 새로운 물질적 환경을 창설함으로써 아무것도 원하지 않고 아무런 대가도 지불하지 않은 채(피임약 상자 값을 제외하고) 결국 자유로워지게 되는 것이다. 이런 환경은 오직 인간에게만 온다. 인간은 결국 '자유의 환경'에 놓인다. 자유는 외부에서 온다. 제도를 바꾸면 인간이 자유롭게 된다는 동일 이미지가 언제나 되풀이된다. 이것이 자유주의의 꿈이었고, 사회주의의 꿈이다. 이것은 명백히 피임 도구에 대한 모든 긍정적 강론의 밑바탕에 있다.

그런데 제도가 결코 자유를 만들어 내지 못한다는 것, 경제적, 과학적, 물질적 변화가 결코 자유를 주지 못한다는 것을 반복해서 말할 필요가 있다. 어떤 점에서 독립 쟁취라는 것이 있을 수 있다. 확실히 그렇다. 하지만 인간으로 하여금 이런 영역에서 조직의 변화를 통해 온전히 독립적으로 선택할 수 있게 하는 것은 자유와 아무런 관계가 없다. 자유는 속박과 필연의 상황에서만 발생한다(이것은 내가 종종 입증했기 때문에 반복하지 않겠다!). 인간이 자유를 발견하는 것은 필연이 있고 그것에 반대할 때다.

물리적 변화 덕분에 인간을 아무래도 좋은 자주성의 상황에 위치시키는 것은 실로 그의 불안과 불확실과 무의미의 느낌을 증폭시키는 것이다. 일례로, 피임약으로 인한 성적 자유와 청소년의 자살 사이의 관계를 분석할 필요가 있을 것이다. 매우 밀접한 관계가 있으리라고 나는 확신한다.

달리 말해서, 피임약은 그 자체로 어떤 자유도 창출하지 못한다.

그것은 새로운 노예 상태를 만들어 내며 일종의 무관심의 독립을 준다. 그것은 인간을 선택할 수 있고 자유로울 수 있는 상황에 두지 않는다. 그것은 성의 일반화를 통해 인간을 보다 큰 불안과 인격의 침하 상태로 끌어간다.

그렇다면 피임약을 '반대'해야 하는가? 아무튼 나는 이 반대가 전통적인 도덕 때문이거나, 여자를 예속 상태로 유지하기 위해서거나, 신성불가침의 성격과 관련해서도 있어서는 안 된다고 입증한 바 있다. 나는 실제로 이 문제가 아무런 의미가 없다고 생각한다. 피임약은 있다. 만일 우리가 나쁘다고 판단되는 것을 사라지게 하기에 적합한, 도덕적이거나 영적인, 심지어 정치적인 권력—명백하고 확고부동한—이 있는 사회에 있다면, 그렇다면 '찬반' 논쟁이 의미가 있을 것이다. "내 논증이 이 권력을 이끌어 내가 생각하는 방향으로 결정하게 할 필요가 있다." 하지만 이런 것은 심지어 소련에서조차 더 이상 존재하지 않는다. 그때부터 이것을 찬성하고 반대한다는 것은 아무런 의미가 없다. 설령 내 논증이 절대적으로 가장 훌륭하고 결정적이라 하더라도, 그것은 아무것도 바꾸지 못한다. 왜냐하면 어떤 권력도 모두가 굴복하는 사실의 지배력을 거스를 수 없기 때문이다. 나는 피임약이 하나의 사실인 이상, 그것을 통해 그리스도인들과 비그리스도인들을 구별한다고(모두에게 크게 빈축을 살) 답을 하겠다.

그리스도인들의 경우, 만일 그들이 그리스도 안에서 자유를 얻었다면, 만일 그들이 이런 자유로 살 줄 안다면, 만일 그들이 진정한 자유를 입증한다면, 그렇다면 나는 피임약이 탁월한 발명품이라고 말하겠다. 이 경우에 그들에게는 실로 책임감에의 호소가 있다. 진정 성실을 원하기에 성실하며, 진정 부모가 되기를 원하기에 부모가 되며, 성적인 조화 가운데서 부부의 하나 됨을 유지하는 것도 그것을 원하기 때문이며, 새로운 승화를 지향하는 것도 그것을 원하기 때문이다. 더 이상 물리적인 속박이 없다. 이것이 실로 명백한 자유 행사의 상태다.

이것이 새로운 인격 형성과 커플 형성의 제공된 가능성이며, 새로운 자각을 향한 열림이다. 피임약에 대해 구체적으로 말해진 모든 것은 피임약을 이용하도록 부름 받는 사람의 기존의 진정한 자유의 경우 사실이다. 그런데 우리는 오직 그리스도 안에서만, 십자가와 부활의 기적적인 행동을 통해서만, 또한 믿음을 통해 그리스도 안에 있는 사람들이 이런 자유로 살기를 원한다는 조건(우리가 종종 말한 대로 이것은 매우 드물게 실현된다!) 하에서만 이런 자유가 있음을 증명하고자 했다.

비그리스도인들의 경우, 만일 그들이 현 상황에 피임약의 자발적인 사용이라는 있는 그대로의 상태에 머물러 있다면, 피임약은 부정적 총체 가운데서 그 결과를 맞는다고 말할 수 있다.43) 이것은 피임약의 바른 사용을 위한 교육을 의미할 것이다. 피임약을 '용량학'(posologie)에 따라 먹는 사용자에게 무조건(심지어 의학 처방전에 따라!) 그것을 맡겨 버리는 것은 총체적으로 처참하다. 심리학적인 용량학과 도덕적 용량학이 동시에 필요하다.

젊은이들에게 심리학적인 영역 등에서 피임약 사용의 모든 위험(여자아이들의 경우 있을 수 있는 생체적 위험을 포함해서)을 경고할

---

43) 이 모든 것에 대해선 이미 언급한 C.-E. Morin의 탁월한 책 *La rouge différence*를 보라.

필요가 있을 것이다. 그리고 물론 성교육과 관련되지만 단지 피임약의 구조에 대한 생리학적인 설명만은 아닌, 특별 교육이 필요할 것이다! 청소년이 자기 충동에 빠지지 않을 뿐만 아니라 그것을 억제하고 기술 수단을 바르게 사용할 줄 알도록 매우 추진된 교육, 선택과 의지에 대한 실제적인 교육이 필요할 것이다. 자동차를 이용하기 위해서는 운전을 할 줄 알아야 한다. 경주용 자동차를 이용하기 위해서는 운전을 매우 잘 할 줄 알아야 한다. 피임약은 자동차보다 훨씬 더 가공할 도구이며 이용하기에 훨씬 더 어려운 도구다(물론 약품 용량학에 따라서 그렇다는 말은 아니다!).

그러므로 매우 추진된 교육이 필요하다. 달리 말해서, 훨씬 더 엄격한 사회 통합과 문화 적응이 필요하다는 말이다.

가능한 다른 출구는 없다. 피임약이 재난을 야기하거나, 아니면 개인이 피임약의 바른 용례만을 따를 수 있는 그런 식의 교육을 실행해야 하거나 둘 중 하나다. 다시 말해서, 우리는 외양적인 자유를 위해 인간의 재량권에 맡겨진 기술 수단이 보다 큰 노예 상태의 요인을 자유로 여기게 한다는 점에서, 더욱 강력하고 철저한 거짓된 결과를 야기하기 때문에, 더욱 복잡한 사회 조절의 길로 들어간다는 말이다.

이 지적은 일반화되어야 한다. 성을 순전히 생리학적인 무엇으로 만드는 것은 성의 대중화와 '보편화'에 속한다. 우리는 앞에서 이런 사실을 보았고, 이것이 어떤 오류를 보여주는지를 말했다. 인간은 독립이나 새로운 도구를 획득할 때마다 그것의 사용법을 자세히 배워야 한다. 그렇지 않을 경우 그것은 치명적이 된다. 이것은 모든 성적 영역에서도 옳다. 여기서 야기되는 문제는 실로 결정적이다. 공식적으로 주어지는 성교육을 생각해 보면, 그것은 순전히 기술적인(생물학적인) 교육이다.

그런데 우리는 과학이 의식을 동반해야 하는44), 이 의식이 없을 경우 재난이 되고 마는 전형적인 영역에 직면한다.

이때의 '교육'은 먼저 피임 교육이 아니라 성도덕 교육이다. 젊은이들에게 행할 수 있는 모든 것이 꼭 좋은 것은 아니라는 사실을 가르치고, 문제는 행하는 방법을 아는 데 있는 것이 아니라 그것을 행해야 할 경우를 아는 데 있다는 사실을 가르치며, 섹스의 영역에서 선과 악이 무엇인지를 말해야 한다.

다음으로, 삶의 총체에서 섹스를 분리시키는 것과 섹스를 모든 인격적 참여의 독립적 행위로 만드는 것이 악이라는 사실과, 성적 결합이란 두 존재의 영원한 만남의 정점이라는 사실을 말해야 하며, 이 결합이 서로에게 결정적으로 깊은 영향을 미친다는 사실, 설령 그것을 '신성한' 행위로 삼아서는 안 된다 하더라도 극도로 진지하게 고려해야 한다는 사실, 그리고 성적 '해방'이 파괴적일 수 있다는 사실을 말해야 한다.

마지막으로, 이 관계에서 '타인'을 고려해야 한다는 사실을 말하고, 사랑의 표현과 표시로서의 성행위는 좋은 것이라는 사실, 상호 쾌락은 하나님의 선물이라는 사실, 그것은 모든 상황에서 낭비하지 않는 한 살아가는 데 상당한 도움이 된다는 사실을 말해야 한다.

만일 성교육에서 이런 도덕 교육이 없다면, 그렇다면 나는 이 교육

---

44) 최근 모랭(E. Morin)이 과학과 의식 사이의 불가분의 관계로 되돌아가는 것을 본다는 것은 큰 기쁨이다!

역시 이전의 터부와 마찬가지로 사람들에게 재난을 초래한다고 말한다. 딜레마를 피할 유일한 길은 사회-심리학적인 해체이거나, 아니면 사회의 맹목적인 조절 둘 중 하나다.

낙태

마지막으로 나는 낙태에 대해 한마디 첨가하겠다. 그 전반적인 문제는 방금 말한 진술로 밝혀져 있다. 여성해방 운동의 딱한 전투의 일례는 사회보장 제도에 의한 저 유명한 임신중절(IVG) 상환금과 관련되는 전투다. 사람들은 '여성해방 운동가들'이 낙태라는 이례적인 행위를 보편화함으로써 여성의 본질적인 실재를 끝없이 부인하는 것을 보았다.

물론 나는 '낙태 반대 운동'(Laissez-les vivre)의 지지자들의 입장을 취하지 않을 것이다. 나는 낙태가 불가피한(도덕적으로, 심리학적으로, 사회학적으로, 경제적으로) 모든 경우들을 안다. 하지만 그래도 여자가 아이 낳기를 거부하는 것은 그녀에게 보다 본질적인 것이 있음을 부인하는 것이다.[45]

낙태가 단순히 여성의 자유 행위라고 말할 수는 없다. 절대로 없다. 반대로, 여성해방 운동가의 경우 낙태는 있을 수 있는 가장 이념적인 경향을 따르는 것이다. 임신이 귀찮기 때문에 '그것[낙태]을 하는' 경

---

[45] 나는 이 표현들이 '여성해방 운동가들'에 의해 즉시 거부되리라는 것과 나를 다시 한 번 복고주의자로 비난하게 만들 것임을 안다. 나는 한 가지 논지만을 제시할 것이다. 동일한 여성해방 운동가들은 섹스와 성이 인격의 중심에 있다고 여긴다. 그러므로 성행위의 결과들이 중요하지 않다고 말하는 것은 어떤 이유에서인가?

우, 그것은 자유가 아닌 경박함을 따르는 것이다. '상황 때문에 달리 할 수 없는' 경우, 그것은 필연이다. 자유의 행위는 모든 난관에도 불구하고, 모든 우여곡절과 장애물에도 불구하고 정확히 아이를 간직하고자 하는 것이다. 여기에 자유가 있다. 다른 어디에도 없다.

낙태는 광고의 대상도, 시시껄렁한 행위도, '권리'의 표현도 아니다. 낙태에는 어떤 권리도 없다. 사람들은 이 일에 편의 이상의 것을 개입시킨다. 평범하게 되어 버린 낙태는 실로 현대인이 몹시 좋아하는, 그리고 파괴적인 능력을 가진 편의품—자동차에서 온갖 신기한 물건들까지—가운데 하나다. 건강, 심적 평정, 인간관계, 사회적 연대성 등을 위한 이 터무니없는 행위에 속한 모든 것에 있어서 낙태는 점점 더 잘 알려진다. 하지만 정신과 의사, 사회학자, 심리학자들이 이야기하는 모든 것을 아무도 믿으려 하지 않는다.

나는 가까이에서 보았고, 그것을 구체적으로 말하면, 그것은 임신중절을 행하는 의료기관의 경박함, 진지함의 부재다. 여자와의 여러 차례의 대화, 문제 해결의 추구, 행위의 심각성을 자각하게 하기, 책임 있는 선택의 상황에 위치시키기 등이 예상되었다. 그런데 이 모든 일이 아무것도 일어나지 않았다. 여자는 낙태 의지를 통보하러 왔고 장부에 등록되었다. 부득이한 경우를 위한 여러 가지 방법이 설명되었고, 날짜가 잡혔으며, 그게 전부였다. 다시 한 번 말하지만, 기술적인 설명만이 주어졌을 뿐이다.

나는 여기에 여자의 자유의 부정과 비극이 있다고 주장한다. 설령 기술적으로는 성공했다 하더라도(언제나 성공하는 것은 아니다!), 여자는 이어서 이 낙태를 비극적으로 살아갈 것이다(나는 많은 경우를 보았다). 나는 자신의 경험과 무수한 경우들을 이야기해 주는 기생

(Guillin) 부인(부부 상담자)의 놀라운 기사46)를 소개한다. 이것에 따르면, 훗날 여자들은 "일찍 알았더라면"이라고 말한다. "보편화가 은밀한 낙태보다 더 큰 피해를 입혔다."

여자는 낙태로 말미암아 충격을 받은 채로 있게 된다. 이것은 사회 집단이 '도덕적인 판단'을 할 문제도, 문화적 상황에 속한 일도 전혀 아니다. 이런 것[판단/상황]은 살아 있는 진리—즉 낙태에 의한 여자의 전 존재의 손상—를 정면에서 바라보지 못하게 하기 위한 용이한 논증이다. 하지만 이렇게 말했을지라도, 낙태는 불가피하게 남을 수 있다. 값을 산정하면서, 어떤 것이 가장 덜 아픈지를 평가하면서, 그것 역시 악이라는 것을 알면서 말이다!

부록 : 마약과 자유

내가 마약 문제를 성적 자유, 피임 등의 문제의 부록으로 간단하게 다루는 것이 놀랍게 여겨질 수 있다. 어떤 이들은 내가 피임과 마약을 연결하는 것이 터무니없다고 여길 것이다! 그러나 문제가 되는 것은 동일한 태도다. 무엇보다도 먼저 마약과 관련된 자유 담론도 두 가지 단계가 있다.

첫 단계: 마약을 사용하는 것은 우리 사회의 '터부'를 깨는 것이요, 부르주아 도덕과 싸우는 것이며, 아무것도 정당화하지 않는 명령을 위반하는 것이다. 마약 중독자는 사회 노예 제도와 투쟁하는 사람이요, 순응주의적인 규범에서 나오는 사람이며, 사회적 통제에 맞서

---

46) J. Guillin, "L'autre détresse", *Le Monde*, 21 décembre 1982.

용기 있는 행동을 하는 사람이다. 우리는 피임/성적 자유에 대한 담론과 마약에 대한 담론을 한마디 한마디 연결시킬 수 있다.

둘째 단계: 마약 덕분에 나는 희한하고 놀라운 자유를 얻고, 환각상태에 빠지며, 아연실색케 하는 것을 보며, 모든 자연적인 지각이나 상상 너머로 새 세계에서 자유로우며 경이로운 예술가가 된다. 그래서 나는 기필코 이 꿈 같은 창조적인 상태를 되찾기를 열망하는 것이다.

이와 같이 마약으로 얻어지는 자유는 정확히 사용자로 하여금 이벤트를 가장 멋지게 치를 수 있게 해주는 피임약에 의한 자유를 상기시킨다. 나아가, 마약 사용에서 나는 '도덕'의 완전 상대화가 주장하는 자유의 한 가지 양상을 발견하기도 한다.

즉 금지령이 부조리하고 전적으로 임의적이며, 그 증거는 그것이 도처에 존재하지 않는다는 것이다. 우리는 이런 금지령이 전혀 없이 사는 사회들을 알고 있다. 우리는 이것을 성적 부패의 경우에도 말한 바 있으며, 그것은 여기서도 재발견된다. 마그레브[47]의 대마초, 서남아시아나 중국에서의 아편, 코카 등이 그 사례들이다. 어째서 서구에서는 모르핀이나 하시시(마리화나)의 금지가 주장되었나? 그것은 전혀 근거 없는 결정이며, 부조리한 사회적 신념에서 오는 무지에 근거한 결정이다. 그러므로 문을 열면 모두에게 자유가 있다. 이것이 마약 이론가들의 견해를 요약한 것이다. 일례로 티모시 리어리[48]가 그렇다.

---

47) [역주] Maghreb. 모로코, 튀니지, 알제리를 포함하는 북아프리카 지방.
48) [역주] Timothy Leary(1920-1996). 하버드대 심리학과 교수에서 1960년대 미국 반문화 운동의 대부로 변신하여 환각제(LSD)의 사용을 공공연히 지지했다.

그런데 이 견해의 마지막 사항[개방이 모두에게 자유라는]이 그 자체로 어리석으며 그런 입장을 가진 자의 무지를 드러낸다는 것을 명심해야 한다. 물론 실제로 각각의 사회가 '자신의' 마약을 갖고 있는 것은 사실이다.

서양에서는 알코올과 담배가 그 사례다. 하지만 각 사회는 (그것이 진실로 살아 있는 한) 조직화된다. 다시 말해서 사람들은 어떤 식으로든 일정 수의 원칙과 규범에 따르고 모종의 터부를 존중해야 한다. 사람들은 비교적 규칙적인 전통과 관습을 따른다. 특별히 마약 사용은 언제나 두 가지 속박으로 조절된다. 하나는 공동의 풍습이요, 다른 하나는 지식(사람들은 마약에 문제가 있음을 알고 그 효과를 제한할 줄 안다)이다.

서양에서는 식전에 친구들과 술 한 잔을 마실 수 있으며, 이것은 크게 나쁘지 않다. 마찬가지로, 모로코에서는 대마초를, 베트남에서는 아편을 한 파이프 피울 수 있다. 억지로 부추기지도 않고 해보겠다는 열정도 없다. 사람들은 사회적으로 마약을 제한할 줄 안다.

물론 남용도 있다. 서양에 만성 알코올 중독자가 있듯이, 마찬가지로 동양에는 아편 중독자나 혹은 마그레브에서의 하시시 중독자가 있다. 이것이 존재하기는 하지만, 사회가 조직화되고, 그 원칙들과 공동의 풍속을 내포하는 한 그 수가 상대적으로 적다. 이처럼 주어지는 마약은 문화적이고 사회적인 맥락에서 고려되어야 하며, 거기서 마약은 제한된다.

다른 문화에 속한 마약이 그것에 익숙하지 못한 사람들이 사는 한 사회에 외부로부터 들어올 때 상황은 전혀 동일하지 않다. 이렇게 해서 알코올은 북아메리카 인디언들에게 끔찍한 피해를 야기했다.

서양에서는 아편, 하시시, 모르핀 등이 그랬다. 거기서 인간은 아무런 전통도 사회적 방어도 없이 그가 지배하지 못하는 강력한 현실로 넘겨진다. 이런 '유혹'과 관련해서 그는 혼자다. 그는 너무도 약하다. 그는 어쩔 수 없이 마력(어원적 의미로!)에 부추김을 받는다. 하지만 현실 도피라는 점에서 이렇게 자리 잡는 마약이 최악의 노예 상태를 만든다는 것은 알려진 사실이다.

모든 마약은 노예 상태다. 이 노예 상태는 이중적이다. [1] 먼저, 가장 즉각적으로 보이는 것으로 생리학적일 수도 있고(끊기 어려운 마약) 심리학적일 수도 있는 습관성의 노예다. 하지만 속아서는 안 된다. 심리학적인 노예 상태, 즉 이미지와 환상의 매력, 이 원색의 천국으로의 회귀, 언제나 놀라운 경험으로의 매력(일상의 타성, 현실 세계의 무미건조함과 가혹함에 반대되는)인 이 노예 상태—실제적인 반사운동—는 내가 보기에 생리학적인 노예 상태와 마찬가지로 인간성을 박탈(소외)하며 견디기 어려운 것이다.

[2] 이 인간 소외는 습관성에 의해서뿐만 아니라 현실 밖으로의 도피에 의해서도 일어난다(이것은 종교적인 소외에 대해 포이에르바흐가 해놓은 분석과 비교될 수 있다). 왜냐하면 현실 인식과 자각을 거부하고 현실과 자신의 삶 밖으로 도피하는 인간은 말 그대로 소외된 자이기 때문이다.

이런 식으로 두 단계의 소외(노예 상태)가 있는 것이다. 그리고 내게 이것은 우리가 지금까지 만난 모든 것의 특징으로 보인다. 즉 자유의 욕망이라는 특징으로, 이것은 우선 정당함을 증명하는 담론에서 표현되었다. 또한 이것은 당장의 해방 행위로 해석되는 행위로 이어지고, 결국 이전의 소외였던 것보다 훨씬 더 크고 경직되며 더욱 철저한 노예 상태를 만들어 내는 행위로 이어졌다.

모든 점에서 마약과 피임 사이에는 동일성이 있다. 하지만 피임이 마약보다는 덜 심각하다.

이런 사실로 볼 때, 마약을 통한 자유의 열정 앞에서 그리스도인의 자유는 훨씬 더 철저하고 단단한 태도로 이끌려야 한다. 그것은 피임에 있어서의 신중하고 조절된 거부이며, 모든 마약에 대한 절대적이고 철저하며 엄격하고 타협이 없는 거절이다. 물론 나는 모든 마약이라고 말한다. 서구 사회의 습관화된 마약(알코올과 담배)을 포함해서 말이다.

실제로 우리는 위에서 이런 것들이 도덕적이고 사회적인 구조를 갖는 사회에서는 수용될 수 있다고 강조한 바 있다. 하지만 무질서한 사회, 도덕적으로나 사회학적으로 해체된 사회에서는 더 이상 수용될 수 없다. 수용할 경우, 그것들은 외국의 것들의 경우와 마찬가지로 위험하게 된다. 그리스도인의 자유는 그리스도인에게서 현실감을 잃게 하는 모든 마약과 환각제 등을 추방하는 태도를 만들어 내며, 나아가 자신을 이 노예 상태로 둘러쌓는 것들을 제거할 의지를 만들어 낸다. 여기에는 어떤 신중함도 어중간한 조치도 없다.

하지만 변함없는 일반적인 방침을 상기할 필요가 있다. 마약의 정죄가 마약 중독자, 알코올 중독자의 정죄는 아니라는 것이다. 그 정반대다. 우리가 엄격해져야 하는 것은 중독자를 **반대하기 때문이 아니라 그를 위하기 때문**이다. 마약 중독자는 언제나 도움을 호소하나 아무런 우정의 돕는 손길도 아무런 이해의 눈길도 발견하지 못하기에 마약으로 도피하는 인간으로 시작한다. 나는 마약 중독자가 우정에 굶주려 죽어 갈 때 그를 알고 있으면서 돕지 못한 것에 대한 책임이 있다.

다른 모든 곳에서와 마찬가지로 여기서도 그리스도인의 자유가 사랑으로 집중된다는 것을 다시 말하자. 사랑은 자유가 있는 경우에만 실현될 수 있다. 달리 말해서, 내가 타인을 소외시키는 것에 대한 정죄에서 철저하면 할수록, 나는 타인에게 그만큼 덜 독단적이 되어야 한다. 마약 중독자가 필요로 하는 것은 도덕법이 아니라, 우정, 동행, 연대, 대화, 만남이다.

이와 같이 자유의 이름(도덕적 명령의 이름이 아닌!)으로 마약을 정죄하는 것은 마약 중독자를 있는 그대로 받아들이는 것을 의미한다. 어떤 거부도, 어떤 도덕적 판단도, 어떤 축출도 없다. 그 정반대다. 나는 그가 노예이기 때문에 그와 함께, 그의 곁에 있어야 하며, 그와 동행하고 대화 상대가 되어야 한다. 그리스도 안에 있는 어떤 형태의 사랑이 이 노예에게 자유를 줄 수 있는지를 찾으면서 말이다. '잃은 양을 찾아 나서기 위해 양 무리를 포기하는 이[그리스도]는 이 노예를 저주하지 않고 찾는다. 바로 이것이 다른 모든 곳에서처럼 여기서도 그리스도 안에 있는 자유의 두 가지 얼굴이다.

결론 없는 결론

결론 없는 결론

1. 자유, 하나의 환경

　자유의 윤리에 대한 고찰을 어떻게 '결론'지을 수 있을까? 결론을 내린다는 것은 어원적으로 정확히 닫힘을 의미한다. 주제(sujet)는 이 말의 두 가지 의미—테마와 개인—에서 끝났다. 더 이상 언급할 말이 없다.

　그런데 바로 우리가 이 책에서 생각할 수 있었던 모든 것은 다른 주제들에 대한 열림과 동시에 주체(sujet)의 자각을 포함한다. 자유의 주제에 대한, 보다 정확히 말해서 자유의 윤리(그러므로 동시에 도덕이자 행동인)에 대한 책 읽기는 책을 덮은 뒤 내가 이 자유—그리스도 안에서 얻어지고 내게 주어졌음을 내가 아는—를 표현하기에 적합한 형태를 스스로 찾기 시작하고, 그것에 따라 살기 시작한다는 것을 전제한다. 초-현실에서가 아니라 살아 있는 현실에서 상상하고 만들어 내기 시작한다는 것 말이다.

　자유의 어떤 형태도 제도나 지적 작업에게서 얻어질 수 없으며, 모방이나 프로그램의 적용에서 태어나지 않는다. 모험의 길이 열린다. 그게 전부다. 따라서 여기엔 어떤 결론적인 고찰도 없다. 우리가 수많은 페이지에서 한 말을 요약하면 무슨 소용이 있겠는가. 거기에는 사례들과 암시들만이 있을 뿐이다. 바로 말하면, 나는 모든 것을 다 말했다고 생각하지 않는다! 나는 두세 가지를 첨가해야 할 것이다. 겸허하게 남김없이 말이다!

의지적 사용

　먼저, 분명 자유는 의지적 사용을 전제한다는 것이다. 자유가 주어진다고 해서, 그것이 누군가의 소유가 되고 누군가가 소유자로 남는 그런 대상은 아니다. 그것은 달아날 수 있다. 만일 그것을 받은 사람이 자유인으로서 살지 않을 경우 그것은 사라진다.

　의지적인 사용이라 함은 이 자유가 매 순간 원해지고, 요구되며, 다시 만들어지고, 적용되어야 한다는 말이다. 네가 잠을 잘 때, 너는 자유롭지 않다. 네가 시간을 채우지 않고 그냥 흘려보낼 때, 너는 자유롭지 않다. "매 순간, 장난끼 있는 인간은 금을 채취하지 않은 채 버려서는 안 될 맥석이다." 매 순간, 각자의 말, 각각의 만남, 각자의 습관, 각 개인, 각각의 상황은 자유 안에서 혹은 자유를 거슬러서 작용한다.

"해방된 자들이여", 자유롭게 된 자들이여, 그러므로 끊임없는 자각 속에서 이 사실을 보여라. 그래서 사회적, 영적, 경제적, 문화적 결정론들에 대한 거부를 표현하고, 새 피조물로서의 내 몸과 마찬가지로 새 환경이나 새로운 지적 내지는 교회적인 형성의 이 독립(자유)을 표현하라. 자유를 받아들였다는 것은 자유를 원한다는 것이다. 자유를 원한다는 것은 모든 시도에서 자유를 행동한다는 것이다(먼저 시도가 있어야 한다!). 내가 있는 곳 어디서나 그리스도의 자유가 표현되어야 한다. 그러므로 나는 모든 것을 얻었으며 동시에 모든 것을 잃을 수 있다.

의지적인 사용이라 함은 심지어 하나님의 계시에 의해서조차 마치 눈 먼 자들처럼 이끌리도록 내버려 둘 이유가 없다는 것이다(이때부터 하나님의 계시는 습관이 된다). 우리가 말했듯이(다른 곳에서 다시 말하겠지만), 순종적이 된다는 것은 수동적이 되는 것이 아니다. 자유롭게 된 주체는 하나님의 손 가운데서조차 객체가 되고자 해서는 안 된다. 이처럼 자유를 원하기 위해서는 엄청난 겸손과 힘이 필요하다.

이런 의지적 사용은 위기 속에서가 아니라 일상에서 표현되며, 무엇보다도 법, 한계, 터부 등을 '위반하는' 문제가 아니다. 이런 문제로 되돌아가는 것이 무익하긴 하지만, 그래도 법을 위반하고 문제 삼으며 침해하는 최초의 사람과 어쩌면 두 번째 사람은 자유의 의지적인 사용의 사례를 제공한다는 점을 기억할 필요가 있다. 그러나 그 뒤를 따르는 사람들은 자동 인형들에 불과하다.

다시 한 번 말하거니와 '위반하기' 때문에 자유롭다고 믿는 자들의 끔찍한 환상을 고발할 필요가 있다. 왜냐하면 그들이 위반하고 있다고 믿는 것은 이미 부서진 방벽과 붕괴된 벽에 불과하기 때문이다. 터부는 흔히 상상하는 것보다 훨씬 더 깨지기가 쉽다. 그것은 처음 우롱당하는 순간부터 더 이상 존재하지 않는다. 그러나 허수아비들은 그들이 옛 금지의 길을 걷기 때문에 자유롭다고 자랑할 수 있으며, 그들이 처음이라고 믿는, 최초의 발견자들이라고 믿는 영역에서 뒹군다. 오래 전에 죽은 법, 계명, 제도의 유령과 싸우는 자유의 착각보다 더 심한 착각은 없다.

나는 가정을 파괴하는 책이 나올 때마다 성적 '자유', 동성애, 자녀나 여성의 독립, 범죄자들이나 미친 자들의 비-감금 등을 호소하는 책이 나올 때마다, 미술 전시회가 사람들이 수천 년 동안 표현하고자 한 것을 다소 파괴할 때마다, 사람들이 말의 의미를 침해하고 문화를 파괴할 때마다 정기적으로 불러대는 승전가를 지지할 수 없다. 영광스럽게 자유를 자랑하는 이런 어리석은 짓의 백여 가지 다른 사례들이 있다! 나는 이런 것을 매우 신중한 신문들에서, 무게 있는 잡지에서, 공식 기관지에서 읽는다.

이 모든 것에는 허약하고 아둔한 맹종이 있을 뿐이다. 위반은 이미 행해졌고, 이제 더 이상 실제적인 성적 터부는 없으며, 마찬가지로 여자와 자녀의 독립은 이미 획득되었다.

일반적으로 이것은 이미 대부분의 탈-식민화된 나라들의 경우처럼 이전의 상황보다 더 나쁜 상황으로 이어졌다. 이 모든 행동에는 간략한—'기독교적인' 것은 더더욱—자유의 표현도, 심지어 그리스도인의 자유의 가능성도 없다. 이런 '독립'과 '해방'은 오늘날 사람들이 지향하기를 바랄 수 있는 목적이 아니다.

담론의 반복(왜냐하면 언제나 동일하기 때문에!)은 이제 그것이 진부한 이야기임을 입증한다. 식민지 피지배자들의 자유, 인종주의, 여자, 광인, 소유, 자본주의(게다가 지금은 사회주의!), 노동, 결혼, 폭력 등에 대한 진부한 이야기들이다. 삶의 모든 영역에 진부한 이야기들이 자리 잡았다. 삼백 년 전과 이백 년 전, 아니 백 년 전에도 자유를 표현하기 위한 실제적인 대립이 있었던 곳에 말이다. 오늘날 자유의 전투원에 대한 예찬과 더불어 진부한 이야기들의 정착은 일이 이미 이뤄졌고 또 일이 실패했음을 증거한다.

식민지에서 해방된 자들, 여자, 자녀, 광인이 더 자유로운 것은 아니다. 그런데도 사람들은 이들의 종속관계를 역시 오래 전에 구식이 되어 버린 규칙, 터부, 법, 제도에 돌린다. 실제적인 억압과 장애가 있는 동안에는, 절대적 필요성이 존재하는 한 사람들은 그것들에 문제를 제기하지 않도록 조심한다. 만일 여자나 식민지 피지배자가 자유롭지 않다면, 그것은 옛 터부나 이익 때문이 아니라, 각기 나눠 가지며 아무도 공격하지 않는다는 온전히 새로운 명증 때문이다.

그리스도인은 옛 투쟁 활동으로 들어가서는 안 되며, 이 질 것을 알면서도 하는 싸움을, 나체주의나 그룹 사랑을 위한 싸움을, 그리스도 안의 자유의 진정성으로 보장해 주어서는 안 되고, 다만 이전의 대부분의 '해방' 그 자체에서 기인하는 새 노예들을 식별해야 한다. 그때부터 그리스도인은 한계들을 파괴하는 대신, 어쩌면 바로 자유의 의지적인 사용이 될 새로운 한계들을 세워야 한다. 왜냐하면 이 순간 문제는 인간의 행동(경제적이거나 기술적이거나 과학적이거나 등)에 속한 이 한계가 자유의 발현을 도울 수 있는지 없는지를 가부간에 판단하는 것이 되기 때문이다. 이 한계가 인간을 위하고, 인간에게 삶을 가능하게 하기 위한 것인지 아닌지를 말이다.

환경으로서의 자유

하지만 이것이 그리스도 안의 자유의 유일하고 참된 기능은 아니다. 오늘날 중요한 것은 환경을 되찾는 것이요 삶―다시 말해서 개인의 성숙과 동시에 그 표현, 그리고 타인과의 만남―이 가능한 장소를 재창조하는 것이다! 그것은 하나의 환경이다.

옛 가정은 더 이상 이런 환경이 아니다.[1] 새로운 기초에 근거해서 활기 있는 가정, 남자와 여자의 다른 관계, 부모와 자녀를 동반하는 부부 관계, 삶의 참된 장소를 재창조할 필요가 있다. 자유란 독재적인 가장의 권위를 파괴하려는 의지가 아니라, 열림의 환경, 자녀와 여자와 노인에게 안정된 환경을 만들려는 의지다. 이웃과 이웃이 관계하는 환경, 두세 세대 간의 긍정적인 만남의 환경 말이다.

하지만 온전히 이뤄진 모델은 없다. 자유란 돈이나 성생활을 억제하려는 의지다. 이것들은 기쁨을 위해 있을 수는 있지만, 거기서 두 가지에 대한 찬미와 신격화뿐만 아니라 그것들의 정착, 섹스를 위한 생물학적인 설명, 돈을 위한 생산주의적인 경제 주체론은 피해야 한다.

섹스에 있어서 자유란 거기에 감춰진 신비를 되찾는 것이며, 하나님의 창조적인 활동'의 표징'과 그 활동'에 대한 참고'이어야 할 신비, 성경이 종종 보여주듯이 하나님과 인간 사이의 연합에 있어야 할 신비를 되찾는 것이다. 돈에 있어서 자유란 돈이 개인 상호간의 관계망을 창설하면서('원시인들'에게서처럼 선물과 보답의 선물) 인간을

---

1) 일례로, cf. Martine Segalen, *Sociologie de la famille*, 1981.

돕기 위한 참된 유용성을 가질 수 있다는 발견이다. 즉 환경 창조를 위해 유익한 소박한 도구의 소박한 사용을 되찾는 것이다. 나는 기술이나 이성에 대해서도 동일하게 말할 것이다.

이 모든 것은 활기 있고, 열려 있으며, 변화하는 인간 환경의 창조를 위한 것이다. 이것은 노동과 관련될 때가 더 분명하다. 노동 환경에서 자유란 인간의 만남의 환경을 만드는 식으로 행동하는 것이다. 그러므로 이것은 자신의 노동에 헌신하는 것도, 거기서 그 자체로서의 목적을 찾아내는 것도, 노동을 거부하는 것도, 노동을 혐오감으로 하는 것도 아니다. 노동은 만남의 장소다(그렇지 않을 경우, 이제 공동으로 행하는 활동의 장소는 더 이상 가능하지 않다). 그래야 나는 언제나 노동을 할 수 있다.

또 한편으로는 이데올로기들을, 다른 한편으로는 헛된 반란들을 피하려는 의지가 필요하다. 이와 같이 우리는 제도들에서 자유에 따라 산다는 것이 어쨌건 잘못된 독립적 사고를 거부하는 데 있다고 여길 수 있다. 사회는 이 영역들에서 이런 독립된 사고를 주며, 각자는 여가, 낭비, 신화화된 성, 산산조각 난 가정에서 이런 독립을 누리고자 한다. 바로 이것이 오늘날 전형적인 자유의 부재 형태다.

하지만 이것은 우리가 과거의 관습에 매달려야 한다는 것을 의미하지 않는다. 만일 실제로 사유 재산 제도가 그칠 경우, 우리는 그것 때문에 울어서는 안 된다. 그렇지만 사유 재산은 독립 수단, 나아가 그것을 소유한 자들을 위한 보호 수단을 대변했다. 만일 그때 우리가 개인을 고려한다면, 이 영역에서 옳았던 것은 마르크스가 아니라 프루동이었다고 말할 수밖에 없다. 그러므로 만일 마찬가지로 유효한 다른 어떤 것이 나타나, 확고하고 인격적으로 개인을 보호해 주고 개인의 삶의 공간(Lebensraum)을 보장해 준다면, 사유 재산은 사라져야 한다. 나는 아직 이런 유형의 것을 본 적이 없다. 이런 점에서 법률들은 아무것도 아니며 사회보장제도는 노예 상태의 수단이다. 가정도 마찬가지다. 가정에서 한 가지 특징을 끌어내는 것은 매우 좋다. 다만 하나님의 질서에 기초하지는 말자. 심리학자, 정신의학자, 정신분석자들은 점점 가정이 자녀를 위한 둘도 없는 소중한 환경임을 주장한다.2)

2) 실제로 현대의 정신의학자들―그들이 어떤 학파에 속했건―의 공통된 의견은 한편으로 자녀가 바람직하게 가까이 있어야 하는, 둘도 없이 소중한 그의 아버지에 의해 제공되는 정체성 이미지를 근본적으로 필요로 한다는 것이다. 다른 한편으로 어린아이는 그의 어머니의 사랑과 존재를 역시 본질적으로 필요로 한다는 것이다. 최근의 경험들은 가장 완벽한 모성적 배려로는 철저히 충분하지 못하며, 나아가 제3의 인물이 아이에게 주는 사랑 표현이 결코 동일한 역할을 담당하지 못한다는 것을 입증해 주는 경향이었다. 부모 자신들이야말로 결정적으로 대체할 수 없는 존재들이다. 누구도 그것을 설명할 수는 없지만 명증은 확실하다. 현대의 젊은이들의 수많은 문제들은 부모의 태만과 관계한다. 이런 상태에서 명백한 것은 우리가 지금까지 쓴 모든 것이 남편과 아내에게 동일하고 차별 없이 유효하다는 사실이다. 둘 다 그리스도 안의 자유로 부름 받으며, 동일한 방식으로 살도록 부름 받는다. "[주 안에서] 더 이상 남자도 여자도 없다…"(고전 11:11 참고). 이런 식으로, 오직 이런 식으로만 둘의 평등은 존재한다. 둘 다 그리스도에 의해서 동일하게 해방되었기 때문에 평등이 있는 것이다. 그들에게 평등을 주는 것은 바로 이 해방이다. 이때 평등은 물론 기능의 일치로 표현되어서는 안 된다. 다만 여자가 전적으로 성적 자유를 가질 경우에만, 생활비를 벌 직업을 가질 경우에만 남자와 '동등'하다고 생각하는 것은 너무도 유치하다. 이런 방향으로 끌고 가는 것은 천박한 심리학적 분석이다. 인간적으로 그럴듯한 이 태도가 못지 않게 소중한 다른 사회심리학적인 분석들에 의해 반박당하기 때문에 더욱 천박하다. 이것은 진부한 이야기지만, 사람들이 일반적으로 이해하는 방식에서는 그렇지 않다. 이것은 부모의 약점도 교육의 잘못된 방법도 아니라는 식 말이다. 문제가 되는 것은 단지 아버지의 보잘것없는 인격, 어린아이에 대한 어머니의 애정의 부재일 뿐이라는 것이다. 그런데 나는 이것을 증명하는 것이 '반동적인' 정신의학자들이 아니라 실제로 모든 사람들이라는 사실을 강조한다. 일례로 어머니의 전일 노동, 아버지의 초과 노동을 문제 삼을 용기가 필요하다. 이 문제는 실제로 제기된다. 노동이거나 아니면 아이의 참된 교육이거나 둘 중 하나다. 둘 다 하는 것은 불가능해 보인다. 그때부터 의도되고 선택된 가정―규칙 사회의 제도적 산물이 아닌―은 중세와 부르주아지의 특징인 완성된 구조도, 보호 집단도, 결합된 경제적 이익 집단도 아니라, 살아 있는 듯이 느끼

이와 같이 도처에서 그리스도 안에서의 자유는 각자의 창의력에 따라 사는 인간 환경이 만들어지기를 원한다. (교회 역시 그러지 못할 이유가 무엇인가?)

이때부터 이 자유는 두 '영역'에서 나타난다. 하나는 우리의 영향력, 우리의 도구, 우리의 표현(결혼, 돈, 노동, 정치 등)에 속한 대상 자체의 영역이요, 다른 하나는 사회 전반의 영역, 즉 사회가 이 구체적인 대상에게 할당하는 자리다. 왜냐하면 오늘날 우리가 행하는 아동 교육이나 성이나 자기 방어 중 어떤 것도 더 이상 개인적이지 않기 때문이다. 한쪽에는 나와 내 돈이 있고, 다른 쪽에는 어떤 주어진 체계에 속한 돈이 있다.

일례로 만일 내가 내 돈을 주식이나 채권에, 혹은 전혀 모르는 기업(국가 공채를 포함해서)에 맡긴다면, 나는 어쩔 수 없이 일꾼과 노동자의 착취에 참여하게 된다. 왜냐하면 사람들이 내세울 수 있는 구실이 어떠하든 간에, 내가 내 돈으로 받을 수 있는 이익이나 배당금은 생산 가치—그것을 창출한 노동자에게 지불되지 않는—의 일부 이상 아무것도 아니기 때문이다. 나는 노동자 착취에, 과잉 이윤에 참여한다(이것은 사회주의 체제에서도 마찬가지다!). 이것은 불가피하다(산업적인 생산 노동을 제거하기까지는 말이다).

따라서 나에게는 실상 한편으로 주식을 가질 권리가 없으며, 다른 한편으로 사회 정의를 위해 싸우겠다고 주장할 권리가 없다. 달리 말해서, 내 돈은 나와 그것의 관계에 달려 있을 뿐만 아니라, 내 돈이 사회 전반에서 갖는 위치, 사회가 이 구체적인 대상(섹스나 기술도

는 실재요, 타인과의 만남과 시련의 장소이며, 각자의 드러난 진실과 사랑의 장소다.

마찬가지!)에 부여하는 위치에도 달려 있다. 우리는 이런 성격을 부여받는 이런 대상과의 관련 하에 우리 자신을 위치시켜야 한다. 우리는 [돈의] 유지냐, 한계냐 아니면 양심의 반대에 따른 무조건적인 거부냐는 전망에서 결심할 필요가 있을 것이다. 우리는 이 사회 전반을 바꿀 수 있는지 없는지를 집요하게 추구해야 할 것이다. 사회 전반이 돈을 통해 만들어 내는 것과 관련해서, 아무튼 돈이 파괴적이지 않고 유용하게 되는 방식으로 말이다.

뿐만 아니라, 우리는 돈을 하나님 나라의 전망에 위치시켜야 한다. 다시 말해서 세상의 사물들이 역사의 완성과 하나님 나라로 편입되도록 하기 위해 하나님에 의해 사용될 수 있다는 절대적 요청—우리가 부딪힐—에 위치시켜야 한다. 이에 대해서는 내가 다른 곳에서(*Sans feu san lieu*[3])에서) 보여준 내용을 참고하게 하는 것으로 그친다.

삶이 가능해야 하며(삶이 더 이상 궁극적인 가치도 생명도 아니라는 것을 상기함으로써), 사물들이 하나님의 영광에 따라 맞춰져야 하고, 사물들이 하늘 예루살렘으로 들어갈 대상으로 마련되어야 한다(이것은 오직 하나님이 마지막 순간에 결정하신다!). 이것이 그리스도 안에서의 자유의 활동이다.

---

3) [역주] 「집도 없이 가정도 없이」. 이것은 영역에서 한글로 번역된 「도시의 의미」의 원제목이다.

2. 여성과 자유

이제 우리는 특별하게 보일 수 있는 마지막 영역으로 들어간다. 내가 이 연구를 진행시킴에 따라 한편으로 성서 주해들을 만나고, 다른 한편으로 이 자유를 현대 세계(추상 세계가 아님)에 힘들게 등재시킴에 따라, 문제가 일상 생활뿐만 아니라 이념이나 일상사에서의 자유와 관련되면 될수록, 더욱더 나는 매번 새 문제에서 여성 문제에 부딪혔음을 깨닫게 되었다.

각각의 영역에서 여성의 참여를 특수 사례와 동시에 모범적 사례로 검토했어야 했다. 흔히 여자는 남자의 마지막 식민지라고 말했다. 강렬한 요구처럼 표현된 이 말은 불합리하다. 하지만 자유의 매 결과가 여성의 조건을 바꾸고 여성과 관련된 것에서 엄청난 영향을 초래한다는 사실은 너무나 정확하다.

반대로 남자의 참여와 일치하지 않는 여자의 참여는 이 문제를 달리 제기하게 한다. 매번 나는 모든 것이 결국 여자의 조건과 존재 주변으로 맺어졌다고 말할 수 있다. 설령 문제가 노동—현재의 노동이건 노동이 될 수 있는 것이건—가정, 권위, 정치 권력, 해방 의지, 이념, 돈, 섹스와 관련되어 있다 해도, 나는 동시에 여자가 예민한 문제요 결정의 장소였음을 알게 되었다. 여자의 조건은 문자 그대로 온 사회의 시금석이다. 바로 이것에 입각해서 사람들은 사회나 정치 이론이나 이념이나 종교를 판단할 수 있다.

또한 동시에 여자는 자유가 있느냐 없느냐를 결정하는 장소다. 여러분은 인간의 현실이 얼마나 자유에 우호적인지 혹은 여자에 대한 자유의 영향력에 얼마나 우호적이지 않은지를 시인한다.

그리스도인의 자유는 여성의 자유—이것에 입각해서 모든 것이 재구성될 수 있는—에서 가장 완성된 표현을 찾아낸다. 여자의 행위가 하나님과의 단절을 야기하면서 필연, 노예 상태, 탐심, 지배를 세상으로 들어가게 한 이상, 이것은 너무나 당연하다. 그러므로 모든 것이 여자로부터 다시 시작해야 한다. 자유는 먼저 여자들에게 전해져야 하며, 또한 여자들에 의해 구현되어야 한다. 여자는 모든 자유의 실현에서 결정적인 역할을 갖는다.

여자와 자유의 신학적이고 윤리적인 관계는 근본적이다. 나는 여기서 논지를 보여주는 것으로 그치겠다. 나는 이것을 「성결의 윤리」에서 발전시킬 것이다.[4] 여자는 거의 모든 사회들에서 종속적인 역할, 하녀의 역할, 거의 노예 상태의 역할로, 아무튼 자유의 부재 상태로 귀착되었다. 그런데 이것은 우연도 아니요, 원시 생활 조건이라는 단순한 자연주의적 사실도 아니다. 사실의 적법성은 너무도 크다.

하지만 만일 우리가 아담과 하나님 사이의 단절—거리의 절대적인 성격—의 깊이를 신학적으로 받아들이고, 당시의 인간 상태—자유로운 피조물에서 '독립적인 노예'라는 자기 창조자(autocréateur)가 된—에서 수행된 급변을 받아들인다면, 그때 여자의 역사적 상황은 교훈으로 가득하게 된다. 여자는 그녀를 정확히 창조의 마지막 의미로, 자유의 표현 그 자체로 삼은 하나님의 의도를 참고하게 한다. 이것은 우리가 자유와 사랑 사이의 관계를 보았기 때문에, 그리고 여자가 사랑의 만남을 위해 남자에게 주어졌기 때문에 놀랄 일이 아니다. 여자가 '태초에' 자유였기 때문에 더욱, 역으로 여자가 노예가 되기

---

[4] [역주] 위에서 말했지만, 엘륄은 결국 이 책을 쓰지 못했다.

때문에 더욱 그렇다.

하지만 그리스도 안에서 여자는 자유의 재발견의 마침표임에, 이 자유를 표현하는 가치의 재발견의 책임자임에 틀림없다. 내가 여기서 간략하게 쓰는 것은, 그것이 수 세기 동안의 신학에 반대되는지는 몰라도, 결코 성서적 관점에 어긋나지 않는다.

세 가지 잘못

여전히 이해할 필요가 있는 것이 있다. 왜냐하면 여자에게 시금석이 있기 때문이다. 거기에 시금석과 또한 잘못이 있기 때문이다. 많은 문명(다는 아니다)에서 남자는 여자를 노예 상태로 만들었다. 바로 자신에게 하나님과 하나님의 자유를 거부하게 만든 동일한 운동에서 말이다.

여자를 가장 큰 굴복으로 이끌고 가는 것도 바로 그리스도 안의 자유에 대한 거부 자체다. 하지만 다시 말하거니와, 그리스도 안에서의 자유는 자율도 독립도 아니다. 여성의 억압된 자유는 여러 가지 방법으로 표현될 수 있었다. 특별히 자녀 교육이 그렇다.

여기서 세 가지 잘못을 피해야 한다. 첫째는 남성적 역할을 획득함으로써 전통적인 노예 상태와 관련하여 여성의 자율과 독립을 원하는 현대인의 잘못이다. 두 번째는 여성을 이런저런 식으로 결정지으면서 '여자의 본성'이 있다고 믿는 것이다. 세 번째는 여성이 예수 그리스도 밖에서 '그 자체로' 자유를 구현하는 '영적 존재'라고 믿는 것이다.

[1] 먼저, 여성이 직업 노동, 돈의 자유로운 사용, 자유로운 성행위, 자녀를 탁아소에 맡기는 일, 남편에 대한 독립, 정치적 입문 등에서

그녀의 자유를 획득한다고 생각하는 것은 잘못이다. 그때마다 매번 여성은 새로운 노예 상태를 얻게 된다. 즉 성적 고독의 노예 상태, 남자를 마음대로 바꾸는 데서 오는 절망의 노예 상태, 여자가 담당하는 이중 역할(직업 노동과 가사 일)의 압박이라는 노예 상태, 공장이나 사무실 일에 매이는 속박이라는 노예 상태—남자에게도 소외인데 여자에게 더 심하다—다.

여자는 주인을 바꿨다. 보상도 없이 말이다. 이것은 그녀의 가장 큰 기쁨 가운데 하나—어린아이—를 빼앗기는 노예 상태다. 여성이 정치를 함으로써 중요한 역할을 하고 자립적이 된다고 생각하는 것은 커다란 환상이다. 사실 이것은 극도로 불합리하다. 나는 일하는 여성들의 상황에 대한 텔레비전 르포(1980년 12월)를 생각하지 않을 수 없다. 그들 중 우리가 본 어떤 여성들은 아침 7시에 일을 시작하기 때문에, 매일 아침 6시 이전에 일어나 6시 30분에 아이들—심지어 5살짜리도 있다—을 탁아소에 맡기고 오후 6시에 찾으러 가야 했다.

엄마에게 이 무슨 끔찍한 좌절이며, 이렇게 버림받은 아이들이 무엇이 되기를 바란단 말인가. 아무리 탁아소, 어린이집, 유치원들이 완벽하게 교육적이라 하더라도 말이다. 아이들이 어떻게 성장할 수 있으며 개체성을 얻을 수 있겠는가. 적어도 아이들이 지속적으로 집단 안에서, 중단 없는 소음 안에서 생활하는 한 말이다. 이 부분을 진술한 탁아소 보모들은 아이에게 이런 삶의 지나치게 비정상적인 성격을 강조했다.

이렇게 말하는 것은 반동적인, 반 여성 해방적인, 남성 우월주의적인 태도다! 이것은 남성 지배를 보장하기 위해 "여자를 부엌으로 돌려보내고자" 하는 것인가? 평등은 남녀의 동일시에 근거하는가? 남성의 역할만이 명예로운가?5) 그렇다면 이것은 무엇에 근거하는가? 그것은 일정 수의 남성적 편견과 이념들에 근거한다. 일례로 군대의 기능은 오직 실제 남자에게만 합당하다는 것(중세나 나치의 사고방식), 혹은 경제적으로 생산하는 사회 노동만이 소중하다는 것(부르주아적이고 공산주의적인 사고방식), 혹은 성적 무질서는 인격을 만개시켜 준다는 것이다.

나는 이런 시시껄렁한 것들의 잘못에 대한 경험이 25년 전부터 있어 왔다고 생각한다. 그런데 바로 이런 진부한 것들 때문에 여자는 남자와 대등하게 됨으로써 자신의 역할을 담당한다고 주장했다. 오늘날도 사람들은 여자를 부엌일과 자녀 교육에 '한정시키는' 경향을

---

5) 여기서 코키야 부인(Mme M. Coquillat, "Quelle symbolique pour les femmes?", *Le Monde*, 16 octobre 1982)과 탈만 부인(국제여성재단 회장, Mme R. Thalmann, "Faut-il masquer l'aliénation spécifique des femmes?" *Le Monde*, 10 novembre 1982) 사이의 흥미로운 토론을 주목해야 한다. 탈만 부인은 "중요한 것은 여성을 대상으로 하는 사회-경제적 지배에 종지부를 찍는 것"이라는 전통적인 논증을 되풀이한다. 그러나 그녀는 이론의 여지가 없는 현실/정당한 목표와 남성 이데올로기—여성이 획득해야 할—의 무의식적인 재생을 혼합하는 흥미로운 논증을 제시한다. 사람들은 심리학적 영역도 문화적 영역도 아닌, 실존적 영역에 속하는 '여성의 특별한 소외'가 있음을 말할 수 있었다. 수천 년 전부터 내려오는, 여성의 노예 상태라는 사회-문화적인 실재가 있다. 그러므로 성적 특성을 없앤 '가치'와 상징적인 것에 변형을 줌으로써 변화를 기대하는 것은 잘못이다. 습관적인 모든 담론은 알려져 있다. 즉 역할이 상호 교환될 수 있어야 한다는 것이다(왜? 그렇지 않으면 사람들은 남성의 역할—집단 생산, 기술, 전쟁—을 우월하게 여기기 때문이다!). 여성이 '지배'할 수 있어야 한다(무엇 때문에? 그렇지 않으면 남성 이데올로기가 지배하기 때문이다!). 그러므로 내가 보기에 이런 의지에는 부당한 기초가 있다. 진실로 남는 것은 여성이 지배적인 문화 질서에 대해 거리를 둠으로써 자신의 자율적인 태도(결코 이런 태도가 없었다고 믿는 것은 큰 잘못이다!)를 계속해서 수행하는 것이다. 하지만 사람들이 여성이 노동이나 전투나 이익 그룹 내지는 공동체를 창설하는 것을 원할 때(여전히 남성 이데올로기임!), 사람들이 '여성 해방 운동적인 역사 이론'(이 무슨 대학교수 같은 생각인가!)—이것도 여성에게 "예속되기 때문에 소외된다"는 그녀의 실재를 가려 주지 못한다—을 만들고자 할 때 잘못이 재개된다.

보인 히틀러주의의 3K[6]를 혐오의 감정으로 거부한다. 하지만 이것은 오직 바람에 흩날리는 깃발과 함께하는 군 행렬, 탱크 조종, 슬로건을 외치는 익명의 대중의 흥분, 이런 것이 중요한 것일 경우에만 덜 중요하다고 여겨지는 임무다.

만일 반대로 사람들이 이런 행렬이 우스꽝스럽고 탱크가 더러운 고철이며 데모가 열등 인간들의 표현임을 보여준다면, 그때 사람들은 자녀 교육이 인간적으로 훨씬 더 본질적이고 높이 평가할 일이라는 것, 좋은 음식을 만드는 것이 예술이며 아파트를 행복하고 멋지게 꾸미는 것도 예술이라는 것을 잘 말할 수 있다. 나는 특별히 이런 임무의 '한정지우기'와 임무 분할로 되돌아가기를 원치 않는다. 나는 남자가 가옥 수리에 참여하고 힘든 가사를 덜어 주는 것을 기본적이라고 생각한다. 그리고 가정 설비의 향상이 선이라고 생각한다. 다만 그 향상이라는 것이 요리를 위해 통조림 통을 여는 데로 이끌어 가지만 않는다면 말이다. 여기에서도 인간의 박탈이 있다.

나는 생리학적으로, 문화적으로, 성서적으로 남성과 여성 사이에는 서로 다른 역할이 있다고 생각한다. 우월성, 결코 서로에 대한 지배를 야기해서는 안 되는 역할 말이다. 싸워야 할 것은 이것이지 다름이 아니다. 여자가 남자와 동일한 역할(우리 세상이 이미 평가 절하한 역할이다!)을 맡음으로써, 특히 남자 없이 지내거나 남성 모델을 재현하고자 함으로써 얻어낼 어떤 자유도 없다. 바로 이 점에서 여성해방 운동(MLF)은 잘못되었다.

다른 역할 속에서 참된 평등을 위해 투쟁하는 것, 이것이 내게

---

6) Küche, Kind, Kirche(부엌, 아이, 교회).

옳게 보인다. 즉 여자가 남자와 동일한 '권리'를 갖는 것, 여자가 소수화(少數化)되지 않는 것, 여자가 동일한 연구를 하는 것, '평등 노동에 평등 임금'을 적용하는 것(여기에 아직도 이르지 못했다는 것은 내게는 웃음거리요 끔찍해 보인다)이다. 남성우위론이나 남성우월주의를 제거하기 위해 우리 문화를 재고하는 것7), 이것이 내게는 본질적인 투쟁으로 보인다.

하지만 이 평등은 동일시로 표현되어서는 안 되며, 그것은 다른 쪽에 그 고유의 존엄과 특별한 진리를 인정하는 것을 전제한다. 여자가 남자의 역할과는 다른 인간적, 정치적, 사회적 역할을 갖는 것, 여기에 무슨 장애가 있는가? 이것이 어째서 나쁜가?

반대로 우리는 이것이 우리의 위기에서 탈출한 조건임을 보게 될 것이다. 계급 질서와 복종이 있을 경우에만, 다시 말해서 이런저런 식으로 여자가 남자의 노예일 경우에만 장애가 있다. 폭력 기록부가 가계부를 이길 경우에만 말이다. 왜냐하면 여자의 노예 상태가 의미하는 것이 바로 결정적으로 이것이기 때문이며, 그 역할과 특수 성격에서(지배 세계로 들어감으로써가 아니라) 여성의 자유가 모든 자유의 윤리의 화룡정점인 이유가 바로 이것이기 때문이다.

[2] 하지만 우리는 여기서 또 다른 함정을 만난다. 여자의 본성이다! 여자는 태어나면서 "가사 업무에 헌신하게" 되는가?

나는 이미 남자의 의무와 존재를 결정짓기 위한 본성의 지상명령을 전적으로 거부한 바 있다. 정확히 말하면 자유는 본성을 추구하는

---

7) 나는 남성 지배라는 문화적인 특징들 가운데 여자들이 무엇을 겪을 수 있는지를 매우 뚜렷이 느낀다. 일례로 '사람'(homme)이라는 단어는 동시에 남성과 인류를 지칭한다는 것, 문법적으로 여성(féminin)은 남성(masculin)에 입각해서 구성된다는 것 등이다.

데 있는 것이 아니라, 그 본성을 파괴하거나 폐기하지 않은 채 그것을 변형시키고 변화시키는 데 있다. 문제는 본성에 순종하는 데 있지 않으며, 그것을 부인하는 데 있는 것은 더욱 아니다.

이와 같이 세상에 어린아이를 생산하는 이가 남자가 아니라 여자라는 것을 부인할 수 없다. 이것을 부인하는 것은 불합리하고 인간을 소외시키는 결과를 초래한다. 이 영역에서 전적으로 무식한 실증주의자가 되지 않는 이상, 누구도 이 생리학적 기능이 어떤 심리적, 정신적, 행동적, 지적, 영적 결과도 초래하지 않는다고 더 이상 말할 수 없다.

세상에 어린아이를 내놓는 것, 생명을 남기는 것, 이것이 '여자의 존재의 전부'가 아니다. 다만 여자의 전 존재가 이 소명과 이 사건에 내포되고 나타난다. 다음 반론은 즉시 제외시키자. "이것이 노예 상태라는 것, 실험관에서 어린아이를 만들면서 과학이 여성에게 보다 큰 자유를 주리라는 것을 고려할 수 있는가?" 나는 이것이 본질상 부당하다고 생각한다. 어린아이를 갖지 않은 여인이 결국 어느 정도까지 불행하고 절망적인지 경험이 보여준다는 것을 고려하자.

이것은 단순히 문화적인 사건이 아니다(어머니 이념과 노처녀 이념의 대립). 그것은 깊은 내면에서 일어나는 것이다. 어린아이를 원하지 않는 것은 명백히 20대의 성공이요 편의성이다. 그것은 언제나 50대의 재난이 된다. 어떤 여성도 평생 한 직업의 행사로 충분히 만족할 수 없다. 그러므로 여성을 '알을 많이 낳는 암탉'의 기능으로 축소시키지 말고, 그것이 자신의 삶과 자신만의 성숙을 위해 필수적인 요인임을 인정하자. 바로 이것에 입각해서 한편으로 여성의 자유가 구축되어야 하며, 다른 한편으로 여성의 자유가 우리 사회에 결정적 역할을 수행할 수 있는 것이다.

[3] 세 번째 오류에 대해서 말하면, 그것은 여성을 그 자체로 영물로 여기는 것이다. 이것은 일반적 견해(앞의 두 오류는 공히 일반적이다)가 아니라, 오히려 이단 종파들과 많은 그리스도인들의 견해다.

여성은 자주 '영들'과의 직접적인 관계로, 그리스도인들에게는 성령과의 관계로 여겨진다. 그리고 이것이 공히 기독교적 전통이다(자주 비난받은 일이지만, 여자를 침묵하게 만들고 아무것도 아닌 것으로 여겼다는 점에서). 만일 그렇다면 여성은 남성보다 더 '영적인 본성'을 가질 것이다. 따라서 여성이 또한 성령의 자유를 나타낼 것이다.

역사적으로 이 일은 언제나 재난으로 이어졌고, 매번 부조화, 정신 착란, 부패로 변했다. 나는 이어지는 것의 중요성을 고려하면서 이것을 단순히 보호막으로서 환기시킨다.

여성에 대한 성서적 고찰

여성에 대한 모든 자유의 윤리의 집중을 분명히 하려면 단순히 성서를 상기하면 될 것이다. 이것은 여성에 대한 성서 연구를 하자는 것이 아니다. 그것은 다른 한 권의 책이 될 것이다. 나는 증거와 자료는 내버려두고 단지 6가지 핵심적인 것만을 지적한다.

1. 창세기에 따르면 여성은 마지막에 창조되었다. 이것에 근거해서 남자 신학자들이 여자가 부수적이고(먼저 오는 것이 우월하다는 전제에서 출발하여 남자가 먼저 오기 때문에), 따라서 열등하며 종속적이라는 결론을 추출한 것은 매우 놀랍다. 나는 이 추론이 그 결과 때문에

매우 주목할 만하다고 말한다.

논리적이고 일관성이 있어야 한다. 남자가 동물들 다음에 창조되었기 때문에, 남자는 모든 동물들보다 열등하고 또 복종적이며, 동물들은 식물들에 대해서 그러해야 한다!

창조 이야기의 과정을 관찰해야 한다. 각각의 단계는 전 단계보다 우월하다. 이 이야기는 이론의 여지없이 여자가 창조의 정상이요, 종지부요, 성취요, 여자가 오기까지는 불완전하고 불충분했던 남자 자신의 완성임을 의미한다. 여자는 남자의 보완물이 아니라 완성점(point de perfection)이다. 그런데 이 완성점이야말로 정확히 자유이며, 남자가 자유를 체험하고 인정하는 것은 바로 여자 앞에서, 그리고 여자와의 관계 하에서다. 하나님은 여자에게 자유를 부여하면서 자신의 피조물 완성하시며, 여자에게서 자신의 일을 끝내신다.

2. 옳다. 그러나 '타락'을 유발시킨 것이 여자다. 그리고 우리는 이것에서 나온 모든 그릇된 결과들을 안다(여자는 죄인이요, 복종적이고, 제외되며 등). 그런데 '타락'은 실제로 자유의 행사였다. 여자는 잘못 선택했고, 이 자유를 잘못 행사하여 그것을 상실했다. 게다가 여자가 창조의 정점이었기에 뱀은 마땅히 공격해야 했다. 그것은 여자가 더 약하거나 어리석어서가 아니다. 반대로, 공격이 이곳을 목표로 해야 했던 이유는 여자가 완성이요, 자유요, 이 창조의 '머리'였기 때문이다. "생선이 썩는 것은 머리에서부터다." 이로 인해 여자의 책임은 감소된 것이 아니라, 그 의미가 바뀌었다.

여자는 '더 이상' 유죄하지 않다. 여자는 책임이 있기에 더욱더 탁월한 일에 할당된다. 그것은 언약과 자유를 회복시키는 일이다. 사실

여자에 대한 하나님의 말씀을 잊어서는 안 된다. 한편으로, 여자야말로 생명을 전하는 책임을 맡으며(그러므로 창조를 계속하는 것임) 생명의 수탁자다(여기서 이브라는 말이 나옴). 다른 한편으로, 여자의 후손이 뱀의 머리를 부술 것이라고 약속된다. 메시아의 약속이 이뤄지는 것 역시 여자에게서이다. 이것은 성모 마리아에게서 끝나는 것이 아니라 모든 여성과 관련된다.

3. 히브리어 **루아흐**(ruach)가 여성형임을 기억하자. 사람들이 하나님의 영에 대해서 말했던 순간부터 그것은 여성이었다. 성령은 여성으로 들려져야 한다. 물론 이 말은 '여성적인 신성'이 있다는 말은 아니다. 다만 삼위일체가 남성이 아니며 여성성이 성서의 하나님에게서 배제되지 않다는 것이 의심할 여지가 없다는 말이다.

게다가 하나님은, 비록 분리되었으나 하나의 존재로 창조된 '남자와 여자' 앞에서, 그곳에 자신의 형상이 있다고 선언하신다. 이처럼 여자는 남자와 마찬가지로 하나님의 '대표자'이다. 그런데 내가 위에서 말한 [세 번째] 오류를 가져온 것이 바로 이 '성령-여자'의 특별한 관계다. 이것은 삼위일체를 결정적으로 분리시키는 오류다. 성부 하나님 시대, 성자 시대, 여자 안에 화육된 성령 시대의 분리다. 이것은 비극적인 착오다. 왜냐하면 세 하나님이 있는 것이 아니라, 본질에서나, 시간에서나, 표현과 화육에 있어서 용해될 수도 나뉠 수도 없는 한 하나님만이 계시기 때문이다.

다만 하나님의 영이 여성에게 속해 있다는 확실한 진리를 붙들자. 그런데 여기서도 성령은 자유 속에서 가장 완전한 표현을 갖는다. 바로 이 성령이 자유롭게 하며, 이 성령이 하나님의 자유를 입증하고,

이 성령이 성부와 성자 사이에 사랑의 유대를 확립한다. 사랑은 자유에게서 나뉠 수 없다.

4. 신약으로 넘어가면서 예수의 족보에 속한 여자들에게 특별한 주의를 기울여야 한다.[8] 여기서도 우리는 매우 잘 알려진 평가에 직면한다. 나는 여기서 무슨 새로운 것을 가져오려는 것이 아니라, 다만 본질적인 것을 상기시키고 몇 가지 결과들을 끄집어내려 한다.
우리는 마태가 주는 족보에서 이스라엘에서 가장 정죄된 네 가지 양상을 대표하는 네 여자를 만난다. 즉 근친상간한 다말, 창녀 라합, 이방인 룻, 간음한 밧세바. 이것은 이 족보에서 여자가 죄를 대표하는 것을 의미하는 것이 아니다. 정반대로 이것은 한편으로 생명의 전달자인 여자로 말미암아 예수가 세상에 나올 수 있었다는 점에서, 다른 한편으로 은혜가 예수에게서 그의 선조들에게까지 거슬러 올라가 그들도 그들의 후손인 이 메시아로 말미암아 구원받는다는 점에서, 가장 끔찍한 죄를 범한 여자가 여전히 예수의 족보에 모습을 드러낼 자격이 있음을 의미한다.
이처럼 여자는 이 족보에 삽입됨으로써 영예로운 자신을 발견한다. 여자가 바로 죄인이나, 그렇기 때문에 더욱 하나님의 은혜와 영광을 나타낸다.

5. 여자들에게 부활이 처음 드러난 사실을 통해 위의 내용이 천

---

[8] 나는 이것이 여자와 자유의 이런 관계와 직접 관련되지 않기 때문에, 한편으로 이스라엘 백성에서 여자들의 역할과 관련된 모든 것을, 다른 한편으로 예수의 주변 여자들 및 예수의 여자들과의 관계를 다루지 않고 남겨둔다.

번 확인되었음을 상기하자. 이것은 헤아릴 수 없이 중요하다. 하나님의 위대한 행동, 즉 죽음에 대한 승리의 첫 증인들은 여자들이었다. 어떤 점에서 이것은 잘 이해된다. 여자가 하와, 이브, 즉 산 자, 생명의 전달자일진대, 여자가 죽음에 대한 승리와 타락 이후 이브에게 한 약속 성취의 첫 증인인 것 또한 당연하다. 마태복음에서는 막달라 마리아와 다른 마리아요, 마가복음과 요한복음에서는 막달라 마리아다. 누가복음에서 '여자들'은 한편으로 증인일 뿐만 아니라 그때부터 '전도자들'이었고 다른 모든 제자들에게 부활의 복음을 전달하는 책임을 맡았다. 그녀들이야말로 진정한 전도자들이다! 하나님이 여자에게 주신 중요성을 드러내기 위해서 더 이상 무엇을 원하겠는가.

자유에 대해서 다음 두 가지 사항을 상기하는 것은 무익하지 않다. 족보의 네 명의 경우, 이 여자들은 천재지변일 수 있는 이 위반의 자유의 증거다. 그리고 막달라 마리아의 경우, 그녀는 죄에서 자유하게 되었고, 다른 여자들과 더불어 "살릴 자를 살리시고 죽일 자를 죽이시는" 하나님의 주권적 자유의 증거의 소지자가 된다. 뿐만 아니라 여자들은 모든 인간에게 하나님이 약속해 주신 자유의 한계, 즉 하나님의 자유의 극단적 한계인 죽음의 절대적 필연과 죽음의 숙명에 대한 승리의 최초의 증인들이다.

6. 마지막으로, 마무리를 위해서 바울을 간단히 상기하는 것이 필요할 듯하다! 여권 주장자들이 싫어하는 바울은 여자 혐오자9)다. 왜냐

---

9) 질라베르(Gillabert)의 형편없는 책 「겉만 번듯한 사람」(*Le colosse aux pieds d'argile*, 1970)의 거짓-정신분석적인 고생을 상기해야 할까?

하면 그는 여자를 남편의 권위 밑인 제2열에 두며, 말하는 것을 금하기 때문이다. 나는 다른 곳에서 이런 바울의 태도와 그의 가혹함의 역사적 설명을 했다. 그런 태도는 법이 아니라 의심스런 상황에서 이 문제에 대한(ad hoc) 답이다. 특히 바울은 여자들이 '영적으로 변하기'(신비적이고, 황홀경에 빠지며, 경련을 일으키며, 폭발적이 되는 등의)를 경계한다. 나는 다시 반복하지 않겠다.

사람들은 바울의 참되고 보다 근본적인 가르침을 망각한다. 그는 우리에게 "남자 없이 여자만 있지 않고 여자 없이 남자만 있지 않다"고 말한다. 그리고 핵심적 본문은 "여자는 남자의 영광"이라고 말하는 곳이다(고전 11:7). 영광이란 말을 상기하자. 그것은 계시하는 것이요, 진리 가운데 나타나게 하는 것이다.

이처럼 바울이 남자가 하나님의 영광이라고 말할 때, 그는 남성을 지칭하는 것이 아니라, 남자-여자의 관계인 부부를 지칭하는 것이다(여자 없이 남자가 없다!). 이 (사랑의) 관계야말로 하나님의 영광이요, 하나님의 사랑을 계시한다. 하지만 그가 여자가 남자의 영광이라고 말할 때, 그는 남자의 진실, 또한 그의 실재를—그것은 한편으로 남성이요, 다른 한편으로 사람 전체다—나타나게 하는 이가 여자(창조의 정상이요 완성!)임을 분명히 의미한다. 이것은 우리가 위에서 쓴 것을 확언해 준다. 이것이 진실로 하나의 사회가 무엇인지에 대한 계시자인 여자에게 만들어진 조건이다!

여자는 자유의 본질

바울은 정확히 "여자는 어머니가 됨으로써 구원을 얻으리라"(딤전

2:15)고 말했다(이 말은 어리석은 법률 지상주의적 해석으로 보잘것없게 되었다!). 물론 은혜로가 아닌 다른 방법으로 구원을 받는다는 말이 아니다! 다만 여성의 결정적 역할이 이것이라는 말이다. 다시 돌아가지 말자.

내가 여기서 강조하고자 하는 것은 생명의 전달이야말로 다른 모든 것에 의미를 준다는 것이다. 생명(삶)이 가능하든지—그래서 다른 모든 것이 이것과 관련된 방향과 조직을 가질 수 있든지, 아니면 생명이 그치든지—그래서 더 이상 아무것도 의미가 없든지 둘 중 하나다.

성서적으로 생명이란 말은 생물학적인 생명뿐만 아니라 인간이 그 역사를 통해 점진적으로 이 용어에 부여한 것으로, 즉 성숙한 삶, 충만함, [좋은] 환경을 향한 상승, 존중과 도덕, 자유와 사랑 등으로 이해되어야 한다. 그런데 아이를 세상에 내놓을 뿐만 아니라 그들이 생명을 담당하고 표현하도록 하는 책임을 맡은 것이 여자다. 여자야말로 교육하고, 보살피며, 환자와 병자의 생명을 구원한다. 여자가 이것을 싫어한다? 여자가 군인, 불도저 기사, 경찰을 선호한다? 그렇다면 여자는 생명의 창조자이기를 그치고 생명 파괴의 세계로 들어간 것이다.

만일 우리가 진실로 사태를 바라본다면, 태어나게 하는 이가 태어난 것으로 하여금 또한 동시에 살아가고, 성숙해지며, 사랑과 진리를 만나도록 해줄 수 있어야 하는 것이 확실하지 않은가? 바로 그 위에 남은 모든 것이 덧붙여지는 것이다. 이와 같이 모든 문화는, 착각해서는 안 되기 때문에 말하면, 모든 진정한 문화(소위 미디어가 만든 문화가 아니다!)는 어머니에 의해서 점진적으로 전달되고 재창조된다.

아이로 하여금 사회가 문화의 이름으로 만드는 것을 수용하기에 적합하도록 만드는 것이 어머니다. 아이의 덕과 결핍을 만들어 내고, 아이를 진정한 인간으로나 아니면 도피적이고 꼬이고 탈선적인 인간으로 만들어 가는 것이 어머니다. 모든 것이 어머니와 아이의 근본적인 관계에 달려 있다.

하지만 이것으로 충분하지 않다. 왜냐하면 이 생명 활동은 근본적이고 전체적이기 때문이다. 다시 말해서 이 관점과 선택에 입각하여 모든 것이 검토되고 엄격히 비판되어야 하기 때문이다. 하나님이 인간을 이런 철저한 선택 앞에 두시는 것에는 이유가 없지 않다. "내가 네 앞에 생명과 선, 그리고 죽음과 악을 두노라"(신 30:15, 19 참고). 달리 말해서, 이 생명과 죽음의 선택은 윤리의 핵심에 있는 선택이다. 모든 선과 악이 생명/죽음과 연결되어 있다. 그리고 생명의 선택은 기타 모든 것의 비판점이 된다.

바로 이 살게 하는 것에 입각해서 우리는 우리 행위, 우리 사회, 우리 태도를 구성하는 구체적인 모든 것을 판단해야 한다. 생명은 국가, 정치, 행정, 경제, 돈, 군대, 성 등을 평가하기 위한 필수적인 비판적 거리 두기다. 그런데 여자야말로 본능적으로, 존재론적으로 (이 말은 내가 별로 좋아하지 않는다!) 생명의 편에 있다. 그녀가 남성적이 되기를 원할 때, 심지어 언제나 죽음과 연루되는 이 역할을 최상의 의지로 담당하기를 원할 때를 제외하고 말이다. 하지만 여자가 생명의 편에 있다는 것은 여자가 아이를 잉태하기 때문일 뿐만 아니라, 무엇보다도 여자가 하나님 앞에서 그리고 하나님을 위해서 생명의 전달자—이브—이기 때문이다. 여자가 생명 편에 있는 것은 하나님의 사랑의 선택에 의해서이며, 하나님의 말씀에 의해서다. 여자는, 설령 그녀의 어리석은 방황이 어떤 것일지라도, 이제와 영원히 생명 편이다.

그런데 만일 우리가 이 사실—즉 생명의 전달과 배려가 기타 모든 것에 대한 비판적 수단이요 비판적 거리 두기라는 사실—의 정확성을 인정한다면, 그때 이것은 이 활동 속에서 모든 것이 의미를 갖는다는 것을 뜻한다. 의미는 생명 활동과 관련된다. 궁극적인 의미는 "나는 [스스로] 있는 자"(출 3:14)라고 말할 수 있는 유일하신 분인 하나님이 주시는 것이다. 하지만 우리가 간과할 수 없는 일상의 의미는 생명 활동에 의해 주어지며, 또한 결정적으로 자신의 여성성을 확신하는 여성에 의해 주어진다.

그런데 이 책 전체를 통해서 나는 이 사실이 나타날 수 있었다고 생각한다. 즉 의미와 자유는 연결된다는 것이다! 의미란 자유가 있는 곳에서만 탄생할 수 있고, 자유가 있는 곳에서만 식별되거나 아니면 부여될 수 있다. 전적인 결정론에서는, 전적인 소외 가운데서는 어떤 의미도 가능하지 않다. 역으로, 자유는 의미가 있을 경우에만 표현되고 보장될 수 있다. 그렇지 않을 경우, 그것은 방황, 부조리, 부조화, 인위에 불과하다.

이처럼 우리는 생명에 대한 관심과 배려에 입각해서 의미와 자유 사이의 이 관계 가운데 있는 여성과 자유의 깊은 관계를 재발견한다.[10]

---

[10] 나는 다음 두 가지 실재를 상기시키는 것이 무익하지 않다고 생각한다. 첫째는 여자가 매우 전통적으로 그리고 도처에서 종교적, 영적 삶의 보존자라는 것이다. '종교'가 여자들의 일이기에 그것을 경멸한 19세기의 어리석은 합리주의자들이 바르게 이

남성성과 여성성

우리가 마지막으로 해야 할 것이 하나 남아 있다. 자유/생명/사랑이라는 세 요소, 비판적 거리두기, 의미. 이 모든 것은 사회학적이고 지적인 표현이지, 단순히 지식인과 철학자의 작업은 아니다. 그것은 일정 수의 가치들의 출현, 또는 선택이다. '가치들'이란 내가 보기에 영원한 도덕적 소여가 아니다.11) 가치란 하나의 사회와 하나의 그룹이 다양한 가능성 가운데서 가능한 미래를 향해 나아갈 수단으로, 행동 판단의 수단으로, 선택 방향을 정할 수단으로 무엇을 선택하는지의 표현이다.

그런데 남성적 가치와 여성적 가치가 있다는 것을 인정해야 한다.12) 남자는 여자가 갖는 가치 규모에 따라서 행동과 삶을 판단하지

야기했다. 하지만 그들은 자신들이 단지 폭력, 억압, 피의 세상—현재 우리가 있는—을 준비했을 뿐임을 몰랐다. 여자는 의미를 갖거나 추구하는 것의 지주로, 스스로 자유롭기를 원하는 것의 지주로 남는다. 두 번째 지적은 역사적 관점에서, 만일 진정 여자가 방금 우리가 말한 것이라면, 그때 어째서 여자가 종종 남성적인 폭력에 의해 굴복하는 노예 상태와 복종 상태로 전락했는지가 완벽히 이해된다는 것이다. 여자가 터부, 금기, 울타리, 법 등에 둘러싸였던 것은 바로 그녀가 자유의 보증이었기 때문이다. 근본적으로 이것이 남성 우월주의의 실제적인 기원이다. 자유는 생명처럼 사랑처럼 부인되어야 했다. 왜냐하면 하나님과의 단절 상태에 있는 인간은 이런 것들을 용납할 수 없기 때문이다.

11) Cf. J. Ellul, *Le vouloir et le faire*, 1964(「원함과 행함」, 1990).
12) 어쩌면 여기서 내가 부딪힌 반론—반어법으로만 취급될 수 있을—에 대해 한마디 해야 할 필요가 있다. 반론은 "만일 여자가 이런 성서적 위치를 갖는다면, 어째서 예수는 남자였던가?" 또는 "하나님이 남성적인 아들을 선택했다는 사실이 이 종교의 남성 우월적인 성격을 입증하지 않는가?"이다. 나는 여기에 소중한 내용이 있다고 여긴다. 왜냐하면 중요한 것은 정확히 예수야말로 우리가 여성적 가치라고 부를 수 있는 것의 완벽한 모델, 구현, 체험이기 때문이다. 만일 우리가 여성적 가치가 무엇인지를 알고자 한다면 예수의 삶을 응시해야 한다. 물론 그는 남녀 양성을 가진 사람이 아니며, 자신 안에 양성을 결합시키지도 않았다! 보다 진지하고 심오한 것이

않는다. 이것은 오늘날 우리가 사는 시대에, 이 사회와 역사에서 내게는 실로 근본적인 차별로 보인다.

이 가치와 관련해서 본질적인 문제를 제기해야 한다. 내가 여성적 가치라고 부르는 것이 여성을 복종, 나약, 종속적인 역할의 수용으로 유지하기 위해 여자에게 강요되고 주입되지 않았는가? 그것이 비-권세(non-puissance)의 가치이기 때문에 말이다. 그러므로 사람들은 여자에게 마르크스의 도식을 재생한다(자본가의 지배, 그에 의한 지배 개념의 창조, 피지배자에 의한 이 개념의 수용과 인정, 이 지배 개념 가운데 있는 피지배자가 얻은 복종 개념, 지배자에 의한 지배의 적법성 개념).

나는 두 가지로 답하겠다. 먼저, 힘과 지배의 가치 위에 세워진 남성 문화는 놀랍게도 동시에 반대 가치의 다른 영역(registre)을 만들었다는 것이다. 두 개의 가치들이 서로 모순되는데도 그것들을 한꺼번에 바람직한 것으로 제시한다는 것은 가능하지 않다. 가능한 것은 있다. 이것은 두 가지를 의미한다. 첫째는 여자가, 어떤 점에서 본성적으로 생명을 주는 특성을 계기로 해서 간직하는 이 가치가 그녀의 본성과 관련되지 않는다는 것이다. 이것은 우리가 위에서 말한 바 있다. 여자가 해당하는 가치를 창출하는 것은 그녀의 생리학적인 본성이 그녀로 하여금 아이를 갖고 싶어하게 하기 때문이 아니다. 이 '가치'는 하나님이 좋아하시는 것이다. 창조의 완성이요 처음 약속의 담지자로서 여자는 어머니가 됨으로써 그런 가치에 따라 살 행운을 갖는다! 하지만 이 가치는 그녀의 전유물이 아니다. 여자는 여기서 남자에게 본보기일 뿐이며, 남자(예수는 온전한 남성으로서 그것을 입증했다) 역시 그 가치를 구현할 수 있다. 두 번째 의미는 하나님이 책임을 맡기셔야 할 이는 하나의 남성—반란, 투쟁, 증오, 자율, 살인의 인간—이어야 했다는 것이다. 하나님이 좋아하고 선택하신 삶의 진리들이, 하나님이 남자에게 원하시는 삶의 진리들이 무엇인지를 모든 남자에게 드러낼 책임 말이다. 하나님이 세상에서 가장 약한 자들을 선택해서 강자를 혼란케 하신다는 것을 남자가 이해하도록 하기 위해서, 하나님에 의해 선택되는 남자에게서 표현되는 것은 남성적 '본성'과 정반대여야 했다.

복종과 순종의 정신을 발전시키는 일이리라. 그렇다. 하지만 이것은 여자에게서 완전한 체계를 구축하는 가치 총화에 전혀 부합하지 않는다.

그렇다면 본보기요 바람직하며 본질적이고 유일하게 참된 것으로 제안되는 지배 가치 체계가 어떻게 모든 여성들에게 하나의 이상(理想)이 되지 않겠는가? 인류의 절반을 위해서만 유효한 문화의 구조적 틀인 지배 문화가 창설될 가능성을 어찌 믿지 않겠는가? [여성은] 실제로 바람직하지 않고 명예롭지 않은 것으로 선포된 다른 문화적 총체에 유배된 또 다른 유형수다.

이것은 천 년 이상 육체적, 정신적으로 억압하는 속박이 있음을 전제해야 할 것이며, 상당수의 역사적 진실을 은폐하는 자들은 우리로 하여금 이것을 믿게 하고자 한다. 하지만 이것은 많은 사회들에서 꼭 그렇지는 않다. 여자가 어디서나, 언제나 노예 취급을 받았다는 것은 거짓이다.

아니면 여자가 유명한 이중 구속[13]이라는 이상적인 모델의 사례임을 인정해야 할 것이다. 하지만 이것은 여자들이 모두 정신분열 환자가 된다는 것을 의미할 것이다. 이것이 이중 구속을 받아들인 결과다! 반대로, 내게 바르게 보이는 것은 폭력 구조의 지배 문화에서 여자가 철저히 반대되는 가치, 완전히 실증적이고 모순적이며 비판적인—원하건 원치 않건 간에—가치에 의해 만들어졌다는 놀라운 사실이다.

여자는 분명 육체적으로 중요하지 않은 위치에 있었다. 설령 그것

---

13) [역주] double bind. 그레고리 베이트슨(1904-1980, 영국 태생의 미국 문화학자)이 1950년대에 내놓은 정신분열증 이론으로 아무것도 할 수 없는 상태를 의미함.

이 [여성의] 폭력적인 집단 방어라는 실제적 필요에 의한 것이라 해도 말이다. 그러나 여자의 상황의 정당화라는 가치를 만들어 낸 것은 이 복종의 상황이 아니다. 반대로 여자는 영적이고 문화적인 세계(이것이 없었다면, 집안에서 여성 그룹은 더 이상 살 수 없었을 것이다!), 독립적이고 특수한 세계를 창조해 냈다. 놀라운 사실은, 문화의 공식 체계에도 불구하고, 남성 우월성의 선포와 남성이 표현한 모든 것의 탁월성에 대한 선포에도 불구하고, 바로 이 가치들이 점점 더 잘 만들어졌다는 것이다!

오늘날 비극은 여성이 이런 전망으로 들어가고 있다는 것이다. 그리고 이것은 문화적 억압이 노예 지지 사회나 봉건 사회 시대보다 훨씬 더 강력하게 되고 있다는 사실에 기인한다!

과학, 기술, 노동과 군대의 보편주의에 의한 남성적 가치의 승리(외양적인 승리로 1970년까지다!)는 역사상 처음으로 여성적 가치들이 굴복하는 식이 되었고, 여성이 남성 체계로 들어가기를 갈망하는 식이 되었다. 이렇게 하면서 여성은 스스로 해방된다고 믿으나, 반면에 사실 그녀는 자기 자신의 존재와 진리를 파괴한다. 우리의 현 세계에서 이 여성적 가치들의 존재는 우리 모두에게 생사의 문제다.

이 가치들은 이전보다 중요한 집단적 영역에 있다. 실제로 이런 위기(우리가 지금 알고 있는 서구 사회의 붕괴)에서 문제가 되는 것은 그 위기의 토대인 남성적 가치들이다. 이것이 남성적 가치들의 위기다(힘, 위대함, 자만, 폭력, 무한 성장, 경쟁, 합리화와 합리성, 이성적 인식, 약자들에 대한 무자비, 물량에의 집착, 말을 능가하는 행동, 존재를 능가하는 소유 등).

그런데 내 생각은 이렇다. 우리의 보다 나은 방책과 자원, 우리

미래의 가능성, 우리의 주된 성공 수단이란 남성적인 가치들을 우리가 여성적 가치들이라고 부를 수 있는 것으로 대체시키는 것이다(작은 것들의 배려, 숨겨진 것에 대한 주의, 존재의 우선, 섬세함, 용서, 인내, 관용, 인자, 겸손, 이타주의, 소망, 직관과 감성, 견딜 만한 균형의 추구, 말의 우위, 약자와 병자의 영접, 질의 배려, 미지의 것의 수용). 나아가 이것은 미래의 기대감에 근거한 삶의 개념(여성적 가치)과 과거의 재생에 근거한 개념(남성적 가치)을 대립시킨다.14)

여기에 두 가지 지적 사항이 있다. 먼저, 나는 모든 남자들이 이 남성적 가치들을 대변하고, 모든 여자들이 여성적 가치들을 대변한다고 말하지 않는다. (우리가 이미 말한 것처럼, 기독교는 통째로 여성적 가치들을 강조한 것으로 보인다). 하지만 충분히 일상적인 경험은 대다수의 남자들이 이 남성성을 창출한다는 것이다. 그 반대도 마찬가지다.

그러므로 목표는 사회의 지도적 그룹의 교체가 아니다. 여성의 가치가 유입될 수 있는 것은 정치적 기구에 '여자들이' 다수가 됨으로써 이뤄지는 것이 아니다! 그것은 여성이 남성적 가치들을 획득하고 그 오류들을 반복할 많은 기회일 뿐이다.

두 번째로, 나는 이 여성적 가치들이 '본성'의 산물이 아니라고 반복한다. 그것들은 문화와 교육의 산물일 수 있다. 하지만 "그들에게 인형을 주면서 모성애를 깨워라"고 한탄하기보다는, 반대로 무력과

---

14) 남자가 미래를 바라볼 때, 그것은 관점(언제나 그릇된)을 합리화시키기 위함이거나 이기기(소유함으로써) 위함이다. 여자는 아이 자신을 통해 미래를 향해 투영된다.
    여자가 그녀의 카리스마에 입각해서 새로운 사회의 창설자가 되어야 한다는 이 근본적인 문제는 「성결의 윤리」(미완성으로 끝난 책임—역주)에서 상세히 다뤄질 것이다.

증오의 사회에서 모성애가 살아 있고 존속할 수 있었음을 인하여 즐거워해야 하리라. 다시 말하지만, 이것이 순종이나 복종으로 향하는 교육이 아니라는 조건 하에서 말이다.

그런데 내가 어쩌면 이 가치들의 급진적 전환이 이 위기를 관통하여 여성을 사회의 활기 찬 중심과 원동력으로 이끈다고 말할 때, 나는 동시에 바로 이것[급진적 전환]이 자유의 문을 열고 소외의 극복을 보장한다고 말한다.

여성은 '대상', 사치나 도구, 남자의 하녀나 '마지막 식민지'가 되는 것을 그침으로써, 남성의 말상대가 되지 않고 오히려 근본 가치들의 적용을 보장함으로써 우리의 소외에 대한 응답의 실제적 소지자가 된다. 바로 이 여성(더 이상 프롤레타리아가 아니다)이 오늘날 스스로 소외를 극복함으로써 우리 사회의 인간 소외적인 구조들을 파괴하고 해방된 인간적 삶의 가능성을 시작할 것이다. (이것이 제약과 불확실성—나는 이 이야기로 되돌아가지 않겠다—때문에 포함할 것과 더불어 말이다). 그런데 이렇게 하면서 우리는 계시의 이해를 새롭게 해주는 운동에 직면한다.

자유의 투쟁

2008년 10월 10일 초판 1쇄 발행

지은이 | 자크 엘륄
옮긴이 | 박건택
펴낸이 | 박영호
펴낸곳 | 도서출판 솔로몬

주소 | 서울시 동작구 사당 3동 207-3 신주빌딩 1층
전화 | 599-1482
팩스 | 592-2104
직영서점 | 596-5225

등록일 | 1990년 7월 31일
등록번호 | 제 16-24호

이 출판물은 저작권법에 의해 보호를 받는 저작물이므로
무단 전제와 복제를 할 수 없습니다.

ISBN 978-89-8255-418-6

Les Combats de la liberté
Copyright©1984, Éditions Labor et Fides, Genéve

Korean Edition©2008
by Solomon Christian Press